Les microrégions du guide :
(voir la carte à l'intérieur des rabats de couverture)

Alsace Lorraine
Escapades en Forêt-Noire

Collection Le Guide Vert sous la responsabilité d'Anne Teffo

Édition
Damienne Gallion, Emmanuelle Souty

Rédaction
Anath Klipper, Annabelle Lebarbé, Laurent Gontier, Sophie Pothier, Julie Wood

Cartographie
Aura Nicolae, Alexandru Iorga, Leonard Pandrea, Claudiu Spiridon, Michèle Cana, Stéphane Anton

Relecture
Élisabeth Privat

Remerciements à :
Didier Boussard, Marjorie Desbard, Michel Liégey, Marie Simonet

Conception graphique
Christelle Le Déan

Régie publicitaire et partenariats
michelin-cartesetguides-btob@fr.michelin.com
Le contenu des pages de publicité insérées dans ce guide n'engage que la responsabilité des annonceurs.

Contacts
Michelin Cartes et Guides
Le Guide Vert
46 avenue de Breteuil - 75324 Paris - Cedex 07
☎ 01 45 66 12 34 - Fax 01 45 66 13 75
cartesetguides.michelin.fr

Parution 2010

Le Guide Vert, mode d'emploi

Le Guide Vert, un guide en 3 parties

▶ **Organiser son voyage** : les informations pratiques pour préparer et profiter de son séjour sur place

▶ **Comprendre la destination** : les thématiques pour enrichir son voyage

▶ **Découvrir la destination** : un découpage en **microrégions**
(voir carte générale dans les rabats de couverture et sommaire p. 1)

En ouverture de chaque **microrégion**, retrouvez un **sommaire** et une **carte** qui indiquent :
- les villes et sites traités dans le chapitre
- les itinéraires conseillés

Pour chaque chapitre, consultez « ☻ **Nos adresses…** » :
- des informations pratiques
- des établissements classés par catégories de prix
- des lieux où boire un verre
- des activités à faire en journée ou en soirée
- un agenda des grands événements de l'année

En fin de guide

▶ un **index général** des lieux et thèmes traités
▶ un **sommaire** des cartes et plans du guide
▶ la légende des symboles du guide
▶ la liste de nos publications

Et en complément de notre guide

▶ Créez votre voyage sur **Voyage.ViaMichelin.fr**

Votre avis nous intéresse
Rendez-vous sur votreaviscartesetguides.michelin.fr

Sommaire

1/ ORGANISER SON VOYAGE

2/ COMPRENDRE L'ALSACE LORRAINE

3/ DÉCOUVRIR L'ALSACE LORRAINE

Sommaire

3/ DÉCOUVRIR L'ALSACE LORRAINE

11 ESCAPADES EN FORÊT-NOIRE

1/
ORGANISER
SON
VOYAGE

Venir en Alsace Lorraine

Par la route

Située au cœur de l'Europe, la région Alsace Lorraine bénéficie d'une bonne liaison avec les réseaux routiers et autoroutiers nationaux et internationaux.

LES GRANDS AXES

L'autoroute de l'Est **A 4** Paris-Strasbourg dessert Verdun, Metz et Saverne avant de poursuivre par l'**A 352** jusqu'à Obernai ; l'autoroute **A 31** Luxembourg-Dijon dessert Thionville, Metz, Pont-à-Mousson, Nancy, Toul, Vittel et les Vosges et poursuit par l'**A 6** vers Lyon ; l'autoroute **A 35** relie Obernai, Colmar, Mulhouse et Bâle ; l'autoroute **A 36** relie Besançon à Mulhouse et remonte jusqu'à Karlsruhe.

Informations autoroutières
3 r. Edmond-Valentin - 75007 Paris - 📞 0 892 681 077 - www.autoroutes. fr

Les péages
Paris-Strasbourg : 34,90 €
Paris-Metz : 22,90 €
Lyon-Strasbourg : 27,20 €
Bordeaux-Strasbourg : 50,40 €
Nantes-Strasbourg : 68,30 €
Nancy-Strasbourg : 3,20 €

LES CARTES MICHELIN

Carte de France n° 721 au 1/1 000 000.
Carte Région 516 (Alsace, Lorraine) au 1/275 000.
Cartes Départements 307 (Meurthe-et-Moselle, Meuse, Moselle), **314** (Haute-Saône, Vosges) et **315** (Bas-Rhin, Haut-Rhin, Territoire de Belfort).
Carte Zoom 131 (Forêt-Noire, Alsace) au 1/200 000.
En ligne : calcul d'itinéraires, temps de parcours, coût des trajets, plans de villes et sélection d'hôtels et de restaurants sur **www.ViaMichelin. fr**

COVOITURAGE

🚗 Cette véritable solution de transport alternative, économique, écologique et conviviale, permet la complémentarité avec le train et les autres transports en commun. Elle offre à chacun la possibilité d'accomplir un geste responsable en faveur de l'environnement - www.123envoiture.com ; www. covoiturage.fr

En train

LE TGV EST EUROPÉEN

Le TGV Est européen permet de relier Paris à la gare Meuse-TGV Voie sacrée en 1h, Bar-le-Duc en 1h40, Nancy en 1h30, Strasbourg en 2h20, Colmar et Mulhouse en 3h avec une dizaine de départs quotidiens. La gare Lorraine-TGV, située entre Metz et Nancy, assure une liaison directe avec Bordeaux, Nantes, Rennes, Lille et Francfort. Une navette permet de rejoindre facilement Metz et Nancy. La gare Meuse-TGV, entre Bar-le-Duc et Verdun, assure une liaison directe avec Bordeaux, l'aéroport

Roissy-Charles-de-Gaulle et Le Havre. Le TGV Méditerranée assure quant à lui une liaison directe quotidienne entre Nice et Metz. Il existe également des trains de nuit directs.

La formule **train-auto** (juin-sept.) permet de retrouver sa voiture à la gare d'arrivée.

Informations et réservations

Ligne directe : ☏ 36 35 (0,34 €/mn) – www.voyages-sncf.com

LES TRAINS EXPRESS RÉGIONAUX

Les **TER** sillonnent toute la région au départ des villes principales. Durée indicative des trajets : de Strasbourg à Mulhouse, 1h ; à Metz, 1h20 ; à Wissembourg, 1h ; à St-Dié, 1h30. Nancy-Metz-Luxembourg se fait en 1h40 environ et pour rejoindre Metz de Verdun, comptez 1h20.

Ces lignes ferroviaires sont renforcées, dans certains cas doublées, par des lignes d'**autocars** (TER). Un **guide TER** répertorie les horaires et les gares.

☏ Dans chaque région existent des offres TER pour les déplacements occasionnels. Pour connaître le détail de ces offres et pour réserver : www.ter-sncf.com

En avion

La région, dotée de plusieurs aéroports (Strasbourg, Metz-Nancy-Lorraine, Bâle-Mulhouse-Fribourg, Karlsruhe-Baden-Baden et Épinal-Mirecourt), est reliée à de nombreuses villes françaises et européennes. Sur certains trajets, en particulier Paris-Mulhouse, il vous sera possible de trouver des vols à des prix intéressants.

DISTANCES						
	Bar-le-Duc	Épinal	Metz	Mulhouse	Nancy	Strasbourg
Bar-le-Duc		152	97	254	84	247
Caen	489	630	571	712	547	726
Dijon	208	195	267	219	213	333
Épinal	152	-	131	106	72	150
Lille	315	492	367	608	420	522
Limoges	531	623	670	618	641	732
Lyon	486	385	457	372	403	486
Marseille	709	696	768	689	714	803
Metz	97	131	-	232	57	163
Mulhouse	254	106	322	-	174	122
Nancy	84	72	57	174	-	154
Nantes	627	737	709	819	681	864
Paris	251	396	333	478	309	488
Strasbourg	247	150	163	122	154	-
Toulouse	816	864	936	860	882	974

LES COMPAGNIES AÉRIENNES

Air France – Assure des liaisons directes journalières entre l'aéroport de Strasbourg et Paris, Bordeaux, Clermont-Ferrand, Lille, Lyon, Nantes, Nice, Marseille, Rennes et Toulouse, mais également vers l'Europe : Londres, Amsterdam, Copenhague et Milan. La compagnie dessert Bâle-Mulhouse depuis Paris, Bordeaux et Lyon. Elle assure également les liaisons au départ de Metz-Nancy vers Clermont-Ferrand, Lyon, Nantes et Nice. Au delà, tout le réseau de la compagnie permet de relier l'Alsace Lorraine grâce aux plateformes de correspondance de Paris ou de Lyon (au départ de Lyon, 24 villes françaises et 19 villes en Europe). Par ailleurs, Air France assure des lignes saisonnières corses au départ de Strasbourg - renseignements et réservations : ☎ 0 820 820 820 - www.airfrance.fr

Swiss – *La compagnie relie Nice à l'aéroport de Bâle-Mulhouse. Renseignements et réserv. : ☎ 0 820 040 506 - www.swiss.com*

Twin Jet – Au départ des aéroports de Metz-Nancy et de Bâle-Mulhouse, vols pour Toulouse et Marseille. Renseignements et réservations : ☎ 0 892 707 737 - www.twinjet.fr

Ryanair – De l'aéroport de Karlsruhe-Baden-Baden, vols vers plusieurs destinations en Europe. Renseignements : www.ryanair.com

LES AÉROPORTS DE LA RÉGION

Aéroport Strasbourg International – 67960 Entzheim - ☎ 03 88 64 67 67 - www.strasbourg.aeroport.fr - navette bus-tram entre l'aéroport et le centre-ville de Strasbourg toutes les 20 ou 40mn - 5,20 € A, 9,70 € AR.

Aéroport de Metz-Nancy-Lorraine – Rte de Vigny - 57420 Goin - ☎ 03 87 56 70 00 - www.metz-nancy-lorraine.aeroport.fr - Air France ☎ 36 54 (0,34/mn) - Twin jet ☎ 0 892 707 737 - Air Algérie ☎ 0 825 825 743 (0,15 €/mn - Les navettes Métrolor assurent la liaison avec les gares SNCF de Metz (30mn) et de Nancy (40mn) - renseignements ☎ 03 87 78 67 09 - 4,20 € l'aller et 7,40 € l'A/R.

Aéroport d'Épinal-Mirecourt – 88500 Juvaincourt (40 km au nord ouest d'Épinal) - ☎ 03 29 37 01 99.

Aéroport de Karlsruhe-Baden-Baden – À env. 40 km au nord-est de Strasbourg. Il est principalement desservi par des compagnies aériennes *low cost* proposant des vols vers plusieurs villes d'Europe. Renseignements : ☎ (07229) 66 20 00 - www.badenairpark.de.

Aéroport de Bâle-Mulhouse-Fribourg (EuroAirport) – *☎ 03 89 90 31 11 - www.euroairport.com* - Twin jet ☎ 0 892 707 737. Navettes entre l'aéroport et la gare SNCF de Saint-Louis toutes les 30mn (10mn) - 1 €.

Avant de partir

Météo

Services téléphoniques de Météo France – ☎ 32 50 suivi de :
1 – météo d'une commune, d'un département ou de l'outre-mer ;
2 – météo du prochain week-end ;
3 – météo activités de bord de mer et navigation ;
4 – météo montagne ;
5 – météo des routes.
Accès aux prévisions du département – ☎ 0 892 680 2 suivi du numéro du département (0,34 €/mn).
En ligne : **www.meteo.fr**
Les climats lorrain et alsacien sont nettement continentaux : hiver long et rude, été souvent très chaud. Les précipitations sont nombreuses : pluies d'orage en été, neiges abondantes en hiver. En Alsace, le relief plus accentué modifie encore ces conditions en créant des microclimats. Ainsi, Colmar est la deuxième ville la plus sèche de France.
L'hiver – L'air froid envahit parfois les vallées alors obscurcies de nuages, alors que les sommets sont baignés de soleil. Sur les Vosges, les chutes de neige, qui peuvent rendre de nombreuses routes impraticables, font le bonheur des amateurs de sports d'hiver.
Le printemps – Le printemps alsacien est lumineux dès le mois d'avril. La blancheur des hauts ballons domine les teintes délicates, tendres ou vives, des prés et des collines.
L'été – Grosses chaleurs et forts orages fréquents en plaine. La brume noie les vallées et masque souvent les lointains. On retrouve cependant air et fraîcheur sur les hauteurs des massifs voisins.
L'automne – Le chatoiement des vignobles dorés, des forêts aux teintes de feu contraste avec la verdure des sapinières. Fréquentes nappes de brouillard.

Adresses utiles

COMITÉS RÉGIONAUX DE TOURISME

Alsace – 20A r. Berthe-Molly - 68005 Colmar - ☎ 03 89 24 73 50 - www.tourisme-alsace.com - tlj sf dim. et j. fériés 8h30-12h30, 14h-18h, sam. 8h30-12h30, 14h-17h ; fermé 16-20 août.
Lorraine – Abbaye des Prémontrés - BP 97 - 54704 Pont-à-Mousson cedex - ☎ 03 83 80 01 80 - www.tourisme-lorraine.fr

COMITÉS DÉPARTEMENTAUX DE TOURISME

Meurthe-et-Moselle – 14 r. Majorelle - 54000 Nancy - ☎ 03 83 94 51 90 - www.tourisme-meurtheetmoselle.fr
Meuse – Hôtel du département - 33 r. des Grangettes - 55000 Bar-le-Duc - ☎ 03 29 45 78 40 - www.tourisme-meuse.com - tlj sf w.-end et j. fériés 8h-12h, 14h-18h.
Moselle – 2-4 r. du Pont-Moreau - 57003 Metz - ☎ 03 87 37 57 80 - www.moselle-tourisme.com - tlj sf w.-end et j. fériés 9h-12h30, 14h-17h30.
Bas-Rhin – Agence de développement touristique du Bas-Rhin - 9 r. du Dôme - BP 53 - 67061 Strasbourg Cedex - ☎ 03 88 15 45 80 - www.tourisme67.com. Pour cause de déménagement de

l'ensemble de la structure, l'espace d'accueil du public est fermé depuis avril 2009 et réouvrira ses portes à une date non encore connue courant 2010.

Haut-Rhin – Association départementale du tourisme du Haut-Rhin - 1 r. Schlumberger - 68000 Colmar - 📞 03 89 20 10 68 - www.tourisme68.com - tlj sf w.-end et j. fériés 8h30-12h, 13h30-17h - fermé Vend. saint.

Vosges – Av. du Gén.-de-Gaulle - BP 80018 - 88001 Épinal cedex - 📞 03 29 22 15 21 - www.tourismevosges.fr

MAISONS DE PAYS

Maison de l'Alsace – 39 av. des Champs-Élysées - 75008 Paris - 📞 01 53 83 10 10 - www.maison-alsace.com. Elle regroupe la documentation sur l'Alsace et les Vosges et propose la découverte du patrimoine, des circuits, des séjours.

Espace Vosges – Maison du tourisme - aire de Lorraine-Sandaucourt-la-Trelle - A 31 - 88170 Sandaucourt - 📞 03 29 94 66 60.

OFFICES DE TOURISME

♿ Vous trouverez les adresses des offices de tourisme dans les rubriques « S'informer » en début de chapitre dans « Découvrir l'Alsace Lorraine ».
En ligne : www.tourisme.fr

QUELQUES SITES INTERNET

www.massif-des-vosges.com ; www.musees-alsace.org ; www.latitude-a.com

TOURISME DES PERSONNES HANDICAPÉES

Le symbole ♿ signale les sites accessibles aux personnes à **mobilité réduite**.

Accessibilité des infrastructures touristiques

Consultez les sites labellisés **Tourisme et Handicap** sur le sur le site www.franceguide.com, rubrique « Voyageurs », puis « Tourisme et Handicap ». Ils sont nombreux en Alsace Lorraine.

Association Tourisme et Handicaps – 43 r. Marx-Dormoy - 75018 Paris - 📞 01 44 11 10 41 - www.tourisme-handicaps.org

Association des paralysés de France – Direction de la communication - 17 bd Auguste-Blanqui - 75013 Paris - www.apf.asso.fr

Accessibilité des transports

Train – Un guide gratuit *Mobilité réduite* est disponible dans les gares et boutiques SNCF.

SNCF Accès Plus – 📞 0 890 640 650 (0,11 €/mn, 7h-22h). Service gratuit facilitant le voyage des personnes handicapées, disponible sur réservation 48h avant le départ dans 350 gares de France.
En ligne : www.accessibilite.sncf.fr

Avion – Air France propose aux personnes handicapées le service d'**assistance Saphir**, avec un numéro spécial : 📞 0 820 012 424. Pour plus de détails, visitez le site www.airfrance.fr

Pour l'Allemagne

ADRESSES UTILES

Office national allemand du tourisme – 21 r. Leblanc - 75015 Paris - 📞 01 40 20 01 88 - www.allemagne-tourisme.com. Bureaux fermés au public. Ambassade d'Allemagne, www.amb-allemagne.fr

Forêt-Noire – Schwarzwald Tourismus GmbH - Ludwigstrasse 23 - D-79104 Freiburg - 📞 00 49 (0) 761 89 64 60 - www.foretnoire.info

TRANSPORTS

Conduite automobile

Vitesse maximale – La vitesse maximale autorisée dans les agglomérations est de 50 km/h, sauf indication spéciale. Sur route, elle est de 100 km/h. Les autoroutes allemandes étant très chargées, il est recommandé de ne pas dépasser les 130 km/h.
Autoroutes – Gratuites.

HORAIRES

Commerces – 9h30-20h, sam. 9h-16h ; dans les petites villes et les régions rurales, certains magasins sont fermés le mercredi après-midi.
Banques – Lun.-vend. 8h30-13h, 14h30-16h (17h30 jeu.).
Bureaux de poste – 8h-18h, sam. jusqu'à 12h ; certains bureaux de poste sont fermés entre 12h-14h30.

Téléphone

Pour téléphoner en Allemagne, rajouter à la place du premier « 0 » l'indicatif 00 49.

Se loger

Retrouvez notre sélection d'hébergements dans « Nos adresses à… » situées en fin de description des principaux sites de la partie « Découvrir l'Alsace Lorraine ». Les prix que nous indiquons correspondent au tarif minimal et maximal d'une chambre double.

NOTRE SÉLECTION

Hôtel ou chambre d'hôte, à vous de choisir. Les établissements sont classés par catégories de prix : Premier prix, Budget moyen, Pour se faire plaisir et Une folie *(voir tableau ci-dessous)*. À consulter aussi : **Le Guide Michelin France** et le **Guide Camping Michelin France**.

LES BONS PLANS

Les services de réservation

Fédération nationale des services de réservation Loisirs-Accueil – 74/76 r. de Bercy - 75012 Paris - ☎ 01 44 11 10 44 - www. resinfrance.com ou www.loisirs-accueil.fr.
Elle propose un large choix d'hébergements et d'activités de qualité.
Fédération nationale Clévacances France – 54 bd de l'Embouchure – BP 52166 - 31022 Toulouse Cedex - ☎ 05 61 13 55 66 - www.clevacances.com.
Elle propose près de 29 000 adresses d'hébergement (appartements, chalets, villas, gîtes, chambres d'hôte) en France métropolitaine et outre-mer, et publie un catalogue par département.

Les locations de maison

www.abritel.fr ; www.explorimmo. com ; www.1000gites.com ; www. homelidays.com ; www.a-gites.

NOS CATÉGORIES DE PRIX				
	Hébergement		**Restauration**	
	Province	Grandes villes	Province	Grandes villes
Premier prix	jusqu'à 45 €	jusqu'à 65 €	jusqu'à 14 €	jusqu'à 16 €
Budget moyen	de 45 € à 65 €	de 65 € à 100 €	de 14 € à 25 €	de 16 € à 30 €
Pour se faire plaisir	de 65 € à 100 €	de 100 € à 160 €	de 25 € à 40 €	de 30 € à 50 €
Une folie	plus de 100 €	plus de 160 €	plus de 40 €	plus de 50 €

com ; www.pour-les-vacances.com ; www.bertrandvacances.com ; www.fr.lastminute.com ; www.terres-de-vacances.com

Hébergement rural

Fédération des stations vertes de vacances et villages de neige – BP 71698 - 21016 Dijon Cedex - ✆ 03 80 54 10 50 - www.stationverte.com.

Situées à la campagne et à la montagne, les 600 stations vertes sont des destinations de vacances familiales reconnues pour leur qualité de vie (produits du terroir, loisirs variés, cadre agréable) et pour la qualité de leurs structures d'accueil et d'hébergement.

Bienvenue à la ferme – Le guide *Bienvenue à la ferme,* édité par l'Assemblée permanente des chambres d'agriculture (service Agriculture et Tourisme - 9 av. George-V - 75008 Paris - ✆ 01 53 57 11 44), est aussi en vente en librairie ou sur **www.bienvenue-a-la-ferme.com**.

Il propose par région et par département des fermes-auberges, campings à la ferme, fermes de séjour, et de nombreux loisirs.

Fermes-auberges – 1 r. Schlumberger - 68007 Colmar - ✆ 03 89 20 10 68 - www.tourisme68.com - Guide des fermes-auberges de Haute-Alsace (10,60 €, soit 8 € + frais d'envoi), édité par l'Association des Fermes Auberges du Haut-Rhin.

Guide *Bienvenue à la ferme dans les Vosges,* disponible gratuitement à la chambre d'agriculture des Vosges *(Relais agriculture et tourisme - 17 r. André-Vitu - La Colombière - 88026 Epinal Cedex - ✆ 03 29 29 23 55 - www.vosges.chambagri.fr)*

Un dépliant, édité par les offices du tourisme de Gérardmer et de la Bresse, regroupe un certain nombre d'auberges de montagne et de fermes-auberges dans la région vosgienne et alsacienne. *(Office de tourisme de Gérardmer - 4 pl. des Déportés - 88400 Gérardmer - ✆ 03 29 27 27 27 - www.gerardmer.net -* Brochure *Fermes-auberges, les saveurs du terroir lorrain,* disponible au Comité régional du tourisme de Lorraine.

Maison des gîtes de France et du tourisme vert – 59 r. St-Lazare - 75439 Paris Cedex 09 - ✆ 01 49 70 75 75 - www.gites-de-france.com. Elle propose différentes possibilités d'hébergement en milieu rural (gîtes ruraux, chambres et tables d'hôte, gîtes d'étape, chambres d'hôte de charme, gîtes de neige, gîtes de pêche, gîtes d'enfants, camping à la ferme). **Les gîtes Panda** sont exclusivement situés dans des environnements naturels de qualité.

Hébergement pour randonneurs

Guide Gîtes d'étape et refuges – Les randonneurs peuvent consulter le site www.gites-refuges.com et le guide *Gîtes d'étape et refuges, France et frontières,* de A. et S. Mouraret, imprimable à partir du site. Cet ouvrage et ce site sont principalement destinés aux amateurs de randonnées, d'alpinisme, d'escalade, de ski, de cyclotourisme et de canoë-kayak.

Les auberges de jeunesse

Ligue française pour les auberges de la jeunesse – 67 r. Vergniaud - bâtiment K - 75013 Paris - ✆ 01 44 16 78 78 - www.auberges-de-jeunesse.com

Carte LFAJ : cotisation annuelle de 11 € pour les moins de 26 ans et de 16 € au-delà de cet âge.

Vous trouverez une auberge de jeunesse LFAJ dans les villes suivantes : Strasbourg, Xonrupt-Longemer et Werentzhouse (près d'Altkirch).

Fédération unie des auberges de jeunesse (FUAJ) – Centre national - 27 r. Pajol - 75018 Paris - ✆ 01 44 89 87 27 - www.fuaj.org

L'innovation au service de l'environnement.

Que ce soit à travers le développement de pneus à basse consommation de carburant ou à travers notre engagement en matière de développement durable, le respect de l'environnement est une préoccupation quotidienne que nous prenons en compte dans chacune de nos actions.
Car œuvrer pour un meilleur environnement, c'est aussi une meilleure façon d'avancer.

www.michelin.com

Une meilleure façon d'avancer.

Carte FUAJ : cotisation annuelle de 11 € pour les moins de 26 ans, de 16 € au-delà de cet âge et de 23 € pour les familles.

Vous trouverez une auberge de jeunesse de la FUAJ dans les villes de Verdun, St-Mihiel, Thionville, Metz, Nancy, Phalsbourg, Saverne, Strasbourg, Colmar, Lauterbourg, Ventron, St-Dié-des-Vosges et Mulhouse.

POUR DÉPANNER

Les chaînes hôtelières

L'hôtellerie dite « économique » peut éventuellement rendre service.

Les tarifs de ces hôtels restent difficiles à concurrencer (moins de 50 € la chambre double).

Akena – ✆ 01 69 84 85 17.

B & B – ✆ 0 892 782 929, www.hotel-bb.com

Etap Hôtel – ✆ 0 892 688 900, www.etaphotel.com

Formule1 – ✆ 0 892 685 685

Enfin, les hôtels suivants, un peu plus chers (à partir de 60 € la chambre), offrent un meilleur confort et quelques services complémentaires :

Campanile – ✆ 0 825 028 038, www.campanile.com

Ibis – ✆ 0 825 882 222, www.ibishotel.com

Kyriad – ✆ 0 825 003 003, www.kyriad.fr

Se restaurer

Retrouvez notre sélection de restaurants dans « Nos adresses à… » situées en fin de description des principaux sites de la partie « Découvrir l'Alsace Lorraine ». Comme pour « Se loger », ils sont listés par catégorie de prix *(voir tableau p. 15)*. Les lettres « bc » signifient « boisson comprise ». *Voir aussi le chapitre « Gastronomie »* *p. 45.*

NOS CRITÈRES DE CHOIX

Pour répondre à toutes les envies, nous avons sélectionné des **restaurants** régionaux, mais aussi classiques, exotiques, gastronomiques et des adresses où manger sur le pouce.

À consulter aussi : **Le Guide Michelin France**.

En ligne : les fermes-auberges sur **www.bienvenue-a-la-ferme.com**

LES SITES REMARQUABLES DU GOÛT

Quelques sites de la région (lieux de production, routes gastronomiques, foires ou manifestations), dont la richesse gastronomique s'appuie sur des produits de qualité liés à un environnement culturel et touristique intéressant, ont reçu le label « Site remarquable du goût ». Il s'agit pour la bière d'Alsace de la brasserie Kronenbourg, de la brasserie Schutzenberger et de la brasserie Météor. Cela concerne également la fête du sucre au pays d'Erstein (dernier week-end d'août), la route de la Carpe frite dans le Sundgau, la route des Vins d'Alsace et la foire aux andouilles du Val-d'Ajol (3e lundi de février). Pour plus d'informations : www.sitesremarquablesdugout.com

LABEL

Le label **Meuse et Merveilles** regroupe des producteurs, fermiers et artisans et garantit la qualité des produits ainsi référencés. Plusieurs auberges de la région utilisent ces produits labellisés. Pour en savoir plus : www.meuse-et-merveilles.com

Quant à l'association des **Cuisineries gourmandes**, médaillée d'or du Tourisme en 2005, elle rassemble les restaurateurs français soucieux de préparer une cuisine de qualité à partir de produits frais du terroir. Deux membres de cette association font profiter les visiteurs de la **Meuse** de leur talent. Pour en savoir plus, visitez le site www. cuisineries-gourmandes.com

LES LIEUX TYPIQUES OÙ MANGER

En Alsace, on trouve deux types d'établissements traditionnels : les *winstubs* et les brasseries. Liées au commerce du vin sur la rivière l'Ill, les *winstubs* ont été créées par les viticulteurs strasbourgeois pour promouvoir leurs vins. Dans ces restaurants à l'ambiance chaleureuse, on s'attardera devant un pichet de vin d'Alsace en dégustant une choucroute, du cervelas en salade, du coq au riesling, une tourte vigneronne, un *presskopf* (hure de porc en gelée), ou une *flammekueche*… Dans les brasseries, les amateurs savoureront une bière fabriquée sur place et un plat régional. Tradition des Hautes-Vosges, les fermes-auberges de Lorraine se sont constituées en association. Étapes de choix pour les randonneurs, mais souvent accessibles aux automobilistes, elles proposent des produits de la ferme et parfois même l'hébergement (gîte ou chambre d'hôte). Certaines fermes servent un repas marcaire qui comprend en général une tourte de la vallée, de la viande de porc fumée garnie de *roïgabrageldi*, pommes de terre aux oignons et lardons, du munster et une tarte aux myrtilles.

LES BONS VINS DE LA RÉGION

L'Alsace compte 7 cépages à Appellation d'origine contrôlée. Ils sont tous blancs sauf le pinot noir, le pinot gris et le muscat. Les grands crus d'Alsace, au nombre de 51, sont issus de terroirs privilégiés. La route des Vins d'Alsace est balisée de Marlenheim à Thann ; elle relie bourgades et petites villes aux noms prestigieux *(voir sa description dans la partie « Découvrir l'Alsace Lorraine »)*.

De nombreux producteurs proposent la visite de leurs caves, suivie, souvent, d'une dégustation. Quelques adresses où cueillir des informations sur le vin :

Maison des vins d'Alsace – *12 av. de la Foire-aux-Vins - 68012 Colmar - ℘ 03 89 20 16 20 - www.vinsalsace. com - &. - 4 janv.-23 déc. : tlj sf w.- end et j. fériés 8h15-12h, 14h-17h.* Ce centre regroupe 5 importants organismes viticoles de la région : le Conseil interprofessionnel des vins d'Alsace, le service régional de l'Institut national des appellations d'origine, l'Asssociation des viticulteurs d'Alsace, le Centre interprofessionnel de dégustation et le Syndicat des producteurs de crémant d'Alsace. Le visiteur découvrira une carte en relief de 6 m de long, avec les villages et les grands crus, une évocation du travail du vigneron à l'aide de maquettes interactives, et un audiovisuel sur le vignoble.

Château de Kientzheim –, 1 Grand'Rue - 68240 Kientzheim (près de Kaysersberg) - ℘ 03 89 78 21 36. Siège de la confrérie St-Étienne qui délivre un « stylille » de qualité aux meilleurs vins d'Alsace. Le château abrite également le musée du Vignoble et des Vins d'Alsace.

Espace Alsace Coopération – 68980 Beblenheim - ℘ 03 89 47 91 33 - sur la route des Vins, il regroupe les seize caves coopératives d'Alsace, propose toute une sélection de vins et offre un aperçu des produits du terroir.

Centre de formation, lycée viticole – 8 aux Remparts - 68250 Rouffach - ℘ 03 89 78 73 07 - www. cfppa-rouffach.fr - janv.-mai : stages d'initiation à la dégustation des vins d'Alsace et à la connaissance des terroirs ; stages *« Les vins d'Alsace au travers de la gastronomie »*.

Sur place de A à Z

♿ Pour obtenir de la documentation, adressez-vous aux **comités départementaux** et **comités régionaux** de tourisme *(voir p. 13)*. Pour trouver d'autres adresses de prestataires, reportez-vous aux rubriques « Visites » et « Activités » dans « Nos adresses à... », dans la partie « Découvrir l'Alsace Lorraine ».

BRASSERIES

Visite technique et guidée de certaines brasseries :

Heineken – 4 r. St-Charles - 67300 Schiltigheim - ☎ 03 88 19 57 55 - visite guidée (2h) sur RV - tlj sf w.-end et j. fériés 9h-12h, 14h-18h - fermé 23 déc. 2 janv. et j. fériés - gratuit.

Kronenbourg – 68 rte d'Oberhausbergen - 67200 Strasbourg - ☎ 03 88 27 41 59 - www.brasseries-kronenbourg. com - ♿- visite guidée (1h30) sur RV uniquement - 7 janv.-31 déc. : 10h-18h - fermé dim. (sauf août et déc.), j. fériés, 26 déc. - 6 € (-18 ans 4,50 €), Journées du patrimoine gratuit.

Ferme de la Vallée – 55120 Rarécourt - ☎ 03 29 88 41 95 - www.rarecourtoise.com - 1er dim. de chaque mois et tous les dim. en juil.-août.

Bar l'Estaminet – 45 r. des Rouyers - 55100 Verdun - ☎ 03 29 86 07 86 - www.brasserie-de-verdun.com - tlj 14h-3h.

CYCLOTOURISME

Parc naturel régional des Ballons des Vosges – De nombreux circuits balisés pour le VTT existent sur le territoire. Une liste recensant les circuits est disponible sur demande. Gratuit.

Le guide *L'Alsace à vélo*, aux éditions Dernières Nouvelles d'Alsace, propose une cinquantaine de circuits tous niveaux.

Le **Bas-Rhin** compte 700 km d'itinéraires cyclables, recensés sur une carte éditée par le conseil général. La brochure *Le Bas-Rhin en roue libre*, avec 22 itinéraires est téléchargeable sur le site www. tourisme67.com

La brochure *Vélo des villes et vélo des champs, cyclotourisme dans le Haut-Rhin* est téléchargeable sur le site www.tourisme68.com

Le **Parc naturel régional de Lorraine** publie une brochure recensant 23 balades à vélo sur son territoire.

Des itinéraires réservés aux VTT ont été mis en place pour parcourir la **Meuse, la Moselle, la Meurthe-et-Moselle ou les Vosges**. Pour se procurer les circuits sur ces quatre départements, adressez-vous aux comités départementaux du tourisme.

La **Moselle** compte 700 km d'itinéraires cyclables. Circuits téléchargeables sur www.moselle-tourisme.com (rubrique « Activités en pleine nature »).

Fédération française de cyclotourisme – 12 r. Louis-Bertrand - 94207 Ivry-sur-Seine Cedex - ☎ 01 56 20 88 88 - www. ffct.org

GOLF

Meurthe-et-Moselle – Golf de Nancy-Pulnoy - 10 r. du Golf - 54425 Pulnoy - ☎ 03 83 18 10 18.
Meuse – Golf de Combles - 38 r. Basse - 55000 Combles-en-Barrois - ☎ 03 29 45 16 03.

Golf de Madine - lac de Madine - 55210 Nonsard-Lamarche - ℰ 03 29 89 56 00.

Moselle – Golf d'Amnéville (18 trous) - Centre thermal et touristique - 57360 Amnéville - ℰ 03 87 71 30 13.

Golf de Bitche - R. des Prés - 57230 Bitche - ℰ 03 87 96 15 30.

Golf de Cherisey - 38 r. Principale - 57420 Cherisey - ℰ 03 87 52 70 18.

Golf de la Grange aux Ormes - R. de la Grange-aux-Ormes - 57155 Marly - ℰ 03 87 63 10 62 - www.grange-aux-ormes.com.

Golf de Metz Technopole - 3 r. Félix-Savart - 57070 Metz - ℰ 03 87 78 71 04.

Vosges – Golf municipal d'Épinal - R. du Merle-Blanc - 88000 Épinal - ℰ 03 29 34 65 97 - de mi-fév. à fin nov.

Golf de Vittel - 533 av. Haut-de-Fol - 88805 Vittel Cedex - ℰ 03 29 08 20 85.

Haut-Rhin – Golf du Rhin - R. Bac - 68490 Chalampé - ℰ 03 89 83 28 32.

Golf de la Largue - r. du Golf - 68580 Mooslargue - ℰ 03 89 07 67 67.

Golf public d'Ammerschwihr-Trois-Épis - Rte de Labaroche - 68770 Ammerschwihr - ℰ 03 89 47 17 30.

Bas-Rhin –Golf du Kempferhof - 351 r. du Moulin - 67115 Plobsheim - ℰ 03 88 98 72 72.

Golf du Fort - Route du Fort Uhrich - 67400 Illkirch-Graffenstaden - ℰ 03 90 40 06 70 - www.golfdufort.com

Golf de la Wantzenau - ℰ 03 88 96 37 73 - www.golf-wantzenau.fr

Golf Pass Lorraine – 18 parcours de golf à travers la Lorraine dont 4 golfs de 27 trous, 10 golfs de 18 trous et 4 golfs de 9 trous - renseignements à la Ligue de golf de Lorraine - 6 pl. du Roi-George - BP 60552 - 57009 Metz Cedex 1 - ℰ 03 87 55 05 68.

NATURE

Parcs et jardins

« Jardins sans limites » – Cette opération vise à mettre en réseau un certain nombre de jardins en Moselle, en Sarre et au Luxembourg. Répondant à une charte très précise garantissant leur conception, leur originalité et les conditions d'accueil du public, ils évoquent différents thèmes : jardin des sens, jardin baroque, jardin gallo-romain, jardin pour la paix… Le réseau est constitué à ce jour de 26 jardins dont 7 en France. Renseignement sur le site www.jardins-sans-limites.com.

En Moselle, nous vous conseillons cinq jardins appartenant à ce réseau : le jardin pour la Paix, au pied de la citadelle de Bitche, le jardin de l'Éveil au château de Pange, le jardin des « Plantes de chez nous », devant la maison de Robert Schuman à Scy-Chazelles, le Jardin des Faïenciers à Sarreguemines et les Jardins Fruitiers à Laquenexy.

« Rendez-vous aux jardins » – Un week-end de juin, plus de 80 jardins (privés ou publics) d'Alsace et quelques-uns en Allemagne vous ouvrent leurs portes pour une découverte de l'art des jardins et des jardiniers d'hier et d'aujourd'hui. DRAC Alsace - ℰ 03 88 15 57 00 - www.alsace.culture.gouv.fr.

« Visitez un jardin en Lorraine » – Campagne organisée chaque année d'avril à octobre pendant laquelle près de 130 parcs et jardins de Lorraine sont ouverts au public. Certains sont le cadre de manifestations ou fêtes des plantes. Renseignements auprès des offices de tourisme et sur le site Internet www.tourisme-lorraine.fr (brochure téléchargeable).

Parcs naturels régionaux

Dans la région couverte par ce guide, ils sont au nombre de trois.

Maison du Parc naturel régional des Ballons des Vosges –
1 cour de l'abbaye - 68140 Munster - ℰ 03 89 77 90 20 - www.parc-ballons-vosges.fr - possibilité de visite guidée sur demande (2 j. av.) - de déb. juin à fin sept. : 10h-12h, 14h-18h ; reste de l'année : tlj sf dim. et j. fériés 14h-18h - fermé 1re quinz. de janv. - gratuit.

Maison du Parc naturel régional de Lorraine – La Maison du Parc - r. du quai - 54702 Pont-à-Mousson - ℰ 03 83 81 67 67 - www.pnr-lorraine.com - tlj sf w.-end et j. fériés 9h-12h, 13h30-17h30.

Maison du Parc naturel régional des Vosges du Nord – au château de la Petite-Pierre - 67290 La Petite-Pierre- ℰ 03 88 01 49 59 - www.parc-vosges-nord.fr - fév.-déc. : 10h-12h, 14h-18h - fermé janv., 24, 25 et 31 déc. - 2,50 € (-12 ans gratuit).

Conservatoires régionaux d'espaces naturels

Ils ont pour but de préserver les sites naturels et de maintenir l'équilibre écologique. Des sorties « nature » sont généralement proposées.

Conservatoire des sites alsaciens – Maison des Espaces naturels - Écomusée - 68190 Ungersheim - ℰ 03 89 83 34 20 - http://csa.cren.free.fr

Conservatoire des sites lorrains – 14 r. de l'Église - 57930 Fénétrange - ℰ 03 87 03 00 90 - www.cren-lorraine.com

NAVIGATION DE PLAISANCE

Il existe 7 grands axes : canal de l'Est, boucles de la Moselle, canal des Houillères de la Sarre, canal de la Marne au Rhin, la Moselle canalisée, le Rhin et le grand canal d'Alsace de Bâle à Lauterbourg, et enfin le canal du Rhône au Rhin (versant nord).

Location de bateaux habitables

La location de « bateaux habitables » *(house-boats)* aménagés en général pour six à huit personnes permet une approche insolite des sites parcourus sur les canaux. Diverses formules existent : à la journée, au week-end ou à la semaine. Des bases de location de bateaux sans permis sont installées à Dun-sur-Meuse, Toul, Lagarde, Hesse, Lutzelbourg, Saverne, Schiltigheim, Mittersheim, Strasbourg. Voici les coordonnées des loueurs présents sur les axes fluviaux :

Le Boat – Port du Canal - 57400 Hesse - ℰ 03 87 03 61 74 - www.crown-blueline.com - Location de bateaux habitables tout équipés, sans permis, pour une croisière sur le canal de la Marne au Rhin.

Meuse-Nautic – Le Pont Cassé - 55110 Dun-sur-Meuse - ℰ 03 29 80 90 48 - location de bateaux habitables sans permis.

Locaboat Plaisance – Port-Amont - chemin de Halage - BP 11 - 57820 Lutzelbourg - ℰ 03 87 25 70 15 - Au départ de Lutzelbourg, vous pouvez naviguer sur la Moselle, le canal de la Marne au Rhin ou le canal des Houillères de la Sarre - Centrale de réservation : Port au Bois - BP 150 - 89303 Joigny Cedex - ℰ 03 86 91 72 72 - www.locaboat.com

Nicols – 11 r. de l'Orangerie - 67700 Saverne - ℰ 03 88 91 34 80 - location de bateaux habitables, sans permis (2 à 12 pers.) pour naviguer, au dép. de Saverne, sur le canal de la Marne au Rhin - Centrale de réservation : rte du Puy-St-Bonnet - 49300 Cholet - ℰ 02 41 56 46 56 ou n° Azur (tarif appel local) 0810 58 58 30 - www.nicols.com

Directions interrégionales de VNF – 25 r. de la Nuée-Bleue - 67000 Strasbourg - ℰ 03 88 21 74 74 - 8h-12h, 13h-17h- fermé w.-end et j. fériés.

Avant de partir, il est conseillé de se procurer les cartes nautiques et cartes-guides : **Librairie Fluvial** - 36 av. Louis Pasteur - 34473 Pérols - ℘ 04 67 50 42 67 - www.librairiefluvial.com
Éditions du Plaisancier – 360 r. Famille Laurens - 13854 Aix-en-Provence - ℘ 04 42 21 70 21 - www.vagnon.fr.

Croisières organisées

Des compagnies fluviales proposent des promenades à l'heure, à la demi-journée ou à la journée. Pour tout renseignement, procurez-vous la brochure « Lorraine au fil de l'eau » au CRT de Lorraine.
CroisiEurope-Alsace Croisières – 12 r. de la Div.-Leclerc - 67000 Strasbourg - ℘ 03 88 76 44 44 -

www.croisieurope.com - Croisières fluviales de 1 à 13 jours sur le Rhin, la Moselle, la Sarre, le Neckar, le Main, le Danube, le Rhône, la Saône, la Seine, l'Elbe, le Pô (Italie), le Douro (Portugal), le Guadalquivir (Espagne), la Tisza et le delta du Danube.

PATRIMOINE MILITAIRE

Terres de passage, mais aussi territoires stratégiques, l'Alsace et la Lorraine furent souvent ravagées par les guerres et les invasions, qui ont laissé de nombreuses empreintes.
La région garde les vestiges d'anciennes forteresses, enceintes, tours, portes construites au Moyen Âge. Citadelles, villes fortifiées, champs de bataille, casemates,

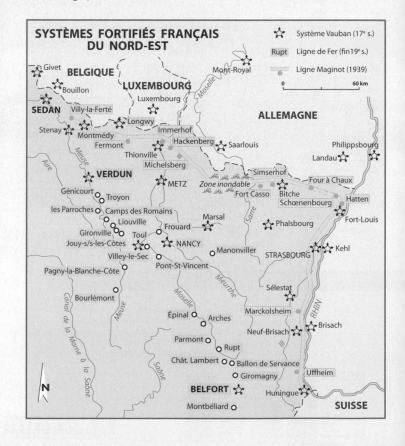

abris, ouvrages évoquent le souvenir d'innombrables combats qui eurent lieu dans le nord-est de la France. On peut encore voir aujourd'hui quelques places fortifiées au 17e s. par Vauban (Neuf-Brisach, Longwy) ou remaniées par le célèbre architecte (Metz, Toul) et visiter les citadelles de Bitche, de Montmédy et de Verdun.

La guerre de 1914-1918 a laissé de nombreuses traces de combats comme en témoignent les Éparges, Bois-d'Ailly, le Linge, le Vieil-Armand, et surtout Verdun, qui fut l'enjeu d'une bataille héroïque sur les deux rives de la Meuse. Les nécropoles, les cimetières militaires et les mémoriaux américains sont autant de témoignages émouvants de la Grande Guerre : Romagne-sous-Montfaucon, Épinal, Montfaucon, butte de Montsec, St-Avold, St-Mihiel et Thiaucourt. Construite à partir de 1930, afin de protéger la frontière nord-est de toute nouvelle invasion, la ligne Maginot, malgré son ampleur, n'a pas résisté à l'assaut. De nombreux musées consacrent une ou plusieurs salles aux souvenirs des différentes guerres : Freyming-Merlebach, Gravelotte, St-Amarin, St-Die-des-Vosges, Thann, Wissembourg, Woërth…

L'Association nationale du souvenir de la bataille de Verdun et de la sauvegarde de ses hauts lieux a créé douze sentiers pédestres de découverte de notre musée de plein air, situés de part et d'autre de la Meuse (départ en général d'un parking, durée moyenne 1h30). Sept de ces sentiers partent du Mémorial de Verdun ou de ses environs. Documentation à son point de vente : Mémorial de Verdun - 1 av. du Corps-Européen - 55100 Fleury-devant-Douaumont - ℘ 03 29 84 35 34 - www.memorialdeverdun.fr

Pour 15 €, l'audioguide Wizzitor permet de suivre 8 sentiers commentés sur les principaux champs de bataille. Renseignements à l'office du tourisme de Verdun : 1 bis avenue du Gén.-Mangin - 55106 Verdun - ℘ 03 29 84 55 55 - www.verdun-tourisme

PÊCHE

La région, riche en étangs, lacs, rivières et canaux, attire de nombreux pêcheurs. Quel que soit l'endroit choisi, il convient d'observer la réglementation nationale et locale, de s'affilier pour l'année en cours dans le département de son choix à une association de pêche et de pisciculture agréée, d'acquitter les taxes afférentes au mode de pêche pratiqué ou d'acheter une carte journalière.

Union nationale pour la pêche en France – 17 r. Bergère - 75009 Paris - ℘ 01 48 24 96 00 - www.unpf.fr. Son site contient les coordonnées des fédérations départementales de pêche et de protection du milieu aquatique.

RANDONNÉES ÉQUESTRES

Centres équestres

Ils sont nombreux et proposent des stages, des séjours, des promenades en forêt… Chaque comité régional ou départemental peut fournir la liste des centres de sa région ou de son département avec les différentes activités, les gîtes et relais, les randonnées.

Comité national de tourisme équestre – Parc équestre - 41600 Lamotte-Beuvron - ℘ 02 54 94 46 80 - www.ffe.com. Sa brochure annuelle, *Cheval nature, l'officiel du tourisme équestre*, répertorie les possibilités en équitation de loisirs et les hébergements accueillant cavaliers et chevaux.

Délégation au tourisme équestre, région Alsace – 6 rte d'Ingersheim - 68000 Colmar - ℘ 03 89 24 43 18 - www.chevalsace.com - tlj sf w.-end 8h-12h - Brochure gratuite sur demande.

Comité départemental du tourisme équestre de la Meuse – M. François Sepulchre - Grande-Rue - 55290 Biencourt-sur-Orge - ✆/fax 03 29 75 94 26.

Comité départemental du tourisme équestre de Moselle – M. Yves Gellez - 113 Grand-Rue - 57970 Yütz - ✆ 03 82 86 00 63 ou 06 07 51 73 02.

Comité départemental du tourisme équestre du Haut-Rhin – Mêmes coordonnées que la délégation au tourisme équestre région Alsace.

Comité départemental du tourisme équestre du Bas-Rhin – 4 r. des Violettes - 67201 Eckbolsheim - ✆ 03 88 77 39 64 - www.chevalsace.com

Comité départemental de tourisme équestre des Vosges – 87 r. du Fort - 88550 Pouxeux - ✆ 03 29 36 93 75 - tlj 9h-21h.

Idées de randonnées

Jura alsacien ; vallons du Sundgau ; pays des étangs – Ferme équestre Zum Blaue - 5 r. Wolschwiller - 68480 Kiffis - ✆ 03 89 40 35 25 - promenades à cheval tous niveaux.

RANDONNÉES PÉDESTRES

La marche est une vieille tradition dans le massif vosgien. La diversité du relief permet d'admirer de beaux paysages offrant une grande variété en matière de flore, de faune, et de découvrir le patrimoine architectural.

Le Club vosgien – 16 r. Ste-Hélène - 67000 Strasbourg - ✆ 03 88 32 57 96 - www.club-vosgien.com - tlj sf dim. et j. fériés 9h-12h, 13h-17h, lun. 13h-17h.

Les sentiers de Grande Randonnée – Nous signalons ci-dessous les différents sentiers de Grande Randonnée qui parcourent la région décrite dans ce guide. Certains de ces sentiers sont balisés par le Club vosgien (rectangle de couleur), tout en portant le balisage GR aux intersections.

Le **GR 5**, de la frontière du Luxembourg au Ballon d'Alsace, traverse le Parc naturel régional de Lorraine.

Le nouveau **GR 5g** relie Stiring-Wendel à Scy-Chazelles à travers sites industriels et bassins houillers.

Le **GR 53**, de Wissembourg au col du Donon, traverse le Parc naturel des Vosges du Nord.

Le **GR 7** parcourt les Vosges du Ballon d'Alsace à Bourbonne-les-Bains et poursuit son itinéraire en Bourgogne.

Le **GR 714** va de Bar-le-Duc à Vittel, et relie le GR 14 au GR 7.

Le **GR 533** va de Sarrebourg au ballon d'Alsace.

Fédération française de randonnée pédestre – 64 r. du Dessous-des-Berges - 75013 Paris - ✆ 01 44 89 93 93 - www.ffrandonnee.fr. La fédération donne le tracé détaillé des GR, GRP et PR à travers ses collections de topoguides ainsi que d'utiles conseils.

Les trois parcs naturels régionaux d'Alsace-Lorraine éditent un ensemble de plaquettes contenant des dépliants de randonnées pédestres.

ROUTES THÉMATIQUES

Histoire

Pour découvrir le patrimoine architectural local, des dépliants sont disponibles auprès des offices de tourisme ou à La Demeure historique (Hôtel de Nesmond - 57 quai de la Tournelle - 75005 Paris - ✆ 01 55 42 60 00 - www.demeure-historique.org).

La **route historique des Marches de Lorraine** sillonne la Moselle et déborde sur la Meuse et les Vosges englobant 22 lieux remarquables. Renseignements :M. Thierry de Lambel - Château de Fléville - 5 r. du Château - 54710 Fléville-devant-Nancy - ✆ 03 83 25 64 71 - www.fleville.com.

Circuit Jeanne d'Arc, 80 km de sentier sur les pas de la sainte par Vaucouleurs et Domrémy.

Tourisme à thème
Pour les routes à thème suivantes, reportez-vous au dépliant « Tourisme Alsace, itinéraires touristiques » ou adressez-vous au CRT de Lorraine.
Route du Rhin, de Lauterbourg à St-Louis.
Circuit des Vosges du Nord, à travers les Vosges moyennes.
Route des Potiers, avec les ateliers de Soufflenheim et de Betschdorf.
Route de l'Amitié, de Paris à Munich, qui fait connaître la Lorraine, les deux versants des Vosges, Strasbourg, la Forêt-Noire...
Route Verte, route franco-allemande reliant Domrémy en Lorraine à Donaueschingen en Forêt-Noire.
Route du Cristal en Lorraine, avec la visite des principales cristalleries.
Route de Stanislas, un circuit de 100 à 150 km (selon les options) autour de Nancy pour découvrir les lieux habités ou de séjour du duc.
Route romane d'Alsace, un choix à opérer parmi 120 sites, des plus prestigieux aux plus secrets.
Route Ligier Richier, pour parcourir la Meuse à travers les œuvres du plus grand sculpteur lorrain de la Renaissance.

Gastronomie
Route de la Choucroute ; route gourmande de la Vallée de la Sauer ; route de la Matelote ; route de la Truite ; route de la Carpe frite ; route du Fromage ; circuit de la Mirabelle.

Vins
Route des Vins d'Alsace ; vignoble toulois ; route de la Bière d'Alsace ; route lorraine de la Bière.

Arts
Le vent des Forêts, circuit d'art contemporain en forêt près de St-Mihiel - ℰ 03 29 71 01 95 - www.leventdesforets.com.

SKI
Le massif vosgien est le « massif du ski en douceur » dans un environnement de sapins, de paysages sereins s'étageant de 600 m à 1 400 m d'altitude : ski alpin, ski de fond, nouvelles glisses, biathlon, saut à skis, raquettes, balades en traîneau à chiens, luge ou tout simplement promenade à pied.
Le ski alpin se pratique sur de nombreux sites totalisant 90 remontées mécaniques, certains équipés d'installations d'enneigement et d'éclairage pour la pratique du ski nocturne, notamment les stations de **Gérardmer** et de **La Bresse**. Pour les amateurs de ski de fond, plus de 300 km de pistes sont balisées et régulièrement entretenues.
L'**association Ski France** réunit les informations sur une centaine de stations hivernales françaises. Elle décerne un label relatif à la qualité des équipements et des services proposés. Renseignements sur le site www.skifrance.fr.

SOUVENIRS

Vins
Ceux d'Alsace, bien sûr, (riesling, gewurztraminer, sylvaner, pinot blanc, pinot noir, pinot gris et muscat), mais aussi ceux de Lorraine (côtes-de-meuse, moselle, côtes-de-toul). On les trouve dans toutes les caves de villages vignerons comme dans les boutiques spécialisées des grandes villes. N'oubliez pas non plus les innombrables foires aux vins qui ont lieu en général de juillet à septembre.

Eaux-de-vie
Comment repartir de Lorraine sans avoir acheté une bouteille d'eau-de-vie de quetsche, mirabelle, cerise, framboise ? À consommer (avec modération) au coin du feu quand dehors il fait froid.

Bière

L'Alsace est bien sûr le pays de la bière. La Lorraine possède également quelques brasseries ainsi qu'un musée européen de la Bière à Stenay.

Douceurs

Madeleines de Commercy, bergamotes et macarons de Nancy, dragées de Verdun, bonbons au miel des Vosges, confiture de groseilles de Bar-le-Duc, fruits au sirop (mirabelles, quetsches, cerises, poires de Lorraine), lorgnons linéens (chocolat et purée de groseilles) de Ligny-en-Barrois, macarons de Boulay.

Produits fermiers

L'Alsace est une des régions réputées pour la fabrication du foie gras. Pour le fromage, dont l'incontournable munster, ne traînez pas en route, il supporte mal le transport.

Cristal

En Lorraine, pensez aux cristalleries. Outre les grandes marques comme Daum, Baccarat ou St-Louis, il existe des petits artisans. Dans ces cristalleries, vous trouverez aussi des lustres, des bibelots. Faites un tour du côté de Portieux, St-Louis-lès-Bitche, Vallerysthal ou Vannes-le-Châtel.

Poterie

Un *kougelhopf* confectionné dans un véritable moule en terre vernissée, c'est tout de même meilleur. Vous trouverez plats, moules à gâteau, cruches et autres pots dans les villages potiers de Betschdorf et Soufflenheim.

Faïence

On trouve des faïences (plats, vases, cache-pots, objets) à Longwy (ville à retenir également pour ses émaux), Sarreguemines, St-Clément et Lunéville.

Linge de maison

Torchons en lin et draps en coton dureront longtemps. Les nappes damassées ou jacquard de Gérardmer sont tout simplement irrésistibles.

Jouets en bois

L'Alsace a gardé de l'Allemagne la tradition des jouets en bois. On en trouve en particulier à Ingwiller et Éloyes, dans les Vosges du Nord.

Les marchés de Noël

Strasbourg est le plus ancien et le plus renommé des marchés de Noël (une tradition venue d'Allemagne) mais c'est Kaysersberg qui a relancé le goût de cette manifestation, il y a une quinzaine d'années. Depuis, il s'en crée sans cesse. Ainsi, à Strasbourg, Kaysersberg, Ribeauvillé, Obernai, Munster ou Saverne, pour ne citer que les plus célèbres, vous trouverez décorations de Noël, pâtisseries traditionnelles et artisanat alsacien.

STAGES DE CUISINE

Des séjours avec cours de cuisine sont organisés, principalement en hiver, par certains restaurateurs. **Ferme-auberge Mme Fuchs** – 22 r. de l'École - 67670 Waltenheim-sur-Zorn - ℰ 03 88 51 64 57 - oct.-mars.

THERMALISME

Sources minérales et thermales

L'appellation de « **source minérale** » désigne soit des sources d'eaux infiltrées, soit des sources issues des profondeurs, dont les eaux se sont chargées de substances ou de gaz présentant des propriétés thérapeutiques. Le qualificatif « **thermal** » s'applique aux eaux dont la température est d'au moins 35 °C. Les sources thermales sont situées soit sur des failles du plateau lorrain, soit au voisinage des massifs cristallins. Fragiles, les eaux minérales et thermales sont pour la plupart très instables. Elles s'altèrent rapidement et doivent être utilisées sitôt sorties de terre. C'est la principale raison de l'existence des stations thermales.

Les deux zones géographiques des Vosges, la « plaine » à l'ouest, la « montagne » à l'est et au sud-est, possèdent chacune leurs eaux bien caractéristiques.

Sources froides – La « plaine » des Vosges est le domaine des sources froides chargées, après leur parcours souterrain, de calcium et de magnésium et, pour quelques-unes, de lithium et de sodium. La capitale thermale en est **Vittel,** dont les eaux, connues des Romains, n'ont été retrouvées qu'en 1845. Vittel et sa voisine **Contrexéville** ont donné naissance à d'importantes usines d'embouteillage (les plus importantes du monde avec celle d'Évian).

Sources chaudes – À l'opposé de la plaine vosgienne, la « montagne » possède des sources d'origine volcanique caractérisées moins par leur minéralisation que par leur thermalité et leur teneur en principes radioactifs. Connues également des Romains, grands amateurs de sources chaudes, et même des Celtes et des Gaulois, ces sources ont un long et riche passé. Elles sont au nombre de 3 en Lorraine (**Plombières, Bains-les-Bains** et **Amnéville,** la dernière-née) et de 2 en Alsace (**Niederbronn-les-Bains** et la petite station de **Morsbronn-les-Bains**).

Les stations et leurs spécialités

Amnéville – Rhumatologie, séquelles de traumatismes, voies respiratoires. Saison : mars-déc.
Bains-les-Bains – Maladies cardio-artérielles, rhumatologie, séquelles de traumatismes. Saison : avr.-oct.
Contrexéville – Surcharge pondérale, affections rénales et urinaires. Saison : avr.-oct.
Morsbronn-les-Bains – Rhumatologie, séquelles de traumatismes. Saison : mars-nov.

Niederbronn-les-Bains – Rhumatologie, séquelles de traumatismes, rééducation fonctionnelle. Saison : de mi-mars à mi-déc.
Plombières-les-Bains – Affections de l'appareil digestif et troubles de la nutrition, affections rhumatologiques et séquelles de traumatismes ostéo-articulaires. Saison : avr.-oct.
Vittel – Affections des reins et du foie, rhumatologie, séquelles de traumatismes, troubles de la nutrition. Saison : de mars à mi-déc.

Thermalisme et tourisme

À l'exception des eaux sulfureuses, toutes les catégories d'eaux minérales définies par les classifications en usage sont représentées en Alsace et surtout en Lorraine. Outre les cures traditionnelles, certaines stations proposent : remise en forme, forfait colonne vertébrale, cure antitabac, cure d'amincissement, cure antistress, relaxation…

L'**Association des villes d'eaux des Vosges** a créé une brochure (téléchargeable sur leur site) *Vosges thermales* concernant Bains-les-Bains, Contrexéville, Plombières et Vittel (75 r. Gaston-Thomson - 88140 Contrexéville - ✆ 06 84 05 83 91 - www.villesdeauxdesvosges.fr).
Union nationale des établissements thermaux – 1 r. Cels - 75014 Paris - ✆ 01 53 91 05 75 - www.france-thermale.org.
Chaîne thermale du soleil – 32 av. de l'Opéra - 75002 Paris - ✆ 0 800 05 05 32 - www.chainethermale.fr

TRAINS TOURISTIQUES

Quelques exemples : la vallée de la Doller de Cernay à Sentheim ; le chemin de fer forestier d'Abreschviller au Grand-Soldat ; le long du Rhin entre le port rhénan de Neuf-Brisach et Baltzenheim, circuit ferré combiné avec une promenade en bateau. *Se reporter à l'index pour retrouver ces noms.*

Petit train du plan incliné de St-Louis-Arzviller – À bord du petit train touristique *Le Teigelbach,* découvrez l'ancien canal de la Marne au Rhin. Vous longerez les trois écluses les plus rapprochées d'Europe. ℘ 03 87 25 30 69 - www.plan-incline.com - ne circule pas les jours de pluie - parcours : 7 km (1h30) - juil.-août : 10h30, 14h30, 16h, 17h ; mai-juin et sept. : w.-end et j. fériés 10h30, 14h30, 16h, 17h - 7 € (5-15 ans 6 €).

Draisine – Autrefois moyen de locomotion utilisée par les ouvriers des chemins de fer, la draisine est devenue aujourd'hui un moyen de parcourir la vallée de la Mortagne (20 km de voie ferrée à partir de la gare de Magnières situé à13 km à l'ouest de Baccarat). ℘ 03 83 72 34 73 - mai-juin : 9h-12h, 14h-18h ; juil.-août : 9h-12h, 14h-19h, dim. et j. fériés 9h-19h ; avril et sept. : 14h-18h - 12 €/h.

Vélorail – En famille ou entre amis, partez à la découverte de la vallée de la Canner sur un vélorail. Parcours de 18 km de Vigy à Aboncourt qui traverse en partie la forêt de St-Hubert - 1er w.-end d'avr. au 1er dim. d'oct. : 9h-19h, sam. 14h30-19h, dim. et j. fériés 9h-13h - Forfait pour 4 pers. : Vigy-Bettelainville (1h30) : 14 €, Vigy-Aboncourt (2h) : 18 €. Réservation conseillée ℘ 06 84 45 37 70.

VISITE GUIDÉE

♿ Vous trouverez des informations concernant les visites guidées qui ont retenu notre attention dans les rubriques « S'informer » au début des chapitres dans « Découvrir l'Alsace-Lorraine ».

VILLES ET PAYS D'ART ET D'HISTOIRE

Sous ce label décerné par le ministère de la Culture et de la Communication sont regroupés quelque 130 villes et pays qui œuvrent activement à la mise en valeur et à l'animation de leur architecture et de leur patrimoine. Dans ce réseau sont proposées des visites générales ou insolites, conduites par des guides-conférenciers et des animateurs du patrimoine agréés par le ministère. Renseignements auprès des offices de tourisme des villes.

Voir également le chapitre suivant, « En famille ».

Les Villes et Pays d'art et d'histoire cités dans ce guide sont Bar-le-Duc, le pays de Guebwiller, Mulhouse et le pays du val d'Argent.

VUE DU CIEL

Aéroclub du sud meusien – Aérodrome de Bar le Duc-Les Hauts de Chée - Thierry Schell - BP 10184 - 55005 Bar-le-Duc - ℘ 03 29 77 18 30 ou 06 81 19 03 54 - vols en avion, baptêmes de l'air, école de pilotage : toute l'année sur RV.

Aérovision – 34 chemin de la Speck - 68000 Colmar - ℘ 03 89 77 22 81 - www.aerovision-montgolfiere.com - vols en montgolfière : survols des sommets vosgiens, baptêmes de l'air au-dessus du vignoble ou de la plaine alsacienne, vols de nuit - vol « découverte » 230 € par pers.

Pôle aérostatique Pilâtre de Rozier – Lorraine Chambley Air Base - hangar 610 - 54890 Chambley - ℘ 03 82 33 77 77 - www.pilatre-de-rozier.com. Vols en montgolfière. La biennale « Lorraine Mondial Air Ballons » s'y déroule.

Nouveaux Guides Verts Week-end MICHELIN : Les grandes villes à portée de main !

Les guides touristiques MICHELIN, une meilleure façon de voyager.

Découvrez les nouveaux Guides Verts Week-end, 12 destinations pour passer un séjour exceptionnel !

Accédez en un seul coup d'oeil aux informations essentielles des grandes villes les plus branchées : Les monuments emblématiques, les plus beaux musées, les expositions phares mais aussi les restaurants, les bonnes adresses d'hôtels et les bons plans shopping, guidez-vous facilement à l'aide de leurs plans détachables.

Craquez pour cette nouvelle collection à prix attractif, pour en savoir plus rendez-vous sur www.cartesetguides.michelin.fr

MICHELIN
Une meilleure façon d'avancer

En famille

Nous avons sélectionné des sites et activités *(voir le tableau page suivante)* susceptibles de plaire à vos enfants. Vous les repérerez dans la partie « Découvrir l'Alsace Lorraine » grâce au pictogramme ▲▲.

S'INFORMER

Le site www.sitespourenfants. com recense sorties, spectacles, animations pour les moins de 12 ans.

La brochure **Bibouille** (téléchargeable sur www.bibouille. net) répertorie les activités à caractère ludique d'Alsace, des Vosges ou de la Moselle de même que le dépliant **En famille en Alsace** (Bas-Rhin), ☏ 03 88 15 45 80.

Le **Pass'Famille** dans les Vosges du Nord propose des réductions dans quatre parcs de loisirs.

Le Parc naturel des Vosges du Nord met en place chaque été les **Amuse'musées** (☏ 03 88 01 49 59 - www.parc-vosges-nord.fr), découverte ludique des musées du Parc.

LES LABELS

Villes et Pays d'art et d'histoire

Le réseau des Villes et Pays d'art et d'histoire *(voir la rubrique « Visites guidées » au début des chapitres dans Découvrir l'Alsace Lorraine)* propose pour les enfants des **visites découverte** et des **ateliers du patrimoine** les mercredis, samedis et pendant les vacances scolaires.

En juillet-août, dans le cadre de l'opération « L'Été des 6-12 ans », ces activités sont également proposées pendant la visite des adultes.

Stations vertes

La Fédération des stations vertes de vacances *(voir p. 16)* décerne chaque année un prix de l'accueil des enfants. L'Alsace et la Lorraine comptent une trentaine de stations vertes : www.stationverte.com

OBSERVER LES CIGOGNES

La région compte de nombreux enclos à cigognes : Damvillers, Eguisheim, Ensisheim, Kaysersberg, Molsheim, Rouffach, Soultz, Turckheim, Ungersheim, La Wantzenau, l'étang de Lindre…

▲▲ SITES OU ACTIVITÉS À FAIRE EN FAMILLE			
Chapitres du guide	**Nature**	**Musées**	**Loisirs**
Amnéville	Parc zoologique Aquarium		Walygator Parc Base de loisirs (parc accro-branche, cinéma 3D, luge d'été, ski indoor…)
Baccarat	Vélorail du Val de Mortagne Observatoire à oiseaux au lac de Pierre-Percée		Fraispertuis City à Jeanménil Pôle Sports Nature aux lacs (La Plaine, Pierre-Percée)
Bains-les-Bains		Visite de la confiserie Delisvosges à Darney	La Ferme-Aventure à La Chapelle-aux-Bois
Colmar	Promenade en barque	Musée animé du Jouet et des Petits Trains	
Massif du Donon			Petit train forestier d'Abreschviller

Chapitres du guide	Nature	Musées	Loisirs
Écomusée d'Alsace		Site	Eden-Palladium
Ensisheim		Le Bioscope	
Épinal	Minizoo au parc du château	Ateliers de l'Imagerie	Spina Parc (d'arbre en arbre)
Gérardmer		Musée Faune Lorraine	Sports nautiques, VTT, escalade, équitation, ski
Guebwiller	Vivarium (Lautenbach-Zell)		
Haguenau			Nautiland Didi'Land à Morsbronn
Le Hohwald	Parc-aquarium Les Naïades à Ottrott	Musée du Pain d'épice à Gertwiller	Parc Alsace Aventure à Breitenbach
Route des Vins	Centre de réintroduction des cigognes et des loutres Jardin des Papillons exotiques vivants, à Hunawihr		
Lunéville		La Maison de la mirabelle à Rozelieures	
Mulhouse	Parc zoologique et botanique	Cité de l'Automobile Cité du Train EDF Électropolis	Stade nautique
Nancy	Minizoo au parc de la Pépinière	Muséum-Aquarium	Parc de loisirs de la forêt de Haye
Val d'Orbey		Espace des métiers du bois et du patrimoine à Labaroche La Graine au Lait à Lapoutroie	
Remiremont		Parc Alsace Lorraine Miniature à St-Amé	
PNR Lorraine	Parc animalier Ste-Croix		Base de loisirs du lac de Madine
Vallée du Rhin		« Il était une fois le Rhin » à Mothern Maison des énergies à Fessenheim Mémoire du Rhin et Mémoire du saumon à la Petite Camargue alsacienne	Parc des eaux vives à Huningue Bases de loisirs à Hoenheim, Offendorf, Plobsheim, Rhinau, Marckolsheim, Vogelgrun et Village-Neuf
Ribeauvillé		La ferme de l'Hirondelle	
St-Nicolas-de-Port	Enclos à cigognes	Musée du Cinéma, de la Photographie et des Arts audiovisuels	
Saverne			L'Océanide
Schirmeck		Musée Oberlin à Waldersbach	
Sélestat	La Volerie des aigles et la Montagne des singes à Kintzheim	La Maison du pain	Cigoland à Kintzheim
Soultz-Haut-Rhin		La Nef des jouets	
Strasbourg	Mini-zoo au parc de l'Orangerie	Le Vaisseau Naviscope Musée du Chocolat à Geispolsheim	Natura Parc à Ostwald
Vaucouleurs		Centre « Visages de Jeanne » à Domrémy	
PNR Vosges du Nord		Château des énigmes et le P'tit Fleck au château de Fleckenstein	
Route badoise du Vin		Musée du Carnaval à Kenzingen	
Europa-Park			Parc d'attractions
Fribourg	Steinwasenpark (animaux et loisirs)		

Mémo

Agenda

Retrouvez ces manifestations ainsi que d'autres de moindre importance dans « Nos adresses à… », dans la partie « Découvrir l'Alsace Lorraine ».
Pour être au courant des manifestations et festivités d'Alsace, consultez la brochure éditée par l'association Rondes des fêtes téléchargeable sur son site internet. ✆ 03 89 68 80 80 - www.ronde-des-fetes.asso.fr

DERNIÈRE SEMAINE DE JANVIER

Gérardmer – Fantastic'Arts : festival du film fantastique.
✆ 03 29 60 98 21.

FÉVRIER

Strasbourg – Carnaval, Mardi gras.
✆ 03 88 77 49 66.
Sarreguemines – Carnaval, www.carnavaldesarreguemines.com.

Sélestat – Grande cavalcade, w-end suivant Mardi gras. ✆ 03 88 58 85 75.

MARS

Illkirch – Le Printemps des Bretelles, festival d'accordéon.
✆ 03 89 65 31 06 - www.illiade.com
Strasbourg –Giboulées de la Marionnette. www.theatre-jeune-public.com

SAMEDI DES RAMEAUX

Épinal – Fête des Champs Golot : les enfants traînent des bateaux illuminés sur un bassin.

MI-AVRIL

Gérardmer – Fête des jonquilles (années impaires, prochaine édition en 2011). ✆ 03 29 63 12 89.
Strasbourg – Festival des Artefacts, musiques actuelles. www.festival.artefact.org

AVRIL-MAI

Épinal – Floréal musical : festival de musique classique. ✆ 03 29 82 53 32.
Altkirch – Kino Knock Out Festival : festival de courts-métrages. ✆ 03 89 08 36 03 - www.kkofestival.com

MAI

Neuf-Brisach – Fête du muguet avec grand cortège historique (le 1er). ✆ 03 89 72 56 66.
Vandœuvre-lès-Nancy – Musique Action : festival de musique contemporaine. ✆ 03 83 56 15 00.
Strasbourg – Nouvelles Strasbourg Danse. www.pole-sud.fr.
Azannes-et-Soumazannes – Fête des vieux métiers (les dim. du mois de mai). ✆ 03 29 85 60 62.
Domrémy-la-Pucelle – Fête de Jeanne d'Arc (pèlerinage), 2e w.-end, et Fête de l'arbre de mai (le w.-end suivant). ✆ 03 29 06 90 70/95 86.

ASCENSION

La Bresse – Festival international de sculpture (toute la sem.).
✆ 03 29 25 40 21.
Nancy – Festival international de chant choral (années impaires, prochaine édition en 2011).
✆ 03 83 27 56 56 - www.chantchoral.org
Ste-Marie-aux-Mines – Festival aux chandelles, église St Pierre-sur-

l'Hâte, ☎ 03 89 58 80 50. Le festival commence le jeudi de l'Ascension et reprend en août et septembre.

Guebwiller – Foire aux vins (le jeu.) ☎ 03 89 76 10 63.

Ungersheim – Fête du cochon (toute la sem.). ☎ 03 89 48 11 28.

JUIN

Ribeauvillé – Fête du *kougelhopf* (début juin).

Saverne – Fête des roses. ☎ 03 88 91 80 47.

Thann – Crémation des Trois Sapins pour la commémoration de la création de la ville (le 30). ☎ 03 89 37 96 20.

Fénétrange – Festival international de musique et d'art lyrique. ☎ 03 87 07 54 48.

Metz – Été du Livre. ☎ 03 87 20 05 05 - www.etedulivre.net

Vaucouleurs – Festival international du cirque. ☎ 03 29 89 51 82.

Strasbourg – Festival international de musique. ☎ 03 88 32 43 10 www. festival-strasbourg.com

Bar-le-Duc – Festival Renaissances : musique ancienne, théâtre de rue et marché. ☎ 03 29 79 11 13.

Rodemack – Fête des vins et fête médiévale. ☎ 03 82 51 25 50.

DE MI-JUIN À FIN JUILLET

Verdun – « Des flammes… à la lumière » : son et lumière sur la bataille de Verdun. ☎ 03 29 84 50 00.

JUILLET

Mont Ste-Odile – Fête de sainte Odile d'été (1er dim. de juillet). ☎ 03 88 95 80 53.

Mulhouse – Festival de l'automobile (grande parade, rallyes…). ☎ 03 69 77 67 77 - www.festivalauto.mulhouse.fr.

Colmar – Festival international de musique (1re quinzaine). ☎ 03 89 20 68 97 - www.festival-colmar.com.

Avioth – Pèlerinage à N.-D. d'Avioth (le 16 juillet). ☎ 03 29 88 90 96.

Seebach – Streisselhochzeit, fête des traditions (le w.-end après le 14). ☎ 03 88 94 74 06.

Gérardmer – Spectacle pyrosymphonique sur le lac (le 14). ☎ 03 29 60 60 60.

Ribeauvillé – Foire aux vins (w.-end. suivant le 14). ☎ 03 89 73 23 23.

Guebwiller – Les Concerts du cloître (2e quinz.). ☎ 03 89 62 21 81.

Chambley – Lorraine Mondial Air Ballons, biennale de l'aérostation (années impaires, prochaine édition 2011, dernier w.-end de juil.-1er w.end-d'août) - ☎ 03 82 33 77 77, www.pilatre-de-rozier.com

JUILLET-AOÛT

Steinseltz – Fête des géraniums (années impaires, fin juil.- déb. août). ☎ 03 88 94 01 51.

Senones – Relève de la garde (certains dim. en juil.-août, à 11h15). ☎ 03 29 57 91 03.

Nancy – Nancyphonies - Festival de Nancy : musique classique (de déb. juil. à déb. août). ☎ 03 83 96 43 24 - www.nancyphonies.net

Bussang – Représentations au Théâtre du Peuple. ☎ 03 29 61 50 48 - www.theatredupeuple.com

Phalsbourg – Festival de théâtre (fin juil.-déb. août). ☎ 03 87 24 42 42 - www.phalsbourg.com

Rouffach – Musicalta, festival de musique (juil.-août). ☎ 03 89 47 59 93 - www.musicalta.com

AOÛT

Munchhouse – Fête de la carpe frite (1re quinzaine).

Sélestat – Corso fleuri (2e w.-end). ☎ 03 88 58 85 75.

Gérardmer – Spectacle pyrosymphonique sur le lac (le 14). ☎ 03 29 60 60 60.

Sierck-les-Bains – Fête médiévale. ☎ 03 82 83 67 97.

Marlenheim – Fête du mariage de l'ami Fritz, en costumes régionaux (les 14 et 15). ☎ 03 88 59 29 55.
Laimont – Festival des Granges, concerts de musiques variées. ☎ 0329 70 59 61 - www.festivaldes granges.com
N.-D. de Thierenbach – Pèlerinage. Procession aux flambeaux la veille (les 14 et 15). ☎ 03 89 76 85 66.
Oderen – Pèlerinage à N.-D.-du-Bon-Secours (le 15).
Erstein – Festival du sucre (dernier w.-end). ☎ 03 88 98 14 33.
Geispolsheim – Fête de la choucroute (dernier dim.). ☎ 03 90 29 72 72.
Eguisheim – Fête des vignerons (dernier w.-end). ☎ 03 89 41 21 78.
Haguenau – Festival du folklore mondial et Fête du houblon (durant une sem., mi-août). ☎ 03 88 73 30 41.
Thionville – « Mongolfiade de Thionville » (années paires, prochaine édition 2010, fin août). ☎ 03 82 33 77 77 - www.pilatre-de-rozier.com

FIN AOÛT-DÉBUT SEPTEMBRE

Metz – Fête de la mirabelle avec corso fleuri, défilé de chars, feu d'artifice (dernière semaine). ☎ 03 87 55 53 76/78.
Ste-Marie-aux-Mines – Festival aux chandelles. ☎ 03 89 58 80 50.

SEPTEMBRE

Ribeauvillé – Fête des ménétriers ou Pfifferdaj : grand cortège historique, dégustation gratuite à la fontaine du vin (1er w.-end). ☎ 03 89 73 23 23.
Baccarat – Fête du pâté lorrain. ☎ 03 83 75 13 37.
Oderen – Pèlerinage à N.-D.-du-Bon-Secours (le 8).
Fénétrange – Festival international de musique et d'art lyrique. ☎ 03 87 07 54 48 - www.festival-fenetrange.org

Guebwiller – Festival musical des grands crus d'Alsace (fin sept.). ☎ 03 89 62 21 81.
Storckensohn – Grande Fête du moulin (2e dim.). ☎ 03 89 82 19 01.

FIN SEPTEMBRE-DÉBUT OCTOBRE

Strasbourg – Musica : festival international de musique d'aujourd'hui. ☎ 03 88 23 46 46 - www.festival-musical.com ; Nuits électroniques de l'Ososphère. www.ososphère.com

OCTOBRE

Saint-Dié-des-Vosges – Festival international de géographie (1er w.-end.). ☎ 03 29 42 22 22 - www.fig-saintdie.com
Nancy – Nancy Jazz Pulsations. ☎ 03 83 35 40 86 - www. nancyjazzpulsations.com
Fresne-en-Woëvre – Festival Densités, concerts, danse, expositions… ☎ 03 29 87 38 26.
En Moselle – En Terre Romantique. Biennale de musique romantique. (prochaine édition en 2011) - ☎ 03 87 62 94 13 - www.cg57.fr.
Laquenexy – Fête des Saveurs aux Jardins fruitiers. ☎ 03 87 35 01 00 - www.jardinsfruitiersdelaquenexy. com

NOVEMBRE

Épinal – Festival international de l'image. ☎ 03 29 31 02 22 - diapimages.free.fr
Strasbourg – Jazzdor, créations de jazz internationales. www.jazzdor. com

DÉCEMBRE

Kaysersberg – « Préludes de Noël à Kaysersberg » (les vend. et w.-ends de l'Avent). www.kaysersberg.com
En Alsace et Lorraine – Fête de la St-Nicolas le 6 déc.
St-Nicolas-de-Port – Pèlerinage à la basilique (samedi le plus proche du 6). ☎ 03 83 46 81 50.

Mont Ste-Odile – Fête de sainte Odile : pèlerinage le plus fréquenté d'Alsace (le 13). ✆ 03 88 95 80 53.
Turckeim – Ronde du veilleur de nuit (le 31, à minuit).

Bibliographie

OUVRAGES GÉNÉRAUX, TOURISME

Vosges, J.-P. Germonville, La Renaissance du Livre, 1996.
Châteaux et seigneurs : histoire d'Alsace, Association Recherches médiévales, Coprur, Strasbourg, 1997.

HISTOIRE, ETHNOGRAPHIE

Histoire de la Lorraine, M. Parisse, Ouest-France, 2005.
Histoire de l'Alsace, P. Dollinger, Ouest-France, 2001.
Les Grandes Heures de la Lorraine, M. Caffier, Éd. Perrin, 1993.
Noël d'Alsace, C. Desbordes, Édisud, 2002.
St-Louis, quatre siècles de cristallerie au pays de Bitche, M. Girault, La Renaissance du Livre, 2007.
Hansi à travers ses cartes postales : 1895-1951, R. Candir, Éd. du Rhin, Mulhouse, 1996.

GASTRONOMIE

Promenades gourmandes et art de vivre en Moselle, F. Kochert, La Renaissance du Livre, 1997.
Les Meilleures Recettes lorraines, A. Scholtès, Ouest-France, 1998.
La Cuisine lorraine, J.-M. Cuny, Éd. JMC, 1996.
La Bière en Alsace, J.-D. Potel, Jehl, Coprur, Strasbourg, 1990.
Vins d'Alsace, histoire d'un vignoble, C. Muller, Coprur, Strasbourg, 1999.
La Bière en Lorraine, J.-C. Colin, Coprur, Strasbourg, 1992.

LITTÉRATURE

La Colline inspirée, Maurice Barrès, Éd. du Rocher, 2004.

La Lorraine dévastée, Maurice Barrès, coll. Rediviva, Éd. Lacour, 1997.
Les Oberlé, René Bazin, Siloe, 2002.
Pays-Haut ; Marie-Romaine, Anna-Marie Blanc, Serpenoise, Metz.
La Mémoire du perroquet, Michel Caffier, Grasset, 1993.
Le Hameau des mirabelliers, Michel Caffier, Pocket, 1999.
Les Roses de Verdun, Bernard Clavel, Pocket, 2003.
Les Âmes grises, P. Claudel, Stock, 2003.
L'Ami Fritz ; L'Invasion, Erckmann-Chatrian, Éd. J. Do Bentzinger, Colmar.
Vacances du lundi, Théophile Gautier, Éd. Champ Vallon, 1994.
Le Haut-Fer, José Giovanni, Folio Gallimard, 1998 (roman qui inspira le film *Les Grandes Gueules* de R. Enrico).
Le Rhin, Victor Hugo, La Nuée Bleue, Strasbourg, 1991.
Les Bourgeois de Witzheim, André Maurois, 1920, (décrit la vie des bourgeois de Bischwiller).
Le Serment des quatre rivières, Violaine Vanoyeke, coll. Jeannine Balland, Presses de la Cité, 1995.
Le Passage du Climont, Jean-Yves Vincent, Éd. Pierron, Sarreguemines, 1994.

POUR LES ENFANTS ET ADOLESCENTS

Alsace, mon guide, Casterman, 1997.
L'Histoire de la Lorraine racontée aux enfants, R. Bastien, Serpenoise, Metz, 1995.
L'Histoire d'Alsace racontée aux enfants, Hansi, Éd. Herscher, 1991.

BD

La Cathédrale, J. Martin, Casterman, 1999.
L'Affaire Bugatti (Michel Vaillant), Jean Graton, 1991 (l'histoire a pour cadre la Cité de l'Automobile à Mulhouse).

L'empire des Hauts murs, S. Hureau, Éd. Delcourt, 2005 (l'histoire se déroule dans la Cour du Corbeau à Strasbourg).

VIDÉO

Le Vignoble d'Alsace, La Route des Vins, coll. Visages d'Alsace, Mitria Production.
Sundgau, Mémoires d'une terre magique, coll. Terres magiques.
L'Alsace gourmande, Itinéraires des saveurs et traditions culinaires, coll. Visages d'Alsace, Mitria Production.

MÉDIAS

Quotidiens

L'Est républicain, Le Républicain lorrain, L'Alsace, Les Dernières Nouvelles d'Alsace.

Revues

L'Alsace, Découverte et passions (Éd. Freeway).
La Revue lorraine populaire (Éd. JMC., Nancy).

Radios

France Bleu Alsace – Altkirch, Colmar, Mulhouse, Sélestat (102.6) ; Haguenau, Obernai, Saverne, Schirmeck, Strasbourg (101.4) ; Orbey (101.5) ; Ste-Marie-aux-Mines (106.6) ; Wissembourg (94.6).
France Bleu Sud-Lorraine – Baccarat, Lunéville, Nancy, Raon-l'Étape, Toul (100.5) ; Épinal (100.0) ; Gérardmer (91.2) ; La Bresse (96.7) ; Remiremont (90.2) ; St-Dié-des-Vosges (92.1) ; Vittel (102.6).
France Bleu Lorraine-Nord – Metz (98.5) ; Forbach (98.8).

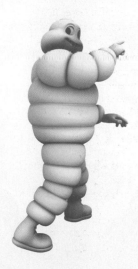

2/
COMPRENDRE
L'ALSACE
LORRAINE

Assortiments de plats à kougelhopf.
SGM/Agefotostock

Traditions et art de vivre

Leur destin commun au tournant du 20ᵉ s. a rendu l'Alsace et la Lorraine indissociables aux yeux d'un grand nombre de Français. Mais ce cliché ne saurait faire justice à deux régions aux caractères forts et de plus en plus affirmés. Si l'Alsace a toujours cherché à préserver ses particularismes et ses symboles, les Lorrains montrent depuis quelques années un intérêt grandissant pour leur patrimoine, qu'ils s'efforcent de sauvegarder. Les traditions de chacune de ces régions s'expriment dans des domaines aussi variés que la langue, le folklore et la gastronomie.

Traditions et folklore

LE DIALECTE

L'Alsace appartient, comme une partie de la Moselle, à l'aire linguistique germanique, qui est divisée en plusieurs grandes familles de dialectes. C'est ainsi que l'alémanique, qui coïncide avec les territoires des anciens Alamans du début du Moyen Âge, couvre le nord de la Suisse, le sud-ouest de l'Allemagne et la plus grande partie de l'Alsace.

En revanche, les façons de parler de la région de Wissembourg et de Moselle correspondent au francique issu des Francs qui s'étaient installés dans la région du Rhin.

Mais rien n'est simple, car la division politique de ces régions, qui a duré jusqu'à leur rattachement à la France, a favorisé les particularismes et les façons locales de s'exprimer. D'autre part, la frontière linguistique qui s'est fixée un peu avant l'an 1000 n'a jamais correspondu aux frontières provinciales. Une partie des hautes vallées vosgiennes a toujours parlé un dialecte roman rattaché aux parlers lorrains et que leurs voisins appelaient le « welche ». Ce terme désignait tous ceux qui ne faisaient pas partie de l'aire des parlers germaniques.

Les événements politiques sont venus ensuite compliquer les choses. Le français et l'allemand sont entrés en concurrence à cause de la succession des annexions et des rattachements. Ces deux langues ont d'ailleurs joué chacune un rôle très différent au cours des trois derniers siècles.

Un vocabulaire français abondant, prononcé « à l'alsacienne », s'est intégré au dialecte. L'allemand correspondait davantage à l'expression écrite de la population qui le comprenait naturellement. Il a eu cependant très peu d'influence sur le dialecte, et la façon dont il fut imposé après 1871 n'a pu que créer un fort sentiment de rejet.

Pendant tout le 19e s. et une grande partie du 20e s., le dialecte devint un élément majeur de l'identité et de la culture régionales. Cette résistance fut symbolisée par Hansi, qui a laissé une image pittoresque de l'Alsace de cette époque, ainsi que par les sœurs de la Divine Providence, qui ont fait de leurs écoles des foyers de culture et d'esprit français.

En revanche, après 1918, des mesures très maladroites de francisation brutale ont nourri un mouvement régionaliste. Après la Seconde Guerre mondiale et la terrible occupation nazie, le bilinguisme français-alsacien est entré rapidement dans les faits.

Si l'alsacien est la deuxième langue régionale parlée en France après le corse, son usage est, depuis la fin de la Seconde Guerre mondiale, en régression constante. Selon une étude de l'INSEE, on dénombrait encore 60 % de locuteurs dans les années 1990, pour 40 % en 2002, soit environ 500 000 adultes. En revanche, on constate que seulement 1 jeune sur 4 le pratique, et cela de façon occasionnelle. Malgré tout, le dialecte fait partie du patrimoine local. on le retrouve dans la poésie, le théâtre, les spectacles de cabaret de la province. On le parle surtout dans les faubourgs et à la

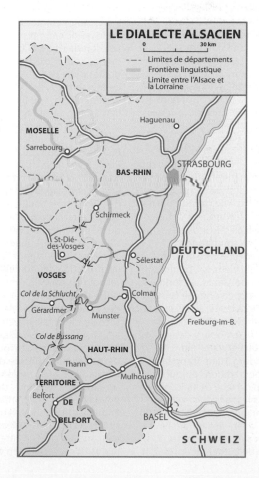

LE DIALECTE ALSACIEN

0   30 km

--- Limites de départements
Frontière linguistique
Limite entre l'Alsace et la Lorraine

Haguenau

MOSELLE

Sarrebourg

BAS-RHIN

STRASBOURG

Schirmeck

St-Dié-des-Vosges

DEUTSCHLAND

Sélestat

VOSGES

Col de la Schlucht

Colmar

Gérardmer

Munster

Freiburg-im-B.

Col de Bussang

HAUT-RHIN

Thann

Mulhouse

TERRITOIRE

Belfort

DE

BELFORT

BASEL

SCHWEIZ

campagne. Réservé aux relations familiales, ou de voisinage, le dialecte se renouvelle peu et se déprécie au regard du français, favorisé par l'école et la télévision. En revanche, l'enseignement de l'allemand, qui reste compris d'une partie de la population, se développe dans les classes franco-allemandes.

Pour en savoir plus ou pour vous familiariser avec le dialecte, consultez le site de l'OCLA (Office pour la langue et la culture d'Alsace) www.olcalsace.org/ ainsi que le site http://dialecte.alsacien.free.fr

SAINT NICOLAS ET HANS TRAPP

Selon la légende, saint Nicolas aurait ressuscité trois enfants qu'un boucher avait découpés et mis au saloir. En réalité, cet évêque du 3e s., originaire d'Asie Mineure, fut canonisé pour sa foi et sa grande générosité. Quoi qu'il en soit, la piété populaire a fait de lui le saint protecteur des enfants. La Lorraine, dont saint Nicolas est le patron, organise de nombreuses processions le 6 décembre, jour où le saint vient distribuer des jouets aux enfants sages… Une coutume qui se perpétue dans une grande partie de l'Europe du Nord.

Mais saint Nicolas a, depuis le 16e s., un triste compagnon : Hans Trapp, c'est-à-dire le père Fouettard, qui vient, lui, punir les enfants désobéissants… D'origine alsacienne, ce personnage couvert de peaux de bêtes serait le seigneur Hans von Drodt, qui terrorisait la région de Wissembourg depuis sa forteresse du Berwartstein.

À Wissembourg, Hans Trapp fait l'objet d'une tradition toujours vivante : un cortège défile chaque année dans les rues de la ville, le dernier dimanche avant Noël.

En Alsace, la fête des enfants s'est très tôt décalée vers Noël sous l'influence de Luther, qui préférait qu'elle soit placée plus justement sous le parrainage de l'Enfant Jésus.

NOËL EN ALSACE

L'ambiance exceptionnelle des fêtes de fin d'année mérite le déplacement. Dès la fin du mois de novembre, les Alsaciens commencent les préparatifs. Traditionnellement, sur la couronne de l'Avent, quatre bougies symbolisent les quatre dimanches de ce cycle de quarante jours, ou les 4 000 ans d'attente du Messie. Chaque dimanche, on allume une bougie différente tout en décorant un sapin des Vosges, arbre de Noël dont l'Alsace s'enorgueillit d'être le berceau, comme en témoignent les livres de comptes de la ville de Sélestat datés de 1521. Symbole indissociable de la fête de Noël, les boules de verre seraient originaires de **Meisenthal,** berceau de la verrerie du pays de Bitche. Les habitants avaient l'habitude de suspendre aux branches de leurs sapins des noix et des pommes. Mais la mauvaise récolte de 1858 invita les verriers de la ville à trouver d'autres décorations : ils eurent alors l'idée de souffler et de peindre des boules de verre. Le Centre international d'art verrier de Meisenthal fait revivre cette tradition chaque année, au mois de décembre. On peut assister à la fabrication des boules selon les techniques du 19e s.

Autre temps fort de cette période de l'année : le marché de St-Nicolas, devenu le marché « de l'Enfant Jésus », Christkindelmarkt ou encore marché de Noël. Cette tradition est issue des pays germaniques. Elle prolonge sur plusieurs semaines, de fin novembre au 31 décembre, une ambiance euphorique au milieu des spectacles les plus variés, danses, concerts, crèches vivantes et expositions. Certains en dénoncent

À Strasbourg, RoseMarianne, la rosière du Kochersberg (œuvre de Jean Claus).
Claude Truong-Ngoc / MICHELIN

la dérive commerciale. Mais la profusion des décorations et des accessoires, l'artisanat local, les grands produits du terroir, les jouets et les gâteaux traditionnels comme les *bredele*, sans oublier le vin chaud, créent une atmosphère festive et bon enfant.

PÈLERINAGES ET FÊTES

En Alsace, les fêtes, joyeuses et colorées, sont aussi l'occasion de remettre à l'honneur les costumes traditionnels, comme la célèbre coiffe à rubans de la petite Alsacienne. Autrefois, c'étaient surtout les pèlerinages, les processions et les fêtes patronales qui rythmaient la vie des habitants. Le pèlerinage de sainte Odile, la patronne de l'Alsace, reste encore très fréquenté. D'autres fêtes d'origine médiévale rappellent un miracle légendaire à l'origine de la fondation d'une ville. À Thann, le 30 juin, on commémore le prodige des trois sapins. À Ribeauvillé, le *Pfifferdaj*, ou fête des ménétriers, est prétexte à de belles reconstitutions historiques. Les fêtes patronales,

appelées *Kilbe* dans le Haut-Rhin et *Messti* dans le Bas-Rhin, sont toujours très vivantes. Traditionnellement, on célèbre le carnaval avec une abondance de beignets et à Pâques, le lièvre vient « pondre » dans les jardins des œufs de toutes les couleurs. À la fête du village, aux mariages, sur le faîte des constructions neuves, mais aussi les jours d'élection, on plante un arbre de mai enrubanné. À cela se sont ajoutées par la suite les fêtes gastronomiques et les manifestations de toutes sortes comme, parmi tant d'autres, la fête de la choucroute à Colmar ou la foire-kermesse de Wissembourg.

Gastronomie

LES GRANDS CHEFS DE LA RÉGION

L'Alsace et la Lorraine sont des régions gourmandes, on ne cesse de vous le répéter. La preuve ? Elle se trouve dans l'assiette de ces cuisiniers distingués que nous vous recommandons, et aussi dans celles de jeunes talents qui commencent à se distinguer.

Dans le Bas-Rhin

La famille de **Jean-Michel Husser** est implantée à Marlenheim depuis 1930. Inutile de dire son attachement à l'Alsace et à son terroir. Cela transparaît dans sa cuisine, où il a su adapter les recettes traditionnelles au goût d'aujourd'hui en les allégeant tout en conservant les saveurs. Il privilégie tout particulièrement la qualité des produits qu'il sélectionne parmi un réseau de nombreux petits producteurs locaux. Digne successeur de son père Michel, chef étoilé de longue date, Jean-Michel maintient le haut niveau culinaire de cette auberge, après avoir effectué son retour au berceau familial en 1981.
Le Cerf, à Marlenheim, 📞 *03 88 87 73 73.*

Dans le Haut-Rhin

Chez les **Haeberlin**, la cuisine est une histoire de famille. Comment ne pas évoquer « L'Arbre Vert » créé par l'arrière-grand-mère puis la modeste auberge des bords de l'Ill, tenue par la grand-mère, où les pêcheurs venaient avant guerre se régaler de matelote. Puis, les talents conjugués de ses deux fils, Paul, le cuisinier, et Jean-Pierre, l'artiste peintre, ont fait monter cette affaire familiale au firmament de la cuisine alsacienne jusqu'à obtenir 3 étoiles en 1967. Enfin, depuis son arrivée en 1976, Marc propose une cuisine raffinée, élégante et goûteuse où les rappels au terroir alsacien n'empêchent pas les touches de modernité. Une telle continuité dans la réussite tient aux valeurs familiales, à l'amitié et à l'esprit d'équipe.
Auberge de l'Ill, à Illhaeusern, 📞 *03 89 71 89 00.*

En Moselle

Jean-Georges Klein propose une cuisine qui émerveille et surprend, aux saveurs magiques, dans une audacieuse variété de mets à la présentation éclatée. Son parcours est atypique : après avoir officié en salle pendant dix-huit ans, Jean-Georges Klein succéda en cuisine à sa maman en 1988 ! Presque autodidacte, doublé d'une trempe de créateur, il avoue avoir trouvé son style culinaire grâce à Pierre Gagnaire et Ferran Adria (célèbre chef espagnol). Fer de lance de la gastronomie en Lorraine, il lui semble indispensable de faire parler son cœur et associe volontiers ses équipes de cuisine et de salle dans sa réussite personnelle, aidé en cela par sa sœur Cathy.
L'Arnsbourg, à Baerenthal, 📞 *03 87 06 50 85.*

Lydia Egloff – la cuisinière – ne peut être que difficilement dissociée de sa sœur **Isabelle** – la sommelière – et le client habitué se rend plus souvent chez les sœurs Egloff qu'à la Bonne Auberge. Une… très bonne auberge même ! reprise en 1980, où Lydia Egloff sert une cuisine originale et créative qui révèle une personnalité hors du commun. Ayant commencé son métier comme maître d'hôtel, c'est grâce à Jacques Maximin, célèbre chef provençal, que se produisit le déclic de sa vocation de cuisinière. Lydia a choisi de rester au pays et a su imposer son style fait de recettes concoctées à « l'impulsion ». Depuis vingt-cinq ans, fidèle à ses fourneaux, elle régale les palais les plus exigeants en les surprenant par la hardiesse de ses recettes.
La Bonne Auberge, à Stiring-Wendel, 📞 *03 87 87 52 78.*

OÙ DÉGUSTER DES SPÉCIALITÉS

Bar-le-Duc : confiture de groseilles
Commercy : madeleine
Gérardmer : géromé (fromage)
Gertwiller : pain d'épices
Liverdun : madeleine
Munster : fromage du même nom
Nancy : bergamote et macaron

Niederbronn : *keschtewurscht* (boudin aux châtaignes)
Plombières : glace du même nom
Vallée du Rhin : matelote
Rambervillers : tête de veau
Rozelieure : mirabelle
Saverne : rose de Saverne (bonbon)
Strasbourg : foie gras
Sundgau : carpe frite
Le Val d'Ajol : andouille
Verdun : dragée

DU SALÉ...

La qualité des produits tirés du sol, l'utilisation de fonds de cuisine tels que la graisse d'oie ou celle de porc, le saindoux, donnent un goût onctueux aux plats lentement mijotés dont les origines sont souvent authentiquement paysannes.

Côté Alsace

L'incontournable **charcuterie** entre dans la composition de nombreux plats. À côté des saucisses de Strasbourg, jambons et pâtés sont innombrables. Le *presskopf*, un fromage de tête de porc, côtoie le foie gras, grand seigneur de la gastronomie alsacienne. Le cuisinier Clause l'a porté à la perfection au 18e s. Les **volailles** élevées en plein air, le **gibier** et les **poissons** n'ont pu que stimuler la variété et la richesse des plats. On n'a que l'embarras du choix entre le coq au riesling et la poularde aux morilles et à la crème, entre la truite des Vosges au bleu et la célèbre carpe frite du Sundgau. La matelote d'anguille, le saumon ou le brochet se trouvent aussi sur les bonnes tables comme, en automne ou en hiver, le civet de marcassin ou de cerf à la confiture d'airelles.

La **choucroute** reste cependant le plat le plus typiquement alsacien. Autrefois, ce plat se conservait l'hiver. Son nom dérive de l'alsacien *sürkrutt*, où *sür* veut dire « aigre » et *krutt*, prononcé « croute », qui désigne le chou. Sa fermentation au sel vient d'Allemagne et remonte à la fin du Moyen Âge. On la prépare le plus souvent avec de la charcuterie accompagnée de pommes de terre bouillies et l'on y ajoute parfois des « surprises » raffinées, pièces de perdreaux, écrevisses ou truffes par exemple. La choucroute de Strasbourg, préparée au riesling, est la plus réputée.

Le *baeckeoffe* est l'autre grand plat mijoté alsacien. Le nom de cette potée signifie littéralement « four du boulanger ». C'est un mélange de viandes de bœuf, porc, agneau ou cuisse d'oie marinées ensemble dans un vin blanc sec, sylvaner ou riesling, accompagné d'oignon, d'ail et d'un bouquet garni. Le tout, disposé dans une cocotte en terre cuite entre deux couches de pommes de terre et d'oignons, mijote pendant deux heures et demie.

Enfin, la *flammekueche*, tarte flambée, à base de pâte à pain, de crème, d'oignons et de lardons, était elle aussi un repas complet qu'on cuisait le matin avec les premières flammes du four à pain.

Côté Lorraine

La fameuse **quiche**, dont le nom vient du germanique *kuchen* (« tarte » ou « gâteau »), en est assez proche. Des lardons sont frits au beurre, puis mélangés à des œufs battus et de la crème : c'est la *migaine*, préparation qu'on répartit ensuite sur un fond de pâte feuilletée ou brisée.

La potée, en Lorraine, était le plat des paysans par excellence. C'est un pot-au-feu de lard fumé et de saucisses, accompagnés de chou blanc et de légumes de saison.

... AU SUCRÉ

Pour terminer le repas, le choix est difficile entre tartes aux pommes, aux quetsches ou aux myrtilles qui ont fait la réputation de la pâtisserie alsacienne. En Lorraine, c'est la mirabelle qu'on décline en tartes ou en délicieuse mousse glacée à l'eau-de-vie du même fruit. Le *kougelhopf* est la traditionnelle brioche alsacienne aux raisins secs et aux amandes qu'on prend plutôt au petit-déjeuner ou au goûter, comme les fameux pains d'épice au miel. Un document de 1412 préconise d'offrir à Noël du pain d'épice aux lépreux. La cannelle, le gingembre, l'anis et la noix de muscade assaisonnent le goût de ces gâteaux aux formes variées. À ces douceurs s'ajoutent quelques variantes au moment de Noël (*mannele, bredele, berawecka* et *stollen*) et de Pâques, où l'on prépare, dans des moules spéciaux, le fameux *lammala,* ou « agneau de Pâques ».

DES PLATS VENUS DE POLOGNE

Stanislas Leszczyński, le dernier duc de Lorraine, particulièrement réputé pour sa gourmandise, apporta avec lui des recettes de Pologne. La carpe fut introduite en Lorraine avec de nombreuses façons de l'accommoder. Autre emprunt, le baba. À l'origine, brioche aux fruits secs et confits, le duc l'« améliora » en l'arrosant de vin hongrois de Tokay. Aujourd'hui, ce dessert n'est plus imbibé de vin mais de rhum. Quant aux fameuses bouchées à la reine, elles doivent leur nom à la reine de France et fille de Stanislas, Marie Leszczyńska.

LES MARCAIRIES

Les Hautes-Vosges connaissent, dès la belle saison, le déplacement des troupeaux vers les pâturages d'altitude. Le marcaire, qui tire son nom du *melker*, le « trayeur de vache » en dialecte, monte avec ses bêtes sur les hautes chaumes de la St-Urbain à la St-Michel (25 mai-29 septembre). C'est là-haut qu'il

va préparer le fromage, dans sa modeste ferme d'altitude, ou marcairie. Ce chalet ne comprenait autrefois que deux pièces, l'une pour le fromage, l'autre, très petite et presque sans mobilier, pour dormir. On lui a souvent adjoint par la suite une étable. Dès la fin du 19e s., les randonneurs ont pris l'habitude de s'y arrêter pour se restaurer. Depuis, ayant pris le nom de fermes-auberges, elles proposent en été le repas marcaire, que les amoureux de la montagne viennent savourer au milieu des senteurs de foins, de résines et de fleurs. Le menu propose toujours les spécialités que la ferme fait elle-même et qui s'enchaînent de manière immuable : un potage suivi d'une tourte de la vallée (pâté chaud de viande de veau et de porc), puis un plat principal composé de viande de porc fumée accompagnée de *roïgabrageldi* (pommes de terre éminchées et longuement rissolées avec des oignons et du lard). Un délicieux munster affiné sur place prélude au dessert, tartes aux fruits de saison, ainsi qu'au *siesskas,* qu'il faut absolument essayer : moulé le matin même, c'est un fromage blanc du jour très frais, servi avec du kirsch et du sucre, et que le gewurztraminer accompagne divinement.

FROMAGES VOSGIENS

La ville alsacienne de Munster a donné son nom au fromage que la montagne vosgienne fabrique depuis plusieurs siècles. Le **munster**, qui a obtenu l'Appellation d'origine contrôlée en 1978, a ainsi sauvé une vache rustique, la vosgienne, dont le lait riche et aromatique lui est essentiel. Après un lent déclin, on la voit reprendre sa place naturelle sur les hautes chaumes. On la reconnaît à ses flancs noir moucheté et à la large bande blanche qui court le long de son échine. Fabriqué au lait cru, le munster est un fromage à pâte molle et à croûte lavée qu'on affine pendant 3 à 4 semaines. On lui ajoute parfois du carvi.

Le géromé a la même croûte fauve et l'intérieur crémeux, mais son lait n'est pas réchauffé et son affinage dure plus longtemps, jusqu'à quatre mois. On lui ajoute de même des graines d'anis, de fenouil ou de cumin. Depuis quelques années, pour se diversifier, les fermes proposent aussi des fromages « de garde », à pâte cuite, qui se conservent plus longtemps. C'est le cas du *bargkas*, littéralement « fromage de montagne », et du saint-grégoire, tous deux proches des tommes et des gruyères.

Une visite de la fromagerie « La Graine au Lait » à Lapoutroie pourrait compléter ce chapitre de façon très vivante.

Bières, vins et alcools

LES BONS VINS DE LA RÉGION

Voir nos adresses p. 19.

LES CÉPAGES D'ALSACE

À l'exception de l'**edelzwicker**, qui désigne l'assemblage de plusieurs cépages *edel* (c'est-à-dire nobles), les vins d'Alsace proviennent en général d'un seul cépage. Sept se partagent principalement le vignoble. Le plus prestigieux est le **riesling**, qui est l'un des plus grands raisins blancs du monde. Son bouquet est subtil et d'une exceptionnelle finesse. D'une grande élégance, le **gewurztraminer** est un traminer, dit « épicé » *(gewurz)* à cause de son goût riche, aromatique et puissant. Le **sylvaner**, sec et léger, désaltère très agréablement. Quant au **pinot blanc**, il est sec, lui aussi, mais

plus corsé. Plus fruité, le **muscat d'Alsace** a un goût de raisin frais. Le **pinot gris** est, lui, bien charpenté, rond et corsé. Enfin le célèbre **pinot noir**, originaire de Bourgogne, donne des rouges ou rosés dont le fruité évoque la cerise.

Quand l'étiquette porte l'appellation « **alsace grand cru** » avec, outre le cépage, l'année et le nom du terroir d'origine, il s'agit de vins particulièrement remarquables. On en compte une cinquantaine.

La mention « vendanges tardives » désigne une récolte très avancée dans la saison, la concentration des sucres donne alors une qualité de raisin tout à fait exceptionnelle. Enfin, le **crémant d'Alsace** est un mousseux de bonne qualité.

L'ART DE LA DÉGUSTATION

Ce sont tous des AOC, vins à Appellation d'origine contrôlée. On peut les goûter au verre dans une *winstub*, spécialement les « vendanges tardives », seuls ou avec du foie gras et certains desserts. On peut aussi les suivre tout au long d'un repas. Le crémant et le muscat servis en apéritif laisseront alors place à un sylvaner frais et léger pour les hors-d'œuvre, fruits de mer ou charcuterie fine. Le riesling et les pinots accompagnent le plat principal, choucroute, rôti, volaille ou poisson, tandis que le capiteux gewurztraminer s'associe aussi bien aux plats exotiques qu'aux fromages forts et à la pâtisserie, pain d'épice ou *kougelhopf*.

ET LA LORRAINE ?

La Lorraine possède un vignoble qui s'étend sur les versants bien exposés des côtes de Meuse et de Moselle. Son histoire, très ancienne, a failli prendre fin au début du 20e s. Depuis, bien qu'encore modeste, la vigne progresse à nouveau.

Les **côtes-de-toul,** classés AOC, proposent un choix de vins gris et rouges issus de gamay et de pinot noir et quelques blancs résultant de cépages auxerrois. Le plus caractéristique est le gris de Toul, un rosé dominé par des arômes de fruits rouges. En 2003, le Comité des vins de Lorraine a regroupé les vignobles des côtes de Toul et des côtes de Meuse sous un unique nom : « les vignobles de Lorraine ». Les **vins de Moselle** sont surtout des blancs produits près de Metz à partir de cépages auxerrois ou de müller-thurgau, avec quelques gris et rouges issus de pinot noir. Enfin, les **côtes de Meuse**, près d'Hattonchâtel, donnent de charmants petits vins de pays, rouges, blancs ou gris.

LA BIÈRE

En Alsace, vin et bière ne sont assurément pas incompatibles. Dans des brasseries strasbourgeoises, on peut goûter à la bière fabriquée sur place, ce qui est une rareté en France. Les *bierstubs* (débits de bière), pendant des *winstubs*, ont une ambiance chaleureuse et intime, avec leurs fenêtres à petits carreaux, leurs boiseries aux murs et leurs banquettes. Un imposant poêle en faïence trône souvent dans la pièce. La fabrication de la bière nécessite une eau très pure et des céréales, essentiellement de l'orge dont le grain est humidifié dans la malterie La germination se produit pendant 8 à 10 jours. Le grain germé est séché et devient le malt que l'on fait macérer, chauffer et fermenter dans l'eau. La fleur de houblon parfume ensuite la bière.

Avec plus de la moitié de la production française, la brasserie alsacienne est devenue, depuis de nombreuses années, une entreprise importante. La production lorraine ne survit que par quelques brasseries artisanales. En Alsace, le succès impressionnant se traduit par l'existence de marques aujourd'hui connues dans le monde entier. C'est au nord de Strasbourg, à Schiltigheim, ville brassicole, que sont implantées les plus grandes brasseries, bien que quelques-unes ferment ou qu'elles soient rachetées par des groupes étrangers (dont la fameuse brasserie Schutzenberger).

LES EAUX-DE-VIE

L'Alsace et la Lorraine offrent un choix très riche et souvent inventif d'eaux-de-vie et de liqueurs, qui peuvent terminer un repas. Le kirsch, dont le nom évoque la cerise en alsacien, est le plus connu. Il parfume d'innombrables recettes bien au-delà de sa région d'origine. La mirabelle et la quetsche donnent, avec des alcools plus secs mais toujours très fruités, d'excellents digestifs. Mais c'est la framboise, qu'on boit dans de très grands verres afin de mieux sentir la subtilité de son arôme, qui est la reine des eaux-de-vie blanches. Un musée des Eaux-de vie existe à Lapoutroie.

Madeleines de Commercy.
Michel Petit / CDT Meuse

Histoire

Longtemps provinces partagées entre influences rivales, aux frontières avec l'Allemagne, la Suisse, la Belgique et le Luxembourg, la Lorraine et l'Alsace ont toujours été de grands axes d'échanges d'idées, de marchandises et d'hommes en Europe, parfois au cœur des plus terribles conflits.

Le duché de Lorraine

DES ROMAINS AUX FRANCS

Si l'occupation humaine a laissé de nombreuses traces en Lorraine pendant la préhistoire, il faut attendre Jules César pour que nous en apprenions les premiers événements historiques. Deux peuples celtes l'occupaient alors : les Leuques au sud, vers Toul, et les Médiomatriques au nord, autour de Metz. Deux cités distinctes ont ainsi été créées après la conquête romaine. Elles sont à l'origine, avec Verdun, des trois évêchés qui se constituent au moment de la christianisation, à la veille des invasions barbares.

Quand disparaît l'Empire romain au **5ᵉ s.**, un nouveau peuple venu de Germanie, les **Francs rhénans**, colonise la vallée de la Moselle jusqu'au nord de Metz. Une frontière linguistique va ainsi se fixer et séparer à cet endroit les parlers romans issus du latin des parlers germaniques. Toute la région, comme d'ailleurs le reste de la Gaule, passe alors sous la domination du roi franc Clovis et de ses successeurs, les Mérovingiens. Mais ce sont les **Carolingiens**, famille originaire des pays d'entre

Meuse et Rhin, qui sont à l'origine de la création de la Lorraine. Celle-ci se trouve alors au cœur de l'empire de Charlemagne.

Quand, à la suite du **traité de Verdun** en 843, les petits-fils de Charlemagne se sont partagé son héritage, l'aîné, Lothaire, en a reçu la partie centrale. C'est le royaume de son fils, Lothaire II, qu'on va prendre l'habitude d'appeler Lotharingie. S'étendant jusqu'à la mer du Nord, elle a été ensuite partagée en deux duchés, la Basse-Lorraine au nord et la Haute-Lorraine qui, plus au sud, est seule restée fidèle à ce nom. Otton Iᵉʳ l'incorpore par la suite au Saint Empire romain germanique fondé en 962.

DU MOYEN ÂGE À LA RENAISSANCE

Au cours des siècles suivants, le déclin de la puissance impériale va provoquer un éparpillement durable des pouvoirs. Ceux-ci se répartissent finalement entre le **duc de Lorraine**, dont la dynastie fondée en 1048 par Gérard d'Alsace va régner jusqu'en 1737, les puissants **comtes de Bar** à l'ouest (futurs ducs de Bar) et les **trois évêques** dont les villes, Metz surtout, finissent par s'émanciper et former de vraies petites républiques. L'imbrication des possessions des uns et des autres conduit à des conflits sans fin qui favorisent l'influence du roi de France. Philippe le Bel réussit ainsi en 1301 à faire passer sous son contrôle la partie occidentale du Barrois. Cela explique que, pendant la guerre de Cent Ans, Jeanne d'Arc, « la bonne Lorraine », originaire de Domrémy, aux confins de la province, se soit sentie déjà française.

En **1477**, le duc de Bourgogne, Charles le Téméraire, qui avait tenté de rassembler sous son autorité l'ancienne Lotharingie, est tué par les troupes du duc René II devant Nancy, qu'il tentait d'assiéger. René II réalise la réunion définitive des duchés de Lorraine et de Bar (1480). La région connaît davantage de paix et participe activement au mouvement intellectuel et artistique de son temps comme le montre l'activité du « Gymnase » de St-Dié *(voir ce nom)*.

RÉUNION DE LA LORRAINE À LA FRANCE

En **1552**, le roi de France Henri II, allié aux princes protestants en lutte contre Charles Quint, s'empare sans difficulté de Metz, Toul et Verdun. Désormais, la Lorraine ne fait plus officiellement partie du Saint Empire. La **guerre de Trente Ans** (1618-1648) est une catastrophe pour l'Europe centrale : près de la moitié de la population lorraine disparaît. À l'issue de la guerre de Trente Ans, le traité de Westphalie (1648) reconnaît la souveraineté française sur les Trois-Évêchés.

En 1697, par le **traité de Ryswick**, Louis XIV établit une sorte de protectorat sur les terres ducales, qu'il occupe pendant de longues années. C'est ainsi que la vieille dynastie ducale s'en détourne définitivement. En 1737, le duc de Lorraine François III accepte d'abandonner son duché contre la

Toscane ; il épouse l'archiduchesse Marie-Thérèse d'Autriche. Louis XV le remplace par un « duc de transition » qui lui est asservi et dont le rôle sera de préparer les Lorrains à se soumettre à l'autorité royale. **Stanislas Leszczyński**, roi déchu de Pologne et beau-père de Louis XV, semble parfait pour ce poste ; il vivra cependant bien plus longtemps que ne le prévoyait son gendre. Froidement accueilli par les Lorrains, car l'administration française pèse sur eux de plus en plus, avec l'enrôlement dans les milices obligatoires dès 1744 et une fiscalité plus lourde, Stanislas, en développant une politique de bienfaisance et de mécénat, gagne leur faveur au point d'apparaître comme l'archétype du bon prince. À sa mort, en 1766, la Lorraine devient entièrement française et, en 1790, naissent quatre départements français : la Meurthe, la Meuse, la Moselle et les Vosges.

Pour en savoir plus sur la personnalité et l'œuvre du roi Stanislas, reportez-vous à Nancy *(p. 206)*.

L'Alsace

CELTES, ROMAINS ET BARBARES

En refoulant de l'autre côté du Rhin le Germain Arioviste, en **58 av. J.-C.**, Jules César a fixé pour cinq siècles la frontière sur le grand fleuve : d'un côté la romanité, de l'autre le monde barbare, le long d'un *limes* fortifié. L'Alsace était alors partagée entre des peuples celtes, les Rauraques au sud et les Triboques au centre, tandis qu'autour du camp de légion d'Argentorate naissait une bourgade à l'origine de Strasbourg.

À partir du **3e s.**, les incursions des Francs et des Alamans se multiplient. Ces derniers colonisent une partie de l'Alsace au **5e s.**, lorsque l'Empire romain disparaît. Battus à Tolbiac par Clovis, ils se soumettent au roi franc et à ses successeurs, les Mérovingiens.

DES DUCS AUX EMPEREURS

Le nom d'Alsace apparaît au **7ᵉ s.** avec le duc Étichon, le père de sainte Odile. Après lui, la coupure entre le Nord et le Sud, déjà visible entre les diocèses de Strasbourg et de Bâle fondés à l'époque romaine, se retrouve dans la division en deux comtés, le Nordgau et le Sundgau, lointaine préfiguration des départements actuels.

C'est à Strasbourg en **842** qu'a lieu le célèbre serment prêté par les soldats des petits-fils de Charlemagne, Charles le Chauve et Louis le Germanique. Écrit en langue romane et en langue germanique, c'est l'un des plus anciens témoignages connus du français et de l'allemand.

À la suite des différents partages carolingiens qui ont suivi, l'Alsace s'est finalement retrouvée intégrée dans le royaume de Germanie, puis au Saint Empire romain germanique. Au 12ᵉ s., les Hohenstaufen, représentés notamment par l'empereur **Frédéric Barberousse**, aiment venir résider à Haguenau, en Alsace, où ils ont de nombreuses possessions.

ÉMANCIPATION DES VILLES

Le déclin du pouvoir impérial conduit à un éparpillement progressif des pouvoirs. À partir du 14ᵉ s., seules les possessions des Habsbourg, au sud, émergent du puzzle des petites seigneuries indépendantes, ainsi que celles du puissant prince-évêque de Strasbourg qui réside à Saverne. Les villes, à commencer par Strasbourg, ont réussi à obtenir leur autonomie et forment autant de petites républiques prospères.

Dix d'entre elles (Wissembourg, Haguenau, Rosheim, Obernai, Sélestat, Turckheim, Munster, Kaysersberg, Colmar et Mulhouse) s'allient dans une ligue, la **Décapole**, pour pouvoir se défendre contre les princes. Maintenue jusqu'en 1679, elle est dissoute par Louis XIV.

À la fin du Moyen Âge et au début de la Renaissance, les villes connaissent une sorte d'âge d'or. Après les périodes sombres de la peste noire et de la guerre de Cent Ans, elles profitent pleinement du renouveau des échanges dans un monde rhénan ouvert sur l'extérieur. Strasbourg, où séjournent **Gutenberg**, puis **Érasme**, est alors l'un des centres du mouvement artistique et intellectuel incarné par l'humanisme, dont la diffusion est favorisée par l'imprimerie.

DES GUERRES SUCCESSIVES

Mais les graves événements du 16ᵉ s. annoncent une période plus difficile. C'est d'abord, en **1525**, la guerre des Paysans, ou révolte des Rustauds, qui s'étend sur une partie de l'Europe centrale, et qui prend un caractère tragique en Alsace où la révolte est noyée dans le sang. C'est ensuite la **Réforme protestante**, luthérienne ou calviniste, qui s'impose surtout dans les villes. Cette division religieuse, alors que l'intolérance règne partout, conduit à des tensions entre princes catholiques et protestants. C'est l'une des causes de la **guerre de Trente Ans** qui, née d'un conflit à Prague entre protestants et catholiques, s'est propagée dans toute l'Europe et a ravagé l'Alsace, lui faisant perdre la moitié de sa population. Bien que catholique, la France de Richelieu, puis de Mazarin s'est alliée aux princes protestants pour affaiblir les Habsbourg et s'introduire dans les affaires de l'Alsace.

Dans le cadre de sa politique de reconquête catholique, Louis XIV impose que, dans toute commune alsacienne où résident au moins sept familles catholiques, le chœur de l'église soit consacré au culte catholique tandis que la nef est réservée aux protestants. Particularité de l'histoire alsacienne, une cinquantaine d'églises simultanées existent encore de nos jours.

ENTRE FRANCE ET ALLEMAGNE

En **1648**, le traité de Westphalie reconnaît à la France la possession d'une partie de cette province que Louis XIV annexe ensuite par étapes jusqu'à la prise de Strasbourg en **1681**. Seules Sarrewerden et Mulhouse ne rejoindront la France qu'à la Révolution, qui jouera un rôle décisif dans l'intégration des Alsaciens à la nation française. Par le traité de Ryswick (1697), qui établissait un protectorat sur les terres ducales de Lorraine, le Rhin est reconnu comme frontière. Louis XIV poursuit une politique en faveur des catholiques et instaure le *simultaneum*, c'est-à-dire l'utilisation simultanée d'un édifice cultuel par les catholiques et les protestants. Les idéaux de la Révolution sont favorablement accueillis par les Alsaciens. C'est chez le maire de Strasbourg que Rouget de Lisle compose son *Chant de guerre pour l'armée du Rhin*, la future *Marseillaise*. La Constituante substitue à l'Alsace les deux départements du Bas et du Haut-Rhin. Cependant, dès 1793, avec la radicalisation du régime, les Alsaciens prennent leurs distances vis-à-vis de la cause révolutionnaire. En **1794**, Saint-Just interdit l'usage du dialecte alsacien, suspecté d'être contre-révolutionnaire, et impose le français comme seule langue officielle. La mesure est très mal comprise par les Alsaciens, blessés dans leur identité.

Mais la **période napoléonienne** renforce le sentiment d'appartenance de l'Alsace à la France et nombre d'Alsaciens s'illustrent dans l'armée. Survivance de cette période, le **Concordat** est toujours d'actualité en Alsace et en Moselle. Signé par Napoléon avec le Saint-Siège en 1801 (et complété par des articles organiques en 1802 pour les protestants et en 1803 pour les juifs), il confère aux Églises un statut officiel et assure la rémunération des ministres des cultes par l'État. Ce statut est abrogé en 1905 dans toute la France par la loi de séparation de l'Église et de l'État. Mais l'Alsace et la Moselle sont alors annexées et le problème du maintien de ce régime ne se pose qu'en 1918, lors de leur retour à la France. Les Alsaciens se montrent farouchement opposés à la disparition de ce qui leur apparaît comme une donnée essentielle du droit local.

D'une guerre à l'autre

Trois terribles guerres entre la France et l'Allemagne ont placé l'Alsace et la Lorraine au centre d'une tourmente exacerbée par le sentiment national. L'annexion forcée de 1871 a provoqué une hostilité durable entre les deux pays.

1870

Le conflit de 1870 oppose le second Empire de **Napoléon III** et les royaumes allemands unis derrière la Prusse et son chancelier **Bismarck**. La volonté de ce dernier de rassembler sous l'autorité du roi de Prusse l'ensemble de l'Allemagne, alors une fédération assez lâche d'États indépendants, est à l'origine de la tension franco-allemande. L'armée française, mal préparée, est bousculée dès le premier jour du conflit, qui éclate le 19 juillet 1870. Le général Mac-Mahon est battu à Wissembourg, dans le nord de l'Alsace, malgré la charge restée célèbre et héroïque de ses cuirassiers. En Lorraine, l'armée de Bazaine doit se replier sur Metz qui, comme Strasbourg, avait été fortifiée autrefois par Vauban. Après plusieurs semaines de siège, ces deux villes capitulent, tandis que Paris est assiégée. La France finit par demander l'armistice en février 1871, tandis que l'Empire allemand est solennellement proclamé par le roi de Prusse et empereur Guillaume Ier dans la galerie des Glaces du château de Versailles. La Moselle et toute l'Alsace, sauf Belfort qui, défendue par Denfert-Rochereau, a tenu bon pendant toute la guerre, sont annexées.

Le **traité de Francfort (1871)** confirme les conditions de paix signées à Versailles. Outre la perte de son territoire (la frontière recule du Rhin aux Vosges), la France doit verser une indemnité de 5 milliards de francs-or. Le traité prévoit pour les habitants le choix de leur nationalité, avec l'obligation pour ceux qui choisissent la France de le faire avant le 30 septembre 1872. 160 000 Alsaciens et Lorrains quittent alors les provinces perdues pour s'installer sur le territoire français. Ils conservent cependant leurs biens restés en Alsace-Moselle.

La défaite de Napoléon III, fait prisonnier à Sedan dès le début de la guerre, a eu pour conséquence l'instauration de la IIIe République, dont l'œuvre démocratique va être considérable. Mais l'amputation du territoire national

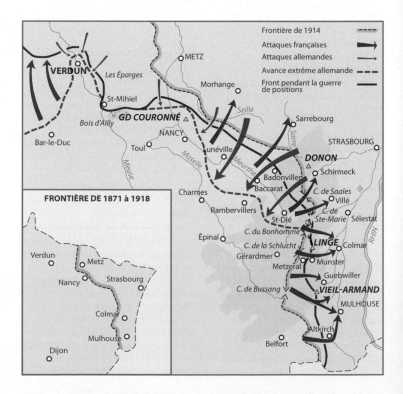

reste une blessure inguérissable, constamment rappelée au cours des décennies suivantes par les journaux, l'école et les grands auteurs patriotiques, comme le Lorrain Maurice Barrès (*La Colline inspirée*). La ligne bleue des Vosges devient un but de pèlerinage patriotique.

Sur un plan plus strictement militaire, la France fortifie sa nouvelle frontière, dégarnie de ses forteresses alsaciennes construites par Vauban. Pour fermer cette « trouée de Lorraine » à toute invasion, le directeur du génie militaire, **Séré de Rivières**, organise alors sur les Hauts de Meuse, entre Toul et Verdun, un système de forts à demi enterrés tels ceux bientôt célèbres de Vaux et de Douaumont. Dès la fin du 19e s., pour faire face au progrès de la puissance de feu, il faut les renforcer par d'énormes épaisseurs de béton et de spectaculaires cuirassements en acier, sombre présage pour les guerres à venir.

1914-1918

La guerre éclate comme un coup de tonnerre au beau milieu de l'été 1914. Presque toute l'Europe s'y engouffre. Deux systèmes d'alliance hostiles s'affrontent. D'un côté, la France, la Grande-Bretagne et la Russie encerclent les puissances centrales, l'Allemagne et l'Autriche-Hongrie. Peu à peu, d'autres pays viennent s'agréger à chaque camp, tandis que les colonies sont mises à contribution. Les États-Unis interviennent à partir de 1917 aux côtés de la France, sur le sol de laquelle se joue le sort de cette Première Guerre mondiale. En effet, le plan de guerre allemand, le plan Schlieffen, avait pour but de vaincre d'abord la France pour se retourner ensuite vers la Russie, plus lente à mobiliser ses troupes. Pour cela, le plan a choisi la surprise en envahissant

la Belgique, qui était neutre, et le Luxembourg, pour traverser, en un immense mouvement tournant, les plaines du Nord, en direction de Paris. Pendant ce temps, l'armée française, qui pense que les combats se déroulent à l'est, s'est avancée en Alsace en libérant Mulhouse. Ce succès est sans lendemain car les Français doivent précipitamment transférer leurs forces vers Paris. Le centre de la guerre se déplace alors vers la Champagne et la Picardie. La bataille de la Marne ayant mis en échec le plan allemand, les deux armées s'enterrent dans des tranchées le long d'une ligne de front qui se déploie, telle une cicatrice, des côtes de la mer du Nord à la frontière suisse. Cette guerre dite « de position » dure quatre ans et engendre de terribles souffrances. Les grandes offensives tentées de part et d'autre, très meurtrières, sont chaque fois vouées à l'échec. À partir du mois de février 1916, c'est près de Verdun, devenu depuis un lieu de mémoire, que se déroule l'une des batailles les plus longues et les plus sanglantes de l'Histoire.

La **bataille de Verdun** s'engage dès le 21 février 1916 et dure jusqu'en décembre 1916, soit 300 jours et 300 nuits de combats au cours desquels 26 millions d'obus vont être tirés par les artilleries, soit 6 obus au mètre carré. 700 000 hommes y sont morts, couchés dans la boue. Le paysage, terriblement marqué, permet d'imaginer la violence du conflit. Dès le jour de l'armistice, le **11 novembre 1918**, l'Alsace et la Moselle redeviennent françaises dans l'enthousiasme général de la victoire, mais également dans le soulagement de la fin du conflit le plus meurtrier que la France ait connu. Pour empêcher toute possibilité d'invasion, le gouvernement français décide de construire, à partir de 1930, une ligne souterraine de défense, qui a pris le nom du ministre de la Guerre : Maginot. Très moderne pour l'époque, elle longe le Rhin, puis la frontière jusqu'à la Belgique, un dispositif étant prévu en cas d'attaque contre ce pays.

1939-1945
LA « DRÔLE DE GUERRE »

Le 1er septembre 1939, la guerre éclate à nouveau, cette fois-ci délibérément provoquée par le régime politique nazi, qui règne d'une poigne de fer sur l'Allemagne. Du côté français, c'est la « drôle de guerre ». On attend l'attaque ennemie sur la meilleure ligne de défense du monde après avoir évacué les populations frontalières.

En mai **1940**, l'Allemagne attaque la Belgique, la Hollande et le Luxembourg, de façon foudroyante et imprévue du côté des Ardennes, et selon la tactique de la « guerre éclair » fondée sur les chars et l'aviation. L'invasion du nord de la France rend inutile la ligne Maginot prise à revers. La victoire allemande, totale en apparence, laisse alors la France comme effondrée. L'Allemagne réannexe de fait l'Alsace et la Moselle, qu'elle entreprend de « germaniser » définitivement.

Le 2 mars 1941, à Koufra, obscure oasis du Sahara central, mais première victoire de la France libre, le futur général Leclerc fait le serment, avec ceux qui feront un peu plus tard partie de la 2e division

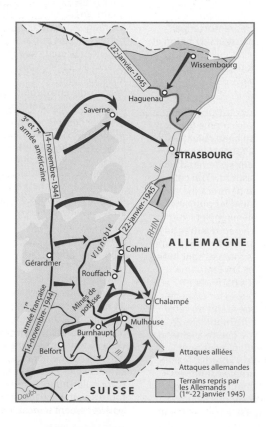

Déplacement de troupes à Verdun en 1916.
DOCUMENT MÉMORIAL DE VERDUN

blindée, de « ne déposer les armes que lorsque nos couleurs, nos belles couleurs, flotteront à nouveau sur la cathédrale de Strasbourg ». C'est le point de départ d'un parcours devenu légendaire.

En Alsace, la **Résistance** se met en place très tôt. L'aide aux prisonniers évadés s'organise, notamment par l'Orne lorraine, un affluent de la Moselle, à Jœuf. Des réseaux de passeurs en Suisse, de renseignements militaires et économiques se forment. Événement spectaculaire : l'évasion du général d'armée Henri Giraud de la forteresse de Kœnigstein en Saxe en avril 1942. Aidé par un guide lorrain, Giraud transitera par Strasbourg, Sélestat et Mulhouse, non sans péripéties, avant d'être caché à Liebsdorf par le curé Stamm, d'où il passera en Suisse, avant de regagner la France par Annemasse. Un coup de maître qui coûtera cependant cher en représailles.

En août **1942**, le *Gauleiter* Wagner, gouverneur régional de l'Alsace annexée au Grand Reich depuis juin 1940, déclare le service militaire obligatoire pour les Alsaciens. Le recrutement forcé des « malgré-nous » dans la Wehrmacht ou dans la SS, comme l'existence du camp de concentration du Struthof dans les Vosges ou du camp de sûreté de Schirmeck où sont détenus les récalcitrants, suscite dans la population un sentiment de rejet. Pour les populations, toujours prises en tenailles et suspectées (la traversée du Rhin est interdite aux Alsaciens), la vie est difficile. À la fin de la guerre, sur 130 000 Alsaciens et Mosellans incorporés de force, 40 000 ont été tués ou portés disparus, 30 000 blessés et 10 000 évadés. Parmi ceux qui sont revenus, beaucoup ont dû supporter suspicions et accusations.

LA LIBÉRATION

En **1944**, les combats reprennent sur le sol français avec les débarquements alliés américains et anglais en Normandie le 6 juin, puis en Provence le 15 août. Après Paris à la fin du mois d'août, la Lorraine est libérée dès le mois de septembre, excepté Metz, où les Allemands tiennent jusqu'au

LES GRANDES DATES

58 av. J.-C. – Jules César établit le Rhin comme frontière de l'Empire romain.

4e s. – Fondation des trois évêchés de Metz, Toul et Verdun.

842 – Serments de Strasbourg, premières traces de français et d'allemand.

843 – Traité de Verdun : partage de l'Empire carolingien en trois royaumes.

1048 – Fondation de la dynastie des ducs de Lorraine par Gérard d'Alsace.

1525 – Guerre des Paysans.

16e s. – Réforme protestante.

1618-1648 – Guerre de Trente Ans.

1697 – Traité de Ryswick : la Lorraine passe sous protectorat français et le Rhin est établi comme frontière.

1766 – Mort de Stanislas Leszczyński. La Lorraine devient française.

1871 – Traité de Francfort : annexion de l'Alsace et de la Moselle par l'Allemagne.

1916 – Bataille de Verdun.

11 novembre 1918 – Armistice ; retour des territoires annexés à la France.

17 août 1940 – Annexion de l'Alsace et de la Moselle au Reich.

1945 – Libération et retour à la France de l'Alsace et de la Moselle.

1949 – Fondation du Conseil de l'Europe à Strasbourg.

1979 – Élection du 1er Parlement européen, installé à Strasbourg, au suffrage universel.

2004 – Fin de l'exploitation de charbon en Lorraine et de potasse en Alsace.

2007 – La ligne de TGV Est met Paris à 2h17 de Strasbourg et à 1h23 de Metz.

22 novembre. En s'approchant des frontières, l'avance alliée doit marquer un temps d'arrêt devant la détermination encore farouche de l'armée ennemie et les difficultés d'approvisionnement. La libération de l'Alsace comme l'entrée sur le sol allemand vont se révéler très difficiles.

Le rôle joué par la 1re armée française, commandée par le général de Lattre de Tassigny, va être décisif. Du 14 au 28 novembre, les Allemands sont encerclés en Haute-Alsace et Mulhouse est libérée. Au nord, dès le 22 novembre, Leclerc contrôle avec la 2e DB le col de Saverne. Il décide de foncer sur Strasbourg qu'il atteint dès le lendemain matin. La libération si rapide de la capitale alsacienne, encore très menacée, a une portée symbolique extraordinaire. Mais la meurtrière contre-offensive allemande de von Rundstett dans les Ardennes à partir du 16 décembre montre que l'Allemagne nazie garde encore des ressources. En Alsace, les Allemands tiennent la « poche » de Colmar, qui empêche les Alliés de faire la jonction entre le Nord et le Sud. Pire encore, ils reprennent du terrain tout au nord, dans la région de Haguenau. Les Américains veulent alors se replier sur les Vosges. Mais pour le gouvernement français, il n'est pas question d'abandonner Strasbourg. De Gaulle doit intervenir en personne auprès du commandant en chef des forces alliées, le général Eisenhower. Très réticent, celui-ci accepte de revenir sur cette décision, à condition que la défense de la ville dépende entièrement de la 1re armée française. Jusqu'au 22 janvier les Allemands progressent, mais, à une dizaine de kilomètres de la ville, ils renoncent devant la résistance des Français. L'échec de l'offensive des Ardennes a désormais placé l'armée allemande sur la défensive. Il faut pourtant à de Lattre de Tassigny deux attaques acharnées et en tenailles pour réduire la « poche » de Colmar en quinze jours.

Le 2 février **1945**, Colmar est enfin libérée. Le 9 février, les Allemands finissent de repasser le Rhin par le seul pont encore sous leur contrôle, à Chalampé. Mais il faut attendre le 19 mars pour qu'avec Wissembourg, en ruine, tout le territoire français soit délivré.

Un passé industrieux

MÉTIERS TRADITIONNELS DES VOSGES

Grâce à leurs ressources naturelles, les vallées vosgiennes ont, depuis le Moyen Âge, connu une intense activité artisanale. Forges, fonderies, verreries et cristalleries trouvaient dans le bois un combustible abondant que transformaient les charbonniers au cœur de la forêt. C'était aussi une matière première essentielle pour les charpentiers comme pour les ébénistes et, de façon très spécialisée, pour les luthiers de **Mirecourt** qui utilisent toujours l'érable sycomore et l'épicéa produits localement. Les images d'**Épinal**, dont la renommée fut extraordinaire, s'expliquent par la présence de papeteries alimentées sur place. Les torrents fournissaient de leur côté une énergie inépuisable qui, captée par les moulins à eau, servait à actionner soufflets, marteaux et scies ainsi que des pompes. Enfin, le sous-sol livrait des minerais qui, avant de s'épuiser, ont fait la prospérité de **Ste-Marie-aux-Mines**. On y venait, à la Renaissance, de toute l'Europe centrale pour y extraire l'argent, le plomb ou le cuivre. Au 18e s., l'industrie textile, attirée par la puissance et par la pureté des cours d'eau, s'est mise à remonter dans les vallées à partir du versant alsacien. Soutenues par les capitaux mulhousiens, les cotonnades ont ainsi fait la célébrité de la toile des Vosges. Filatures, tissages et teintureries se sont développés pour passer de l'autre côté et redescendre les vallées lorraines, tandis que le tissage du lin s'implantait à **Gérardmer**.

Aujourd'hui encore, la forêt fournit, avec ses sapins et ses épicéas, un important marché de bois de sciage et de papeterie. Le hêtre, autrefois de faible valeur, est maintenant très utilisé en bois de placage. Si la descente des troncs coupés a perdu de son pittoresque depuis qu'elle ne s'effectue plus par **schlittage**, procédé qui consistait à faire glisser un traîneau, la schlitte, sur des rondins disposés comme les barreaux d'une échelle le long d'une forte pente, on utilise encore les chevaux sur les terrains inaccessibles aux machines. Scieries et papeteries se sont modernisées et concentrées, comme l'industrie textile qui, après de graves crises, a réussi à se maintenir par la qualité de sa production (linge de maison et habillement).

L'abondance des matières premières, argiles, sables alluviaux des rivières et réserves de bois pour alimenter les fours, a permis à de grandes cristalleries comme Baccarat ou Saint-Louis de voir le jour et d'acquérir une renommée internationale.

L'INDUSTRIE MULHOUSIENNE

Le passé industriel de la ville aux cent cheminées remonte au 18e s. Une première indiennerie (manufacture d'impression sur étoffe) est créée en 1746 par quatre Mulhousiens, marquant le départ de l'industrie textile dans la ville. Leur réussite fait des émules et, en 1798, on recense 15 manufactures ; une trentaine au début du 19e s. La chimie et la mécanique sont les moteurs du développement de la région. La population passe de 7 000 à 100 000 âmes en un siècle, faisant de Mulhouse une métropole industrielle. En 1826, un groupe d'industriels mulhousiens fonde une association de droit local, reconnue d'utilité publique en 1832 par ordonnance royale : la Société industrielle de Mulhouse. Dès l'origine, la SIM a pour but de propager l'industrie, mais aussi de constituer un lieu de recherche, d'activité et de diffusion d'ordre scientifique, économique, social, artistique et technique. Son patronat, protestant, influencé par l'humanisme, crée des organismes d'encadrement social (notamment une Société mulhousienne des cités ouvrières) et de formation de la classe ouvrière. Durant tout le 19e s., la SIM est le laboratoire d'idées où s'échafaude le « modèle mulhousien », une convergence entre l'industrie, la recherche et l'enseignement.

Ville allemande de 1871 à 1918, Mulhouse perd près de 20 % de sa population, qui opte pour la France. Pendant toute cette période, la SIM, (interdite de 1914 à 1918) reste le haut lieu de la culture française (ses bulletins seront toujours publiés en français). La métallurgie, la construction mécanique, la laine et la chimie relaient alors l'industrie du coton en déclin.

En 1903, la découverte de gisements de potasse ouvre de nouveaux horizons et l'extraction potassique connaît une forte expansion avec le retour de Mulhouse à la France en 1918.

LES MINES DE LORRAINE

C'est à la fin du 19e s. que l'aventure de la grande industrie commence en Lorraine. L'exploitation du fer et du charbon a donné naissance à la plus puissante industrie de l'acier que la France ait connue et a assuré la prospérité de la Lorraine pendant trois quarts de siècle. Une innovation technique renforça l'essor du bassin minier et de la sidérurgie ; il s'agit du procédé Thomas (découvert en 1878), qui permet d'éliminer le phosphore du métal au cours même de la transformation de la fonte en acier. Les Wendel, famille d'origine flamande installée en Lorraine depuis le début du 18e s., pressentent l'importance de cette découverte et acquièrent le monopole du procédé Thomas pour vingt ans, s'affirmant ainsi rapidement comme le premier groupe régional. Un paysage de métal et de cheminées géantes est né, chaotique, avec ses gares de marchandises, ses usines et ses cités ouvrières dispersées au long des vallées qui s'enfoncent à l'intérieur de la côte de Moselle. Depuis 1856, date du début de l'industrie minière qui fit la richesse de la région, 800 millions de tonnes de charbon ont été extraites en Moselle. En 1946, alors que les mines sont nationalisées, les mineurs obtiennent par décret un statut particulier. Il s'explique par l'intention de « compenser autant que possible la pénibilité, et la dangerosité, du métier par un certain nombre de contreparties sociales et matérielles ». Il s'agit essentiellement de la gratuité du logement, du charbon et du transport. 1962 est une année record avec 63 millions de tonnes de fer extrait, mais la crise touche l'industrie minière de Lorraine à partir des années 1970. Trop peu rentables, les mines ferment dans les années 1990 ; les hauts fourneaux des vallées de la Chiers et de la Fensch se taisent à jamais. Le 23 avril **2004**, la dernière mine de France, celle de la Houve, à Creutzwald en Moselle, ferme définitivement ses portes. Elle avait livré 100 millions de tonnes de charbon. Des ruines spectaculaires et rouillées hantent les « friches » industrielles qui n'ont pas encore été occupées par de nouvelles activités. Non sans douleur, la Lorraine a su tourner la page. Pourtant, des usines géantes se dressent toujours dans le paysage lorrain car la grande industrie n'a pas disparu, mais elle génère désormais très peu d'emplois. À côté de la fonderie, qui fournit des produits très haut de gamme, se maintient une puissante industrie chimique. Elle s'est développée grâce au charbon que le pétrole remplace de plus en plus, mais aussi grâce au sel, la troisième grande ressource minière de la région. Exploité dès l'Antiquité dans le Saulnois, près de Nancy, il n'est extrait que dans quelques mines pour fabriquer de la soude.

Un destin européen

Après 1945, les dirigeants de l'Europe de l'Ouest ont pris conscience de la nécessité de construire une Europe unie, débarrassée des haines du passé. Un demi-siècle plus tard, ce projet commence à se réaliser et à changer le destin de l'Alsace et de la Lorraine.

L'ALSACE, BERCEAU DE L'EUROPE

« La contribution qu'une Europe organisée et vivante peut apporter à la civilisation est indispensable au maintien des relations pacifiques », déclare **Robert Schuman** (1886-1963) en mai 1950. Et ce n'est pas tout à fait un hasard si deux des « pères fondateurs » de l'Europe, Robert Schuman donc, ministre français des Affaires étrangères, et Konrad Adenauer, premier chancelier de l'Allemagne d'après-guerre, étaient l'un mosellan et l'autre rhénan. Robert Schuman eut la nationalité allemande jusqu'en 1918. Riche d'une double culture, il défend, pendant l'Entre-deux-guerres, le particularisme alsacien-mosellan ; pacifiste, il cherche à surmonter les vieux nationalismes, responsables des conflits entre la France et l'Allemagne. Ministre des Affaires étrangères de 1948 à 1952, il se fait l'artisan de la réconciliation franco-allemande.

Fondé par dix pays en 1949, le **Conseil de l'Europe** est la plus ancienne des grandes institutions européennes d'après-guerre. Ce n'était au départ qu'un organisme consultatif qui devait inciter ses membres à harmoniser leur législation dans divers domaines. Le choix de son siège s'est porté sans difficulté sur Strasbourg. La capitale de l'Alsace, par sa position de ville-frontière, par son histoire et sa culture, était toute désignée pour jouer un rôle européen dans le cadre de la réconciliation franco-allemande. C'était aussi le cas de l'ensemble de ces régions rhénanes dont l'Europe va peu à peu révéler que ce qui les rapproche est beaucoup plus important que ce qui a pu les séparer.

LES INSTITUTIONS À STRASBOURG

Le Conseil de l'Europe est, dès sa création, composé d'un Secrétariat général, d'un Comité des ministres nommé par les gouvernements et d'une Assemblée parlementaire élue par les Parlements de chaque pays membre. Mais c'est surtout par la **Convention européenne**

des droits de l'homme qu'il a pris une importance considérable. Ce traité élaboré en 1950 a fini par entrer réellement dans le droit des pays signataires quand ceux-ci ont accepté d'être poursuivis, y compris par un simple citoyen, pour non-respect de la Convention. Mise en place en 1959, la **Cour européenne des droits de l'homme** est composée de 47 juges (un par État partie à la Convention) et siège de façon permanente depuis 1998.

Le Conseil de l'Europe a acquis un tel prestige qu'il comprend aujourd'hui 47 pays. Né au lendemain de la barbarie nazie, il a su répondre aux besoins de repères moraux et juridiques des peuples et des pays qui sortent de la dictature, comme ceux de l'Europe de l'Est, dans les années 1990.

L'imposant **palais de l'Europe**, comme le plus récent **palais des Droits de l'homme** sont parmi les lieux les plus marquants du nouveau « quartier européen » de Strasbourg.

Plusieurs autres institutions sont venues par la suite s'installer dans la capitale alsacienne, comme la **Fondation européenne de la science**, la chaîne de télévision franco-allemande **Arte** ou encore la **Pharmacopée européenne**. Mais Strasbourg accueille surtout le **Parlement européen** (à ne pas confondre avec le Conseil de l'Europe).

Élu au suffrage universel depuis 1979, il représente les peuples des pays membres de l'Union européenne. Celle-ci, par le traité de Maastricht signé en 1992, a pris la suite de la Communauté européenne créée en 1957 par le traité de Rome. Elle a pour but de réaliser l'intégration économique de ses pays membres (27 en 2007). C'est à ce titre que douze de ces pays ont adopté l'euro le 1er janvier 2002. À plus longue échéance, l'Union européenne devrait réaliser une intégration politique qui reste encore très problématique, comme l'a montré, en 2005, la question de la ratification de la **Constitution européenne**.

Les deux autres principaux organes de l'Union européenne sont à Bruxelles avec la Commission européenne et à Luxembourg avec la Cour de justice. Le choix de Strasbourg comme siège du Parlement européen était surtout symbolique car il n'avait au départ qu'un rôle consultatif. Il a commencé à acquérir un vrai pouvoir de contrôle quand les progrès de l'intégration ont fait sentir leurs effets dans la vie quotidienne des citoyens. C'est en effet la seule institution européenne directement élue par le peuple où l'on peut débattre publiquement de toutes les questions qui concernent l'Europe. Organe d'expression démocratique et de contrôle politique de l'Union européenne, il a obtenu le droit de voter le budget, puis d'accepter ou de refuser la nomination des membres de la Commission.

L'EUROPE À L'ÉCHELLE RÉGIONALE

À l'échelle régionale, la construction européenne commence à révéler l'existence d'un espace rhénan que les affrontements passés avaient fait oublier. Situées au cœur de l'Europe, des régions voisines commencent à renouer des liens économiques et culturels très naturels sans que cela remette en cause leur appartenance nationale. C'est à Bâle, en Suisse, qu'est née dans les années 1960 l'idée de « Regio », ou région transfrontalière correspondant à son influence économique et aux besoins de son développement. Il en a résulté, par exemple, la construction de l'aéroport de Bâle-Mulhouse, situé entre les deux villes, ainsi que des recherches communes en biotechnologie. Devant le succès de cette expérience, une commission intergouvernementale est créée entre les trois pays en 1975, puis, en 1998, un **Conseil rhénan** composé des élus locaux d'Alsace, du canton de Bâle et des deux Länder de Bade-Wurtemberg et de Rhénanie-Palatinat.

La Lorraine, la Sarre et le Luxembourg ont créé, de leur côté, l'association SaarLorLux pour former un nouveau pôle européen de développement. Une telle coopération est devenue nécessaire à l'heure où l'importance des travailleurs frontaliers (représentant ponctuellement jusqu'à 40 % des actifs en Lorraine, voire jusqu'à 50 % dans certains cantons alsaciens) montre que l'aire d'influence de métropoles telles que Sarrebruck ou Bâle traverse les frontières.

Quelques personnalités

DU MONDE RELIGIEUX

Née à Domrémy, **Jeanne d'Arc** (1412-1431) entend des voix célestes qui lui commandent de prendre les armes pour « bouter les Anglois hors de France ». Une fois sa mission accomplie, elle est arrêtée par les Anglais et remise au tribunal de Rouen, puis condamnée au bûcher pour hérésie.

Grand théologien de la Réforme, né à Sélestat, **Martin Bucer** (1491-1551) joue un rôle déterminant dans l'organisation de la Nouvelle Église et, avec **Jacques Sturm** (1489-1553), diplomate, il contribue au rayonnement européen de Strasbourg au 16e s. Après la victoire de Charles Quint sur les protestants, le premier s'exile et meurt en Angleterre, et le second tombe en disgrâce.

Autre homme d'Église, l'**abbé Grégoire** (1750-1831) est né à Vého, près de Lunéville. Il devient le curé d'Emberménil puis enseigne à l'école jésuite de Pont-à-Mousson. Il s'illustre en politique dès 1789 en représentant le clergé aux États généraux. Député à la Convention, il fait voter des lois décisives comme la reconnaissance des droits civils et politiques aux juifs et l'abolition de l'esclavage (1794). À sa mort, Napoléon Ier ampute une partie de son œuvre mais elle sera reprise et achevée par son fils spirituel, **Victor Schœlcher**. Né à Paris mais fils d'un faïencier alsacien, Schœlcher (1804-1893) signa le décret d'abolition de l'esclavage en 1848. Lors du bicentenaire de la Révolution, les cendres de l'abbé Grégoire ont été transférées au Panthéon, où Schœlcher reposait depuis 1949. Un autre proche de l'abbé Grégoire, le **pasteur Oberlin** (1740-1826), homme des Lumières, entreprit une œuvre extraordinaire dans les domaines les plus divers, de l'agriculture, de la construction des routes et des ponts, mais surtout de la pédagogie et de l'enseignement. Il fut, entre autres, l'inventeur de l'école maternelle *(voir p. 473)*.

DU MONDE MILITAIRE

L'épopée napoléonienne est l'occasion pour de grands militaires alsaciens de s'illustrer. Le Strasbourgeois **Jean-Baptiste Kléber** (1753-1800) est resté le soldat le plus populaire d'Alsace. Il gagna ses galons lors des guerres de la Révolution et se vit confier par Napoléon des missions importantes en Égypte, où il devint commandant en chef. Il fut assassiné au Caire le 14 juin 1800. Ses cendres revenues à Strasbourg furent placées sous sa statue, au cœur de la place qui porte son nom depuis 1840. Quant à **François Joseph Lefebvre** (1755-1820), né à Rouffach, ses faits d'armes lui valurent d'être fait duc de Dantzig, puis maréchal. Il est aussi l'époux de « Madame Sans-Gêne ».

Il ne faut pas oublier le célèbre Colmarien **Jean Rapp** (1771-1821), général et comte d'empire, fils du portier de l'Ancienne Douane de Colmar, ni le strasbourgeois **François Christophe Kellermann** (1735-1820), que Napoléon fit maréchal et duc de Valmy.

Le capitaine **Alfred Dreyfus** (1859-1935), né à Mulhouse, eut le grand tort d'être juif. Injustement accusé de trahison, il est condamné à la déportation perpétuelle en Guyane en 1894. L'affaire Dreyfus allait profondément marquer la IIIe République, partagée entre les antidreyfusards et les défenseurs de Dreyfus, conduits par Émile Zola. Une première révision du procès maintient sa condamnation « avec des circonstances atténuantes » ; il faudra attendre 1906 pour que Dreyfus soit gracié et réintégré dans l'armée.

DU MONDE POLITIQUE

Né à Saint-Dié, dans les Vosges, **Jules Ferry** (1832-1893) fut tour à tour député républicain, maire de Paris, ambassadeur, ministre de l'Instruction publique et président du Conseil. On lui doit notamment la gratuité et la laïcité de l'enseignement ainsi que l'accès des filles aux lycées.

Avocat de formation, **Raymond Poincaré**, né à Bar-le-Duc en 1860, entre très jeune dans la carrière politique : député à 29 ans, ministre à 33, il est élu président de la République en 1913 et incarne pendant la guerre l'unité de la nation en appelant dès août 1914 tous les Français à « l'Union sacrée ». En 1920, il quitte l'Élysée mais pas la vie politique : à deux reprises, il est rappelé à la présidence du Conseil. Enfin, son nom est associé à la réforme du franc de 1928. Membre de l'Académie française à partir de 1909, il meurt en 1934.

DU MONDE DES ARTS

Maître du clair-obscur, **Georges de La Tour** (1593-1652), originaire de Vic-sur-Seille, fut un des grands peintres du 17e s. Célèbre de son vivant, il fit toute sa carrière à Lunéville. Tombé dans l'oubli, il fut redécouvert au 19e s. **Gustave Doré** (1832-1883), lui, excelle dans le dessin. Né à Strasbourg, il quitte tôt sa région natale, qui devait cependant marquer son imaginaire. Le peintre sundgauvien **Jean-Jacques Henner** (1829-1905), Grand Prix de Rome en 1858, fut un portraitiste reconnu. Deux de ses toiles célèbrent particulièrement son Alsace natale, *Eugénie Henner*, sa nièce peinte en costume régional en 1870, et *Elle attend,* qui, réalisée en 1871, devint un symbole de la province perdue. Le créateur de la statue de la Liberté inaugurée à New York en 1886, **Frédéric Auguste Bartholdi**, est né à Colmar en 1834. Il quitte vite l'Alsace pour Paris mais y reviendra souvent jusqu'à sa mort en 1904. Un musée lui est consacré dans sa maison natale. **Gustave Stoskopf** (1869-1944), figure imposante du « réveil alsacien », est un intellectuel accompli. Peintre, il réalise des portraits d'Alsaciens d'un grand réalisme ; dramaturge, il laisse un chef-d'œuvre en dialecte : *D'r Herr Maire.*

Jean (Hans) Arp (1887-1966), né à Strasbourg, est un artiste majeur du 20e s. Poète, peintre et sculpteur, il est un des membres fondateurs du dadaisme et participe avec sa femme, Sophie Taeuber, au surréalisme, avant de s'intéresser à l'art abstrait. Le musée d'Art moderne de Strasbourg possède une trentaine de ses œuvres. Dessinateur et satiriste récompensé par de nombreux prix, **Tomi Ungerer** est né en 1931. Enfant, il subit à Colmar l'endoctrinement nazi à l'école, qu'il relate dans *À la guerre comme à la guerre* (paru en 1991). Après des études de graphisme à Strasbourg, il s'installe aux États-Unis. Mais, attaché à son Alsace natale, il lui consacre un album détonant, *L'Alsace en torts et de travers*.

Le dessinateur provocateur et anarchisant **Reiser** (1941-1983) était originaire de Meurthe-et-Moselle. Il a mis au service de revues comme *Hara Kiri* ou *Charlie Hebdo* son humour décalé, tandis que son personnage du « Gros Dégueulasse » est resté dans les annales...

DU MONDE DES LETTRES

Émile **Erckmann** (1822-1899) et Alexandre **Chatrian** (1826-1890) signent à quatre mains des romans qui rendront populaire une certaine image de l'Alsace notamment *L'Ami Fritz* et de nombreux contes. Les **frères Goncourt**, Jules (1830-1870) et Edmond (1822-1896), chroniquèrent dans leur *Journal* les évolutions littéraires et artistiques de leur temps. Si Jules est le « véritable écrivain », Edmond, féru de peinture et grand collectionneur, fut le découvreur de l'art japonais. C'est à lui également, par volonté testamentaire, que l'on doit la création du célèbre prix Goncourt.

Né à Charmes-sur-Moselle, l'écrivain **Maurice Barrès** (1862-1923) est d'abord député boulangiste de Nancy. Ses œuvres littéraires témoignent de ses convictions nationalistes, qui inspirèrent l'extrême droite de l'Entre-deux-guerres. Il est élu à l'Académie française en 1906.

DU MONDE DES SCIENCES

Personnage atypique, **Albert Schweitzer** (1875-1965), qui fut le premier médecin sans frontières,

est né à Kaysersberg. Musicien, organiste, philosophe, professeur de théologie protestante à la faculté de Strasbourg, il a mené en tant que médecin un combat exemplaire contre le sous-développement et la maladie en Afrique. Arrêté comme ressortissant allemand en 1917 par les autorités françaises, il retourne au Gabon en 1924. Jusqu'à sa mort, il se consacre à son hôpital de Lambaréné, où son « œuvre vivante » se poursuit toujours. Il reçoit le prix Nobel de la paix en 1952.

Prix Nobel de médecine en 1965, **François Jacob** est né à Nancy en 1920. En juin 1940, il interrompt ses études pour s'engager dans les Forces françaises libres. Grièvement blessé en 1944, il doit abandonner l'idée d'être chirurgien et se tourne alors vers la biologie avec succès. Nommé professeur de génétique cellulaire au Collège de France en 1964, il est élu à l'Académie des sciences en 1977 et à l'Académie française en 1996.

Le père de la fusée Ariane, **Hubert Curien** (1924-2005), est né à Cornimont dans les Vosges. Entré dans la Résistance à 20 ans, il intègre l'École normale supérieure après la guerre, puis se lance dans une carrière scientifique. Directeur du CNRS, il sera le premier président de l'Agence spatiale européenne puis ministre de la Recherche. Il est élu à l'Académie des sciences en novembre 1993.

DU MONDE DU SPECTACLE

Le mime **Marcel Marceau** (1923-2007) a passé son enfance à Strasbourg. Passionné de théâtre et de cinéma, impressionné par le muet, il crée en 1947 le célèbre Bip. Il est également le fondateur de l'École internationale de mimodrame ouverte à Paris en 1978. Il a été reçu à l'Académie des beaux-arts en 1991.

Également né à Strasbourg, l'acteur **Claude Rich** (1929) a tourné pour la première fois en 1955, dans *Les Grandes Manœuvres* de René Char. Son rôle dans *Le Souper* d'Édouard Molinaro en 1992 lui vaut le césar du meilleur acteur.

Artiste nancéen aux talents multiples, **Charlélie Couture** (1956), le chanteur à la « carlingue froissée », enchante par sa poésie décalée. Le talent doit être de famille puisque son frère n'est autre que **Tom Novembre** (né en 1959). Remarquée à 13 ans dans un club de Sarrebruck pour sa voix rauque et sensuelle, **Patricia Kaas** (1966) n'a cessé, depuis, d'être adulée dans le monde entier, jusqu'au Japon, où elle est une vraie star.

DU MONDE DU SPORT

Le footballeur **Michel Platini** (1955), né à Jœuf (en Lorraine), a rendu célèbre le numéro 10 de l'équipe de France, avec 353 buts marqués.

Paysages et nature

« Quel beau jardin ! » se serait exclamé Louis XIV en découvrant pour la première fois l'Alsace, qu'il se proposait d'annexer à son royaume. Comment, aujourd'hui encore, rester de marbre devant ces coteaux couverts de vigne et baignés de soleil, ces champs bariolés et ces villages fleuris ? Quant à la Lorraine, bien plus préservée que ne pourrait le laisser craindre son passé industriel, elle continue d'offrir ses vastes étendues à l'agriculture ou à la forêt. La grande industrie, concentrée dans un espace limité, a laissé intacts l'ondulation des collines, les lacs d'altitude, les fiers ballons des Vosges et les nombreux canaux, rivières et fleuves. Au voyageur, les paysages et les ressources d'Alsace et de Lorraine s'offrent dans toute leur diversité, sans le moindre soupçon de monotonie.

Paysages

D'ouest en est, le paysage de Lorraine et d'Alsace présente une alternance de reliefs : ce sont d'abord les côtes puis le plateau lorrain et enfin le massif vosgien, qui marque la limite orientale de la Lorraine et occupe tout l'ouest de l'Alsace. Si le relief monte doucement jusqu'aux sommets des Vosges du côté lorrain, il s'affaisse brutalement vers la plaine du Rhin, en Alsace, avec pour seule transition les collines sous-vosgiennes, propices à la viticulture.

LA LORRAINE DES CÔTES

Dans le relief de côtes, l'horizon est barré par un imposant talus couronné de forêts. Une certaine grandeur émane des paysages immenses et majestueux que l'on aperçoit du haut des collines dressées au-dessus de la plaine, comme celle de Sion-Vaudémont. Trois grandes côtes, de plus en plus anciennes et de plus en plus marquées dans la topographie, se succèdent parallèlement d'ouest en est : la **côte des Bars**, qui limite le Barrois et au nord l'Argonne, la **côte de Meuse**, qui domine la plaine de la Woëvre et à laquelle correspond la « butte-témoin » de Montsec, qui porte sur son revers Verdun et St-Mihiel, et enfin la **côte de Moselle**, où sont installées Nancy et Metz. Ce relief original appartient au vaste ensemble géologique du Bassin parisien. Il trouve son origine dans les épaisses couches de sédiments qui se sont déposées au fond des mers au cours des temps géologiques. Les grandes côtes lorraines appartiennent ainsi à des terrains qu'on retrouve en Normandie ou en Souabe (sud de l'Allemagne). Ils se sont formés au milieu de l'ère secondaire, il y a 205 à 135 millions d'années, pendant la période jurassique, avec une alternance de roches calcaires dures et d'argiles plus tendres. Le Bassin parisien s'est lentement affaissé sous leur poids, formant une cuvette aux couches empilées en « assiettes », donc inclinées vers son centre. Le soulèvement des Vosges a accentué cette tendance. L'érosion a ensuite déblayé l'argile plus tendre, mettant en relief la couche de calcaire dure. Celle-ci, attaquée à son tour, recule, comme en témoignent ces collines qui, formées des mêmes roches, sont, en avant du front de côte, les bien nommées « buttes-témoins ».

Au pied de la côte de Meuse, le lac de Madine, qui s'étend dans un beau paysage boisé au cœur du Parc naturel régional de Lorraine, est le plus vaste plan d'eau de l'est de la France.

Sur les versants calcaires exposés au sud ou à l'ouest, surtout répartis sur les côtes de Meuse et de Moselle, se trouvent des milieux rares : les **pelouses calcaires**. Ce sont des formations herbacées très sèches qui offrent une faune et une flore adaptées, comparables à celles que l'on trouve dans les régions méditerranéennes. Elles voient fleurir une douzaine d'orchidées

sauvages dont l'ophrys bourdon et le rare ophrys araignée, ainsi que des plantes aromatiques comme l'origan, le thym ou la pimprenelle.

LE PLATEAU LORRAIN

Un vaste plateau doucement vallonné s'étend ensuite, à peine interrompu par quelques lignes de côtes qui se font encore discrètes : c'est le **plateau lorrain**, constellé d'étangs et de forêts. Champs et prairies se succèdent selon les possibilités du sol, argileux ou, parfois, recouvert de lœss. Rivières et canaux sont nombreux et leurs parcours variés. Reliés entre eux, comme le canal de la Marne au Rhin, ils traversent la région, à l'écart de l'agitation de la vie moderne.

C'est sur le plateau que l'on trouve le milieu le plus original de la Lorraine, le pays du sel et des étangs, avec ses mares salées à la végétation insolite où s'arrêtent de nombreux oiseaux migrateurs. Celles-ci sont essentiellement localisées le long de la vallée de la Seille. À l'origine de ces étonnantes mares, des couches de sel déposées à l'ère secondaire par l'évaporation de mers alors existantes, puis une remontée de la saumure en

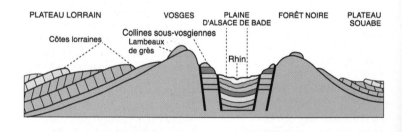

 Terrains sédimentaires d'époque tertiaire (1ᵉ et 2ᵉ phase)

Argile et craie d'époque crétacée

Calcaire et marne d'époque jurassique

Grès (grains de sable fortement cimentés)

Socle primitif

surface, permise par des fissures dans la roche mère calcaire. On y découvre une faune et une flore halophiles (qui aiment le sel) tout à fait exceptionnelles comme la salicorne, la renoncule de Baudot, l'aster maritime et la rare ruppie maritime.

HAUTS SOMMETS ET LACS DES VOSGES

Les Vosges ne sont qu'un petit fragment de l'immense chaîne hercynienne qui couvrait une grande partie de l'Europe il y a 300 millions d'années et dont les **granits** aux couleurs claires, qui culminent à 1 424 m au Grand Ballon, portent la trace. Détruite par l'érosion, elle fut peu à peu recouverte par la mer et ensevelie sous d'épaisses couches de sédiments à l'origine des célèbres **grès rouges ou roses** qui donnent leur couleur si frappante aux monuments alsaciens. Au moment de la formation des Alpes, il y a 30 millions d'années environ, un « rift », le futur fossé rhénan, s'est formé à la suite d'un lent affaissement de la croûte terrestre, tandis que ses bords se soulevaient symétriquement à près de 3 000 m d'altitude, formant les Vosges et la Forêt-Noire, sœurs jumelles issues du même socle granitique. Voilà pourquoi la montagne surplombe d'un seul coup la plaine d'Alsace alors qu'elle s'abaisse presque insensiblement du côté lorrain. Les collines dites « sous-vosgiennes » sont en fait d'énormes blocs faillés qui descendent en gradins jusqu'au fond du fossé.

À cause de leur différence d'altitude, les Hautes-Vosges cristallines se séparent nettement des Basses-Vosges gréseuses. Sur les premières, nettement plus élevées, l'érosion a mis à découvert cette fameuse surface hercynienne arasée que suit la célèbre route des Crêtes en reliant entre elles les croupes larges et plates des « **ballons** ». La rareté des cols en a fait une grande ligne de partage régionale, tandis que s'y épanouissent les hautes chaumes sans arbres, mais couvertes de fleurs en été quand les troupeaux montent aux pâtures.

L'impression d'être en haute montagne est renforcée par la puissante empreinte des glaciers de la préhistoire. C'est ainsi qu'à l'époque des chasseurs de rennes, ces glaciers ont raboté les sommets, élargi les vallées et accru la raideur des versants. Tout en haut, de petits lacs aux eaux froides et profondes, comme le lac Blanc ou le lac Noir, occupent d'anciens cirques glaciaires aux rives escarpées. Vers l'aval, ce sont les moraines, énormes blocs de terre et de caillasses abandonnés par la fonte des glaces, qui ont formé des barrages naturels à l'origine de ces lacs aux eaux très bleues qui, comme celui de Gérardmer, occupent les fonds de vallées.

LA FORÊT

Vue des crêtes, la forêt vosgienne forme un magnifique tapis d'un vert très dense qui s'estompe dans le moutonnement bleuté des lointains. La rudesse des hivers comme d'anciens défrichements ont déchouronné les plus hauts sommets, mais l'humidité très forte du climat a couvert d'un manteau quasi continu les pentes escarpées des vallées comme l'ensemble des Petites Vosges, ou Vosges gréseuses, qui s'étendent au nord jusqu'à la frontière allemande.

Le hêtre au tronc lisse, gris clair et au feuillage vert tendre y est omniprésent. À partir de 400 m du côté lorrain et 600 m du côté alsacien, il se mêle au feuillage vert clair du **sapin pectiné** (aux aiguilles en forme de peigne), le roi de cette forêt. Son écorce grise comme ses cônes dressés le distinguent de son cousin, l'**épicéa**, aux branches tombantes, au vert plus sombre et au tronc brun rougeâtre qui s'écaille avec l'âge. C'est notre arbre de Noël qui aime particulièrement les expositions froides. À partir de 1 000 m, pratiquement seuls des hêtres ou des alisiers aux formes torturées résistent au vent et au froid, avant de laisser leur place aux chaumes et aux tourbières. On rencontre ces dernières sur le versant lorrain des Hautes-Vosges et dans les Vosges du Nord. Les tourbières se caractérisent par une végétation et une faune très rares sous nos latitudes. Il s'y développe notamment des sphaignes, mousses uniques en France, la violette des marais, l'utriculaire et le droséra, une plante carnivore.

Attention ! Il est dangereux de s'aventurer sur des tourbières car l'eau affleure sous les sphaignes, et il faut respecter ce milieu fragile. Le **pin sylvestre**, au tronc très crevassé, préfère les endroits secs et ensoleillés. Mais ces différentes essences sont heureusement souvent mêlées. D'infinies nuances de vert composent autant de tableaux harmonieux et apaisants, plus contrastés à l'automne quand, au milieu d'une tonalité plutôt sombre, rougeoie le feuillage des hêtres. C'est en randonnée qu'on découvre la richesse de cette forêt silencieuse, aux odeurs vivifiantes de résine, où la faune, très abondante, reste discrète, à l'exception du brame des cerfs en automne.

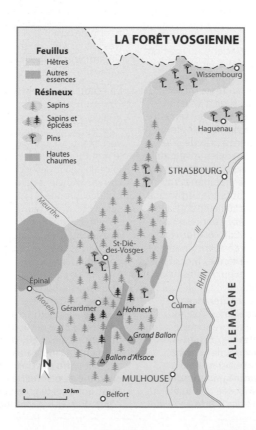

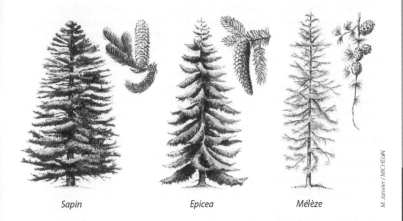

Sapin   Epicea   Mélèze

M. Janvier / MICHELIN

LES COLLINES SOUS-VOSGIENNES

Au pied de la pente abrupte des Vosges s'étirent les collines dites sous-vosgiennes souvent coiffées de ruines médiévales. De Thann à Marlenheim, puis au nord aux abords de Wissembourg, une vraie civilisation de la vigne, implantée là dès l'époque romaine, s'étire sur près d'une centaine de kilomètres. Une mer de ceps, tout en courbes ondoyantes, dévale les pentes ensoleillées des collines sous-vosgiennes jusque dans la plaine. Cette forêt de piquets sagement alignés s'habille d'un vert tendre au printemps, avant de prendre une flamboyante livrée or au moment des vendanges. Soleil, tonneaux, grappes de raisin et pressoir, partout les emblèmes arborés par les maisons à colombages, comme les enseignes des auberges, rappellent qu'ici le vin est roi. Une recherche constante de la qualité a pour résultat qu'aujourd'hui, les trois quarts des vins blancs que la France élève viennent d'Alsace. Cette région offre ainsi l'occasion unique de s'initier, dans une joyeuse ambiance, à des vins réputés qui portent traditionnellement le nom de leur cépage (sept pour le vignoble alsacien), c'est-à-dire de l'une des innombrables variétés de la vigne dont ils sont faits. Leur extraordinaire diversité est aussi due à la variété des qualités du sol, l'exposition au soleil et au microclimat propre à l'Alsace. Ils sont ainsi le résultat d'une alchimie complexe où entrent en compte, outre le cépage et les terroirs, le millésime, c'est-à-dire l'année et, bien sûr, le savoir-faire des vignerons.

LA PLAINE DU RHIN

Une grande luminosité, un climat semi-continental : la plaine d'Alsace est une petite région à échelle humaine insérée par la géographie et par l'histoire au cœur de l'espace rhénan que se partagent la France, la Suisse et l'Allemagne. Adossée aux collines sous-vosgiennes, elle s'étend sur seulement 30 km de large, jusqu'au Rhin à l'est. Mais 170 km séparent la frontière allemande au nord, de Bâle et du Jura au sud. Un simple coup d'œil sur une carte fait comprendre qu'avec sa forme étroite et allongée, elle fait partie du fossé rhénan, cette partie affaissée de la croûte terrestre qui court entre Vosges et Forêt-Noire.
Tout au sud s'étendent, un peu à part, les collines doucement

ondulées du Sundgau, qui s'adossent aux premières crêtes du Jura.

La plaine, loin d'être monotone, présente des facettes étonnamment variées. La multitude et l'ancienneté de ses villages et de ses petites villes indiquent assez la présence ancienne des hommes dans l'une des régions les plus densément peuplées de France. Depuis toujours, ceux-ci ont tenu compte de la variété des sols et ont ainsi créé des paysages que la vie moderne n'a modifiés que dans le détail.

On sera étonné de passer, sur quelques dizaines de kilomètres, de régions très agricoles à d'immenses forêts que la densité de population ne menace pas. C'est que les sols ne sont pas les mêmes. Partout les sédiments marneux et argileux apportés par des mers intérieures ou des lacs aujourd'hui disparus ont comblé le fossé rhénan au fur et à mesure de son enfoncement. On en trouve jusqu'à 1 500 m d'épaisseur, recelant au nord un peu de pétrole et au sud les mines de potasse entre Mulhouse et Guebwiller. Les cours d'eau qui se sont mis en place au cours du dernier million d'années, comme le Rhin et l'Ill, ont déposé de grosses masses de cailloutis et d'alluvions peu fertiles. Plus récemment, lors des dernières glaciations, à l'époque des chasseurs de rennes, le vent a apporté par endroits une couche épaisse et fertile de lœss, fine poussière issue des régions désertiques proches des glaciers. C'est devenu l'« Alsace bénie », qui commence au nord de Sélestat et s'épanouit dans le Kochersberg, l'arrière-pays de Strasbourg. C'est l'« Ackerland », la riche campagne cultivée, avec ses champs de maïs, de colza ou de tournesols. On y fait aussi pousser le fameux chou à choucroute, les asperges et le houblon.

Au contraire, sur les cailloutis, les graviers et les sables ont pu subsister de vastes forêts comme la Hardt, près de Mulhouse, au sol sec, ou celle de Haguenau, tout au nord, au sol plus humide.

Mais la partie la plus étonnante, la plus exotique sans doute de la plaine alsacienne, celle qui a malheureusement le plus reculé, est le « ried » marécageux qui s'étend sur les bords du Rhin, dans la partie de la plaine que ses crues inondaient avant qu'il ne soit canalisé. On peut y découvrir encore les derniers lambeaux, désormais protégés, de l'extraordinaire forêt rhénane avec sa végétation de lianes, de lierres et de clématites, qui évoque la forêt primaire. L'Ill possède aussi son ried, entre Colmar et Benfeld, menacé par les drainages qui ont permis l'extension des cultures. Prairies humides, marais, roselières et bras de rivières nés des « trous de tonnerre », ces grosses résurgences infiltrées dans les graviers, ont une flore et une faune particulièrement riches.

Richesses naturelles

L'Alsace et la Lorraine doivent beaucoup à leur généreux sous-sol : si les terres sont fertiles, elles sont aussi riches en eau et en minerais de toute sorte.

L'OR DE LORRAINE

70 % de la production mondiale de la mirabelle se fait… en Lorraine. Le mirabellier, sans doute importé d'Asie Mineure, a connu un développement particulier à la fin du 19e s., lorsque le phylloxéra ravageait les vignobles. Il a trouvé en Lorraine des conditions optimales : un sol adéquat, lourd et argileux, un climat favorable, sans grands

écarts de température, et un ensoleillement parcimonieux, car il ne s'épanouit qu'en dessous de 25°C. Le mirabellier fructifie pour la première fois à 8 ans et peut assurer une récolte de 100 kg par arbre. La saison dure six semaines, de la mi-août à la fin septembre. Une production importante tuant le goût, les vergers ne dépassent jamais les 20 tonnes de mirabelles à l'hectare. Afin de mieux maîtriser la production et de conserver les variétés anciennes, les producteurs ont créé, dans les années 1980, l'Arefe, l'Association régionale d'expérimentation fruitière de l'est. Elle bénéficie du Label rouge depuis 1999 et d'une protection de son appellation au niveau européen depuis 1996.

DE L'EAU EN ABONDANCE

Les stations thermales, les cours d'eau, les sources de montagne et les trois fleuves qui traversent la région montrent clairement les ressources en eau, exceptionnelles, de l'Alsace et de la Lorraine.
Le **bassin Rhin-Meuse** se compose de trois unités hydrographiques parallèles : la plaine du Rhin est séparée des bassins de la Moselle et de la Meuse par le massif vosgien. Chaque bassin hydrographique est formé par les bassins versants, c'est-à-dire les zones géographiques délimitées par la ligne de partage des eaux qu'ils rassemblent. Les cours d'eau du bassin Rhin-Meuse, hors Rhin, écoulent un volume moyen de 12 milliards de m³ par an. Quant au Rhin, lorsqu'il pénètre dans la plaine d'Alsace, il dispose d'un bassin versant de 37 000 km², situé dans la zone montagneuse des Alpes suisses. Son alimentation atteint alors 31 milliards de m³ par an en moyenne.
Le bassin Rhin-Meuse, qui couvre 6 % du territoire national, est riche en eaux souterraines et 15 % des eaux minérales captées en France en sont issues. Il compte plusieurs nappes qui contiennent quelques centaines de milliards de m³ d'eau. La nappe phréatique (d'origine alluviale) de la plaine d'Alsace est une des plus importantes d'Europe occidentale avec 35 milliards de m³ d'eau.

LES MINES DE CHARBON

Le charbon est un combustible provenant des grandes forêts marécageuses de l'époque carbonifère (300 millions d'années). C'est encore une ressource énergétique indispensable au développement de certains secteurs économiques (verrerie, métallurgie).
On trouve des mentions de l'utilisation du charbon en Lorraine dès 1459, mais ce n'est qu'au milieu du 19e s. que commence l'exploitation proprement dite.
À partir de 1847, des sondages sont entrepris sur un secteur allant de Forbach à Creutzwald. En 1854, le gisement houiller de Creutzwald est attesté avec une première couche repérée à une profondeur de 213,63 m et d'une épaisseur de 0,95 m. Puis c'est le tour de celui du Hochwald. La découverte d'une couche de 2 m d'épaisseur par 120 m de profondeur sur le secteur de Petite-Rosselle, en 1856, marque le début de l'aventure de l'exploitation du charbon en Lorraine. En 1858, Napoléon III annonce officiellement la découverte du bassin houiller de la Moselle.
Mais en Lorraine, l'exploitation est très contraignante car, loin d'affleurer comme du côté sarrois, le charbon n'est accessible que par puits verticaux. Il faut alors traverser des « morts-terrains » très aquifères et lutter contre l'invasion des eaux qui noie les installations.

MINETTE LORRAINE

Le minerai de fer a été exploité en Lorraine dès le 16e s., d'abord à ciel ouvert dans ses couches affleurantes, puis, au fur et à mesure de l'évolution des techniques, de plus en plus profondément, par mines à flanc de coteau et par puits d'extraction. Le bassin ferrifère (le plus important d'Europe) est situé dans le Nord-Est mosellan, le nord de la Meurthe-et-Moselle et une frange meusienne, et se prolonge au nord dans les territoires belges, luxembourgeois et allemands. Les gisements se présentent en couches alternées de minerais et de marne. Le minerai lorrain est dit « minette » en raison de sa teneur médiocre en fer, de l'ordre de 30 à 35 % en moyenne, et de sa teneur en phosphore (2 %).

Après une intense exploitation, jusque dans les années 1990, s'est posé le problème de la stabilisation des anciens terrains miniers et de l'équilibre de l'hydrosystème modifié par les techniques d'exploitation. Depuis la fermeture des mines, une restructuration globale de la gestion de l'eau dans l'ancien bassin minier est à l'étude.

LE BASSIN POTASSIQUE D'ALSACE

Autre richesse du sous-sol, la potasse. Le bassin potassique d'Alsace s'étend sur plus de 200 km^2 au nord de Mulhouse. Le minerai, découvert en 1904 à une profondeur de 625 m, doit beaucoup à la détermination d'une femme, Amélie Zürcher, et d'un sondeur spécialisé dans la prospection des richesses minérales, Joseph Vogt. La production démarre en 1910 mais sera interrompue pendant les deux guerres mondiales. Elle s'avère parfois difficile en raison de la température dégagée par le minerai : en Alsace, la température s'élève de 1°C tous les 18 m de profondeur, ce qui entraîne à 700 m de fond des températures excédant les 50 °C. Reprise et modernisée en 1947, l'extraction, assurée par les Mines de potasse d'Alsace (MDPA), est définitivement arrêtée en 2004. Le gisement se présente en deux couches séparées par 20 m de distance à des profondeurs variant entre 420 et 1 100 m. Le sel de potasse brut, appelé sylvinite, contient du chlorure de potasse et du chlorure de sodium (c'est-à-dire du sel gemme ou sel de cuisine). Après extraction, le traitement vise à séparer le sel de potasse des autres composants et de le concentrer afin d'obtenir un engrais potassique. La potasse fait en effet partie des éléments indispensables à la croissance des plantes.

Une faune étonnante

La diversité des paysages comme les fabuleuses réserves naturelles de la région expliquent la richesse des espèces animales rencontrées. Certaines d'entre elles, emblématiques de la région, ont fait l'objet d'un programme de protection ou de réintroduction.

LES CIGOGNES

Considérées depuis des siècles comme gage de prospérité et de bonheur pour les maisons sur lesquelles elles revenaient bâtir leur nid à chaque printemps, les cigognes font partie de l'identité régionale. C'est pourquoi leur déclin, à partir des années 1960, a provoqué un véritable désarroi. On a incriminé la vie moderne qui perturbe leur environnement avec ses lignes électriques et l'assèchement des zones humides. On a accusé la chasse et les dangers de plus en plus nombreux que les cigognes rencontrent sur leur route, lors de leur long périple vers l'Afrique de l'Ouest. Après trois décennies de gros efforts de protection et de réimplantation, grâce aussi à l'élevage de jeunes oiseaux en enclos, les cigognes traversent à nouveau aujourd'hui le ciel alsacien. On a compté 200 couples ces dernières années dont certains, il est vrai, sont encouragés à rester sur place en hiver. Au printemps, le mâle revient au nid en premier et commence aussitôt à le rafistoler avec des branchages et des sarments de vigne consolidés avec de la terre. C'est une construction impressionnante de 1,50 à 2 m de diamètre sur une hauteur de 60 cm à 1 m, son poids pouvant dépasser les 500 kg. La femelle pond de trois à six œufs, qui sont couvés pendant trente-cinq jours. Une fois éclos, les cigogneaux doivent être sans arrêt nourris pour grandir rapidement. Leurs parents leur apportent tout ce qu'ils peuvent trouver, insectes, larves, lézards, grenouilles, souris, taupes ou serpents, en un ballet incessant. Au bout de quatre semaines, ils commencent à se mettre debout et à voleter autour du nid. À deux mois, ils sont prêts à prendre leur envol. Juchés avec leurs parents sur le grand nid au-dessus duquel ressort leur grand corps blanc, ils forment alors, avec leur bec rouge vif et leurs ailes noires, un magnifique spectacle, qui fait partie des couleurs de l'Alsace.

Observez-les au parc animalier de Ste-Croix à Rhodes *(voir p. 260)* et au parc de Cernay *(voir p. 346)*.

LE LYNX

Autrefois, tous les massifs montagneux français étaient peuplés de lynx, qui, chassés à outrance, s'éteignirent progressivement. La disparition du lynx dans les Vosges date du 17e s. Dès 1972, on parle de sa réintroduction en France, et le groupe Lynx Alsace œuvre à ce projet. C'est en 1982 que l'autorisation de sa réintroduction est donnée par le ministère de l'Environnement. À partir de 1983, une vingtaine d'individus sont lâchés dans les Vosges avec plus ou moins de succès : certains, venus de captivité, doivent être repris, d'autres sont braconnés.

Le lynx vit exclusivement en forêt, jusqu'à une altitude de 2 500 m. Son aire de chasse varie selon les individus de 150 à 600 km. Le massif forestier vosgien couvrant environ 4 750 km², il a le potentiel d'accueillir de 20 à 40 lynx. Discret, l'animal n'est souvent décelable que par ses empreintes.

DANS LES RÉSERVES NATURELLES

Les milieux naturels spécifiques d'Alsace et de Lorraine permettent à certaines espèces rares de se développer. Ainsi, sur les 30 espèces de **chauves-souris** présentes en France, le Parc naturel régional de Lorraine en compte 17. Elles font l'objet de mesures de protection. Les pelouses calcaires des côtes de Lorraine offrent un écosystème de choix à la **vipère aspic**, aux **mantes religieuses** et à de très nombreuses espèces de **papillons**. Sur le plateau lorrain, le **crapaud sonneur** règne en maître sur le pays du sel et des étangs. On y trouve une grande diversité d'insectes et des oiseaux rares et protégés, comme le **courlis cendré**, le **râle des genêts** et le **tarier des prés**. Dans les tourbières vosgiennes, la faune typique comprend notamment des **grenouilles rousses**, des **grands tétras** (coqs de bruyère) et des **libellules**. Le grand tétras est en voie de disparition. Les causes de ce phénomène sont la surfréquentation touristique du massif et la sylviculture. En 1985, le grand tétras est devenu espèce protégée et en 1991, la directive *Tétras* intègre la préservation de l'habitat du grand tétras aux aménagements forestiers. En 2005, on estimait la population du massif vosgien à une centaine d'oiseaux adultes. Dans les zones prioritaires, l'ONF a choisi de changer principalement le mode de traitement sylvicole et surtout d'aller vers un plus grand âge d'exploitabilité de la forêt (156 ans contre 131 auparavant).

En matière de réserves naturelles, l'Alsace n'est pas en reste : parmi elles, le Ried est le refuge de la seule harde de **daims** sauvages en France. On y croise également des **chevreuils** et des **castors**, réintroduits depuis 1973 ; les **canards** et autres oiseaux d'eau y prospèrent. Plus d'une centaine d'espèces d'oiseaux, dont un grand nombre d'oiseaux nicheurs, ont élu domicile au sein de la Petite Camargue alsacienne et du delta de la Sauer. Citons aussi le **grand hamster d'Alsace**, également appelé « marmotte de Strasbourg ». Long de 25 cm, ce rongeur que l'on ne trouve pratiquement que dans le Bas-Rhin est un grand amateur de plantes cultivées. Longtemps chassé pour les dégâts causés aux cultures, il est aujourd'hui protégé.

Environnement

PROTECTION DES MILIEUX

La région Alsace Lorraine ne compte pas moins de trois **parcs naturels** : le Parc naturel régional de Lorraine, créé en 1974, s'étend sur 210 000 ha ; le Parc naturel régional des Vosges du Nord (12 000 ha) et celui des Ballons des Vosges (300 000 ha) ont tous deux été fondés en 1975. De telles entités permettent à l'économie locale de se développer tout en préservant les paysages et les activités traditionnelles. On y découvre des sites exceptionnels, comme les immenses panoramas des grands ballons d'où la vue porte jusqu'au Mont-Blanc.

Le **Conservatoire des sites** alsaciens et son homologue lorrain sont deux associations de protection du patrimoine naturel ayant pour but de faire connaître, protéger et valoriser des milieux naturels sensibles. Le premier gère 186 sites représentant 5 000 ha, le second 180 sites, soit 4 000 ha, dont les zones les plus salées de la vallée de la Seille, milieu fragile.

La **forêt vosgienne** s'est remise de ce que l'on a appelé dans les années 1980 les « pluies acides », responsables d'un phénomène de jaunissement des feuilles. La pollution atmosphérique a été mise en cause puisque, depuis le milieu du 19e s., les dépôts atmosphériques et polluants acides n'ont fait qu'augmenter. Aujourd'hui, la communauté scientifique s'accorde sur les raisons, en réalité beaucoup plus complexes, de l'acidification du massif des Vosges. Il s'avère qu'il est situé dans une zone naturellement sensible à l'acidification : les caractéristiques géologiques (grès et granit blanc), la forte pluviométrie et la présence de conifères sont les principaux facteurs de ce phénomène. De plus, il est admis que le massif des Vosges est soumis à des dépôts atmosphériques acides dont les émissions polluantes proviennent de régions éloignées. Si la forêt n'est plus en danger, on surveille maintenant de près les effets de l'acidification sur les cours d'eau. À ce problème de fond se sont ajoutés, en décembre 1999, ceux causés par la tempête qui a ravagé plus de 8 millions de m³ de bois, soit sept années d'exploitation. Les zones touchées sont en cours de reforestation.

La **fédération du Club vosgien**, fondée en 1872, a beaucoup aidé à la connaissance et au respect du milieu forestier. Par le balisage et l'entretien des tout premiers sentiers de randonnée français, à l'origine de nos modernes « GR », créés après la Seconde Guerre mondiale, la fédération a toujours promu activement le développement d'un tourisme pédestre responsable. 16 500 km de sentiers permettent ainsi de découvrir les Vosges en toute sécurité.

ASSAINISSEMENT DES EAUX

La région connaît des programmes de grande ampleur comme celui sur la **qualité des eaux du bassin Rhin-Meuse**. Il est confié à l'Agence de l'eau, dont la mission est d'aider financièrement et techniquement les opérations d'intérêt général au service de l'eau et de l'environnement du bassin. Elle s'inscrit dans la directive cadre sur l'eau traduisant une nouvelle ambition de la politique de l'eau en Europe qui est de garantir à la fois un haut niveau de protection de l'environnement et une gestion durable des ressources en eau. Des actions et des travaux prioritaires ont été définis dans chaque territoire (cinq, ici) pour la reconquête des eaux du bassin Rhin-Meuse. Il s'agit de la lutte contre les sources de pollution de toutes origines (domestique, industrielle et agricole) et d'une aide à la dépollution des sites et des sols pollués. L'action s'avère fondamentale dans le bassin Rhin-Meuse, compte tenu d'une activité industrielle lourde. L'objectif est la reconquête du bon état écologique de toutes les eaux en 2015.

ÉOLIENNES EN LORRAINE

La Lorraine est une région historiquement productrice d'énergie. Après le bois et le charbon, c'est aujourd'hui l'électricité que la région exploite par l'énergie éolienne, propre par excellence. En la matière, la Lorraine est la première région de France, avec une puissance théorique de 477 mégawatts. Les 42 parcs éoliens de Lorraine permettent d'alimenter 450 000 personnes par an.

Le premier de ces parcs a vu le jour sur la commune de Téterchen en Moselle avec la mise en service, en 2004, de 6 éoliennes d'une puissance totale de 9 MW.

Le deuxième parc éolien, « Le Haut des Ailes » a été inauguré en 2005. Situé à 60 km de Nancy, entre Lunéville et Sarrebourg, il est constitué de 16 aérogénérateurs d'une puissance totale de 32 MW et répartis sur trois zones. Il alimente 40 000 personnes en électricité et permet d'éviter le rejet de 45 000 tonnes de CO_2 par an. Ce projet est exemplaire à plus d'un titre. C'est le premier parc de France à avoir été financé en partie (10 %) par des particuliers, montrant ainsi l'attachement des habitants pour cette énergie renouvelable. Sa réalisation a été très rapide (trente mois entre le lancement du projet et sa mise en service).

Économie

En Lorraine, si la grande industrie a disparu du paysage avec le terrible bilan social que l'on sait, la reconversion de la région vers le tertiaire, et notamment en faveur du tourisme, apporte aux visiteurs des raisons supplémentaires de découvrir cette destination. Au cœur d'une zone frontalière qui favorise les échanges, sa voisine, l'Alsace, affiche une santé économique au beau fixe grâce à son agriculture, une industrialisation diversifiée et un tourisme florissant.

L'Alsace, une région prospère

Avec une **population** de près de 1,8 million d'habitants répartis sur un territoire de 8 280 km², l'Alsace est une des régions les plus densément peuplées de France (220 habitants au km²). Sa démographie dynamique la place au 3e rang français, derrière l'Île-de-France et le Nord Pas-de-Calais. Située au cœur de l'ensemble européen qui regroupe les trois quarts du pouvoir d'achat de l'Union européenne, elle occupait en 2007 le 7e rang des régions les plus riches de France. En raison de sa situation géographique, elle compte un grand nombre de travailleurs frontaliers (en 2008, 65 900 résidents travaillaient en Allemagne ou en Suisse). Cette position frontalière entraîne également une importante présence de groupes étrangers et place l'Alsace au 4e rang des régions françaises pour les exportations. En Alsace, l'**agriculture** apporte une forte valeur ajoutée. Si la surface cultivée est très faible, en raison de l'importance des forêts et de l'urbanisation, le revenu agricole élevé s'explique par le poids de la viticulture et des cultures spécialisées comme le houblon ou le tabac, bien que ces deux dernières régressent.

La diversification de son **industrie** a permis à l'Alsace d'amortir les phases de restructuration. Toutefois, l'essentiel de ses grandes activités s'inscrit dans des logiques de croissance intensive avec réductions d'emploi : automobile (PSA est le premier employeur de la région), mécanique, chimie et banque en font les frais. Il est à noter que l'Alsace ne présente pas un territoire homogène et que certaines régions connaissent plus de difficultés que d'autres. L'Alsace du Nord-Ouest et les vallées vosgiennes se singularisent par le poids important qu'occupent encore dans leur économie les secteurs du bois, du textile, de l'habillement et de la mécanique. Ces industries sensibles ont connu de fortes pertes d'emplois depuis les années 1970. La situation est analogue dans la région de Mulhouse, qui connaît de grandes restructurations industrielles depuis le début des années 1980. En 2004, la fermeture des Mines de potasse d'Alsace (MDPA) a entraîné la disparition de 2 000 emplois, sans compter ceux liés à la sous-traitance ou aux activités marchandes de proximité. L'économie alsacienne est cependant en voie de tertiarisation.

Dans ce secteur, le **tourisme** occupe une place de choix. C'est une activité créatrice d'emplois qui a vu ses effectifs augmenter de 6 % entre 2000 et 2007. Avec ses richesses patrimoniales, culturelles, historiques et son terroir varié, l'Alsace est en effet une destination touristique de longue date. Sa capacité d'hébergement est importante, puisqu'elle compte près de 112 000 lits (hôtels ou résidences de tourisme), avec une nette progression des chambres d'hôte et des locations de gîte. Les types de séjour et de visite se sont diversifiés avec le cyclotourisme, les randonnées équestres ou pédestres, le tourisme vert ou encore le tourisme fluvial, mais la promenade et les visites de villes occupent une place prédominante en Alsace. Parmi les sites les plus visités, Strasbourg, le Haut-Kœnigsbourg, le parc zoologique et botanique de Mulhouse et l'écomusée d'Alsace. Des « must », donc, qui ne doivent pas faire oublier tout le reste…

Renouveau en Lorraine

INDUSTRIE EN RECONVERSION

La Lorraine compte 2,3 millions d'habitants. Longtemps, elle est apparue comme le symbole des **régions industrielles** en crise. Mais si les secteurs « historiques » (houille, mines de fer, sidérurgie et textile) ont disparu, l'industrie régionale survit grâce à la reconversion et la diversification. L'automobile est le deuxième secteur employeur de l'industrie. De même, le développement d'industries comme Saint-Gobain ou de la chimie (Solvay, Rhône-Poulenc) apportent beaucoup à une économie régionale qui repose essentiellement sur des secteurs traditionnels (agriculture et sylviculture).

Parallèlement, la Lorraine a su maintenir de petits centres de productions traditionnelles, de qualité parfois mondialement reconnue. C'est le cas, par exemple, de la cristallerie de Baccarat ou de la lutherie de Mirecourt, ainsi que des faïenceries réputées de Longwy, Lunéville ou Sarreguemines.

ZONES DYNAMIQUES

La situation géographique de la Lorraine apparaît comme un atout majeur. En 2007, près de 100 000 Lorrains travaillaient au Luxembourg, en Allemagne ou en Belgique. Comme en Alsace, le territoire lorrain n'est pas uniforme : le Sud-Ouest meurthe-et-mosellan bénéficie d'une dynamique propre. Metz et Nancy, pôles tertiaires et universitaires, stimulent la naissance d'industries de pointe. Ces deux villes forment une sorte de métropole très allongée axée sur la Moselle, qui se prolonge vers Longwy et le Luxembourg. Avec la reconversion des anciens bassins miniers et le développement du tourisme culturel, grâce à un remarquable patrimoine architectural et artistique, elles sont en train de bouleverser la physionomie de la Lorraine. Celle-ci offre en effet des découvertes insolites, depuis les anciens sites industriels ouverts aux visiteurs jusqu'aux trésors les plus insoupçonnés. Qui sait qu'elle détient plus de 1 000 orgues sur les 7 000 recensés en France, dont une soixantaine sont classés Monuments historiques ?

TOURISME AU NATUREL

À côté du tourisme culturel, la Lorraine développe désormais un tourisme de détente tourné vers les loisirs de plein air. Les Vosges ont beaucoup d'atouts pour satisfaire les amateurs de **randonnées** et de sports d'hiver et d'été de moyenne montagne. Les fermes d'estive ou marcairies proposent aux promeneurs des repas simples de paysans fondés sur l'exceptionnelle qualité de leurs produits.

Aujourd'hui, les plaisirs se sont multipliés avec le cheval et le vélo, les activités des bases nautiques au bord des lacs ou, plus récemment, les sports aériens, parapente, deltaplane ou montgolfière. L'abondante neige hivernale a très tôt permis le développement des sports d'hiver, en particulier du ski de fond. Avec plus de 1 000 km de pistes reliées entre elles, les Vosges s'en sont fait une spécialité. Le ski alpin y a aussi sa place dans des stations à taille humaine.

Autre atout, le **thermalisme**. Situées dans le sud-ouest de la région, non loin du massif des Vosges, les stations thermales, dont les eaux aux vertus variées étaient déjà exploitées par les Romains, proposent des activités très variées de relaxation et de détente.

Le **tourisme fluvial**, enfin, s'est développé avec 700 km de canaux navigables, qui relient la Lorraine à l'Allemagne, à la Belgique, au Luxembourg, aux Pays-Bas et au sud de la France. Une autre façon de découvrir une région tout en glissant silencieusement sur les eaux, dans le seul bruissement des feuillages.

Le TGV

Les transports alsaciens et lorrains ont connu une vraie révolution : le TGV tant attendu a été inauguré en juin 2007. Destiné à relier la France à l'Allemagne, le TGV Est européen est considéré par les villes concernées comme un véritable levier de développement. Les retombées devraient être en effet économiques, mais aussi touristiques, avec notamment une hausse des courts séjours. L'Alsace et la Lorraine se trouvent, avec des temps de parcours réduits, au carrefour de l'Europe. Entre modernisation des infrastructures et développement des capacités d'accueil, toutes les villes sur la ligne du TGV sont en effervescence !

Art et culture

Cathédrale de Strasbourg, retable d'Issenheim à Colmar, Cité de l'auto-mobile, Cité du train ou musée de l'Impression sur étoffes à Mulhouse, château du Haut-Kœnigsbourg, écomusée d'Alsace… : autant de noms qui évoquent la foisonnante diversité du patrimoine alsacien. Moins connue, la Lorraine voisine n'en recèle pas moins des joyaux : sculptures de Ligier Richier, orgues, cathédrales de Metz et de Toul, basiliques d'Avioth et de St-Nicolas-de-Port, trésors d'architecture classique, au premier rang desquels la place Stanislas à Nancy. La Lorraine peut également être fière de son patrimoine Art nouveau et de son savoir-faire dans l'art de l'émaillerie, de la cristallerie ou de l'imagerie populaire.

L'architecture religieuse

L'art religieux de la Lorraine et de l'Alsace témoigne d'influences multiples venues, selon les époques, d'Allemagne, de France ou d'Italie.

L'ART ROMAN

L'art roman trouve ses origines dans l'**art carolingien** qui, malheureusement, n'a laissé que très peu de traces. On sait seulement qu'il a correspondu à une période faste pour ces territoires situés au cœur du Saint Empire. La capitale de Charlemagne, Aix-la-Chapelle, n'étant pas très loin, **Metz**, dont l'évêque était souvent choisi dans la famille impériale, fut particulièrement choyé, comptant une soixantaine d'églises à la fin du 9e s. Les abbayes fondées à cette époque sont aussi très nombreuses. On sait que cet art a exercé une forte influence sur l'art rhénan. C'est ainsi que la cathédrale de **Verdun** comprend, comme dans les églises carolingiennes, un second

chœur et un second transept à l'ouest, symétriques de ceux orientés à l'est. De même, la forme octogonale de la chapelle impériale d'Aix a été reprise dans l'église d'**Ottmarsheim** au 11e s.

Le roman rhénan s'est imposé alors, avant que les influences champenoise et bourguignonne ne l'emportent, au moins en Lorraine, dès la fin du 11e s. De façon générale, les églises romanes de ces régions se caractérisent par une grande simplicité de forme et de décors. En Alsace, elles adoptent le plan en croix latine, la nef allongée représentant le grand bras de la croix, tandis que le transept, qui forme le petit bras, est peu saillant. En Lorraine, il disparaît même dans le plan de type basilical qui est le plus fréquent, comme à **St-Dié-des-Vosges**. Un chœur peu profond, sans déambulatoire ni chapelles rayonnantes, se termine par un chevet en abside semi-circulaire ou, plus rarement, par un chevet plat d'une sobriété saisissante, comme à **Murbach**. Une tour-lanterne ronde ou carrée se dresse souvent à la croisée du transept avec, parfois, des clochers sur les côtés ou sur la façade occidentale, comme à **Marmoutier**. Les murs ont très peu d'ouvertures mais leur solennelle nudité est ornée, comme souvent dans les pays rhénans, de bandes lombardes originaires d'Italie du Nord. L'intérieur est lui aussi d'une grande simplicité avec des colonnes à chapiteaux cubiques très élémentaires. La sculpture se concentre sur le portail, mais seul celui de l'église d'**Andlau** est remarquable. L'art roman s'est prolongé tard dans le 12e s. C'est à cette époque seulement qu'on a pris l'habitude de remplacer le plafond en charpente par la voûte sur croisée d'ogives.

L'ART GOTHIQUE

Au 12e s., l'Île-de-France a déjà élaboré les nouvelles solutions architecturales qui ont fait les grandes cathédrales gothiques. En Lorraine, les cathédrales de **Metz** et de **Toul** en sont de remarquables exemples. Jusqu'en plein 16e s. encore, on continuera à être fidèle à cet art, comme en témoigne la magnifique église de **St-Nicolas-de-Port**, de style gothique flamboyant.

Mais c'est en Alsace que le gothique connaît un vif succès au point de s'affirmer comme un art régional, doté de sa propre personnalité. Entre 1240 et 1275, on greffe une nef de style gothique classique sur le chœur roman de la nouvelle cathédrale de **Strasbourg**. À la fin du 13e s., Erwin de Steinbach conçoit une nouvelle façade sous la forme d'un mur plein doublé d'une dentelle de pierre. La célèbre flèche ajourée, ajoutée au 15e s., fera, elle aussi, école. Par ailleurs, les franciscains et les dominicains diffusent le modèle de la grande église-halle adaptée à la prédication. Le gothique flamboyant s'y épanouit à la fin du Moyen Âge.

RENAISSANCE ET CLASSICISME

Le gothique tardif s'est poursuivi jusqu'au début du 17e s. À cette époque, ce sont surtout la peinture et la sculpture qui expriment le mieux la sensibilité religieuse. La guerre de Trente Ans a ruiné l'Alsace et une partie de la Lorraine et il faut attendre le 18e s. pour qu'elles retrouvent une certaine prospérité. Le classicisme venu de France s'impose alors aux élites avec de belles réalisations, comme l'église de **Guebwiller**. Mais les goûts provinciaux se portent plus naturellement vers l'art baroque, comme en témoignent le décor somptueux de l'abbatiale d'**Ebersmunster**, non loin de Sélestat, ou, en Lorraine, la façade de l'église St-Sébastien à **Nancy**.

L'architecture civile

L'Alsace a conservé dans ses villes d'innombrables exemples d'architecture civile, publique et privée, de la Renaissance à l'âge classique. De cette dernière époque, on peut découvrir en Lorraine de splendides résidences princières, ainsi que quelques réalisations urbaines exceptionnelles.

LA RENAISSANCE

Contrairement à la Lorraine qui n'a laissé que peu de constructions de style Renaissance (parmi lesquelles il faut tout même citer la ville haute de **Bar-le-Duc**), l'Alsace connaît, comme l'ensemble des pays rhénans à cette époque, un véritable épanouissement architectural lié au développement des villes marchandes. Celles-ci avaient, dès la fin du Moyen Âge, dès la fin du Moyen Âge, acquis leurautonomie dans le cadre du Saint Empire romain germanique. Elles formaient alors de petites républiques prospères dirigées par les familles les plus riches. Cet esprit d'indépendance s'est alors exprimé par la construction de nombreux hôtels de ville fastueusement décorés. Aujourd'hui encore éléments de prestige, ils marquent fortement l'identité d'une ville. C'est le cas par exemple à **Mulhouse,** qui est d'ailleurs restée indépendante jusqu'à la Révolution. Beaucoup de petites villes possèdent encore le leur. Les plus intéressants sont à **Guebwiller**, **Rouffach** ou **Obernai**. Les riches maisons bourgeoises qui les entourent ont très souvent conservé leur style Renaissance, comme à **Colmar**, **Strasbourg** ou **Riquewihr**. Elles se caractérisent par leur toit pointu en partie caché par des pignons très travaillés, en gradins ou en volutes entremêlées de clochetons, par exemple sur la maison des Têtes à Colmar. Le style Renaissance aime multiplier les détails attachants et poétiques qui animent les façades. L'oriel, sorte de logette en saillie à l'étage, permettait de mieux observer le spectacle de la rue. Il permettait aussi un meilleur éclairage des pièces, toujours très sombres dans ces villes aux ruelles étroites. Les sculptures, les enseignes en fer forgé, les pans de bois sculptés ou peints, les tourelles en encorbellement entourées d'une galerie en bois ajoutent leur charme à cet ensemble. Éléments de prestige urbain, de nombreuses fontaines datent de cette époque. Elles sont souvent ornées d'une colonne en grès rouge qui porte un blason, un saint patron ou un héros lié à la ville.

L'ÂGE CLASSIQUE

À cause de la guerre de Trente Ans qui voit l'affrontement sanglant des princes catholiques et protestants, le 17e s. fut une période sombre pour l'Alsace et la Lorraine, comme pour l'ensemble des pays relevant du Saint Empire. Les rois de France, tirant leur épingle du jeu, ont commencé à attirer ces deux provinces dans le royaume à la faveur de leur morcellement politique. De l'occupation des Trois-Évêchés en 1552 à celle de Strasbourg en 1681, ils ont peu à peu réussi à atteindre le Rhin. Certes, la complexité des divisions politiques fait qu'il faudra attendre 1766 pour que tout le duché de Lorraine soit français, tandis que de petites parties de l'Alsace sont restées théoriquement hors du royaume jusqu'à la Révolution. Mais en fait, depuis Louis XIV, le roi est le seul maître de la situation. Si une certaine influence culturelle française n'était pas nouvelle, puisqu'elle avait commencé à s'exercer dès le 13e s. avec l'art gothique, elle va désormais être adoptée par les élites en étroit contact avec la cour de Versailles. C'est ainsi que le classicisme avec ses lignes droites et ses perspectives s'est imposé dans des régions où le goût penchait plus spontanément vers l'art baroque. Au début du 18e s., le duc de Lorraine, Léopold, fait appel à un élève de Jules Hardouin-Mansart, Germain Boffrand, pour bâtir le **château de Lunéville**, bientôt surnommé le « Versailles lorrain ». Le dernier duc de Lorraine, Stanislas Leszczyński, installé à **Nancy** grâce à son gendre Louis XV, décide d'embellir sa capitale. Avec l'architecte Emmanuel Héré, élève de Boffrand, il lance un programme d'urbanisme qui aboutit à la création de la **place Stanislas**. Conciliant équilibre, grandeur et harmonie des proportions, cette place représente l'esprit même du classicisme, que rehaussent encore les grilles en fer forgé d'or de Jean Lamour. Un arc de triomphe et la place de la Carrière complètent cet ensemble.

En Alsace, le classicisme est fastueusement représenté par le **palais des Rohan** de **Strasbourg**. Il en arrive ainsi à influencer le style régional issu de la Renaissance. Il servira de référence à l'architecture officielle au 19e s. L'annexion allemande prônera, sous Guillaume II, un style « germanique » illustré par le quartier de l'**Orangerie** et de l'**Université** à **Strasbourg**. Édifié au nord-est de la ville ancienne d'après le projet d'Auguste Orth de 1880, il présente de grandes artères arborées et des bâtiments d'un éclectisme historicisant. Toutes les grandes institutions allemandes y étaient installées. Il est aujourd'hui l'un des rares exemples intacts d'architecture prussienne.

Marquant une rupture radicale, l'**architecture contemporaine** est présente à **Strasbourg** (quartier de l'Europe).

LES VILLES D'EAU

Les cités thermales de Lorraine témoignent d'un patrimoine architectural et décoratif riche et varié, puisant à diverses sources d'inspiration. S'il ne reste des premiers établissements construits par les Gallo-Romains que des ruines, comme à Baden-Baden sous le Friedrichsbad, le décor antique a encore ses adeptes à Bains-les-Bains. Les pendules de Plombières-les-Bains se sont quant à elles arrêtées à l'heure du second Empire ; les thermes Napoléon y rappellent ceux de Caracalla à Rome. Plus modernes, les stations de Contrexéville, de style néobyzantin, et de Vittel, avec son architecture Art déco et ses blanches façades, vous plongent dans l'ambiance Belle Époque du début du 20e s. Lieux de villégiature, elles sont dotées d'un casino, de parcs paysagers et de plus en plus d'installations sportives.

Châteaux et places fortes

Le passé mouvementé de l'Alsace et de la Lorraine se lit dans les ouvrages défensifs érigés depuis le Moyen Âge : donjons médiévaux, places fortes de Vauban et, dernière grande innovation en la matière, la ligne Maginot.

CHÂTEAUX FORTS

Si les archéologues ont retrouvé les traces des sites fortifiés, ou *oppida*, dans lesquels se rassemblaient les peuples celtes, si la ville de Strasbourg a pour origine un camp de la légion qui défendait le *limes* romain qui suivait le Rhin face au monde barbare, il faut bien admettre qu'il n'en reste presque rien. En revanche, on peut s'étonner du nombre de châteaux médiévaux qui surplombent la plaine d'Alsace. D'autres, dressés sur leur piton de grès rouge dans les Vosges du Nord, ne se laissent découvrir qu'au fond d'une épaisse forêt. C'est l'émiettement des pouvoirs, dans le Saint Empire romain germanique, qui est à l'origine de l'édification de ces orgueilleuses constructions destinées à signaler la puissance de leur propriétaire sur le voisinage. La concurrence était rude, entre les chevaliers-brigands, les villes, les princes et l'empereur. La même chose se retrouve en Lorraine mais, contrairement à sa voisine, celle-ci n'a conservé que très peu de vestiges, en raison des destructions du 17e s., à l'exception de **Prény**, **Sierck** ou **Châtel-sur-Moselle**. En Alsace, on n'a que l'embarras du choix. On découvrira, dans le silence d'une promenade en montagne, les ruines d'une simple tour qui, fière encore, s'élance vers le ciel, simplement entourée de quelques pans de murs démantelés. Ou bien on préférera le spectacle de la superbe reconstitution du

Haut-Kœnigsbourg. Bâti au cours du 12ᵉ s. par les Hohenstaufen et notamment par l'empereur Frédéric Barberousse, ce monument fut restauré par la volonté de Guillaume II au début du 20ᵉ s. Mais beaucoup d'autres méritent une visite, comme le surprenant **Fleckenstein**, dans le Parc naturel régional des Vosges du Nord, qui, en partie troglodytique, porte la couleur éclatante du grès rouge vosgien, la roche où il est édifié.

CITÉS FORTIFIÉES

Les villes alsaciennes n'ont, en général, conservé que de rares vestiges de leurs remparts du Moyen Âge. Dès le 16ᵉ s. naît un nouvel art des fortifications, contraint, par l'usage de l'artillerie, à développer d'immenses ouvrages bastionnés en forme de polygone. Au siècle suivant, Vauban, pour empêcher l'invasion du royaume, les a systématisés aux « frontières », mot d'origine militaire qui apparaît justement à ce moment-là. L'Alsace et la Lorraine, qui viennent de passer sous la domination de Louis XIV, se retrouvent aux avant-postes du royaume du côté de l'est. Alors qu'à l'intérieur du pays on démantèle châteaux et murailles, des villes comme Metz et Strasbourg sont corsetées de défenses impressionnantes dont il ne reste aujourd'hui que des vestiges. Certaines ont été presque intégralement préservées, comme celle de Neuf-Brisach, chef-d'œuvre de Vauban.

OUVRAGES DE DÉFENSE FORTIFIÉS

La question de la frontière mouvante entre la France et l'Allemagne va prendre une importance démesurée à partir de l'annexion de 1871. Avec la perte des villes fortifiées par Vauban en Alsace, la France décide de fermer ce qu'on appelle alors la « trouée de Lorraine » à toute invasion. Entre **Toul** et **Verdun**, le directeur du génie militaire, **Séré de Rivières**, organise la « ligne de fer », un système de forts à demi enterrés, assez proches les uns des autres pour former un « rideau » de feu. Parmi eux, ceux de **Vaux** et de **Douaumont** restent des témoins indispensables et poignants pour comprendre la bataille de Verdun. Après la Première Guerre mondiale, on entreprend de construire la **ligne Maginot**. Les installations accessibles à la visite, comme celles, colossales, du **Hackenberg**, près de Thionville, donnent la mesure de l'effort inutile qui fut entrepris. Mais ces couloirs souterrains immenses et désertés, d'où n'émergent que les cloches de tir et d'observation, laissent un souvenir marquant.

ABC d'architecture

Les dessins représentés dans les planches offrent un aperçu visuel de l'histoire de l'architecture dans la région et de ses particularités. Les définitions des termes d'art permettent de se familiariser avec un vocabulaire spécifique et de profiter au mieux des visites des monuments religieux, militaires ou civils.

Architecture religieuse

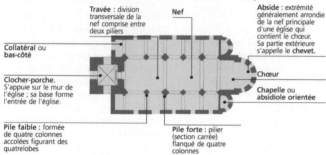

ST-DIÉ – Plan de l'église N-D-de-Galilée (12e s.)
Plan basilical : chœur à trois absides et absence de transept.

Travée : division transversale de la nef comprise entre deux piliers

Nef

Abside : extrémité généralement arrondie de la nef principale d'une église qui contient le chœur. Sa partie extérieure s'appelle le **chevet.**

Collatéral ou **bas-côté**

Clocher-porche. S'appuie sur le mur de l'église ; sa base forme l'entrée de l'église.

Chœur

Chapelle ou **absidiole orientée**

Pile faible : formée de quatre colonnes accolées figurant des quatrelobes

Pile forte : pilier (section carrée) flanqué de quatre colonnes

STRASBOURG – Coupe transversale de la cathédrale Notre-Dame (12e-15e s.)

Oculus : petite ouverture ronde

Fenêtre haute

Tribune

Bas-côté

Pinacle : couronnement d'un contrefort, plus ou moins orné.

Voûte d'ogive

Arc-boutant

Culée d'arc-boutant

Contrefort étayant la base du mur

Nef

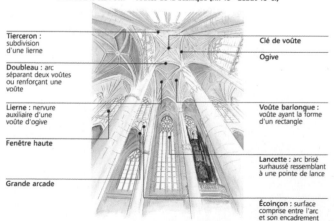

ST-NICOLAS-DE-PORT – Voûtes de la basilique (fin 15e- début 16e s.)

Tierceron : subdivision d'une lierne

Doubleau : arc séparant deux voûtes ou renforçant une voûte

Lierne : nervure auxiliaire d'une voûte d'ogive

Fenêtre haute

Grande arcade

Clé de voûte

Ogive

Voûte barlongue : voûte ayant la forme d'un rectangle

Lancette : arc brisé surhaussé ressemblant à une pointe de lance

Écoinçon : surface comprise entre l'arc et son encadrement

R. Corbel / MICHELIN

STRASBOURG – Façade du portail central de la cathédrale Notre-Dame (12ᵉ-15ᵉ s.)

Toute la richesse du gothique rayonnant se concentre dans le portail central richement sculpté et couronné de gâbles ajourés.

Gâble : pignon décoratif surmontant certains portails et fenêtres, ici ajouré.

Grande rose ou **rosace à remplage,** formée de seize pétales géminés.

Voussures : arcs concentriques couvrant l'embrasure d'une baie

Pinacle

Archivolte : ensemble des voussures

Piédroits ou **jambages :** montants verticaux sur lesquels retombent les voussures

Vantaux en bronze

Tympan formé de quatre registres historiés

Trumeau

Registre : bande d'ornement sculptée

R. Corbel / MICHELIN

MARMOUTIER – Façade romane de l'église St-Étienne (vers 1140)

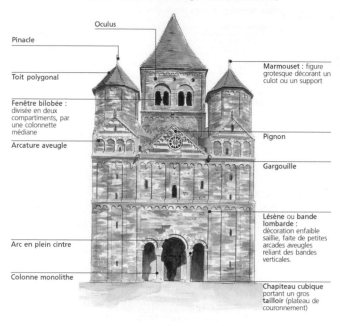

Oculus

Pinacle

Toit polygonal

Fenêtre bilobée : divisée en deux compartiments, par une colonnette médiane

Arcature aveugle

Arc en plein cintre

Colonne monolithe

Marmouset : figure grotesque décorant un culot ou un support

Pignon

Gargouille

Lésène ou bande lombarde : décoration enfaible saillie, faite de petites arcades aveugles reliant des bandes verticales.

Chapiteau cubique portant un gros tailloir (plateau de couronnement)

METZ – Cathédrale St-Étienne (13ᵉ-16ᵉ s.)

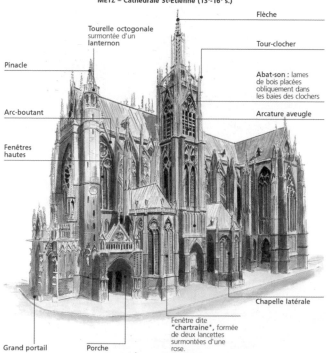

Flèche

Tour-clocher

Tourelle octogonale surmontée d'un lanternon

Pinacle

Arc-boutant

Fenêtres hautes

Abat-son : lames de bois placées obliquement dans les baies des clochers

Arcature aveugle

Chapelle latérale

Grand portail

Porche

Fenêtre dite "chartraine", formée de deux lancettes surmontées d'une rose.

R. Corbel / MICHELIN

THANN – Stalles de la collégiale St-Thiébaut (14e-début du 16e s.)

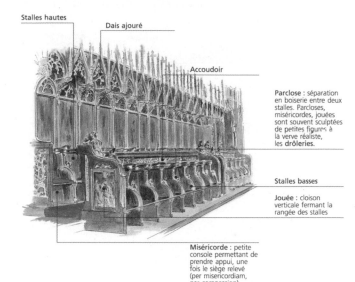

Stalles hautes

Dais ajouré

Accoudoir

Parclose : séparation en boiserie entre deux stalles. Parcloses, misericordes, jouées sont souvent sculptées de petites figures à la verve réaliste, les **drôleries**.

Stalles basses

Jouée : cloison verticale fermant la rangée des stalles

Miséricorde : petite console permettant de prendre appui, une fois le siège relevé (per misericordiam, par compassion).

Architecture civile

SAVERNE – Maison Katz (1605-1668), n° 76, Grand'Rue

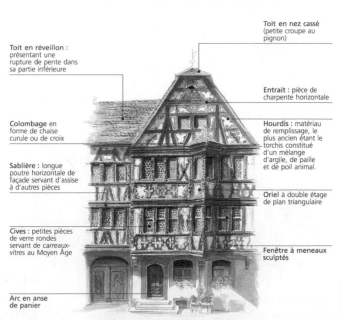

Toit en nez cassé (petite croupe au pignon)

Toit en réveillon : présentant une rupture de pente dans sa partie inférieure

Entrait : pièce de charpente horizontale

Colombage en forme de chaise curule ou de croix

Hourdis : matériau de remplissage, le plus ancien étant le torchis constitué d'un mélange d'argile, de paille et de poil animal.

Sablière : longue poutre horizontale de façade servant d'assise à d'autres pièces

Oriel à double étage de plan triangulaire

Cives : petites pièces de verre rondes servant de carreaux-vitres au Moyen Âge

Fenêtre à meneaux sculptés

Arc en anse de panier

LUNÉVILLE – Château (18ᵉ s.)

Surnommé le « Petit Versailles », ce château a été conçu par l'architecte Germain Boffrand.

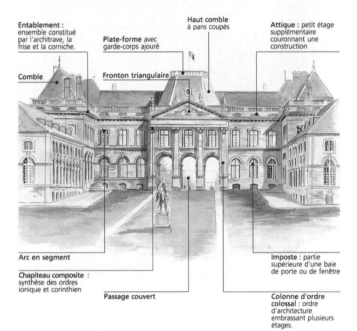

Entablement : ensemble constitué par l'architrave, la frise et la corniche.

Haut comble à pans coupés

Attique : petit étage supplémentaire couronnant une construction

Plate-forme avec garde-corps ajouré

Comble

Fronton triangulaire

Arc en segment

Chapiteau composite : synthèse des ordres ionique et corinthien

Passage couvert

Imposte : partie supérieure d'une baie de porte ou de fenêtre

Colonne d'ordre colossal : ordre d'architecture embrassant plusieurs étages.

Architecture thermale

CONTREXÉVILLE – galerie et pavillon des sources (1909)

Expression d'un goût prononcé pour l'éclectisme architectural, typique des villes thermales. Prépondérance du style néo-byzantin.

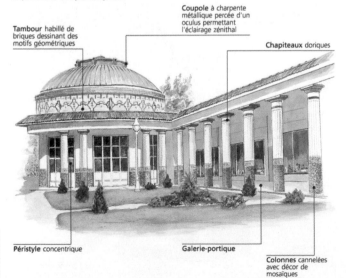

Coupole à charpente métallique percée d'un oculus permettant l'éclairage zénithal

Tambour habillé de briques dessinant des motifs géométriques

Chapiteaux doriques

Péristyle concentrique

Galerie-portique

Colonnes cannelées avec décor de mosaïques

Architecture militaire

HAUT-KOENIGSBOURG – Château féodal reconstitué au début du 20ᵉ s.

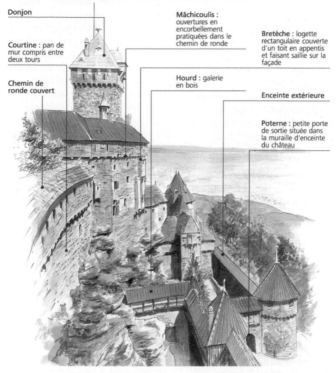

Donjon

Courtine : pan de mur compris entre deux tours

Chemin de ronde couvert

Mâchicoulis : ouvertures en encorbellement pratiquées dans le chemin de ronde

Bretèche : logette rectangulaire couverte d'un toit en appentis et faisant saillie sur la façade

Hourd : galerie en bois

Enceinte extérieure

Poterne : petite porte de sortie située dans la muraille d'enceinte du château

NEUF-BRISACH – Place forte (1698-1703)

Le système bastionné polygonal naît au 16ᵉ s. avec les progrès de l'artillerie : le canon d'un ouvrage supprime l'angle mort de l'ouvrage voisin.

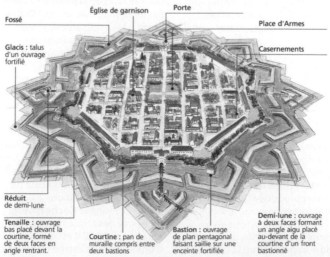

Fossé

Église de garnison

Porte

Place d'Armes

Glacis : talus d'un ouvrage fortifié

Casernements

Réduit de demi-lune

Tenaille : ouvrage bas placé devant la courtine, formé de deux faces en angle rentrant.

Courtine : pan de muraille compris entre deux bastions

Bastion : ouvrage de plan pentagonal faisant saillie sur une enceinte fortifiée

Demi-lune : ouvrage à deux faces formant un angle aigu placé au-devant de la courtine d'un front bastionné

Habitat traditionnel

PETITES VILLES ET VILLAGES D'ALSACE

Le charme de l'Alsace, ce sont d'abord ses petites villes et ses villages qu'on découvre au creux d'un vallon en musardant le long des petites routes. Ils invitent à la flânerie dans un cadre qui évoque les contes d'autrefois, avec leurs maisons à colombages sagement groupées autour de leur église. C'est une région où les fermes isolées sont rares. L'habitat traditionnel y est préservé et entretenu avec grand soin.

En se promenant au gré des rues, on est frappé par l'harmonie qui se dégage de ces maisons qui respectent le style régional. Si l'œil ne s'en lasse pas, c'est qu'en réalité aucune d'entre elles n'est exactement semblable. Rarement mitoyennes, elles ont leur propre orientation, d'où le tracé parfois imprévu et sinueux de la rue. Leurs couleurs ressortent gaiement sur le colombage en bois sombre. Le crépi blanc ou gris d'autrefois se fait de nos jours bleu, vert, rouge ou ocre. Les toits à forte pente sont couverts de tuiles plates au bout arrondi en « queue de castor », ou *biberschwantz* sur lesquels s'installe parfois un grand nid de cigognes. Les petits auvents qui protègent les murs des intempéries, les volets peints en vert, les fenêtres et les galeries en bois sculpté, partout fleuries de géraniums, donnent un air de fête aux façades. D'infinis détails individualisent chaque maison : les tuiles colorées dessinent des losanges, que répètent les poutres du colombage. Celles-ci reproduisent souvent d'autres formes comme le X et le losange, tous deux symboles de fécondité et de fertilité, la croix de St-André, représentant la force,

ou encore les « arbres de vie », fréquents dans le Sundgau. Les sculptures des poteaux d'angle comme les panneaux peints des murs portent des emblèmes religieux ou de métiers ayant un lien avec l'identité du propriétaire de la maison. L'intérieur traditionnel comprend le grand poêle en faïence de la *stube* (pièce à vivre), qui s'alimente depuis la cuisine. Les assiettes décorées de couleurs vives se détachent sur de beaux meubles en bois massif et luisant.

DIVERSITÉ DE L'HABITAT

À l'**écomusée d'Alsace**, on apprend à distinguer les différents types d'habitat, qui dépendaient des traditions et du mode de vie des habitants et de leurs activités. Trois grands types de fermes existent : la maison-bloc qui, modeste, rassemble tout sous le même toit (logement, étable et grange), la grosse ferme à cour fermée dans laquelle, au contraire, chaque bâtiment est séparé et disposé autour d'une cour, enfin la maison de vigneron. Chaque petit pays peut se reconnaître grâce à son habitat.

Dans le nord de la province, isolée par la forêt de Haguenau, l'**Outre-Forêt** a bien préservé ses traditions. Ses « maisons-blocs » ont des poutres sombres qui tranchent sur le crépi blanc des murs en torchis. Des auvents protègent le mur-pignon au toit élancé. Tout au sud, la ferme du **Sundgau** reste modeste, elle aussi, avec son colombage et un crépi plus varié, bleu-vert ou gris souligné de traits blancs. Le toit, qui annonce le Jura proche, est déjà plus massif, avec sa croupe en triangle du côté du pignon. Dans ces régions à lœss, fertiles, comme le **Kochersberg**, on trouve des fermes beaucoup plus imposantes. C'est autour d'une vaste cour carrée que sont disposées l'habitation à plusieurs étages, avec en face l'écurie et l'étable et au fond l'immense grange. Cet espace est fermé du côté de la rue par un porche double dont le grès rose des Vosges souligne l'arcade. Un balcon en bois orne souvent l'habitation au dernier étage. Un peu plus au nord, dans le prospère **pays de Hanau**, la symétrie recherchée du poutrage, la multiplication des losanges et des moulures et les doubles balcons à balustrade sur le mur-pignon sont la marque des Schini, célèbre dynastie de charpentiers. Dans le **piémont vosgien**, les contraintes du vignoble ont imposé la maison de vigneron, dont seul l'étage, où se trouve l'habitation, est à colombages. On y accède par un escalier en bois qui part de la cour étroite qui donne sur la rue. Le rez-de-chaussée abrite le pressoir et la cave. Parfois à demi enterré, il est maçonné ou en pierre. Le décor souvent très élaboré multiplie les symboles et les maximes liés au monde du vin. Dans le **Ried** subsiste la rare maison de pêcheur traditionnelle, très archaïque avec son toit autrefois en chaume et ses murs de remplissage en lits de galets disposés entre des poteaux et recouverts d'argile crue entassée entre des piquets verticaux. Enfin, les fermes de l'**Alsace « bossue »** annoncent la Lorraine avec leur toit moins pentu. Plus sobres, elles se signalent surtout par le grès rose qui encadre portes et fenêtres, tandis que les moellons de pierre et la maçonnerie remplacent le colombage. Un hangar en bois, le *schop*, s'avance en saillie en avant de l'étable.

L'HABITAT LORRAIN

Signalés au loin par la flèche ou le bulbe de leur clocher, les villages lorrains se nichent au creux d'un vallon ou accompagnent, de loin en loin, les méandres d'une rivière qui s'écoule paresseusement d'un bord à l'autre de sa large vallée. Rares sur les plateaux, ils se pressent au pied d'une côte pour bénéficier ainsi des avantages des différents terroirs : en bas, les étangs et les prairies humides de la plaine, au-dessus le versant ensoleillé du talus que les vergers et parfois la vigne recouvrent, en haut les forêts sur le rebord abrupt, puis les champs du plateau. Enfin, certains se sont perchés sur une butte ou au flanc d'une vallée escarpée. Avec leur toit à faible pente et leurs tuiles rondes à la romaine, ils ont un curieux air méridional.

En Lorraine comme en Alsace, c'est l'habitat groupé qui règne, héritage des vieilles pratiques collectives. Les maisons sont, le plus souvent, accolées les unes aux autres et forment le « **village-tas** » ou le « **village-rue** ». Le premier, comme son nom l'indique, n'a pas de plan régulier mais regroupe un enchevêtrement de petites rues. Le second est plus typiquement lorrain. De chaque côté de l'unique rue se déploient deux rangées de maisons mitoyennes. La rue paraît large car un vaste espace libre, souvent fleuri aujourd'hui, s'étend entre la chaussée et la rangée des maisons. C'était autrefois l'usoir. On y déposait son bois et son tas de fumier ; on y garait sa charrue, puis plus récemment son tracteur. Sauf dans la région de Bar-le-Duc, qui possède une belle pierre de taille de couleur ocre, les maisons ont une apparence plutôt grise, leurs murs étant le plus souvent recouverts d'un banal crépi. Sur la rue, leur façade n'est pas très large. On remarque surtout la grande porte charretière de la grange, beaucoup plus imposante que la porte d'entrée. En fait, ces fermes s'étendent en profondeur jusqu'au jardin, où l'écurie et l'étable font suite à la grange. Dans l'enfilade des pièces du logement, la cuisine, souvent sans fenêtre, est traditionnellement placée entre les deux chambres, l'une sur rue et l'autre sur jardin, pour mieux les chauffer. Enfin, une imposante charpente soutient le toit d'une maison plus vaste qu'elle n'en a l'air.

Les arts figuratifs

Située à la croisée de plusieurs influences, la création artistique, en Alsace comme en Lorraine, a connu des moments exceptionnels dans le passé. Elle reste toujours vivace aujourd'hui.

SCULPTURE

Après l'époque gallo-romaine, qui atteste une active production locale de céramique sigillée, le début du Moyen Âge est surtout consacré au travail de l'ivoire et à l'orfèvrerie. Les ateliers des grands monastères carolingiens, à Metz notamment, ont laissé des œuvres remarquables. Il faut cependant attendre plusieurs siècles avant de voir naître la statuaire proprement dite. Encore rare et maladroite à l'époque romane, elle s'épanouit à l'ère des grandes constructions gothiques. C'est à **Strasbourg**, au **musée de l'Œuvre-Notre-Dame**, qu'on peut voir les originaux des très grands chefs-d'œuvre de la cathédrale. Les statues allégoriques de l'Église et de la Synagogue, le bas-relief de la Mort de la Vierge ou le pilier des Anges expriment remarquablement l'esprit du 13e s., profondément religieux et humain à la fois. Au 14e s., les vierges folles et les vierges sages révèlent un art qui recherche davantage le charme, la grâce et la souplesse. Au portail de l'église de **Thann**, le gothique flamboyant est bien représenté par le foisonnement des personnages. À la fin du Moyen Âge et à la Renaissance, Strasbourg connaît un âge d'or intellectuel et artistique qui, fortement marqué par l'humanisme, rayonne sur l'ensemble des pays rhénans. **Gutenberg** y séjourne et, très tôt, la ville devient un centre de l'imprimerie et par là, de la diffusion des livres et du savoir. Les plus grands artistes ont acquis leur talent dans les ateliers de sculpture sur bois, tel **Nicolas de Haguenau**, auteur des statues du **retable d'Issenheim**. De très nombreux retables de cette époque nous ont laissé de véritables mises en scène peintes et sculptées des grands épisodes de la vie du Christ et des saints.

À partir du 16e s., la sculpture s'épanouit dans l'art des mausolées. Les tombeaux de Stanislas Leszczyński et de son épouse à Nancy, comme celui du maréchal de Saxe par Pigalle à Strasbourg, comptent parmi les grands chefs-d'œuvre du 18e s. Par ailleurs le décor baroque et rococo des églises fait un large appel aux sculpteurs sur bois comme sur pierre.

LIGIER RICHIER

Le fondateur de l'école samielloise est né à St-Mihiel à l'orée du 16e s. Son père était lui-même imagier, c'est-à-dire peintre et sculpteur. Ligier Richier crée un atelier qui, dès 1532, connaît une grande renommée. Il travaille le bois et surtout le calcaire au grain fin et clair, exploité à St-Mihiel et à Sorcy. Il expérimente des techniques de polissage et parvient à donner à la pierre l'apparence du marbre. Ses grandes dramaturgies sont consacrées surtout à la Passion du Christ. Sa *Mise au Tombeau*, visible à l'église St-Étienne de St-Mihiel, est constituée d'un groupe de treize statues plus grandes que nature. Parmi ses chefs-d'œuvre, le *Transi*, monument funéraire de René de Chalon à Bar-le-Duc, rompt avec la figuration repoussante de la mort. Avec le tombeau de Philippa de Gueldre, duchesse de Lorraine,

Atelier de souffleur de verre à Meisenthal.
Christian Cantin / CIAV

l'artiste confirme sa maîtrise du portrait.

PEINTURE

À l'exception des miniatures des grands manuscrits carolingiens et des chefs-d'œuvre que sont les vitraux des cathédrales de Metz et de Strasbourg, il faut attendre le 15e s. pour que se multiplient les premières grandes œuvres picturales, comme la *Vierge au buisson de roses* de **Martin Schongauer**. La force d'expression du **retable d'Issenheim** peint par **Matthias Grünewald** défie les siècles par son intensité dramatique empreinte de mysticisme. Ces œuvres sont exposées à Colmar. Schongauer a aussi pratiqué l'art de la gravure, qui a inspiré **Albrecht Dürer**, de même que son élève, le peintre strasbourgeois **Hans Baldung Grien**.

Les 17e et 18e s. voient le triomphe de la peinture baroque en Alsace. En Lorraine, l'art est davantage tourné vers la France avec **Georges de La Tour**, le maître du clair-obscur, et **Claude Gellée** dit le Lorrain, l'un des grands paysagistes français. Les poignantes gravures de **Jacques Callot** exposées au musée des Beaux-Arts de Nancy sont un témoignage unique sur les malheurs de la guerre de Trente Ans. Né à Nancy en 1592, Jacques Callot est d'abord apprenti chez un orfèvre, puis il part apprendre le métier de graveur en Italie. C'est à Rome, mais surtout à Florence, qu'il débute réellement sa carrière grâce à son mécène le duc Côme de Médicis. Là, il délaisse le burin pour l'eau-forte, une technique qu'il perfectionne en utilisant un vernis dur qui lui permet une plus grande maîtrise. Grâce à sa technique, Callot, graveur, peintre et dessinateur, s'affirme comme l'un des plus grands artistes de son temps. À son retour à Nancy en 1623, il est anobli par le duc de Lorraine. Son œuvre, riche de quelque 1 400 estampes et 2 000 dessins, se partage entre sujets religieux, guerre et vie quotidienne. Le recueil des *Petites et Grandes Misères de la guerre* compte parmi ses chefs-d'œuvre. Il meurt en 1635.

Paysagistes et portraitistes, comme **Jean-Jacques Henner** (1829-1905), ont laissé une œuvre intéressante au 19e s. Le peintre et graveur

Gustave Doré (1832-1883) a fait sa carrière à Paris mais est resté, toute sa vie, marqué par son Alsace natale. C'est au très riche musée d'Art moderne et contemporain de Strasbourg qu'on peut avoir une idée de l'importance de la création contemporaine.

ARTS DÉCORATIFS

C'est une longue tradition qui a vu naître diverses productions, en particulier en Lorraine : **faïences de Lunéville** et de **Sarreguemines**, **émaux de Longwy**, **cristalleries de Baccarat et St-Louis**, « images » d'Épinal. En Alsace, la céramique fut produite de 1721 à 1781, conjointement à Strasbourg et à Haguenau, d'où la terre provenait. À l'origine de cette production : la famille Hannong, qui veillera à la destinée de la manufacture pendant trois générations. Au début, le décor est à lambrequins bleus, mais très vite apparaît le décor caractéristique du vieux strasbourg : les fleurs. Il y en a deux sortes, les « fleurs des Indes » et les « fleurs naturelles » ou « fleurs de Strasbourg », qui feront le grand succès de la faïencerie de 1750 à 1780. Les pièces sont marquées du monogramme formé des initiales de Paul puis de Joseph Hannong. Strasbourg eut une influence très importante et suscita la création d'autres faïenceries dans l'est de la France, notamment celle de Lunéville. Les arts décoratifs sont également présents en Alsace par les villes de Betschdorf et de Soufflenheim, où la poterie culinaire est issue de la tradition populaire. La poterie de **Betschdorf** se caractérise par des pièces de grès vernies par projection de gros sel en fin de cuisson. De couleur grise, les grès portent un décor réalisé au bleu de cobalt. Quant au **soufflenheim**, il s'agit d'une céramique vernissée au décor floral stylisé. Enfin, durant la seconde moitié du 19e s., l'Alsace se distingue également par les céramiques de **Théodore Deck**, guebwillois de naissance. Il apprit son métier en Alsace mais exerça pendant 20 ans à Paris où il dirigea la manufacture de Sèvres.

L'école de Nancy

L'ART NOUVEAU

L'Art nouveau est né à partir des années 1880 de façon convergente dans plusieurs pays, où il porte des noms différents : « Liberty » ou « Modern Style » en Angleterre, « Jugendstil » en Autriche et en Allemagne, « Tiffany » aux États-Unis. Influencé à l'origine par le style néogothique et surtout l'art japonais en réaction contre l'austérité classique dominante, il a voulu rompre, par des créations originales, avec la répétition perpétuelle et ennuyeuse des styles dits « historiques ». Ce style si caractéristique a eu un tel succès qu'il a dominé, pendant plus de vingt ans, les arts décoratifs, au point de faire partie de la vie quotidienne de la Belle Époque par ses objets innombrables, ses architectures, ses affiches et ses intérieurs de cafés.

LE PRÉCURSEUR

En France, les premières œuvres apparaissent à Nancy avec **Émile Gallé** (1846-1904), qui fabrique des verres à décor inspiré de la nature. Maître verrier à la technique éblouissante, mais aussi chef d'entreprise dynamique, il est l'un des maîtres de l'Art nouveau. Grâce à son amour des fleurs, il parvient à donner le souffle de la vie végétale à une matière a priori rigide : des feuilles, des fleurs ou d'autres motifs sont façonnés dans une pâte aux formes colorées et sinueuses extraordinaires. Une connaissance profonde de la chimie du verre et une imagination très poétique s'expriment dans les nuances de ses bleus, de ses verts et de ses bruns. Céramiste et ébéniste de grand talent, Émile Gallé fait passer ce souffle créateur dans des faïences et des meubles marquetés et sculptés. Il trouve une audience internationale en remportant de grands succès lors des Expositions universelles de Paris en 1878, 1889 et 1900.

L'ÉCOLE

C'est autour d'Émile Gallé que se regroupent peu à peu des verriers, des ébénistes, des céramistes, des graveurs, des joailliers, des sculpteurs et des architectes qui vont faire de Nancy une des capitales européennes de l'Art nouveau, tout comme Paris, Vienne, Bruxelles ou Prague. Ces artistes constituent en 1901 une association, l'Alliance provinciale des industries d'art, appelée aussi l'« école de Nancy ». Leurs œuvres revendiquent d'abord un enracinement, à l'écoute de « la douce langue de la forêt lorraine ». La nature est bien là, dans cette production où tous les matériaux, verre, fer, pierre ou bois abandonnent leur apparence rigide pour la douceur de la ligne courbe dans une profusion d'ornements inspirés par l'étude des animaux et des végétaux. Les fondateurs de l'école avaient l'immense ambition de changer le décor de la vie quotidienne, de lui donner une esthétique raffinée tout en le rendant accessible à tous. Ils voulaient, pour cela, créer un « art social » grâce à un rapprochement entre art et industrie. En 1900, lors d'une exposition de meubles qu'il avait conçus et décorés, Gallé exprimait ce souci : « La

trouvaille à faire, ce serait des formules plastiques très simples et d'une exécution rapide. » Outre la création, l'école se proposait d'encourager la formation des ouvriers et des artisans aux techniques de fabrication les plus modernes. Elle préfigure ainsi les conceptions qui ont triomphé au cours du 20e s.

LES ARTISTES

Les membres les plus marquants de cette école sont les **frères Daum**, verriers venus d'Alsace au moment de l'annexion de 1871, ainsi que **Jacques Gruber**, dont les vitraux aux couleurs chaudes s'ornent de motifs végétaux. En ébénisterie, **Louis Majorelle**, né à Toul en 1859, a conçu des meubles aux contours élancés, sculptés de nénuphars ou d'orchidées, et des décors en ferronnerie. **Eugène Vallin** a réalisé, dans un style semblable, des pièces entières d'appartement, salles à manger ou chambres à coucher. L'élégance des plafonds peints et des cuirs muraux s'ajoute au bois pour donner une ambiance unique à ces espaces. Le cuir à la texture chaleureuse a été un matériau de choix dans le mobilier comme dans la reliure, art illustré par **René Wiener**. Il faut enfin citer les objets, les affiches et les dessins de **Prouvé** pour avoir une idée de la richesse de ce mouvement, dont le **musée de l'École de Nancy** est la plus belle vitrine. Il faut compléter sa visite par la collection Daum au **musée des Beaux-Arts** et par un tour en ville pour admirer les façades et parfois l'intérieur des plus belles réalisations architecturales, bâtiments commerciaux, villas et cafés qui, comme la **brasserie Excelsior**, sont soigneusement entretenus.

3/
DÉCOUVRIR
L'ALSACE
LORRAINE

Vignes aux alentours de Dorlisheim.
Bouchet / RESO/Agefotostock

Argonne et côtes de Meuse 1

Carte Michelin Départements 307 – Meuse (55)

Bord de Meuse à St-Mihiel.
Michel Petit / CDT Meuse

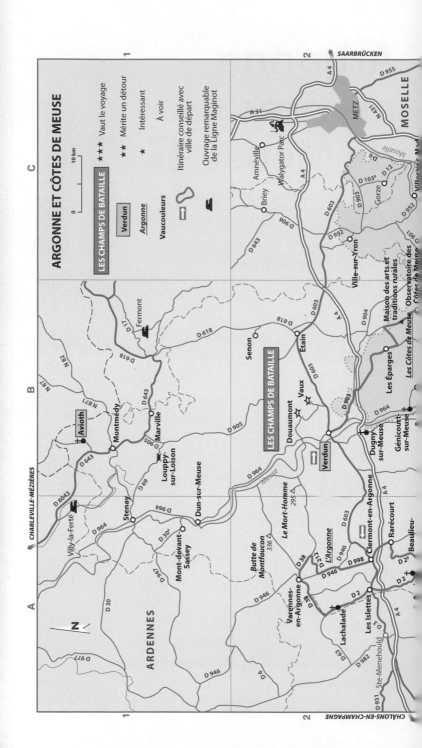

ARGONNE ET CÔTES DE MEUSE

LES CHAMPS DE BATAILLE

★★★ Vaut le voyage
★★ Mérite un détour
★ Intéressant
À voir

Verdun   Itinéraire conseillé avec
          ville de départ

Argonne

Vaucouleurs Ouvrage remarquable
             de la Ligne Maginot

0   10 km

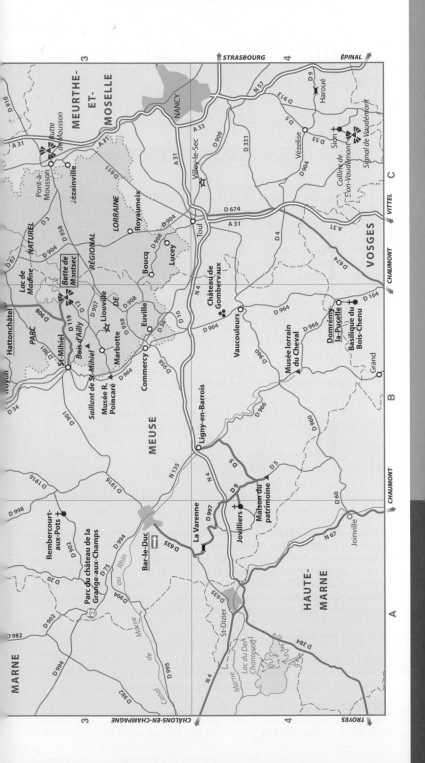

Verdun

★★

19 374 Verdunois – Meuse (55)

 NOS ADRESSES PAGE 118

S'INFORMER

Office du tourisme de Verdun – *1 bis av. du Gén.-Mangin - 55106 Verdun - 𝒫 03 29 84 55 55 - www.verdun-tourisme.fr - janv.-fév., déc. : lun.-sam. 10h-12h30, 14h-17h sf dim. et j. fériés 10h-12h30 ; mars-juin, sept.-nov. : lun.-sam. 9h30-12h30, 13h30-18h sf dim. et j. fériés 10h-12h, 14h30-17h ; juil.-août : lun.-sam. 9h-19h sf dim. et j. fériés 9h-18h.*

Verdun au fil de la Meuse – *Au départ du quai de Londres, croisières de 45mn ou 1h30 avec passage d'écluse - avr.-oct. - rens. office du tourisme - 7,50 €/4,50 € 5-12 ans.*

Circuit découverte des champs de bataille – *Visite guidée en bus du mémorial de Verdun, de l'ossuaire de Douaumont, du fort de Douaumont et de la tranchée des Baïonnettes - mai-sept. : tlj de 14h à 18h - sur réservation - agence Verdun tourisme, 𝒫 03 29 86 14 18 - 29 €.*

SE REPÉRER

Plan de région B2 (p. 104) – carte Michelin Départements 307 D4. À 65 km à l'ouest de Metz, Verdun est desservie par la D 603.

SE GARER

Parkings dans le centre : r. du 8-Mai-45, r. des Tanneries, pl. de la Digue, pl. St-Nicolas, r. des Frères-Boulhaut, pl. Maginot et av. du 5ᵉ-RAP.

À NE PAS MANQUER

La cathédrale Notre-Dame et son cloître, le palais épiscopal, la citadelle souterraine et, bien sûr, les champs de bataille.

ORGANISER SON TEMPS

Prenez votre temps pour découvrir la ville de Verdun : une demi-journée ne sera pas de trop. De même pour les champs de bataille.

Verdun, ville mondiale de la paix, demeure à jamais associée à l'un des affrontements les plus meurtriers de la guerre de 1914-1918. La visite des champs de bataille, la réalité de la terre encore meurtrie dans les sous-bois environnants ne peut laisser personne indifférent. Mais le Verdun d'aujourd'hui sait aussi montrer un autre visage : celui d'une cité aux rues animées, aux quais accueillants le long de la Meuse et aux nombreuses forêts alentour qui invitent à la promenade.

Se promener

★ **LA VILLE HAUTE**

Promenade : 1h30. Partez de l'office de tourisme et traversez le pont.

Porte Chaussée (B1)

La porte Chaussée ou tour Chaussée, fut édifiée au 16ᵉ s. pour défendre l'accès de la ville face à la « chaussée de l'Est » et servir de prison. Elle est

Une histoire marquée par la guerre

Pour découvrir les champs de bataille, voir les itinéraires conseillés p. 111.

UNE CITÉ CONVOITÉE

Verodunum est, à l'origine, un oppidum gaulois, puis le chef-lieu de la *Civitas Verodunensium*. Évangélisée au 4e s., la ville devient le siège d'un évêché. Le traité signé à Verdun en 843 entre les trois fils de Charlemagne partage l'Empire carolingien en trois régions : Francie, Lotharingie et Germanie. D'abord rattachée à la Lotharingie, Verdun est intégrée au Saint Empire romain germanique pendant cinq siècles. Prise par Henri II avec Metz et Toul en 1552, elle revient à la France, qui confirme définitivement cette appropriation par le traité de Westphalie en 1648. La cité est alors fortifiée par Vauban. Les Prussiens prennent Verdun le 31 août 1792 (durant quelques semaines), puis à nouveau moins d'un siècle plus tard, en 1870. C'est la dernière place forte quittée par l'ennemi, le 13 septembre 1873.

DES RAISONS STRATÉGIQUES

Avec le traité de Francfort (10 mars 1871), l'annexion de l'Alsace-Moselle fait de Verdun l'une des dernières places fortes avant la frontière allemande. Le général Séré de Rivières la protège d'une double ceinture de forts. En août 1914, les Allemands tentent de la contourner, mais la ville demeure un obstacle redoutable. En février 1916, le général von Falkenhayn choisit d'attaquer Verdun dans l'espoir de réussir une percée décisive pour compenser l'échec sur le front oriental. L'opération est confiée au fils de l'empereur Guillaume II, le Kronprinz. Méthodiquement élaborée, elle surprendra totalement le haut commandement français.

L'OFFENSIVE CONTRE VERDUN

 L'assaut allemand se déclenche sur la rive droite de la Meuse, à 13 km au nord de Verdun, le 21 février 1916. Trois corps d'armée allemands sont engagés, appuyés par une concentration d'artillerie sans précédent. Surpris, les défenseurs opposent une résistance imprévue. Appelé le 24 février 1916, le général Pétain, commandant en chef de la 2e armée, organise la défense de Verdun, faisant monter nuit et jour renforts et matériel par la seule grande route disponible depuis Bar-le-Duc, la **Voie sacrée**. En mars et avril, les forces allemandes élargissent leur front d'attaque, de part et d'autre de la Meuse. Le 11 juillet marque l'échec de l'ultime offensive allemande qui n'a pu avancer que jusqu'au fort de Souville, à 5 km de Verdun.

LA RECONQUÊTE

Octobre 1916, la guerre de mouvement reprend. Trois coûteuses contre-offensives menées par les généraux Mangin et Guillaumat permettent de reprendre la presque totalité du terrain perdu : ce sont les batailles de Vaux, de Louvemont-Bezonvaux, de la cote 304 et du Mort-Homme. Les Allemands sont partout rejetés sur leurs positions du 22 février 1916. L'étau allemand autour de Verdun est desserré, mais il faudra attendre l'offensive franco-américaine du 26 septembre 1918 pour dépasser la ligne de résistance française du 21 février 1916. En 1918, Pétain, le « vainqueur de Verdun », reçoit des mains du président de la République son bâton de maréchal.

flanquée de deux tours rondes à créneaux et mâchicoulis. Un avant-corps lui fut ajouté au 17ᵉ s. Elle était prolongée des deux côtés par une épaisse muraille encerclant la ville et bordant la rive gauche de la Meuse. En 1914, les convois pour le front passaient sous sa voûte.

Suivez à droite la rue des Frères-Boulhaut.

Remarquez un bronze original de Rodin, *La Défense*, offert à la ville par les Pays-Bas. *Contournez la place Vauban sur la gauche et rejoignez la rue St-Paul.*

Porte St-Paul (B1)

Deux ponts-levis toujours visibles. C'était le seul passage pour les voitures avant la disparition des remparts en 1929.

Suivez la rue St-Paul et dans son prolongement la rue Mazel, puis, en face de l'avenue de la Victoire, montez les marches du monument de la Victoire.

Monument de la Victoire (A1)

ℰ 03 29 87 24 29 (« Ceux de Verdun ») - 1ᵉʳ avr.-11 Nov. : 9h-12h, 14h-18h - gratuit.

Un escalier monumental de 73 marches conduit à une terrasse où s'élève une haute pyramide surmontée de la statue d'un guerrier casqué, appuyé sur son épée, qui symbolise la défense de Verdun. Le monument est flanqué de deux canons russes pris sur le front allemand. Il abrite un fichier contenant les noms de ceux qui ont pris part à la bataille.

Contournez le monument pour gagner la place de la Libération puis prenez la rue de la Magdeleine et à gauche la rue de la Belle-Vierge.

Musée de la Princerie (A1)

16 r. de la Belle-Vierge - ℰ 03 29 86 10 62 - www.verdun.fr - avr.-oct. : tlj sf mar. 9h30-12h, 14h-18h ; - 2 € (-18 ans gratuit), Journées du patrimoine gratuit. Cet hôtel particulier avec cour à arcades fut bâti au 16ᵉ s. par deux riches chanoines de la cathédrale sur l'emplacement de l'ancienne résidence du princier (ou primicier), qui était le premier dignitaire du diocèse après l'évêque. Les salles sont consacrées à la préhistoire, à l'époque gallo-romaine et mérovingienne, au Moyen Âge et à la Renaissance. Voyez en particulier la statuaire religieuse exposée dans la première salle (peigne en ivoire sculpté du 12ᵉ s.) et dans la chapelle gothique (Vierge à l'Enfant du Mont-devant-Sassey). Le musée présente également l'histoire de la ville de Verdun, d'anciennes faïences d'Argonne, une petite collection d'armes (16ᵉ s.-20ᵉ s.) et des tableaux de peintres meusiens comme Jules Bastien-Lepage et Louis Hector Leroux.

En sortant, prenez à gauche.

★ Cathédrale Notre-Dame (A2)

Bâtie sur le point le plus haut de la ville, elle a été reconstruite par l'évêque Heimon de 990 à 1024 à la suite de nombreux incendies et pillages. Le chœur occidental est de style roman rhénan, le chœur oriental (1130-1140), ou grand chœur, est d'inspiration nettement bourguignonne. Au 14ᵉ s., la nef fut voûtée d'ogives.

Après l'important incendie de 1755, on a décidé de réparer l'édifice dans le goût baroque : ogive gothique de la grande nef remplacée par le plein cintre, piliers moulurés, adjonction d'un majestueux baldaquin à colonnes torses au-dessus du maître-autel. La partie romane de l'édifice, dégagée à la suite des bombardements de 1916, a été heureusement restaurée : voyez la **crypte** du 12ᵉ s. avec ses beaux chapiteaux à feuilles d'acanthe, les bas-côtés auxquels ont été ajoutés de nouveaux chapiteaux décorés de scènes évoquant la vie des tranchées, les souffrances, la mort. Remarquez aussi le **portail du Lion** et son beau tympan représentant le Christ en gloire dans une mandorle. Tous les vitraux détruits en 1916 ont été refaits par la maison Gruber.

★ **Cloître** (A2)

Accolé au flanc sud de la cathédrale, le cloître comprend trois galeries : l'une, à l'est, du début du 14ᵉ s., a trois baies intérieures qui donnaient sur la salle capitulaire ; les deux autres galeries, de style flamboyant, datent de 1509 à 1517. Elles sont couvertes de voûtes à réseau.

Contournez le flanc nord de la cathédrale et rejoignez la place Châtel.

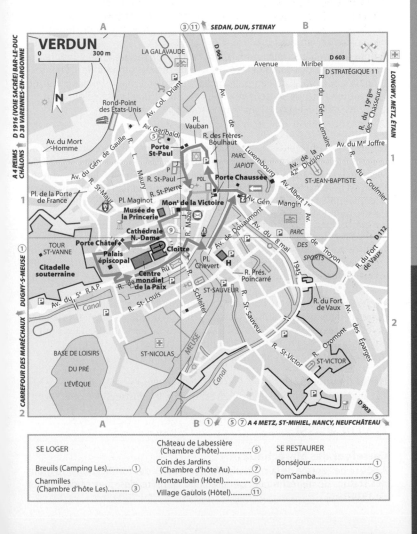

Porte Châtel (A2)

Très bien conservée avec ses mâchicoulis du 15e s., cette porte donne accès à la place de la Roche, d'où l'on a une belle vue sur la ville.

★ Citadelle souterraine (A2)

Av. du 5e RAP. - ℰ 03 29 86 62 02 - www.cg55.fr - ♿ - avr.-sept. : 9h-18h ; reste de l'année : 10h-12h, 14h-17h - fermé 20 déc.-1er fév. - 6 € (-15 ans 2,50 €).

Elle a été bâtie sur l'emplacement de la célèbre abbaye de St-Vanne, fondée en 952. L'une de ses deux tours, la tour St-Vanne (12e s.), est le seul vestige de l'ancien monastère que Vauban respecta en reconstruisant la citadelle. Sa construction, débutée en 1887, dura 10 ans.

La citadelle abritait divers services et les soldats au repos (jusqu'à 2 000). Ses 7 km de galeries étaient équipés pour subvenir aux besoins d'une véritable armée : 6 magasins à poudre, 7 magasins à munitions, central téléphonique, hôpital avec salle d'opération, cuisines, boucherie, coopérative, moulin de siège, boulangerie. Dans l'écoute n° 4, neuf fours pouvaient cuire 28 000 rations de pain en 24h. En 1914, la citadelle devint le centre logistique de la place de Verdun.

À bord d'un véhicule autoguidé, un **circuit★★** fait revivre la vie quotidienne des soldats lors de la bataille de 1916, à l'aide d'effets sonores, de scènes animées (mannequins), d'images virtuelles (salle d'état-major, boulangerie), de reconstitutions, notamment celle de la vie dans une tranchée pendant les combats et celle de la désignation du soldat inconnu.

★ Palais épiscopal (A2)

Cet évêché, conçu en 1723 par Robert de Cotte, premier architecte du roi, sur une assise de rochers dominant la Meuse, est un palais qui servait de résidence aux évêques, autrefois princes du Saint-Empire. La cour d'honneur, en hémicycle allongé, précède le bâtiment principal. L'aile ouest est occupée par la bibliothèque municipale. L'autre partie de l'évêché abrite le Centre mondial de la paix.

Centre mondial de la paix (A2)

Dans le palais épiscopal. Pl. Mgr-Ginisty - ℰ 03 29 86 55 00 - www.centremondialpaix.asso.fr - ♿ - juil.-août : 9h30-19h ; reste de l'année : 9h30-12h, 14h-18h - fermé lun., 25-31 déc., 1er janv., lun. de Pâques - 3 € (-18 ans 1,50 €).

L'exposition permanente conduit le visiteur, muni d'un casque infrarouge, à pénétrer dans six monolithes, illustrant chacun un thème : la guerre, la terre et les frontières ; de la guerre à la paix ; l'Europe ; les Nations unies pour la paix ; les Droits de l'homme ; perceptions de la paix.

Revenez en sens inverse en suivant la rue de Rû jusqu'à la place du Mar.-Foch.

Hôtel de ville (B2 H)

Cet ancien hôtel particulier de 1623 est une belle construction Louis XIII.

À voir aussi

Carrefour des Maréchaux (A2)

À 800 m de l'entrée de la citadelle, dans les fossés des fortifications, 16 grandes statues de maréchaux et généraux de l'Empire, des guerres de 1870 et de 1914-1918.

À proximité

Étain

20 km à l'est. Sortez par la D 603. Étain doit son nom aux nombreux étangs qui couvraient autrefois la région. Ce bourg a été entièrement reconstruit après sa destruction au cours de la guerre de 1914-1918. À l'intérieur de l'**église** (14e-15e s.), un arc sculpté s'ouvre sur le chœur, de style flamboyant, éclairé par de grands vitraux modernes de Gruber consacrés à la vie de saint Martin. Les clés de voûte sculptées sont remarquables. Dans le bas-côté droit, la chapelle du Sacré-Cœur renferme le groupe de N.-D. de Pitié, Marie contemplant Jésus mort, attribué à Ligier Richier. Le chemin de croix, dont l'exécution a été interrompue par la guerre de 1939-1945, est inachevé.

Senon

9,5 km au nord d'Étain par la D 618, puis la D 14 à gauche qui passe par Amel-sur-l'Étang. Ce village de Woëvre possède une **église** de l'époque de transition du gothique à la Renaissance (1526-1536). Son toit extrêmement élevé et aigu est étayé par une charpente en béton. Elle conserve de beaux chapiteaux Renaissance.

Dugny-sur-Meuse

7 km au sud de Verdun par la route de Dugny. Belle **église** romane du 12e s. désaffectée : c'est un édifice de dimensions modestes, surmonté d'une grosse tour carrée ornée, au 1er étage, d'une suite d'arcatures en plein cintre sur colonnettes ; elle est coiffée d'un hourd de bois.

Village des Vieux Métiers

À Azannes, à 20 km au nord de Verdun par la D 905 puis la D 65. Chaque dim. de mai, quelques vend. en juil.-août, jeu. Ascension 10h-18h - 12 € (gratuit -16 ans) - ℘ 03 29 85 60 62 - www.vieuxmetiers.com.
Découvrez une page d'histoire vivante, 80 métiers du 19e s. reprennent vie devant vous dans le respect de la tradition lorraine.

Mogeville

15 km au nord-est de Verdun, par la D 630 puis la D 603.
Quelques passionnés ont reconstitué un tronçon de tranchée, modèle 1915, à partir de documents officiels et de photos d'époque. *(2 r. des Bois - ℘ 06 26 73 05 50 - mai-juin : w.-end 14h-19h ; juil.-sept. : mar.-dim. 14h-19h - gratuit).*

Itinéraires conseillés

★★★ **LES CHAMPS DE BATAILLE**

Terre ensanglantée, « reliquaire de la patrie », cette partie du front témoigne de l'absurdité de la guerre, de la grandeur et de l'héroïsme des poilus de 1914-1918, humbles soldats français et alliés qui sont venus se sacrifier ici. Chaque année, des centaines de milliers de visiteurs se recueillent sur le théâtre des opérations de ce qui fut, dix-huit mois durant, du 21 février 1916 au 20 août 1917, la bataille de Verdun. En moins de deux années, cette bataille a mis aux prises plusieurs millions d'hommes et causé la mort de plus de 300 000 soldats français et allemands, et de milliers de soldats américains. Plusieurs décennies se sont écoulées depuis la Grande Guerre et les traces des combats, persistantes ou préservées, sont encore visibles. L'effroyable bataille de 1916-1917 se déroula sur les deux rives de la Meuse, de part et d'autre de Verdun, sur un front de plus de 200 km².

Rive droite de la Meuse

21 km – environ 3h. Carte Michelin Départements 307 D3. Quittez Verdun par la D 603, route d'Étain en suivant l'avenue de la 42ᵉ-Division, puis l'avenue du Mar.-Joffre.

Cimetière militaire du Faubourg-Pavé – En traversant le Faubourg-Pavé, on voit sur la gauche le cimetière (5 000 tombes) où ont été inhumés les corps des sept soldats inconnus apportés à Verdun en même temps que celui qui repose sous l'Arc de Triomphe de l'Étoile à Paris.

Prenez, après le cimetière à gauche, la D 112. Sur la droite, à 6 km, on passe devant le monument Maginot et le fort de Souville. La D 112 rejoint la D 913, que l'on prend à droite (vers Verdun). Prenez ensuite à gauche la D 913ᴬ en direction du fort de Vaux.

Le terrain est toujours bouleversé et, dans certains secteurs, la végétation n'a pas tout à fait repris ses droits. Les terres devenues impropres à la culture ont été reboisées.

Un peu à l'écart de la route, on peut voir sur la droite le **monument des Fusillés de Tavannes** (relatif à un épisode de 1944).

Fort de Vaux – ℰ 03 29 88 32 88 - www.cg55.fr - ♿ - mai-août : 10h-18h30 ; fév.-avr. : 10h-12h, 13h-17h ; sept.-déc. : 10h-12h30, 13h30-17h - fermé 20 déc.-31 janv. - 3 € (-15 ans 1,50 €). Les Allemands s'en emparèrent le 7 juin 1916 après une héroïque défense de la garnison. Cinq mois plus tard, au cours de leur première offensive, les troupes du général Mangin réoccupaient l'ouvrage. Du sommet, vue sur l'ossuaire, le fort de Douaumont, les côtes de Meuse et la plaine de Woëvre.

Revenez à la D 913 en direction de Fleury et de Douaumont, à droite.

Au carrefour de la chapelle Ste-Fine, le monument du Lion marque le point extrême de l'avance allemande.

Mémorial de Verdun – ℰ 03 29 84 35 34 - www.memorialdeverdun.fr - 3 avr.-11 Nov. : 9h-18h ; reste de l'année : 9h-12h, 14h-18h - fermé 18 déc.-31 janv. - 7 € (-11 ans 3,50 €). Dans cet historial de la guerre 1914-1918, qui évoque d'émouvants souvenirs, des postes vidéo, cartes et maquettes montrent les différentes phases de la bataille, tandis qu'une collection d'uniformes, d'armes et de pièces d'équipement en Illustre l'acharnement. La vie quotidienne dans les tranchées est dépeinte par des croquis et des lettres. Photos et maquettes retracent les débuts de l'aviation.

Un peu plus loin, une stèle a été élevée sur les ruines du village disparu de **Fleury-devant-Douaumont**, qui fut pris et repris 16 fois. Une petite chapelle, dont la façade est ornée d'une statue de Notre-Dame de l'Europe, à 100 m à gauche de la route, occupe l'emplacement présumé de l'ancienne église de Fleury.

Prenez à droite la D 913ᴮ qui aboutit à Douaumont.

Fort de Douaumont – ℰ 03 29 84 41 91 - www.cg55.fr - mai-sept. : 10h-18h ; reste de l'année : 10h-13h, 14h-17h - fermé 20 déc.-31 janv. - 3 € (-15 ans 1,50 €). Construit en pierre en 1885, en un point haut (Cote 388) qui en faisait un observatoire stratégique, il vit ses défenses plusieurs fois renforcées jusqu'en 1913. À l'entrée en guerre, le fort de Douaumont se trouvait recouvert par une carapace de béton d'un mètre d'épaisseur, elle-même séparée des voûtes de maçonnerie par un mètre de sable. Selon les propres termes du communiqué allemand, cet ouvrage constituait le « pilier angulaire du nord-est des fortifications permanentes de Verdun ». Enlevé par surprise le 25 février

Petite chapelle de Fleury-devant-Douaumont.
Michel Petit / CDT Meuse

1916, dès le début de la bataille de Verdun, il fut repris le 24 octobre par les troupes du général Mangin. On parcourt les galeries, casemates, magasins, témoins de l'importance et de la puissance de cet ouvrage. Une chapelle marque l'emplacement de la galerie murée où furent inhumés 679 soldats de la garnison allemande, tués par l'explosion accidentelle d'un dépôt de munitions, le 8 mai 1916.

Un peu plus loin sur la droite, une chapelle a été élevée à l'emplacement de l'ancienne église du village de **Douaumont**, complètement anéanti lors de la poussée allemande du 25 février au 4 mars 1916. *Revenez à la D 913, que vous empruntez à droite.*

Ossuaire de Douaumont – ℘ 03 29 84 54 81 - www.verdun-douaumont.com - &. - *avr. : 9h-18h ; mai-août : 9h-18h30 ; oct. et mars : 9h-12h, 14h-17h30, sept. 9h-12h, 14h-18h, nov. 9h-12h, 14h-17h ; w.-end et j. fériés 10h-18h ; déc. et vac. scol. de fév. : 14h-17h ; w.-end et j. fériés 10h-18h - fermé du 1er janv. aux vac. scol. de fév. - 4 € (-8 ans gratuit).*

Édifié pour recueillir les restes non identifiés d'environ 130 000 combattants français et allemands tombés au cours de la bataille, l'ossuaire de Douaumont est le plus important des monuments français en souvenir de la guerre 1914-1918. Cette vaste nécropole comprend une galerie transversale longue de 137 m dont les 18 travées contiennent chacune deux sarcophages en granit. Sous la voûte centrale se trouve la chapelle catholique.

Au centre du monument s'élève la **tour des Morts**, haute de 46 m, silencieuse vigie en forme d'obus dans lequel s'inscrivent quatre croix, symboliques points cardinaux de pierre voulant marquer l'universalité du drame. Le 1er étage de la tour a été aménagé en un petit musée de la guerre. Du haut de cette tour *(204 marches)*, à travers les fenêtres, des tables d'orientation permettent d'identifier les différents secteurs du champ de bataille.

Devant l'ossuaire, les 15 000 croix du **Cimetière national**. À gauche du parking, un sentier conduit à l'**ouvrage de Thiaumont** maintes fois pris et repris au cours de la bataille.

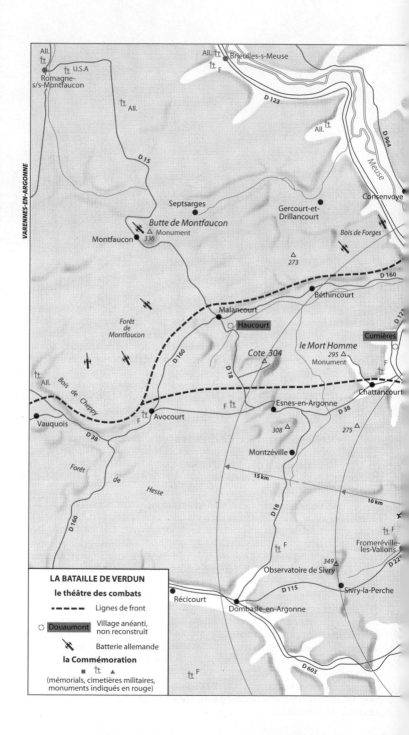

VARENNES-EN-ARGONNE

All.
†† U.S.A
Romagne-s/s-Montfaucon

All. ††
†† F
Brieulles-s-Meuse

†† All.

All. ††

D 123

D 964

Meuse

D 15

Septsarges

Gercourt-et-Drillancourt

Consenvoye

Butte de Montfaucon
△ Monument
336
Montfaucon

Bois de Forges

△ *273*

D 160

Béthincourt

Forêt de Montfaucon

Malancourt

Haucourt

Cumières

le Mort Homme
295 △
Monument

†† F

Cote 304
△

D 160

D 18

Chattancourt

†† All.
Bois de Cheppy

F ††
Esnes-en-Argonne

D 38

Vauquois
D 38
†† F
Avocourt

308 △

275 △

Montzéville ●

Forêt de Hesse

15 km

10 km

D 18

D 160

†† F

349 △
Fromeréville-les-Vallons

Observatoire de Sivry

D 225

Récicourt
Dombasle-en-Argonne
D 115
Sivry-la-Perche

LA BATAILLE DE VERDUN
le théâtre des combats

- – – – – Lignes de front
- ⟳ Douaumont Village anéanti, non reconstruit
- ✵ Batterie allemande

la Commémoration
■ †† ▲
(mémoriaux, cimetières militaires, monuments indiqués en rouge)

D 603

†† F

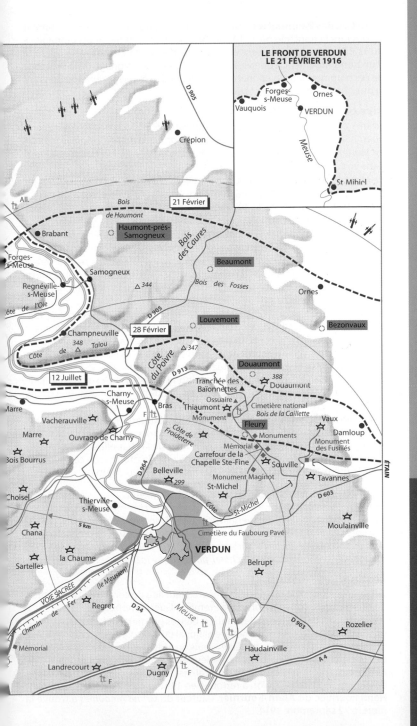

LE FRONT DE VERDUN
LE 21 FÉVRIER 1916

Crépion

Forges-s-Meuse
Ornes
Vauquois
VERDUN

Meuse

St-Mihiel

All.

21 Février

Bois
de Haumont

Brabant

Haumont-près-Samogneux

Bois
des
Caures

Forges-s-Meuse

Samogneux

Beaumont

Regnéville-s-Meuse

△ 344

Bois des Fosses

Côte de l'Oie

Ornes

Louvemont

Bezonvaux

Champneuville

28 Février

348 Talou
Côte de △

△ 347

Douaumont

388

Côte du Poivre

D 913

Douaumont

12 Juillet

Charny-s-Meuse

Tranchée des Baïonnettes

D 905

Bras

Thiaumont

Ossuaire

Cimetière national
Bois de la Caillette

Marre

Monument

Fleury

Vacherauville

Côte de Froideterre

Monuments

Vaux

Marre

Ouvrage de Charny

Mémorial

Damloup

Bois Bourrus

D 964

Carrefour de la
Chapelle Ste-Fine

Souville

Monument des Fusillés

Belleville

Monument Maginot

Tavannes

Choisel

☆ 299

Monument St-Michel

ÉTAIN

Thierville-s-Meuse

Côte St-Michel

D 603

Chana

5 km

Moulainville

la Chaume

Cimetière du Faubourg Pavé

VERDUN

Sartelles

Belrupt

VOIE SACRÉE

Chemin de Fer (le Meusien)

Regret

D 34

Meuse

D 903

Rozelier

Mémorial

Haudainville

A 4

Landrecourt

Dugny

F

Tranchée des Baïonnettes – Une porte massive donne accès au monument recouvrant la tranchée où, le 10 juin 1916, les hommes de deux compagnies du 137e RI, en majorité bretons et vendéens, furent, dit-on, ensevelis à la suite d'un bombardement d'une violence inouïe. Seul témoignage de la présence de ces hommes : leurs baïonnettes émergeant du sol, usage répandu pendant la guerre pour marquer les tombes de fortune.

Rive gauche de la Meuse

40 km – environ 2h. Carte Michelin Départements 307 B/C3. Quittez Verdun au nord-ouest par la D 38 et, à Chattancourt, prenez à droite la route du Mort-Homme.

En septembre 1918, les troupes américaines du général Pershing jouèrent dans ce secteur un rôle très important.

Le Mort-Homme – Ce sommet boisé fut l'enjeu de furieux combats. Tous les assauts allemands de mars 1916 furent brisés sur cette crête. Près d'un monument élevé aux morts de la 40e division, un autre monument porte, gravée sur le socle, cette inscription : « Ils n'ont pas passé. »

Revenez à Chattancourt, reprenez à droite la D 38 et peu après Esnes-en-Argonne la D 18 vers Montfaucon. 2 km plus loin, un chemin à droite conduit à la Cote 304.

La Cote 304 – Pendant près de quatorze mois, les Allemands se heurtèrent là à une farouche résistance des troupes françaises. La Cote 304 et le Mort-Homme, véritables pivots de la défense de Verdun sur la rive gauche, revêtaient une importance stratégique considérable.

Butte de Montfaucon – *☎ 03 29 85 14 18 - tlj sf w.-end et j. fériés 9h-12h, 13h-16h45 - gratuit.* Le village de Montfaucon, élevé sur une butte, point culminant de la région, fut fortifié et utilisé comme observatoire par les Allemands pendant la guerre. Un **monument américain** s'y dresse. Un escalier mène à une colonne de 57 m de haut surmontée d'une statue de la Liberté *(accès par un escalier de 235 marches).* Du haut de la colonne, **panorama★** sur le champ de bataille au nord-ouest de Verdun : butte de Vauquois, Cote 304, rive droite de la Meuse et, au loin, fort de Douaumont.

Cimetière américain de Romagne-sous-Montfaucon – Il s'étend sur 52 ha et contient plus de 14 000 tombes, surmontées de croix en marbre blanc, rigoureusement alignées. Dans les galeries latérales de la chapelle sont inscrits les noms des soldats disparus (954) ; dans la galerie de droite, une carte gravée dans la pierre calcaire d'Euville indique les secteurs du combat.

★ LES CÔTES DE MEUSE : ENTRE VERDUN ET ST-MIHIEL

83 km - environ 2h30. Quittez Verdun par la D 903, en direction de Metz et Nancy. Peu après Verdun, jolie vue à droite sur la vallée de la Meuse, aux amples vallonnements boisés. À 7 km de l'embranchement D 903-D 964, prenez à droite la DST 31, signalée Les Éparges, Hattonchâtel, puis à droite la D 154.

Les Éparges

Cet éperon domine la plaine de la Woëvre. Haut lieu de combats, il a constitué un observatoire convoité lors de la Première Guerre mondiale.

🌿 Entourés de conifères, des sentiers balisés permettent la découverte du site de combats, à partir du Cimetière national du Trottoir. Sur la gauche s'élève un monument à la « gloire du génie », puis on arrive au « point X », sur la crête. Le sol est encore complètement bouleversé par les mines qui ont laissé de nombreux entonnoirs de plusieurs dizaines de mètres de diamètre. C'est là, à St-Rémy-la-Calonne, qu'on a retrouvé en 1991 le corps du sous-lieutenant Henri Fournier, dit **Alain-Fournier**. L'auteur du *Grand Meaulnes* a trouvé la mort le 22 septembre 1914.

Maison des arts et traditions rurales

Zone occidentale du Parc - Hannonville-sous-les-Côtes - ℘ 03 29 87 32 94 - www. ecomusee-hannonville.com - ⚭ - possibilité de visite guidée sur demande (1h) sur RV - du 1er juil. à mi-sept. : 10h-12h, 14h-18h, w.-end et j. fériés 14h-18h ; reste de l'année : se renseigner - fermé 1er janv., dim. et lun. de Pâques, 1er Mai, 8 Mai, Jeu. de l'Ascension, dim. de Pentecôte, lun. de Pentecôte, 1er nov., 11 Nov., 25 déc. - 4 € (-12 ans 2 €).

Reconstitution de l'intérieur vigneron de Sophie et Paul Champlon, qui vivaient là vers 1850. On visite aussi le jardin. Des expositions présentent la culture de la vigne et du chanvre, la tonnellerie et l'implantation du village au pied de la côte.

⋆ Hattonchâtel

Construit sur une butte et jadis fortifié, le village tire son nom de Hatton, 29e évêque de Verdun. Les chanoines de la collégiale ont rebâti l'**église** et édifié la chapelle et le cloître vers 1350. Magnifique **retable** de 1523, attribué à Ligier Richier : trois scènes séparées par des pilastres Renaissance représentent, à gauche, le Portement de croix et sainte Véronique, au centre, la Crucifixion et la Pâmoison de la Vierge, à droite, l'Ensevelissement du Christ. Vitraux modernes de Gruber.

Dans la mairie reconstruite dans le style roman, le **musée Louise-Cottin** présente une centaine de toiles de l'artiste (1907-1974), qui fut Grand Prix de Rome en 1934. ℘ 03 29 89 39 85 - juil.-août : tlj sf mar. 11h-13, 15h-18h ; mai, juin et sept. : w.-end et j. fériés 11h-13, 15h-18h - 2 €.

Au bout du promontoire, l'ancien **château**, démantelé en 1634 sur l'ordre de Richelieu, a été restauré dans le style du 15e s. *(Ne se visite pas.)* De là, la vue sur la Woëvre s'étend jusqu'à Nancy.

Prenez la D 908 vers le sud. À Woinville, tournez à gauche (D 119) vers Montsec.

⋆⋆ Butte de Montsec

Du haut de cette colline isolée (375 m), vous contemplerez un **panorama**⋆⋆ très étendu, à l'ouest sur la Woëvre et les côtes de Meuse, au nord-est sur le lac de Madine et la retenue de Nonsard-Pannes. Au sommet, les Américains ont élevé un **monument**⋆ pour commémorer l'offensive du 12 au 16 septembre 1918 qui leur permit de réduire le saillant de St-Mihiel et de faire 15 000 prisonniers. Les colonnes de l'édifice forment une rotonde dont le couronnement porte les noms des unités américaines ayant combattu dans ce secteur. On y accède par un escalier monumental.

Faites demi-tour et reprenez la D 119 vers St-Mihiel.

😊 NOS ADRESSES À VERDUN

VISITES

Audioguide Wizzitor – Ce lecteur MP3 permet d'obtenir un commentaire sonore pour chacun des 80 sites répartis en 8 parcours sur les forts, les champs de bataille mais aussi dans les musées de Verdun. Au programme, extraits de lettres ou de carnets de guerre, sons d'ambiance… - *15 € (se renseigner à l'office de tourisme)*.

Petit train touristique – Circuits commentés de 45mn au départ de l'office de tourisme - *avr.-oct. - rens. office du tourisme - 6 €/4 € 5-12 ans.*

HÉBERGEMENT

PREMIER PRIX

Camping Les Breuils – *allée des Breuils - 🕿 03 29 86 15 31 - www. camping-lesbreuils.com - ouv. avr.-sept. - réserv. conseillée - 162 empl. 20 € - restauration.* Ce camping situé en ville, mais entouré d'arbres et de verdure, pourrait bien vous inciter à prolonger votre étape dans la région. Salle de jeux, piscine avec toboggan et bassin pour enfants, étang, terrains de sport et blocs sanitaires refaits à neuf. Locations de mobil-homes

Hôtel Montaulbain – *4 r. Vieille-Prison - 🕿 03 29 86 00 47 - 10 ch. 35/42 € - 🍽 5,50 €.* Cet hôtel situé dans une ruelle piétonne abrite des chambres un peu exiguës, mais rénovées et bien tenues. Le hall fait office de salle des petits-déjeuners. Les caves servirent de prison au 14e s. !

Chambre d'hôte Au Coin des Jardins –*13 bis Grande-Rue - 55160 Pareid - 25 km à l'est par D 903 et D 153 - 🕿 03 29 83 97 76 - www.aucoindesjardins.com -🖘 - 5 ch. 52 € 🍽 - repas 21 €.* Au cœur d'un paisible petit village meusien, la famille Sorain sera

heureuse de vous accueillir dans leur charmante ferme rénovée. La grange mitoyenne avec leur habitation abrite cinq chambres décorées avec du mobilier ancien. Dans la grande salle commune, vous pourrez prendre petit-déjeuner, repas (sur réservation) et vous détendre au salon devant la cheminée. 🧒👧 Jardin, verger et jeux pour enfants.

Chambre d'hôte Les Charmilles – *12 r. de la Gare - 55100 Charny-sur-Meuse - 8 km au nord de Verdun par D 964 et D 115 - 🕿 03 29 86 93 49 - www.les-charmilles.com - fermé une sem. en fév. ou mars - 3 ch. 55 € 🍽.* D'abord café puis hôtel, cette maison du début du 20e s. abrite désormais de jolies chambres où voisinent l'ancien et le moderne, décorées avec goût. Celles du 2e étage sont spacieuses, lumineuses et bien équipées. Petits-déjeuners servis dans la superbe véranda ouvrant sur un jardin verdoyant. Un salon avec bibliothèque et jeux de société à disposition.

BUDGET MOYEN

Village Gaulois Hôtel – *11 r. du Parge - 55100 Marre - 🕿 03 29 85 03 45 - www.villagegaulois.com - fermé janv. -* 🅿 *- 10 ch. 68 € - 🍽 10 € - rest. 17/27 €.* Au départ, il n'y avait qu'un minigolf dédié à Astérix. Puis la hutte-restaurant vit le jour et la cuisine traditionnelle soignée régala clients et amis. Enfin, la ferme se transforma peu à peu en hôtel dont le nombre de chambres aux décors originaux ne cesse de croître au fil des ans… Une halte insolite qui gagne à être connue.

Chambre d'hôte Château de Labessière – *9 r. du Four - 55320 Ancemont - 15 km au sud de Verdun par D 34 (rte de St-Mihiel) - 🕿 03 29 85 70 21 - www.labessiere.*

com - fermé 1er janv. et 25 déc. - ⛝ - 3 ch. 75/80 € par pers. en demi-pension. Ce château du 18e s. a miraculeusement survécu aux dernières guerres. Ses chambres à taille humaine ne manquent pas de charme, avec leurs meubles de grand-mère, et sa salle à manger a du style. Un joli jardin et une piscine ajoutent au plaisir d'une halte.

RESTAURATION

PREMIER PRIX

Pom'Samba – 7 av. Garibaldi - ℰ 03 29 83 49 34 - http://pomsamba.free.fr - fermé 2 sem. en fév. et en août, sam. midi, dim. et merc. soir. - 11/17 €. Ce restaurant se fait un devoir de redorer le blason de la pomme de terre. Servie sous de multiples formes, elle accompagne plats et assortiments de spécialités locales.

BUDGET MOYEN

Bonséjour – 33 r. de Metz - ℰ 03 29 84 66 63 - www.lebonsejour.fr - fermé 24 et 31 déc., lun. - 25/30 €. La décoration rustique de cet agréable restaurant parvient à faire oublier la zone commerciale qui l'a depuis peu encerclé. Depuis des décennies, on sert ici une cuisine lorraine à la fois solide et délicate ainsi que des pizzas variées. Excellent steak tartare.

ACHATS

Aux Délices – 19 r. Mazel - ℰ 03 29 86 02 10 - tlj sf lun. 7h15-19h15 (dim. 18h30). Hormis le Lorrain et l'Ambassadeur à base de mirabelle, cette boutique propose peu de spécialités pérennes car le patron aime surprendre : le millefeuille à la framboise en est un bel exemple. Également, grand choix de glaces et de sorbets, ganaches aromatisées à la liqueur et goûteuses associations de chocolat et de fruits.

Dragées Braquier – 50 r. du Fort-de-Vaux - ℰ 03 29 84 30 00 - www.dragees-braquier.com - 9h-12h, 14h-18h. Dans cette petite boutique à l'ancienne, vous trouverez les fameuses dragées de Verdun, celles-là mêmes que Goethe avait achetées après la prise de la ville par les Prussiens en 1792.

EN SOIRÉE

L'Estaminet – 45 r. des Rouyers - ℰ 03 29 86 07 86 - www.brasserie-de-verdun.com - tlj sf dim. 14h-3h. Chaleureux estaminet décoré de fresques, de vieilles affiches et de figurines de sorcières. Au choix, plus de 250 bières majoritairement artisanales, dont 5 produites sur place dans la minibrasserie (également vendues dans l'espace boutique). Billard à l'étage et cave à cigares.

AGENDA

Des flammes à la lumière – Spectacle son et lumière (vend. sam. en juin-juil.) - ℰ 03 29 84 50 00 - www.spectacle-verdun.com - 20 € (10 € 7-15 ans).

Stenay

2 818 Stenaisiens – Meuse (55)

😊 **NOS ADRESSES CI-CONTRE**

🅱 **S'INFORMER**

Office du tourisme de Stenay –5 pl. R.-Poincaré - 55700 Stenay - ℘ 03 29 80 64 22 - www.stenay.com - avr.-oct. : 10h-12h30, 14h-18h, dim. 10h-12h30 ; reste de l'année : tlj sf lun. et dim. 10h-12h, 14h-17h, j. fériés 10h-12h - fermé 1er janv., 25 déc.

▶ **SE REPÉRER**

Plan de région A1 (p. 104) – carte Michelin Départements 307 C2. À 30 km au sud-est de Sedan, 46 km au nord-ouest de Verdun.

Posée sur une boucle de la Meuse, Stenay, ancienne cité mérovingienne, est aujourd'hui capitale de la mirabelle. La bière y a aussi son temple : un musée de 2 500 m², probablement l'un des plus vastes au monde dédiés à cette boisson. Et dans la vallée, mille sentiers mènent, à travers des haies de peupliers, aux abords des écluses, le long d'églises fortifiées et dans les forêts rafraîchissantes de Belval et de Woëvre.

Visiter

Musée européen de la Bière

10 r. de la Citadelle - ℘ 03 29 80 68 78 - www.musee-de-la-biere.com - ♿ - mars-nov. 10h-18h - 5 € (-18 ans gratuit), Journées du patrimoine gratuit.

Rénové en 2008, le passionnant musée européen de la Bière est installé dans l'ancien magasin aux vivres de la citadelle du 16e s., transformé en malterie au 19e s. On y découvre comment, à partir de matières premières simples, eau de source, orge transformée en malt et houblon indispensable à l'amertume si particulière à la bière, le brasseur obtient ce breuvage. Pas moins de 300 000 objets, panneaux, cartes, maquettes, outils, racontent sa fabuleuse histoire, de la « bière égyptienne » jusqu'aux épopées des grandes brasseries sans oublier le rôle des abbayes, qui en ont fait une sainte boisson très recommandable ! Dégustation à la taverne du musée d'une cinquantaine de bières artisanales. À l'arrière du bâtiment, le « jardin de la bière » permet de découvrir le développement du houblon et des plantes aromatiques (thym, coriandre, absinthe).

Crypte St-Dagobert

Cercle St-Dagobert II, 3 pl. Poincaré - du lun. au vend. mat. et apr. midi - ℘ 03 29 80 48 04.

Salle d'exposition permanente sur le thème de la dynastie mérovingienne. À voir, le portail de l'ancienne église St-Dagobert (9e-12e s.).

À proximité

Dun-sur-Meuse

À l'endroit où la Meuse se dégage du plateau lorrain, la partie la plus ancienne de cette petite ville s'élève sur une butte. De l'esplanade devant l'église (14e s.), vue étendue sur la vallée de la Meuse.

Mont-devant-Sassey

Le village est bâti au pied d'un coteau de la rive gauche de la Meuse. Commencée au 11e s., l'**église** a subi de nombreuses modifications. Au cours des guerres du 17e s., des bandes armées la transformèrent même en forteresse. Dans un **site pittoresque★**, cet édifice est inspiré du plan rhénan, avec des tours carrées sur le transept. Le chevet, posé sur une vieille crypte, est très élevé. Un porche gothique, s'ouvrant par une porte classique et décoré de naïves statues, précède le portail, ensemble monumental du 13e s. Consacré à la Vierge qui symbolise ici l'Église universelle, il reproduit l'ordonnance des portails des grandes cathédrales gothiques : un trumeau mutilé supporte un tympan à trois registres, encadré de quatre voussures garnies de personnages sculptés. *℘ 03 29 80 82 27 - possibilité de visite guidée sur demande - juil.-août : tlj sf mar. 15h-19h ; le reste de l'année demander la clé à la mairie.*

😊 NOS ADRESSES À STENAY

HÉBERGEMENT ET RESTAURATION

BUDGET MOYEN

Hôtel du Commerce – *9 porte de France - ℘ 03 29 80 30 62 - fermé 1er-15 janv., vend. soir et sam. midi du 15 sept. au 1er mai, lun. midi. et dim. soir - 16 ch. 55/65 € - ⌂ 7,50 € - rest. 15/35 €.* Vous ne pourrez manquer la façade de cette maison, colorée et fleurie, non loin du musée européen de la Bière. Au fil des ans, ses aménagements s'améliorant, l'hôtel est devenu l'étape de la ville. Table traditionnelle et quelques plats à la bière, bien sûr…

Auberge du Faisan Doré – *3 r. de l'Écluse - 55700 Inor - ℘ 03 29 80 35 45 - www.aubergedufaisandore. com - 13 ch. 48 € - : 8,50 € - rest. 20/30 €.* Serait-ce le confort des chambres récemment rafraîchies avec leur équipement moderne qui garantit à cet hôtel sa renommée dans la région ? Peut-être, mais quand on sait que la terrine de gibier maison, spécialité du chef, est jalousée par d'autres adresses, on peut se dire que la table mérite aussi le déplacement.

ACTIVITÉS

Baptêmes de l'air en ULM – *Renseignements à l'office de tourisme.*

AGENDA

Pèlerinage sur les lieux de l'assassinat de saint Dagobert II – Le dernier samedi d'août. Commémoration suivie le soir d'une soirée mérovingienne au château de Charmois *(repas en musique sur réservation. ℘ 03 29 80 48 19 - 35 €).*

Montmédy

2 233 Montmédiens – Meuse (55)

⊙ **NOS ADRESSES PAGE 125**

🗂 **S'INFORMER**

Office du tourisme de Montmédy – *Citadelle - 55600 Montmédy - 𝄞 03 29 80 15 90 - wwww.montmedy.fr - horaires identiques à ceux des Musées de la fortification et Jules-Bastien-Lepage.*

Circuit des remparts – Le parcours de visite est jalonné par des points sonores qui rappellent l'histoire du site. *𝄞 03 29 80 15 90 - juil.-août 10h-19h ; avr.-juin : 10h-18h ; reste de l'année, se renseigner pour les horaires - fermé déc.-janv. - 4,40 € (-12 ans 2,20 €), Journées du patrimoine gratuit.*

Nocturne de la citadelle – Visite guidée aux flambeaux de la citadelle, des remparts, des fossés, du grand puits *(2h) - sur réservation auprès du bureau d'accueil de la citadelle (juil.-août : vend. et sam. soir) - 𝄞 03 29 80 15 90 - 6 € (enf. 3 €).*

Syndicat d'initiative de Marville – *5 pl. St-Benoit - 55600 Marville - 𝄞 03 29 88 15 15 - tlj sf w.-end et j. fériés - horaires : se renseigner.*

◐ **SE REPÉRER**

Plan de région B1 (p. 104) – carte Michelin Départements 307 D1. Montmédy se trouve à 60 km au nord de Verdun. À 67 km au sud-est de Charleville-Mézières par la D 643, la ville n'est pas loin de la Belgique. En poursuivant par l'A 6 belge vers l'est, on arrive en quelques minutes au Luxembourg.

◉ **À NE PAS MANQUER**

Une promenade le long des remparts.

Fermement campée sur son piton, Montmédy-Haut, fortifiée par Charles Quint et transformée par Vauban, veille sur Montmédy-Bas, au bord de la Chiers. La ville haute est un formidable exemple d'architecture militaire, la ville basse un lieu idéal pour d'agréables balades au bord de l'eau. Aux environs, ne manquez pas la basilique d'Avioth, fleuron de l'architecture gothique.

Citadelle de Montmédy.
R. Mattès / MICHELIN

Se promener

Louis XIV avait conduit son premier siège à Montmédy en 1657, assisté du maréchal de La Ferté. Ce n'est que deux ans plus tard que les habitants, après avoir été rattachés au duché de Bourgogne, puis aux Habsbourg et enfin à l'Espagne, sont devenus français. La ville haute (Montmédy-Haut) est perchée sur un piton isolé. On y pénètre par le nord en franchissant deux portes successives à pont-levis et une commandant la citadelle.

★ Citadelle

Elle a conservé ses remparts imposants constitués de glacis, courtines et bastions, modernisés après 1870. Le général Séré de Rivières décida alors d'aménager une caserne souterraine. Depuis le haut des remparts s'offre une vue sur les environs de Montmédy.

Musées de la Fortification et Jules-Bastien-Lepage

À l'entrée de la citadelle - ℘ 03 29 80 15 90 - juil.-août 10h-19h ; avr.-juin : 10h-18h ; reste de l'année, se renseigner pour les horaires - fermé déc.-janv. - 4,40 € (-12 ans 2,20 €), Journées du patrimoine gratuit.

Dans la section « Fortification », plus de 200 sites ou ouvrages fortifiés de la Meuse sont présentés : un bon moyen de comprendre l'« art de la guerre » et l'évolution des systèmes défensifs (maquettes, montage audiovisuel).

Quant à Jules Bastien-Lepage (1848-1884), ami de Rodin, né à Damvillers, c'est un portraitiste et un remarquable peintre de la nature. Une section du musée réagencée en 2007 est consacrée à son œuvre et présente sobrement des dessins préparatoires et des esquisses.

Église St-Martin

Cette église a été construite en 1756, mais son style architectural reste assez sobre. En plus des boiseries du chœur, on remarquera les dalles funéraires de la famille d'Allamont, dont certains membres ont été gouverneurs de la ville pendant la période espagnole.

À proximité

★★ Basilique d'Avioth

℘ 03 29 88 90 96 - www.avioth.fr - possibilité de visite guidée sur demande (1 sem. av.) - tlj tte la journée - 3,20 €.

À l'écart des grands axes de circulation, le village est à 3 km, par la D 110, de la 43 qui relie Montmédy (5 km au sud) à Sedan (35 km au nord). Tourné historiquement vers le duché du Luxembourg, Avioth se trouve aussi tout près de la frontière belge.

Apparition insolite et tout à fait inattendue, dans un tout petit village, d'une magnifique basilique gothique. Un monument unique l'accompagne, destiné à recevoir les offrandes des pèlerins, la Recevresse. Deux anges auraient sculpté en une nuit une statue de la Vierge qui devint l'objet d'un pèlerinage au début du 12e s. L'afflux des pèlerins entraîna la construction d'une basilique en pierre dorée dès la seconde moitié du 13e s. Elle s'est poursuivie jusqu'au début du 15e s. dans le style gothique flamboyant. Viollet-le-Duc la restaura au 19e s. La basilique est placée sous le signe du don. Les offrandes de jadis étaient déposées dans le curieux édicule de la Recevresse. C'était une « église de répit » où l'on venait prier pour les enfants mort-nés, espérant un miracle.

Extérieur – Le **portail ouest** a de belles proportions avec ses voussures ornées de 70 figures. Au-dessus du portail, près du gâble, une scène du Jugement dernier : parmi les statues placées dans les contreforts, des anges sonnent les trompettes. Le **portail sud** est consacré à la Vierge et à l'enfance du Christ. On reconnaît le style champenois dans les soubassements ornés de draperies sculptées. La **Recevresse★**, élégant petit édifice flamboyant, se dresse à gauche du portail sud, attenant à la porte du cimetière.

Intérieur – Très lumineux, il suit la disposition champenoise. Il comporte une coursière (très exceptionnelle dans la région) et un déambulatoire sur lequel donnent des chapelles peu profondes établies entre les contreforts.

La basilique a conservé plusieurs œuvres d'art d'une veine populaire savoureuse. Dans le **chœur**, maître-autel décoré des symboles des quatre évangélistes. À gauche de l'autel, posée sur un trône de pierre du 15e s. et tout de blanc vêtue, **Notre-Dame d'Avioth**, sculptée dans du tilleul vers 1100. Tout autour, 14 statues polychromes adossées en hauteur aux piliers du sanctuaire forment une curieuse cour silencieuse à la Vierge miraculeuse. À droite de l'autel, le tabernacle gothique du 15e s. possède un pinacle qui touche presque le sommet de l'arcade dans laquelle il s'inscrit. Des travaux ont fait apparaître sur la clôture et les voûtes du chœur des peintures et des fresques des 14e et 15e s. La gracieuse chaire de 1538, en pierre finement sculptée d'un décor Renaissance, porte aussi des traces de polychromie ; son panneau central représente le Couronnement de la Vierge. Tout à côté, l'*Ecce homo* est flanqué d'un Pilate en costume de cour du Saint Empire.

Louppy-sur-Loison
14 km au sud, par la D 643.
Le **château** du 17e s. a reçu la visite de Louis XIV. Pigeonnier, chapelle (vestiges du château fort originel à proximité) et portails richement sculptés. *Possibilité de visite guidée (1h), se renseigner ℘ 03 29 88 11 16 ou ℘ 03 29 80 15 90 (office du tourisme de Montmédy).*

Marville
12 km au sud-est, en direction de Longwy.
C'est un bon exemple de l'influence espagnole sur la région (fin 16e s. à 1659). Remarquez les façades sculptées de cette période dans la **Grand'Rue**. Dans l'**église St-Nicolas**, la balustrade de la tribune de l'orgue est du début du 16e s.

Un chemin goudronné conduit au **cimetière de la chapelle St-Hilaire** construit sur la colline, qui renferme un ossaire fermé par un mur à colonnettes, lequel contient, dit-on, 40 000 crânes. Dans la chapelle, admirez le *Christ aux liens*, remarquable sculpture attribuée à l'école de Ligier Richier.

☺ NOS ADRESSES À MONTMÉDY

VISITES

Wizzitor – Ce lecteur MP3 vendu au bureau d'accueil de la citadelle vous permet d'obtenir un commentaire sonore pour les sites de Montmédy, Avioth, Marville et Louppy-sur-Loison. Pas moins de 70 balises activant le baladeur y sont disséminées - *15 €*.

HÉBERGEMENT

PREMIER PRIX

Chambre d'hôte Mme Viviane Jakircevic – *1 Grande-Rue - 54260 Charency-Vezin -* 𝄞 *03 82 26 66 26 - www.chambreshote.com -* 🅿 *- 🛏 - 5 ch. 47 €* ☕. Cette belle maison en pierre apparente datant de 1804 est entourée d'un ravissant jardin. Ses chambres, spacieuses et bien équipées, comprennent toutes cheminée, poutres et parquet d'époque. On déguste les légumes du potager à la table d'hôte (sur réservation). Promenades, curiosités : n'hésitez pas à demander conseil auprès de Mme Jakircevic, elle connaît sa région sur le bout des doigts.

Auberge de Marville – *1 Grand Place - 55600 Marville -* 𝄞 *03 29 88 10 10 - www. aubergedemarville.com - Fermé 21-27 déc. et 5-11 janv. - 11 ch. 44/58 € - ☕ 7 € - rest. formule déj. 13 € - 30/45 €.* Au pied de l'église St-Nicolas, ancienne grange réhabilitée abritant des chambres fonctionnelles. Dans un cadre rustique ou dans une jolie véranda, les convives dégustent des menus traditionnels et lorrains.

RESTAURATION

PREMIER PRIX

Le Panoramique – *9-11 r. du Dr-Poulain - 55600 Montmédy -* 𝄞 *03 29 80 11 68 - thierrypicot. lepanoramique@orange.fr - fermé juil. et jeu. et vend. - ♿ - formule déj. 14 € - 14/59 €.* Derrière l'appellation « Table de terroir » se cache parfois une cuisine gastronomique de la meilleure qualité. C'est bel et bien le cas ici, comme le prouvent les plats concoctés par le chef, mettant à l'honneur les produits locaux. L'agréable salle à manger ménage une vue superbe sur la citadelle.

AGENDA

Fête des Remparts – Animations, artisanat et brocante *(1er dim. de mai).*

Fête des Pommes – Dernier dimanche de septembre (expositions, artisanat, animations, brocante).

L'Argonne

★

Meuse (55)

 NOS ADRESSES PAGE 129

S'INFORMER
Office du tourisme du pays d'Argonne – *6 pl. de la République - 55120 Clermont-en-Argonne - ℰ 03 29 88 42 22 - www.centre-argonne.eu - juil.-août : 9h-12h30, 13h30-18h ; reste de l'année, se renseigner - fermé 24 déc.-2 janv., dim. et j. fériés.*

SE REPÉRER
Plan de région A2 (p. 104) – carte Michelin Départements 307 B/C 3/4. Ce massif, dont la plus grande largeur entre Clermont et Ste-Menéhould ne dépasse pas 12 km, atteint 308 m d'altitude au sud de Clermontil. Il représentait jadis un obstacle sérieux à la circulation.

À NE PAS MANQUER
Les sites de la Première Guerre mondiale, le musée de l'Argonne à Varennes-en-Argonne pour comprendre l'arrestation de Louis XVI.

ORGANISER SON TEMPS
Comptez une journée pour parcourir l'Argonne, en prévoyant de déjeuner à Varennes ou à Beaulieu (attention, un seul restaurant dans chacune de ces villes ; le pique-nique peut être une bonne solution).

AVEC LES ENFANTS
Pour les plus grands, les mémoriaux et lieux de combats de 1914-1918.

Les belles forêts, les paysages vallonnés, les villages bien préservés de l'Argonne en font une région verdoyante agréable à parcourir. Une région qui est parvenue à assumer et à valoriser l'empreinte doulou-reuse laissée par la Première Guerre mondiale. Le conflit de 1914-1918 marque toujours le paysage.

Itinéraire conseillé

1 journée – 77 km.

Clermont-en-Argonne
Sur le flanc d'une colline boisée dont le sommet (308 m) est l'un des points culminants de l'Argonne, Clermont affiche un certain cachet au-dessus de la vallée de l'Aire. Ancienne capitale du comté du Clermontois, la ville était dominée par un château fort entouré de remparts. Elle fit successivement partie du Saint Empire, de l'évêché de Verdun, du comté de Bar, du duché de Lorraine, avant de passer à la France en 1632. Louis XIV l'attribua au Grand Condé. Le château fut rasé après la Fronde.
L'**église St-Didier**, datant du 16ᵉ s., possède deux portails Renaissance. Les voûtes du transept et du chœur, de style gothique flamboyant, sont particuliè-rement ouvragées. Remarquez également les vitraux modernes et un « miroir de la Mort », bas-relief du 15ᵉ s. Belle Mise au tombeau du 16ᵉ s., composée de six statues dont le groupe des trois Marie, de pierre peinte.

Prendre le chemin à droite de l'église et suivre une allée conduisant à l'extrémité du promontoire : vue sur la forêt d'Argonne et la vallée de l'Aire *(table d'orientation)*.

Quittez Clermont-en-Argonne par la D 998 en direction de Neuvilly-en-Argonne. À Neuvilly, prenez la D 946. Sur la droite, à Boureuilles, la D 212 conduit à Vauquois. À l'entrée de Vauquois, prenez à gauche le chemin goudronné d'accès à la butte. Laissez la voiture et gravissez le sentier qui conduit au sommet de la butte.

Butte de Vauquois

1 r. d'Orléans - ℘ *09 29 80 73 15 - www.butte-vauquois.fr - possibilité de visite guidée sur demande (2 sem. av.) - fermé 16 déc.-14 janv. - 3 € (enf. 1,50 €).* Les belligérants de la Première Guerre mondiale qui se disputèrent cette butte se lancèrent dans une « guerre des mines » qui pulvérisa littéralement la colline. Pour en témoigner, un monument marque l'emplacement de l'ancien village détruit. Un petit chemin, suivant la ligne de crêtes d'où vous verrez la forêt de Hesse, la butte de Montfaucon et la vallée de l'Aire, domine plusieurs cratères de mine profonds de 30 m. Le terrain est bouleversé aux alentours et on peut encore y voir les restes de barbelés et de chevaux de frise.

Traversez Vauquois par la D 212 et prenez la D 38 qui mène à Varennes-en-Argonne.

Varennes-en-Argonne

En s'y faisant arrêter, alors qu'ils tentaient de rejoindre les régiments qui leur étaient restés fidèles, Louis XVI et sa famille vécurent ici le début d'une longue série d'humiliations. Aucun doute, cet événement historique rendit célèbre cette petite ville qui vit tranquillement sur les bords de l'Aire.

Musée d'Argonne – ℘ *03 29 80 71 14 - www.cheminsdememoire.gouv.fr - juil.-sept. : 10h30-12h, 14h30-18h ; de mi-avr. à fin juin : w.-end et j. fériés 15h-18h - 2 € (-6 ans gratuit).*

Dans un bâtiment moderne, le musée comprend, sur deux niveaux, une exposition Louis XVI présentant des documents relatifs au roi et à son arrestation, une galerie consacrée aux arts et traditions de l'Argonne (céramique sigillée de l'Argonne, faïences des Islettes et de Waly), une salle groupant des souvenirs des guerres de 1914-1918 et de 1939-1945 (combats souterrains de l'Argonne et intervention américaine).

Mémorial de Pennsylvanie – Grandiose monument aux morts américains commémorant les combats de 1918. Jolie vue sur l'Aire et sa campagne, au nord.

Poursuivez par la D 38, puis tournez à gauche dans la route de la Haute-Chevauchée.

UN TERRITOIRE STRATÉGIQUE

Les vallonnements de l'Argonne constituent des voies de passage qui ont servi de couloirs d'invasion : défilés des Islettes, de Lachalade, de Grandpré, baptisés les « Thermopyles de France ». En 1792, Dumouriez arrêta les troupes prussiennes à la sortie de ces défilés. Puis, durant la guerre de 1914-1918, le front s'installa pendant quatre ans sur la ligne Four-de-Paris, Haute-Chevauchée, Vauquois, Avocourt, coupant l'Argonne en deux. Le souvenir demeure donc de celui des milliers de soldats tombés sur le champ de bataille lors de différents affrontements.

Haute-Chevauchée

C'est un des hauts lieux de la guerre 1914-1918. De violents combats s'y déroulèrent. Aujourd'hui agréable promenade dans la forêt, cette route mène au **Kaisertunnel**, tunnel de liaison de 450 m creusé par les Prussiens en 1915, et au cimetière militaire de la Forestière dont chaque tombe est fleurie d'hortensias bleus, blancs et roses. Dans les sous-bois, de part et d'autre de la route, des tranchées et des boyaux sont encore visibles. ℘ 03 29 88 42 22 - www.centre-argonne.eu - juin-sept. : dim. et j. fériés 14h-17h30 ; reste de l'année : 1er dim. du mois 14h-17h30 - fermé 1er janv. et 25 déc. - 3,50 € (-12 ans gratuit). Revenez à la D 38, poursuivez jusqu'au Four-de-Paris, puis prenez la D 2 vers Lachalade.

Lachalade

Le village est dominé par l'imposante silhouette d'une ancienne abbaye cistercienne. L'**église** du 14e s. ne comporte plus que deux travées, d'où ses curieuses proportions ; les trois premières ont été détruites lors d'un incendie au début du 17e s. Sur la façade ouest, la rose flamboyante provient de l'abbaye St-Vanne de Verdun.

Continuez sur la D 2 vers Les Islettes.

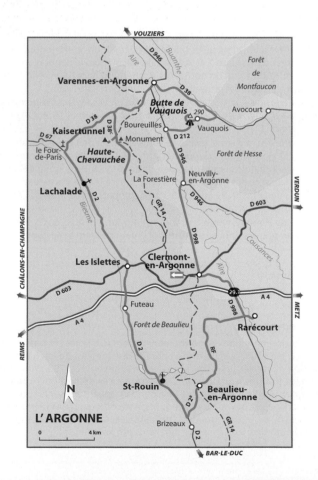

Les Islettes

Ce fut un bourg très actif connu pour ses tuileries, verreries et surtout faïenceries.

La D 2 traverse Futeau et entre dans la forêt de Beaulieu.

Ermitage St-Rouin

Saint Roding (ou Rouin), moine irlandais du 7e s., retiré en Argonne, fonde un monastère auquel succède l'abbaye de Beaulieu. Une « cathédrale de verdure » a été aménagée dans un beau site forestier. Un bâtiment solitaire, l'abri des pèlerins, accueille le visiteur, puis, sous la voûte des arbres apparaît une chapelle moderne en béton conçue par le R. P. Rayssiguier, disciple dominicain de Le Corbusier. Les vitraux multicolores ont été créés par une jeune artiste japonaise.

Poursuivez sur la D 2, puis tournez à gauche vers Beaulieu-en-Argonne.

Beaulieu-en-Argonne

Ancien siège d'une importante abbaye bénédictine, ce village très fleuri s'allonge sur une butte d'où vous aurez de belles vues sur le massif forestier. De l'ancienne abbaye subsistent quelques murs, et surtout un **pressoir**★ du 13e s. tout en chêne (la vis est en charme) dans lequel les moines pouvaient presser 3 000 kg de raisin, donnant 1 600 l de jus. *De Beaulieu-en-Argonne, prenez la route forestière qui longe le bâtiment du pressoir (sur la gauche), poursuivez jusqu'au carrefour des Trois-Pins ; continuez tout droit, puis prenez à droite la direction de Rarécourt.*

Rarécourt

Sur la route à droite après le pont sur l'Aire. Dans une maison forte du 17e s., le **musée de la Faïence** présente plus de 800 pièces de faïences et terres cuites régionales (Les Islettes, Lavoye, Waly, Rarécourt…) des 18e et 19e s. ℘ 03 83 56 95 40 - ᯤ - de fin juin à fin août : 10h30-12h, 14h-18h30 - 4 € (12-18 ans 2,50 €). *Rejoignez Clermont-en-Argonne par la D 998.*

😊 NOS ADRESSES EN ARGONNE

ᯤ Voir aussi nos adresses à Verdun.

HÉBERGEMENT

PREMIER PRIX

Chambre d'hôte Le Four au Bois – *20 r. de Bellefontaine - 55120 Futeau -* ℘ *03 29 88 22 08 - www.lefouraubois.com -* 🅿 - 🍽 *- 50/60 €* 🛏. Dans un calme petit hameau niché au cœur de la forêt d'Argonne, vous trouverez cette ravissante ferme entièrement restaurée. Les quatre chambres dont une suite aménagée pour personne à mobilité réduite, répondent aux noms évocateurs de contrées lointaines : la Yéménite, l'Africaine, l'Indienne et la Provençale. Confortables et décorées avec goût, elles jouissent d'une belle vue sur le parc et les bois. Un havre de paix où vous pourrez apercevoir de très nombreux oiseaux et animaux sauvages.

POUR SE FAIRE PLAISIR

Chambre d'hôte Château de Châtel – *8 r. du Château - 08250 Châtel-Chéhéry -* ℘ *03 24 30 78 54 - http://perso.wanadoo.fr/ chateaudechatel/ -* ᯤ - 🅿 - 🍽 *- 3 ch. 85/90 €* 🛏. Ce château du 18e s., entouré d'un parc à flanc de coteau surplombant la vallée de l'Aire, ne manque pas de charme. Ensemble rénové rehaussé par quelques vieux meubles, des cheminées anciennes et un bel escalier d'époque. Cuisine familiale à base de produits naturels et de gibier. Piscine chauffée, terrain de jeux, vélos à disposition, étang de pêche…

RESTAURATION

BUDGET MOYEN

Bellevue – *r. de la Libération - 55120 Clermont-en-Argonne - ℰ 03 29 87 41 02 - hotel. bellevuevpc@wanadoo.fr - Fermé 23 déc.-10 janv. et dim. soir -* 🅿 *- 17/48 € - 7 ch. 50/55 € ⌷ 8 €.* Salle à manger coiffée de lattes de bois formant une vague, salle de banquets « 1925 » et terrasse en surplomb du jardin. Chambres simples, un peu désuètes mais bien tenues.

UNE FOLIE

L'Orée du Bois – *55120 Futeau 1 km au sud - ℰ 03 29 88 28 41*

- www.aloreedubois.fr - Fermé 22 nov.-22 déc., 4-26 janv., lundi et mardi sauf le soir de Pâques à fin sept. et dim. soir hors saison - 🅿 *- 46/70 € - 14 ch. 88/138 € - ⌷ 14 €.* En lisière de la forêt d'Argonne, cette auberge accueillante abrite deux jolies salles à manger tournées vers la campagne. Carte classique. Confort et bonne tenue des chambres.

AGENDA

Pèlerinage – Le dim. suivant le 17 sept., un important pèlerinage est organisé à l'ermitage de St-Rouin.
Repas autour de la roulante du Kaisertunnel – Déjeuner servi autour de la cantine mobile suivi d'une visite du Kaisertunnel *(quelques dates pendant l'été. Rens. OT du Pays d'Argonne - ℰ 03 29 88 42 22).*

Lors du Festival RenaissanceS.
Festival RenaissanceS/ Joël Verhoustraeten

Bar-le-Duc

★

16 041 Barisiens – Meuse (55)

 NOS ADRESSES PAGE 137

S'INFORMER

Office du tourisme de Bar-le-Duc – *5 r. Jeanne-d'Arc - 55000 Bar-le-Duc - 𝄐 03 29 79 11 13 - www.tourisme-barleduc.com - avr.-oct. : 10h-12h30, 14h-18h, dim. 14h-18h ; reste de l'année : tlj sf dim. et j. fériés 10h-12h30, 14h-17h - fermé 20 déc.-2 janv., 1er nov., 11 Nov.*
Office du tourisme de Ligny-en-Barrois – *7 r. de l'Asile - 55000 Ligny-en-Barrois - 𝄐 03 29 78 06 15 - www.lignyenbarrois.fr - mai-sept. : 9h-12h, 14h-18h ; reste de l'année : tlj sf dim. 9h-12h, 14h-18h, lun. 14h-18h, sam. 9h-12h - fermé j. fériés.*

SE REPÉRER

Plan de région A3 (p. 104) – carte Michelin Départements 307 B6. Bar-le-Duc est situé à mi-chemin entre Paris et Strasbourg. De l'A 4, sortie 28 (St-Étienne-au-Temple, Châlons-en-Champagne) puis D 994 (70 km) ou sortie 30 (Verdun) puis D 1916 (40 km). Bar-le-Duc est désormais à 1h40 de Paris par la ligne TGV Est européen (à 1h par la gare Meuse TGV).

À NE PAS MANQUER

Le quartier Renaissance et le *Transi*, dans l'église St-Étienne.

ORGANISER SON TEMPS

Le matin, promenez-vous dans la ville haute, avant de partir à la découverte du Sud meusien. Finissez l'après-midi par la visite du Musée barrois et une dégustation de confiture.

👥 **AVEC LES ENFANTS**

Les reconstitutions costumées des manœuvres d'une légion romaine, devant le site de Nasium (cité des Leuques), le 4e dimanche du mois.

Alfred Hitchcock exigeait de la confiture de Bar-le-Duc pour chacun de ses petits-déjeuners, celle dont chaque groseille est épépinée à la plume d'oie. Ville d'art et d'histoire, Bar-le-Duc est surtout remarquable pour l'unité de sa ville haute, juchée sur son promontoire. Les blondes façades de ce quartier aristocratique sont décorées de statues, de trophées ou de gargouilles (16e-18e s.) Point de départ de la célèbre « Voie sacrée » menant à Verdun, la ville recèle encore d'autres trésors, comme le fameux Transi de Ligier Richier.

Se promener

★ **LA VILLE HAUTE**

Ce bel ensemble architectural des 16e, 17e et 18e s. était le quartier aristocratique de Bar. Derrière les façades ornées des hôtels, les demeures sont souvent composées d'un logis seigneurial, d'une cour et d'un autre bâtiment pour les serviteurs.

Place St-Pierre (A2)

Jolie place dominée par l'élégante façade de l'église St-Étienne et bordée de maisons de différentes époques. Au **n° 25**, maison médiévale, à colombages, avec son étage en encorbellement. Au **n° 21**, l'hôtel de Florainville, actuel palais de justice avec une façade Renaissance (la ferronnerie est du 18e s.). Enfin au **n° 29**, la façade du début du 17e s. est ornée d'un décor très classique et caractéristique de l'architecture barisienne : colonnes, fenêtres et frontons à volutes.

Église St-Étienne (A2)

Cette ancienne collégiale gothique de la fin du 14e s. possède une façade en partie Renaissance. Elle renferme, dans le croisillon droit, la fameuse sculpture de Ligier Richier, le **Transi★★**. Érigée à la mémoire de René de Chalon, prince d'Orange, tué au siège de St-Dizier en 1544 à l'âge de 25 ans, cette sculpture représente un homme trois ans après sa mort. Loin des représentations morbides, ce squelette exprime au contraire une foi en la résurrection de la chair. Autre œuvre du sculpteur, le **Calvaire**, représentant le Christ et les deux larrons, se dresse derrière le maître-autel. Dans le transept gauche, la **statue de N.-D.-du-Guet** (14e s.) et le vitrail au-dessus de celle-ci (19e s.) représentent la même légende. On raconte que, lors du siège de 1440, les ennemis entendirent crier la statue de la Vierge située sur l'une des portes de la ville :

EN MARGE DE LA LORRAINE

Caturiges apparaît au 1er s. apr. J.-C. et se développe au bord de l'Ornain, puis prend le nom de *Barivilla*. D'origine mérovingienne, Bar fut, dès 954, capitale d'un comté qui faillit prendre l'avantage sur le duché de Lorraine. En 1354, ses comtes qui avaient dû reconnaître la suzeraineté française prirent le titre de duc et firent de leur ville la capitale du Barrois. En 1484, le pays barrois, tout en gardant son autonomie, fut réuni à la Lorraine et rattaché en même temps qu'elle à la France, en 1766.

« Au guet, au guet, la ville est prise. » Un soldat furieux jeta une pierre sur la statue qui l'attrapa, tandis que le soldat tombait raide mort. En face, tableau anonyme montrant une **Crucifixion** où Jérusalem est remplacée, à gauche, par la ville haute de Bar au 17ᵉ s. et par la butte de Mousson (ruines de l'ancien château), à droite.

Place de la Halle (A2)

À travers la porte cochère du **n° 3** (façade de style baroque malheureusement endommagée), on aperçoit les vestiges des arcades murées des anciennes halles construites au 13ᵉ s. et incendiées en 1788.

Continuez tout droit par la rue Chavée, puis prenez à droite la rue des Grangettes.

Belvédère des Grangettes (A2)

Vue splendide sur la ville basse, depuis les quartiers industriels de Marbot jusqu'aux coteaux qui courent le long de l'Ornain.

Reprenez la rue Chavée. Vous aboutissez place de la fontaine. Continuez rue de l'Armurier puis à gauche rue de l'Horloge.

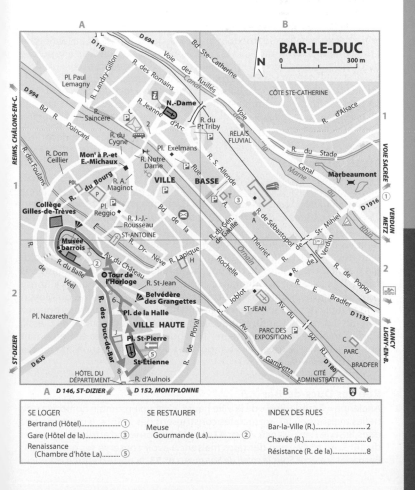

LE « CAVIAR » DE BAR

Voilà plus de six siècles que les épépineuses de Bar-le-Duc manient la plume d'oie avec dextérité pour produire la fameuse confiture de groseilles, produit de luxe qui fut introduit à la cour de Versailles avec grand succès. Appréciée de Victor Hugo, la confiture est aujourd'hui exportée à New York et à Tokyo. Le travail, trop minutieux pour une machine, demande beaucoup de patience : il faut trois heures pour épépiner un kilo de groseilles. L'une des championnes du monde d'épépinage a sa plaque, rue du Tribel.

La **tour de l'Horloge** (A2), du 12ᵉ s., est un vestige de l'ancien château ducal. Elle a été sauvée de la destruction ordonnée par le roi de France en 1670 grâce à son caractère d'utilité publique. Le cadran a été restauré en 1994, à l'identique de celui du 14ᵉ s.

Par la rue de l'Horloge, à gauche, on gagne l'avenue du Château, que l'on prend à gauche. Au passage, profiter de la vue sur la porte romane et les vestiges de fortification.

Collège Gilles-de-Trèves (A1)

« Que cette demeure reste debout jusqu'à ce que la fourmi ait bu les flots de la mer et que la tortue ait fait le tour du globe », pouvait-on lire sur le porche de ce collège, fondé en 1571 par Gilles de Trèves, doyen de la collégiale St-Maxe. Il voulait donner à Bar un collège d'enseignement supérieur pour éviter aux jeunes nobles de s'expatrier vers des universités où soufflait de plus en plus l'esprit de la Réforme. Il en paya lui-même la construction. Dans la cour, les balustrades de pierre au dessin complexe pourraient être d'origine flamande *(en travaux)*.

Poursuivez par la rue du Baile.

Musée barrois (A2)

Espl. du Château - ☏ 03 29 76 14 67 - www.barleduc.fr - ☏ 03 29 76 14 67 - www. barleduc.fr - possibilité de visite guidée sur RV - tlj sf lun. et mar. 14h-18h - fermé 1ᵉʳ janv., lun. de Pâques, 1ᵉʳ Mai, lun. de Pentecôte, 14 Juil., 15 août, 1ᵉʳ nov., 25 déc. - 3 € (-18 ans 1,50 €) - gratuit 1ᵉʳ dim. du mois, Nuit des Musées, Journées du Patrimoine.

Dans les beaux bâtiments de l'ancienne cour des comptes (1523) et du château neuf (1567), le musée présente une collection très variée : archéologie (résultat des fouilles de Nasium), histoire locale, armes et armures des 16ᵉ et 17ᵉ s., art non occidental. La **salle du Trésor des Chartes★** abrite sous des ogives gothiques une collection d'œuvres lorraines du Moyen Âge et de la Renaissance (Pierre de Milan, Gérard Richier). Vous pourrez voir aussi diverses peintures françaises et flamandes (Hendrick de Clerck, David Teniers le Jeune, Jan Steen), ainsi que des sculptures contemporaines (Ipousteguy). Expositions temporaires liées aux collections du musée deux à trois fois par an.

Poursuivez par la rue du Baile.

Rue des Ducs-de-Bar (A2)

Ancienne « Grande-Rue » de la ville haute, c'est un ensemble homogène de belles maisons où les aristocrates construisent dès le 16ᵉ s. leurs demeures dans le style Renaissance. Au **n° 41**, deux frises ornées d'attributs militaires du 16ᵉ s. Au **n° 47**, l'une des rares maisons à avoir conservé ses gargouilles ; Bernanos y a écrit *Sous le soleil de Satan*. Au **n° 53**, la porte d'entrée est encadrée d'une arcade à décor sculpté. Au **n° 73**, la façade est décorée de ravissantes appliques représentant, entre autres, des instruments de musique. Au **n° 75**, un pressoir du 15ᵉ s. est installé dans une grange au fond de la cour ; la masse de bois devait être manœuvrée par 5 ou 6 hommes. Enfin, la façade de l'hôtel de Salm ferme la perspective de la rue.

LA VILLE BASSE

Château de Marbeaumont (B1)

Ancienne propriété des banquiers Varin-Bernier, cet exubérant château du tout début du 20ᵉ s. servit de QG au général Pétain au cours de la Première Guerre mondiale. Transformé en médiathèque, il se trouve au cœur d'un grand parc équipé d'installations sportives et d'un camping.

Rue du Bourg (A1)

Le bourg dans la ville basse était le quartier des hommes d'affaires de Bar. Sa grande rue fut à partir du 16ᵉ s. l'une des plus élégantes de Bar-le-Duc, comme en témoignent les riches façades que vous pouvez y admirer (**nᵒˢ 42**, **46**, **49** et **51**).

La maison des Deux-Barbeaux (1618), au **n° 26**, présente des fenêtres décorées de bustes de femmes et de sirènes. À l'angle de la rue Maginot, un monument (A1) représente un enfant et une bicyclette. Il rend hommage aux Barisiens **Pierre Michaux** et Ernest Michaux, son fils, inventeurs du vélocipède à pédales en mars 1861.

À voir aussi

Église Notre-Dame (A1)

Église romane à l'origine, elle a été restaurée après un incendie au 17ᵉ s. (son clocher est du 18ᵉ s.). Dans la nef, Christ en croix de Ligier Richier. Dans la chapelle du transept sud, un bas-relief de la fin du 15ᵉ s. représente l'Immaculée Conception : au-dessous du Père éternel, la Vierge en prière est entourée des emblèmes-symboles de sa pureté.

À proximité

Rembercourt-aux-Pots

18 km. Quittez Bar par le nord (D 116) en direction de Vavincourt.

Belle **église** du 15ᵉ s., dont la magnifique **façade★** allie le style gothique flamboyant à celui de la Renaissance. Éléments décoratifs où les niches en coquille se mêlent aux sujets païens de la frise Renaissance. Ses deux tours sont inachevées.

LA VOIE SACRÉE

En 1916, Verdun fait face à de douloureux combats. La route qui relie Bar-le-Duc à Verdun est élargie et complétée par une voie ferrée (le Meusien) pour faciliter l'acheminement d'hommes, de vivres et d'armement (deux tiers de l'armée française transiteront par là). C'est Maurice Barrès qui lui donnera le nom de « Voie sacrée » dès avril 1916. Une borne marque son point de départ à Bar-le-Duc, rue de St-Mihiel.

Parc du château de la Grange-aux-Champs
20 km au nord-ouest. Prenez la D 994 jusqu'à Nettancourt.
℘ 03 29 75 13 04 - www.la-grange-aux-champs.fr - 14 Juil.-31 août, Journées des jardins et Journées du patrimoine : 14h-18h - 2 € (-18 ans gratuit) - visite guidée : dim. 15h - 3 €.
Une allée centrale bordée d'arbres rares (hêtre pourpre, érable du japon, sycomore bronze) ouvre sur un beau parc à l'anglaise de 22 ha aménagé à la fin du 19e s. Le charme du jardin réside dans son décor romantique : un cours d'eau, des bassins, un petit pont et une grotte. Remarquez les statues de Neptune et d'Amphitrite, œuvres du sculpteur Louis Humbert (fin du 18e s.).

Itinéraire conseillé

VALLÉES DE LA SAULX ET DE L'ORNAIN

50 km. Quittez Bar-le-Duc au sud-ouest par la D 1916 puis par la D 635. Après Brillon-en-Barrois, prenez la D 4 jusqu'à Haironville.

Château de la Varenne
℘ 03 29 70 21 45 ou 06 07 60 02 20 - les parties classées de l'intérieur ne sont plus ouvertes aux visiteurs individuels - parc : visite libre 1er juil.-15 sept. : 10h-12h, 14h-17h - 2 € (avec audiovisuel sur le château 4 €).
Au cœur du joli village d'Haironville (pont de pierre à douze arches du 17e s.), ce château Renaissance fut construit en 1506 par Pierre Merlin, président de la cour des comptes de Bar. Dans le vestibule, beau plafond à caissons. Le parc paysager, aménagé au 19e s., est ponctué de bosquets où poussent gingko, cyprès, tulipier de Virginie.
Continuez sur la D 997 jusqu'à Stainville, puis empruntez la D 9 vers Montiers-sur-Saulx. Peu avant Ménil-sur-Saulx, après le silo, tournez à droite sur la D 129ᴬ.

Abbaye de Jovilliers
℘ 03 29 78 65 81 - visite guidée : se renseigner - 3 €.
De l'abbaye des Prémontrés qui s'élevait ici ne subsistent que les deux tours carrées de l'église, de style grec Renaissance. Reconstruite au 18e s. par l'abbé Claude Collin, d'après les plans du 12e s., l'abbaye servit de carrière de pierres après la Révolution. Aujourd'hui sauvegardée, elle se trouve au centre d'une exploitation agricole.
Revenez vers Ménil-sur-Saulx, puis rejoignez la D 9 en direction de Montiers-sur-Saulx. Écurey se trouve sur votre droite.

Maison du patrimoine
℘ 03 29 75 97 40 - ouverture : se renseigner - 3,50 € (14-18 ans 2,50 €).
C'est d'abord une abbaye cistercienne qui est fondée à Écurey en 1144. À la Révolution, les frères Vivaux installent dans les bâtiments une exploitation agricole puis un haut fourneau. À la fin du 19e s., la famille Salin agrandit la fonderie et se spécialise dans la fonte d'art et d'ornement. Toute une cité ouvrière se développe. Dans l'atelier de modelage, vous pourrez apercevoir des modèles de statues.
Prenez la D 31 vers le nord-est en direction de Tréveray puis tournez à gauche dans la D 966 jusqu'à Naix-aux-Forges.

Cité des Leuques
De Nasium, la capitale des Leuques, ne demeurent que peu de vestiges visibles. Le site revit pourtant grâce au travail d'une équipe de passionnés qui, au cours de randonnées commentées entre oppidum celte et cité

gallo-romaine, vous aident à imaginer ce que put être la vie des 15 000 habitants de la ville à son apogée, aux 1er et 2e s. 👥 Le quatrième dimanche de chaque mois, la 22e légion manœuvre en public devant les vestiges du temple gaulois.

42 Grand-Rue - 𝒞 03 29 70 93 07 - www.nasium.net - visite guidée (2h) sur RV de déb. juin à fin sept. - fermé j. fériés - gratuit.
Continuer sur la D 966.

Ligny-en-Barrois
15 km au sud-est par la N 135. Entre l'Ornain et le canal de la Marne au Rhin, la ville fut luxembourgeoise pendant six siècles, de 1240, date où Marguerite de Bar épousa Henri de Luxembourg, jusqu'en 1719, où Ligny fut vendue au duc de Lorraine. Si le château est antérieur à la présence des comtes de Luxembourg, c'est à l'un d'eux que l'on doit le nom de la **tour Valéran**. *𝒞 03 29 78 06 15 - www.lignyenbarrois.fr - visite guidée (y compris visite de la Tour Valéran) : dép. de l'office de tourisme - mai-sept. : merc. et sam. 15h-17h - 3 € (-12 ans gratuit).* La tour servit à la défense de la ville, puis fit office de prison au 18e s. À voir aussi, le chemin des Canons, qui court le long des anciens remparts.

☺ NOS ADRESSES À BAR-LE-DUC

HÉBERGEMENT

PREMIER PRIX
Hôtel Bertrand – *19 r. de l'Étoile - 𝒞 03 29 79 02 97 - www.hotel-bertrand.com - ♿ - 🅿 - 40 ch. 27/50 € - ☕ 6 €.* Cet hôtel propose des chambres récemment rénovées à prix doux. L'établissement dispose en outre d'une salle de balnéothérapie. Une bonne adresse à deux pas du centre-ville.

BUDGET MOYEN
Hôtel de la Gare – *2 pl. de la République - 𝒞 03 29 79 01 45 - www.barleduchotel.com - ♿ - 🅿 - 25 ch. 52/60 € - ☕ 10 € - rest. 15/35 €.* La décoration du hall d'accueil est un peu froide mais on appréciera le confort sobre et moderne des chambres, entièrement refaites. Bar de style rustique, poutres apparentes.
Chambre d'hôte La Renaissance – *9 r. Ste-Marguerite - 𝒞 03 29 45 44 73 - 1 ch. 65 € ☕.* Une petite maison en plein cœur de la vieille ville où l'on entre par un jardin caché.

L'unique chambre d'hôte de Bar-le-Duc peut rapidement devenir une adresse convoitée en période d'affluence. Un lieu douillet parfaitement aménagé.

RESTAURATION

BUDGET MOYEN
La Meuse Gourmande – *1 r. François-de-Guise - 𝒞 03 29 79 28 40 - fermé vac. de fév. et 10 j. fin août - ♿ - formule déj. 15 € - 25 €.* Cette belle demeure bourgeoise du 18e s. se dresse sur les anciennes fondations du château des ducs de Bar. Salle à manger au décor soigné ; les tables près des fenêtres profitent d'une superbe vue sur la ville basse. Cuisine au goût du jour et mention spéciale pour les desserts maison.

ACHATS

Éts Dutriez « À la Lorraine » – *35 r. de l'Étoile - 𝒞 03 29 79 06 81 - www.groseille.com - lun. 14h30-18h, mar.-vend. 10h-12h, 14h30-*

18h, sam. 10h-12h - fermé dim. et j. fériés. Fondée en 1879, la maison Dutriez est aujourd'hui la dernière à produire la confiture de groseilles épépinées à la plume d'oie.

ACTIVITÉS

Golf de Combles – 38 r. Basse - 55000 Combles-en-Barrois - ℘ 03 29 45 16 03 - www.golfdecombles.fr - hte sais. : 9h-19h, dim. et j. de compétition

8h-19h - fermé 15 déc.-15 janv. - 49 € parcours 18 trous en week-end (- 18 ans 25 €).

AGENDA

Festival RenaissanceS - ℘ 03 29 79 32 65 - www.festivalrenaissances. com - déb. juil.
Les Automnales – Au château de Gilles de Trèves, une soixantaine d'horticulteurs et de paysagistes exposent, vendent et conseillent les visiteurs. 1er w.-end d'oct.

Saint-Mihiel

4 872 Sammiellois – Meuse (55)

🙂 NOS ADRESSES PAGE 141

🏛 **S'INFORMER**

Office du tourisme de Saint-Mihiel – R. du Palais de Justice - 55300 Saint-Mihiel - ℘ 03 29 89 06 47 - www.otsi-saintmihiel.fr - avr.-oct. : tlj 9h30-12h, 14h-18h, dim. et j. fériés 10h-12h, 14h-18h ; reste de l'année : tlj sf dim. et j. fériés 9h30-12h, 14h-18h, lun. 14h-18h, sam. 9h30-12h.

▶ **SE REPÉRER**

Plan de région B3 (p. 104) – carte Michelin Départements 307 E5. Au croisement de la D 901 et de la D 964, au sud de Verdun.

🅿 **SE GARER**

Parkings rue des Abasseaux, au pied des bâtiments abbatiaux, et rue de Verdun.

😊 **À NE PAS MANQUER**

Le Sépulcre de Ligier Richier, la bibliothèque bénédictine.

🕐 **ORGANISER SON TEMPS**

Le circuit pédestre du Saillant de St-Mihiel est un parcours de 18 km, avec 4 plateformes où l'on passe environ 30 mn. Il faut prévoir la journée et de bonnes chaussures si l'on désire le suivre entièrement.

Le passé de cette petite ville lovée dans la vallée de la Meuse est lié à celui d'une abbaye célèbre. St-Mihiel – ou St-Michel – fut d'abord une grande abbaye bénédictine fondée en 709 à proximité de la ville actuelle et transférée en 815 sur les bords de la Meuse. Croisières fluviales sur l'eau, expéditions-pèlerinages sur le théâtre des combats de la Première Guerre mondiale, excursions champêtres dans le Parc naturel régional de Lorraine, tout est possible au départ de St-Mihiel.

Se promener

Partir de l'office de tourisme.

Bâtiments abbatiaux

Attenante à l'église St-Michel et à son curieux chevet arrondi, la très vaste abbaye, dont la reconstruction fut réalisée au 17ᵉ s., est restée à peu près intacte. Les bâtiments abritent la bibliothèque bénédictine et le musée départemental d'art sacré.

Bibliothèque bénédictine

Dans l'ancienne abbaye. R. du Palais-de-Justice - ℘ 03 29 89 02 87 - avr.-nov. : tlj sf mar. 14h-18h - 2,50 € (-10 ans gratuit), Journées du patrimoine gratuit.

Aux murs, des boiseries, au ciel, des plafonds de style Louis XIV, et dans les vitrines, quelque 9 000 ouvrages dont 74 manuscrits du 9ᵉ au 16ᵉ s. et 86 incunables. La star : le premier livre imprimé en Lorraine.

Musée départemental d'Art sacré

1ᵉʳ étage de l'aile sud de l'ancienne abbaye. 1 r. du Palais de Justice - ℘ 03 29 89 06 47 - ♿ - possibilité de visite guidée - avr.-oct. : tlj sf mar. 14h-18h - reste de l'année : merc.-vend. 14h-18h - 2,50 € (-10 ans gratuit), Journées du patrimoine gratuit.

Plus de 800 objets d'art religieux (peintures, sculptures, orfèvrerie, ornements liturgiques) du 13ᵉ au 20ᵉ s. proviennent de communes et de paroisses meusiennes. L'école sammielloise y est bien entendu à l'honneur.

Rendez-vous place Bérain.

Église St-Michel

Cette église abbatiale, au clocher carré et au porche roman du 12ᵉ s., a été rebâtie à la fin du 17ᵉ s., dans le style bénédictin de l'époque. Dans la première chapelle du bas-côté droit, un chef-d'œuvre de Ligier Richier, la **Pâmoison de la Vierge soutenue par saint Jean★**. Ce groupe en noyer fut exécuté en 1531. Il faisait partie d'un calvaire comprenant le Christ – dont la tête est aujourd'hui au musée du Louvre –, saint Longin, Marie Madeleine et quatre anges. Remarquez également le monument funéraire de la famille de Warin de Gondrecourt, l'*Enfant aux têtes de morts,* œuvre sculptée en 1608 par Jean Richier, petit-fils de Ligier. Le magnifique buffet d'orgues a été réalisé entre 1679 et 1681.

Prenez la rue Notre-Dame.

Maison du Roi

Cette maison gothique du 14ᵉ s. fut propriété, au siècle suivant, de René d'Anjou, duc de Bar et roi de Naples. Faites un crochet par la rue Raymond-Poincaré pour voir de très beaux hôtels particuliers du 16ᵉ s.

Falaises

Sept blocs de roches calcaires, hauts de plus de 20 m, sont adossés aux coteaux de la rive droite. Dans la première roche, dite « le Calvaire », a été creusé en 1772 un saint-sépulcre, œuvre de Mangeot, sculpteur sammiellois. Du haut de ces rochers, vue sur St-Mihiel et la vallée de la Meuse.

Revenez en ville par la promenade des Capucins et la rue Poincaré à gauche.

Église St-Étienne

Le vaisseau actuel de cette originale église-halle fut construit de 1500 à 1545. Le clou de la visite est sans conteste le **Sépulcre★★**, ou Mise au tombeau, exécuté par Ligier Richier de 1554 à 1564 *(dans la travée centrale du* *collatéral droit)*. Il subit depuis 2000 une longue opération de restauration et a été découpé en plusieurs blocs. Treize personnages grandeur nature représentent un des épisodes de la Mise au tombeau : pendant que Salomé prépare la couche funèbre, Joseph d'Arimathie et Nicodème soutiennent le corps du Christ, dont Marie Madeleine, à genoux, baise les pieds alors que Jeanne la Myrrhophore, debout, tient la couronne d'épines. Au second plan, la Vierge défaillante est soutenue par saint Jean et Marie Cléophée ; à gauche, un ange tient les instruments du supplice ; à droite, le chef des gardes médite profondément, tandis que deux de ses hommes jouent aux dés la tunique du Christ.

À proximité

Saillant de St-Mihiel
7 km au sud-est par la D 907 puis la D 171. Dépliant disponible à l'office de tourisme.
Profitant de l'envoi d'une partie des troupes françaises en renfort à Verdun en septembre 1914, les troupes allemandes parvinrent à faire reculer les lignes françaises d'une vingtaine de kilomètres entre Pont-à-Mousson et Verdun, pour parvenir jusqu'à St-Mihiel. La zone prit les noms de « Saillant de St-Mihiel » ou « Tombeau du 8e CA », à cause des combats acharnés qui s'y déroulèrent (60 000 morts parmi les soldats français en 1915). De nombreux villages furent détruits dans cette zone, et certains, comme Remeaunauville n'ont jamais été reconstruits.
Un circuit pédestre *(18 km)* relie les différentes plate-formes du Souvenir. Le **bois d'Ailly** a gardé la trace des combats. Du monument commémoratif, une ligne de tranchées avec abris et boyaux d'accès conduit à la **tranchée de la Soif**, où quelques soldats résistèrent durant trois jours à la garde impériale allemande. Le circuit conduit également au **Bois brûlé (croix des Redoutes)**, aux **tranchées des Bavarrois et de Roffignac**, à l'hôpital allemand et au poste de commandement français, haut de deux étages. À **Marbotte**, le musée du Saillant présente armes et documents relatifs à la Grande Guerre. C'est dans l'église de ce petit village que furent déposés les corps de nombreux soldats en attente de sépulture. Elle est aujourd'hui un mémorial. Au sud-est, le **fort de Liouville**, construit peu après 1870, présente une tourelle à éclipses encore intacte malgré les bombardements.

Musée Raymond-Poincaré
À Sampigny, 9 km au sud par la D 964 - 03 29 90 70 50 - possibilité de visite guidée sur RV - 15 mai-15 oct. : tlj sf merc., sam. et j. fériés 14h-17h30 - 1 € (-18 ans gratuit), Journées du patrimoine gratuit.
L'ancienne résidence d'été de ce Meusien qui fut président de la République (1860-1934) a été bâtie en 1906 par l'architecte nancéien Bourgon. Le musée retrace le parcours politique de Raymond Poincaré et l'histoire de la IIIe République. Du parc, vue sur la vallée de la Meuse.

Génicourt-sur-Meuse
À 19 km au Nord par la D 964.
L'**église**, de style flamboyant, recèle de beaux vitraux de l'école de Metz, du 16e s., un maître-autel surmonté d'un retable de la Passion. Les intéressantes statues de bois du calvaire sont attribuées à Ligier Richier. Des fresques du 16e s. ont été mises au jour en juin 1981. *Visite sur demande à la mairie : se renseigner au 03 29 87 75 01.*

Détail du Sépulcre, église St-Étienne de St-Mihiel.
R. Mattès / MICHELIN

Fort de Troyon

À Troyon, 15 km au nord par la D 964. 📞 *03 29 91 87 48 - w.-end et j. fériés 13h30-18h - 5 €.*

Maillon de la ligne de fortification mise en place par Séré de Rivières en 1875, le fort résista vaillamment aux bombardements des 8 et 9 septembre 1914, empêchant ainsi les Allemands de prendre Verdun à revers. Une poignée de bénévoles travaillent sans relâche à son entretien et emmènent avec passion les visiteurs dans les entrailles de cet édifice unique en son genre (il n'a pas été recouvert de béton comme Douaumont ou bien d'autres forts).

😊 NOS ADRESSES À SAINT-MIHIEL

HÉBERGEMENT ET RESTAURATION

PREMIER PRIX

Hôtel Rive Gauche – *Pl. de l'Ancienne-Gare -* 📞 *03 29 89 15 83 -* 🅿 *- 20 ch. 46 € -* ☕ *5,95 € - rest. 11/26 €.* Cette ancienne gare a d'abord abrité un restaurant tenu par deux cuisiniers. Par la suite s'y sont ajoutées des chambres de bon confort et des habitations de type chalet. Le tout forme aujourd'hui un établissement correct à prix doux, dans un cadre original.

AGENDA

Le Vent des forêts – 📞 *03 29 71 01 95, www.leventdesforets. com.* Six villages de Meuse aux environs de St-Mihiel (Fresnes-au-Mont, Dompcevrin, Lahaymeix, Pierrefitte-sur-Aire, Nicey-sur-Aire et Ville-devant-Belrain) invitent durant l'été des artistes en résidence. De ces séjours naissent, en pleine forêt, des œuvres, pérennes pour la plupart, que l'on peut observer ou écouter le long de 45 km de sentiers. *Plan disponible sur le site Internet ou par téléphone. Concerts, cinéma dans la forêt en été.*

Parc naturel régional de Lorraine, secteur ouest

60 000 habitants sur la zone rurale du Parc – Meurthe-et-Moselle (54), Meuse (55), Moselle (57)

☺ **NOS ADRESSES PAGE 144**

🔲 **S'INFORMER**
Maison du Parc – *R. du Quai - 54702 Pont-à-Mousson -* 🖉 *03 83 81 67 67 - www.pnr-lorraine.com - tlj sf w.-end mat. et apr.-midi.*

▶ **SE REPÉRER**
Plan de région B2-3/C2-3 (p. 104) – carte Michelin Départements 307 E/H 5/6. L'ouest du Parc naturel régional de Lorraine couvre les deux tiers de ses 210 000 ha et s'étend sur 3 départements.

☻ **À NE PAS MANQUER**
Les sentiers thématiques du Parc.

👥 **AVEC LES ENFANTS**
L'observatoire des Côtes de Meuse et le lac de Madine.

Inscrit entre Verdun, Metz, Commercy et Toul, l'ouest du Parc naturel régional de Lorraine est riche en sentiers de découverte et en sites d'observation d'oiseaux. À l'observatoire des Côtes de Meuse, le télescope Newton permettra, lui, de voir beaucoup plus loin. Côté loisirs, le lac de Madine est tout indiqué pour la baignade et les activités nautiques.

Se promener

Le Parc naturel régional de Lorraine s'étend sur deux zones géographiques distinctes, de part et d'autre de la vallée de la Moselle.
La partie ouest du Parc couvre la région des côtes de Meuse et des côtes de Moselle, plantée de vergers et de vignobles, et dont les plateaux sont entaillés de belles vallées. La plaine de la Woëvre, plus humide, est un milieu de haute valeur biologique ; elle est parsemée d'étangs et de prairies. Le lac de Madine est au centre de cette zone. La partie est du Parc *(voir Le Saulnois p. 257)* est

Vue sur le lac de Madine.
Michel Petit / CDT Meuse

le pays des mares salées et des étangs, refuges pour de nombreux oiseaux nicheurs ou migrateurs.

Sentiers de découverte
🐾 Ils sont thématiques et complétés par des bornes ou des panneaux explicatifs : parmi les principaux, découvrez les sentiers des grands arbres à **Royaumeix**, des pelouses calcaires à **Génicourt-sur-Meuse**, le sentier viticole de **Lucey**, les deux sentiers de l'éco-village à **Ville-sur-Yron** et le circuit du **saillant de St-Mihiel** axé sur la Grande Guerre. Dans la région de Toul, les *roises* sont les anciens trous d'eau utilisés pour faire rouir le chanvre, c'est-à-dire le faire pourrir pour séparer les fibres de la matière qui les collent entre elles. Le site des *roises* de Lucey, relié au sentier viticole de Lucey, permet au promeneur de comprendre le travail du chanvre.

Observatoire ornithologique
Le seul observatoire de la zone ouest du parc se situe au bord du grand étang de Lachaussée dans la commune du même nom.

Observatoire des Côtes de Meuse
8 pl. de Verdun - 55210 Viéville-sous-les-Côtes - 📞 *03 29 89 58 64 - http://pages-perso-orange.fr/observatoire.t83/ - visite guidée : 3,50 € (-6 ans gratuit), visite et observation de soleil : 4,50 € (-6 ans gratuit).*
👥 Il contient l'un des plus puissants télescopes européens qui soient ouverts au public (télescope Newton de 83 cm de diamètre).

Maison des arts et traditions rurales
Hannonville-sous-les-Côtes. Voir description p. 117.

Lac de Madine
👥 *www.lacmadine.com. À 23 km à l'ouest de Pont-à-Mousson. Pour rejoindre Nonsard, sur la rive nord-est du lac, prenez la D 958 jusqu'à Flirey, puis la D 904 à droite sur 7 km jusqu'à Pannes ; Nonsard est à 3 km, par la D 133 à gauche.*

LE CHARDON POUR EMBLÈME
Le Parc naturel régional de Lorraine a été créé en 1974. Sa vocation est de « faire de son territoire un milieu rural vivant, attractif et tourné vers l'avenir ». Il constitue une réserve de verdure indispensable à l'équilibre des habitants des grandes villes que sont Metz et Nancy. Pour logo, le Parc a choisi le chardon, surmonté de l'éclat de l'étoile qui marque l'appartenance à la grande famille des Parcs naturels régionaux de France.

Ce lac d'une vaste superficie (1 100 ha), entouré d'une très belle forêt de 250 ha, est une base de loisirs nautiques (école de voile). Cadre de verdure idéal pour la détente en famille ou entre amis, on peut y pratiquer baignade, voile, bateau électrique, canoë, comme des sports plus « terrestres » : équitation, tennis, vélo… Une promenade de 20 km a été aménagée autour du lac.

⊛ NOS ADRESSES DANS LE PARC NATUREL RÉGIONAL

HÉBERGEMENT

En plus de divers gîtes de France, quelques gîtes Panda labellisés par le WWF sont installés en Lorraine. Mise à disposition d'une mallette pédagogique avec guides de la faune et la flore locales, matériel d'observation (jumelle et boussole) et cartes d'état-major. Location auprès du propriétaire, ou service de réservation Loisirs-Accueil de Moselle (*℘ 03 87 37 57 69*).

PREMIER PRIX

Camping de Nonsard – *55210 Nonsard* - *℘ 03 29 89 56 76* - *www.lacmadine.com* - *w.-end en mai-juin et sept. ; tlj en juil.-août.* - *300 empl.* - *10 €.* En plein cœur du parc, sur le site de Madine 1, ce camping jouit de la meilleure situation possible au bord du lac.

Chambre d'hôte Mme Battavoine – *2 rte Woël - 55210 St-Maurice-sous-les-Côtes* - *℘ 03 29 89 33 19* - ⊠ - *3 ch. 48 €* ⊡. Même si le mobilier de famille date un peu dans cette maison récente, on sera séduit par la conception moderne de l'ensemble : chambres lumineuses, chauffage géothermique et douches à jet. Côté cuisine, on revendique l'héritage ancestral et le « fait maison »… Un mélange des genres astucieux et très réussi.

BUDGET MOYEN

Hôtel Lac de Madine – *22 r. Charles-de-Gaulle - 55210 Heudicourt-sous-les-Côtes* - *℘ 03 29 89 34 80* - *www.hotel-lac-madine.com* - *Fermé 20-28 déc., 2 janv.-13 fév.* - 🅿 - *41 ch. 55/95 €* - ⊡ *10 €* - *rest. 23/35 €.* Près du lac, maison ancienne rénovée, aux chambres fraîches et actuelles dont dix avec une baignoire balnéo. Celles de l'annexe donnent sur le jardin. Table traditionnelle dressée dans une salle à manger lumineuse et coiffée d'une charpente apparente. Terrasse ombragée.

RESTAURATION

BUDGET MOYEN

Le Domaine de Saturnin – *5 r. de la Source - 54470 Bernécourt* - *℘ 03 83 23 04 41* - *www.ledomainedesaturnin.fr* - *ouv. vend. et w.-end tte l'année ; ouv. tlj en juil.-août* - 🅿 - *17/25 €.* Ici, dans cette authentique ferme du 15e s. rénovée, on élève des volailles en plein air et au grain. Vous retrouverez à l'auberge aménagée dans les anciennes écuries tous les produits du domaine ou autres produits régionaux. Catherine, maîtresse des lieux et cordon-bleu, vous mitonnera de délicieux plats accompagnés des légumes et fruits de l'exploitation. Pour prolonger votre plaisir, une boutique se tient à votre disposition.

ACHATS

Michel Goujot – *51 en Chvérue - 54200 Lucey - ℘ 03 83 63 82 26 - michel.goujot.com.* Cette exploitation ayant fait le choix du « bio » depuis 1980 cultive des mirabelles, des pommes, des poires, des quetsches, des groseilles et des vignes. Elle élabore de savoureux produits : vin des côtes de Toul, vin pétillant, jus de pomme ou de raisin, eau-de-vie de quetsche, mirabelle de Lorraine et Mirabeline (crémant à la mirabelle), etc.

ACTIVITÉS

Lac de Madine - Maison de Madine – *55210 Nonsard - ℘ 03 29 89 32 50 - www. lacmadine.com*. Les installations d'accueil et d'hébergement sont essentiellement concentrées sur la rive nord-est du lac.
Madine 1 – *Camping de Nonsard - 55210 Nonsard - ℘ 03 29 89 56 76 - www.lacmadine.com - w.-end en mai-juin et sept.; tlj en juil.-août.* Port de plaisance, restaurant, plage, golf et location (vélos, bateaux pédaliers et électriques).
Madine 2-3 – *55210 Heudicourt.* Village de gîtes, plage, école de voile, tennis couverts, centre équestre, aire de jeux et salle polyvalente.
Domaine piscicole de loisirs – *Rte de Seuzey - 55300 Lacroix-sur-Meuse - ℘ 03 29 90 15 08 - www.*

aubergedelapechealatruite.com - 8h-12h, 14h-18h - fermé 12 nov.-12 déc. On a l'occasion d'apprécier la truite sous toutes ses formes dans ce vaste domaine. En terrine, friture ou grillade au restaurant ; en rêve, pourquoi pas, si l'on passe la nuit dans l'une des confortables chambres… mais on sera bien plus heureux encore de les savoir en liberté dans leur milieu naturel.

AGENDA

Lorraine Mondial Air Ballons – *dernier w.-end juil.-1er w.-end août*, à *Chambley - ℘ 03 82 33 77 77 - www.pilatre-de-rozier.com.* Rassemblement international de montgolfières tous les deux ans.

Parc naturel régional de Lorraine

Commercy

6 549 Commerciens – Meuse (55)

😊 NOS ADRESSES CI-CONTRE

🛈 S'INFORMER

Office du tourisme de Commercy – *Château Stanislas - 55200 Commercy - 📞 03 29 91 33 16 - www.commercy.org - tlj sf j. fériés.*

▶ SE REPÉRER

Plan de région B3 (p. 104) – carte Michelin Départements 307 E6. Commercy se trouve à environ 50 km à l'ouest de Nancy.

👁 À NE PAS MANQUER

Le château Stanislas.

🕐 ORGANISER SON TEMPS

La visite de Commercy peut être couplée avec une promenade dans le Parc naturel régional de Lorraine voisin.

👪 AVEC LES ENFANTS

La visite d'une biscuiterie pour savoir comment sont faites les fameuses madeleines !

C'est à Stanislas, le roi de Pologne déchu et exilé en Lorraine, que l'on doit la fameuse madeleine. Il aimait séjourner au château de Commercy, présent de son gendre Louis XV, dont il fit une demeure d'agrément : l'ambiance de fête et de bonne chère plaisait à Voltaire qui fréquentait assidûment sa cour. Aujourd'hui encore, on peut déguster la petite madeleine dans la ville où elle vit le jour.

Visiter

Château Stanislas

📞 03 29 91 02 18 - ♿ - ouvert lors des expositions en juil.-août : tlj sf mar. 15h 18h - gratuit.

Précédé d'une esplanade en fer à cheval tout à fait majestueuse, le château forme une très belle perspective en bout de la rue Stanislas et de l'allée des Tilleuls. Ces deux voies se poursuivent, à l'opposé, jusqu'à la forêt de Commercy. Bâti à partir de 1708 sur les plans de Boffrand et d'Orbay pour le prince de Vaudémont, il échut comme résidence de chasse aux ducs de Lorraine, puis en 1744 à Stanislas Leszczyński. Il a été détruit par un incendie en 1944. Seul le grand salon a été restauré à l'identique.

UNE CÉLÈBRE MADELEINE

On doit le gâteau à l'une des soubrettes du roi de Pologne Stanislas. Elle lui sauva la face un jour où, le chef cuisinier royal ayant disparu dans la nature, elle improvisa pour le roi et ses invités un dessert à base de beurre, farine et œufs, le tout parfumé avec du citron. Le roi et ses convives furent tellement contents qu'ils donnèrent au gâteau le nom de la jeune fille, Madeleine.

Musée de la Céramique et de l'Ivoire

℘ 03 29 92 04 77 - ♿ - juil.-août : tlj sf mar. 14h-18h ; mai-juin et sept. : w.-end et j. fériés 14h-18h - ℘ 03 29 91 33 16 - 3 € (-10 ans gratuit).

Les anciens bains-douches municipaux construits dans les années 1930 abritent une très belle collection d'ivoires européens et asiatiques ainsi que des céramiques allant des porcelaines chinoises aux faïences italiennes de la Renaissance.

À proximité

Euville

3 km au sud-est en suivant la Meuse.

Ce petit bourg fut célèbre au 19e s. pour ses carrières de pierres qui alimentèrent d'illustres chantiers comme l'Opéra de Paris, la gare du Nord, la Sorbonne ou le pont Alexandre-III. Sa **mairie** reste tout un symbole. C'est le seul édifice public revendiqué par l'école de Nancy. Construit par E. Gutton et E. Vallin, élevé à la gloire des carrières qui apportèrent la prospérité au village, il est de style Art nouveau. Majorelle, Janin, Gruber et Brant ont participé à sa décoration. *℘ 03 29 91 09 77 - mai-sept. : lun.-vend. apr.-midi ; oct.-avr. : mer., w.-end et j. fériés - possibilité de visite guidée sur demande (1 sem. av.) - fermé déc.-janv. - 3 €.*

☺ NOS ADRESSES À COMMERCY

RESTAURATION

BUDGET MOYEN

Les Tanneurs – *9 r. Foch - 55200 Commercy - ℘ 03 29 92 03 03 - www.les-tanneurs.com - fermé dim.soir, lun.,15 août-3 sept. - ♿ - formule déj. 13,50 € - 17/30 €.* Le four à pizza (au feu de bois) de ce restaurant proche du centre-ville fonctionne le soir. Salle aux tons pastel avec espace dédié à l'exposition de peintures et sculptures d'artistes locaux. Côté cuisine, la truffe du pays parfume subtilement certains plats.

ACHATS

≗ La Boîte à Madeleines – *ZAE La Louvière - 55200 Commercy - ℘ 03 29 91 40 86 - madeleines-zins@wanadoo.fr - 8h-12h, 14h-19h - fermé 3 sem. en janv., 25 déc. et 1er janv.* Dès l'entrée, de délicieuses odeurs titillent les narines. Devant vous, derrière la vitre, la salle de fabrication où s'élaborent les succulents gâteaux dorés à point que vous dégusterez ensuite accompagnés d'un café. Enfin, à la boutique, vous ferez provision de madeleines au beurre, à la mirabelle ou au chocolat.

Vaucouleurs

2 141 Valcolorois – Meuse (55)

😊 **NOS ADRESSES PAGE 151**

🗓 **S'INFORMER**

Office du tourisme de Vaucouleurs – *15 r. Jeanne-d'Arc - 55140 Vaucouleurs - 𝒫 03 29 89 51 82 - www.otsi-vaucouleurs.com - de mi-mai à mi-sept. : 10h-12h, 14h-18h, w.-end et j. fériés 14h-18h ; reste de l'année : tlj sf w.-end et j. fériés 10h-12h, 14h-17h30 - fermé 1er janv., dim. et lun. de Pâques, 1er et 8 Mai, 1er et 11 Nov., 25 déc.*

▶ **SE REPÉRER**

Plan de région B4 (p. 104) – carte Michelin Départements 307 E7. À 21 km au sud-ouest de Toul par la D 960.

🅿 **SE GARER**

Parkings au nord de la ville, av. Maginot et pl. Poirel.

😊 **À NE PAS MANQUER**

La maison natale de Jeanne d'Arc et la basilique du Bois-Chenu.

👫 **AVEC LES ENFANTS**

Le centre « Visages de Jeanne » à Domrémy et le musée lorrain du Cheval à Gondrecourt.

La figure de Jeanne d'Arc est aujourd'hui encore omniprésente à Vaucouleurs. C'est en effet de ce village fortifié que partit la Pucelle pour combattre les Anglais. On peut venir à Vaucouleurs, mais surtout à Domrémy, sur les traces de la sainte, mais aussi profiter des balades fluviales sur le canal de la Marne au Rhin ou sur la Meuse.

Se promener

Porte de France

C'est celle par laquelle Jeanne et sa troupe quittèrent Vaucouleurs. Ce n'est plus qu'un reste de la porte primitive.

Site du château

Des fouilles furent entreprises pour mettre au jour les ruines, masquées par la végétation, du château où Jeanne d'Arc fut reçue par Baudricourt. Il reste la partie supérieure de la porte de France, refaite au 17e s., les soubassements d'origine ayant été enterrés, ainsi qu'une arcade du portail d'entrée.

Un énorme tilleul, dont une branche maîtresse, vue de la pelouse, apparaît comme le tronc principal, serait contemporain de Jeanne d'Arc.

Église

Les voûtes de cette église du 18e s. sont ornées de fresques. Banc d'œuvre et chaire finement sculptés.

Place de l'Hôtel-de-Ville

Statue de Jeanne, rapportée d'Alger.

À voir aussi

Chapelle castrale
Les deux chapelles latérales abritent des débris lapidaires provenant de l'ancienne collégiale Ste-Marie.

Musée Jeanne-d'Arc
℘ 03 29 89 51 63 - www.ot-vaucouleurs.com - de mi-mai à mi-sept. : 10h-12h, 14h-18h, w.-end et j. fériés 14h-18h ; reste de l'année : tlj sf w.-end et j. fériés 10h-12h, 14h-17h30 - fermé 1er janv., dim. et lun. de Pâques, 1er Mai, 8 Mai, 1er nov., 11 Nov., 25 déc. - 3 € (-12 ans gratuit), Printemps des musées gratuit.

Installé dans l'aile droite de l'hôtel de ville, ce musée est consacré à l'histoire et à l'archéologie locales. On remarque surtout, dans la salle Jeanne d'Arc, le Christ de Septfonds en chêne, provenant de la chapelle St-Nicolas, dépendance de la ferme de Septfonds. En 1428, Jeanne d'Arc, voulant partir remplir sa mission sans l'autorisation de Baudricourt, alla à Septfonds prier devant ce Christ, puis revint à Vaucouleurs.

À proximité

Château de Gombervaux
4 km au nord par la D 964.

Le château de Gombervaux et son site constituent une des plus belles curiosités du pays de Jeanne. C'est là que Charles V, Bertrand Du Guesclin et Olivier de Clisson ont rencontré le duc de Lorraine, Jean Ier, en 1366 pour sceller leur alliance.

🐾 Une boucle de 9 km au départ de Vaucouleurs permet de s'y rendre à pied.

★ Domrémy-la-Pucelle
19 km au sud par la D 964.

JEANNE LA PUCELLE
Le 13 mai 1428, Robert, sire de Baudricourt et gouverneur du roi à Vaucouleurs de la garnison française aux confins des terres contrôlées par les Anglais, reçoit la visite d'une bergère de 16 ans venue de Domrémy. Elle se dit l'envoyée de Dieu et réclame le commandement des troupes du royaume pour rejoindre Charles VII à Chinon. Pour toute réponse, Baudricourt la fait souffleter et la renvoie à ses moutons. Elle insiste et quitte finalement Vaucouleurs avec l'aide de Baudricourt le 23 février 1429. Elle arrive à convaincre le roi et obtient la direction d'une armée. Elle délivre Orléans, Auxerre, Troyes, Châlons et s'ouvre ainsi la route de Reims où elle fait sacrer le roi. En tentant de prendre Paris, elle est blessée et échoue à La Charité-sur-Loire, où elle est faite prisonnière par les Bourguignons puis vendue aux Anglais. Jeanne est jugée à Rouen comme hérétique et sorcière par un tribunal ecclésiastique, puis condamnée à être brûlée vive le 29 mai 1431. Elle a été réhabilitée le 7 juillet 1456, béatifiée en 1909 et canonisée en 1920.

Dès la fin du 15e s., Jeanne d'Arc devint un personnage de légende. C'est un des personnages historiques les plus portés à l'écran (30 films). Un porte-hélicoptères de la Marine nationale porte aussi son nom, *La Jeanne*.

Qui ne connaît pas le nom de cet humble village des bords de la Meuse, à la limite nord du département des Vosges, où naquit, le 6 janvier 1412, la fille de Jacques d'Arc et d'Isabelle Romée ? Jeanne y vécut toute sa vie de petite paysanne lorraine. Elle y aurait eu des visions et entendu des voix lui ordonnant de partir délivrer la France et le roi.

Contemporaine de Jeanne d'Arc, l'**église** a été transformée au 15ᵉ s. et agrandie en 1825. Elle garde encore quelques objets que virent les yeux de l'enfant : un bénitier *(à droite en entrant)* et une statue de sainte Marguerite du 14ᵉ s. *(mise à l'abri pendant les travaux)*. Dans le croisillon gauche, la cuve baptismale, du 12ᵉ s., est celle sur laquelle fut tenue Jeanne. Les vitraux modernes sont de Gaudin.

Maison natale de Jeanne d'Arc★ – ℰ 03 29 06 95 86 - www.vosges.fr - ᨀ - possibilité de visite guidée - avr.-sept. : tlj 10h-18h ; oct.-mars : tlj 10h-12h et 14h-17h sf mar. - fermé 25 déc. et janv. - 3 € (-6 ans gratuit), gratuit 3ᵉ w.-end de mai, billet combiné avec site gallo-romain de Grand ou avec celui de Vaucouleurs 5 €)

C'est une maison de paysans aisés, aux murs épais, émouvante par sa simplicité. Au-dessus de la porte, un écusson, aux armes de la France, est accolé de deux autres plus petits, portant, à droite, les armes de la famille de Jeanne d'Arc, à gauche, trois socs de charrue. Dans une niche, l'effigie de Jeanne agenouillée est le moulage d'une statue du 16ᵉ s.

👤 Dans un bâtiment moderne derrière la maison, le centre « **Visages de Jeanne** »★ éloigne toute tentation d'enfermer la sainte dans des clichés trop simplistes. Le hall d'accueil rassemble différentes représentations de Jeanne d'Arc à travers les âges. Un livre d'or rappelle les grands traits de la vie de l'héroïne lorraine. L'audiovisuel revient sur l'enfance, le pays, le départ et le procès de Jeanne et évoque ce que la mémoire populaire a retenu d'elle. Bien conçue et agréablement décorée, la grande galerie permet une immersion dans le monde médiéval, afin de replacer Jeanne dans son époque. Dans les cabinets enluminés, plusieurs thèmes sont illustrés : le mythe chevaleresque, la foi et les croyances, la représentation de la mort, le royaume et le roi, ainsi que les fléaux et la réalité de la chevalerie. Au fond de la galerie, dans la « chambre des rois », des mannequins éclairés tour à tour par des jeux de lumière expliquent les luttes de pouvoir franco-anglaises et les origines de la guerre de Cent Ans. Le parcours se termine par des lectures des deux procès de Jeanne, celui de la condamnation et celui de la réhabilitation.

Basilique du Bois-Chenu

1,5 km de Domrémy par la D 53, route de Coussey. La basilique date de la fin du 19ᵉ s. et marque l'un des endroits où Jeanne aurait entendu les voix de sainte Catherine, de sainte Marguerite et de l'archange saint Michel lui recommandant d'être bonne et pieuse, puis lui dictant sa mission.

Commencer la visite par la crypte dont l'entrée se trouve à gauche. Statue de Notre-Dame de Bermont devant laquelle Jeanne allait prier tous les samedis. En quittant la crypte, monter le bel escalier à double rampe. Des écussons rappellent les villes dans lesquelles Jeanne d'Arc est passée. À l'intérieur de la basilique, des fresques de Lionel Royer retracent la vie de la sainte. Les mosaïques du chœur et de la coupole évoquent l'envoi de Jeanne en mission et son entrée dans la gloire céleste.

Sortez par la porte latérale. Un chemin de croix conduit dans le Bois-Chenu.

Musée lorrain du Cheval

La Tour ronde, Gondrecourt-le-Château, 20 km au sud de Vaucouleurs par la D 960 et la D 966. ℰ 03 29 89 68 49 - juil.-août : tlj sf mar. 14h-18h ; juin et sept. : dim. 14h-18h - 2,50 € (12-18 ans 1,50 €), Journées du patrimoine gratuit .

Dans une tour du 15ᵉ s., vestige de l'ancienne ville forte (aujourd'hui la ville haute), ce musée est consacré à la « civilisation du cheval ». Il montre comment la plus noble conquête de l'homme a été progressivement mise au service des transports et de l'industrie au fil des siècles. Importante collection de harnais, de colliers, de selles et d'outils liés à la collaboration du cheval et de l'homme.

☺ VAUCOULEURS PRATIQUE

AGENDA

Fête de l'arbre de mai – ☏ 03 29 06 90 70/95 86 - www.vosges.fr - Semaine qui suit la fête de Jeanne d'Arc : fête de l'arbre de mai, fête populaire du printemps et de l'enfance. Ateliers de musique, de chant et de pratiques vocales, de décors et de costumes qui s'achèvent le samedi suivant par un cortège chantant et dansant.

Metz et Lorraine industrielle 2

Carte Michelin Départements 307 – Moselle (57)

Avenue Foch à Metz.
Christian Legay / Mairie de Metz

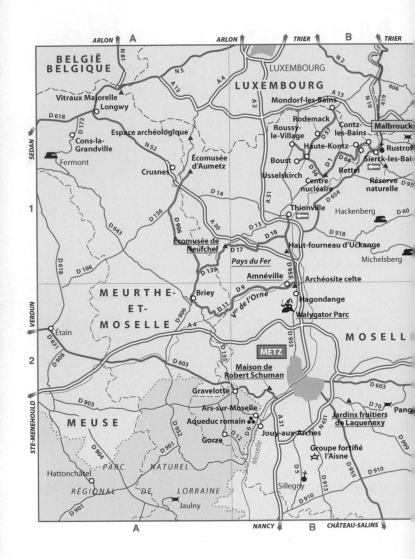

ARLON · A · ARLON · TRIER · B · TRIER

BELGIË
BELGIQUE

LUXEMBOURG

LUXEMBOURG

N 81

N 5

A 13

A 4

A 3

N 2

406

N 10

419

Vitraux Majorelle
Longwy

Mondorf-les-Bains

Rodemack

D 618

D 172

Espace archéologique

Roussy-
le-Village

Contz-
les-Bains

Malbrouck

SEDAN

Cons-la-
Grandville

N 52

Haute-Kontz

D 1

Rustrof

Fermont

Écomusée
d'Aumetz

Boust

D 57

Sierck-les-Bai

D 64

Crusnes

Usselskirch

D 56

Rettel

Réserve
naturelle

D 95

Centre
nucléaire

D 654

D 14

A 31

Thionville

Hackenberg

D 60

**MEURTHE-
ET-
MOSELLE**

D 156

D 906

A 30

D 13

D 18

D 918

D 643

Écomusée de
Neufchef

D 17

Haut-fourneau d'Uckange

Michelsberg

Pays du Fer

D 106

D 139

Amnéville

D 953

Archéosite celte

D 618

Briey

D 9

Vée de l'Orne

Hagondange

D 906

D 11

Walygator Parc

A 4

MOSELL

VERDUN

Étain

D 631

D 908

D 135

D 603

METZ

D 953

Maison de
Robert Schuman

D 603

STE-MENEHOULD

D 903

Gravelotte

D 70

Pang

MEUSE

D 952

Ars-sur-Moselle

Aqueduc romain

A 31

D 431

Jardins fruitiers
de Laquenexy

D 999

Gorze

D 12

D 6

Jouy-aux-Arches

Moselle

Groupe fortifié
l'Aisne

D 901

D 904

PARC

NATUREL

D 5

D 955

D 910

Hattonchâtel

RÉGIONAL

DE

LORRAINE

Sillegny

D 913

D 910

D 901

Jaulny

A · NANCY · B · CHÂTEAU-SALINS

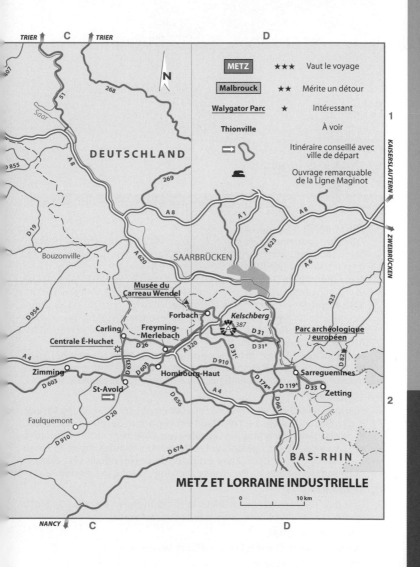

TRIER · C · TRIER · D

N

METZ ★★★ Vaut le voyage

Malbrouck ★★ Mérite un détour

Walygator Parc ★ Intéressant

Thionville À voir

Itinéraire conseillé avec ville de départ

Ouvrage remarquable de la Ligne Maginot

KAISERSLAUTERN

ZWEIBRÜCKEN

DEUTSCHLAND

Saar

268

269

A 8

A 1

A 8

A 623

A 6

D 19

Bouzonville

A 620

SAARBRÜCKEN

423

D 954

Musée du Carreau Wendel

Forbach

Kelschberg 387

Parc archéologique européen

Carling

Freyming-Merlebach

D 31

D 31ᴮ

D 822

Centrale É-Huchet

D 26

A 320

D 31ᶜ

Zimming

D 633

D 603

Hombourg-Haut

D 910

D 174ᴬ

D 119ᴬ

D 33

Sarreguemines

Zetting

D 603

St-Avold

D 656

A 4

D 661

Sarre

Faulquemont

D 20

D 910

D 674

BAS-RHIN

METZ ET LORRAINE INDUSTRIELLE

0 — 10 km

NANCY · C · D

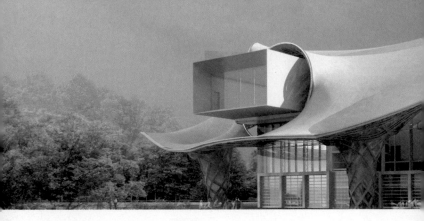

Metz

★★★

127 500 Messins – Moselle (57)

😊 **NOS ADRESSES PAGE 169**

 S'INFORMER

Office du tourisme de Metz – *2 pl. d'Armes - 57007 Metz - ℘ 03 87 55 53 76 - http://tourisme.mairie-metz.fr - avr.-sept. : 9h-19h, dim. et j. fériés 10h-17h ; reste de l'année : 10h-19h, dim. et j. fériés 10h-15h.*
Metz Métropole Découverte – *Pl. du Gén.-de-Gaulle - 57007 Metz - Lun.-sam., mat. et apr.-midi.*
Visites guidées – Metz, qui porte le label Ville d'art, propose des visites-découverte animées par des guides-conférenciers - *tlj sf dim. et j. fériés 15h et 16h - 5 € (1h), 7 € (2h) - renseignements à l'office de tourisme ou sur http://tourisme.mairie-metz.fr.*
Handivisites – L'office de tourisme propose des visites conçues pour permettre aux personnes ayant un handicap de quelque nature qu'il soit, de découvrir la ville, ses monuments, ses musées. Prêt de fauteuils roulants.

SE REPÉRER

Plan de région B2 (p. 154) – carte Michelin Départements 307 I4. Situé à 1h30 de Paris grâce au TGV, Metz est un nœud très important de routes, autoroutes, et de navigation sur la Moselle, canalisée vers l'Allemagne, dont la frontière est à moins de 50 km. L'aéroport Metz-Nancy-Lorraine est situé à 25 km au sud de la ville. Metz est organisé autour de deux axes romains est-ouest et nord-sud qui font de la ville un lieu d'échange depuis des siècles.

SE GARER

Une dizaine de parkings facilitent le stationnement au cœur de Metz. Nombreuses rues piétonnes dans le centre historique.

À NE PAS MANQUER

La cathédrale St-Étienne, la Cour d'Or et ses musées.

ORGANISER SON TEMPS

Réservez vos nuits à Metz pour admirer le patrimoine mis en lumière. Et pourquoi pas un concert à l'Arsenal ?

AVEC LES ENFANTS

Le petit train de Metz et celui de la vallée de la Canner.

Centre Pompidou-Metz.
Christian Legay / Mairie de Metz

Tout autant que Paris, Metz mérite le titre de « Ville Lumière ». À elles seules, les splendides verrières de sa cathédrale justifieraient cette appellation. Mais c'est l'ensemble de son patrimoine architectural que la ville a su mettre en valeur, grâce à de multiples éclairages nocturnes. Romaine, médiévale, classique, allemande, Metz est riche de ses 3 000 ans d'histoire. Prenez le temps de vous promener dans les ruelles du centre historique, de boire un verre place St-Jacques, de flâner sur les quais et de profiter de ses nombreux parcs et squares.

Découvrir

★★★ CATHÉDRALE ST-ÉTIENNE (A/B1)

Place d'Armes. ℘ 03 87 75 54 61 - possibilité de visite guidée (1h30) sur demande à l'Association de l'Œuvre de la cathédrale - 2 pl. de Chambre ou à l'intérieur de la cathédrale - été : 8h-19h ; hiver : 8h-18h.

Extérieur

La cathédrale St-Étienne s'impose par l'harmonie de ses élévations, même si la surélévation de sa toiture a été préjudiciable à l'envol des tours. Bâtie en pierre de Jaumont, elle a subi diverses influences lors de sa construction. Le portail nord de N.-D.-la-Ronde (2e travée du flanc sud) est orné de draperies sculptées d'inspiration champenoise et de petits bas-reliefs du 13e s. Des figures d'animaux fantastiques, des scènes de la vie du roi David, de sainte Marguerite et de saint Étienne l'animent. La surface des verrières est caractéristique du style gothique d'Île-de-France. Les tourelles qui encadrent le chevet sont d'inspiration rhénane.

Depuis la place d'Armes, bien dégagée, belle vue sur la façade latérale de la cathédrale. L'entrée de la cathédrale se fait par le **portail de la Vierge**, place d'Armes.

Tour de Mutte

Comme sa voisine, la tour du Chapitre, elle date du 13e s. C'est la fameuse cloche « dame Mutte » qui lui donna son nom : il vient du mot « ameuter », c'est-à-dire « convoquer ». Il n'est pas possible de monter à la tour, mais sachez que c'est le plus haut des points de vue sur la ville de Metz !

Intérieur

Ce qui frappe le plus est la hauteur de la nef (41,77 m) et la surface occupée par les vitraux (6 496 m^2). Cet élan est rendu plus saisissant encore par l'abaissement volontaire des collatéraux. C'est le plus haut vaisseau de France, après le chœur de Beauvais et la nef d'Amiens. Une frise garnie de draperies et de feuillages, à l'imitation des décorations habituelles des jours de fête, court tout autour, sous les fenêtres hautes. Dans le bas-côté gauche, près du Grand Portail, se trouve l'imposante baignoire en porphyre provenant des thermes et qui servait de fonts baptismaux. Un petit orgue de chœur (**1**) Renaissance en nid d'hirondelle, conçu en 1537, est suspendu sur le côté droit de la nef, au point de rencontre avec le transept. Cet emplacement inhabituel lui confère des performances acoustiques remarquables. Dans le chœur, le trône épiscopal de saint Clément (**8**) a été taillé à même le fût en marbre d'une colonne romaine.

Faites le tour de la cathédrale en ne regardant que les vitraux.

 Verrières★★★ – Les verrières forment un ensemble somptueux qui a valu à la cathédrale le surnom de « lanterne de Dieu ». Œuvres de maîtres verriers illustres ou anonymes, elles sont de types très variés (13e s.-20e s.). La

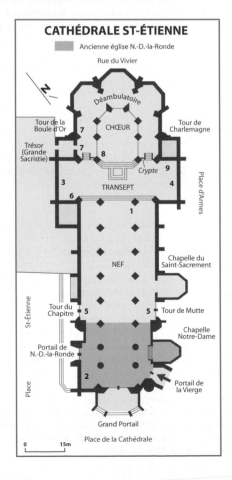

CATHÉDRALE ST-ÉTIENNE

Ancienne église N.-D.-la-Ronde

HISTOIRE D'UNE CONSTRUCTION

Un sanctuaire dédié à saint Étienne se trouvait au cœur de la ville ; au 10ᵉ s., l'évêque Thierry Iᵉʳ décide de le reconstruire et, en 1220, son successeur entreprend l'édification d'une cathédrale de style gothique. L'église N.-D.-la-Ronde qui se trouvait devant le terrain de la future cathédrale est englobée dans le projet : il y a donc deux églises en une. Au 18ᵉ s., les travaux du maréchal de Belle-Isle, gouverneur des Trois-Evêchés, ne sont pas sans conséquences pour la cathédrale : il fait démolir le cloître et les trois églises attenantes, reconstruire le Grand Portail et aménager la place d'Armes par Blondel. En 1877, un feu d'artifice tiré depuis le toit de la cathédrale provoque un incendie qui détruit la charpente de bois et la couverture en ardoise. La toiture est remplacée cinq ans plus tard par une construction métallique plus haute que l'ancienne. À la même époque, les Allemands détruisent le Grand Portail du 18ᵉ s., reconstruit par la suite dans un style néogothique par Tornow.

façade est percée d'une magnifique rosace du 14ᵉ s., œuvre de **Hermann de Munster**, amputée de sa partie inférieure par la construction du Grand Portail en 1766, réalisé en souvenir de la guérison de Louis XV. À l'entrée dans le bas-côté gauche, vitrail du 13ᵉ s. (**2**) et quelques travées plus loin, œuvres modernes de Pierre Gaudin, Jacques Villon, Roger Bissière (**5**). Dans le transept (**6**), un vitrail de **Marc Chagall** représente le Paradis terrestre et le péché originel. En face, le vitrail présentant des bouquets floraux et des animaux fantastiques est le plus récent (1970). À côté, dans la partie la plus ajourée du bâtiment qui fut reconstruite vers 1600, la verrière de gauche de **Théobald de Lyxheim** est ornée de trois roses (**3**). Dans le déambulatoire, deux vitraux de Marc Chagall (**7**) : sur le premier, on reconnaît le Sacrifice d'Abraham, la Lutte de Jacob avec l'ange, le Songe de Jacob, Moïse devant le buisson ardent ; sur le second figurent Moïse recevant les Tables de la Loi, David jouant de la harpe et le prophète Jérémie. Le transept droit abrite les vitraux les plus anciens de la cathédrale (13ᵉ s. – **9**), qui représentent des scènes de la vie de saint Paul. À ses côtés, vitraux dus au Strasbourgeois **Valentin Bousch** (**4**), qui a également réalisé ceux du chœur. Dans la chapelle du Saint-Sacrement, les vitraux de Jacques Villon exécutés en 1957 représentent au centre la crucifixion, à gauche la Cène et à droite les noces de Cana.

Crypte – ✆ 03 87 75 54 61 - www.cathedrale-metz.fr - été : 8h-19h ; hiver : 8h-18h - fermé janv. Du 15ᵉ s., elle présente des éléments de la crypte romane du 10ᵉ s. On y trouve le tympan mutilé du portail de la Vierge du 13ᵉ s., des objets de fouilles et de culte soustraits au trésor ou encore une mise au tombeau du 16ᵉ s. provenant de Xivry-Circourt (environ 50 km au nord-ouest de Metz). Pour comprendre l'agencement de la cathédrale avant les travaux du maréchal de Belle-Isle, observez la maquette qui représente le quartier de la cathédrale en 1754. Avant de partir, jetez un coup d'œil au fameux « Graoully » suspendu au plafond.

Trésor – *Mêmes conditions de visite que la crypte.* Il renferme l'anneau épiscopal en or de saint Arnoult, un reliquaire en émail limousin du 12ᵉ s., des objets cultuels, etc. Le « Gueulard », tête en bois sculptée du 15ᵉ s., provient des grandes orgues et ouvrait la bouche quand elles jouaient la note la plus grave.

LE GRAOULLY

Saint Clément, le premier évêque de Metz (280), est resté célèbre grâce à une légende messine. On raconte que le Graoully, un animal mi-dragon mi-serpent, dévastait la ville. Clément libéra la cité en passant son étole autour du cou de la bête, puis en la noyant dans la Seille. Reconnaissante, la ville entra dans la foi chrétienne. Au Moyen Âge, une procession menée par une réplique du dragon fêtait cette victoire. Rabelais évoque non sans ironie cette fête de « la ridicule statue appelée Manduce » dans son *Quart Livre*. Le Graoully apparaît dans divers tableaux des musées de la Cour d'Or et dans la cathédrale (statue au portail de la Vierge, effigie dans la crypte).

★★ MUSÉES DE LA COUR D'OR (B1)

Visite : 2h environ - 2 r. du Haut-Poirier - ℘ 03 87 68 25 00 - tlj sf mar. 9h-17h, w.-end et j. fériés 10h-17h - fermé 1er janv., Vend. Saint, 1er et 8 Mai, Ascension, 14 Juil., 15 août, 1er et 11 Nov., 25 déc. - 4,50 € (-18 ans gratuit), gratuit 1er dim. du mois.

Le musée occupe les bâtiments de l'ancien couvent (17e s.) des Petits Carmes, le grenier de Chèvremont (15e s.) et plusieurs salles qui relient ou prolongent cet ensemble monumental. Dans les sous-sols sont conservés, *in situ*, des vestiges de thermes antiques gallo-romains. Agrandi en 1980, le musée a fait l'objet d'une muséographie labyrinthique, notamment pour la période qui couvre l'Antiquité et le haut Moyen Âge.

★★★ Archéologie

Les objets témoignent de l'importance de la ville, gauloise par son origine, grand carrefour de routes gallo-romaines et foyer de renouveau culturel sous les Carolingiens. La vie sociale est évoquée par les vestiges des grands thermes du nord, ceux des remparts de la ville et du grand collecteur d'égout. La vie quotidienne à l'**époque gallo-romaine** est très bien racontée, de même que les techniques du fer, du bronze, de la céramique et du verre, et la navigation. Le grand **autel à Mithra**, en provenance de Sarrebourg, est l'un des mieux conservés de l'époque : Mithra égorge un taureau, dont le sang répandu sur le sol favorise la fécondité de la terre. L'époque mérovingienne, représentée par le chancel de St-Pierre-aux-Nonnains, une balustrade liturgique en pierre composée de 34 panneaux sculptés, occupe une place de choix dans le musée : tombes en silo, emblèmes chrétiens, bijoux, vaisselle et techniques du métal (damasquinure). L'époque carolingienne est illustrée par trois pièces majeures, parmi lesquelles l'un des plus beaux plats de reliure en ivoire de l'art européen médiéval, représentant une Crucifixion minutieusement travaillée.

Époque médiévale

Par leur présentation centrée sur une pièce majeure, les œuvres évoquent la vie quotidienne, l'art de bâtir et les arts décoratifs. De magnifiques plafonds peints à la détrempe au 13e s. provenant de l'hôtel dit « du Voué » (situé rue Poncelet) présentent des médaillons alternativement ronds et carrés au décor fantastique.

Grenier de Chèvremont★ – Daté de 1457, il servait à engranger le produit de la dîme prélevée sur les céréales. Parmi les sculptures lorraines : Pietà, Vierge couchée, statues de saint Roch et saint Blaise du 15e s.

Architecture

Vestiges de l'architecture civile et religieuse. On peut voir des façades reconstituées (« maison des Têtes » avec quatre bustes visibles rue en-Fournirue) et plusieurs maisons patriciennes ou populaires reconstruites autour de la cour des musées. Bel escalier du 17e s. autrefois à l'abbaye des Petits Carmes.

Beaux-arts

1er et 2e étage. Tableaux des écoles française (surtout 19e s. avec Corot, Delacroix, Moreau), flamande et italienne. L'**école de Metz** (1834-1870) est représentée par son chef de file, Laurent-Charles Maréchal, peintre, pastelliste et maître verrier, et Auguste Migette. Au 2e étage, la galerie d'art moderne rassemble des œuvres de Bazaine, Alechinsky, Dufy, Debré, Dubuffet.

Se promener

LA VILLE ANCIENNE

◔ *Circuit* 1 *tracé en vert sur le plan de la ville p. 162. Ce circuit part de la place d'Armes. Comptez 1h.*

Place d'Armes (A/B1)

Elle est constituée de trois côtés principaux : l'hôtel de ville avec une sobre façade Louis XV, l'ancien corps de garde qui abrite l'office de tourisme dont le fronton est orné de trophées et l'ancien parlement transformé en maison d'habitation. Au centre se dresse la statue du maréchal Fabert (1599-1662), fils d'un riche bourgeois messin. Enfin, vous pouvez voir dans la crypte de la cathédrale *(Voir « Découvrir »)* une maquette de la place avant les destructions opérées en 1754.

UNE MÉTROPOLE CONVOITÉE

Située au croisement des voies reliant Trèves à Lyon et Strasbourg à Soissons, l'ancienne Divodurum romaine était une ville prospère comptant 40 000 habitants au 2e s. Après avoir été pillée au 5e s. par les Huns, la cité devint la brillante résidence des rois d'Austrasie. Le palais médiéval a disparu mais il était probablement fastueux. Charlemagne lui-même s'y plaisait et choisit l'abbaye St-Arnoult (à l'emplacement de l'actuel Cercle des officiers) pour recevoir la dépouille de sa femme Hildegarde et de ses enfants morts en bas âge. Signe de l'importance de Metz comme centre culturel de l'époque, c'est dans le dialecte messin que fut rédigé en 842 le serment de Strasbourg, considéré comme le plus ancien texte français. À la fin du 9e s., Metz est absorbée par le Saint-Empire germanique. Au 12e s., Metz parvient à se constituer en ville libre, avec à sa tête un maître échevin appelé Sire. Il est choisi parmi les Paraiges, association des familles patriciennes si puissantes et si riches qu'elles prêtent couramment de grosses sommes aux puissants de son temps. Le siège de 1552 qu'impose Charles Quint à la ville met fin à ses franchises. La monarchie française s'affirme à Metz aux 17e et 18e s. La construction des places de la Comédie et d'Armes embellit la ville. Mais le 27 octobre 1870, le général Bazaine livre la ville à l'assaillant et Metz est annexée par l'Empire allemand. Une ceinture de forts en fait l'une des plus puissantes forteresses du monde et le quartier de la gare affirme la puissance impériale. La ville ne redeviendra française qu'en 1918.

Prenez la rue en-Fournirue qui longe le côté droit de l'hôtel de ville, puis tournez à gauche dans la rue Taison.

Levez les yeux vers le Graoully suspendu dans les airs. Continuez tout droit pour atteindre la place Ste-Croix, point culminant de la ville (189 m). Remarquez l'**hôtel de la Bulette** de style gothique, qui a conservé ses créneaux, deux échauguettes et ses fenêtres d'époque.

Prenez la rue de l'Abbé- Risse à votre droite.

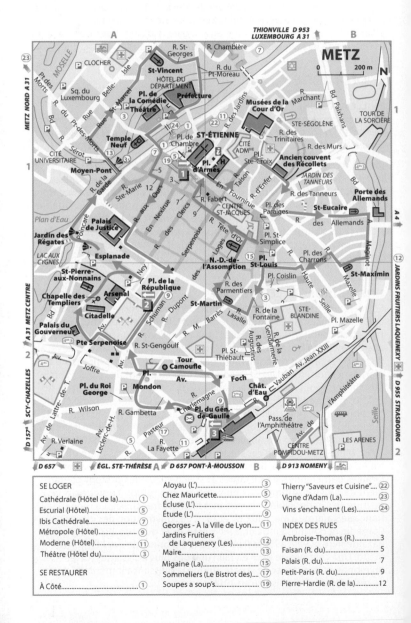

Ancien couvent des Récollets (B1)

Il abrite aujourd'hui le Centre européen d'écologie, dirigé par le Messin Jean-Marie Pelt, et les archives municipales. Son cloître du 15ᵉ s. a été restauré.
Descendez les marches et traversez le jardin des Tanneurs.
Le **jardin des Tanneurs** est constitué de balcons successifs desquels vous aurez une belle vue sur la ville.
Prenez à droite la rue des Tanneurs et, après la place des Paraiges, la rue des Allemands.

Église St-Eucaire (B1)

Son beau clocher carré date du 12ᵉ s., et sa façade du 13ᵉ s. La petite nef du 14ᵉ s., assise sur d'énormes piliers, paraît disproportionnée. Chapelles dans les bas-côtés voûtées d'ogives (15ᵉ s.) retombant sur des culs-de-lampe. Les ruptures de symétrie donnent à l'ensemble un aspect original.
Continuez dans la rue des Allemands.

★ Porte des Allemands (B1)

Vestige de l'ancienne enceinte dont la silhouette massive enjambe la Seille. Son nom vient d'un ordre Teutonique de frères hospitaliers établi dans le voisinage au 13ᵉ s. Côté ville : deux tours arrondies coiffées d'un toit d'ardoise en poivrière de cette époque ; côté campagne : deux grosses tours crénelées du milieu du 15ᵉ s. Une galerie réunit l'ensemble qui fut remanié au 19ᵉ s.
Prenez à droite l'avenue Maginot puis de nouveau à droite la rue de la Baue et passez sous les arcs-boutants de la nef de St-Maximin.

★ Église St-Maximin (B2)

Des vitraux de **Jean Cocteau** ornent le beau chœur à pans ; ceux de la nef, de tonalité bleue, sont dus à un de ses disciples. La chapelle des Gournay (maîtres échevins de Metz) des 14ᵉ et 15ᵉ s. communique avec le bras droit du transept par deux arcs en anse de panier.
En sortant de St-Maximin, prenez à droite la rue Mazelle et tournez à gauche. Traversez les trois places en enfilade (places des Charrons, du Pont-à-Seille et du Quarteau). Tournez à gauche rue de la Fontaine et, enfin, à droite rue Lasalle.

Église St-Martin-aux-Champs (B2)

Son soubassement est constitué par le mur gallo-romain, visible des deux côtés de l'entrée. Toute la beauté de cet édifice est dans l'originalité de son **narthex★** très bas. Quatre piliers romans soutiennent la voûte d'ogives et renforcent l'effet d'élancement de la nef. Nombreuses œuvres d'art : vitraux des 15ᵉ, 16ᵉ et 19ᵉ s., beau groupe sculpté de la Nativité dans le transept gauche. L'orgue (1773), de facture flamande, est de Nollet, son buffet est de style Louis XV.
Prenez à droite la rue des Parmentiers, qui se prolonge dans la rue de la Chèvre.

Église N.-D.-de-l'Assomption (B1)

Cette église édifiée par les jésuites en 1665 prit la place d'un ancien temple protestant. En ces lieux, Louis XV, tombé gravement malade à Metz en 1744, reçut après sa guérison le surnom de « Bien-Aimé ». Il avait fait vœu pendant sa maladie de construire une église dédiée à sainte Geneviève s'il guérissait : c'est la raison d'être du Panthéon à Paris. Cent ans plus tard, en 1844, N.-D. de l'Assomption vit le baptême de Paul Verlaine. L'intérieur, décoré au 19ᵉ s., est richement lambrissé ; les confessionnaux de style rococo viennent de Trèves, ainsi que l'orgue baroque construit par Jean Nollet.
Au bout de la rue de la Chèvre, la place St-Louis est sur votre droite.

★ Place St-Louis (B1/2)

Cette très belle place au plan irrégulier est bordée sur un côté de maisons à contreforts et arcades des 14e, 15e et 16e s. Leur alignement suit l'ancien rempart qui leur sert de fondations. Au Moyen Âge, une soixantaine de changeurs y avaient leur boutique. Ce quartier animé accueillait aussi les foires et des représentations théâtrales (mystères). Remarquez au coin de la rue de la Tête-d'Or les trois petites têtes romaines dorées.

Empruntez la rue de la Tête-d'Or et prenez sur votre droite la rue Fabert pour revenir à la place d'Armes ou à la place de la Cathédrale.

Place de la Cathédrale

Les belles maisons qui encadrent la place offrent des façades ornées de bas-reliefs symbolisant l'astronomie, la musique ou la peinture. La ville de Metz a réhabilité le marché couvert et a construit une nouvelle aile au bâtiment (*voir le carnet d'adresses, rubrique « Achats »*).

LES ÎLES ET L'ESPLANADE (A1/A2)

◗ *Circuit* ② *tracé en vert sur le plan de la ville p. 162. Ce circuit commence place de la République. Comptez 1h30.*

Place de la République

Cette place a longtemps été le lieu des parades militaires ; en son centre trône la statue du général Ney. C'est aujourd'hui la porte d'entrée dans le cœur historique de Metz (vous apercevez le clocher de la cathédrale).

Traversez l'Esplanade (qui a été réaménagée par la ville en 2007) et, depuis la terrasse, admirez la vue sur le mont St-Quentin, sur le fort et sur un des bras de la Moselle.

Descendez les marches et traversez le boulevard Poincaré pour gagner le jardin des Régates.

Jardin des Régates

Le jardin des Régates est situé au pied des anciens remparts de la citadelle. Des spectacles sont donnés sur le lac aux Cygnes (*voir le carnet d'adresses, rubrique « Agenda »*). Les véritables cygnes se trouvent quant à eux sur la Moselle, où vous pourrez d'ailleurs faire un tour de barque ou de pédalo (*voir le carnet d'adresses, rubrique « Activités »*).

Longez la Moselle et passez sous le Moyen-Pont. Au bout du quai, un escalier vous permet de traverser le pont.

Moyen-Pont (A1)

La vue★ est pleine de charme sur la rivière, les îles, le Temple Neuf et les deux petits ponts qui se reflètent dans l'eau. Le Moyen-Pont était autrefois fortifié comme en témoigne l'ouverture ménagée sous la première arche pour faire descendre les grilles.

Après avoir traversé le pont, continuez tout droit dans la rue du Pont-des-Morts, puis tournez à droite dans la rue St-Marcel.

Église St-Vincent (A1)

Son chœur gothique, flanqué de deux élégants clochers, contraste avec sa façade reconstruite au 18e s., qui imite celle de l'église St-Gervais de Paris.

De la place St-Vincent, prenez à droite la rue Goussaud, qui se prolonge dans la rue St-Georges. Tournez à droite dans la rue du Pont-Moreau (vous traversez la Moselle).

Place de la Comédie
Cette élégante place classique est construite autour de l'opéra-théâtre du 18ᵉ s., le plus ancien théâtre français en activité. Il est encadré d'autres bâtiments historiques : le pavillon de la Douane et le pavillon St-Marcel, destiné aux officiers. Il fait face à l'ancien hôtel de l'Intendant du roi, reconstruit après un incendie en 1803, et aujourd'hui affecté aux services de la **préfecture** (A1).

Temple Neuf
Temple protestant de style néo-roman en grès gris construit au début du 20ᵉ s. Son architecture s'inspire fortement de la cathédrale de Spire.
Traversez de nouveau la Moselle par le pont des Roches. Vous arrivez place de la Chambre, prenez à droite la rue du Faisan puis à gauche la rue Hardie. Tournez à droite dans la rue aux Ours, qui se prolonge dans la rue Haute-Pierre.
À l'angle de la rue Haute-Pierre et de la rue Poncelet se trouve la **maison natale de Paul Verlaine**, dont la porte est surmontée d'un tympan Louis XV.

Palais de justice (A1)
Bâti sous Louis XVI pour servir de palais au gouverneur militaire, c'est le bâtiment le plus imposant de l'Esplanade. La Révolution en a changé la destination, mais la décoration en garde le souvenir (bas-reliefs allégoriques, à la « gloire du duc de Guise en 1552 » et « à la Paix entre la France, l'Angleterre, les États-Unis et la Hollande en 1783 »).
Longez la place de la République par la rue W.-Churchill et prenez sur votre droite la rue R.-Schumann. Tournez à droite vers la rue du Gén.-Gaston Dupuis et faites le tour du square du Gén.-Giraud qui est face à vous.

Palais du Gouverneur
À l'emplacement de l'ancienne citadelle française de 1552 se trouve un palais, construit au début du 20ᵉ s. dans un style néorenaissance. Il accueille encore le commandant de la région militaire nord/ouest.

Citadelle
Ce bâtiment construit en pierre de Jaumont date de 1559. Aujourd'hui hôtel de luxe, il faisait à l'époque partie de la citadelle militaire de Metz.

★ Église St-Pierre-aux-Nonnains (A2)
Sur l'Esplanade - ℰ 03 87 55 53 76 - www.mairie-metz.fr - ♿ - juin-sept. : tlj sf lun. 13h-18h, dim. 14h-18h ; oct.-juin : sam. 13h-18h, dim. 14h-18h - fermé j. fériés.
St-Pierre-aux-Nonnains serait la plus ancienne église de France. Des travaux lui ont rendu ses volumes d'origine. C'est sous le règne de Constantin, vers 390, que les Médiomatriques ont bâti à cet emplacement une basilique civile qui a été endommagée plus tard lors du pillage des Huns. Mais les murs, construits d'un solide appareil de petits moellons renforcé de chaînages en brique rouge, ont pu être remployés dans la chapelle reconstruite vers 615. Des moniales s'y installèrent. C'est de cette période que date le splendide **chancel** à panneaux sculptés conservé aux musées de la Cour d'Or. Vers 990, l'abbaye qui suivait désormais la règle bénédictine a été réorganisée, et la vaste chapelle partagée en trois nefs par des arcades en plein cintre. Au 15ᵉ s., les nefs ont été voûtées d'ogives et un cloître élégant ajouté.

Chapelle des Templiers (A2)
ℰ 03 87 39 92 00 - www.arsenal.mairie-metz.fr/arsenal - ♿ - juil.-sept. : tlj sf lun. apr.-midi - fermé 14 Juil. et 15 août - gratuit.
Ordre très présent sur les routes de pèlerinage, les Templiers élevèrent cette chapelle près de St-Pierre-aux-Nonnains au début du 13ᵉ s., à la transition

entre le roman et le gothique. Son plan octogonal est unique en Lorraine. Chaque pan de mur est percé d'une petite fenêtre en plein cintre, la huitième face étant ouverte sur un chœur carré que prolonge une abside. Peintures modernes, hormis dans une niche à droite (14e s.).

L'Arsenal (A2)

℘ 03 87 39 92 00 - www.mairie-metz.fr - &. - tlj 12h-0h - gratuit.
Création de l'architecte **Ricardo Bofill**, ce centre ultramoderne dédié à la musique et aux arts *(voir le carnet d'adresses, rubrique « En soirée »)* est en pierre de Jaumont, comme la cathédrale. « Cette maison a une acoustique fantastique, des proportions idéales pour la musique et une atmosphère que je trouve exceptionnelle », remarqua le violoncelliste Rostropovitch lors du concert d'inauguration en 1989. À l'intérieur, une grande salle de concerts, une petite salle de 350 places, une galerie d'exposition, une vaste boutique et deux grands salons de réception. Les façades de l'arsenal du 19e s. ont été préservées, mais une aile a été abattue afin de créer une continuité avec la chapelle des Templiers et St-Pierre-aux-Nonnains, qui sont maintenant le cadre privilégié d'expositions et de concerts de musique ancienne.
Descendez les grandes marches pour rejoindre la place de la République.

LE QUARTIER IMPÉRIAL

◗ *Circuit* 3 *tracé en vert sur le plan de la ville p. 162. Ce circuit commence à la gare, place du Gén.-de-Gaulle ; comptez 30mn.*
Après 1870, l'empereur Guillaume II voulut faire de Metz une ville prestigieuse et allemande. Là où se trouvait jadis un grand amphithéâtre antique de 25 000 places, l'architecte berlinois **Kröger** conçut d'aménager tout un quartier néoroman dont les bâtiments seraient faits de grès rose ou gris, de granit ou même de basalte, pour rompre avec la traditionnelle pierre jaune de Jaumont qui prédomine dans la ville. Le résultat montre un véritable catalogue de styles : gothique, roman, renaissance ou art nouveau. L'atmosphère générale est homogène et, curieusement, la rupture n'est pas trop franche avec les vieux quartiers.

★ Gare de Metz (B2)

Place du Gén.-de-Gaulle. Construite en 1908 dans la perspective d'un nouveau conflit franco-allemand, cette gare vint remplacer l'ancienne gare de 1878 (place St-Georges) pour permettre le transfert de plus de 20 000 hommes en 24h. Très fonctionnel, l'imposant bâtiment de 300 m de long est aussi richement décoré de chapiteaux et bas-reliefs. Des vitraux l'éclairent abondamment. Son architecture est riche de symboles : tandis que le hall des départs représente une église, avec son clocher, le hall des arrivées figure un palais médiéval, unissant ainsi les pouvoirs temporel et spirituel à la manière du Saint-Empire romain germanique.
La tour qui se dresse à gauche de la gare est le **château d'eau**. Avec une contenance de 300 m³, il servait à alimenter les locomotives à vapeur.
Empruntez la rue Gambetta.

Poste

En grès rose et de style néoroman, elle est l'œuvre de Kröger, l'architecte de la gare. Ce bâtiment construit entre 1908 et 1911 est caractéristique de la germanisation de Metz.
Prenez la rue Perrat sur votre gauche pour rejoindre la place du Roi-George.

Place du Roi-George (A2)
La première gare de Metz, de style classique, a été construite au 19ᵉ s. sur cette place, qui était à l'époque à l'extérieur de la ville. Cette gare a été utilisée jusqu'à la construction de la nouvelle quelques années plus tard, en 1908.
Rejoignez la place Mondon par la rue Maret.

Place Mondon (A2)
L'ancienne place Impériale fut imaginée pour servir la glorification de l'Allemagne. Remarquez en particulier les deux bâtiments en grès rose : la chambre de commerce de style Louis XVI, et le restaurant Flo, de style Renaissance.
Prenez la rue Harelle.

Porte Serpenoise (A2)
La porte Serpenoise s'élève dans le prolongement de la rue Serpenoise et de l'avenue Robert-Schuman, ancienne via *Scarponensis*. Elle indiquait, du 3ᵉ s. jusqu'à la destruction des remparts fin 19ᵉ s., la limite sud de la ville. Elle symbolise pour les Messins leur résistance héroïque aux envahisseurs de toutes les époques.
Vous pouvez d'ici rejoindre le circuit ②. Sinon, revenez sur vos pas et gagnez l'avenue Foch.

Avenue Foch (A/B2)
Ce beau et large boulevard est établi sur l'emplacement des anciennes fortifications, dont il ne subsiste que la **tour Camoufle** (15ᵉ s.). L'avenue Foch fait transition entre la vieille ville et la ville moderne. Symbole du luxe et du modernisme, elle étonne par la variété architecturale de ses constructions : les villas urbaines de style Renaissance, baroque ou Jugendstil font face à des immeubles de rapport.
Regagnez la gare par la rue François-de-Curel puis prendre la rue Vauban et traversez les voies de chemin de fer par le passage de l'Amphithéâtre.

Quartier de l'Amphithéâtre (B2)
Ce n'est aujourd'hui qu'un vaste chantier à l'emplacement d'une ancienne gare de marchandises. Mais ce projet urbanistique de grande ampleur vise à la création de l'un des quartiers les plus avant-gardistes de Metz. Il ne présentera son visage définitif que dans quelques années.
Cependant, dès l'automne 2010, on pourra découvrir le nouveau **Centre Pompidou-Metz**, nouvel espace dédié à l'art moderne et contemporain et première grande expérience de décentralisation culturelle en France. Conçue par le Japonais Shigeru Ban et le Français Jean de Gastines, sa structure défie les lois classiques de l'architecture, avec son étonnante charpente en bois aux courbes organiques. Elle accueillera des expositions temporaires et différents événements tout au long de l'année.
Au sud du quartier, le **Centre d'art contemporain Crid'Art** fait lui aussi la part belle à l'art sous toutes ses formes. Pour éveiller le goût de l'art contemporain chez le grand public, il abrite des expositions temporaires (3 à 8 semaines) qui regroupent les œuvres de peintres, de sculpteurs, de photographes, de potiers célèbres ou méconnus autour de thèmes sans cesse renouvelés. *59 r. Lothaire - ☎ 03 87 20 08 63 - www.cridart.com - ♿ - mar.-sam. 13h30-19h - gratuit.*
Revenez sur vos pas en direction de la gare.

À VOIR AUSSI

Église Ste-Thérèse-de-l'Enfant-Jésus

Accès par la rue Leclerc-de-Hauteclocque.

Ouverte en 1954, cette grande église, flanquée d'un mât de 70 m appelé le « bâton du pèlerin », est remarquable par l'élan majestueux de sa nef. Son imposant portique est en béton armé. Beaux vitraux de Nicolas Untersteller.

À proximité

★ Maison de Robert Schuman

Scy-Chazelles, 4 km à l'ouest par la D 157ᴬ, puis à droite. ℰ 03 87 35 01 40 - www. centre-robert-schuman.org - possibilité de visite guidée (1h30) - avr.-oct. : tlj sf mar. 10h-18h - fermé Vend. saint - 5,50 € (-16 ans gratuit).

Dans le village de Scy-Chazelles, perché sur le flanc du mont St-Quentin, on visite la maison de Robert Schuman (1886-1963) située près de l'église fortifiée du 12ᵉ s. où ce dernier repose. En pénétrant dans la maison où le « père de l'Europe » passa les dernières années de sa vie, on est saisi par l'impression que les lieux sont encore habités. Une rénovation réalisée en 2004 a permis de restituer fidèlement son sobre cadre de vie. Depuis le printemps 2009, un nouvel espace muséographique aux lignes contemporaines de 150 m² retrace la carrière de l'homme politique à l'aide de documents, de vidéos et de présentations interactives. À côté du jardin et du potager reconstitués d'après des photos de l'époque, le **Jardin des Plantes de chez nous★** présente un ensemble de jardins originaux et quelques plantes rares propres à donner des idées aux amateurs de jardinage.

★ Jardins fruitiers de Laquenexy

14 km à l'est de Metz par la D 999 - 4 r. Bourger-et-Perrin - 57530 Laquenexy - ℰ 03 87 64 40 13 - www.jardinsfruitiersdelaquenexy.com - visite visites du verger-conservatoire tlj 10h-18h - jardins 2,50 € (-12 ans gratuit) ; château 5 € (enf. 3 €), visite des jardins compris.

Autrefois village viticole, Laquenexy s'est reconverti dans la culture des arbres fruitiers à partir des années 1970. Le Centre départemental d'expérimentation fruitières et un verger-conservatoire s'y sont implantés. Mission de ce verger, inventorier les différentes variétés de fruits et régénérer celles qui sont menacées de disparition par la course au rendement. Les particuliers peuvent ainsi réintroduire dans leurs vergers les variétés anciennes sauvées de l'extinction. Dans le cadre des « Jardins sans limites », les jardins fruitiers proposent de découvrir sur plus de 4 ha 18 espaces thématiques construits autour de la notion de goût : le labyrinthe des espèces fruitières, le potager d'un curieux, le jardin des fleurs à croquer, etc. Sans oublier le jardin interdit où sont conservées (mais mises hors de portée) des espèces à la fois indispensables et dangereuses !

Château de Pange

17 km à l'est par les D 999, D 70 et D 6. ℰ 03 87 64 04 41 - www.chateaudepange.fr - visite guidée - Château : juil.-août : tlj sf lun. 14h45, 15h45 et 16h45 ; juin et sept. : w.-end et j. fériés 14h45, 15h45 et 16h45 - Jardins : mai-oct. : tlj sf lun. 10h-12h, 14h-18h - jardins 3,50 € (-12ans gratuit) ; jardins et château 6 € (7-25 ans 4,50 €).

Cette demeure à la sobre façade classique bâtie de 1720 à 1756 renferme une salle à manger Louis XV aux boiseries vertes, avec un poêle lorrain d'un modèle primitif. Situé aux confins du duché de Lorraine, en regard de la république messine, le château a succédé à une ancienne forteresse.

Le **jardin de l'Éveil**, signé Louis Benech, est un jardin contemporain qui retrace les différentes époques du domaine (partie médiévale, partie classique).

Groupe fortifié L'Aisne

14 km au sud par la D 913. ℰ 03 87 52 76 91 - www.fort-de-verny.org - ♿ - visite guidée - 1ᵉʳ Mai-29 oct. : w.-end 14h-17h - fermé lun. de Pâques, 1ᵉʳ Mai - 8 € (-10 ans 4 €).

L'ancienne *Feste* (groupe fortifié) Wagner, bâtie par les Allemands de 1904 à 1910, faisait partie de la ceinture extérieure de défense de Metz. C'est une construction regroupant plusieurs ouvrages reliés entre eux par un réseau souterrain de voies de communication. Rebaptisé L'Aisne après 1918, le groupe comprend ainsi quatre blocs d'infanterie abritant jusqu'à trois niveaux de casernements souterrains, trois batteries d'artillerie équipées de tourelles pivotantes pour canons ou obusiers de gros calibre, et une quinzaine d'observatoires cuirassés. Contrairement à la *Feste* de Guentrange, elle ne fut pas incorporée à la ligne Maginot.

★ **Église de Sillegny** *(voir Pont-à-Mousson)*
16 km au sud de Metz.

★ ▲▲ **Walygator Parc** *(voir Amnéville)*
15 km au nord de Metz.

😊 NOS ADRESSES À METZ

TRANSPORTS

Espace-bus *Pl. de la République -*
ℰ 03 87 76 31 11 - le ticket Visi'Pass, valable une journée, permet de visiter Metz et ses 38 communes alentour, en vente à l'office de tourisme et à l'agence Espace Bus.

VISITES

Illuminations –Metz a reçu le grand prix national « Lumières dans la ville ». *Dépliant Metz By Night à l'office de tourisme - ℰ 03 87 55 53 76 - http://tourisme. mairie-metz.fr*
▲▲ **Petit train touristique** – *ℰ 03 87 55 53 76 - 45mn - dép. si plus de 10 pers. - de déb. avr. à déb. oct. : dép. 10h30, 11h30, 13h, 14h, 15h, 16h, 17h - 5,50 € (-12 ans 3,50 €).*
Audioguides – Disponibles à l'office de tourisme, ils proposent la découverte du quartier de la gare ou d'un itinéraire comprenant le tour de la ville et la cathédrale - *7 € - 1h30 de balade.*

TRAIN TOURISTIQUE

▲▲ **Vallée de la Canner** – *ℰ 03 87 77 97 50 - http://train-de-la-canner-57.over-blog.com - excursion en traction vapeur ou autorail : de déb. mai à déb. oct. : dim. et j. fériés Gare de Vigy 1ᵉʳ départ 14h15 ; Gare de Hambourg-Budange 1ᵉʳ départ 15h25 - Vapeur 10 € (-12 ans 7 €) ; Diesel 8 € (-12 ans 5 €) - trains spéciaux sur demande à l'adresse : traindelacanner57@orange.fr attractif.* De Vigy à Hombourg (12 km), un petit train touristique à locomotive à vapeur longe la vallée sauvage de la Canner, dans les vallons boisés du plateau lorrain.

HÉBERGEMENT

BUDGET MOYEN

Hôtel Moderne – *1 r. La Fayette - ℰ 03 87 66 57 33 - www.hotel-moderne-metz.com - 🅿 - 43 ch. 60/68 € - ☕ 8 €.* On sera heureux de trouver à proximité du centre-ville cet hôtel à prix correct offrant confort et bon goût sans ostentation. Les chambres sont pourvues d'un mobilier fonctionnel mais néanmoins agréable et celles qui donnent sur la rue sont insonorisées. Accueil souriant.

Ibis Cathédrale – *45 r. Chambrère - ℰ 03 87 31 01 73 - www.ibishotel. com -* ◻ *- 79 ch. 58/73 € -* ☕ *7 € - rest. 13,70/17 €.* L'hôtel, au bord d'un bras de la Moselle, jouxte les musées de la Cour d'Or : la situation est idéale pour une étape culturelle. Chambres et salle à manger entièrement refaites selon les normes de la chaîne.

Hôtel Métropole – *5 pl. du Gén.- de-Gaulle - ℰ 03 87 66 26 22 - www.hotelmetropole-metz.com - 72 ch. 50/60 € -* ☕ *7 €.* L'hôtel, installé dans un bel immeuble en pierres de taille, fait face à la gare impériale et à ses étonnants luminaires design. Toutes les chambres sont rénovées. Les chambres « budget » *(48 €)* sont un peu plus petites que les autres, mais dotées du même confort. Bon accueil.

POUR SE FAIRE PLAISIR

Hôtel du Théâtre – *3 r. du Pont St-Marcel - ℰ 03 87 31 10 10 - www. hoteldutheatre-metz.com -* ⧗ *-* ◻ *- 65 ch. 95/135 € -* ☕ *13 €.* Un emplacement de choix, en plein quartier historique, pour cet hôtel récent. Chambres pratiques, plus calmes côté Moselle. Beau mobilier lorrain dans le hall.

Hôtel Escurial – *18 r. Pasteur - ℰ 03 87 66 40 96 - www.escurial-hotel.com - fermé 29 déc.-1er janv. - 36 ch. 72/84 € -* ☕ *9 €.* Face à la gare, un établissement qui renaît après sa rénovation : intérieur chaleureux aux couleurs vives, chambres bien tenues et plus grandes dans la rotonde.

Hôtel de la Cathédrale – *25 pl. Chambre - ℰ 03 87 75 00 02 - www. hotelcathedrale-metz.fr - 30 ch. 70/110 € -* ☕ *11 €.* Cette maison du 17e s. a reçu de belles plumes dont Mme de Staël et Chateaubriand. Les chambres sont toutes élégantes, et celles de l'annexe, récentes, encore plus soignées.

RESTAURATION

PREMIER PRIX

Soupes a soup's – *Marché couvert, pl. de la cathédrale - ℰ 06 08 31 11 04 - patrick. grumberg@wanadoo.fr - fermé dim. et lun., 15 1er j. août -* ⧗ *-* ⊟ *- 2,80/7,70 €.* Installé dans le splendide marché couvert construit en 1785, le bar à soupes de M. Grumberg (autodidacte passionné) rencontre un franc succès. Vous y dégusterez de délicieuses soupes de légumes ou de fruits (en fonction des produits du marché), chaudes ou froides, des plats traditionnels régionaux, des tartines, des brochettes... Le tout cuisiné maison et devant vous. Service au comptoir ou plus tranquillement autour de quelques tables. Ambiance conviviale.

Chez Mauricette – *Marché couvert, pl. de la cathédrale - ℰ 03 87 36 37 69 - tlj sf dim. et lun. 7h-18h - fermé j. fériés, Vend. saint et 26 déc. -* ⊟*.* Mauricette propose des produits lorrains traditionnels de qualité : assiettes de fromages, de charcuteries *(4 €)*, mixtes *(7 €)*. Pour déjeuner sur le pouce en profitant de l'ambiance du marché.

La Migaine – *1-3 pl. St-Louis - ℰ 03 87 75 56 67 - fermé 1er-15 août et dim. -* ⧗ *- 8,50/15 €.* Ici, vous pourrez combler les petits creux tout au long de la journée : ce salon de thé situé sur une jolie petite place à arcades sert du matin à la fin de l'après-midi… Au menu : copieux petits-déjeuners et jus de fruits frais, tartes salées accompagnées de légumes et salade verte, pâtisseries et thés. Changement de carte tous les mois. Terrasse en été.

Les Vins s'enchaînent – *8 r. des Piques -* 📞 *03 87 36 19 01 -* 🅿 *- 8/13 €.* Au pied du centre-ville, dans une petite rue piétonne du 18ᵉ s. ce bar à vins au décor contemporain a de nombreux adeptes. Le patron, sommelier averti, vous propose plus de 30 crus servis au verre. Pour les accompagner : planches de charcuteries, fromages, tourtes, plats cuisinés traditionnels et en spécialité la fameuse terrine maison.

Le Bistrot des Sommeliers – *10 r. Pasteur -* 📞 *03 87 63 40 20 - lebistrotdessommeliers@wanadoo. fr - fermé 23 déc.-4 janv., sam. midi, dim. et j. fériés - formule déj. 16 €.* La façade de ce bistrot proche de la gare célèbre la dive bouteille. Belle sélection de vins au verre et suggestions du marché à l'ardoise.

BUDGET MOYEN

L'Étude – *11 av. Robert-Schuman-pl. de la République -* 📞 *03 87 36 35 32 - www.l-etude.com- fermé dim. - 23/30 € - dîner-spectacle certains vend. et sam.* Jolie salle à manger en bois aménagée d'une bibliothèque débordant de livres en tout genre, ambiance feutrée, accueil attentionné. *L'Étude* propose une bonne cuisine de type brasserie à base de produits frais. Soirées à thème en fin de semaine.

Georges - À la Ville de Lyon – *7 r. des Piques -* 📞 *03 87 36 07 01 - www.georges-ville-de-lyon.com - fermé dim. soir et lun. - menus 20 €, 25 €bc/65 €.* Restaurant traditionnel aménagé dans les dépendances de la cathédrale (la chapelle du 14ᵉ s. abrite l'une des salles) et dans un ex-relais de diligences. Cadre cossu ou rustique.

L'Aloyau – *3 r. de la Fontaine -* 📞 *03 87 37 33 72 - fermé, dim. soir et lun., de mi-juil.à déb. août - ♿ - 16/33 €.* Petit-fils et fils de boucher, Jacques Heitzmann a lui-même travaillé dans une boucherie pendant 15 ans avant d'ouvrir ce restaurant bien sûr réputé pour ses viandes extra. Le bœuf, l'agneau et le cochon de lait, labellisés, s'accompagnent de succulentes sauces. Le chef cuisine également quelques produits de la mer.

Thierry « Saveurs et Cuisine » – *5 r. des Piques, « Maison de la Fleure de Ly » -* 📞 *03 87 74 01 23 - www. restaurant-thierry.fr - fermé 21 juil.- 10 août, 27 oct.-2 nov., 9-22 fév., merc. et dim. - formule déj. 17 € - 22/34 €.* Cuisine inventive volontiers rehaussée d'herbes et d'épices, joli cadre mêlant la brique et le bois, terrasse d'été : trois atouts assurant le succès de ce bistrot chic.

Les Jardins Fruitiers de Laquenexy - *14 km à l'est de Metz par la D 999 - 4 r. Bourger-et-Perrin - 57530 Laquenexy -* 📞 *03 87 35 01 00 - www. jardinsfruitiersdelaquenexy. com- fermé nov.-mars et lun.-mar. - 20 €.* La belle terrasse s'ouvre sur un étonnant jardin abritant plus de mille variétés d'arbres fruitiers. La cuisine fine et actuelle met merveilleusement à contribution les fruits et légumes du jardin.

POUR SE FAIRE PLAISIR

À côté – *43 pl. de Chambre -* 📞 *03 87 66 38 84 - ericmaire.acote@ orange.fr - fermé 1ᵉʳ-15 août, dim. et lundi - ♿ - 30 €.*L'annexe tendance de *L'Écluse* a adopté le concept d'une restauration conviviale et décontractée, autour de plats actuels à la mode tapas. Cuisines ouvertes, service au comptoir.

L'Écluse – *45 pl. Chambre - ℘ 03 87 75 42 38 - fermé 1er-15 août, sam. midi, dim. soir et lundi - formule déj. 25 € - 40/65 €.* Un agréable restaurant au décor très épuré : tableaux modernes et tables sans nappes. Dans cette ambiance décontractée, laissez-vous séduire par la cuisine inventive et soignée.

La Vigne d'Adam – *50 r. du Gén.-de-Gaulle - Plappeville - ℘ 03 87 30 36 68 - www. lavignedadam.com - fermé mar. soir, dim. et lun., 15-31 août, vac. de Noël.* Au cœur du village, ancienne maison de vigneron transformée en restaurant-bar à vins contemporain et tendance. Cuisine dans l'air du temps et beau livre de cave.

UNE FOLIE

Maire – *1 r. Pont-des-Morts - ℘ 03 87 32 43 12 - www.restaurant-maire.com - fermé merc. midi et mar. - formule déj. 25 € - 42/61 €.* La vue panoramique sur Metz et sa cathédrale, la terrasse au bord de l'eau et la carte d'inspiration classique : voilà déjà trois bonnes raisons de venir à cette table.

ACHATS

Marché couvert – *Pl. Jean-Paul-II - tlj sf dim. et lun. 7h-18h - fermé j. fériés, vend. Saint et 26 déc.* Le point commun des commerçants de ce marché est sans conteste l'incroyable qualité de leurs produits, du rayon boucherie-charcuterie au rayon poisson en passant par les fromages et autres produits laitiers. Vous y trouverez également des spécialités italiennes, un boulanger-pâtissier, une épicerie fine et un bar à soupes *(Voir restauration premier prix).*

Charcuterie-traiteur

Éric Humbert – *8 r. du Grand-Cerf - ℘ 03 87 75 09 38 - humbert-eric. fr - lun.-jeu. 8h15-12h40, 14h45-19h, vend.-sam. 7h30-12h40, 14h30-19h - fermé 2 sem. en fév., juil. et j. fériés.* Ce boucher-charcutier-traiteur a eu les honneurs… d'un grand magazine de décoration Ce fait notable mérite quelques explications : Éric Humbert, qui cultive avec le même bonheur talents de cuisinier et de designer, a en effet conçu lui-même des présentoirs avant-gardistes pour sa boutique. Au plaisir des yeux s'ajoute celui des papilles : saucisson de volaille aux pistaches, foie gras en gelée au riesling, etc.

Aubugeau – *23 r. Serpenoise - ℘ 03 87 75 13 03.* Délicieuses préparations du patron : jambon à l'os, boudin blanc élaboré avec 14 ingrédients, terrine de lapin au basilic, salade de museau, hors-d'œuvre à base de légumes frais, pâtisseries charcutières et un fabuleux saumon d'Écosse Label Rouge fumé maison.

Fromagerie

Conrad – *11 r. de la Doucette - ℘ 03 87 36 11 00 - lun. 15h-19h, mar.-vend. 8h30-12h30, 14h30-19h, sam. 8h30-19h.* Maîtres fromagers depuis trois générations, les Conrad gèrent aujourd'hui trois fromageries messines (plus une boutique dans le marché couvert). Celle-ci est la maison-mère, fondée en 1920. Elle propose presque toutes les Appellations d'origine contrôlée dont un fabuleux comté, des produits fermiers, de goûteuses tommes lorraines (de Prény, de Gorze, etc.).

Pâtisserie-chocolaterie

Fresson – *17 rue du Grand-Cerf - ℘ 03 87 36 28 17 - www.fresson-chocolatier-patissier.fr.* Franck Fresson, élu Meilleur Ouvrier de

France en 2004 dans la catégorie pâtisserie-confiserie, tient les rênes de l'entreprise familiale créée en 1922. Spécialisé dans le chocolat, il propose une trentaine de variétés, dont le Minerai lorrain aux éclats de noisettes caramélisées. On apprécie aussi ses entremets, bûches et glaces. Petit salon de thé ouvert du mardi au sam. avec plat du jour *(env. 10 €)*.

Pierre Koenig – *11 r. Pasteur - ℰ 03 87 66 71 48 - lun.-sam. 8h-12h15/14h-18h45.* Amandes des terres rouges de Valence, noisettes du Piémont, pistaches de Turquie, fèves d'Équateur, beure et crème de Normandie, etc. : les membres de la famille Koenig, chocolatiers de père en fils depuis 1932, ne travaillent que les très bons produits. Les pâtisseries sont extra, comme le Pralin et le Caraque au chocolat noir, les macarons, et l'Amandine. Les douceurs à base de mirabelle remportent aussi un franc succès.

Claude Bourguignon – *31 r. de la Tête-d'Or - ℰ 03 87 75 23 52 - Lun.-vend. 9h15-19h, sam. 9h-19h, dim.9h-12h30 - fermé 2 sem. en janv. et 3 sem.1/2. en juil.* Cette pâtisserie propose chaque mois un nouveau dessert. Elle élabore aussi de grands classiques tels que le saint-honoré, le millefeuille, le Paris-Brest, deux spécialités – le sacher au chocolat noir et le chiboust à la mirabelle – 21 sortes de chocolat et des glaces raffinées. Belles fresques murales au salon de thé.

EN SOIRÉE

L'Arsenal – *3 av. Ney - ℰ 03 87 39 92 00 ou 03 87 74 16 - www. mairie-metz.fr/arsenal - tlj sf lun. 13h-18h30. Billetterie : sur place mar.-sam. 13h-18h, par tél. : mar.-vend. 9h-12h, 13h-18h, sam.* *13h-18h.* Construite en 1989 par Ricardo Bofill dans les murs d'un ancien arsenal du 19e s., cette salle de concerts serait la « plus belle d'Europe ». Une « acoustique fantastique », selon Rostropovitch. Outre la grande salle de 1 354 places, l'Arsenal comprend une autre salle de 352 places, une galerie d'exposition, une muséo-boutique… Avec près de 200 manifestations par an, la programmation couvre tout l'éventail de la danse contemporaine, de la musique classique, du jazz et des musiques du monde.

Café Jehanne d'Arc – *Pl. Jehanne-d'Arc - ℰ 03 87 37 39 94 - lun.-jeu. 11h30 -2h, vend. 11h30 -3h, sam. 15h-3h. - fermé dim..* L'un des cafés les plus illustres de Metz en raison de son cadre qui a conservé quelques pierres gallo-romaines, des fresques du 13e s. et des pochoirs du 17e s. Terrasse sur la jolie place Jeanne-d'Arc où sont organisés des concerts de jazz en été. Clientèle tranquille d'habitués, d'étudiants et d'intellos.

L'Irish Pub – *3 pl. de Chambre - ℰ 03 87 37 01 38 - 18h-2h30, 3h30 le w-end (ouverture dim. à 20h).* Petit pub typiquement irlandais fréquenté surtout par des habitués, dont beaucoup d'anglophones… et amateurs de fléchettes. Spécialités : bières (12 pressions dont une Guinness) et 42 whiskies. Concert de blues, rock ou pop le 1er vendredi du mois, de musique traditionnelle irlandaise le 3e jeudi du mois.

ACTIVITÉS

La Flotille – *1 quai des Régates - ℰ 03 87 36 86 71 - tlj (quand il fait beau) d'avr. à oct. - bateau à moteur 18 €/demi-heure, pédalo 9,70 €/ demi-heure.*

Golf de Metz Technopole – *3 r. Félix-Savart - B P 75159 - 📞 03 87 78 71 04 - golf@ holidayinn-metz.com - 9h-18h30 - fermé 25 déc.-1 janv. .*
Golf du château de Cherisey – *38 r. Principale - 57420 Chérisey - 📞 03 87 52 70 18 - www. golfcherisey.com - 9h-18h30 - fermé 22 déc.-3 janv..* Ce parcours de 18 trous occupe un site vallonné, en partie boisé et agrémenté de plans d'eau. Restaurant aménagé dans les salles du château, putting green, practice…
♟♟Golf de la Grange aux Ormes – *R. de la Grange- aux-Ormes - 57155 Marly - 📞 03 87 63 10 62 - www.grange- aux-ormes.com - nov. à mars., 8h30-18h - avr.- fin oct., 8h-19h en sem. et 8h-20h le w.- end - 18 trous* Restaurant et brasserie.

AGENDA

Fontaines dansantes – *De déb. juil. à déb. sept. : vend., w.-end, j. fériés et veille de j. fériés au lac aux Cygnes, en bas de l'Esplanade (Bd Poincaré), à la tombée de la nuit. Renseignements : office de tourisme 📞 03 87 55 53 76 ou 03 87 55 53 78.*
Grandes Fêtes de la mirabelle – Fin août, élection de l'ambassadrice des fêtes, marché de la mirabelle, animations folkloriques et feu d'artifice.
Marché de Noël –Défilé de St-Nicolas accompagné du père Fouettard *(en décembre)*. Marché de Noël tous les jours sur la place St-Louis, la place du Forum, l'Esplanade, la place du Gén.-de-Gaulle *(de fin nov. au 31 déc.)*.
L'Été du livre – Un salon du livre de 3 jours *(début juin)*.

Gorze

1 278 Gorziens – Moselle (57)

NOS ADRESSES PAGE 176

S'INFORMER

Office du tourisme de Gorze – *22 r. de l'Église - 57680 Gorze - ☏ 03 87 52 04 57 - juin-sept. : 14h-18h ; reste de l'année : 14h-17h (1ʳᵉ quinz. de mars : fermé w.-end) - fermé nov.-fév.*

Visites guidées –*Renseignements à l'office de tourisme - circuit 1 : découverte de la Maison de l'histoire de la « Terre de Gorze » ; circuit 2 : visite du patrimoine monumental - 2,50 € circuit 1 ; 3,50 € circuit 2.*

SE REPÉRER

Plan de région A2 (p. 154) – carte Michelin Départements 307 H4. Gorze se trouve à 18 km à l'ouest de Metz.

Gorze s'est formé autour d'une abbaye bénédictine fondée au 8ᵉ s. par saint Chrodegang, évêque de Metz et conseiller de Pépin le Bref. L'emprise spirituelle de ses moines chanteurs très cultivés s'est étendue au cours des siècles et le village a conservé de cette période religieuse et prestigieuse d'anciennes demeures Renaissance, 17ᵉ et 18ᵉ s. et un palais abbatial. Aujourd'hui, Gorze appartient au Parc naturel régional de Lorraine où des sentiers balisés conduisent vers les roches de la Pucelle, la chapelle St-Clément (1603) et le rocher de la Vierge.

Se promener

Maison de l'histoire de la « Terre de Gorze »

☏ 03 87 52 04 57 - mars-oct. - ouvert le w.-end - 2 € (-12 ans 1,50 €).
Des témoignages rappellent la prospérité de Gorze depuis l'époque du captage des sources par les Romains au 1ᵉʳ s., la construction du pont-aqueduc illustrée par une maquette, jusqu'à la fondation de l'abbaye.

Église St-Étienne

Le contraste est frappant entre l'extérieur, roman (sans arcs-boutants), et l'intérieur gothique (fin 12ᵉ s.), qui témoigne d'une influence rhénane. Le clocher central monumental est du 13ᵉ s. Au tympan du porche nord, vous verrez une belle représentation de la Vierge (13ᵉ s.) entre deux orants ; au revers, suspendu au-dessus de l'entrée, le grand Christ en bois est attribué à Ligier Richier. Au tympan de la petite porte à côté, curieuse figuration du Jugement dernier, de la fin du 12ᵉ s. Dans le chœur, belles boiseries renfermant des peintures bibliques du 18ᵉ s.

Ancien palais abbatial

Bâti en 1696, il est inclus dans l'actuelle maison de retraite. On y voit encore de belles fontaines ornées de bas-reliefs, une chapelle baroque et deux élégants escaliers.

À proximité

Aqueduc romain de Gorze à Metz
8,5 km à l'est en direction de Metz.
La qualité des eaux de Gorze avait été repérée par les Romains qui captèrent la source des Bouillons pour alimenter Metz. Des canalisations longues de 22 km reliaient Gorze jusqu'aux thermes et fontaines de Metz. L'aqueduc enjambait la Moselle. Sept arches subsistent en bordure de la D 6, au sud d'**Ars-sur-Moselle**, sur la rive gauche. Des fouilles ont mis au jour des éléments de canalisations et de maçonnerie. À **Jouy-aux-Arches**, sur la rive droite, un long tronçon de 16 arches surplombe la D 657.

Gravelotte
8,5 km au nord par la D 103 bis et la D 903.
Ce village entra dans l'histoire après les combats indécis et intenses qui s'y déroulèrent les 16 et 18 août 1870. Leur caractère meurtrier est resté proverbial. « Il pleut comme à Gravelotte » est devenu une expression familière, en référence aux obus qui s'abattaient sur la ville.

🌀 NOS ADRESSES À GORZE

HÉBERGEMENT ET RESTAURATION

POUR SE FAIRE PLAISIR

Hostellerie du Lion d'Or – *105 r. du Commerce* - *✆ 03 87 52 00 90* - *fermé dim. soir, lun. et mar. midi* - *24/42 € - 15 ch. 58/63 € - ☕ 8 €.* De son passé de relais de poste, cette maison de 1864 a conservé la tradition du gîte et du couvert assurés aux voyageurs. Préférez les chambres dans l'aile la plus récente, de meilleur confort. Au restaurant, cheminée et carte traditionnelle.

AGENDA

Caméras des champs – *✆ 03-82-33-93-16, http://cameradeschamps.free.fr.* Chaque année à Ville-sur-Yron, à 17 km à l'ouest de Gorze, durant 5 jours en mai. Festival international du film documentaire sur le monde rural.

Amnéville

10 172 Amnévillois – Moselle (57)

😊 NOS ADRESSES PAGE 179

🛈 S'INFORMER
Office du tourisme d'Amnéville –R. du Casino - 57360 Amnéville - ☎ 03 87 70 10 40 - www.amneville.com - 9h-12h30, 13h30-18h, dim. et j. fériés 10h-12h, 14h-18h - fermé 1ᵉʳ janv., 25 déc.

▶ SE REPÉRER
Plan de région B2 (p. 154) – carte Michelin Départements 307 H3. Amnéville se situe entre Thionville, à 10mn, et Metz, à 15mn.

😊 À NE PAS MANQUER
Le parc zoologique, le musée de la Moto et du Vélo. Pour les plus sportifs, la piste de ski *indoor*.

👥 AVEC LES ENFANTS
Quelques « must » : la baie des lions de mer au parc zoologique et le parc d'aventures dans les arbres. Un peu plus loin (en direction de Metz), Walygator Parc. Le parc zoologique et Walygator Parc occupent sans peine une journée chacun.

Reconversion parfaitement réussie pour cet ancien foyer industriel. Au cœur d'une forêt de 500 ha, un important centre de loisirs et de thermalisme s'est développé autour de la source St-Éloy. En hiver ou en été, que vous soyez curiste ou hôte de passage, vous n'aurez pour vous occuper que l'embarras du choix : patinoire, bowling, ski, luge d'été, parc d'aventures dans les arbres, cinéma 3D, casino, musées, aquarium et un zoo très réputé.

Centre thermal et touristique

Au cœur d'une vaste forêt, le centre thermal et touristique est à la fois une base de loisirs et un pôle culturel. L'accès est libre et ouvert à tous, mais chaque activité est payante. *Pour les loisirs, reportez-vous au carnet d'adresses.*

Centre thermal
St-Éloy : ☎ 03 87 70 19 09 - fév.-déc. ; Thermapolis (av. de l'Europe) : ☎ 03 87 71 83 50 - tlj tte la journée - fermé en sept., 23-25 déc., 31 déc., 1ᵉʳ janv.
Grâce à ses eaux ferrugineuses et très fortement minéralisées qui jaillissent à 41 °C et prennent au contact de l'air une coloration rouille, le **Centre thermal St-Éloy** s'est spécialisé dans la rhumatologie et le traitement des affections respiratoires.
À proximité, **Thermapolis**, la cité de l'eau, et la **Villa Pompéi** rendent les bienfaits de l'eau accessibles à tous en proposant, au milieu de décors travaillés, des stages de remise en forme grâce à leurs bains bouillonnants, leur rivière intérieure et extérieure en eau thermale à 35 °C, leur Jacuzzi, leur hammam et leurs marbres chauds.

★★ Parc zoologique d'Amnéville

1 r. du Tigre - ☎ 03 87 70 25 60 - www.zoo-amneville.com - &- avr.-sept. : 9h30-19h30, dim. et j. fériés 9h30-20h ; oct.-mars : 10h-17h30 - 25 € (-12 ans 20 €).

👤👤 Les 2 000 animaux de ce zoo (plus de 320 espèces) sont tous nés en captivité et évoluent dans de vastes enclos où sont recréés les milieux naturels propres à chaque espèce : vous passez ainsi dans la même journée de la plaine africaine peuplée d'éléphants, de girafes et de rhinocéros blancs à la luxuriante végétation de la jungle amazonienne avec ses orangs-outangs ou au vivarium tropical, avec ses impressionnants reptiles. Parmi les grands fauves : tigres de Sumatra, lions, jaguars, léopards, panthères noires, lynx sans oublier les rarissimes tigres blancs. Vous pourrez observer de nombreuses espèces menacées de disparition, car le zoo s'est donné pour mission de les protéger, prêt à tenter des réintroductions en milieu naturel, si les conditions sont favorables. Des spectacles et des animations pédagogiques ponctuent la visite *(horaires affichés à l'entrée et en plusieurs endroits du parc)*, vous permettant de faire plus ample connaissance avec les manchots, les loups blancs, les hippopotames et même les ours polaires. À voir absolument : « Les Prédateurs du ciel », un spectacle *(35 mn)* de rapaces en vol libre et la baie des lions de mer, où les otaries vous font une belle démonstration de « surf ».

Aquarium

☎ 03 87 70 36 61 - www.aquarium-amneville.com - &- avr.-sept. : 9h30-19h ; reste de l'année : 13h30-17h, merc. et sam. 10h-12h, 13h30-17h, dim. 10h-17h - fermé 1ᵉʳ janv., 25 déc. - 11 € (-12 ans 8 €).

👤👤 Poissons de rivière, des fleuves australiens ou d'Amazonie nagent en eau claire dans l'**aquarium Impérator**. Le grand aquarium récifal permet de voir évoluer des poissons bigarrés habitués des lagons, et le bac aux requins héberge diverses espèces qui cohabitent ici sans problème. Traversez la serre tropicale où vous accueillent de magnifiques toucans, pour rejoindre les fameux piranhas, représentés par dix espèces. Vous découvrirez que, malgré leur impressionnante dentition, leur réputation de poissons tueurs n'est pas si fondée qu'on le croit.

Musée de la Moto et du Vélo

☎ 03 87 72 35 57 - &- www.amneville.com - mar., jeu., vend. 13h30-18h, merc., sam., dim. 10h-12h, 13h30-18h - fermé 1ᵉʳ janv., dim. et lun. de Pâques, 25 déc. - 5 € (-12 ans gratuit).

👤👤 Draisiennes, vieux vélocipèdes et vieilles motocyclettes ont été rassemblés ici en une collection de 250 modèles à 2 ou 3 roues, avec ou sans moteur, dont les plus anciens remontent au 19ᵉ s. De nombreuses pièces rares vous sont présentées : moto de parachutiste anglais (1943) pesant 43 kg, bicyclette équipée d'un moteur Diesel auxiliaire de 18 cm³ (1951), bicyclette à cadre en bois (1910), ou encore le 1ᵉʳ scooter ou patinette de l'histoire : le **Skootamota**.

À proximité

★ Walygator Parc

3 km au sud d'Amnéville. ☎ 03 87 30 70 07 - www.walygatorparc.com - juil.-août : 10h30-18h30 (sam. nocturne) ; avr.-juin et sept.-oct. : w.-end 11h-18h (certains sam. nocturne), sem. se renseigner - 25 € (3-11 ans 20 €). Nombreuses boutiques et points de restauration sur place. Spectacles ou animations tout au long de la journée.

👤👤 Ce vaste parc de loisirs de 42 ha invite petits et grands à découvrir des spectacles et à tester toutes sortes d'attractions, parfois aquatiques, adaptées à l'âge de chacun.

En famille, essayez le **Tea Cup**, une valse enivrante dans des tasses à thé, ou le **Tang'or,** grand oiseau qui se balance d'avant en arrière. Besoin d'un peu de fraîcheur ? Tentez le **Rafting**, où vous dévalez des rapides sur une bouée. **The Terror House** (interdit au moins de 14 ans) attire les amateurs de frissons en retraçant des scènes de films d'épouvante. Enfin, si vous aimez les sensations fortes, restent à découvrir la tour du **Dark Tower**, qui vous propulsera à 55 m du sol en moins de 3 secondes, et l'**Anaconda**, montagne russe qui vous mettra la tête à l'envers. Parmi les spectacles, admirez les jeux d'eaux et de lumières des **Fontaines symphoniques**. Quant aux plus petits, ils apprécieront les zones en structures gonflables ou la miniferme.

☺ NOS ADRESSES À AMNÉVILLE

HÉBERGEMENT

BUDGET MOYEN

La Maison d'Hôtes – *Au parc de loisirs du Bois de Coulange - ℰ 03 87 40 11 20 - www. lamaisondhotes.fr - 7 ch. 63 € - ⌕ 7,50 €.* En plein milieu de la forêt, cet hôtel façon chalet est sans nul doute l'adresse la plus charmante d'Amnéville. Les chambres lambrissées sont immenses, confortables et calmes. Les petites attentions se retrouvent jusque dans les confitures maison du petit-déjeuner préparé avec des produits frais.

Hôtel Orion – *R. des Thermes - ℰ 03 87 70 20 20 - www.accueil-amneville.com - ♿ - 44 ch. 62 € - ⌕ 8 € - rest. 18/28 €.* Au cœur de la station thermale, cet établissement a récemment fait l'objet d'une rénovation complète et moderne. Chambres spacieuses et confortables. Certaines sont en-rez-de-jardin. À table, formules buffet accompagnées de menus du terroir en hiver.

POUR SE FAIRE PLAISIR

Hôtel Diane – *R. de la Source - ℰ 03 87 70 16 33 - www.accueil-amneville.com - fermé dim. (nov.-avr.) - 51 ch. 78 € - ⌕ 9 €.* Au cœur du parc de loisirs, hôtel disposant de chambres confortables, récemment rénovées dans un style sobre et contemporain. Salle des petits-déjeuners ouverte sur la nature.

RESTAURATION

BUDGET MOYEN

La Forêt – *1 r. de la Source - ℰ 03 87 70 34 34 - www.restaurant-laforet.com - fermé 26 juil.-9 août, 21 déc.-6 janv., dim. soir, lundi et soirs fériés - 21/42 €.* Carte traditionnelle à l'affiche de cette table familiale. À déguster dans l'ample et claire salle relookée ou sur la terrasse, face au bois de Coulange. Belle carte de vins.

La Taverne du Brasseur – *R. du Bois-de-Coulange - ℰ 03 87 70 11 77 - lun.-jeu. et dim. 10h-0h, vend.-sam. 10h-2h - fermé lun. hors vac.scol.* La bière d'Amnéville est brassée sur place, de manière artisanale. Vous pourrez la déguster dans un cadre convivial ou en terrasse, tout en savourant quelques spécialités régionales : choucroutes, jambonneaux, flammenkueches, etc.

ACTIVITÉS

👥 IMAX – *Centre thermal et touristique - ℰ 03 87 70 89 87 - www.amneville.com - tlj pdt les vac. scol. ; reste de l'année : merc., vend., sam., dim. - fermé lun., mar., jeu.* Un cinéma à la pointe de la technologie vous attend dans cet établissement qui possède le plus grand écran d'Europe. Projections de films en 2D ou 3D, à regarder avec des lunettes polarisantes pour mieux plonger au cœur du spectacle. Une salle équipée de sièges mobiles.

Golf – *Centre thermal et touristique - ℰ 03 87 71 30 13 - www.golf-amneville.com - été 8h30-19h, w.-end 7h30-20h - hiver 8h30-18h30 - 60 € w.-end., 45 € sem.* 18 trous.

♣♣Amnéville-Aventures – *Centre thermal et touristique - ℰ 03 87 73 45 60 - www. amneville-aventures.com - pour les horaires d'ouverture se renseigner - 19 € pour 2h30 d'activité (-12 ans 13 €).* On dit que ce parc d'aventures est l'un des plus grands de France. 132 ateliers répartis en 7 parcours allant de « graine de môme » (pour enfants) à « plus près du soleil » destiné aux plus aguerris. Également, un parcours de 10 tyroliennes, mur d'escalade et surf dans les arbres.

♣♣Piste de Ski Indoor – *Centre thermal et touristique - lun.14h-20h-mar.-mer. 10h-20h, jeu. 14h-23h, vend.sam. 10h-23h, dim. 10h-20h, mi-juin à mi-sept.15h sem.* Grâce à un procédé maintenant la neige artificielle à une température appropriée, il est désormais possible de s'adonner aux joies de la glisse sans se rendre dans les stations de sports d'hiver. Vous retrouverez toutes les sensations du ski alpin sur cette piste faisant 90 m de dénivelé.

Centre thermal et touristique d'Amnéville-les-Bains – *1 r. Tigre - ℰ 03 87 70 10 40 - www.zoo-amneville.com - avr.-sept. : 9h30-19h30 (dim. et j. fériés 20h) ; oct.-mars : 10h à la tombée de la nuit - 18 € (enf. 13 €).* Elle comprend une piscine et une patinoire olympique, un golf 18 trous, un casino, un espace de spectacle, des luges monorail sur 290 m de dénivelé et un parc zoologique.

Thionville et le pays du fer

41 127 Thionvillois – Moselle (57)

NOS ADRESSES PAGE 185

S'INFORMER

Office du tourisme de Thionville – *16 r. du Vieux-Collège - 57100 Thionville - 𝒫 03 82 53 33 18 - www.thionville.net - 9h30-18h30, sam. 10h-17h, dim. (en juil.-août) 11h-15h ;*

Visite guidée de Thionville – *𝒫 03 82 53 33 18 - www.thionville.net - découverte de la ville (1h30) : juil.-août : merc., vend.-dim. 15h, 18h30 ; déc. : w.-end 15h, 16h30 - fermé j. fériés, 26 déc. - 4,50 €, Journées du patrimoine gratuit.*

Office du tourisme de Briey – *1 pl. Thiers - 54150 Briey - 𝒫 03 82 46 33 22 - www.ville-briey.fr - tlj sf dim. et j.fériés 9h-12h, 14h-17h30, lun. 14h-17h30.*

Office du tourisme du Val de Fensch – *2 r. de l'Hôtel-de-Ville - 57700 Hayange - 𝒫 03 82 86 65 30 - www.valdefensch-tourisme.com -ouvert tte l'année : lun.-vend. 9h15-12h, 14h-17h45, sam. 9h-12h30, 13h30-15h45.*

SE REPÉRER

Plan de région B1 (p. 154) – carte Michelin Départements 307 I2. À 30 km au nord de Metz par l'A 31.

SE GARER

Le centre-ville, bien pourvu en parkings, se situe en bordure de la Moselle, entre la place de la Liberté et le quai Crauser.

À NE PAS MANQUER

Le château de la Grange, son riche mobilier et son jardin contemporain, l'illumination du haut fourneau d'Uckange.

AVEC LES ENFANTS

Les écomusées des Mines de fer de Neufchef et d'Aumetz.

De ses appartenances successives au duché de Luxembourg, au duché de Bourgogne, à l'Espagne, à la France et même à l'Allemagne, Thionville a gardé une dimension vraiment européenne. Aujourd'hui, la ville est surtout un lieu de flânerie, avec ses remparts, ses belles façades anciennes et ses parcs fleuris. Autour d'elle, le « pays du fer », sur lequel Thionville régnait, a bien changé. Mais la rude épopée des « gueules jaunes » continue d'imprégner l'identité de toute la région.

Se promener

Musée du Pays thionvillois (ou musée de la Tour aux Puces)

Cour du Château - 𝒫 03 82 82 25 49 (mat.), 03 82 82 25 52 (apr.-midi) - www.tourauxpuces.com - tlj sf lun. 14h-18h - fermé 1ᵉʳ janv., Pâques, 1ᵉʳ nov., 24, 25, 26 et 31 déc. - 3 €.

Encore appelé **tour au Puits** (Peetz Turm), ce puissant donjon médiéval des 11ᵉ et 12ᵉ s., assis sur une base carolingienne, est le plus important vestige de l'ancien château féodal des comtes de Luxembourg. Étonnante architecture que la sienne avec ses quatorze côtés ! Vous y découvrirez l'histoire de

Thionville et de ses environs en cinq étapes, depuis le paléolithique jusqu'au Bas Moyen Âge. Riche section gallo-romaine et importante collection de lapidaires de la fin du Moyen Âge.

Église St-Maximin
Plan grandiose, très beau maître-autel à baldaquin baroque et orgue (18e s.)

Beffroi
Près de la place du Marché, non loin de la cour baroque du Mersch, cette tour a été construite au 16e s. Son clocher en ardoise abrite quatre cloches, dont la « Grosse Suzanne », et se compose d'une lanterne chapeautée et d'un bulbe.

Ponts-écluses
Ils sont dus à Louis de Cormontaigne, qui, au 18e s., renforça les fortifications de la ville. On lui doit également la porte de Sarrelouis, encore debout.

★ Château de la Grange
Au nord par l'avenue Albert-Ier, puis à gauche, à l'angle de la route de Luxembourg et de la chaussée d'Amérique (commune de Manom). ℰ 03 82 53 85 03 - www.chateaudelagrange.com - visite guidée (50 mn) uniquement - juil.-août : 14h30-17h30 ; 3 avr.-30 juin et sept.-oct. : w.-end et j. fériés 14h30-17h30 - fermé 1er janv., 1er nov., 11 Nov., 25 déc. - 7,50 € (-12 ans 6 €) - Jardin des prairiales (visite libre) - juin-août : tlj 14h-18h ; avr.-mai et 1er sept.-24 oct. : w.-end et j. fériés 14h-18h - 3 €.

Construit en 1731 par Robert de Cotte, le château est élevé sur les soubassements d'une forteresse qui servit jusqu'au 17e s. d'avant-poste aux défenses de la citadelle de Thionville. La grande cuisine au mobilier lorrain présente une cheminée surmontée d'un très bel arc en anse de panier. Dans la salle à manger, deux vitrines exposent des collections de porcelaines de Boch et de Chantilly. Remarquez le poêle en faïence blanc et or, haut de près de 5 m.

Dans l'entrée, les remarquables tapisseries des Flandres du début du 17e s. ont pour sujet la guerre de Troie. En haut de la cage du grand escalier, à la belle rampe de fer forgé du 18e s., deux énormes vases chinois, en émail cloisonné, et deux bas-reliefs de l'école de Jean Goujon. Dans la salle de bains Empire, la baignoire, taillée dans un seul bloc de marbre blanc, a appartenu à Pauline Bonaparte. Le mobilier Louis XV et la décoration du grand salon bleu sont d'origine. Remarquez son plancher à marqueterie en étoile. La bibliothèque est installée dans l'ancienne chapelle du château.

Autour du château, le **Jardin des prairiales** reprend exactement l'emprise de celui qui existait au 18e s. Dans ce jardin contemporain dessiné par le paysagiste Franck Neau, les buis mélangés aux lys, les allées de porcelaines et les grandes fleurs de prairie ou prairiales invitent le visiteur autant à la contemplation qu'à la promenade.

Itinéraire conseillé

★ LE PAYS DU FER

Environ 90 km – une demi-journée.
Quittez Thionville par le sud et la D 953.
Aussitôt après Thionville commence un long défilé d'usines. À la sortie de Terville et aussitôt après le passage à niveau de Daspich, vue sur le site de Sollac-Florange, un des établissements de Sollac (Société lorraine de laminage continu), la branche des produits plats d'Arcelor-Mittal, leader européen dans son domaine d'activité.

Prenez à droite la D 18 jusqu'à Serémange-Erzange, puis à gauche la D 17.

Au cours de la montée vers St-Nicolas-en-Forêt, belle vue dans les clairières et, près du bâtiment de la Compagnie générale des eaux, vue étendue sur la **vallée industrielle de la Fensch** (Unimetal-Sollac Florange, hauts-fourneaux de Lorfonte, cimenterie d'Ébange). Du rond-point du Bout-des-Terres à l'extrémité du boulevard des Vosges, on a aussi un beau panorama sur la vallée de la Moselle. Dépassez Hayange, où se trouve l'usine Sogérail qui fabrique les rails pour le TGV, pour atteindre Neufchef.

★ Écomusée des Mines de fer de Neufchef

📞 03 82 85 76 55 - www.musee-minesdefer-lorraine.com - ♿ - visite guidée tlj sf lun. 14h-18h (dernier départ 16h30) - 6 € (6-18 ans 3 €) ; billet combiné avec musée des mines d'Aumetz 9,80 €.

👥 Il occupe le site de Ste-Neige, « mine de coteau » dont les galeries s'ouvraient à flanc de colline. En surface, un vaste bâtiment, devant lequel est reconstitué un carreau de mine, documente les visiteurs sur la genèse du fer et ses conditions de gisement, ainsi que sur le métier de mineur et son environnement social. Le long d'un parcours de 1,5 km, des chantiers de diverses époques ont été réinstallés, invitant à un passionnant voyage dans le temps, riche d'enseignements sur l'évolution des techniques minières : forage au vilebrequin, apparition du wagonnet, avènement du compresseur et du marteau-piqueur, mise en œuvre de machines d'extraction…

Après Neufchef, la route traverse la forêt de Moyeuvre, coupée par la vallée du Conroy. À Avril, possibilité de prendre à droite la D 906 jusqu'à Aumetz, au nord.

Écomusée des Mines de fer d'Aumetz

📞 03 82 85 76 55 - www.musee-minesdefer-lorraine.com - visite guidée (1h15) mai-sept. : tlj sf lun. 14h-18h (dernier départ 16h30) - 6 € (6-18 ans 3 €).

L'ancienne mine de Bassompierre, ouverte sur le revers de la côte de Moselle, rend bien compte du travail des mineurs. En surface de la mine, on accède au chevalement (34 m), tour d'acier assurant la liaison avec le fond, d'où l'on a un bon aperçu de la région minière, ainsi qu'aux bâtiments d'exploitation abritant la salle des compresseurs, la forge et la grande machine d'extraction.

Revenez par la même route jusqu'à Briey, au sud.

Briey

Ici se trouve la troisième Cité radieuse de Le Corbusier, après celles de Marseille et de Nantes. C'est dire si, dans les années 1950, Briey s'était déjà tournée vers

---

LA RECONVERSION DE LA SIDÉRURGIE LORRAINE

Le gisement de fer lorrain s'étire sur 120 km de la forêt de Haye au Luxembourg. En un peu plus d'un siècle, il a livré 3 milliards de tonnes de « minette », minerai à teneur en fer relativement faible (33 %). Le record de production de fer a été atteint en 1962 avec 62 millions de tonnes de minerai. Mais la minette lorraine n'est plus extraite du sol depuis 1997, date de la fermeture de la dernière mine. La sidérurgie est redevenue pour sa part compétitive, notamment au travers du groupe Arcelor-Mittal, n°1 mondial de l'acier bien implanté dans la vallée de la Fensch. Les efforts de reconversion ont été importants, avec des implantations liées à l'automobile sur les zones industrielles d'Ennery, Ste-Agathe à Florange et à Basse-Ham, ainsi qu'à l'énergie nucléaire. *(Voir aussi p.62 et 81).*

l'avenir… Aujourd'hui, retour à la nature avec des activités nautiques sur le plan d'eau de la Sangsue et des balades en forêt.

Cité radieuse – Le Corbusier et André Wogenscky choisirent le site boisé de Briey-la-Forêt pour intégrer architecture et nature. Ici, le programme destiné à environ 2 000 habitants comprend 60 logements individuels et surtout une « unité d'habitation » de 17 étages et 350 logements. On peut descendre à pied au plan d'eau, par le sentier qui se trouve à l'arrière de la Cité.

Église St-Gengoult – *Visite sur demande au presbytère (℘ 03 82 46 07 31).* Une crypte romane du 11ᵉ s. située sous l'allée collatérale gauche, entre les 3ᵉ et 4ᵉ piliers, a été mise au jour en 1982, mais elle a dû être recouverte. Le bâtiment visible est plus composite, et son joli clocher date de 1743. Les fenêtres du chœur, murées, mettent en valeur le poignant **calvaire★**, groupe de six personnages de taille humaine, sculptés dans le bois vers 1530, attribué à l'école de Ligier Richier sinon au maître lui-même.

Belvédère – Sur le côté gauche de l'église, un petit jardin offre une vue dominante sur le **plan d'eau de la Sangsue**, créé par une retenue du Woigot. Il est le point de départ de plusieurs promenades pédestres en forêt et accueille des activités nautiques.

À partir d'Homécourt, la route, qui emprunte la **vallée de l'Orne**, n'est qu'une longue suite de cités résidentielles et d'usines.

De Rombas, rejoignez la D 953 à Hagondange.

Hagondange

C'est l'ancien fief de Thyssen, magnat allemand de l'acier avant 1914. Dans la cité située à droite de la D 47, église moderne dont le plafond est fait de lattes de sapin formant pointes de diamant. À droite de la D 953, entre Hagondange et Uckange, s'est construite, en 1960, la centrale sidérurgique de Richemont. Avec les installations métallurgiques d'Uckange commencent les faubourgs de Thionville.

Haut fourneau d'Uckange

℘ 03 82 86 65 30 (office du tourisme du Val de Fensch) - Pâques-1ᵉʳ nov. : tlj sf lun. 14h-1830 ; visites guidées w.-end et j. fériés 14h30 et 16h (dernière entrée 30mn av. fermeture) ; nocturnes vend. et sam. 20h30-minuit - 3 € - visite guidée ou audioguidée 5 €.

Le haut fourneau U4 ouvre ses portes après des années de travaux pour présenter l'équipement typique de la sidérurgie de l'entre-deux-guerres. L'U4 est l'un des six hauts fourneaux de l'usine construite entre 1878 et 1904 par les frères Stumm et qui représentait à l'époque l'invasion de la « grosse industrie allemande ». La visite permet de découvrir la structure et son histoire. Le site est aussi accessible en soirée pour admirer sa mise en lumière conçue par Claude Lévêque, artiste plasticien de renommée internationale. Au pied du haut-fourneau, un parc paysager baptisé le jardin des Traces a été aménagé à l'emplacement de l'ancienne usine.

À voir aussi

Pelouses calcaires du Val de Fensch

L'office du tourisme du Val de Fensch distribue une brochure très complète avec itinéraires et commentaires - Informations auprès du Conservatoire des Sites Lorrains ℘ 03 87 03 00 90.

Une biodiversité impressionnante, une végétation éparse piquetant un sol calcaire où poussent thym, origan et orchidées… Qui soupçonnerait l'existence d'un écosystème quasi méditerranéen à un jet de pierre des hauts fourneaux ? Les sentiers découverte du plateau d'Algrange-Nilvange et des côtes de Ranguevaux permettent d'arpenter des paysages uniques en Lorraine qui offrent un autre point de vue sur l'ancien pays minier.

😊 NOS ADRESSES À THIONVILLE ET DANS LE PAYS DU FER

HÉBERGEMENT

BUDGET MOYEN

Hôtel des Oliviers – *1 r. du Four-Banal - ☎ 03 82 53 70 27 - www.hoteldesoliviers.com - 26 ch. 57 € - ☕ 7 €.* Cet hôtel bénéficie d'une situation privilégiée en centre-ville, dans une rue piétonne. Chambres colorées, bien rénovées et insonorisées.

Hôtel du Parc – *10 pl. République - ☎ 03 82 82 80 80 - www.hoteldu-parc.com - 41 ch. 62/69 € - ☕ 8,50 €.* Aux abords du centre-ville, immeuble du début du 20e s. tourné vers un petit parc public. Les chambres, fonctionnelles et toutes semblables, se distribuent sur six étages.

RESTAURATION

PREMIER PRIX

Relais du Musée – *Vallée Ste-Neige - 57700 Neufchef - 14 km au sud-ouest de Thionville par D 13 et D 57 dir. Hayange - ☎ 03 82 84 74 37 - tlj sf lun. 11h30-15h - 10/28 €.* Dans cet accueillant restaurant aux allures de bistrot, on vous servira une cuisine de brasserie, des salades, des grillades ainsi que le plat du jour. Les baies vitrées de la salle à manger ouvrent sur la mine de fer.

BUDGET MOYEN

Les Alérions – *102 r. Nationale - 57970 Yutz - ☎ 03 82 56 26 63 - www.lesalerions.com - fermé 20 fév.-6 mars, 21 juil.-10 août, lun. sf j. fériés et tous les soirs de la sem. sf sam. - 16/48 €.* Haut plafond, boiseries, tentures aux couleurs chaudes, grande cheminée, poêle en faïence et mobilier rustique président au décor de la salle à manger, où l'on déguste une sage cuisine traditionnelle.

Ferme-auberge Ste-Mathilde – *9 r. du Pâle - 54640 Tucquegnieux - 10 km au nord-ouest de Briey par D 346, D 146 puis D 145ᴬ - ☎ 03 82 21 29 04 - www.chez. com/aubergemathilde - ouv. sam. soir et dim. midi -⌂- réserv. indispensable - 22/32 €.* Si vous le pouvez, ne manquez pas la potée lorraine de la patronne, servie le deuxième dimanche de chaque mois d'hiver. Sinon, il y a l'embarras du choix : porc, bœuf, volaille, fromages (en vente également sur place), crème et pain maison, sans oublier les nouveaux plats proposés chaque dimanche… Cette belle ferme du 16e s. est un piège à gourmands !

ACHATS

Marché aux puces – *R. Walker et bd du XXe-Corps, autour du théâtre municipal – 2e et 4e dim. de chaque mois.*

AGENDA

Festival du film italien de Villerupt – *Voir le carnet d'adresses de Longwy.*

Longwy

14 317 Longoviciens – Meurthe-et-Moselle (54)

☺ NOS ADRESSES PAGE 188

🛈 S'INFORMER

Office du tourisme de Longwy – *Pl. Darche - 54400 Longwy - 📞 03 82 24 94 54 - www.ot-paysdelongwy.com - de déb. mai à mi-oct. : 10h-12h, 14h-18h ; reste de l'année : tlj sf dim. et j. fériés 10h-12h, 14h-17h, sam. 14h-17h - fermé 1er janv., dim. et lun. de Pâques, 1er Mai, 1er et 11 Nov., 25 déc.*

Visite guidée des fortifications de Vauban – Elle donne aussi accès au souterrain du bastion Notre-Dame normalement fermé au public - *renseignements à l'office du tourisme - 1h30 - 2 €.*

◖ SE REPÉRER

Plan de région A1 (p. 154) – carte Michelin Départements 307 F1. Depuis Metz et Thionville, l'A 30 se prolonge par une voie express jusqu'aux abords immédiats de la ville. Au nord, l'A 28 conduit rapidement vers Bruxelles et Liège, ou vers le Luxembourg.

☺ À NE PAS MANQUER

Les remparts de Vauban, le musée municipal des Émaux.

👪 AVEC LES ENFANTS

Les écomusées des Mines de fer de Lorraine à Aumetz et à Neufchef.

Ancienne « cité du fer », Longwy est aujourd'hui surtout connue pour ses faïenceries et ses émaux bleu turquoise. Depuis 1987, date de l'arrêt des hauts fourneaux, la ville s'est résolument tournée vers d'autres activités et une autre qualité de vie. À Longwy-Bas, des administrations ont pris la place des usines désaffectées. Le quartier de Longwy-Haut, au nord-ouest, jouit du prestige de ses monumentales fortifications de Vauban, qui valent à la ville d'être classée au Patrimoine mondial de l'Unesco.

Se promener

Fortifications

La transformation de Longwy en place forte fut entreprise au 17e s., sous le règne de Louis XIV. Les fortifications construites selon les plans de Vauban dessinaient la forme d'une étoile à six branches. Témoins de l'époque, la porte de France, la Boulangerie militaire, l'église St-Dagobert, l'hôtel de ville et le puits de Siège.

Musée municipal des Émaux

R. de la Manutention - 📞 03 82 23 85 19 - mai-oct. : 10h-12h, 14h-18h ; reste de l'année : 14h-18h, w.-end et j. fériés 10h-12h, 14h-18h - fermé lun., 1er janv., 25 déc. - 3 € (-18 ans 1 €).

Installé près de la porte de France, au premier étage de la Boulangerie militaire (dont on peut encore voir les grands fours), le musée présente, entre autres collections, celle des faïences et des émaux produits à Longwy, ainsi que plus de 4 000 **fers à repasser★** en verre, en pierre, en terre cuite, en bronze, en cuivre… et en fer.

Château de la faïencerie St-Jean-l'Aigle

À Herserange, accès par Longwy-Bas. R. de la Chiers - 📞 03 82 24 58 20 - www.emaux-de-longwy.com - tlj sf w.-end 8h45-12h, 13h-18h - 5 €, visite guidée incluant le musée, l'atelier et le magasin 8 €.

Il abrite une des dernières faïenceries artisanales et un agréable petit musée qui présente majoliques, barbotines, émaux sur paillon d'or et émaux ombrants typiques de Longwy. Remarquez le majestueux « cacatoès » daté des environs de 1900 et signé de Schuller. Un grand four à bois a été reconstitué.

À proximité

Vitraux Majorelle

Depuis Longwy-Haut, prendre la direction d'Arlon (Belgique). À la sortie de Long-la-Ville, tournez à droite au 1er rond-point, continuez tout droit au 2e puis prenez à gauche au stop. Suivre l'indication « Espace Jean-Monnet ». La Maison de la formation est un grand bâtiment rose au toit d'ardoises. Accès libre. Espace Jean-Monnet - 📞 03 82 25 24 00 - http://pagesperso-orange.fr/ot-longwy.fr - tlj sf w.-end 9h-16h - gratuit.

En leur heure de gloire, fin 19e s.-début 20e s., les vitraux ornaient aussi bien les bâtiments religieux que les bâtiments civils. C'est pour les Grands Bureaux des Aciéries de Longwy que Majorelle créa, en 1928, trois remarquables séries de vitraux représentant des ouvriers sidérurgistes au travail. La verrière qui orne l'escalier de l'actuelle Maison de la formation s'étend sur trois étages *(voir surtout les 2e et 3e étages).*

Cons-la-Grandville

7 km au sud-ouest. Quittez Longwy par la D 618. À 4 km, prendre à gauche la D 172.

Cette bourgade, dans une cuvette entourée d'une boucle de la Chiers, est connue pour son **château** aux belles **façades★** Renaissance. Il a été construit au 16e s. sur l'emplacement d'un ancien château fort dont il ne reste qu'une tour ronde. Ne manquez pas de jeter un œil aux oubliettes dans le soubassement médiéval et à la monumentale cheminée du 16e s. dans la salle d'honneur. 📞 03 82 44 90 41 - www.conslagrandville.com - de mi-juil. à fin août : dim. et j. fériés apr.-midi - 5 € (-12 ans 3 €).

Face au château, prieuré St-Michel, reconstruit au 18e s. À la sortie nord de la localité, le haut fourneau, sur le côté gauche de la route, date de 1865.

Crusnes

17 km au sud-est de Longwy que l'on quitte par la D 26 pour traverser le bois de Selomont. À Villerupt, prenez à droite la D 27.

L'église dédiée à sainte Barbe, patronne des mineurs, est entièrement réalisée en fer. Lorsqu'elle fut construite, en 1939, on pensait reproduire ce prototype dans les colonies françaises. L'église est décorée de peintures d'Untersteller et d'un chemin de croix taillé dans des blocs de minerai.

👥 **Musées des Mines de fer de Lorraine** – Deux sites se complètent sur ce propos : **Aumetz**, sur la N 521, à égale distance de Longwy et de Thionville, et **Neufchef**, au sud-ouest de Thionville par la D 57 *(voir Thionville).* On peut aussi visiter l'ancienne mine d'**Hussigny-Godbrange**, arrêtée mais restée en l'état. Les engins et les hommes recréent l'atmosphère de l'époque d'exploitation *(quelques jours de visite seulement dans l'année. Réservation indispensable. 📞 03 82 44 40 16 - 7 €).*

Espace archéologique d'Audun-le-Tiche
1 r. de l'Alzette - ℘ *03 82 52 13 03 - 15 mars-31 oct. : 10h-18h - 5 € (-16 ans gratuit).*
Fondé à la suite de la découverte d'une nécropole mérovingienne sur les hauteurs de la ville, ce petit espace présente également des témoignages des époques préhistorique, gallo-romaine, médiévale et contemporaine.

😊 NOS ADRESSES À LONGWY

HÉBERGEMENT ET RESTAURATION

BUDGET MOYEN

Hôtel du Nord *– 14 r. Gambetta -* ℘ *03 82 23 40 81 - www.hoteldunordlongwy.fr -* 🅿 *- 20 ch. 55 € -* ☕ *7,50 €.* Située dans la ville haute, au cœur du centre-ville, cette adresse simple à prix doux propose des chambres fonctionnelles et bien tenues.

Hôtel Ibis *– R. du Château-d'Eau - 54135 Méxy -* ℘ *03 82 23 14 19 - www.accorhotels.com - fermé sam. midi -* 🅿 *- 62 ch. 67 € -* ☕ *8 € - rest. 15/25 €.* Établissement situé à proximité d'un axe passant. Les installations sont spacieuses, l'équipement complet, et le mobilier contemporain. Chambres de style actuel. Assiettes gourmandes et formule buffet à découvrir dans un sobre décor ou en terrasse.

ACHATS

Quatre faïenceries perpétuent à Longwy la tradition des émaux. Chacune d'elles propose ses créations, des plus traditionnelles aux plus modernes, que l'on peut acquérir à tous les prix : **Faïencerie Émaux de Longwy** - 3 r. des Émaux - ℘ *03 82 24 30 94 ;* **Faïencerie Émaux de Saintignon** - 6 av. de Saintignon - ℘ *03 82 24 47 78 ;* **Faïencerie Émaux des Récollets** *(voir ci-dessous) ;* **Faïencerie St-Jean-l'Aigle** *(voir description dans « Se promener »).*
Émaux des Récollets *– 2 pl. Giraud - 54400 Longwy-Bas -* ℘ *03 82 23 26 50 - visite libre tlj sf dim. 9h12, 14h-18h - gratuit.* Les décoratrices y travaillent avec les mêmes gestes qu'autrefois, dans le style traditionnel de Longwy, ou pour des créations contemporaines.

AGENDA

Festival du film italien de Villerupt – Chaque année, à l'automne, une semaine de projections. Le festival doit son origine au passé sidérurgique de la région : une nombreuse main-d'œuvre italienne fut appelée en renfort de 1880 à 1960.

Sierck-les-Bains

1 730 habitants– Moselle (57)

⊛ NOS ADRESSES PAGE 192

🛈 S'INFORMER

Office du tourisme de la communauté de communes des trois frontières du pays de Sierck – *3 pl. Jean-de-Morbach - 57480 Sierck-les-Bains - ☎ 03 82 83 74 14 - www.otsierck.com - avr.-sept. : mat. et apr.-midi ; reste de l'année : mat. et apr.-midi, dim. et j. fériés mat.*

◖ SE REPÉRER

Plan de région B1 (p. 154) – *carte Michelin Départements 307 J2.* À 17 km au nord-est de Thionville, 32 km au sud-est de Luxembourg, 45 km au nord-est de Metz.

☺ À NE PAS MANQUER

Les expositions du château de Malbrouck.

👥 AVEC LES ENFANTS

Parties de cache-cache dans le château de Sierck, animations au château du célèbre Malbrouck.

Du haut de l'immense château fort qui domine la ville, on peut voir la Moselle quitter la France et, avant de devenir frontière entre l'Allemagne et le Luxembourg, s'enfoncer entre de hautes collines couvertes de vignes et de vergers. Eau, forêt et montagne composent les paysages que l'on rencontre le long de la Moselle ou sur les sentiers menant à l'Altenberg et au sommet du Stromberg.

Se promener

★ Château

☎ 03 82 83 67 97 - www.chateau-sierck.com - possibilité de visite guidée sur RV - mai-sept. : 10h-19h, dim. et j. fériés 10h-20h - mars-avr. et oct.-nov. : 10h-18h, dim. et j. fériés 10h-17h - 4,90 € (-6 ans gratuit).

👥 Demeure appréciée des ducs de Lorraine jusqu'au 17ᵉ s., le légendaire château fort des Malbrouck est construit sur un promontoire rocheux. Il a conservé une bonne partie de ses fortifications du 11ᵉ s. : murs d'enceinte, casemates, tours de l'Artillerie, du Guet, de la Redoute et des Pères récollets. Impressionnante collection d'armes des 15ᵉ et 16ᵉ s. dans l'arsenal du château. Du château, **vue★** sur la vallée de la Moselle, dominée par le Stromberg, aux pentes couvertes de vignes.

Non loin de là, la **chapelle de Marienfloss**, vestige d'un couvent puis d'une chartreuse autrefois florissante et important lieu de pèlerinage, a été restaurée et agrandie. C'est ici qu'en 1415 est née la prière du Rosaire, grâce à Adolphe d'Essen.

À proximité

Rustroff

1 km au nord-est. L'**église** de ce village se dresse à l'extrémité de l'abrupte rue principale. Refaite au 19ᵉ s., elle abrite un beau retable en bois peint du 15ᵉ s. et une petite pietà du début du 16ᵉ s.

Rettel

2 km à l'ouest. Dans ce petit bourg loti dans un méandre de la Moselle, vous pourrez voir la **maison de la Dîme** (15ᵉ s.), dont les portes et fenêtres sont décorées de tympans gothiques.

Réserve naturelle de Montenach

3 km au sud-est. Parking fléché depuis Montenach, au départ du sentier de découverte. 1 pl. de la Mairie - ℘ 03 82 83 62 84 - www.montenach.reserves-naturelles. org - possibilité de visite guidée (se renseigner) - 2,50 € (-12 ans gratuit) - tte l'année accès au sentier de découverte gratuit.

C'est en avril-mai que le site a le plus d'intérêt : sur les pelouses calcaires poussent plus de 20 espèces d'orchidées. Au retour, parcourez le site des **affleurements de quartzite** pour compléter votre découverte de l'étonnante flore du pays de Sierck.

★★ Château de Malbrouck à Manderen

8 km au nord-est par la D 654 et la D 64 à droite. À l'entrée du village de Manderen, prenez le chemin en montée à gauche.

℘ 03 87 35 03 87 - www.chateau-malbrouck.com - mai-août : 10h-18h, lun. 14h-18h, w.-end et j. fériés 10h-19h ; reste de l'année : 10h-17h, lun. 14h-17h, w.-end et j. fériés 10h-18h - 7 € (-16 ans gratuit).

De Meinsberg à Malbrouck – L'imposant château qui couronne la colline boisée de Meinsberg, à un trait de flèche des frontières allemande et luxembourgeoise, fut construit de 1419 à 1434 par Arnold VI, seigneur de Sierck et de Meinsberg. Faute de descendance, la forteresse passe de propriétaire en prpriétaire et finit par ne plus être entretenue. En juin 1705, lors de la guerre de Succession d'Espagne, le duc de Malborough, qui commande les armées coalisées contre la France, y installe son quartier général. Il attend du renfort, mais ses hommes sont anéantis dans les Ardennes. « Marlborough » (déformé en « Malbrouck ») lève donc le camp sans combattre, non sans avoir légué au lieu son surnom de « château de Malbrouck ». Les Français, persuadés que le duc a été tué, composent sur lui la chanson *Malbrouck s'en va-t-en guerre*. Le château finit en ruine au 19ᵉ s.

👥 Sa restauration, engagée de 1991 à 1998, fut, en personnel et en coût, le deuxième chantier des monuments de France (après celui du parlement de Bretagne à Rennes) sur les 30 dernières années. Elle a rendu à l'édifice sa fierté d'origine sans chercher l'imitation : quelques aménagements modernes sont la signature de notre époque. Chaque année, le conseil général de Moselle organise une **grande exposition** qui occupe tout le château et oriente la visite. Vous verrez notamment les carreaux de poêle et les canalisations retrouvés lors de la restauration de l'édifice, témoins du confort des châteaux au 15ᵉ s. Du haut des remparts et des tours, **vue★** sur les forêts du Luxembourg et l'Allemagne.

Itinéraire conseillé

COTEAUX DE LA MOSELLE

45 km – environ 1h30. Sortez de Sierck par la D 64. L'itinéraire parcourt les coteaux de la rive gauche de la Moselle, puis se termine par une incursion au Luxembourg. Avant d'atteindre Haute-Kontz, la route file entre les pentes du Stromberg couvertes de vignobles (vin blanc réputé) et la Moselle. On traverse **Contz-les-Bains**, qui abrite un **musée du Vin**. On peut aussi y visiter une cave.

Haute-Kontz

De la terrasse de l'église (tour du 11ᵉ s.), belle **vue** sur un méandre de la rivière et le bourg de Rettel en face. *Prenez la D 1 à Fixem.*

Centre nucléaire de production d'électricité

À Cattenom. Visite du Centre d'information du public (exposition, maquettes, films) - réservations (2 j. av.) : CNPE de Cattenom - Mission communication - BP 41 - 57570 Cattenom - ☏ 03 82 51 70 00 - http://energies.edf.com/cattenom, de déb. mars à fin déc. : merc. et sam. 8h-12h, 13h30-17h - fermé j. fériés - gratuit. Pas de visite de l'installation.

Il comprend 4 tranches relevant de la filière à eau pressurisée. Chaque unité, équipée d'une tour de refroidissement d'une hauteur de 165 m, fournit une puissance électrique de 1 300 MW. Des panneaux et des bornes interactives vous révéleront tout ce que vous avez toujours voulu savoir sur le fonctionnement d'une centrale.

Prendre à droite la D 56.

Usselskirch

Dans le cimetière jouxtant la route, une tour romane, vestige d'une église du 12ᵉ s.

Gagnez Boust par la D 57.

Boust

Bâtie en pierre de taille, sur une éminence, l'église St-Maximin (1962), œuvre de l'architecte Pingusson, est remarquable par sa nef circulaire que prolonge un long pédoncule flanqué d'un campanile.

Revenez sur la D 56.

Roussy-le-Village

L'église St-Denis (1954), en pierre et béton, est surtout intéressante pour les sculptures de Kaeppelin et les vitraux de Barillet qu'on peut voir à l'intérieur.

Revenez à Usselskirch et suivez la D 57.

Rodemack

À 5 km de la frontière luxembourgeoise, Rodemack figure sur la liste des plus beaux villages de France. Cette ancienne cité surnommée « la Petite Carcassonne lorraine » conserve du temps de sa splendeur une imposante forteresse, restaurée au 17ᵉ s., et une porte fortifiée, au sud, au bord de la rivière, marquée par deux tours rondes. L'**église** (1783) frappe par la simplicité de son architecture, sa statuaire et son mobilier. Les maisons de Rodemack, au crépi gris et aux fenêtres cintrées, les entrées de caves et celles des granges sont typiques de la Lorraine.

Rejoignez la D 1. Vous traversez la frontière luxembourgeoise.

Mondorf-les-Bains

Belle ville d'eau dont les deux sources à 24 °C conviennent surtout aux affections hépatiques, intestinales et rhumatismales. Près de l'établissement thermal, **parc★** de 36 ha, aux belles frondaisons et aux parterres fleuris ; jolies vues sur le paysage luxembourgeois. Élevée en 1764 sur une colline dominant le vieux bourg, l'**église St-Michel**, de crépi rose et entourée d'un cimetière, possède un riche **mobilier★** Louis XV. Son orgue sur balcon sculpté d'emblèmes musicaux côtoie des stucs et fresques peints en trompe-l'œil par Weiser (1766).

😊 NOS ADRESSES À SIERCK-LES-BAINS

HÉBERGEMENT

BUDGET MOYEN

Relais du Château Mensberg – *15 r. du Château - 57480 Manderen - ℘ 03 82 83 73 16 - www.relais-mensberg.com - fermé 26 déc.-20 janv. -* 🅿 *- 13 ch. 60 € -* ☕ *7,50 € - rest. 18/60 €.* Au pied du château fort de Malbrouck, cette ancienne ferme vous accueille dans de confortables chambres fraîches. Trois salles à manger rustiques, dont deux en mezzanine. Plats traditionnels.

RESTAURATION

BUDGET MOYEN

Restaurant de la Vieille Porte – *8 pl. Morbach - ℘ 03 82 83 22 61 - www.lavieilleporte.com - 38/62 €.* Sis dans une imposante bâtisse de Sierck, ce restaurant sert une solide cuisine de terroir où se mêlent parfaitement tradition et modernité. Les grands classiques (blanquette, tête de veau) figurent au copieux et économique menu du jour *(15 €).*

Auberge de la Klauss – *1 rte de Kirschnaumen - 57480 Montenach - 3,5 km au sud-est de Sierck-les-Bains par D 956 - ℘ 03 82 83 72 38 - www.auberge-de-la-klauss.com - fermé 24 déc.-7 janv. et lun. - 16/52 €.* Ambiance *Le bonheur est dans le pré* d'Étienne Chatiliez dans cette auberge de campagne où l'on élève des oies, des canards et des cochons... Plats du terroir, bons vins, gibier en saison et surtout foie gras maison, voilà de quoi régaler les gourmands. Terrasse en été.

AGENDA

Fête du château – Tout le monde revêt son costume médiéval ! *(Dernier w.-end d'août.)*
Fêtes médiévales – À Rodemack *(dernier w.-end de juin ou 1er w.-end de juil.)* et à Sierck *(août).*

Saint-Avold

16 915 Naboriens – Moselle (57)

NOS ADRESSES PAGE 197

S'INFORMER

Office du tourisme de St-Avold – *28 r. des Américains - 57500 St-Avold -* ℘ *03 87 91 30 19 - tlj sf dim. et j. fériés 9h30-12h, 13h30-18h, sam. 10h-12h30, 13h30-17h - fermé Vend. saint et 26 déc.*

Office du tourisme de Forbach – *174 r. Nationale - 57600 Forbach -* ℘ *03 87 85 02 43 - www.tourisme.forbach.com - tlj sf dim. et j. fériés 9h-12h, 14h-18h (sam. 16h) - fermé Vend. saint, 26 déc. Point Info au Château du Schlossberg - rue du parc -* ℘ *03 87 85 02 43 - 15 avr.-15 oct. - horaires : se renseigner.*

Office du tourisme de Hombourg-haut – *1 r. de la Gare - 57470 Hombourg-Haut -* ℘ *03 87 90 53 53 - www.cc-freyming-merlebach.fr - tlj sf dim. et j. fériés 9h-11h45, 14h-17h45, sam. 9h-11h45 - fermé Vend. saint, 26 déc.*

SE REPÉRER

Plan de région C2 (p. 154) – carte Michelin Départements 307 L4. À 46 km à l'est de Metz, 29 km à l'ouest de Sarreguemines.

À NE PAS MANQUER

Le cimetière américain de St-Avold, la plus grande nécropole américaine en Europe.

St-Avold a beau se trouver en plein cœur du pays minier, elle ne ressemble guère à une cité minière. Outre des vieilles maisons, des pavés et des fontaines, elle possède deux édifices remarquables, le château d'Henriette de Lorraine, occupé aujourd'hui par la mairie, et l'abbatiale St-Nabor. St-Avold offre néanmoins une occasion unique de découvrir le monde des « gueules noires ». À 20 km à peine, le Carreau Wendel, transformé en musée, est le seul site français d'extraction de charbon conservé dans son intégralité.

Se promener

Ancienne église abbatiale St-Nabor

En grès rosé, cette abbatiale de style classique à nefs en halle est éclairée par de lumineux vitraux modernes dus à un artiste naborien. Épargnée par la Révolution, l'église a gardé ses boiseries du 18e s. : stalles, panneaux du chœur et buffet d'orgue. Elle abrite également un retable en pierre de la Vierge de la seconde moitié du 15e s. Au fond du bas-côté gauche, un **groupe sculpté★** du 16e s. représente une pathétique Mise au tombeau.

Cimetière américain

Le plus grand cimetière de la Seconde Guerre mondiale en Europe est situé au nord de la ville. Ses 45 ha accueillent les sépultures de 10 489 soldats et aviateurs rigoureusement alignées. Dans la chapelle-mémorial, sur le mur sud, une carte en céramique retrace les différentes opérations militaires.

À proximité

Zimming
10 km à l'ouest, entre la D 603 et l'autoroute A 4. À Zimming, prenez la petite route se dirigeant vers Hallering.

Au bord de la route, l'énorme **chêne de St-Gengoulf**, près d'une source et d'une croix, porte encore les traces des scies mécaniques destinées à l'abattre. Les soldats américains qui s'y essayèrent en 1945 durent abandonner leur projet, l'arbre étant plus résistant que leurs lames !

Hombourg-Haut
À 9 km à l'est de St-Avold par la N 3.

Du haut de son éperon rocheux, le village veille sur la vallée de la Rosselle. On voit de loin la collégiale St-Étienne au pied de laquelle le bourg s'est développé. Ne cherchez pas le château fort que Jacques de Lorraine, l'évêque de Metz, se fit construire ici au milieu du 13e s., il a totalement disparu, détruit pendant la guerre de Trente Ans sur l'ordre de Richelieu. Il reste cependant quelques vestiges des remparts et une vieille porte.

Collégiale St-Étienne – Cette église massive et trapue de style gothique fut construite entre le 13e et le 14e s. pour le chapitre de chanoines fondé en 1254 par Jacques de Lorraine. Dans le chœur à gauche, beau crucifix en grès, malheureusement mutilé (fin 15e-début 16e s.). La chapelle St-Nicolas, partie la plus ancienne de l'église, est voûtée d'ogives massives dont les clés de voûte sont ornées de figures humaines. La tribune d'orgues, majestueuse, date de 1847. En sortant de l'église, à droite, on aperçoit le portail baroque de l'ancien couvent des Récollets (aujourd'hui presbytère) orné d'une statue de saint François (1769).

Les « saints auxiliaires » – On peut découvrir dans la rue Ste-Catherine une série de statues en grès représentant 13 saints dits « auxiliaires ». Seraient-ils moins importants que les autres saints ? En tout cas, ils sont tous martyrs, sauf saint Gilles.

Au cimetière, prenez le chemin à gauche qui mène à la chapelle Ste-Catherine.

Chapelle Ste-Catherine – Ancienne chapelle du château de Jacques de Lorraine à l'extrémité du promontoire. Elle a été renforcée au 19e s. par d'épais contreforts sur le côté nord.

Itinéraire conseillé

LE PAYS MINIER

96 km – environ 2h30.
Quittez St-Avold par la D 633 vers Carling.

Carling
Cité ouvrière comprenant plusieurs usines dépendant d'une part du groupe Charbonnages de France (centrale Émile-Huchet et cokerie), et d'autre part du groupe Elf Atochem. La **centrale Émile-Huchet★** est dotée d'une chaudière à lit fluidisé circulant de 330 MW et de quatre turboalternateurs d'une puissante thermique de 1 200 MW. Une partie du charbon qui alimente cette centrale est amenée en carboduc. En prenant à droite la route de Merlebach, vous aurez sur la droite une vue générale sur les aménagements de Carling. Traversez ensuite l'Hôpital et Ste-Fontaine : vous voici sur la « route des Puits »,

Mine-musée du Carreau Wendel.
La Mine, Musée du Carreau Wendel

en plein pays du charbon, impressionnant avec ses chevalements, ses cheminées d'usines, ses cités industrielles, ses terrils, appartenant aux Houillères du Bassin de Lorraine.

Freyming-Merlebach

Ce centre houiller très important exploite de magnifiques couches verticales, les dressants. Cette méthode d'exploitation est unique en Europe.

Sur la place de l'Hôtel-de-Ville, le petit **Musée historique et militaire** évoque l'armée du second Empire et les régiments français et allemands en garnison dans la région entre 1871 et 1939. *Musée Historique et Militaire -* 📞 *03 87 29 69 63 -* ♿ *- lun.-jeu. 13h30-17h30, w.-end sur réservation (10 pers. min.) - fermé j. fériés - 1,20 € (-13 ans gratuit).*

À la sortie de Freyming-Merlebach, prenez la D 603 en direction de Forbach.

À gauche, la frontière allemande longe la route : les maisons du côté nord sont sarroises, celles du côté sud font partie de la commune française de Cocheren. Après le pont SNCF, on voit, sur la gauche, la cokerie de Marienau.

Par la D 31, gagnez Petite-Rosselle, la mine-musée est fléchée.

LA FIN DES « GUEULES NOIRES »

À l'apogée de son activité, en 1964, le bassin de Moselle emploie 34 000 mineurs et produit 22,4 millions de tonnes de minerai. Mais très vite s'amorce le repli de l'aventure houillère. Poussé par ses bas prix, le pétrole prend une place de plus en plus importante dans la consommation d'énergie. Les achats de charbon étranger, meilleur marché, progressent. Les deux crises pétrolières des années 1970 redonnent momentanément un second souffle au charbon, dont le prix redevient intéressant. Mais en 1994, la signature du Pacte charbonnier national planifie pour 2005 la fin de l'exploitation minière en France. La fermeture en avril 2004 de la mine de La Houve à Creutzwald en Moselle marque la fin des « gueules noires ».

★ Mine-musée du Carreau Wendel

☎ 03 87 87 08 54 - www.la-mine.fr - ♿ - possibilité de visite guidée (2h) sur demande (3 j. av.) - tlj sf lun. 10h-18h - fermé 1ʳᵉ sem. de janv., 25 et 26 déc. - 3 € (-6 ans gratuit), Nuit des musées gratuit.

Ancien centre d'extraction et de traitement du charbon exploité de 1856 à 1986, le Carreau Wendel a été converti en musée du bassin houiller lorrain, au terme d'une campagne de réhabilitation et d'aménagement. Ce vaste complexe propose notamment au public la descente au fond d'une mine « grandeur nature ». Les visiteurs peuvent appréhender en totalité l'univers si particulier des « gueules noires ». Acheminés en petit train à l'entrée de la mine, ils sont conviés à un voyage au cœur du charbon à travers 4 500 m² de galeries souterraines. Le passage du piqueur à la haveuse, du cheval au petit train et du « cuffat » (tonneau qui permettait jadis de descendre au fond de la mine) à la « cage » (ascenseur moderne) témoigne de la constante évolution des outils et des métiers depuis le 19ᵉ s. Contrairement aux gisements de la Sarre voisine, qui couraient parallèlement à la surface du sol, les veines de charbon du bassin lorrain avaient tendance à piquer vers les profondeurs, rendant l'exploitation quasi impossible… jusqu'à la conception des techniques de semi-dressants (exploitation de veines inclinées jusqu'à 45 %), et plus tard, de dressants qui permettront de s'attaquer à la verticalité. Ces deux types d'exploitation sont accessibles au public, une première en France et en Europe. Les chantiers sont reliés les uns aux autres par des sas pédagogiques illustrés d'objets et animés de projections. Le tout est dynamisé par une scénographie innovante et la projection d'un film en 3D, unique en Europe, sur la journée d'un mineur de fond. Expositions temporaires régulières dans l'enceinte du musée.

Revenez en direction de Forbach.

Forbach

En quittant la D 603 à l'entrée de Forbach, en direction de Grosbliederstroff, on atteint l'église puis, derrière celle-ci, le **Schlossberg**, colline boisée et couronnée par les ruines d'un château fort : vue étendue sur la ville et les environs. *Par la rue Ste-Croix et la D 31, on arrive à Behren, cité de mineurs. Empruntez ensuite la D 661, puis la D 910.*

Sarreguemines *(voir ce nom)*

Au sud de Sarreguemines, prenez à gauche la D 33 qui suit le cours de la Sarre.

Zetting

Le site verdoyant de ce village est dominé par une petite église à tour ronde préromane (9ᵉ ou 10ᵉ s.) et abside gothique encadrant la nef (ancien sanctuaire rural transformé au 15ᵉ s.). À l'intérieur, un remarquable buffet d'orgue Renaissance, une Mise au tombeau des 14ᵉ et 15ᵉ s., aux six personnages polychromes, et, surtout, des **vitraux**, du 15ᵉ s., qui éclairent le chœur. *Faites demi-tour et quittez la D 33 pour prendre à gauche la D 919, puis la D 31ᶜ en direction de Gaubiving.*

Aussitôt, des pentes du **Kelschberg**, on a une vue intéressante sur les puits du bassin houiller, les installations annexes et la cokerie de Marienau. *Revenez à St-Avold par les D 30ᶜ, D 30, puis D 603.*

Cette dernière passe par **Hombourg-Haut** *(voir ce nom)* en longeant la vallée de la Rosselle, verdoyante et boisée.

☺ NOS ADRESSES À SAINT-AVOLD

HÉBERGEMENT

PREMIER PRIX

Camping Le Felsberg – *Au nord du centre-ville, près D 603, accès par r. en Verrerie, face à la station-service Record - par A 4 : sortie St-Avold Carling -* 📞 *03 87 92 75 05 - www.camping-moselle.com - ouv. tte l'année -* ♿ *- réserv. conseillée - 33 empl.* Ce site comprend un camping aux emplacements bien entretenus et un centre international de séjour (dans un bâtiment de type chalet) proposant des chambres pour 2 à 6 personnes. À votre disposition : un restaurant et deux salles équipées de matériel audiovisuel.

RESTAURATION

BUDGET MOYEN

Le Schlossberg – *13 r. Parc - 57600 Forbach -* 📞 *03 87 87 88 26 - Fermé 20 juil.-7 août, 27 déc.-13 janv., dim. soir, mar. soir et merc. - 20/49 €.* Bâti en pierre du pays, ce restaurant côtoie le parc du Schlossberg. Salle au beau plafond marqueté et aux boiseries habillées de couleurs claires. Terrasse sous les tilleuls.

ACHATS

Macarons de Boulay – *13 r. de St-Avold - 57220 Boulay-Moselle - 19 km au nord-ouest de St-Avold par D 603 puis D 25 -* 📞 *03 87 79 11 22 - www.macaronsdeboulay.com - 8h30-12h15, 14h-19h, dim. 9h-12h, lun. 14h-19h - fermé j. fériés.* Depuis 1963, la famille Alexandre se fait gardienne d'un secret jalousement préservé, celui du fameux macaron de Boulay. Dans leur boutique de style rustique, vous pourrez déguster ces petits trésors et acheter un coffret souvenir, afin de succomber d'autres fois à leur saveur, encore et encore…

ACTIVITÉS

Golf de Faulquemont-Pontpierre – *Av. Jean-Monnet - 57380 Faulquemont -* 📞 *03 87 81 30 52 - www.golf-faulquemont.com - 9h-18h - fermé 24 déc.-2 janv. - 38 € 18 trous, 50 € w.-end - (enf. 8 € : 9 trous -15 € w.-end).*

Sarreguemines

21 733 Sarregueminois– Moselle (57)

NOS ADRESSES PAGE 200

🛈 **S'INFORMER**

Office du tourisme de Sarreguemines – *11 r. du Maire-Massing - 57203 Sarreguemines - ℰ 03 87 98 80 81 - www.ot-sarreguemines.fr - 9h30-18h, dim. et j. fériés 10h-17h - fermé 1ᵉʳ janv., 1ᵉʳ Mai, 1ᵉʳ Nov., 11 Nov., 25 et 26 déc.*

▶ **SE REPÉRER**

Plan de région D2 (p. 154) – carte Michelin Départements 307 N4. À 70 km à l'est de Metz, 91 km au nord-est de Nancy, 105 km au nord-ouest de Strasbourg.

😊 **À NE PAS MANQUER**

Le musée des Faïences de Sarreguemines, le Parc archéologique européen de Bliesbruck-Reihneim.

🕐 **ORGANISER SON TEMPS**

Prévoir une demi-journée pour le Parc archéologique.

Depuis 1790, Sarreguemines est le pays de la faïence. Un circuit de découverte rend hommage à cet art céramique. Il fait bon flâner sur le port où se rassemblent les plaisanciers, et sur les berges de la Sarre et de la Blies. Non loin de là, les forêts et les étangs raviront randonneurs et pêcheurs.

Visiter

Musée des Techniques faïencières (Moulin de la Blies)

125 av. de la Blies - ℰ 03 87 98 28 87 - www.sarreguemines-museum.com - 👤 - juil.-sept. : tlj mat. et apr.-midi ; oct.-juin : tlj sf mar. et j. fériés, mat. et apr.-midi - 3 € (-16 ans gratuit), 1ᵉʳ dim. du mois gratuit ; billet combiné avec Musée de la Faïence 4,50 €.

Ce moulin devenu musée permet de comprendre le processus de fabrication de la faïence, notamment grâce à la reconstitution d'ateliers de production. Au rez-de-chaussée, une maquette explique le fonctionnement du moulin. Le 1ᵉʳ étage est consacré aux techniques de préparation des terres, au façonnage et à la cuisson.

> **LA FAÏENCE**
>
> Fondée en 1790, la faïencerie de Sarreguemines oriente sa production vers les faïences fines à décor imprimé ou lustrées, grès fins… Parmi d'autres techniques se développe la **majolique**, forme de faïence à motifs décoratifs en relief, recouverte d'émaux de couleur. La famille de Geiger gère la faïencerie durant tout le 19ᵉ s. et une partie du 20ᵉ s., en collectionnant belles pièces et succès commerciaux. Près de 3 000 ouvriers fabriquent alors des porcelaines, majoliques, services de table et panneaux. Rachetée en 1979 par le groupe Lunéville-St-Clément, la faïencerie produit surtout des carrelages.

Atelier de faïence.
Musée de Sarreguemines.

Après la visite du musée, vous pourrez vous promener dans le **jardin des Faïenciers** qui abrite plus de 200 espèces végétales.

Musée des Faïences de Sarreguemines

17 r. Poincaré - ☏ 03 87 98 93 50 - www.sarreguemines-museum.com - juil.-sept. : tlj mat. et apr.-midi ; oct.-juin : tlj sf mar. mat. et apr.-midi. - fermé 1er janv., dim. Pâques, 1er Mai, et 25 déc. - 3 €, gratuit 1er dim. du mois.

Installé dans l'ancienne maison du directeur de la faïencerie, le musée illustre le passé ancien de la région. La **collection de céramiques★** présente l'histoire et les principales productions de Sarreguemines depuis près de deux siècles. Admirez en particulier le splendide **jardin d'hiver★★**, décoré de carreaux de faïence, aménagé par Paul de Geiger en 1882. Sur le mur, une fontaine monumentale en majolique d'inspiration Renaissance mélange les jaunes, verts, ocres et marron. De chaque côté, des panneaux représentent le petit pavillon *(à gauche)* et les bâtiments de l'usine *(à droite)*. Les services de table et objets décoratifs montrent l'évolution des techniques.

Circuit de la Faïence de Sarreguemines

🚶 3 km environ. ☏ 03 87 98 80 81 - www.sarreguemines-museum.com - ♿ - possibilité de visite guidée (1h30) - tlj sf mar. 10h-12h, 14h-18h - 4 € (enf. gratuit).

Cette balade permet de retracer deux siècles de savoir-faire et de talent entre les principaux sites de production de la faïence. Derrière l'hôtel de ville, ancien four de fabrique. Il y en avait une trentaine de ce type vers 1860, en brique et en forme de cône. En fin de parcours, arrêtez-vous dans le magasin des faïenceries !

À proximité

★ Parc archéologique européen de Bliesbruck-Reinheim

9,5 km à l'est par Bliesbruck. Depuis Sarreguemines, accès par la D 82. De mi-mars à fin oct. : tte la journée - fermé reste de l'année - 4,60 € (-16 ans gratuit).

De part et d'autre de la frontière séparant la Sarre de la Moselle s'étend sur 20 ha le territoire d'une cité antique. L'occupation, qui remonterait au néolithique, devint importante à l'époque celtique. De cette période date la tombe dite « de la princesse de Reinheim » (vers 400 av. J.-C.), dont les bijoux en or et le service à vin sont présentés (les originaux se trouvent au musée de Sarrebruck) dans un tertre funéraire reconstitué à proximité des vestiges d'une vaste villa (1er s.-5e s.). À Reinheim, une villa gallo-romaine (accès à pied ou en voiture), résidence d'un riche propriétaire terrien, a été mise au jour. Elle était dotée de tout le confort : peintures murales, bain privé, chauffage par le sol (hypocauste). À Bliesbruck, on découvre les **thermes publics★**. Le long de la voie antique s'étirent deux quartiers artisanaux, l'un présenté au public, l'autre en cours de fouilles. Plusieurs animations agrémentent la visite : à certaines époques de l'année, des techniques d'artisanat gallo-romain sont présentées et une fête celtique et romaine a lieu en août.

☺ NOS ADRESSES À SARREGUEMINES

HÉBERGEMENT

BUDGET MOYEN

Amadeus Hôtel – *7 av. de la Gare - ℘ 03 87 98 55 46 - www.amadeus-hotel.fr - fermé 10-14 avril, 23 déc.-4 janv. et sam. - 39 ch. 65 € - ☕ 8,50 €.* Cure de jouvence réussie pour cet immeuble des années 1930 situé à côté de la gare. Chambres de tailles diverses, repensées dans un esprit contemporain coloré.

Hôtel Union – *28 r. Alexandre-de-Geiger - ℘ 03 87 95 28 42 - www.unionsarreguemines.fr - 27 ch. 54/64 € - ☕ 6,50 € - rest. 16/20 €.* Union : un nom précurseur dans cette ville frontalière. Chambres fonctionnelles ; certaines sont équipées de meubles conçus par un ébéniste alsacien. Boiseries et faïences – de Sarreguemines – décorent la salle de restaurant. Cuisine régionale.

RESTAURATION

PREMIER PRIX

Casino des Sommeliers – *4 r. du Col.-Cazal - ℘ 03 87 02 90 41 - fermé 1er au 15 août, 25 déc. au 1er janv., dim. et lun. - 14 €.* Au bord de la Sarre, l'ancien casino des Faïenceries qui date de 1890 est une belle maison en brique rose. Son décor de fresques et de belles boiseries d'époque s'accorde fort bien avec la cuisine alsacienne joliment présentée que l'on sert dans son restaurant.

BUDGET MOYEN

Pascal Dimofski – *57200 Woelfling-lès-Sarreguemines - ℘ 03 87 02 38 21 - pascal.dimofski@gmail.com - Fermé août, vac. de fév., lun. et mar. - 🅿 - 25/72 €.* À l'orée d'un bois, auberge campagnarde où poutres, cheminée et fauteuils design en cuir composent un décor original. Cuisine personnalisée et carte des vins bien balancée.

POUR SE FAIRE PLAISIR

Le Petit Thierry – *135 r. de France - ℘ 03 87 98 22 59 - fermé 3 sem. en août, 2 sem. en janv., merc. soir et jeudi 🅿 - formule déj. 29 € - 35 €.* Discrète auberge abritant une salle de restaurant spacieuse et cossue, habillée de boiseries et de poutres. Cuisine inventive variant avec les saisons et belle sélection de vins.

ACHATS

Faïence – Près des thermes, la boutique du Parc propose des répliques de vases, d'amphores, de poterie et de masques de scène.

ACTIVITÉS

Location de vélos – *Renseignements à l'office du tourisme de Sarreguemines - 1/2 journée adulte 5 €, enf. 2 €, journée entière adulte 7 €, enf. 5 €.*

AGENDA

Vita Romana et fête celtique – En août et sept. au Parc archéologique.

Nancy
et plateau lorrain

3

Carte Michelin Départements 307 – Meurthe-et-Moselle (54), Moselle (57)

Cigognes au parc de Ste-Croix.
Jean Lavergne / Parc animalier de Ste Croix

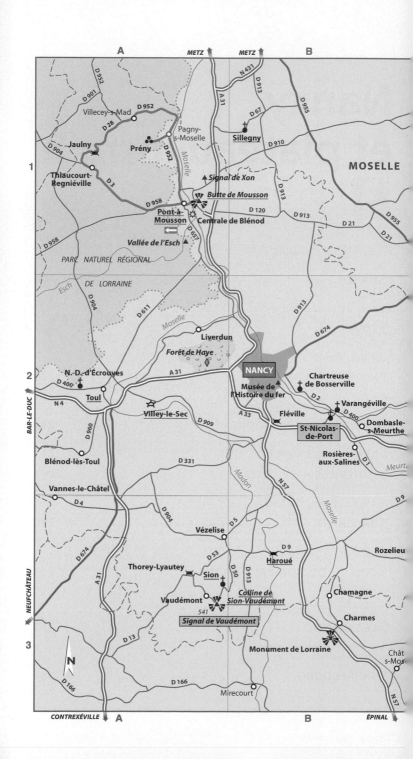

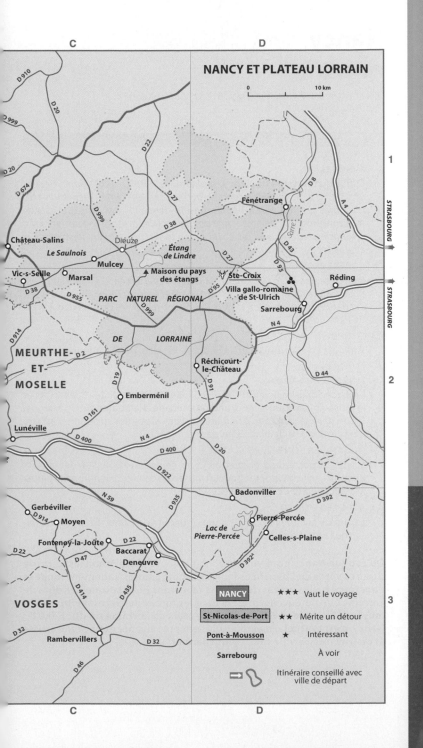

NANCY ET PLATEAU LORRAIN

0   10 km

STRASBOURG
STRASBOURG

D 910
D 20
D 999
D 20
D 674
D 22
D 27
D 38
D 8
A 4
Fénétrange
Sarre
D 43
Château-Salins
Dieuze
Le Saulnois
Étang de Lindre
D 999
Mulcey
D 27
D 95
Ste-Croix
Réding
Vic-s-Seille
Marsal
Maison du pays des étangs
Villa gallo-romaine de St-Ulrich
D 38
D 955
PARC   NATUREL   RÉGIONAL
Sarrebourg
D 999
N 4
D 914
DE   LORRAINE
D 2
Réchicourt-le-Château
D 44
MEURTHE-
ET-
MOSELLE
D 19
D 91
Emberménil
D 161
N 4
Lunéville
D 400
N 4
D 400
D 922
D 20
Badonviller
D 392
D 935
Gerbéviller
D 914
Moyen
N 59
Pierre-Percée
Fontenoy-la-Joûte
D 22
Lac de Pierre-Percée
Celles-s-Plaine
D 22
Baccarat
D 47
Deneuvre
D 392
D 414
D 435
VOSGES
D 32
Rambervillers
D 32
D 46

NANCY   ★★★ Vaut le voyage

St-Nicolas-de-Port ★★ Mérite un détour

Pont-à-Mousson   ★   Intéressant

Sarrebourg   À voir

         Itinéraire conseillé avec ville de départ

Nancy

★★★

105 468 Nancéiens (agglomération : 331 363 habitants) –
Meurthe-et- Moselle (54)

 NOS ADRESSES PAGE 221

S'INFORMER

Office du tourisme de Nancy – *Pl. Stanislas - BP 810 - 54011 Nancy Cedex - ℘ 03 83 35 22 41 - www.ot-nancy.fr - avr.-oct. : 9h-19h, dim. et j. fériés 10h-17h ; nov.-mars : 9h-18h, dim. et j. fériés 10h-13h - fermé 1er janv., 25 déc. L'office de tourisme propose également une boutique où les artisans locaux, orfèvres, céramistes, ferronniers d'art, ébénistes ou confiseurs, vendent leurs produits et font des démonstrations.*

SE REPÉRER

Plan de région B2 (p. 204) – carte Michelin Départements 307 I6. Nancy est posée sur la Meurthe et sur le canal de la Marne au Rhin. Elle est desservie par deux autoroutes, l'A 31 et l'A 33, et se trouve dorénavant à 1h30 de Paris en TGV.

SE GARER

Parkings en centre-ville et aux abords. En ville, préférez le tramway ou la marche.

À NE PAS MANQUER

La place Stanislas, le musée de l'École de Nancy, celui des Beaux-Arts et le Musée historique lorrain, une promenade à la Pépinière. Une dégustation de macarons ou de bergamotes, un café dans l'ancienne brasserie L'Excelsior ou sur la place Stanislas.

ORGANISER SON TEMPS

Si vous disposez de deux ou trois jours, commencez par l'un des circuits du centre-ville, puis optez pour un musée du centre. Le lendemain, partez à la découverte de l'Art nouveau.

AVEC LES ENFANTS

Le zoo de la Pépinière, le Muséum-aquarium de Nancy et le parc de loisirs de la forêt de Haye.

Qu'évoque Nancy pour vous ? La majestueuse place Stanislas toute de dorures sur le ciel bleu ? Les fameuses bergamotes sagement rangées dans leurs belles boîtes de fer ? Les macarons ? La capitale des ducs de Lorraine ? L'Art nouveau, présent dans les rues et derrière les vitrines des musées ? Le chardon ? Ou la fameuse croix de Lorraine du duc René II ? Nancy, c'est tout cela, mais bien plus encore : vivante et paisible, artiste et distrayante, la ville saura vous charmer.

Place Stanislas.
Arnaud Malon / MICHELIN

Se promener

AU TEMPS DU BON ROI STANISLAS

▷ *Circuit* ① *tracé en vert sur le plan II de la ville p. 213 - Cette promenade part de la place Stanislas - Comptez 1h30 sans les visites.*

★★★ **Place Stanislas** (plan II D2)

Entièrement rénovée en 2005, à l'occasion de son 250e anniversaire, la place Stanislas est plus que jamais le lieu de rendez-vous privilégié des Nancéiens. Qu'il s'agisse de fêter la St-Nicolas ou une quelconque victoire de l'équipe locale, la place, rendue entièrement piétonne, se prête à tout type de réjouissances. Assis à la terrasse d'un café ou sur les lices qui entourent la place, le visiteur aura ici un bon aperçu de l'art de vivre à la nancéienne. Et cela se vérifie depuis le 18e s. où le roi Stanislas, soucieux d'embellir et d'unifier Nancy, fit construire cette place (1752-1755) comme trait d'union entre la Ville-Vieille et la Ville-Neuve. La statue de Louis XV, sculptée par le Nîmois Guibal et le Brugeois Cyfflé, qui trônait jadis au centre de la place, lui valut à l'époque le nom de place Royale. Détruite sous la Révolution, la statue fut remplacée en 1831 par celle de Stanislas : la place est alors rebaptisée du nom du Polonais. Mais Louis XV n'a pas été totalement évincé de la place : si vous suivez la direction pointée par l'index de Stanislas, vous apercevrez, sur l'arc de triomphe, un médaillon à l'effigie du roi.

La place est entourée de cinq **pavillons** élevés et de deux réduits à un rez-de-chaussée percé d'arcades monumentales. Cette disposition, tout en donnant une impression d'espace plus grand, laisse intact le merveilleux équilibre de la place. Les façades sont d'Emmanuel Héré. Joyau de la place, les **grilles**, de même que les balcons en fer forgé, sont de Jean Lamour. De fer forgé rehaussé d'or, elles ornent les quatre pans coupés et les débouchés des rues Stanislas et Ste-Catherine. Les grilles du nord composent chacune un triple portique. Elles encadrent les fontaines de Neptune et d'Amphitrite, œuvres de Guibal. La place Stanislas est inscrite depuis 1983 par l'Unesco au Patrimoine mondial de l'humanité.

Hôtel de ville (plan II D2 H)

Pl. Stanislas - juil.-août : certains j., sur demande à l'office de tourisme - gratuit. Il fut érigé de 1752 à 1755. Les armoiries de Stanislas ornent son fronton : aigle de Pologne, cavalier de Lituanie, taureau des Leszczyński. L'escalier magnifique à double volée s'orne d'une rampe de Jean Lamour. Il mène au **salon carré**, dit « de l'Académie », décoré de fresques de Girardet restaurées et même restituées de 2000 à 2002, toutes à la gloire de Stanislas, puis au grand salon inauguré le 17 juillet 1866 par l'impératrice Eugénie. Un petit salon, dit « salon de l'Impératrice », lui fait suite. Des fenêtres des salons, on a sous les yeux la perspective de la place Stanislas, de la place de la Carrière et du palais du Gouvernement, au fond.

Opéra (plan II D2)

C'est l'Opéra Garnier qui servit de modèle à cet opéra-théâtre, aménagé en 1919 par l'architecte Hornecker. Devant une scène à l'italienne, la salle à la française, toute de blanche, rouge et or, peut accueillir jusqu'à 1 000 spectateurs. Il n'y manque qu'une fresque au plafond. Le bâtiment, contemporain de la place Stanislas, abrita d'abord un hôtel, tandis que les spectacles avaient lieu en face, là où se trouve aujourd'hui le **musée des Beaux-Arts**, sur le fronton duquel on peut encore apercevoir des masques de la *commedia dell'arte*.

★★ Musée des Beaux-Arts (plan II D2)

3 pl. Stanislas - ✆ 03 83 85 30 72 - www.mairie-nancy.fr - ♿ - possibilité de visite guidée (1h30) sur demande - tlj sf mar. 10h-18h - fermé 1ᵉʳ janv., 1ᵉʳ Mai, 14 Juil., 1ᵉʳ nov., 25 déc. - 6 € (-12 ans gratuit), 1ᵉʳ dim. du mois gratuit.Expositions temporaires plusieurs fois par an.

Le musée est installé dans l'un des pavillons de la place Stanislas. Agrandi et modernisé en 1999, il occupe aujourd'hui 9 000 m² au total. Ses riches collections proposent un panorama de l'art en Europe du 14ᵉ au 20ᵉ s.

La mise en scène intérieure met en valeur l'ensemble de la collection grâce à un subtil jeu de lumière et à des rapprochements inattendus, particulièrement au 1ᵉʳ étage où les primitifs et les maniéristes côtoient les écoles des 16ᵉ, 17ᵉ et 18ᵉ s. Ce dernier siècle est particulièrement à l'honneur au 2ᵉ étage, dans la magnifique salle qui surplombe la place Stanislas.

Le rez-de-chaussée abrite, quant à lui, les périodes 19ᵉ-20ᵉ s. et l'art contemporain. Parmi les grands noms exposés, Manet, Monet, Henri Edmond Cross, Modigliani, Juan Gris, Georg Grosz, Picasso… Quelques grands artistes lorrains du début du 20ᵉ s. sont également présentés : Étienne Cournault, Victor Prouvé, Francis Gruber, fils du maître verrier nancéien Jacques Gruber. Les toiles du Lorrain Émile Friant sont particulièrement remarquables : les visages sont si réalistes que l'on croirait des photographies, tandis que les arrière-plans sont caractéristiques de l'impressionnisme. En illustration de l'histoire locale, voyez la *Bataille de Nancy* vue par Eugène Delacroix. Des sculptures intéressantes accompagnent ces tableaux : Rodin, Raymond Duchamp-Villon, Jacques Lipchitz, César…

L'Italie est très présente avec, aux côtés des primitifs, des œuvres du Pérugin, du Tintoret, de Pierre de Cortone, du Caravage, de Volterrano, de Cigoli. Des paysages et des natures mortes de Joos de Momper et Jan II Bruegel, Rubens, avec une exceptionnelle **Transfiguration**, et van Hemessen témoignent de l'importance des écoles du Nord. L'école française du 17ᵉ s. est illustrée par le Lorrain *(Paysage pastoral)*, Simon Vouet *(L'Amour qui se venge)*, Philippe de Champaigne *(La Charité)*.

La peinture du 18ᵉ s. trouve naturellement sa place dans le pavillon d'Emmanuel Héré, avec notamment J.-B. Claudot, Desportes, François Boucher, Carle van Loo.

Nancy sous influence polonaise

UNE VILLE RÉCENTE

Nancy naît au 11e s. à l'abri du château fort de Gérard d'Alsace, fondateur du duché héréditaire de Lorraine, entre deux marais de la Meurthe. Au 14e s., une enceinte fortifiée entoure ce qui est aujourd'hui la Ville-Vieille. Seule en subsiste la porte de la Craffe *(voir « Se promener »)*. En 1475, Nancy tombe pendant une année sous le contrôle de Charles le Téméraire, dernier duc de Bourgogne. À cette époque, la croix à double traverse (la traverse supérieure figurant l'écriteau sur la croix du Christ) fait déjà partie du patrimoine de la maison de Lorraine et rappelle le souvenir d'une relique de la vraie Croix. En juillet 1940, les forces navales de l'amiral Muselier l'adopteront, les premières, comme emblème de la France au combat.

LES DUCS DE LORRAINE ET LEUR VILLE

Au 15e s., René II et son successeur Antoine se construisent un nouveau palais. À la fin du 16e s., le duc Charles III crée, au sud de la Ville-Vieille, une Ville-Neuve. Ce qui n'empêche pas la guerre de Trente Ans de décimer la ville. Les « Misères de la guerre », illustrées par Jacques Callot, graveur nancéien, atteignent cruellement les habitants. Le duc Léopold (1697-1729), bénéficiant d'une ère de tranquillité, aura beaucoup à faire pour relever la cité de ses ruines.

STANISLAS LE MAGNIFIQUE

En 1737, François III, duc de Lorraine, est contraint par Louis XV de céder son duché en échange de celui de Toscane, pour pouvoir épouser Marie-Thérèse, future impératrice d'Autriche. Louis XV installe alors sur le trône de Nancy son beau-père, Stanislas Leszczyński, roi détrôné de Pologne, à la mort duquel la Lorraine reviendra tout naturellement à la France. Il s'agit d'accoutumer la Lorraine à la domination française. Or, nul mieux que ce Polonais ne saura se faire aimer des Lorrains par ses largesses et les embellissements qu'il laissera à sa capitale d'adoption, dont la fameuse place qui porte son nom. Pendant tout son règne (1737-1766), Stanislas joue le rôle d'un gouverneur de province. Roi bâtisseur, il confie des travaux de grande ampleur aux architectes, peintres et sculpteurs qui l'entourent à Lunéville, où il a établi sa cour. Il met en place un enseignement gratuit dont les Nancéiens bénéficient jusqu'à la Révolution. Il favorise également le Collège de médecine, les médecins devant assurer des consultations gratuites. Pétri des idéaux des Lumières, il fonda aussi la Société royale des sciences et des belles-lettres.

TERRE DE FRANCE

De 1871 à 1918, Nancy accueille les populations réfugiées. Les arrivants sont si nombreux que toute une ville moderne s'ajoute aux trois villes existantes, la Ville-Vieille, la Ville-Neuve et celle de Stanislas. Le nouveau Nancy, riche de nombreuses industries, s'accroît chaque jour : de 40 000 habitants en 1850, la ville en compte 66 000 en 1876, 103 000 en 1901 ! Ce dernier chiffre n'a en revanche pratiquement pas changé depuis un siècle.

Le musée possède un **fonds d'art graphique**★ remarquable avec tout l'œuvre gravé de Jacques Callot (787 gravures) et les dessins de Grandville (1 438 dessins).

Au sous-sol, des vestiges de fortifications du 15e au 17e s., découverts lors des travaux d'extension, abritent la **collection Daum**★★, ensemble de près de 300 pièces permettant de découvrir l'évolution de la manufacture du début du 20e s. à nos jours.

★ Arc de triomphe (plan II D2)

Cet arc de triomphe fut construit de 1754 à 1756, pour honorer Louis XV. La façade principale, qui regarde la place Stanislas, est d'inspiration antique : elle imite l'arc de Septime Sévère à Rome. La partie droite, consacrée aux dieux de la guerre, est dédiée au « Prince victorieux » ; la partie gauche, consacrée aux déesses de la paix, glorifie le « Prince pacifique ». Passez sous l'arc pour regarder l'autre façade, plus simple, qui donne sur la place de la Carrière. Au sommet de l'arc, le groupe doré qui tient le médaillon de Louis XV représente la Gloire et la Renommée. À droite, du côté du parc, monument à Héré ; à gauche, monument à Callot, célèbre graveur nancéien.

★ Place de la Carrière (plan II D2)

Cette longue place date du 16e s. ; elle servait à l'époque aux joutes, tournois et autres fêtes. Héré la transforma en un point de jonction entre la Ville-Vieille et la Ville-Neuve. Elle est encadrée par de beaux hôtels du 18e s. Le terre-plein central est orné de sculptures et les angles sont décorés de fontaines. Aux deux extrémités s'ouvrent les grilles de Lamour, enrichies de potences à lanternes.

★ Palais du Gouvernement (plan II D1/2)

À l'opposé de l'arc de triomphe, la place de la Carrière est fermée par le palais du Gouvernement, ancienne résidence de l'intendant de Lorraine, dessiné par Héré. Le péristyle de l'édifice est relié aux maisons de la place par une **colonnade**★ d'ordre ionique surmontée d'une balustrade ornée de vases. Entre chaque colonne, trophées militaires et bustes de guerriers turcs.

Tournez à droite, pour entrer dans le parc.

La Pépinière (plan II D/E1)

Cette belle promenade de 23 ha, que l'on doit à Stanislas, comprend une terrasse, un jardin anglais et une roseraie. Avant d'être un parc d'agrément, la pépinière royale constitua un véritable réservoir d'arbres à planter le long des routes lorraines. On y voit la **statue** du peintre Claude Gellée, dit le Lorrain, par Rodin.

👫 La Pépinière abrite aussi un parc zoologique.

Sortez à l'opposé, du côté du boulevard du 26e-Régiment-d'Infanterie. Prenez cette artère à droite pour rejoindre la rue Ste-Catherine.

Muséum-aquarium de Nancy (plan II E2)

34 r. Ste-Catherine - ☎ 03 83 32 99 97 - www.man2.uhp-nancy.fr - ♿ - 10h-12h, 14h-18h - fermé 1er janv., 1er Mai et 25 déc. - 3,80 € (12-18 ans 2,30 €).

👫 Il abrite un aquarium tropical de 60 bassins où évoluent des poissons d'eaux douces ou salées. Le premier étage, récemment rénové, met en scène de façon pédagogique plus de 600 animaux empaillés.

Jardin Godron (plan II E2)

3 r. Ste.-Catherine - juin-août : 8h-21h ; avr., mai et sept. : 8h-19h ; 1er-15 oct. : 8h-18h ; du 16 oct. à fin fév. : 8h-17h : mars : 8h-19h - gratuit. Jouxtant le Muséum-aquarium, ce petit jardin présente une belle collection de fleurs et de plantes d'ornement. Pivoines, anémones, hellébores ou campanules fleurissent dans des parterres séparés de buis. Du temps où il était un jardin botanique, le premier de Nancy, à l'instigation de Stanislas, il a conservé un magnifique gingko biloba parmi les plus vieux de France. Les collections botaniques ont été déplacées en 1993 sur un site beaucoup plus vaste, le jardin botanique du Montet *(lire description dans « À voir aussi »)*.

Passez le Muséum-aquarium pour emprunter, à gauche, la rue Godron, puis, au bout à droite, la rue Girardet.

Place d'Alliance (plan II E2)
Dessinée par Héré et entourée d'hôtels particuliers du 18e s., elle est ornée d'une fontaine de Cyfflé surmontée d'un obélisque et d'un génie qui commémorent l'alliance conclue le 1er mai 1756 entre la France et l'Autriche. Sur cette place verte et intime, observez l'hôtel d'Alsace et l'ancien éteignoir de torche situé à côté de l'entrée.

Prenez la rue Bailly, puis tournez à droite dans la rue St-Georges.

Cathédrale (plan II E2)
À l'origine primatiale, cette cathédrale aux proportions majestueuses fut édifiée dans la première moitié du 18e s. sur les plans de **Giovanni Betto**, **Jules Hardouin-Mansart** et **Germain Boffrand**. À l'intérieur, les belles grilles des chapelles sont dues à Jean Lamour, l'auteur des grilles de la place Stanislas. Dans l'abside, Vierge à l'Enfant sculptée par le Nancéien Bagard (17e s.). Les orgues des frères Dupont possèdent 3 700 tuyaux et le buffet est de Jean-Nicolas Jenneson. Dans la sacristie, le **trésor** contient l'anneau, le calice, la patène, le peigne et l'évangéliaire de saint Gauzelin, évêque de Toul dans la première moitié du 10e s., un ivoire du 10e s., l'étole de saint Charles Borromée... ✆ 03 83 35 26 03 - ♿ - possibilité de visite sur demande préalable - gratuit.

La rue Montesquieu permet de rejoindre la rue de la Primatiale, que vous empruntez vers la droite. Longez le marché central puis continuez jusqu'à la place Henri-Mengin.

Église St-Sébastien (plan II D2)
Ce chef-d'œuvre de l'architecte Jenesson (tombeau dans le bas-côté droit), consacré en 1732, impressionne par sa spectaculaire **façade★** baroque concave ornée de quatre grands bas-reliefs. À l'intérieur, les trois nefs en halle sont portées par de majestueuses colonnes ioniques. Huit verrières géantes éclairent le vaisseau. Les autels latéraux sont de Vallin (école de Nancy). Remarquez l'orgue de Dalstein-Haerpfer.

Revenez sur vos pas pour prendre à gauche la rue St-Dizier, à droite la rue St-Georges puis à gauche la rue des Dominicains.

Maison des Adam (plan II D2)
57 r. des Dominicains. Une véritable façade publicitaire pour les Adam, fameux sculpteurs du 18e s. qui déployèrent tous leurs talents sur leur propre demeure.

Regagnez la place Stanislas. On peut prolonger le circuit par une visite de l'église N.-D.-de-Bon-Secours, légèrement excentrée. Pour s'y rendre, il est possible de prendre le bus 131 depuis la rue St-Dizier.

★ Église N.-D.-de-Bon-Secours (plan I B2)
Pl. du Gén.-de-Castelnau - ✆ 03 83 36 76 95 - avr.-sept. : mar. et sam. 14h-18h ; hiver : sam. 14h-17h30 - gratuit. L'office de tourisme organise des visites guidées - renseignements au ✆ 03 83 35 22 41.

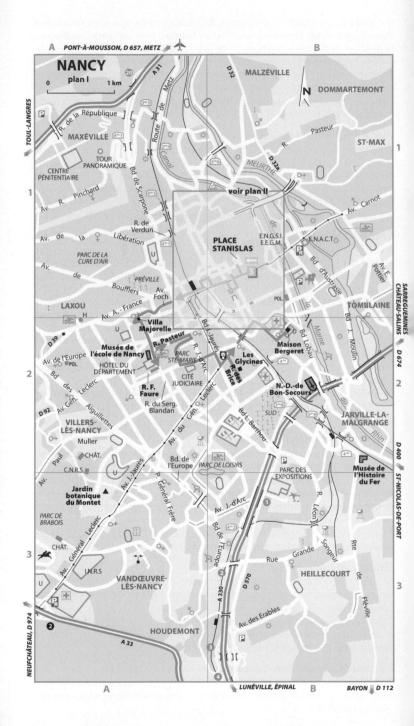

NANCY
plan I

0   1 km

PONT-À-MOUSSON, D 657, METZ

TOUL-LANGRES

MALZÉVILLE

DOMMARTEMONT

ST-MAX

MAXÉVILLE

CENTRE PÉNITENTIAIRE

TOUR PANORAMIQUE

MEURTHE

voir plan II

Av. R. Pinchard

Av. de la Libération

R. de Verdun

PARC DE LA CURE D'AIR

PRÉVILLE

Boufflers

Av. Foch

PLACE STANISLAS

E.N.G.S.I. E.E.G.M.

E.N.A.C.T

Av. Carnot

Av. E. Pottier

SARREGUEMINES CHÂTEAU-SALINS

D 674

LAXOU

Av. A.-France

Villa Majorelle

Musée de l'école de Nancy

R. Pasteur

HÔTEL DU DÉPARTEMENT

PARC STE-MARIE

CITÉ JUDICIAIRE

R. F. Faure

R. du Serg. Blandan

Les Glycines

R. des Brice

Maison Bergeret

N.-D.-de Bon-Secours

TOMBLAINE

Bd J. Moulin

D 39

Av. de l'Europe

Bd des Leclerc

Av. Gén. Leclerc

Aiguillettes

VILLERS-LÈS-NANCY

Muller

CHÂT.

C.N.R.S.

D 92

Av. du Gén. Leclerc

Bd. Barthou

SUD

JARVILLE-LA-MALGRANGE

D 400

ST-NICOLAS-DE-PORT

Av. Paul

Bd de l'Europe

PARC DE LOISIRS

Jardin botanique du Montet

PARC DE BRABOIS

Av. J. Jaures

R. Général Frère

PARC DES EXPOSITIONS

Musée de l'Histoire du Fer

CHÂT.

I.N.R.S

VANDŒUVRE-LÈS-NANCY

R. Léon

HEILLECOURT

Grande

Rue

Songeur

Rte

de

Flèville

Bd de l'Europe

A 330

D 570

Av. des Erables

HOUDEMONT

A 33

NEUFCHÂTEAU, D 974

LUNÉVILLE, ÉPINAL

BAYON   D 112

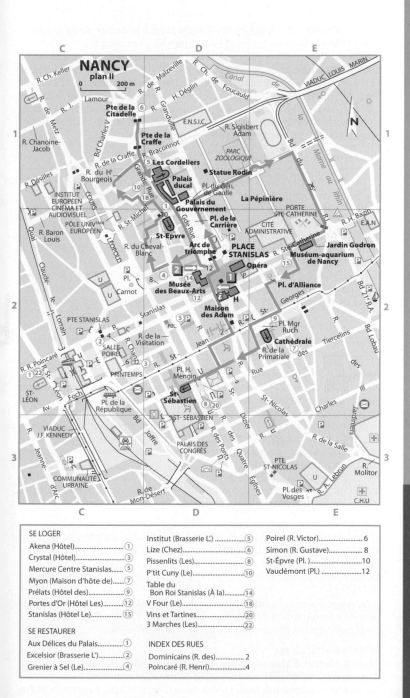

NANCY
plan II
0   200 m

Cette église baroque a été construite par Héré à la demande de Stanislas entre 1738 et 1741. Une récente restauration lui a redonné toute sa beauté. L'intérieur, richement orné, possède des confessionnaux sculptés, de style Louis XV, des grilles de Jean Lamour et une belle chaire rocaille. Dans le chœur se trouvent, à gauche le **mausolée de Catherine Opalinska★**, épouse de Stanislas, par les Adam, et à droite le **tombeau de Stanislas★** et le monument du cœur de Marie Leszczyńska, épouse de Louis XV, sculptés par Vassé. La présence des tombeaux du couple royal polonais fait de cette église un lieu un pèlerinage renommé pour leurs compatriotes.

VILLE-VIEILLE

◗ Circuit ② tracé en vert sur le plan II de la ville p. 213. Cette promenade part de la place Vaudémont, comptez 1h.

La Ville-Vieille, cœur historique de Nancy, forme un quadrilatère autour de la place St-Epvre. Son extension hors de ses anciennes portes donna naissance à la Ville-Neuve de Charles III.

Partez de la place Vaudémont et empruntez la Grande-Rue, puis la rue Callot. À l'angle, tourelle du 17ᵉ s.

Par la rue Callot, on atteint la place La Fayette, où s'élève une statue de Jeanne d'Arc par Frémiet, réplique de celle de Paris. Au n° 1 de la rue de la Monnaie, **hôtel de la Monnaie** construit par **Boffrand**. Prenez ensuite à droite la rue de la Source, où se trouvent, au n° 10, l'hôtel du marquis de Ville, et au n° 12, l'**hôtel de Lillebonne**. Construit pour Claude de Beauvau en 1578, avec un bel escalier sculpté Renaissance, il abrite aujourd'hui la bibliothèque jeunesse.

Prenez à droite la rue du Cheval-Blanc, puis à gauche la rue de la Charité.

Basilique St-Epvre (plan II D2)

Plusieurs églises, toutes dédiées à saint Epvre, évêque de Toul, se succédèrent à cet endroit : c'est une église du 15ᵉ s. qui fut rasée pour faire place à celle-ci, plus fastueuse et construite par Morey en un temps record (1864-1871). Le manque de moyens conduisit malheureusement à employer des matériaux peu solides. La tempête de 1999 et la pollution ont rendu nécessaire une restauration extérieure qui vient de s'achever. De style gothique rayonnant, sa belle façade est précédée d'un escalier monumental (don de l'empereur François-Joseph). À l'intérieur, les voûtes reposant sur les piliers et l'importance des vitraux donnent l'impression d'une église sans murs. Remarquez les vitraux de **Gruber** dans le transept droit (saint Nicolas et sainte Odile).

Place St-Epvre

Elle est dominée par la statue équestre du duc René II, sculptée au 19ᵉ s. par Mathias Schiff. Face à la basilique, les arcades font partie des plus anciens vestiges de la Ville-Vieille.

Quittez la place par la rue St-Epvre, puis tournez à gauche dans la rue St-Michel.

À l'angle, remarquez l'amusante sculpture qui orne la maison dite « des Deux-Sirènes ». En regardant de plus près, on y reconnaît plutôt deux tritons.

De la rue St-Michel, tournez à droite dans la rue Mgr-Trouillet.

Hôtels particuliers

Au n° 9, l'**hôtel d'Haussonville** reconverti en hôtel de luxe est de style Renaissance (1528-1543). Il est composé de deux corps de logis en angle avec deux galeries extérieures faisant office de couloir : gothique au premier étage, Renaissance au second. La fontaine est décorée d'un Neptune. En traversant la place de l'Arsenal pour rejoindre la rue des Loups, voyez, au n° 9, l'ancien arsenal du 16e s. avec ses trophées d'armes (aujourd'hui école St-Jean-Baptiste-de-la-Salle). Au n° 4 de la rue des Loups, hôtel de Gellenoncourt, à portail Renaissance ; au n° 1, hôtel des Loups ou de Curel, par **Boffrand**. Ce dernier, fin 17e s.-début 18e s., appartenait au grand louvetier du duc Léopold, amateur de chasse.

Au bout de la rue des Loups, tournez à droite dans la rue du Haut-Bourgeois.

Au n° 29, **hôtel Ferraris★** par **Boffrand**, avec balcon armorié, escalier monumental, peinture en trompe l'œil (spectaculaire, mais dégradée) et fontaine de Neptune dans la cour. Au n° 6, hôtel de Fontenoy par le même architecte (début 18e s.).

Tournez à gauche, vers la porte de la Craffe.

★ Porte de la Craffe (plan II C1)

Vestige des fortifications médiévales, la porte de la Craffe arbore fièrement ses tours jumelles édifiées en 1463. Le chardon de Nancy et la croix de Lorraine sont des éléments de décor dus à une restauration du 19e s. La façade opposée est de style Renaissance. L'intérieur a servi de prison jusqu'après la Révolution.

Passez sous la porte et continuez tout droit.

Porte de la Citadelle (plan II C1)

Elle fut commandée vers 1598 par le duc Charles III pour doubler la défense de la porte de la Craffe. Ses ponts-levis permettaient d'accéder d'un côté au bastion donnant sur la Ville-Vieille et de l'autre à la campagne. D'architecture Renaissance, elle est ornée de bas-reliefs et de trophées d'armes.

Faites demi-tour et retrouvez la Grande-Rue.

★ Église et couvent des Cordeliers (plan II D1)

Mêmes conditions de visite que le Musée historique lorrain.

Composée d'une nef unique, suivant l'usage des ordres mendiants, l'**église★** fut édifiée, ainsi que le couvent adjacent, à la fin du 15e s., sur l'initiative du duc René II. C'est la plus ancienne des églises de Nancy. Autrefois reliée au palais ducal par une galerie, elle abrite aujourd'hui une partie des collections du Musée historique lorrain.

Dans une chapelle à gauche, le **gisant de Philippa de Gueldre★★**, seconde femme de René II, a été sculpté dans un calcaire très fin par Ligier Richier, dont c'est une des plus belles œuvres. Contre le mur sud *(près du maître-autel)*, le **tombeau★ de René II**, dont il ne reste que l'enfeu, a été exécuté par Mansuy Gauvain en 1509. Celui-ci est aussi l'auteur d'une magnifique Cène, bas-relief inspiré du célèbre tableau de Léonard de Vinci. Dans le chœur, remarquez le retable sculpté du maître-autel (1522), les stalles du 17e s. et le lutrin de fer forgé (18e s.) aux emblèmes lorrains.

À gauche du chœur de l'église, la **chapelle ducale★** s'élève au-dessus du caveau funéraire des ducs de Lorraine. De forme octogonale, la chapelle a ses murs encadrés de seize colonnes, auxquelles s'adossent sept cénotaphes en marbre noir, sur le modèle, semble-t-il, de la chapelle des Médicis à Florence.

Le cloître et une partie des salles de l'ancien monastère ont été restaurés pour abriter un riche **musée d'Arts et Traditions populaires**. Celui-ci comprend des reconstitutions d'intérieurs (cuisine et chambre) avec mobilier lorrain en chêne ou en bois fruitier, objets familiers, outils d'artisans ; des ustensiles domestiques destinés à la fabrication des aliments ; des appareils et objets concernant l'éclairage et le chauffage (belle collection de carreaux de poêle émaillés).

★★ Palais ducal (plan II D1)

64 Grande-Rue. Bâti dans la seconde moitié du 13ᵉ s., le palais est à demi ruiné à l'époque de René II, qui le fait reconstruire après sa victoire sur le Téméraire. La façade tout récemment nettoyée et restaurée est ornée d'une **Porterie★★**, achevée au 16ᵉ s. par le duc Antoine. Le style flamboyant et celui de la Renaissance se mêlent pour composer cette admirable porte surmontée de la statue équestre *(reconstituée)* du duc Antoine de Lorraine, au-dessus de laquelle s'élève un gâble flamboyant. Au 1ᵉʳ étage, trois balcons à balustrade flamboyante sont soutenus par des souches de tourelles sculptées représentant des sauvages et des hommes-poissons auxquels se mêlent des amours. Le palais ducal abrite aujourd'hui le Musée historique lorrain.

★★ Musée historique lorrain

Dans le palais ducal, 64 Grande-Rue - ✆ 03 83 32 18 74 - www.nancy.fr - tlj sf lun. 10h-12h30, 14h-18h - fermé 1ᵉʳ janv., 1ᵉʳ Mai, 14 Juil., 1ᵉʳ nov., 25 déc. - 5,50 € (-12 ans gratuit), Journées du patrimoine gratuit.

Sur trois étages, une documentation d'une valeur exceptionnelle par sa qualité et sa richesse évoque l'histoire du pays lorrain. Un vaste inventaire en vue de la restructuration du musée est actuellement en cours.

Commencez par traverser le jardin pour parcourir, dans le pavillon du fond, la **galerie d'archéologie** préhistorique, celtique, gallo-romaine et franque.

À l'entrée du bâtiment principal, vestibule et galerie aux voûtes d'ogives abritent des collections qui évoquent la **Lorraine du Moyen Âge au 16ᵉ s.** (sculptures).

Au 1ᵉʳ étage, la longue galerie des Cerfs rassemble les souvenirs de la dynastie des ducs de Lorraine, du 16ᵉ s. au milieu du 18ᵉ s., des tapisseries du début du 16ᵉ s., des peintures de Jacques Bellange, de Charles Mellin et de Claude Deruet. On peut aussi admirer plusieurs peintures de **Georges de La Tour** et de son entourage *(La Femme à la puce, Découverte du corps de saint Alexis, Le Jeune Fumeur, Saint Jérôme lisant)*. L'histoire de la Lorraine sous Charles V, Léopold et François III est évoquée par de nombreux tableaux et documents, collections de miniatures, de faïences de l'Est de la France, biscuits et terres cuites, sculptures de Clodion. Une partie est consacrée à la Lorraine et Nancy à partir de Stanislas : les fondations du roi de Pologne, la création de la place Royale, l'histoire politique, militaire et littéraire de la Révolution à l'Empire, et la Lorraine de la Restauration à la IIIᵉ République.

Revenez à la place Vaudémont par la Grande-Rue.

Sur le trottoir, devant le n° 30, une inscription (1477) rappelle la date de la bataille de Nancy et la mort de Charles le Téméraire. C'est dans cette maison que l'on ramena le corps de l'ambitieux duc de Bourgogne tué par les troupes de René II.

L'ÉCOLE DE NANCY

◗ *Circuit* ③ *tracé en vert sur le plan I de la ville p. 212. Cette promenade part de la place Stanislas. Si vous l'effectuez entièrement à pied, comptez 2h30.*

Bâtiments commerciaux, villas, maisons, Nancy possède de nombreuses demeures influencées par l'Art nouveau. Le circuit proposé ici *(6 km)* permet de contempler les œuvres les plus représentatives des architectes du début du 20ᵉ s *(voir « Comprendre l'Alsace Lorraine », p. 98)*. Attention cependant aux distances : on parcourt aisément à pied le quartier commerçant jusqu'à la gare, mais pour les autres quartiers, la voiture peut s'avérer utile. Vous pouvez également vous fier aux taxis nancéiens, qui connaissent bien les hauts lieux de l'Art nouveau.

Depuis la place Stanislas, prenez la rue des Dominicains.

Quartier commerçant

Les immeubles qui bordent la rue des Dominicains ont tous été construits entre la fin du 16e s. et le début du 20e s. Au n° 4, l'encadrement en bois sculpté du Crédit agricole est signé Eugène Vallin (1901). L'intérieur de la **pharmacie du Gingko**, au n° 38, est abondamment orné de motifs rappelant l'arbre aux mille écus, connu en Extrême-Orient pour ses vertus thérapeutiques et symbole d'immortalité. Au n° 57, maison des Adam *(voir le circuit n° 1)*. Après avoir tourné à droite, rue St-Georges, n'hésitez pas à franchir le seuil du **Crédit Lyonnais** *(7 bis r. St-Georges)* pour admirer, au plafond, la **verrière aux clématites** de Jacques Gruber, 1901.

Poursuivez dans la rue St-Georges à droite jusqu'à la rue St-Dizier, où vous tournez de nouveau à droite.

Au n° 24, la maison Eugène Arnoux-Masson a été dessinée par l'architecte Louis Déon. En retournant sur vos pas, voyez la façade de la Société générale *(42-44 r. St-Dizier)*, ancien **immeuble de rapport** construit en 1902 par les architectes Georges Biet et Eugène Vallin. La décoration végétale donne l'impression que l'immeuble continue à pousser, un effet très souvent recherché par les artistes de l'école de Nancy. À l'angle de la rue de la Faïencerie, maison natale d'Émile Gallé.

Tournez à droite dans l'allée Henri-Mengin puis à nouveau à droite, rue Raugraff.

Voyez au passage *(13 r. Raugraff)* les magasins Vaxelaire construits en 1901 par Charles et Émile André et Eugène Vallin, pionniers de la modernisation du centre-ville et de l'introduction de l'Art nouveau à Nancy.

Prenez la rue St-Jean, à gauche.

Au n° 12, rue de la Visitation, pharmacie Rosfelder.

Continuez dans la rue St-Jean.

Un peu plus loin, **magasin de 1900-1901** *(2 r. Bénit, à l'angle des rues Bénit et St-Jean)*, ancienne graineterie qui fut le premier immeuble à structure métallique.

Quartier de la gare

À l'angle de la rue St-Jean et de la rue Chanzy, l'actuelle **BNP** *(9 r. Chanzy)* a pris le relais de la banque Charles Renauld qui, en 1910, fit appel à Émile André et à Paul Charbonnier pour l'architecture et à **Louis Majorelle** pour la ferronnerie et le mobilier. La maison voisine *(7 r. Chanzy)* fut conçue par Joseph Hornecker, architecte de l'opéra.

Poursuivez jusqu'au bout la rue Chanzy.

En face de vous, la **chambre de commerce** *(40 r. Henri-Poincaré)* est une réalisation de 1908, ornée de ferronneries de **Majorelle** et de vitraux de **Gruber**. À l'angle de la rue Mazagran, la brasserie Flo, ancienne brasserie L'Excelsior *(70 r. Henri-Poincaré)*, fut élevée en 1910 et décorée par Louis Majorelle *(voir le carnet d'adresses)*. Un petit détour par la rue Stanislas vous permettra d'apercevoir une **maison** *(86 r. Stanislas)* construite en 1906 par Eugène Vallin. Reprenez la rue Mazagran et vous apercevrez, à l'angle de la rue Foch, l'ancien **immeuble du journal** *L'Est républicain*, de 1912.

Prenez l'avenue Foch sur votre droite et traversez la voie ferrée.

Avenue Foch (plan I A1)

Sur la droite, à l'angle de la rue St-Léon, la **maison du docteur Louis Spillmann** *(34 r. St-Léon)* est due à Lucien Weissenburger. Une autre maison de médecin, celle du **docteur Paul Jacques** *(41 av. Foch)* a réuni Paul Charbonnier pour l'architecture, **Louis Majorelle** pour les ferronneries, **Jacques Gruber** pour les vitraux et Léopold Wolff pour les sculptures. Traversez la rue Jeanne-d'Arc pour admirer l'immeuble Fernand Loppinet *(45 av. Foch)*, édifié par Charles-Désiré Bourgon. À remarquer : deux beaux bâtiments d'Émile André *(69 et 71 av. Foch)*, construits entre 1902 et 1904.

Traversez la place de la Commanderie (à droite, tour du 12e s.) pour parvenir à la rue de Laxou. Tournez à gauche rue du Vieil-Aître, puis à droite rue Majorelle.

Villa Majorelle (plan I A2)

1 r. Louis-Majorelle - ☎ 03 83 40 14 86 - www.ecole-de-nancy.com - visite guidée (1h) sur RV (20 pers. maxi) - mai-oct. : w.-end 14h30 et 15h45 ; reste de l'année : sam. 14h30 et 15h45 - fermé j. fériés - 3,50 € (-18 ans gratuit), Journées du patrimoine gratuit.

De son vrai nom villa « Jika » (l'épouse de Louis Majorelle s'appelait Jeanne Kretz, J. K.), cette maison, conçue en 1899 par l'architecte parisien Henri Sauvage (1873-1932), fut construite en 1901 pour l'ébéniste nancéien Louis Majorelle. Première maison résolument Art nouveau de Nancy, elle s'élevait à l'origine dans un vaste parc, en bordure de la ville. En vous promenant dans le jardin qui entoure la villa, vous remarquerez qu'aucune des façades ne se ressemble. À l'intérieur, la salle à manger (cheminée, boiseries) est particulièrement remarquable.

Reprenez la rue du Vieil-Aître à droite, puis traversez la place Paul-Painlevé. Continuez sur la rue du Serg.-Blandan. À droite, peu avant le musée de l'École de Nancy, remarquez la maison Armand Lejeune (30 r. du Serg.-Blandan), par Émile André.

★★ Musée de l'École de Nancy (plan I A2)

36-38 r. du Sergent-Blandan - ☎ 03 83 40 14 86 - www.ecole-de-nancy.com - possibilité de visite guidée (1h30) - tlj sf lun. et mar. 10h-18h - fermé 1er janv., 1er Mai, 14 Juil., 1er nov., 25 déc. - 6 € (-18 ans 4 €), 1er dim. du mois gratuit.

Installé dans le cadre d'une résidence cossue du début du 20e s., ce musée à l'ambiance feutrée offre un panorama remarquable de l'extraordinaire mouvement de rénovation des arts décoratifs qui se développa de façon originale à Nancy entre 1885 et 1914, et fera date dans l'histoire des arts décoratifs sous le nom d'« école de Nancy ». Le musée présente une abondante collection d'œuvres caractéristiques du mouvement nancéien : meubles marquetés et sculptés d'Émile Gallé, de Louis Majorelle, d'Eugène Vallin, de Jacques Gruber et d'Émile André ; reliures, affiches et dessins de Prouvé, Martin, Collin, Lurçat ; verreries de Gallé, des frères Daum et Muller ; céramiques également de Gallé, mais aussi de Bussière et de Mougin ; vitraux de Gruber.

Plusieurs ensembles mobiliers, dont une admirable salle à manger de Vallin (plafond peint et cuirs muraux au délicat décor floral de Prouvé), témoignent des changements apportés dans le style des intérieurs bourgeois au début du 20e s. Au 1er étage, une étonnante salle de bains en céramique de Chaplet, un exceptionnel bureau d'homme d'affaires, décoré de cuirs travaillés de motifs floraux.

Au fond du jardin du musée, l'aquarium, curieux édifice circulaire conçu par l'architecte Weissenburger, semble avoir été inspiré par les folies du 18e s.

Continuez jusqu'à la rue Félix-Faure, que vous prenez à droite.

Rue Félix-Faure (plan I A2)

C'est la rue tout entière qui s'est mise au diapason de l'Art nouveau : l'architecte César Pain y a conçu plus d'une quinzaine de pavillons, entre 1907 et 1912. Voyez en particulier la villa Tatiana ou Les Clématites *(26 r. Félix-Faure)*.

Faites demi-tour dans la rue Félix-Faure pour revenir à la rue du Serg.-Blandan. En face de vous, les piscines de Nancy Thermal. Reprenez en sens inverse la rue du Serg.-Blandan, passez le musée de l'École de Nancy puis tournez à droite dans la rue Pasteur.

Rue Pasteur (plan I A2)

La maison Renaudin *(49-51 rue Pasteur)* a été imaginée en 1902 par l'architecte Lucien Bentz. Quelques mètres plus loin, au n° 41, la **maison Biet**, signée Georges Biet et Eugène Vallin, a été réalisée entre 1901 et 1903 pour abriter les bureaux et l'habitation de l'architecte. C'est la première construction en gradins de France.

Traversez le parc Ste-Marie pour tourner à gauche dans l'avenue du Mar.-Juin. Continuez tout droit avenue de la Garenne, puis tournez à droite boulevard Jean-Jaurès. Prenez ensuite à gauche l'avenue du Gén.-Leclerc, et enfin la première à droite.

Rue des Brice (plan I B2)

Le projet du promoteur Jules Villard était de faire du quartier du Saurupt un lotissement entièrement Art nouveau. Le manque de moyens lui fit abandonner son idée, mais les maisons construites valent le détour, en particulier la **villa des Glycines** au n° 5 et la **villa des Roches** au n° 6, qui furent les deux premières maisons construites par Émile André à Nancy. Ce dernier habita Les Roches, toute en pierre meulière.

Revenez à l'avenue du Gén.-Leclerc, que l'on prend vers la droite, traversez la voie ferrée et rejoignez la place des Vosges.

À deux pas de la porte St-Nicolas (17e s.), imprimerie Royer de Weissenburger.

Tournez à droite, avenue de Lattre-de-Tassigny, puis passez derrière l'église St-Pierre par la rue Lionnois.

Maison Bergeret (plan I B2)

24 r. Lionnois. C'est en 1903 que l'imprimeur Bergeret se fit construire cette superbe maison Art nouveau. Les plans sont de Lucien Weissenburger, les vitraux de Gruber et de Janin. Le haut gâble, à l'angle, et ses décorations évoquent le Moyen Âge.

Hors du circuit proposé, on peut voir encore beaucoup d'autres immeubles, comme la **maison Weissenburger** *(1 bd Charles-V)* construite en 1904 par l'architecte pour son propre compte, avec décor et ferronneries de Majorelle, ou les **maisons jumelles** *(92-92 bis quai Claude-le-Lorrain)* par Émile André en 1903.

À voir aussi

★ Jardin botanique du Montet (plan I A3)

100 r. du Jardin-Botanique – ligne autobus n° 16. ✆ 03 83 41 47 47 - ⚐ - 10h-12h, 14h-17h (parc), 14h-17h (serres), sam. 14h-17h (parc et serres), dim. et j. fériés 14h-18h (oct.-mars 17h) - fermé 1er janv. et 25 déc. - 2,30 € (3,80 € pdt expositions) (-12 ans gratuit).

Situé près de la faculté des sciences, au sein d'un vallon, il couvre 25 ha dont 2 500 m² de serres tropicales. Conservatoire botanique national, ce jardin contribue à la protection des plantes en voie de disparition pour la région Alsace Lorraine, la France et les DOM-TOM. Il comprend une quinzaine de collections thématiques : plantes alpines, ornementales, médicinales, arboretum… Dans les serres sont cultivées plus de 6 500 espèces : aracées, orchidacées, insectivores, nénuphars géants…

À proximité

Musée de l'Histoire du fer (plan I B2)

1 av. du Gén.-de-Gaulle, à Jarville-la-Malgrange. Lignes autobus n°s 1, 31 et 41.

  ✆ *03 83 15 27 70 - tlj sf mar. 14h-18h, w.-end et j. fériés 10h-12h, 14h-18h - fermé 1er janv., dim. de Pâques, 1er nov., 25 déc. - 2,30 € (-18 ans 1,50 €), merc. gratuit pour étudiants et -18 ans.*

Le vaste bâtiment qui l'abrite témoigne lui-même de l'importance de la construction métallique dans l'architecture contemporaine. Le musée présente de manière chronologique l'évolution des techniques de production du fer, de la fonte et de l'acier, des origines à nos jours. On y découvre les techniques très avancées des fabrications d'armes, dès l'époque gauloise, et les procédés – en particulier celui du damas mérovingien – permettant de concilier les qualités de résistance, de flexibilité et de tranchant. Objets d'art en fonte ou en fer.

Chartreuse de Bosserville

5 km. Sortir par la D 400, au sud-est. Dans Laneuveville, aussitôt après le pont sur le canal de la Marne au Rhin, tournez à gauche dans la D 126. La route tourne aussitôt à droite, offrant une jolie vue d'ensemble sur la chartreuse de Bosserville avant de franchir la Meurthe. Prenez à gauche la D 2. À 1 km, une allée de platanes conduit à la chartreuse de Bosserville. Ne se visite pas.

Fondée en 1666 par le duc Charles IV, Bosserville servit, en 1793 et 1813, d'hôpital de campagne. De nombreux militaires français ou étrangers de la Grande Armée, malades ou blessés, y succombèrent. Leurs corps étaient jetés dans l'étang proche… Elle est aujourd'hui occupée par un lycée professionnel technique. Un bel escalier en pierre mène à une terrasse dominant la Meurthe. Au centre s'élève la chapelle avec sa longue et majestueuse façade des 17e et 18e s., flanquée de deux ailes en retour.

Château de Fléville

9 km au sud-est. Quittez Nancy par l'A 330 jusqu'à la sortie Fléville (à 8 km). ✆ 03 83 25 64 71 - www.fleville.com - visite guidée - Juil.-août : 14h-19h ; avr.-juin et du 1er sept. à mi-nov. : w.-end et j. fériés 14h-19h - 8 € (6-14 ans 5 €). L'édifice date du 16e s. et remplace une forteresse du 14e s. dont il ne reste qu'un donjon carré. Après avoir franchi les anciens fossés dont les murs sont ornés de beaux vases du 18e s., on pénètre dans la cour d'honneur. Deux ailes en retour flanquent la belle façade Renaissance du corps de logis principal sur laquelle court un long balcon à balustrade. À l'intérieur, on visite la salle des ducs de Lorraine, la chambre de Stanislas, la chapelle du 18e s., ainsi que plusieurs chambres ornées de peintures et garnies de meubles Louis XV, Régence ou Louis XVI. Terminez par un petit tour extérieur de l'édifice et une promenade dans le parc paysager.

Parc de loisirs de la forêt de Haye

9 km à l'ouest. Quittez Nancy par l'avenue de Boufflers et la D 400. Pavillon d'information près de l'entrée, à droite.

👥 Ce parc de loisirs a été aménagé au cœur de la forêt de Haye, vaste massif vallonné couvrant 9 000 ha, ex-réserve de chasse des ducs de Lorraine. Terrains de sport, de tennis, aires de jeux, parcours dans les arbres, installations de pique-nique.

🚶 C'est aussi un point de départ pour de grandes randonnées pédestres, équestres ou à VTT *(130 km)* dans la forêt.

Petite pause entre deux activités sportives, le **musée de l'Automobile** vous propose une centaine de véhicules de toutes marques, allant de 1898 à 1989. Nombreux bouchons de radiateurs et affiches consacrées à la voiture. *⌂ 03 83 23 28 38 - www.musee-auto-lorraine.com-* ♿ *- juil.-août : apr.-midi ; reste de l'année : merc., w.-end et j. fériés apr.-midi (dernière entrée 1h av. fermeture) - 5 €.*

☺ NOS ADRESSES À NANCY

VISITES

Forfaits touristiques – L'office de tourisme propose une gamme de forfaits autour de thèmes ou d'événements qui rythment la vie nancéienne.

Pass découverte – Vendus par l'office de tourisme, ces forfaits proposent plusieurs prestations au choix de 8 à 13 € (visite de la ville, musées, transports, place de cinéma, dégustation).

Visites guidées – *⌂ 03 83 35 22 41 - www.ot-nancy.fr -* Nancy, qui porte le label Ville d'art, propose des visites-découverte (1h30) animées par des guides-conférenciers du Patrimoine. Des visites audioguidées avec baladeur ayant pour thème le centre historique et l'Art Nouveau sont possibles tout au long de l'année. *Renseignements à l'office de tourisme.*

Allovisit – *⌂ 03 83 35 22 41 - www.ot-nancy.fr - une visite audioguidée est également possible : 2h à 4h de promenade - 6 € (caution : 85 € par appareil).*

Train touristique – *⌂ 03 89 73 74 24 - www.petit-train.com - mai-sept. : visite « circuit historique » (45mn) tte la journée - dép. pl. de la Carrière (près de la pl. Stanislas) - 6 € (-14 ans 4 €).*

Circuit Art nouveau en minibus – *⌂ 03 83 35 22 41 - www.ot-nancy.fr -* Le mini-bus permet de gagner rapidement les quartiers excentrés, accompagnés d'un guide-conférencier *- Mai-oct. : sam. 14h30 et 16h15 - dép. de l'office de tourisme - durée 1h30 - 8 € (-14 ans 4 €).*

L'Est républicain – *R. Théophraste-Renaudot - 54180 Houdemont - ⌂ 03 83 59 80 26 - visite guidée sur réserv. du grand quotidien lorrain et franc-comtois de 21h40 à 0h30 - gratuit.*

HÉBERGEMENT

PREMIER PRIX

Hôtel Les Portes d'Or – *21 rue Stanislas - ⌂ 03 83 35 42 34 - www.hotel-lesportesdor.com. 20 ch. 65 €.* La proximité de la place Stanislas est l'atout majeur de cet hôtel. Les chambres aux tons pastel ne sont pas très grandes, mais possèdent un mobilier moderne et un équipement correct.

Hôtel Akena – *41 r. Raymond-Poincaré - ⌂ 03 83 28 02 13 - www.hotel-akenanancy.com -* ♿ *-* 🅿 *- 58 ch. 40/52 € -* ⏳ *7 €.* On peut faire partie d'une chaîne d'établissements et garder sa personnalité. Telle pourrait être la devise de cet hôtel situé en centre-ville. Accueil sympathique, réceptionnistes avenants et chambres au confort standard divisées en deux catégories : prestige ou économique.

BUDGET MOYEN

Hôtel Le Stanislas – *22 r. Ste-Catherine - ⌂ 03 83 37 23 88 - www.hotel-lestanislas.fr - 16 ch. 55 € -* ⏳ *6/8 €.* Situé à deux pas de la place Stanislas, cet hôtel bon marché compte tenu de sa situation propose des chambres simples et bien tenues.

POUR SE FAIRE PLAISIR

Maison d'hôte de Myon – *7 r. Mably -* 📞 *03 83 46 56 56 - www. maisondemyon.com - 5 ch. 130 € .* En plein cœur de Nancy, une porte cochère garde l'entrée de cette grande maison au décor à la fois dépouillé et recherché. Chacune des 5 chambres possède son atmosphère propre : sable, ébène, turquoise, mandarine ou tilleul. Accueil discret et attentionné.

Hôtel Crystal – *5 r. Chanzy -* 📞 *03 83 17 54 00 - www. bestwestern-hotel-crystal.com - fermé 24 déc.-4 janv. - 58 ch. 95/130 € - 12 €.* Les chambres de cet établissement familial sont toutes agréables et rigoureusement tenues ; les plus récentes affichent un style actuel plus séduisant. Salon-bar.

UNE FOLIE

Mercure Centre Stanislas – *5 r. des Carmes -* 📞 *03 83 30 92 60 - www.mercure.com - 80 ch. 125/187 € - 17 €.* Au cœur du Nancy commerçant, cet établissement dispose de chambres confortables et contemporaines, personnalisées par un mobilier d'inspiration Art nouveau. Petit bar à vins.

Hôtel des Prélats – *56 pl. Mgr-Ruch -* 📞 *03 83 30 20 20 - www. hoteldesprelats.com - fermé 24 déc.-4 janv. - &. - 42 ch. 104/249 € - 12 €.* Superbe hôtel particulier du 17e s. adossé à la cathédrale. Les chambres, toutes spacieuses, rivalisent de caractère et de raffinement (mobilier d'antiquaire et objets chinés).

RESTAURATION

PREMIER PRIX

Dans la rue des Maréchaux, à deux pas de la place Stanislas, bien justement surnommée la « rue gourmande », une quarantaine de restaurants de spécialités du monde entier proposent des menus tous budgets.

Aux Délices du Palais – *69 Grande Rue -* 📞 *03 85 30 44 19 - fermé sam. midi et dim., août et dernière semaine de déc. - 5/9 €.* Face au musée lorrain, ce petit restaurant mise sur la diversité, que ce soit dans les plats (influences indienne, méditerranéenne, orientale) ou dans la décoration (chaises, tables et couverts sont dépareillés). Une ambiance bohème et décontractée.

Vins et Tartines – *25 bis r. des Ponts -* 📞 *03 83 35 17 25 - www. groupe-mengin.com - fermé 1er-15 août. À partir de 8,90 €.* Un concept de restauration original puisqu'il propose, comme son nom l'indique, des petits repas constitués de vin et de tartines. Plats froids ou chauds, accompagnés de salade ou de légumes, servis dans la cave voûtée au sous-sol. Une sorte de « fast-food » à la sauce rustique et arrosé de bons petits crus.

Le P'tit Cuny – *99 Grande Rue -* 📞 *03 83 32 85 94 - www.petitcuny. fr - fermé 24 et 25 déc., 31 déc. et 1er janv. - &. - formule déj. 8,50 € - 12 bc/30 €.* Les propriétaires de la célèbre fromagerie Marchand dirigent également ce restaurant de la vieille ville. L'intérieur ressemble à une *winstub* et la carte regorge de spécialités d'Alsace et de Lorraine ; celle des vins est aussi dédiée à la région. L'adresse étant très prisée, il est prudent de réserver. Terrasse.

BUDGET MOYEN

Brasserie L'Institut – *2 r. Braconnot -* 📞 *03 83 32 24 14 - ouvert lun.-merc. midi, jeu.-sam. midi et soir - 20 €.* Depuis 1903, *L'Institut* est une… institution. La marque de l'architecte

Charbonnier est partout présente dans le décor Art nouveau. Côté cuisine, c'est un esprit brasserie de très bonne tenue qui domine.

Les 3 Marches – *8 bis r. St-Léon - ✆ 03 83 41 33 00 - fermé sam. midi - dim.soir - lun.- fermé août - 19/20 €.* Ce restaurant contient seulement 30 places et sa cuisine « tendance » connaît un succès fou : pensez donc à réserver. L'intérieur, très coquet, s'agrémente de grands miroirs et d'un coin bibliothèque. Les mets sont goûteux et la carte des vins fourmille de crus de propriétaires en adéquation avec les plats proposés.

À la Table du Bon Roi Stanislas – *7 r. Gustave-Simon - ✆ 03 83 35 36 52 - www.latabledestan.com - fermé lun. midi, merc.midi, dim.soir- fin-oct. début nov. - 20/28,50 €.* Créé en hommage au roi Stanislas, duc de Lorraine au 18e s. et amateur de fine cuisine, ce restaurant propose une découverte de la gastronomie d'antan, agrémentée d'un historique de tous les plats servis. Le décor très sobre et les recettes originales font de cette table une étape incontournable.

Chez Lize – *52 r. H.-Déglin - ✆ 03 83 30 36 26 - fermé 12 juil.- 9 août, 28 déc.-4 janv., sam. midi, dim. soir et lun. - formule déj. 17 € - 21/25 €.* Dans le quartier des Trois-Maisons, ce sympathique petit restaurant aux allures de bistrot propose des spécialités lorraines et alsaciennes.

Les Pissenlits – *25 bis r. des Ponts - ✆ 03 83 37 43 97 - www.les-pissenlits.com - fermé 1er-15 août, dim. et lun. - 20/38 € bc.* Salle de style École de Nancy, copieuse cuisine régionale énoncée sur tableau noir et service à guichets fermés caractérisent ce restaurant familial. Bar à vins dans une ancienne chapelle : tartines chaudes ou froides et vins choisis par la patronne.

POUR SE FAIRE PLAISIR

Brasserie L'Excelsior – *50 r. Henri-Poincaré - ✆ 03 83 35 24 57 - www.brasserie-excelsior.com - ♿ - formule déj. 19 € - 30/30 €.* Un des bastions des artistes de l'école de Nancy : sollicités pour en concevoir le décor au début du siècle dernier, ils en ont fait un remarquable exemple du genre, à voir absolument… Cuisine brasserie préparée et servie avec efficacité dans la magnifique salle classée.

Le V Four – *10 r. St-Michel - ✆ 03 83 32 49 48 - bruno.faonio@numericable.fr - fermé 14-22 sept., 26 fév.-3 mars, dim. soir et lundi - formule déj. 18 € - 26/39 €.* Minuscule salle de style bistrot contemporain et cuisine au goût du jour soignée : cette adresse conviviale, située dans une petite rue piétonne, connaît un franc succès.

Le Grenier à Sel – *28 r. Gustave-Simon - ✆ 03 83 32 31 98 - www.legrenierasel.eu - fermé 21 juil.- 9 août, dim. et lun. - 32/65 €.* Le restaurant est installé à l'étage d'une des plus vieilles maisons nancéiennes. Le cadre contemporain, sobre et cosy, sied à la cuisine du chef, inventive et personnelle.

ACHATS

Marché Central – *Pl. Henri-Mengin - ✆ 03 83 37 34 63 - www.nancy.fr - tlj sf dim. et lun. 7h-19h.* Ce marché très animé réunit une soixantaine de commerçants. Les grandes maisons nancéiennes sont présentes et certains stands attirent par leur spécificité, comme le marchand de pommes de terre ou l'écailler. Le samedi, de petits exploitants locaux viennent proposer des fruits et légumes biologiques, du miel, etc.

Maison des Sœurs Macarons – *21 r. Gambetta -* ✆ *03 83 32 24 25 - www.macaron-de-nancy. com - 9h30-12h30, 14h-19h, lun. 14h-19h30 - fermé lun.mat., dim.-3ᵉ sem. de janv. et j. fériés.* Le secret de l'élaboration des célèbres macarons des sœurs (petits gâteaux ronds à base d'amandes, finement craquelés et très mœlleux) se transmet depuis le 18ᵉ s. Outre le macaron, d'autres spécialités lorraines (marque déposée) vous seront proposées : une bergamote labellisée, la Berg'amour (pâte de fruits aromatisée à l'essence de bergamote), les Perles de Lorraine (pâte de fruits fourrée à l'eau-de-vie de mirabelle), les Florentines des sœurs (praliné enrobé d'un fondant) ou encore les Babas du Roi.

Au Duché de Lorraine - Confiserie Lefèvre-Lemoine – *47 r. Henri-Poincaré -* ✆ *03 83 30 13 83 - 8h30-19h, dim. 9h30-12h30.* Institution depuis 1840, cette confiserie est aussi un véritable musée de l'art lorrain. Buffets et armoires côtoient de magnifiques vaisseliers garnis de pièces anciennes fabriquées à la manufacture de faïences de Lunéville. Côté friandises, la boutique propose bergamotes, macarons, visitandines, chardons, griottes, chocolats à la mirabelle, gâteaux des ducs aux amandes et à l'orange…

Jean-François Adam - Pâtisserie St-Epvre – *3 pl. St-Epvre -* ✆ *03 83 32 04 69 - tlj sf lun., 7h30-19h30, dim. 8h-18h, j. fériés et dim. (été 8h-13h) - 15 juin-14 juil. variable.* Jean-François Adam, l'actuel propriétaire de cette pâtisserie fondée en 1882, continue de fabriquer avec talent le Saint-Épvre dont la recette date du 19ᵉ s. et la marque déposée de 1907. La boutique renferme d'autres trésors comme les macarons, les pâtes de fruits, la tarte à base de mirabelle nommée l'Ambassadeur lorrain et le Gargouille en hommage aux joyaux de la basilique…

Sarl Blitzz'Art – *76 r. St-Julien -* ✆ *03 83 32 77 20 - tlj 11h30-2h, sf lun. 17h30-2h, sam.14h-2h - fermé dim.* Du mariage morganatique d'une boutique de fripes branchées et d'un ancien café est né un endroit stupéfiant où les chaises sont au plafond et où le bar est un assemblage composite de vieilles chaussures… Subtil bric-à-brac où sont organisés des soirées animées par un DJ le vendredi et le samedi soir, des « rendez-vous acoustiques » une à deux fois par mois et autres soirées à thème.

EN SOIRÉE

Demandez le programme ! – L'opéra, le Ballet national, le Théâtre de la Manufacture, l'Association de musique ancienne de Nancy, l'Ensemble Stanislas, l'Orchestre symphonique et lyrique de Nancy, l'Association lorraine de musique ancienne de Nancy, l'Association lorraine de musique de chambre, Gradus Ad Musicam, la Psallette de Lorraine proposent de nombreux concerts et spectacles chaque année dans différents endroits de la ville. Le programme est diffusé dans le magazine mensuel *Spectacles à Nancy.*

L'Échanson – *9 r. de la Primatiale -* ✆ *03 83 35 51 58 - www. echanson-nancy.con - bar tlj sf dim. et lun. 12h-14h30, 17h30-21h30 - fermé vac. de fév., 2 sem. en août et j. fériés.* Les Nancéiens adorent cette adresse qui fait à la fois office de cave et de bar à vins. La boutique compte près de 700 références françaises et étrangères régulièrement renouvelées et essentiellement sélectionnées chez de petits producteurs. De nombreux crus sont proposés au verre. Le bistrot, décoré à l'ancienne, propose midi et soir une petite restauration du style assiette de cochonnailles.

Le Vertigo – 29 r. de la Visitation - ℰ 03 83 32 71 97 - www.levertigo. fr - lun. 10h30-15h, mar.-jeu. 10h30-15h, 17h-2h, vend. 10h30-15h, 18h-5h, sam. 18h-5h. À la fois café-théâtre, restaurant, salle de concerts (jazz et chanson française) et bar, ce haut lieu de la culture nancéienne vit à « cent à l'heure ». Bières et cocktails participent à l'ambiance conviviale.

L'Arq – 13 r. Héré - ℰ 03 83 32 11 99 - www.larq.fr - mar.-jeu. 18h30-4h, vend.-sam. jusqu'à 5h. Ce bar de standing au décor raffiné offre une belle vue sur la place Stanislas. Bonne carte de cocktails, musique d'ambiance, house music : la formule attire une clientèle composée d'étudiants BCBG et d'hommes d'affaires. C'est « le » lieu branché par excellence après 2h du matin.

Opéra Café – 5 terrasse de la Pépinière - ℰ 03 83 30 68 79 - www. opera-cafe-nancy.fr - lun. 11h-1h, mar.-jeu. 11h-1h, vend. jusqu'à 2h, sam. 14h-2h, dim. 14h-1h - fermé 24 déc. au soir, 25 déc., 31 déc au soir, 1er janv. Murs rouges vénitiens, fauteuils en cuir et musique douce pour un décor « cosy » et une ambiance « zen »… Cet établissement propose une sélection impressionnante de bières du monde entier, et plus particulièrement belges. Terrasse ombragée en été, de plus de 150 places.

Opéra national de Lorraine – Pl. Stanislas - ℰ 03 83 85 33 11 - www.opera-national-lorraine.fr - billetterie : tlj sf dim. et lun., 13h-19h - fermé juil.-août.

Théâtre de la Manufacture – 10 r. Baron-Louis - ℰ 03 83 37 42 42 - manu@theatre-manufacture.fr - 9h30-12h30, 13h30-19h30 - fermé juil.-août. Ce théâtre organise chaque année, outre sa saison théâtrale, différents spectacles.

CNN Ballet de Lorraine – 3 r. Henri-Bazin - ℰ 03 83 85 69 00 - www.ballet-de-lorraine.com - tlj sf w.-end 10h-13h, 14h-18h .

Ensemble Poirel – 3 r. Victor-Poirel - ℰ 03 83 32 31 25 - www. poirel.nancy.fr. Théâtre, opéra, ballet, concert, lecture… Tous les goûts sont dans la nature, et tous les arts sont à l'Ensemble Poirel Sa programmation foisonnante et éclectique – musiques, théâtre, humour, cirque, danse, expositions – séduit un large public au fil de l'année. Si de grands noms (J. Weber par exemple) sont régulièrement à l'affiche, l'établissement propose également des spectacles plus confidentiels à découvrir.

ACTIVITÉS

La Bergamote – Quai Ste-Catherine - ℰ 03 83 29 31 39 - www.labergamote.fr - tous les dim. fin avr. à fin juin, tlj juil. et août., tous les dim. en sept. - croisière repas 41 € tous les w-end 11h15-14h30. sam. soir 20h-23h promenade commentée 11 € 15h-16h30. Offrez-vous une promenade (environ 1h) ou une croisière-repas (3h et sur réservation) tout en visitant Nancy et ses environs : à l'issue de ces navigations commentées, vous connaîtrez tout de l'histoire du canal de la Marne au Rhin.

Golf Nancy-Pulnoy – 10 r. du Golf - 54425 Pulnoy - ℰ 03 83 18 10 18 - www.golfnancypulnoy.com - hte sais. : 8h-20h ; basse sais. : 9h-17h30 - fermé 25 déc.-2 janv. - de 27 à

47 €. Parcours de 18 trous dans un environnement boisé ; compact, putting green, practices…

AGENDA

Nancy-jazz-pulsations – Ce festival rassemble chaque année tous les amateurs de jazz pour deux semaines de concerts et d'animations musicales *(oct.)* - *www.nancyjazzpulsations.com*

Festival international de chant choral – Depuis 1979, il rassemble tous les deux ans des centaines de choristes venus des cinq continents *(années impaires, à l'Ascension)* - ✆ 03 83 35 22 41 - *www.chantchoral.org*

Nancyphonies – Pendant un mois en juillet, la musique classique investit les salles de concerts de la ville - *www.nancyphonies.net*.

Rendez-vous place Stanislas – Tous les soirs d'été, projection son et lumière sur les façades de la place.

Livre sur la place – Salon du livre dans les rues de Nancy. *(3e w.-end de sept.)*

St-Nicolas – Le feu d'artifice, le gigantesque sapin installé place Stanislas et le défilé de la St-Nicolas transforment pour quelques heures l'ambiance de Nancy *(le w.-end le plus proche du 5 déc.)*.

Cathédrale St-Étienne de Toul.
O. Forir / MICHELIN

Toul

★

16 617 Toulois – Meurthe-et-Moselle (54)

 NOS ADRESSES PAGE 232

S'INFORMER

Office du tourisme en pays Terres de Lorraine – *Parvis de la cathédrale - 54203 Toul - ✆ 03 83 64 90 60 - www.lepredenancy.fr- déb. avr.-fin sept. : lun.-sam. 9h-12h30, 13h30-18h30, dim. 12h-18h ; déb. oct.-fin mars : mar.-sam. 9h-12h30, 14h-18h.*

Visites – *Promenades insolites animées par des comédiens sur les remparts de Vauban. Renseignements à l'office de tourisme - juil.-août : 18h et 20h30 - durée 1h15 - 6 € (-16 ans 3 €).*

SE REPÉRER

Plan de région A2 (p. 204) – carte Michelin Départements 307 G6. À une vingtaine de kilomètres à l'ouest de Nancy par l'A 31.

À NE PAS MANQUER

La cathédrale St-Étienne, le cloître St-Gengoult.

ORGANISER SON TEMPS

Comptez une demi-journée pour parcourir la ville et visiter le musée d'Art et d'Histoire.

Au cœur du vignoble toulois où prend naissance le gris de Toul, seul vin AOC de Lorraine, la ville est ceinte d'une forteresse tracée par Vauban qui protège les trésors architecturaux de l'époque épiscopale. Car, comme ses voisines Metz et Verdun, la cité gallo-romaine de Toul devint le siège d'un important évêché dès le 4e s. et se développa activement à la Renaissance. Le bourg, aujourd'hui très tranquille, plaira aux passionnés d'art et d'histoire.

Se promener

★★ Cathédrale St-Étienne (B2)

🎧 03 83 63 70 00 (mairie) - www.mairie-toul.fr - horaires : se renseigner.
Commencée au début du 13e s., elle ne fut achevée qu'au 16e s. La magnifique **façade★★** qui s'élève sur la place du Parvis a été édifiée de 1460 à 1496 dans le style flamboyant. Sa statuaire a été saccagée par les révolutionnaires. La

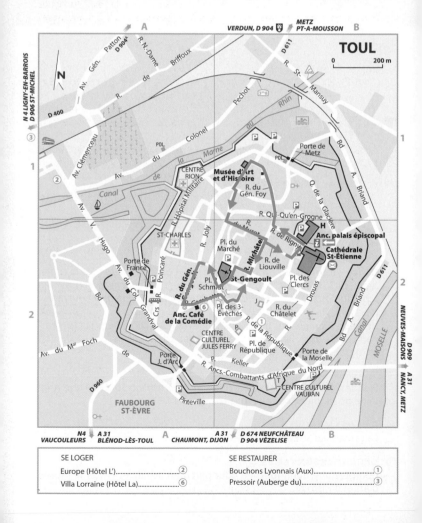

SE LOGER		SE RESTAURER	
Europe (Hôtel L')............................②		Bouchons Lyonnais (Aux)......................①	
Villa Lorraine (Hôtel La)..................⑥		Pressoir (Auberge du)..........................③	

tempête qui a balayé la France en décembre 1999 n'a pas épargné les toitures, alors que la cathédrale commençait à se remettre de l'incendie de 1940.

L'intérieur montre des traces du gothique champenois : galeries de circulation hautes et basses au-dessus des grandes arcades et des bas-côtés, arcades très aiguës, absence de triforium. La nef, haute de 36 m, est la plus belle partie de l'édifice. Dans le transept gauche, les vitraux de 1503 représentent le Couronnement de la Vierge. Dans le chœur, les vitraux des scènes de l'Ancien et du Nouveau Testament datant du 19e s. ont récemment retrouvé leur lustre d'antan dans le cadre d'une vaste campagne de restauration de l'édifice qui devrait s'achever en 2012. Dans le bas-côté droit, une belle chapelle Renaissance est surmontée d'une coupole à caissons. L'orgue monumental (1963) est porté par une tribune de style Louis XV. Au sol, de nombreuses pierres tombales, du 14e au 18e s., forment le dallage de l'édifice, notamment dans le transept.

Cloître★ (B2) – Pour y accéder, entrer par le petit portail, place des Clercs. Datant des 13e et 14e s., il possède trois galeries percées de vastes baies en tiers-point au réseau rayonnant (beaux chapiteaux à feuillages). Quelques gargouilles ornent les contreforts qui séparent les baies. Les murs sont agrémentés d'arcatures trilobées (disposition champenoise).

Empruntez la rue de Rigny.

Ancien palais épiscopal (B2 H)

Cet édifice, construit de 1735 à 1743 en remplacement de l'ancien palais médiéval, est aujourd'hui l'hôtel de ville. Le mur de clôture qui délimitait le territoire de l'évêque subsiste encore et on peut apercevoir la porte lui permettant d'entrer directement dans sa cathédrale. **Façade★** majestueuse, derrière un beau portail.

Prenez à droite la rue des Cordeliers qui se transforme en rue du Gén.-Foy (portes Renaissance aux nᵒˢ 8 et 12). La place Cugnot-Poirot vous conduit au musée.

★ Musée d'Art et d'Histoire (B1)

🖉 *03 83 64 13 38 - tlj sf mar. mat. et apr.-midi - fermé 1ᵉʳ janv., dim. et lun. Pâques, 1ᵉʳ Mai, 1ᵉʳ nov. et 25 déc. - 3 € (-18 ans gratuit).*

Il est installé sur trois étages dans l'ancienne Maison-Dieu (18e s.). Ses collections touchent à des domaines très variés : peinture, sculpture, tapisseries des Flandres, céramique (faïencerie de Toul-Bellevue), art religieux, archéologie antique et médiévale (sépultures et bijoux mérovingiens), arts et traditions populaires. Une toile de François Boucher, *L'Agréable Leçon*, orne la reconstitution d'un petit salon Louis XVI. Les guerres de 1914-1918 et 1939-1945 sont évoquées par des armements, uniformes, reliques et souvenirs de la vie quotidienne des principaux belligérants. La **salle des malades★**, remontant au premier tiers du 13e s., est un beau vestige médiéval de la Maison-Dieu.

Dans la rue Gouvion-St-Cyr, les portes d'entrée des nᵒˢ 15, 24 et 18 sont de style gothique et Renaissance.

Poursuivez par la rue du Pont-de-Bois puis tournez à gauche rue du Murot pour rejoindre la rue Michâtel vers la droite.

Rue Michâtel (B2)

À l'angle, vous remarquerez le Pavillon Bleu, échoppe de la fin du 19e s. Au nᵒ 16, la maison Renaissance à gargouilles (1550) fut habitée de 1638 à 1658 par le père de Bossuet, conseiller au parlement de Metz.

Tournez à droite rue Lafayette puis au bout à gauche.

Église St-Gengoult (B2)

🖉 *03 83 64 11 69 (office de tourisme) - www.mairie-toul.fr - visite libre - gratuit.*

Ancienne collégiale de chanoines, édifiée du 13ᵉ au 15ᵉ s., elle est une manifestation de l'école gothique champenoise. La façade ouest, percée d'une gracieuse porte, date du 15ᵉ s.

L'intérieur surprend par sa courte nef et son très large transept. Remarquez la différence de style entre les deux dernières travées et les deux premières. Devant supporter le poids des tours, celles-ci ont une section plus forte. Les absidioles qui encadrent le chœur donnent à la fois sur celui-ci et sur les bras du transept. Elles possèdent de beaux **vitraux** du 13ᵉ s.

★★ Cloître St-Gengoult

Il date du 16ᵉ s. Le long des galeries, dont la décoration extérieure est Renaissance (chapiteaux, médaillons), des gâbles accentuent l'élévation des arcades. Les voûtes en étoile ont des clés en forme de médaillons, décorées avec fantaisie.

Sortez par la collégiale. Tournez à droite et empruntez la rue des Quatre-fils-Aymon puis, à gauche, la rue du Gén.-Gengoult.

Rue du Général-Gengoult (A2)

Vous y apercevrez de belles maisons Renaissance. Remarquez le nᵒ 4 (17ᵉ s.) et les nᵒˢ 6 et 6 bis (ancien hôtel de Pimodan, 17ᵉ s.). Le nᵒ 8 est plus ancien (début 15ᵉ s. pour la façade) : il s'agit de l'hôpital du Saint-Esprit, fondé au 13ᵉ s. La porte d'origine, à gauche d'une fenêtre trilobée, se trouve à 80 cm de l'actuel niveau de la rue. Les nᵒˢ 17, 26 et 28 sont les bâtiments de l'ancien séminaire. Au nᵒ 30, les portes de l'ancien hôtel des Chevaliers de Malte sont encadrées par des colonnes corinthiennes.

Au niveau de la fontaine Curel (symbole de la France), tournez à gauche rue Gambetta.

Ancien Café de la Comédie (A2)

Le fronton de ce bâtiment Art nouveau jouxtant le théâtre est décoré d'une étoile à six branches qui ressemble fort à celle de David : c'est en réalité la croix des brasseurs, qu'un limonadier fit apposer ici lorsqu'il racheta le café, détruit par un incendie en 1902. Avant d'être un café, l'immeuble fut un couvent puis un théâtre.

Gagnez la place des Trois-Évêchés puis empruntez la rue du Dr-Chapuis, prolongée par la rue Michâtel, pour regagner la place Charles-de-Gaulle, devant la cathédrale.

À proximité

Église N.-D. d'Écrouves

4 km à l'ouest. Construite sur le flanc méridional d'une colline autrefois couverte de vignes et dominant aujourd'hui la plaine industrielle de Toul, l'ancienne église d'Écrouves, dédiée à Notre-Dame de la Nativité, a conservé du 12ᵉ s. son massif clocher carré ajouré de baies à trois colonnettes.

Vannes-le-Châtel

18 km au sud par la D 960 jusqu'à Blénod-lès-Toul, puis la D 113.

Dans ce village de la forêt de Meine, héritier d'une tradition verrière (Compagnie française du cristal Daum), s'est installée la **Plate-forme verrière**. Ce centre européen de recherche et de formation aux arts verriers propose aux artistes et artisans une formation pour créer leur propre collection. On peut y voir une exposition des créations contemporaines, une démonstration des différentes techniques, dont celle du soufflage.

℘ *03 83 25 47 44 - www.idverre.net/espaceverre -* ♿ *- possibilité de visite guidée - tlj mat. et apr.-midi, lun., w.-end et j. fériés apr.-midi seult - fermé 1ᵉʳ janv., Lun. de Pâques, 1ᵉʳ Mai et 25 déc. - gratuit.*

Liverdun

À 15 km au nord-est en suivant la jolie rive droite de la Moselle par la D 90.

Liverdun occupe un **site**★ agréable qui domine un méandre de la Moselle. En venant de Frouard par la pittoresque D 90, on pénètre dans la petite cité par une porte de ville du 16ᵉ s. La place de la Fontaine, derrière l'église, est bordée d'arcades du 16ᵉ s. **Rue Porte-Haute**, la porte sculptée de la maison dite « du Gouverneur » date de la fin du 16ᵉ s.

Commencée à la fin du 12ᵉ s., l'**église** fut consacrée en 1261. À l'intérieur, tombeau de saint Euchaire (statue du 13ᵉ s. dans un encadrement du 16ᵉ s.).

★ Ensemble fortifié de Villey-le-Sec

7 km à l'est par la D 909. Laissez la voiture à la sortie du village, route de Toul. ℘ 03 83 63 90 09 - www.villey-le-sec.com - visite guidée (2h30) de mi-juil. à mi-août : tlj sf lun. 15h ; de mi-août à fin sept. et de déb. mai à mi-juil. : dim. et j. fériés 15h - 5 € (enf. gratuit) - visite libre du chemin de découverte des fortifications.

La localité de Villey, disposée sur une crête flanquant la rive droite de la Moselle, constitue le seul exemple en France d'un village intégré dans un **ensemble fortifié** de la fin du 19ᵉ s. Cet ouvrage, élément du système fortifié de Toul, illustre le système défensif Séré de Rivières. Construit en cinq ans, il n'eut cependant pas de rôle actif durant la guerre 1914-1918. L'extérieur de la batterie Nord, avec son front cuirassé, son fossé, ses canonnières, ses cloches observatoires, sa tourelle cuirassée à éclipse à canons, dont on visite la chambre de tir (3 étages), préfigurent ce qui fut réalisé plus tard pour les gros ouvrages de la ligne Maginot.

Le transfert au fort se fait par chemin de fer à voie de 60 sur un circuit de 1,5 km.

Le fort, ou réduit de la défense, abrite, outre les magasins et casernements, le **musée Séré-de-Rivières** (matériels de fortifications français et allemands) et une crypte du souvenir. On y voit aussi un chemin de fer militaire, une tourelle cuirassée à canons de 155, un coffre de contrescarpe avec son canon revolver Hotchkiss modèle 1879 (tir à blanc) et un canon de 12 culasses.

Blénod-lès-Toul

10 km au sud par la D 960.

Né à Blénod-lès-Toul, Hugues Des Hazards, 74ᵉ évêque de Toul, fit reconstruire le château pour y établir un palais épiscopal et érigea une église mêlant influences gothique et Renaissance, qui abrite son tombeau. L'enceinte du château renferme des maisonnettes ou « loges » : pour remercier les villageois d'avoir participé aux travaux de l'église, l'évêque leur permit de bâtir une trentaine de « loges » servant de caves et d'abris contre les attaques extérieures.

😊 NOS ADRESSES À TOUL

HÉBERGEMENT

BUDGET MOYEN

Hôtel L'Europe – *373 av. V.-Hugo -* 📞 *03 83 43 00 10 - www.hotel-europe54.com - fermé 10-24 août - 21 ch. 50/53 € -* 🍽 *6 €.* Adresse pratique pour ceux qui voyagent par le train. Chambres joliment rétro (parquet d'origine et mobilier Art déco). Accueil familial.

Hôtel La Villa Lorraine – *15 r. Gambetta -* 📞 *03 83 43 08 95 - www.hotel-la-villa-lorraine.com - fermé vac. de la Toussaint - 21 ch. 52 € -* 🍽 *7 €.* Ancien théâtre, ce petit hôtel du cœur de la cité abrite, derrière sa belle façade, des chambres fonctionnelles et rustiques, ainsi qu'une agréable salle des petits-déjeuners.

RESTAURATION

PREMIER PRIX

Aux Bouchons Lyonnais – *10 r. de la République -* 📞 *03 83 43 00 41 - www.auxbouchonslyonnais.com - 17/30 €.* L'endroit porte encore le sceau de la brasserie de la fin du 19e s. : deux magnifiques panneaux de céramique polychromes. Décor racé. D'inspiration lorraine et lyonnaise, la cuisine très soignée n'est pas en reste. Excellente formule de midi.

BUDGET MOYEN

Auberge du Pressoir – *7 pl. des Pachenottes - 54200 Lucey -* 📞 *03 83 63 81 91 - www.aubergedupressoir.com - fermé 17 août-1er sept., dim. soir, merc. soir et lun. -* 🅿 *- 17/30 €.* Le cadre de ce restaurant aménagé dans l'ancienne gare du village reste sobre ; quelques objets paysans décorent les murs. Terrasse bien ensoleillée.

ACHATS

S'adresser à l'office du tourisme de Toul pour avoir la liste des viticulteurs.

Domaine Lelievre EARL – *1 r. de la Gare - 54200 Lucey -* 📞 *03 83 63 81 36 - www.vins-lelievre.com - lun.-sam. 9h-12h, 14h-18h, dim. et j.fériés 14h30-18h.* Vin des côtes de Toul et mirabelle de Lorraine. Visite de la cave (sur rendez-vous), des vignes et des vergers. Dégustation, goûter à la ferme. Produits biologiques.

Domaine Claude Vosgien – *37-39 rte de Toul - 54113 Bulligny -* 📞 *03 83 62 50 50 - www.vosgien.com - 10h-12h, 14h-18h, dim. et j. fériés sur réserv.* On dit que ce serait la dixième génération de vignerons… Depuis 2002, Alexandre et Stéphane, en dignes héritiers des passionnés qui fondèrent la lignée, dirigent fièrement cette exploitation renommée dans la région. Une réputation entretenue par les visites du chai qui sont organisées, et surtout par la qualité des vins. Leurs côtes-de-toul AOC en rouge, blanc ou gris, au caractère prononcé, cuvées Séduction ou Tradition, ont raflé de nombreuses récompenses. L'Ignis de Bull, un mousseux, et la Lirette, un apéritif à base de jus de raisin et de marc de Lorraine, sont deux créations maison.

M. Michel Vosgien – *24 r. St-Vincent - 54113 Bulligny -* 📞 *03 83 62 50 55 - 9h-19h ; j. fériés sur réserv.* M. Vosgien élabore de délicieux côtes-de-toul AOC en gris, blanc ou rouge. On lui doit aussi, entre autres, le Mill-Bull (vin mousseux de qualité élevé selon une méthode traditionnelle) et une eau-de-vie de mirabelle ; ces deux produits vedettes sont régulièrement primés, notamment au Salon de l'agriculture. Dégustation, vente et visite possible.

Coopérative des vignerons du Toulois – 43 pl. de la Mairie - 54113 Mont-le-Vignoble - ℘ 03 83 62 59 93 - tlj sf lun. et j. fériés 14h-18h. Visite de cave, dégustation-vente des vins des côtes de Toul.

Madeleines de Liverdun – 14 pl. de la Gare - 54460 Liverdun - ℘ 03 83 24 54 23 - www. lesmadeleines.com - 9h-12h, 14h-18h - fermé 1er janv., 25 déc.. Artisanales, sans colorant ni conservateur, elles sont fabriquées à la main à partir d'une recette familiale centenaire.

Au Caveau « En Passant par la Lorraine » – 6 r. Victor-Hugo - 54200 Bruley - ℘ 03 83 64 16 20 - www.enpassantparlalorraine. fr - 10h-18h - fermé 1er-3 janv. et 25 déc. Cette ex-école de garçons abrite une boutique et un espace restauration entièrement dédiés aux spécialités de la région. Il y a mille bonnes choses à ramener chez soi (vins des côtes de Toul, bières, eaux-de-vie, liqueurs, mais aussi charcuteries, bergamotes, chocolats, confitures). Au restaurant, plats du terroir et bel échantillon de produits vendus dans ce Caveau gourmand.

Vincent Laroppe – 253 r. de la République - 54200 Bruley - ℘ 03 83 43 11 04 - www.laroppe. com - tlj sf dim., 9h-12h, 14h-18h - fermé j. fériés. Superbe caveau du début du 19e s., voûté, meublé de tables-tonneaux et doté d'un véritable musée du vigneron. Les actuels propriétaires sont de fervents défenseurs du pinot noir et proposent un excellent rouge issu à 100 % de ce cépage, un très bon gris de Toul maison et de remarquables côtes-de-toul. Dégustation et vente de vins, mais aussi d'une sélection de produits régionaux. Visite sur RV (groupe de 20 pers.) et dégustation, 4 €.

EN SOIRÉE

La plupart des bistrots ouverts le soir se trouvent sur la place centrale des Trois-Évêchés. Vous pourrez y déguster la spécialité de la région, le gris de Toul, nommé ainsi pour sa couleur rosée caractéristique obtenue par l'assemblage d'un cépage gamay et de deux cépages secondaires, un pinot noir et un cépage auxerrrois.

ACTIVITÉS

Amicycles – ZAC du Jonchery - ℘ 03 83 64 21 74 - mar.-vend. 9h-12h, 14h-19h, sam. 9h-12h, 14h-18h. Location de vélos.

Pont-à-Mousson

★

13 879 Mussipontains – Meurthe-et-Moselle (54)

NOS ADRESSES PAGE 238

S'INFORMER

Office du tourisme de Pont-à-Mousson – *52 pl. Duroc - 54700 Pont-à-Mousson - ℘ 03 83 81 06 90 - www.ville-pont-a-mousson.fr - juil.-août : 9h-12h, 14h-18h, lun. 14h-18h, dim. 10h-14h ; reste de l'année : tlj sf dim. 9h-12h, 14h-18h, lun. 14h-18h - fermé j. fériés.*

SE REPÉRER

Plan de région A1 (p. 204) – carte Michelin Départements 307 H5. À mi-chemin sur l'axe nord-sud (A 31) entre Metz et Nancy, la ville ne se trouve qu'à une trentaine de km de chacune d'elles. Elle occupe les deux rives de la Moselle, reliées par le pont Gélot.

À NE PAS MANQUER

L'abbaye des Prémontrés (en particulier ses escaliers), la place Duroc.

L'Histoire a doté Pont-à-Mousson d'une très belle abbaye qui a forgé sa réputation. Mais si le nom de la ville vous est familier, c'est peut-être pour une autre raison, plus prosaïque : il figure en France sur des milliers de plaques d'égout en fonte, fabriquées ici par St-Gobain.

Se promener

Pont-à-Mousson doit son nom et son origine au pont qui, dès le 9ᵉ s., franchissait la Moselle au pied de la butte féodale de Mousson. Cette position de tête de pont lui a d'ailleurs valu d'être bombardée à de nombreuses reprises pendant les deux guerres mondiales.
Commencez la promenade devant l'abbaye.

★ Ancienne abbaye des Prémontrés

9 r. St-Martin - ℘ 03 83 81 10 32 - www.abbaye-premontres.com - ⌖ - possibilité de visite guidée sur demande (7 j. av.) - tlj 10h-18h - fermé 1ᵉʳ janv. et 25 déc. - 5 € (6-18 ans 3 €).
Depuis 1735, l'abbaye montre sa façade à trois étages soulignés de frises d'une rare élégance. Elle sert désormais de **centre culturel de rencontre**.
Bâtiments conventuels – Les trois galeries du cloître, vitrées de grandes fenêtres classiques, ouvrent sur le jardin clos. Salle capitulaire, chauffoir, réfectoire, grande sacristie et salle St-Norbert (ancienne chapelle) sont autant de lieux de circulation et d'exposition. Trois merveilleux **escaliers★** conduisent aux salles de réunions, aux chambres et à la bibliothèque : un petit escalier rond, au coin du cloître, près du chauffoir **(1)** ; l'escalier de Samson **(2)**, ovale, une des plus belles pièces de l'abbaye ; enfin, le grand escalier carré **(3)**, à droite en sortant de la sacristie, dont la vaste cage monte jusqu'au 2ᵉ étage.
Ancienne abbatiale Ste-Marie-Majeure – L'intérieur de facture baroque a été conservé, comme les colonnes légèrement galbées qui soutiennent les voûtes.

Jardins de la Moselle – À l'occasion du tricentenaire de l'abbaye, dont la première pierre fut posée en 1705, un jardin de plantes médicinales a été reconstitué.
Rejoignez l'avenue Gambetta et franchissez le pont jusqu'à la place Duroc.

★ Place Duroc

Lorsque l'université a été transférée à Nancy, une école royale militaire l'a remplacée, d'où est sorti le général Duroc (1772-1813). Il participa avec Bonaparte au siège de Toulon, puis combattit à Austerlitz et à Wagram. Cette place est tout à fait exceptionnelle avec son plan triangulaire et ses côtés bordés de maisons à arcades. Parmi ces belles constructions du 16ᵉ s., la **maison des Sept Péchés capitaux**, où séjournaient les ducs de Lorraine, avec ses jolies cariatides et sa tourelle Renaissance.

La fontaine du centre de la place date de 1931, même si ses formes rappellent celles de la Renaissance. Elle perpétue le souvenir des ambulanciers américains de la Première Guerre mondiale.

Prenez la rue Magot-de-Rogéville qui part du sud de la place.

Musée « Au fil du papier »

13 r. Magot-de-Rogéville - ℘ 03 83 87 80 14 - ⚹ - possibilité de visite guidée - mai-sept. : 14h-18h ; oct.-avr. : 14h-18h, dim. 10h-12h, 14h-18h - fermé mar., 1ᵉʳ janv., Pâques, 1ᵉʳ Mai, 14 Juil., 1ᵉʳ nov. et 25 déc. - 4,20 € (-12 ans gratuit).

Aménagé dans un hôtel Renaissance de 1591, le musée municipal présente l'histoire de la ville depuis l'époque des comtes de Bar jusqu'aux deux guerres mondiales. L'université de Lorraine, installée à Pont-à-Mousson de 1572 à 1768, a entraîné l'implantation d'imprimeurs, d'imagiers ou de libraires. On peut admirer une étonnante collection d'objets en papier mâché, dont beaucoup furent réalisés par la famille Adt, et en comprendre la fabrication. Le renouveau industriel du 19ᵉ s. est évoqué par le biais des fonderies de Pont-à-Mousson. Au second étage, nombreux exemples d'images populaires.

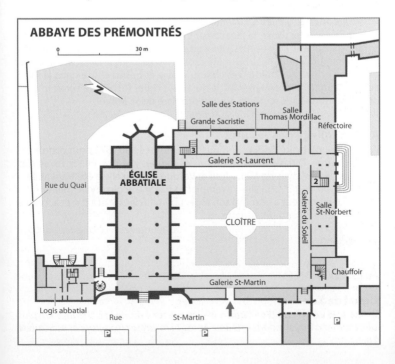

ABBAYE DES PRÉMONTRÉS

Regagnez la place Duroc puis prenez la rue Clemenceau, à l'arrière de la maison des Sept Péchés capitaux.

Maisons anciennes

Au n° 6, petite cour intérieure reconstituée, avec puits Renaissance, balcon et meubles lorrains.

Poursuivez dans la rue du Gén.-Fabvier, puis continuez dans la rue parallèle, la rue St-Laurent.

Au n° 9, balcon dans la cour ; au n° 11, façade de brique avec chaînages de pierre ; au n° 19, maison Renaissance de 1590 ; au n° 39, maison natale du général Duroc.

Revenez vers l'église St-Laurent.

Église St-Laurent

Le chœur et le transept sont de style flamboyant pour le le portail central, les deux 1ers étages de la tour datent du 18e s., et le reste de la façade de 1895. À l'intérieur, triptyque en bois polychrome du 16e s., statue du Christ portant sa croix de Ligier Richier. Belles boiseries du 18e s.

Rejoignez la place Duroc.

Hôtel de ville

☎ 03 83 81 10 68 - *pour visiter les salons, se renseigner 2 ou 3 j. av. au cabinet du maire.*

Construction de style Louis XVI décorée d'un fronton et surmontée d'une horloge monumentale que soutiennent deux aigles portant en sautoir la croix de Lorraine. À l'intérieur, belles tapisseries.

Empruntez le pont Gélot jusqu'à l'église St-Martin.

Église St-Martin

Possibilité de visite guidée sur demande à l'office de tourisme.

Flanquée de deux tours, la façade est du 15e s. Des chapelles latérales ont agrandi l'édifice aux 17e et 18e s. Deux gisants du Moyen Âge se trouvent sous l'enfeu flamboyant dans le bas-côté droit. En face, dans le bas-côté gauche, on peut déceler des influences champenoise et germanique dans la Mise au tombeau de la première moitié du 15e s. ; Ligier Richier se serait inspiré des 13 personnages sculptés pour le sépulcre de St-Mihiel.

Prenez à droite en sortant la rue St-Martin.

Ancien collège des Jésuites

L'ancienne université de Pont-à-Mousson a été créée en 1572 pour contrecarrer la Réforme. Dirigée avec grand succès par des jésuites, elle recevait des subsides des abbayes de Metz, Toul et Verdun. Lorsqu'elle a été transférée à Nancy à la fin du 18e s., la ville l'a remplacée par une école royale militaire. La belle cour d'honneur a retrouvé son aspect primitif des 16e et 17e s. et accueille aujourd'hui le lycée J.-Marquette.

Revenez place Duroc en traversant la Moselle ou poursuivez vers l'ancienne abbaye des Prémontrés.

À proximité

Signal de Xon

Sortez de la ville par la D 657, puis à 200 m, prenez à droite la D 910 et, 3 km plus loin, tournez à gauche dans la D 340. Après 1 km, laissez la voiture et poursuivre à pied.

D'en haut, bonne vue d'ensemble de Pont-à-Mousson. Le lieu fut le théâtre de combats acharnés pendant la Première Guerre mondiale.

★ Butte de Mousson

5 km à l'est. Sortez de la ville par l'avenue des États-Unis (D 120). Traversez Atton et rejoignez le village de Mousson par la rue Mousson sur votre gauche.
Une chapelle moderne occupe le sommet de la butte. À proximité, ruines du château féodal des comtes de Bar. **Panorama★** sur le pays lorrain et sur la Moselle.

Vallée de l'Esch

17 km au sud-ouest. Quittez la ville par la D 657 au sud. Dans Blénod, prenez la route de Jezainville (2ᵉ à droite après l'église).
À l'entrée de Jézainville, arrêtez-vous pour regarder en arrière. Dans l'axe de la route, on voit la butte de Mousson et sur la droite, la **centrale thermique de Blénod**, à charbon, avec ses quatre cheminées en ligne, hautes de 125 m. Ses groupes fournissent chacun 250 MW. *En raison de l'application du plan Vigipirate, les visites se font sur demande préalable : se renseigner - visite (1h à 1h30) tlj sf sam. et dim. - âge minimal : 14 ans - de bonnes chaussures de marche, ne pas avoir le vertige - gratuit. EDF-CPT de Blénod - BP 297 - 54701 Pont-à-Mousson Cedex - ☎ 03 83 80 37 24.*
On s'avance ensuite dans la charmante vallée de l'Esch, surnommée la « Petite Suisse lorraine ». La rivière coule, sinueuse, à travers les pâturages, et la route étroite tantôt s'abaisse au niveau de la rivière, tantôt monte au sommet d'une colline d'où la vue est charmante.

★ Église de Sillegny

13 km au nord-est de Pont-à-Mousson par la D 910 puis la D 5.
En pénétrant à l'intérieur de cette église du 15ᵉ s. à l'allure modeste, on est aussitôt saisi par les **peintures murales★** de la première moitié du 16ᵉ s. qui tapissent entièrement les murs de l'édifice. Grâce à une restauration achevée en 2004, les couleurs, très variées, ont retrouvé leur éclat d'origine, rehaussé par un fond à dominante jaune. Parmi les représentations d'apôtres et de saints (saint Christophe est haut de 5 m), multitude de détails naïfs ou savoureux. Au-dessus de la porte d'entrée, le Christ préside le Jugement dernier ; à sa droite, comme en bande dessinée, il est écrit : « Venez, les bénis de mon Père », tandis qu'à sa gauche, un Léviathan accueille dans sa gueule ceux qui ont rejeté le Royaume. Dans le chœur, à droite, l'arbre de Jessé présente la généalogie du Christ.

Itinéraire conseillé

VALLÉE DU RUPT DE MAD

48 km – environ 1h.
◗ *Pour visualiser ce circuit, reportez-vous au plan de la région (p. 204).* *Quittez la ville par la D 958, puis empruntez à droite la D 952. À Pagny-sur-Moselle, prenez à gauche la D 82.*

Prény

D'importantes ruines d'un château féodal du 13ᵉ s. dominent le village. Ce lieu fut la principale résidence des ducs de Lorraine avant Nancy, et « Prény ! » était le cri de guerre de leurs armées. Le château fut démantelé par Richelieu et définitivement abandonné au 18ᵉ s. Belle vue depuis la

butte que parcourent deux sentiers de découverte balisés *(panneau d'information devant la mairie)*.
Continuez sur la D 952, puis tournez à gauche vers Arnaville. Après Villecey-sur-Mad, prenez à gauche la D 28.

Château de Jaulny

Ce château féodal des 11e et 12e s. possède encore donjon, tour du pont-levis, tour de la poterne, remparts *(ne se visite pas)*.
Poursuivez 4 km sur la D 28.

Thiaucourt-Regniéville

C'est un lieu de souvenir de la Première Guerre mondiale. On y a constitué un **musée du Costume militaire** *(4 r. Neuve - ℘ 03 83 81 98 36 - www.pages14-18.com - ouv. mars-nov. les 2e dim. du mois, 14h-18h).* À l'ouest de ce bourg, cimetière américain de 4 153 soldats tombés lors de la réduction du « saillant de St-Mihiel » en 1918. Sur l'autre versant, cimetière allemand.
Rejoignez Pont-à-Mousson à l'est par la D 3 puis la D 958.

😊 NOS ADRESSES À PONT-À-MOUSSON

RESTAURATION

BUDGET MOYEN

Pierre Bonaventure – *18 pl. Duroc - ℘ 03 83 81 23 54 - www.pierrebonaventure.fr - 20/30 €.* Un restaurant qui met la viande à l'honneur. Pierre Bonaventure a rapporté du Portugal la cuisson au four à pain qui donne aux pièces de bœuf soigneusement sélectionnées une saveur unique.

Ferme-auberge Les Verts Pâturages – *14 r. St-Christophe - 54610 Éply - ℘ 03 83 31 30 85 - www.fermeaubergedesvertspaturages.eu - fermé 22 déc.-15 janv. et 15 août -* ♿ - 🅿 *- 15,50/30 €.* Pourquoi ne pas faire une petite halte dans ce village tranquille ? Le temps d'un déjeuner simple autour des produits de cette ferme ou d'une nuit dans une des chambres aménagées dans une maison à part, avec son petit jardin. Celle qui est mansardée est plus grande.

POUR SE FAIRE PLAISIR

Auberge des Thomas – *100 av. Victor-Claude - 54700 Blénod-lès-Pont-à-Mousson - ℘ 03 83 81 07 72 - fermé 2-7 janv., 16-23 avr., 30 juil.-13 août, 12-19 nov., dim. soir et merc. - 32 €.* Occupant une maison tapissée de lierre, auberge de bord de route au décor ensoleillé. Terrasse dans une petite cour-jardin. Accueil convivial et atmosphère détendue.

Le Fourneau d'Alain – *64 pl. Duroc - ℘ 03 83 82 95 09 - www.lefourneaudalain.com - fermé 1er-7 mai, 1er-15 août, merc. soir, dim. soir et lun. - 28/53 €.* Restaurant sagement contemporain installé sur la place principale, à l'étage d'une des maisons à arcades du 16e s. Tables bien dressées et service sans tralala.

EN SOIRÉE

Les Brasseurs de Lorraine – *3 r. du Bois-le-Prêtre - ℘ 03 83 80 02 64 - www.brasseurs-lorraine.com - tlj* *sf dim. et lun., 10h-12h, 14h-18h - fermé j. fériés - visite tous les vend. 17h - 2 € la visite plus dégustation, 3 € la dégustation plus 1 bouteille de 33 cl.* Il serait dommage de quitter la région sans avoir goûté à l'une des bières artisanales fabriquées par les Brasseurs de Lorraine. L'affaire existe depuis quelques années, mais mérite le détour. Elle brasse aujourd'hui 7 bières de fermentation haute blanche, blonde et ambrée, disponibles en fût ou en bouteilles.

Saint-Nicolas-de-Port

★

7 587 Portois – Meurthe-et-Moselle (54)

 NOS ADRESSES PAGE 242

⊡ S'INFORMER

Office du tourisme de St-Nicolas-de-Port – *Pl. Camille Croué-Friedmann - 54210 St-Nicolas-de-Port - ℘ 03 83 48 58 75 - tlj sf lun. mat. et apr.-midi ; fermé les 25 déc. et 1er janv.*

◗ SE REPÉRER

Plan de région B2 (p. 204) – carte Michelin Départements 307 J7. À 12 km au sud-est de Nancy, 19 km à l'ouest de Lunéville.

☺ À NE PAS MANQUER

La basilique, cœur de la cité, et le musée français de la Brasserie.

◷ ORGANISER SON TEMPS

Consacrez une demi-journée à la visite de la ville, qui s'anime tout spécialement à l'occasion de la St-Nicolas.

👪 AVEC LES ENFANTS

Le musée du Cinéma, de la Photographie et des Arts audiovisuels.

Depuis près de dix siècles, une flamboyante basilique, monumental reliquaire d'une phalange de saint Nicolas, attire pèlerins et curieux à St-Nicolas-de-Port. Étape importante sur la route de la Bière lorraine, la ville fut également réputée pour sa brasserie. Mais celle-ci a fermé ses portes en 1986. Un musée occupe aujourd'hui les murs de l'ancienne entreprise, et si l'on y fabrique encore parfois de la bière, c'est uniquement pour la démonstration…

Visiter

★★ LA BASILIQUE

℘ 03 83 46 81 50 - http://paroisse.stnicolas.free.fr - juil.-sept. : 3 visites guidées (1h) dim. 1er dép. 14h30 - 5 € - visite groupe sur RV. En août, concerts d'orgue chaque dim. 17h - gratuit.

L'arrivée au 11e s. d'une des reliques de saint Nicolas rapportée de Bari par un croisé bouleverse la cité de Port (appelée ainsi à cause de son activité fluviale sur la Meurthe). Une église va se construire autour de la phalange de saint Nicolas, attirer des pèlerins et accroître, presque miraculeusement, le développement commercial de la ville, désormais appelée « St-Nicolas-de-Port ». Dès 1120, les ducs de Lorraine font de Nicolas le saint patron de la Lorraine. C'est en 1950 que Pie XII conféra à l'église le titre de basilique : témoin, le parasol rouge et jaune sur le côté gauche du chœur.

Grâce au legs d'une bienfaitrice portoise, le sanctuaire (fin 15e-début 16e s.) est depuis 1983 aux mains de compagnons tailleurs de pierre, de sculpteurs et de maçons chargés de le restaurer : vous pourrez admirer leur travail déjà terminé à l'intérieur. On a une belle vue de la basilique depuis la route qui longe la rive droite de la Meurthe et, de la rue Anatole-France, un beau coup d'œil sur le chevet.

Extérieur

La façade comprend trois portails surmontés de gâbles flamboyants. Le portail central a conservé la statue qui figure le miracle de saint Nicolas (niche de la pile centrale), attribuée à Claude Richier, frère de Ligier, le célèbre sculpteur lorrain.

Les tours s'élèvent à 85 et 87 m. Sur le flanc gauche, à hauteur du transept et du chœur, six niches en anse de panier abritaient les boutiques lors des pèlerinages.

Intérieur

La nef est un lumineux vaisseau extrêmement élancé, couvert de belles voûtes à liernes et tiercerons culminant à 32 m, comme à Strasbourg, et dont les ogives retombent sur de hautes colonnes. Les bas-côtés relèvent d'une architecture analogue ; dans le transept, leurs voûtes soutenues par des piliers extrêmement hardis (les plus hauts de France : ils mesurent 28 m) s'élèvent à la hauteur des voûtes de la nef centrale et déterminent un transept inscrit, à la mode champenoise. Regardez la nef depuis le fond de la basilique et vous constaterez qu'elle n'est pas droite : peut-être un problème d'urbanisme ou de soubassement à l'époque de sa construction.

Les magnifiques vitraux de l'abside ont été exécutés entre 1507 et 1510 par un verrier lyonnais, Nicole Droguet, ceux du collatéral et des chapelles nord par le verrier strasbourgeois Valentin Bousch, à la même époque. Les inventions décoratives de la Renaissance transparaissent déjà.

En contrebas du chœur, la **chapelle des Fonts** (accès derrière l'autel de la Vierge) abrite des fonts baptismaux du 16e s. et un beau retable de la première Renaissance française surmonté de pinacles ajourés. Dans la chapelle, une

---

UN SAINT POPULAIRE

Saint Nicolas fut évêque de Myre, en Lycie (actuelle Turquie) au 3e s. Il fut très tôt vénéré par les orthodoxes et les miracles qu'on lui attribua étendirent son aura jusqu'en France dès le 10e s. S'il est aujourd'hui le protecteur des enfants, ce n'est sans doute pas pour avoir ressuscité trois enfants sinistrement découpés par un boucher, comme le veut la légende, mais plus vraisemblablement pour avoir pourvu à la dot de trois pauvres jeunes filles menacées d'esclavage. C'est au 11e s. que son corps quitta la cité musulmane pour être transféré à Bari, en Italie du Sud. On fête depuis la « Translation » ou la St-Nicolas d'été le lundi de Pentecôte.

Musée français de la brasserie.
Musée Français de la Brasserie

série de délicats panneaux peints sur bois (16e s.) illustre des scènes de la vie de saint Nicolas. Le **trésor** comprend un bras-reliquaire de saint Nicolas en vermeil (19e s.), le nautile, un vaisseau dit « du cardinal de Lorraine » (1579), un reliquaire de la vraie Croix en argent (15e s.), le crucifix de Voltaire en ivoire, une croix processionnelle du 19e s.

Musée français de la Brasserie

62 r. Charles-Courtois - ☎ 03 83 46 95 52 - www.passionbrasserie.com - possibilité de visite guidée (1h) - de mi-juin à mi-sept. : 14h30-18h30 ; reste de l'année : tlj sf lun. 14h-18h - fermé 21 déc.-5 janv. - 5 € (-16 ans gratuit), Journées du patrimoine gratuit.

Cela va de soi, il est installé dans l'ancienne brasserie de St-Nicolas-de-Port, qui cessa toute activité en 1986. Deux beaux vitraux de Jacques Gruber, créés pour la salle de dégustation de la brasserie de Vézelise, éclairent la salle Moreau, ainsi nommée en hommage à Paul Moreau, qui joua un rôle déterminant dans l'image de marque de la société. Dans la tour de brassage, de style Art déco, éclairée par de larges baies vitrées, on visite les différentes installations : le laboratoire, le grenier à malt, la chambre à houblon, la salle de brassage (belles cuves en cuivre), la salle des machines frigorifiques et la salle des glacières, avec les cuves de fermentation. Au dernier étage, reconstitution d'une salle de brassage du 18e s. Enfin, depuis 1995, le musée organise des brassages de démonstration, à l'attention des brasseurs amateurs (concours, stages, etc.).

Musée du Cinéma, de la Photographie et des Arts audiovisuels

10 r. Georges-Rémy - ☎ 03 83 45 18 32 - www.museecinemaphoto.com - ♿ - possibilité de visite guidée (1h30) - jeu.-dim. 14h-18h - fermé 20 déc.-7 janv. et j. fériés - 4 € (-16 ans 3 €), Journées du patrimoine gratuit.

Ce musée raconte l'histoire des techniques de l'image animée et photographique depuis leurs tâtonnements au début du 19e s., aux origines de la cinématographie, puis leur évolution. Lanterne magique et autres procédés oubliés font revivre la féerie de l'image animée.

À proximité

Varangéville
Au nord de St-Nicolas, entre la Meurthe et le canal de la Marne au Rhin.
Commencée à la fin du 15e s., de style gothique flamboyant, l'**église** présente à l'intérieur une superbe « forêt » de piliers à nervures palmées et d'intéressantes statues, dont une Vierge à l'Enfant de la première moitié du 14e s. et une Mise au tombeau du 16e s.

Dombasle-sur-Meurthe
5 km à l'est. Située entre la Meurthe et le canal de la Marne au Rhin, la ville est le siège d'une importante usine chimique du groupe belge **Solvay**, première soudière française. Le sel, matière première de cette industrie chimique, est extrait depuis 1904 du plateau d'**Haraucourt**, à raison de 1 400 000 t par an. L'extraction utilise la technique de sondage et de dissolution par injection d'eau douce dans le sol. Cette exploitation intensive sur 200 ha produit, par foudroiement des sols, d'énormes cratères visibles depuis la D 80 et la D 81.

Rosières-aux-Salines
8 km au sud-est par la D 400, puis la D 116 à droite après Dombasle-sur-Meurthe.
Les bâtiments des anciennes salines, qui fermèrent en 1760 sur ordre du roi Stanislas en raison de la concurrence des fabricants de la vallée de la Seille, furent affectés au haras. L'effectif de celui-ci se monte à plus de 30 étalons de sang : pur-sang, anglo-arabe, arabe et, en majorité, selle français.

😊 NOS ADRESSES À SAINT-NICOLAS-DE-PORT

RESTAURATION

BUDGET MOYEN
Auberge de la Mirabelle – *6 rte de Nancy - 54210 Ferrières - 12 km au sud de St-Nicolas-de-Port par D 115 et D 112 - ℘ 03 83 26 62 14 - www.auberge-mirabelle.eu - fermé 1er-15 janv. et 20 juil.-10 août - 12/20 €.* Dans la ferme des filles de Léon, la spécialité, c'est bien sûr la mirabelle… Mais dans l'ancienne étable, transformée en auberge, on déguste une cuisine simple de « grand-mère » préparée et servie en famille. Une adresse connue des gens des environs.

AGENDA

St Nicolas – Depuis le Moyen Âge, toute la Lorraine célèbre, le 6 déc., saint Nicolas. À St-Nicolas-de-Port, un pèlerinage attire des milliers de fidèles catholiques venus rendre hommage au patron des Lorrains.
Autour de la bière – Le musée français de la Brasserie organise des manifestations comme le Salon français du brasseur artisan ou amateur *(en avr.)*.

Lunéville

★

👁 **NOS ADRESSES PAGE 247**

19 881 Lunévillois – Meurthe-et-Moselle (54)

ℹ S'INFORMER

Office du tourisme du Lunévillois – *Aile Sud du Château - 54300 Lunéville - ℘ 03 83 74 06 55 - www.ot-lunevillois.com - 9h 12h, 14h-18h, dim. 10h-12h, 14h-18h - fermé 1ᵉʳ janv., 25 déc.*

▶ SE REPÉRER

Plan de région C2 (p. 204) – carte Michelin Départements 307 J7. Lunéville est situé à 30 km au sud-est de Nancy par la D 400.

☺ À NE PAS MANQUER

Un passage par la cour d'honneur du château et le parc des Bosquets, le Conservatoire des broderies.

👪 AVEC LES ENFANTS

La Maison de la mirabelle à Rozelieures.

Le majestueux château qui trône au cœur de la ville valut à Lunéville le surnom de « Versailles lorrain ». Foyer d'une cour brillante et galante au 18ᵉ s., le château est resté, malgré un terrible incendie en janvier 2003, la fierté des Lunévillois et sa cour d'honneur constitue le centre des manifestations de la ville. La progressive restauration du centre-ville insuffle à la ville une seconde jeunesse, tandis que, dans la droite ligne des traditions locales, des artisans redonnent vie aux arts de la broderie et de la faïence.

Visiter

★ LE CHÂTEAU

De 1702 à 1729, Lunéville est le séjour favori de Léopold, duc de Lorraine. Grand admirateur du Roi-Soleil, il fait appel à Germain Boffrand, élève de Jules Hardouin-Mansart, pour se faire construire à Lunéville une « réplique » modeste de Versailles. On y organise de la danse, des jeux, du théâtre, de la chasse, et c'est le succès. Toute la noblesse lorraine se précipite. Plus tard, Stanislas, beau-père de Louis XV, embellit Nancy, bien sûr, mais c'est à Lunéville qu'il établit ses quartiers, pour ménager les Nancéiens méfiants devant l'avancée du pouvoir royal. Le roi polonais reçoit au château scientifiques, musiciens et hommes de lettres (Voltaire, Montesquieu, Saint-Lambert, Helvétius). Le nain du roi Stanislas, « Bébé », contribua par ses incartades à animer la cour.

Tout un pan de l'histoire artistique de Lunéville est malheureusement parti en flammes lors de l'incendie qui a ravagé l'aile sud du château en janvier 2003. La chapelle et le musée ont été entièrement détruits. Le sinistre, loin d'être le premier à endommager les lieux, a suscité une importante mobilisation de la part des Lunévillois, soucieux de leur patrimoine. Les dons spontanés et les collectes ne seront pas de trop pour financer les quelque 100 millions d'euros nécessaires à la restauration, considérée comme le plus grand chantier patrimonial d'Europe. La fin des travaux est prévue pour 2016.

Cour d'honneur

Au centre de la cour qui ouvre à l'ouest le château sur la ville se dresse la statue équestre du général Lasalle, natif de Metz, tué à Wagram en 1809. Le large corps central est flanqué de deux petites ailes et comprend deux escaliers monumentaux. Un portique de trois arches en plein cintre équilibre la construction et ouvre la perspective des jardins.

Conservatoire des broderies de Lunéville

Cour des Communs, aile sud du château - ℘ 03 83 73 56 86 - www.broderie-lune-ville.com - tlj sf mar. 14h-18h - fermé 1ᵉʳ janv. et 25 déc. - gratuit.

La broderie au « point de Lunéville » connut une réputation considérable jusqu'en 1950, date de la disparition des dernières « Lunévilleuses » sur tulle. Aujourd'hui, seuls quelques établissements techniques font perdurer la tradition en enseignant la broderie de Lunéville : des stages sont proposés par ce conservatoire-musée qui rassemble des pièces de collection de 1850 à nos jours, de la broderie blanche à la broderie perlée.

★ Parc des Bosquets

Tracé à partir de 1711 par Yves Des Hours et complété par Louis de Nesles pour Léopold, il a été embelli par Héré pour Stanislas. À la mort du roi, les pavillons et chalets qui s'y trouvaient ont disparu, les nombreux automates et les statues de plomb ont été vendus, la plupart des bassins comblés. Après 1944 et de nouveaux dommages, la restauration des jardins à la française avec bosquets, parterres, statues et pièces d'eau a été entreprise. La terrasse a été dégagée.

Se promener

En sortant de l'office de tourisme, tournez à gauche dans la rue du Pont-Rouge qui longe le château, puis à droite dans la rue du Château. Après avoir dépassé le tribunal, on aperçoit la maison du Marchand, qui fait l'angle avec la rue de Lorraine.

Maison du Marchand

Cette belle maison du 18ᵉ s. en grès rouge, restaurée en 2005, fut sans doute celle d'un riche marchand d'épices, si l'on en croit les sculptures qui ornent le pilastre d'angle : on y distingue des tonneaux, une proue de bateau, une tête d'Indien coiffée de plumes.

Empruntez la rue Demangeot pour rejoindre la place St-Rémy.

★ Église St-Jacques

Cette ancienne abbatiale a été construite de 1730 à 1747 dans le style baroque. Elle a été commencée par Boffrand, et c'est Héré, l'architecte préféré de Stanislas, qui l'a terminée. Encadrant la **façade★★**, les deux tours élancées supportent l'une, la statue de saint Michel, l'autre, celle de saint Jean Népomucène. Les **boiseries★** du tambour d'entrée, les stalles du chœur et de la chaire sont Régence. Les couleurs chatoyantes de l'intérieur renforcent l'atmosphère baroque. On y trouve une Pietà du 15ᵉ s. et de belles œuvres de Girardet (voir en particulier la fresque du baptême de Clovis). Admirez l'orgue dont le buffet a été conçu en 1751 pour dissimuler les tuyaux, sur un dessin de Héré. Dans cette église ont été conservées les entrailles du roi Stanislas.

Parc des Bosquets.
Office de tourisme du Lunévillois

Longez les bâtiments abbatiaux par la rue des Templiers, tournez à droite dans la rue Banaudon puis à gauche dans la rue Castara, qui prolonge la rue de la République.

Synagogue

Construite en 1785 avec l'autorisation de Louis XVI, cet édifice surprend par son architecture de style à la fois grec classique et baroque. À une époque où le culte était simplement toléré, cette synagogue, la première en France depuis le 13e s., fut bâtie en retrait de la rue, cachée derrière deux maisons incendiées par la suite en 1914. Sur la façade en grès rose, deux pampres de vigne surmontent l'oculus.

Revenez à la rue Banaudon, vers la droite. Tournez à gauche dans la rue Thiers puis traversez la place St-Jacques à droite. On rejoint la place de la Comédie par la rue Vieille-Muraille, sur la gauche.

Théâtre

Reconstruit en 1910 sur l'emplacement du premier théâtre de Lunéville, édifié en 1733 puis incendié en 1908, l'actuel théâtre est orné de décors inspirés du 18e s.

LE TRAITÉ DE LUNÉVILLE

Signé le 9 février 1801 par Joseph Bonaparte, frère de Napoléon, et le comte autrichien de Cobenzl, ce traité attribua la rive gauche du Rhin à la France, à la suite de la victoire des Français à Hohenlinden. C'est à la demande de l'Autriche que Lunéville fut choisie comme lieu des négociations. Une telle décision suscita dans la ville un véritable branle-bas de combat : de nombreux travaux furent nécessaires pour assurer un accueil digne de ce nom aux plénipotentiaires. Vous pourrez apercevoir la maison dite « du Traité » au n° 61 de la rue de Lorraine.

À proximité

Gerbéviller

11 km au sud par la D 914.

Situé au cœur de la vallée de la Mortagne, le château de Gerbéviller, fortement endommagé en 1914, a été reconstruit sur un seul niveau. Il possède un très beau **parc paysager romantique** réaménagé en 1816 au sein duquel s'élèvent divers édifices, un « Pavillon rouge » du 17e s., des grottes et leur nymphée de la même époque. À l'orée du parc : jardin de senteurs, potager à l'ancienne (en chambre) et jardin 1900. En face, une chapelle palatine semble résister aux épreuves du temps. ℰ *03 83 42 71 57 - www. chateau-gerbeviller.com - de mi-mai à fin sept. : w.-end et j. fériés apr.-midi - 4 € (enf. 2,50 €).*

Moyen

18 km au sud sur la D 914.

Ce village lorrain typique possède une **forteresse épiscopale** du 15e s. qui a fait parler d'elle dans l'histoire de la Lorraine ; son nom : « Qui qu'en grogne ». Même si ce château des évêques de Metz a été démantelé par Richelieu en 1639, à la suite d'un siège de six semaines, l'amateur de vestiges pourra se faire une idée de sa magnificence. Dans l'enceinte, face au logis épiscopal, la maison seigneuriale nouvellement restaurée présente des expositions autour du Moyen Âge, la reconstitution d'une salle de classe de 1900, un petit musée agricole, ainsi qu'une collection de faïences lorraines. ℰ *03 83 42 75 50 - www.menovicien.fr/chateau - possibilité de visite guidée - de déb. mai à mi-oct. : w.-end et j. fériés 14h-18h - expositions estivales : se renseigner - 4 € (-18 ans gratuit).*

Rozelieures

20 km au sud de Lunéville. Prenez la D 914. À Magnières, prenez à droite la D 22.

Au cœur de la Lorraine, ce petit village entouré de vergers possède le trésor de la région : la mirabelle. Les Lorrains peuvent être fiers de ce fruit aux belles couleurs ambrées car 70 % de sa production mondiale provient de la région. 👥 La **Maison de la mirabelle** retrace l'histoire de l'arbre et du fruit à travers les saisons : sa culture, la récolte, les dérivés et sa commercialisation. ℰ *03 83 72 32 26 - www.maisondelamirabelle.com - ♿ - visite guidée (45 mn) - mai-sept. : 9h-11h, 13h30-17h30, dim. et j. fériés 13h30-17h30 ; reste de l'année : tlj sf w.-end 9h-11h, 13h30-17h30 - fermé 1er janv., dim. et lun. de Pâques, 1er nov., 11 Nov., 25 déc. - gratuit.*

Emberménil

17 km au nord-est de Lunéville. Sortez par la D 400. À Marainviller, continuez sur la D 161.

La **maison de l'abbé Grégoire** présente l'œuvre et la vie de l'abbé Grégoire (1750-1831) à travers 13 vitraux. Le curé d'Emberménil fut un ardent défenseur de l'abolition de l'esclavage. ℰ *03 83 71 20 56 - de mi-mars à fin oct. : dim. et j. fériés 14h30-18h30 - 2,50 € (-10 ans gratuit).*

😊 NOS ADRESSES À LUNÉVILLE

HÉBERGEMENT

BUDGET MOYEN

Hôtel des Pages – *5 quai des Petits-Bosquets -* 📞 *03 83 74 11 42 - www.hotel-lespages.com* - 🅿 *- 37 ch. 65/95 € -* 🍽 *8,50 €.* Importants corps de bâtiments faisant face au château. Une majorité de chambres ont été rénovées dans un style contemporain ; elles ont notre préférence. Pour vous restaurer, n'hésitez pas à vous attabler au Petit Comptoir pour goûter sa cuisine bistrot.

RESTAURATION

BUDGET MOYEN

Le Floréal – *1 pl. Léopold -* 📞 *03 83 73 39 80 - rest.floreal@ wanadoo.fr - fermé dim. soir et lun. - 14,50/37 €.* La devanture de ce restaurant est assez discrète. La salle à manger située à l'étage bénéficie d'une vue sur la place. Décor actuel, frais et coloré ; plats classiques.

Les Bosquets – *2 r. des Bosquets -* 📞 *03 83 74 00 14 - fermé dim. soir et lun. soir - 12/35 €.* Apprécié des gens du quartier, ce petit restaurant familial sert plusieurs menus, dont un pour les petits. Sa formule, servie à déjeuner, est particulièrement peu chère

et ses trois salles au décor rustique simple sont souvent bien remplies…

ACHATS

Même si la broderie perlée et pailletée n'est plus pratiquée à échelle industrielle, il existe encore quelques passionnés qui en perpétuent le savoir-faire. Créations exposées à l'office de tourisme.

Établissements Ciepielewski – *Château de Lunéville -* 📞 *03 83 73 26 61 - www.gravuresurcristal.com - prévenir av. visite.* Gravure sur cristal, démonstration, audiovisuel et vente.

Manufacture de faïences de Lunéville-St-Clément – *1 r. Keller- et-Guérin -* 📞 *03 83 74 07 58 - tlj sf dim. et lun. 10h-12h, 14h-18h30 - fermé j. fériés.* Magasin d'usine et exposition de pièces anciennes. Le « lunéville » est un point de broderie ; c'est aussi le nom que l'on donne à la faïence fabriquée à Lunéville. Manufacture royale, la faïencerie lunévilloise est née en 1718. Héritière de ce glorieux passé, la manufacture de St-Clément perpétue la tradition.

ACTIVITÉS

Vélorail de Val de Mortagne – *voir p.252.*

Baccarat

4 671 Bachamois – Meurthe-et-Moselle (54)

NOS ADRESSES PAGE 251

S'INFORMER

Office du tourisme du canton de Baccarat –*11 r. Division-Leclerc - 54120 Baccarat - ℘ 03 83 75 13 37 - www.ot-baccarat.fr - juil.-août : lun.-vend. 9h-18h, sam. 9h-12h, 14h-17h, dim. 10h-12h, 15h-17h ; reste de l'année : tlj sf w.-end et j.fériés., 9h-12h, 13h30-17h30.*

SE REPÉRER

Plan de région C3 (p. 205) – carte Michelin Départements 307 L8. La ville se situe à mi-chemin (env. 60 km) entre Nancy et Gérardmer, sur la N 59. Les installations de la cristallerie couvrent plus de 10 ha, sur l'une des rives de la rivière. Deneuvre domine la ville au sud, depuis un éperon rocheux.

À NE PAS MANQUER

Le musée du Cristal bien sûr, les vitraux de l'église St-Remy et les sources d'Hercule à Deneuvre.

ORGANISER SON TEMPS

Pour les bibliophiles, il fait bon flâner quelques heures dans les rues de Fontenoy-la-Joûte, véritable bouquinerie géante.

AVEC LES ENFANTS

Le parc d'attractions de Fraispertuis City, le pôle Sports Nature et le Vélorail du Val de Mortagne *(voir carnet d'adresses)*, le lac de la Plaine, l'observatoire à oiseaux du lac de Pierre-Percée.

Bâtie de part et d'autre de la Meurthe, Baccarat est célèbre dans le monde entier pour sa cristallerie, dont les origines remontent au 18e s. La fabrication de cette luxueuse matière constitue, aujourd'hui encore, la principale activité de la ville, véritable fer de lance économique et touristique.

Se promener

Musée du Cristal

℘ 03 83 76 61 37 - www.baccarat.fr - ᨕ - possibilité de visite guidée (45 mn) sur demande (1 j. av.) - tlj sf mar., dim. et j. fériés 10h-19h - 5 € (enf. 3,50 €).
Ce musée présente des pièces anciennes et contemporaines, dans le petit château qui fut la demeure du fondateur de la « verrerie Ste-Anne ». Voyez en particulier le candélabre de l'Exposition universelle de 1867, le vase des Trois Grâces (1909) et la collection de presse-papiers (sulfures, millefiori). Dans la dernière salle sont présentées les différentes techniques de fabrication : outillage, travail à chaud, taille, gravure, dorure. Renouvelée chaque année, une exposition temporaire se tient dans la chapelle attenante au musée *(mai-sept)*.
Traverser le pont sur la Meurthe.

Église St-Remy

Cette église moderne (1957) surprend par son clocher dressé en pyramide à 55 m de hauteur. Son immense bas-relief en béton brut de décoffrage est

> **UNE CRISTALLERIE DE PRESTIGE**
> Louis XV autorisa en 1764 Mgr de Montmorency-Laval, évêque de Metz, à
> créer la verrerie Ste-Anne à Baccarat. Transformée en cristallerie en 1817,
> elle servit les grands de ce monde au 19e s. et s'assura ainsi une grande
> prospérité. La visite de Charles X en Lorraine en 1828, immortalisée par
> une aiguière conservée au musée, fut suivie d'un grand engouement pour
> le cristal de Baccarat. Seule cristallerie au monde capable de fabriquer des
> pièces de taille exceptionnelle, la manufacture fournit au tsar Nicolas II un
> candélabre de 3,85 m de hauteur et produisit des meubles de cristal qui
> sont autant d'objets de collection. La cité ouvrière comprenait plusieurs
> bâtiments tout près de la cristallerie, pour que les verriers accourent dans
> la « halle » dès que la cloche sonnait pour annoncer la fusion du cristal.
> Avec son four à bassin qui affine le mélange en fusion continue, Baccarat
> est aujourd'hui à la pointe de la technique. Trente-huit des tailleurs ou
> graveurs hautement qualifiés de la cristallerie ont été reconnus « meilleurs
> ouvriers de France ».

éclairé de **vitraux**★ illustrant la « création du monde ». Ces vitraux sont composés de 20 000 morceaux de cristal de Baccarat et présentent plus d'une cinquantaine de teintes différentes. Le tabernacle et les fonts baptismaux symétriques par rapport au chœur sont éclairés de verrières représentant les douze apôtres.

À proximité

Deneuvre
Village ancien où subsiste une église du 18e s. qui abrite un orgue remarquable de 1704.

Musée des sources d'Hercule – *1 pl. Jean-Marie-Keyser - ℘ 03 83 75 22 82 - www.museehercule.com - ⚭ - mai-sept. : 10h-12h, 14h-18h ; mars-avr. : w.-end et j. fériés 14h-17h - fermé nov.-fév. - 3,50 € (-12 ans gratuit).*
Des fouilles effectuées de 1974 à 1986 ont mis au jour un sanctuaire gallo-romain du milieu du 2e s., dédié à Hercule. Ce musée rassemble toutes les informations sur le mythe d'Hercule, les états antérieurs du sanctuaire et la découverte du site. Des cartes, plans et maquettes expliquent l'histoire de Deneuvre. Reconstitution du lieu d'ablution, avec ses trois bassins qui permettaient aux fidèles de puiser l'eau. Les dévots qui avaient obtenu ce qu'ils souhaitaient offraient un ex-voto, le plus souvent des stèles ou des autels, qui formèrent au cours des siècles un cercle autour des sources.

Fontenoy-la-Joûte
6 km à l'ouest de Baccarat.
Dans ce village typiquement lorrain, d'anciennes fermes étroites et hautes ont été transformées en librairies pour former le **Village du livre** : on y trouve des bouquinistes, un relieur d'art et une Maison de l'imprimerie et du papier où un artisan fabrique du papier sous vos yeux. Au nord du village, la chapelle St-Pierre, du 13e s., marque la séparation entre le Bassin parisien et le massif des Vosges. ℘ 03 83 71 52 13 - www.fontenoy-la-joute.com.

Rambervillers
15 km au sud-ouest de Baccarat par la D 435.

Entourée de collines et de forêts, Rambervillers est surtout remarquable pour son hôtel de ville du 16e s. à arcades (à l'intérieur, la tour contient un bel escalier en colimaçon) et pour son église de style gothique flamboyant. Édifiée au 15e s., elle est consacrée à sainte Libaire, la première martyre du diocèse, décapitée à Grand au 4e s., que l'on reconnaît sur le grand tableau adossé au tympan. Le **musée de la Terre** présente des faïences du 18e s., une collection de pots à pharmacie et des grès flammés dans un style école de Nancy. *1 r. de la Faïencerie - 03 29 65 05 03 - juil.-août : tlj sf mar. apr.-midi ; reste de l'année : dernier dim. du mois apr.-midi - 3 € (-14 ans 1 €).*

Celles-sur-Plaine

À Celles-sur-Plaine, profitez des deux lacs pour vous accorder un peu de détente.

Le **lac de la Plaine** (36 ha) a été aménagé en base de loisirs et de plein air à vocation nautique *(baignade surveillée en juil.-août, voile, aviron, kayak…). Prenez la route de Badonviller (D 182ᴬ) à droite après le barrage du lac de la Plaine.*

Le parcours au milieu de forêts de sapins offre de belles vues dans la première partie de la montée. La **route★** permet d'accéder au minuscule village de **Pierre-Percée**.

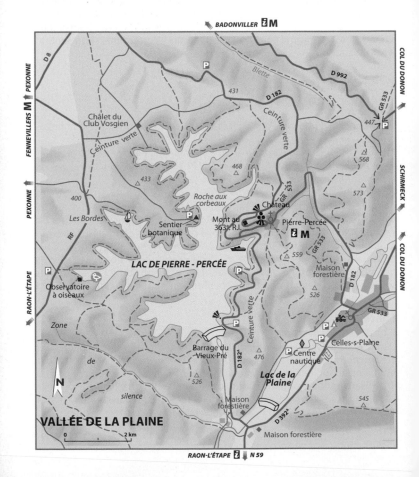

de **Pierre-Percée**.

Passant devant le monument aux morts du 363ᵉ RI dû au sculpteur Sartorio, la route grimpe au pied des ruines d'un château fort des comtes de Salm *(parc de stationnement)*, dont subsiste un donjon du 12ᵉ s. De là, **vues★** étendues sur le lac, les collines et les forêts.

Lac de Pierre-Percée

Parc de stationnement à hauteur du barrage du Vieux-Pré. Faites quelques pas vers le belvédère où des panneaux expliquent la construction de l'ouvrage.

Pour découvrir le milieu forestier, suivez le sentier botanique de la Roche aux Corbeaux et arrêtez-vous à l'**observatoire à oiseaux** *(accès par la ceinture verte).*

Revenez sur la D 182 pour gagner Badonviller.

Badonviller

Cette petite localité industrielle a eu le privilège d'être une des premières villes libérées par la 2ᵉ DB lors de la bataille d'Alsace déclenchée au début de novembre 1944. On y découvre une église de 1788 et un musée-atelier céramique et verre où œuvrent de jeunes créateurs *(13 r. de la Division-Leclerc - ☎ 03 83 42 19 57 - avr.-sept. : tlj 14h-18h sf merc. ; oct.-déc. : w.-end).*

😊 NOS ADRESSES À BACCARAT

♿ Voir aussi nos adresses dans le massif du Donon, p. 477.

HÉBERGEMENT

PREMIER PRIX

Camping Les Lacs – *88110 Celles-sur-Plaine -* ☎ *03 29 41 28 00 - www.spaysdeslacs. com/camping- ouv. avr.-oct. - réserv. conseillée - 135 empl. 23 € - restauration.* Situé sur une rive du lac de la Plaine et au bord du ruisseau portant le même nom, cet agréable camping dispose d'emplacements bien entretenus. Blocs sanitaires très corrects et superbe piscine. La variété d'activités proposées animera comme il se doit un séjour estival dans ce cadre verdoyant.

BUDGET MOYEN

Hôtel La Renaissance – *31 r. des Cristalleries -* ☎ *03 83 75 11 31 - www.hotel-la-renaissance. com - 16 ch. 52/64 € -* ☐ *8 € - rest. 17/37 €.* Au pays des verriers, tout près du musée du Cristal, petite adresse pratique pour poser ses valises. Chambres fonctionnelles et bien insonorisées. Cuisine traditionnelle sans prétention servie dans une salle à manger rustique ou sur la mini terrasse fleurie.

Hôtel des Lacs – *2 pl. de l'Église - 88110 Celles-sur-Plaine -* ☎ *03 29 41 17 06 - www.hotel-des-lacs. fr - fermé 22 déc.-26 janv., mar. d'oct. à fin avr. et dim. sf juil.-août -* ♿ *- 15 ch. 60 € -* ☐ *7,70 € - rest. 15/38 €.* Entre lacs et forêts, cette imposante bâtisse vosgienne des années 1940, peinte en vieux rose, a été intégralement rénovée. Ici, depuis quatre générations, on se met en quatre pour vous satisfaire. Chambres au confort contemporain. Au restaurant, vous sera servie une cuisine alliant avec brio gastronomie locale et traditionnelle. Parmi les spécialités : feuilleté d'escargots aux cèpes et poêlée de grenouilles provençale.

RESTAURATION

PREMIER PRIX

Le Wagon du Pré Fleury – *14 r. de la Barre - 54129 Magnières - 15 km à l'ouest de Baccarat, dir. Bayon par D 22 -* $\mathscr{C}$ *03 83 72 32 58 - http:// wagonrestaurant.free.fr - fermé dim. soir et lun. - formule déj. 13 € - 15/31 €.* Cadre insolite pour ce restaurant installé dans… un ancien wagon SNCF et sa gare ! Tenu par un ancien dessinateur industriel et bourrelier, il est agréablement aménagé dans un style un peu rétro. Cuisine régionale. Autour : pêche, balades en draisine…

ACHATS

Cristallerie de Baccarat – *20 r. des Cristalleries -* $\mathscr{C}$ *03 83 76 60 01 - www.baccarat.fr - 9h30-12h30, 13h30-18h30, dim. et j. fériés 10h-12h30, 14h30-19h - fermé 1er janv. et 25 déc.* Chaque article fabriqué à Baccarat reçoit une marque spécifique qui n'est disponible que chez certains dépositaires. Magasins de vente au détail, galeries d'exposition et musée.

ACTIVITÉS

≗ Fraispertuis City – *50 r. de la Colline-des-Eaux - 20 km au sud de Baccarat par D 935, D 435 et D 32 - 88700 Jeanménil -* $\mathscr{C}$ *03 29 65 27 06 - www.fraispertuis-city. fr - juil.-août : tlj 10h-18h30 ; avr.-juin, sept. : selon calendrier scol. 10h-18h - 16,50 € (14,50 € jusqu'à 12 ans - gratuit pour – de 1 m).* Ce parc propose plus de 25 attractions sur le thème du Far West qui font la joie des petits et des grands : la rivière d'aventure, le Grand Canyon, le train Far West. Nouveauté 2009, la Crique des Pirates… Restauration sur place.

Vélorail du Val de Mortagne – *9 r. de l'Église - 54 129 Magnières -* $\mathscr{C}$ *03 83 72 34 73 - mai-juin, tlj 9h-12h, 14h-18h, juill.-août 9h-12h, 14h19h, env. 18 km au sud-est de Lunéville et 13 km à l'ouest de Baccarat. Location de vélorail, 12 €/h.* Ligne de 20 km de voie ferrée. Restaurant et camping sur place. Autrefois moyen de locomotion utilisé par les ouvriers pour entretenir et surveiller les voies de chemin de fer, la draisine constitue aujourd'hui un moyen de transport insolite pour parcourir la vallée de la Mortagne.

≗ Pôle Sports Nature – $\mathscr{C}$ *03 29 41 13 04 - mars-juin et sept.-nov. : w.-end et j. fériés 13h-18h ; juil.-août : tlj 10h-19h.* Parce que l'aventure est plus belle dans un environnement un peu sauvage, le Pôle Sports Nature a conçu un ensemble d'activités variées tout autour du lac de Pierre-Percée. Promenades en bateau, parcours VTT et, pour les plus intrépides, tyrolienne ou saut à l'élastique (Aventure Parc).

AGENDA

Fête du pâté lorrain – *2e w.-end de sept. -* $\mathscr{C}$ *03 83 75 13 37 - www. ot-baccarat.fr*

Colline de Sion-Vaudémont

★

Meurthe-et-Moselle (54)

 NOS ADRESSES PAGE 256

S'INFORMER
Office du tourisme de Saxon-Sion – *3 r. Notre-Dame - 54330 Saxion-Sion -* 📞 *03 83 25 14 85 - avr.-15 oct. : 9h-19h ; reste de l'année : 9h-12h, 13h30-19h.*

SE REPÉRER
Plan de région B3 (p. 204) – carte Michelin Départements 307 H8. Au sud de Nancy, à 15 km au nord de Mirecourt, près de Vaudémont, sur la D 50.

SE GARER
Parkings aménagés à Vaudémont, près du monument à Barrès, et aux abords du sanctuaire. Alt. 497 m.

À NE PAS MANQUER
Le panorama depuis le signal de Vaudémont, la basilique de Sion, l'insolite château du maréchal Lyautey à Thorey-Lyautey.

Sa forme en fer à cheval suggère l'idée de porte-bonheur. C'est un des plus célèbres belvédères sur le pays lorrain en même temps qu'un de ces hauts lieux historiques « où souffle l'esprit », selon la formule de Maurice Barrès. Véritable sanctuaire de la Lorraine, la colline, depuis des siècles, rassemble des milliers de pèlerins, surtout de Pâques à octobre.

Se promener

★ SION

Visite : 30mn.
Laissez la voiture au parc de stationnement et montez jusqu'à l'hôtel Notre-Dame. Prenez à gauche en longeant le cimetière, pour gagner l'esplanade plantée de tilleuls séculaires.

Basilique
La basilique date, pour l'essentiel, du milieu du 18e s. Le clocher a brûlé en 2003 et a été restauré. La colossale statue de la Vierge en fonte (7 m), descendue lors des travaux, est à nouveau en haut du clocher. L'abside, restaurée dans sa pureté originelle (début du 14e s.), abrite la statue de N.-D. de Sion : Vierge couronnée, en pierre dorée, du 15e s. Au-dessus de l'autel du bas-côté gauche sont fixées les plaques apposées lors des quatre pèlerinages de 1873, 1920, 1946 et 1973 *(voir encadré « Un lieu d'espoir et de remerciements »).*

★ Panorama
À la sortie de l'église, prenez à droite, longez le préau et tournez à droite, à l'angle du mur du couvent. À hauteur d'un calvaire, le panorama atteint toute son ampleur *(table d'orientation).* C'est là qu'on découvre ce « vaste

paysage de terre et de ciel » cher à Barrès. Maurice Barrès (1862-1923), écrivain et homme politique né à Charmes *(voir plus loin)*, aimait gravir les pentes de Sion. Son attachement pour sa patrie est particulièrement présent dans *La Colline inspirée* (1913). Basé sur l'histoire vraie des frères Baillard, ce roman raconte la destinée de trois prêtres voulant faire de la colline de Sion un haut lieu de ferveur religieuse jusqu'à devenir une secte illuministe.

Un autre point de vue est aménagé à l'ouest du plateau. On y accède par une allée d'arbres à gauche, à l'entrée du parking.

★★ SIGNAL DE VAUDÉMONT

Visite : 30mn. 2,5 km au sud de Sion. En quittant Sion, laissez à droite le chemin en descente sur Saxon-Sion et, à hauteur d'un calvaire, prenez tout droit la D 53, route de crête qui traverse toute la colline.

Après avoir dépassé, à droite, une croix de mission érigée vers 1622 par Marguerite de Gonzague, épouse d'Henri II de Lorraine, la route traverse le bois de Plaimont. Au sommet du signal de Vaudémont (541 m) s'élève le **monument à Barrès**, haut de 22 m, en forme de lanterne des morts, érigé en 1928. **Panorama★★** superbe sur le plateau lorrain, qui inspira à Maurice Barrès cette allégorie : « L'horizon qui cerne cette plaine, c'est celui qui cerne toute vie. Il donne une place d'honneur à notre soif d'infini, en même temps qu'il rappelle nos limites. »

On peut poursuivre jusqu'au village de Vaudémont, pointe opposée de la colline.

Vaudémont

Près de l'église, derrière le cimetière, s'élève la « tour Brunehaut », vestige du château des comtes de Vaudémont, branche cadette de la maison de Lorraine. Le village a gardé son aspect lorrain traditionnel contrairement à beaucoup d'autres. La Grand'Rue est bordée de maisons ou de fermes mitoyennes dont la grande porte charretière, donnant accès à la grange, est cintrée.

UN LIEU D'ESPOIR ET DE REMERCIEMENTS…

Les Celtes adoraient sur la colline les dieux de la Guerre et de la Paix, les Romains leur préféreront Mercure. Aux divinités païennes succède au 4e s. le culte de la Vierge, dévotion que les comtes de Vaudémont et les ducs de Lorraine imposeront à toute la région.

Plus récemment, lorsque par trois fois la guerre s'éloigna, les foules vinrent y remercier Notre-Dame. En 1873, alors que la Moselle (en même temps que l'Alsace) est rattachée à l'Allemagne, les pèlerins viennent déposer une croix de Lorraine brisée avec l'inscription *Ce n'a me po tojo* (« Ce n'est pas pour toujours »). En 1920, la Moselle est à nouveau française : les pèlerins cachent la brisure sous une palmette d'or et inscrivent *Ce n'ato me po tojo* (« Ce n'était pas pour toujours »). En 1946, une nouvelle croix est posée sur l'autel, portant cette conclusion *Estour inc po tojo* (« Maintenant un pour toujours »). Enfin, le 9 septembre 1973, lors d'une « fête de la Paix », une banderole de marbre portant le mot « Réconciliation » est apposée sur l'autel.

À proximité

★ Château de Haroué

⏚ 03 83 52 40 14 - www.chateaudeharoue.com - visite guidée (45mn) - juil.-août : 10h-12h30, 14h-19h ; reste de l'année : dim. et j. fériés 14h-18h - fermé 11 Nov.- 30 mars - 8,50 € (-16 ans gratuit).

Édifié à l'emplacement d'une ancienne citadelle et d'un château Renaissance, le château de Haroué mérite bien son surnom de « Chambord lorrain ». Cet ensemble majestueux est un très bel exemple d'architecture du Siècle des lumières : quatre tours rondes, des douves en eau, un magnifique parc à la française, un jardin à l'anglaise, une cour d'honneur, des grilles, des statues…

En 1720, Marc de Beauvau-Craon passe commande auprès de Germain Boffran. L'architecte conçoit l'édifice tel un calendrier : 365 fenêtres, 52 cheminées, 12 tours (dont 4 de l'ancien château) et 4 ponts.

La cour d'honneur est fermée par des grilles réalisées par Jean Lamour ; elle est ornée de statues de Guibal. Ces deux artistes ont d'ailleurs travaillé la ferronnerie et la statuaire de la place Stanislas à Nancy. Au rez-de-chaussée, le vestibule ouvre sur le salon orné de douze **tapisseries★** (17e s.) retraçant les batailles d'Alexandre le Grand et tissées dans les manufactures ducales de la Malgrange, près de Nancy. La **Chambre d'apparat**, réservée au roi Stanislas lors de ses fréquents séjours au château, est meublée d'un lit du 17e s. ayant appartenu aux Médicis. La tour d'angle abrite un **salon chinois**, peint par Pillement en 1747. En empruntant l'escalier, dont la rampe est de Lamour, remarquez l'arbre généalogique de la famille de Beauvau-Craon. Le **Salon doré** a été exécuté par le peintre Hébert en 1858-1859 pour la visite de Napoléon III à Haroué. Il contient un mobilier signé Bellanger que le roi Louis XVIII offrit à la comtesse du Cayla, ancêtre de la propriétaire. Deux salons non achevés lors de la construction du château ont été aménagés et meublés en 2001 dans un style Louis XVIII. La visite se termine par une promenade dans le parc à la française ou le jardin à l'anglaise.

Vézelise

8,5 km à l'ouest du château de Haroué par la D 9.

Ce village fut longtemps connu pour sa brasserie fondée en 1863 par Antoni Moreau et qui ferma ses portes en 1972.

Les belles **halles** en bois datant de 1599 sont parmi les plus anciennes de France. Elles témoignent de l'importance de l'activité commerciale de cet ancien chef-lieu de bailliage. L'**église St-Côme-et-St-Damien** (15e-16e s.) présente une belle porte fermée par des vantaux Renaissance sculptés des effigies des saints Côme et Damien en habit de médecin. À l'intérieur, beaux vitraux du 16e s. dans le chœur et le transept.

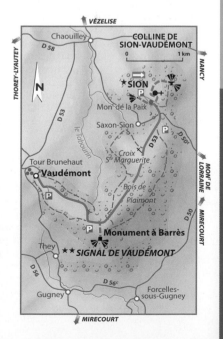

Monument de Lorraine

*23 km au sud-est de Sion par les D 50*ᴱ*, D 64, D 413, D 33, D 28 puis à gauche la D 28*ᶜ*, étroite et en montée jusqu'au terre-plein situé devant le monument de Lorraine.*

C'est ici que les troupes du général de Castelnau repoussèrent en août 1914 les Allemands qui, vainqueurs à Morhange, voulaient prendre à revers les défenses du camp retranché de Nancy. Derrière le monument commémorant cette victoire de la « trouée de Charmes », une table d'orientation en céramique reproduit le champ de bataille et l'emplacement des armées en présence. Vue étendue sur le théâtre des combats et la vallée de la Moselle.

Charmes

3,5 km au nord-est du monument de Lorraine. Cette petite ville au bord de la Moselle fut plusieurs fois détruite au cours des siècles. En août-septembre 1914, elle fut sauvée grâce à la bataille de la « trouée de Charmes » *(voir ci-dessus)*. Elle a malgré tout conservé son église des 15ᵉ et 16ᵉ s. avec l'intéressante chapelle des Savigny, datée de 1537.

Le nom de Charmes reste lié à celui de **Maurice Barrès** qui y est né *(plaque au nº 7 de la rue des Capucins)* et y demeura attaché sa vie durant.

Chamagne

4,5 km au nord de Charmes. Claude Gellée dit **le Lorrain** (1600-1682) y est né. Dans sa **maison natale** est évoquée son œuvre. ℘ 03 29 38 86 07 - ♿ - avr.-oct. : merc., jeu., w.-end et j. fériés apr.-midi - gratuit.

Thorey-Lyautey

6 km à l'ouest de Sion par la D 58. Le maréchal Lyautey (1854-1934), grand nomade qui parcourut le monde du Tonkin au Maroc, choisit d'établir à Thorey ses derniers quartiers. Le **château** avait été construit par ses soins, au début du 20ᵉ s., pour jouxter la maison de famille du 18ᵉ s. qu'il possédait ici. La visite permet de pénétrer dans le cadre familial où le maréchal Lyautey passa les dernières années de sa vie : son bureau attenant à la bibliothèque, riche de 16 000 volumes, sa chambre, le salon d'Indochine et de Madagascar et le **Salon marocain**★ (réalisé par des artisans venus spécialement du Maroc) ; au passage, admirez l'escalier d'honneur orné d'une rampe en fer forgé de Jean Lamour. Installé dans une aile du château, le **musée national du Scoutisme** rappelle que Lyautey fut président d'honneur de toutes les fédérations du scoutisme français. ℘ 03 83 25 12 12 - www.chateaulyautey.com - mai-sept. : tlj sf mar. apr.-midi - se renseigner pour les tarifs.

😊 NOS ADRESSES SUR LA COLLINE DE SION-VAUDÉMONT

RESTAURATION

PREMIER PRIX

La Commanderie – *1 r. Pasteur - 54116 Tantonville - 4 km à l'ouest de Haroué par D 9 -* ℘ *03 83 52 49 83 - www.restaurant-la-commanderie. com - fermé 5-11 janv., 25 août-14 sept., dim. soir, lun. et mar. soir - 13,50/46 €.* Le restaurant de ce paisible village constitue une bonne surprise. Couleurs et tentures aux accents provençaux sont venues réveiller cette ancienne bâtisse, jadis vouée au négoce de la bière. Jolie terrasse pavée agrémentée d'une fontaine. Carte et menus alléchants.

BUDGET MOYEN

Domaine de Sion – *R. de la Cense-Rouge - 54330 Saxon-Sion -* ℘ *03 83 26 24 36 - domaine-*

*de-sion@wanadoo.fr - réserv.
conseillée le soir - 14,48/19,82 €.*
Ce domaine est une exploitation
fruitière et une distillerie à visiter.
Dans la partie restaurant, au
cadre empreint de simplicité,
vous pourrez goûter aux produits
d'ici (primeurs, fruits, légumes)
sous diverses formes. Avant de
partir, profitez-en pour faire votre
marché !

ACHATS
La Maison de la Mirabelle – *Voir
coordonnées p.246.* Après cette
visite, vous serez incollable sur
la petite prune d'or : vidéo sur la
culture, découverte de l'atelier de
distillation, traversée d'un fruit
géant capable de calculer votre
poids en nombre de mirabelles,
dégustation. Boutique vendant
confitures, pâte d'amandes, eaux-
de-vie, liqueurs…

Le Saulnois

Moselle (57)

NOS ADRESSES PAGE 262

S'INFORMER
Office du tourisme de Vic-sur-Seille – *16 pl. du Palais - 57630 Vic-sur-
Seille -* 📞 *03 87 01 16 26 - www.otvicsurseilleetmarsal.fr - avr.-sept. : tlj sf
lun. 9h30-12h, 13h30-18h, oct.-mars : tlj sf dim. et lun. 8h30-12h, 13h30-17h
- fermé 22 déc.-15 janv.*
Parc naturel régional de Lorraine – *www.pnr-lorraine.com*

SE REPÉRER
Plan de région C1/2-D2 (p. 204) – carte Michelin Départements 307 K6. Le
Saulnois se trouve à une cinquantaine de kilomètres au sud-est de Metz
par la D 955 et à une trentaine de kilomètres au nord-est de Nancy par
la D 674.

À NE PAS MANQUER
Saint Jean-Baptiste dans le désert de Georges de La Tour au musée qui lui
est consacré.

AVEC LES ENFANTS
Le vol des cigognes au-dessus de l'étang de Lindre et l'observation des
autres oiseaux, le parc animalier de Sainte-Croix.

**Patrie du peintre Georges de La Tour, le Saulnois, dont le relief de dou-
ces collines prend la couleur de l'or quand fleurit le colza, fait partie
de la zone orientale du Parc naturel régional de Lorraine. Cette région
aux milieux naturels variés et préservés – mares salées, étangs, forêts,
prairies humides – constitue un lieu de prédilection pour une faune et
une flore remarquablement riches. Vous découvrirez au cours de vos
balades de nombreux oiseaux nicheurs ou migrateurs.**

Découvrir le pays du sel

MARSAL

À Marsal, l'exploitation du sel commence dès la protohistoire, avec l'utilisation à grande échelle de la technique du *briquetage (voir explication ci-dessous, musée du Sel)*. Le tumulus de trois millions de m³ de débris de briquetages sur lequel est construit le village témoigne des faramineuses quantités produites à une période aussi reculée. Tour à tour propriété des ducs de Lorraine et des évêques, l'exploitation suscite aussi la convoitise des rois de France. Louis XIV s'en empare en septembre 1663. À la demande du Roi-Soleil, Vauban (1633-1707), nommé commissaire général des Fortifications (1678) chargé de couvrir les frontières, fait de Marsal une place forte dont il reste une partie de l'enceinte fortifiée et en particulier la porte de France.

Musée départemental du Sel – *Porte-de-France -* 📞 *03 87 35 01 50 - www. cg57.fr - tlj sf lun. 9h30-12h, 13h30-18h - fermé 1ᵉʳ Mai, 23 déc.-7 janv. - 4 € (-16 ans gratuit).*

Installé dans la porte de France, le musée retrace l'histoire de cette substance précieuse recueillie dans les anciennes salines du Saulnois, terrains salifères de la vallée de la Seille. Il décrit les enjeux économiques et politiques liés au sel, comme la gabelle, qui représentait au 16ᵉ s.la moitié des recettes du duché de Lorraine. Les fouilles ont montré que, dès la préhistoire, l'extraction se faisait de manière quasi-industrielle grâce au « **briquetage** ». L'eau provenant des sources ou des mares salées, recueillie dans des gobelets en terre cuite, était chauffée jusqu'à évaporation pour récupérer le sel. Les bâtonnets d'argile et d'herbe qui servaient à caler les gobelets ont formé des millions de m³ de déchets. Les villes du Saulnois se sont donc construites, au milieu des marais, sur ces « briquettes ».

Le musée abrite aussi quelques sculptures, en particulier une très belle **Vierge ouvrante** portant l'Enfant, en bois polychrome du 14ᵉ s., *Notre Dame de Bon Renom*.

Ancienne collégiale – Plan basilical sans transept, nef romane et chœur gothique, voici en quelques mots, l'ancienne collégiale du 12ᵉ s.

Sentier de découverte – *Environ 45mn, à emprunter de préférence à la fin du printemps et l'été pour voir les plantes. Départ de la porte de France.* Aménagé au pied des remparts, il mène à une mare salée dans les anciennes douves de la cité. Des panneaux permettent d'appréhender la diversité de la flore et d'identifier (à la fin du printemps et l'été) les plantes halophiles (salicorne ou « passe-pierre », renoncule de Baudot, etc.).

Champs de colza dans le Saulnois.
J.C. Kanny / CDT Moselle

VIC-SUR-SEILLE

7 km à l'ouest de Marsal par la D 38 qui passe sous la porte de France.

Au cœur du pays du vin gris, Vic-sur-Seille a conservé ses rues anciennes bordées de belles habitations. Quelques vestiges de son château fort subsistent encore, dont la porte des Évêques. Vic-sur-Seille a eu ses heures de prospérité aux 15e et 16e s. grâce à ses gisements salins. Le village est aussi bien connu des amateurs de peinture pour avoir donné naissance à **Georges de La Tour** (1593-1652).

Sur la place du Palais, remarquez la **maison de la Monnaie★**, ancien couvent des Carmes. Les décors du premier étage et de la façade sont du 15e s. Le balcon et les ornementations des ouvertures du rez-de-chaussée ont été ajoutés au début du 20e s. Sur le côté gauche de l'**église** (15e-16e s.), le linteau du portail évoque la légende de l'ermite saint Marien.

Musée départemental Georges-de-La Tour – *℘ 03 87 78 05 30 - www.cg57.fr - &. - possibilité de visite guidée (1h) sur RV - tlj sf lun. 9h30-12h, 13h30-18h - fermé 23 déc.-7 janv., 1er Mai - 4 € (-16 ans gratuit).*

Baptisé du nom de l'artiste né à Vic-sur-Seille, ce musée est doté d'une œuvre exceptionnelle du peintre : *Saint Jean-Baptiste dans le désert★*. Il abrite également un échantillon de la peinture française du 17e au 19es. et accueille parfois de belles expositions temporaires.

L'ÉTANG DE LINDRE

Lindre-Basse, env. 3 km au sud-est de Dieuze. Se garer sur le parking aménagé pour les visiteurs. Fête annuelle de la pêche le 3e week-end de nov.

Réputé pour sa réserve ornithologique, l'étang est classé zone naturelle d'intérêt écologique, floristique et faunistique (ZNIEFF). Le Lindre est le plus grand étang piscicole de France. Tanches, gardons, brochets, perches, sandres, anguilles et carpes se partagent ses 620 ha de superficie. Son **centre piscicole**, qui pratique une pisciculture extensive respectant la biodiversité des eaux, produit 80 t de poissons de repeuplement par an.

Un **centre de réintroduction des cigognes** a été créé au bord de l'étang à la fin des années 1970, pour la sauvegarde de l'espèce. Tout au long de l'année, vous pourrez les observer, en liberté ou en enclos pour les plus jeunes.

Observatoires ornithologiques – *Passez devant le centre de pisciculture, longez la digue et suivez le sentier qui débute après l'enclos des cigognes et conduit à Tarquimpol.*

Plusieurs observatoires répartis autour de l'étang permettent de repérer quelques-unes des 250 espèces d'oiseaux qui y résident. Hérons cendrés, butors étoilés, balbuzards et busards cohabitent avec des espèces plus rares comme le pygargue à queue blanche, l'aigle criard ou le gobe-mouches à collier.

MAISON DU PAYS DES ÉTANGS À TARQUIMPOL

Zone orientale du Parc - 8 r. du Théâtre, presqu'île de Tarquimpol, env. 6 km au sud de Dieuze - ℘ 03 87 86 88 10 - http://assoampe.free.fr - juil.-août : apr.-midi ; visite uniquement sur réservation avr.-sept. : merc., w.-end et j. fériés : 14h-18h - 2 €.
Située sur l'étang de Lindre où l'on peut répertorier plus de 250 espèces d'oiseaux, cette langue de terre garde aussi mémoire du village gallo-romain de *Decempagi* aujourd'hui disparu. Maquettes, montages audiovisuels et jeux interactifs informent de manière scientifique et technique pour découvrir le site archéologique et naturel.

★ PARC ANIMALIER DE STE-CROIX

À 15 km à l'ouest de Sarrebourg, près de l'étang de Stock, à Rhodes. ℘ 03 87 03 92 05 - www.parcsaintecroix.com - ᬌ - possibilité de visite guidée (1h) - juil.-août : 10h-19h, j. fériés 10h-20h ; de déb. avr. au 30 juin et 1er sept.-11 Nov. : 10h-18h, j. fériés 10h-19h - 16 € (3-11 ans 11 €).
C'est pour mieux faire connaître les animaux de Lorraine et d'Europe qu'en 1980 un agriculteur passionné de nature et de pédagogie a converti ses 120 ha de terres en parc animalier. Aujourd'hui, 1 200 animaux y vivent en semi-liberté ou dans des enclos. Deux **sentiers de promenade** vous permettront d'apercevoir 80 espèces : loups d'Europe, bisons, animaux du Grand Nord, chats sauvages, renards, lynx, vautours, marmottes, ours, amphibiens. Dans les étangs, pélicans, cormorans et cistudes (tortues aquatiques locales) côtoient le castor, dont la hutte est équipée d'une caméra. Le raton-laveur est la vedette des animaux importés, parmi lesquels on recense aussi aurochs, porcs-épics, bisons et cerfs.

Ne manquez pas le **parcours sensoriel** *(300 m)* que l'on suit pieds nus pour prendre le pouls de la terre. En marchant sur les différentes textures, on découvre alors de nombreuses sensations plus ou moins agréables et drôles.

Et ce n'est pas tout… La zone préférée des petits est sans conteste la **ferme**, où ils peuvent caresser les animaux et leur donner à manger. On y conserve des espèces en voie de disparition (mouton à quatre cornes, âne du Poitou, chèvre de Lorraine) et de nombreuses variétés de poules. Les animaux domestiques n'ont pas été oubliés : vous pourrez les observer dans le premier bâtiment Logigrouille, situé à l'entrée du parc. Dans le **pavillon Moselle**, un diorama de 20mn permet de suivre les aventures de Bubo le hibou, une occasion de découvrir par la légende et les chansons des secrets de la nature.

Tout ici est à la portée des enfants qui s'instruisent en s'amusant : questionnaire ludique, pancartes à soulever qui éveillent leur curiosité, guides présents devant certains enclos et nombreuses animations *(en été)*. Vous pourrez assister au repas des animaux pendant les vacances scolaires et les mercredis, samedis, dimanches et jours fériés, ou vous attendrir devant les nouveaux-nés *(renseignements à l'entrée du parc)*. Si la fatigue se fait sentir, empruntez le petit train qui sillonne le parc. Les plus petits peuvent aussi se laisser tirer dans les chariots qu'on loue à la journée *(5 €)*, bien utiles aussi pour les sacs à dos. À l'occasion d'une matinée d'affût, vous pourrez entendre le brame du cerf *(octobre)* ou, en soirée, le hurlement du loup à la pleine lune.

Saulnois et Parc naturel régional de Lorraine, secteur est

LE PAYS DU SEL ET DES ÉTANGS

Marsal, Château-Salins, Vic-sur-Seille, abbaye de Salival, tous ces noms évoquent l'activité salicole de la région. Le pays du sel correspond à la partie médiane de la vallée de la Seille, parsemée de mares dont la salinité est élevée. À l'origine de ces étonnantes mares salées, des couches de sel déposées à l'ère secondaire par l'évaporation des mers qui recouvraient la région, puis une remontée de la saumure en surface, permise par des fissures dans la roche mère calcaire.

L'exploitation du sel et l'aménagement des étangs

Des vestiges gallo-romains témoignent du fait que, dès l'Antiquité, le sel si précieux attirait déjà les colons. L'exploitation de ce qui fut l'« or blanc », indispensable conservateur des aliments pendant des siècles, a contribué jusqu'à l'époque moderne à la prospérité du Saulnois. Source de convoitises et d'affrontements jusqu'au 18e s., l'exploitation du sel est à l'origine des châteaux (Château-Salins, Moyenvic) et systèmes de fortifications (Vic-sur-Seille, Marsal), dont les vestiges comptent aujourd'hui parmi les fleurons du patrimoine militaire de Moselle.

Les étangs ont joué un rôle important pour le développement touristique du Saulnois. D'origine artificielle, ils ont été creusés en très grand nombre par les communautés religieuses du Moyen Âge, qui ont su tirer parti des sols imperméables d'argile et de marnes, notamment pour la pisciculture. Aujourd'hui ne subsiste qu'une partie de ces étangs. Certains servent aux activités nautiques et de pêche, d'autres sont devenus des réserves ornithologiques.

Un biotope original

Si l'exploitation du sel s'est éteinte depuis longtemps, une dizaine de sources ont survécu et crachent toujours leur breuvage saumâtre dans la plaine alluviale de la Grande Seille. On découvre dans ce biotope une faune (nombreux oiseaux migrateurs) et une flore halophile (salicorne, renoncule de Baudot, aster maritime, ruppie maritime) tout à fait exceptionnelles.

LE PARC NATUREL RÉGIONAL DE LORRAINE, ZONE ORIENTALE

Le Parc naturel régional de Lorraine a été créé en 1974. Sa vocation est de « faire de son territoire un milieu rural vivant, attractif et tourné vers l'avenir ». La partie orientale du parc, de forme très irrégulière, est limitée à l'ouest par la vallée de la Seille (le pays Saulnois) et à l'est par les premiers contreforts du massif vosgien : c'est le pays des mares salées et des étangs (le Lindre), refuges pour de nombreux oiseaux nicheurs ou migrateurs, parfois très rares. *(Voir aussi Parc naturel régional de Lorraine, secteur ouest, p. 142).*

😊 NOS ADRESSES DANS LE SAULNOIS

HÉBERGEMENT

En plus de divers gîtes de France, quelques gîtes Panda labellisés par le WWF sont installés dans le Parc naturel régional de Lorraine (Desseling, Marsal) : *www.gites-panda.fr*. Mise à disposition d'une mallette pédagogique (guides de la faune et la flore locales, jumelle, boussole et cartes d'état-major). Location auprès des propriétaires, ou service de réservation Loisirs-Accueil de Moselle (📞 *03 87 37 57 69*).

PREMIER PRIX

Camping Centre de loisirs de la Mutche – *57340 Morhange - 📞 03 87 86 21 58 - www.morhange. fr - ouv. avr.-oct. - 110 empl. 11,50 €.* Ce très beau site qui borde l'étang de la Mutche comprend un camping, des huttes et des chalets en location, ainsi qu'une base nautique proposant un éventail complet d'activités et de loisirs. En été : piscine, jardin aquatique et animations.

BUDGET MOYEN

Chambre d'hôte Château d'Alteville – *57260 Tarquimpol - 📞 03 87 05 46 63 - chateau. alteville@free.fr - fermé 15 oct.-15 avr. - 🚭 - réserv. conseillée - 5 ch. 77 € - 🍽 7 € - repas 31 €.* Offrez-vous la vie de château au cœur d'un vaste domaine agricole et forestier, à deux pas du GR5. La partie centrale, dans laquelle se trouvent la salle à manger, le superbe salon et le billard, est flanquée de cinq chambres garnies de meubles de famille. Table d'hôte très raffinée avec service en argent, cristal et faïence de Lorraine.

RESTAURATION

BUDGET MOYEN

À la XIIᵉ Borne – *6 pl. République - 57590 Delme - env. 22 km au nord-est de Marsal - 📞 03 87 01 30 18 - www.12eme-borne. com - fermé dim. soir et lun. - En sem. menu du jour 12 €, autres menus 23/38/49 €.* Quatre frères président au destin de cette longue bâtisse, dans la famille depuis 1954. Cuisine régionale servie dans un cadre actuel ; spécialité de tête de veau. Fait également hôtel (15 ch.).

Chez Michèle – *57 r. Principale - 57210 Languimberg - 25 km à l'est de Marsal et 18 km à l'ouest de Sarrebourg - 📞 03 87 03 92 25 - www.chezmichele.fr - fermé le mar. sf le midi de mai à août et merc. - menu 18 € (déj.)/27 €, carte 30/70 €* - Le « bistrot du village » est désormais une belle étape gourmande à l'atmosphère familiale, où le jeune chef signe une cuisine précise, généreuse et inventive sans excès. Spécialités : fine tarte de légumes en tempura. Moelleux de brochets de nos étangs. Café liégeois.

Sarrebourg

12 722 Sarrebourgeois – Moselle (57)

☺ NOS ADRESSES PAGE 265

🔲 S'INFORMER

Office du tourisme de Sarrebourg – *Pl. des Cordeliers - 57400 Sarrebourg - ℘ 03 87 03 11 82 - www.sarrebourg.fr - juil.-août : 10h-12h, 14h-17h, sam. 14h-17h, dim. et j. fériés 10h-12h. ; reste de l'année : tlj sf dim. et j. fériés 10h-12h, 14h-17h, sam. 14h-17h.*

◯ SE REPÉRER

Plan de région D2 (p. 204) – carte Michelin Départements 307 N6. À 27 km à l'ouest de Saverne, 73 km au nord-ouest de Strasbourg, 54 km au sud de Sarreguemines.

☺ À NE PAS MANQUER

Les œuvres de Chagall (chapelle des Cordeliers, musée du Pays de Sarrebourg), la faïencerie de Niderviller.

Les souffleurs de verre de la région ont apprivoisé le feu et donné naissance à un cristal presque magique. Héritier à sa façon de cette tradition de transparence, de pureté et de lumière, Marc Chagall a offert à l'église des Cordeliers un immense vitrail consacré à la paix. Sarrebourg, « porte des Vosges et des étangs lorrains », est le point de départ de très belles excursions dans les boucles de la Sarre, à la rencontre d'un artisanat exceptionnel consacré aux arts de la table.

Visiter

Chapelle des Cordeliers

℘ 03 87 08 08 68 - ⑤ - tlj sf mar. 10h-12h, 14h-18h - fermé 1er janv., Vend. saint, dim. de Pâques, 1er Mai, 25-26 déc. - 3,20 € (-18 ans gratuit), gratuit 1er dim. du mois.

Du 13e s., reconstruite au 17e s., la chapelle est éclairée, sur sa façade ouest, par l'immense **vitrail★** de Chagall, *La Paix*, haut de 12 m et large de 7,50 m. Le grand bouquet central, aux vifs coloris bleus, rouges et verts, symbolise l'Arbre de vie de la Genèse. Adam et Ève en occupent le cœur, entourés du serpent, de la croix du Christ, du prophète Isaïe, de l'agneau, du chandelier, d'anges accompagnant Abraham, de Jésus entrant à Jérusalem… autant de thèmes que l'auteur transmet au monde comme des messages bibliques. Composé de 13 000 pièces de verre, le vitrail pèse 900 kg.

Musée du Pays de Sarrebourg

R de la Paix - ℘ 03 87 08 08 68 - www.musee-du-pays-de-sarrebourg.com - ⑤ - tlj sf mar. 10h-12h, 14h-18h, dim. 14h-18h - fermé 1er janv., Pâques, 1er Mai, 25 et 26 déc. - 3,50 €, billet combiné avec chapelle des Cordeliers 5 €.

Le musée est installé dans un espace contemporain conçu par l'architecte Bernard Desmoulin. Comme en écho au vitrail de la chapelle des Cordeliers, la tapisserie *La Paix* de Chagall domine le hall d'accueil. Réalisée par Yvette Cauquil-Prince, elle est la fidèle réplique d'un vitrail offert à l'ONU en 1964. Dans le cercle, à gauche, est représentée la vision d'Isaïe (« le lion s'étendra près de l'agneau »), le prophète se tenant assis à droite du cercle. Au-dessus de lui, on reconnaît Moïse, avec les Tables de la Loi. Le sacrifice d'Abraham apparaît en bas à gauche, dans une interprétation très libre (Sarah serre Isaac dans ses bras). À droite, le Christ en croix est entouré d'une foule anachronique. Au centre, sous le bouquet, on aperçoit Ève.

La collection archéologique rassemble des objets provenant de hameaux gallo-romains du Piémont vosgien (sculptures funéraire et votive) et de villas gallo-romaines comme celle de St-Ulrich (peintures murales, bijoux, vaisselle, outils). Remarquable : la reconstitution du portique monumental de la ville romaine de Tarquimpol. Au 1er étage, le Moyen Âge est illustré par des statuettes et bas-reliefs en céramique du 14e s. découverts à Sarrebourg. Dans la salle consacrée à la manufacture de Niderviller, très belle collection de faïences et de porcelaines (18e s. et début 19e s.).

Centre-ville

On y trouve quelques bâtiments publics remarquables, en particulier le **cinéma** (façade Art nouveau de 1912) et la **bibliothèque** (ancien hôtel Saintignon, 18e s.), mais aussi quelques vestiges des **remparts** du 13e s. (avenues Poincaré et Clemenceau et parc de la Liberté) et l'**église St-Barthélemy**, élevée au 13e s. puis reconstruite au 18e s.

Cimetière national des Prisonniers

À la sortie de la ville, prenez à droite de la rue de Verdun (D 27).
Ce cimetière de 1914-1918 contient environ 13 000 tombes. Face à la grille, un monument, le *Géant enchaîné*, fut exécuté par le statuaire Stoll durant sa captivité.

À proximité

Réding

5 km au nord-est par la N 4. Dans Petit-Eich, tournez à gauche.
En 1977, la restauration de la **chapelle Ste-Agathe** a fait découvrir, sous le plâtre de la voûte du chœur, des fresques du 13e s. représentant les symboles des évangélistes. Leur couleur terre s'harmonise aux tons ocre et bruns de l'ensemble du chœur.

Villa gallo-romaine de St-Ulrich

4 km au nord-ouest. ℘ 03 87 08 08 68 - juil.-août : tlj sf mar. 10h-12h, 14h-18h ; reste de l'année : possibilité de visite guidée sur RV - fermé 1er janv., Vend. saint, dim. de Pâques, 1er Mai, 25 et 26 déc. - gratuit.
La villa était la résidence d'un riche propriétaire et le cœur d'un vaste domaine d'une superficie probable de 2 000 ha. Construite dès le début du 1er s., elle connaît son extension maximale au 2e s.

Fénétrange

15 km au nord. Quittez Sarrebourg par la D 43. Ce village fortifié a gardé ses ruelles médiévales bordées de belles maisons à oriel, fenêtres à meneaux et pignons pointus (maison des Limbourg, maison des Fers). Élevé au 16e s., puis remanié au 18e s., le **château** *(en restauration, fermé à la visite)* donne accès à une cour circulaire où l'on peut découvrir un curieux escalier hélicoïdal dans l'une des tourelles. La **collégiale St-Rémi** a été reconstruite au 15e s. avec une courte mais haute nef voûtée d'ogives et une abside polygonale inondée de lumière par des verreries partiellement du 15e s.

😊 NOS ADRESSES À SARREBOURG

VISITE

Atelier de la faïencerie de Niderviller – 𝒫 03 87 23 80 04 - lun.-sam. mat. et apr.-midi - 2,50 €.

HÉBERGEMENT

POUR SE FAIRE PLAISIR

Les Cèdres – 3 km, zone de loisirs et chemin d'Imling - 𝒫 03 87 03 55 55 - www.hotel-lescedres.fr - fermé 21 déc.-2 janv. - 🅿 - 44 ch. 69/110 € - ⊑ 8 € - rest. formule déj. 15 € - 23/49 € bc. Étape tranquille au cœur d'une zone de loisirs, près d'une forêt et d'un étang, dans cet hôtel récent aux chambres claires et fonctionnelles. Salle à manger moderne et spacieuse, largement ouverte sur la nature environnante ; table régionale.

RESTAURATION

POUR SE FAIRE PLAISIR

Mathis – 7 r. Gambetta - 𝒫 03 87 03 21 67 - www.ernest-mathis.fr - fermé 27 juil.-8 août, 8-15 sept., 3-8 nov., 2-12 janv., dim. soir, mardi soir et lundi - 30/75 €. Décor de table soigné, comme il se doit au pays du cristal et de la faïence, accueil chaleureux et plaisirs d'une assiette inventive : un restaurant aux multiples atouts.

ACTIVITÉS

Botanique – 🐾 Dans la forêt de Fénétrange, possibilité de promenades en boucle : l'Arboretum (2h30) et le Gros Chêne (1h).
Location de vélos – Hameau de gîtes - 57400 Sarrebourg - 𝒫 03 87 03 19 10 - 8h-12h, 14h-17h.
Center Parcs Domaine des Trois Forêts Moselle/Lorraine - 𝒫 0825 802 804 - www.centerparcs.fr. Installé à proximité de Sarrebourg, le « dernier-né » des Center Parcs devrait ouvrir au printemps 2010. Parc aquatique, jardin tropical et 800 cottages.

AGENDA

Festival international de musique – 2e w.-end de juil. - 𝒫 03 87 03 19 33.
Festival de Fénétrange – Festival international de musique, de danse, d'art lyrique et de gastronomie - mai, juin et sept. - 𝒫 03 87 07 54 48 - www.festival-fenetrange.org.

Épinal et la Vôge

4

Carte Michelin Départements 314 – Vosges (88)

Étang de Corfaing et forêt.
Compagnie Thermale de Plombières et Daniel GURY

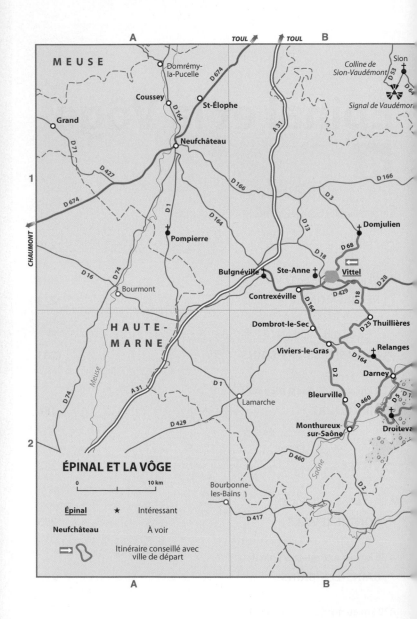

ÉPINAL ET LA VÔGE

0   10 km

Épinal   ★   Intéressant

Neufchâteau   À voir

                       Itinéraire conseillé avec
                       ville de départ

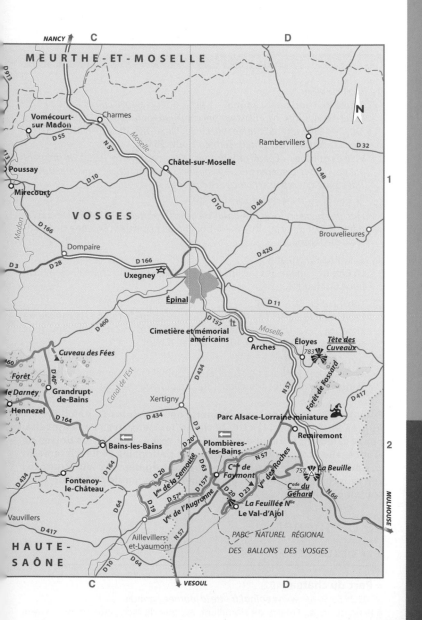

NANCY C D

MEURTHE - ET - MOSELLE

Vomécourt-sur Madon
Charmes
D 55
N 57
Moselle
Rambervillers
D 32
Châtel-sur-Moselle
D 48
Poussay
D 10
1
Mirecourt
D 46
D 10
Brouvelieures
VOSGES
D 166
Madon
Dompaire
D 420
D 166
D 28
D 3
Uxegney
Épinal
D 11
D 157
Moselle
D 460
Cimetière et mémorial américains
Tête des Cuveaux
Éloyes
783
Arches
Cuveau des Fées
D 40°
Forêt de Darney
Grandrupt-de-Bains
Canal de l'Est
Xertigny
D 434
Forêt de Bosard
N 57
D 417
Hennezel
D 164
D 434
D 3
Parc Alsace-Lorraine miniature
2
Bains-les-Bains
D 20ª
Plombières-les-Bains
Remiremont
D 20
D 57ª
D 63
Cᵃᵈᵉ de Faymont
N 57
La Beuille
757
Fontenoy-le-Château
D 164
Vᵗᵉ de la Semouse
D 157ᵇ
Vᵗᵉ des Roches
Cᵃᵈᵉ du Géhard
D 434
D 64
D 19
Vᵗᵉ de l'Augronne
D 20
D 23
N 66
Vauvillers
D 417
La Feuillée Nⁱᵉ
Le Val-d'Ajol
MULHOUSE
Aillevillers-et-Lyaumont
N 57
PARC NATUREL RÉGIONAL
HAUTE-SAÔNE
D 10
D 64
DES BALLONS DES VOSGES
C VESOUL D

Épinal

★

34 014 Spinaliens – Vosges (88)

 NOS ADRESSES PAGE 275

S'INFORMER

Office du tourisme d'Épinal – *6 pl. St-Goëry - 88008 Épinal - ℘ 03 29 82 53 32 - www.office-tourisme-epinal.com - juil.-août : 9h-19h, dim. et j. fériés 11h30-16h30 ; reste de l'année : 9h-12h30, 13h30-18h, sam. 9h-12h30, 14h-17h, dim. et j. fériés 11h30-15h30 - fermé 1er janv., 25 déc.*
Visites guidées – *Épinal propose des visites-découverte (1h30 à 2h) animées par des guides-conférenciers - de mi-juin à fin août : jeu. et sam. 20h30, mar. 15h - renseignements à l'office de tourisme.*

SE REPÉRER

Plan de région D1 (p. 268) – carte Michelin Départements 314 G3. Desservie par la N 57, Épinal se situe au débouché de la partie vosgienne de la vallée de la Moselle.

À NE PAS MANQUER

La Cité de l'image, les jardins médiévaux du parc du château et la basilique St-Maurice.

ORGANISER SON TEMPS

La visite de la Cité de l'image s'effectue en deux temps : le musée de l'Image est en visite libre, mais les visites guidées de l'atelier de l'Imagerie sont à heures fixes (9h30, 10h30, 15h et 16h30).

AVEC LES ENFANTS

La visite des ateliers de l'Imagerie d'Épinal, avec ses démonstrations, s'adapte à toutes les tranches d'âge. Le parc du château.

Épinal est célèbre pour son imagerie née il y a plus de deux siècles. Auprès des visiteurs, la cité, bâtie sur les deux rives de la Moselle, peut également faire valoir son atout « vert » : ville la plus boisée de France, elle accumule les récompenses nationales de fleurissement. Les amateurs de peinture y trouveront également leur compte : son musée départemental abrite une remarquable collection d'art contemporain.

Se promener

★ LA VIEILLE VILLE

★ Parc du château (B2)

℘ 03 29 68 50 61 - www.epinal.fr - tte la journée - gratuit.
À la fin du 10e s., Thierry de Hamelant, évêque de Metz, crée un monastère et un marché sur le site de Spinal, dernière « épine » du massif vosgien, là où dès le haut Moyen Âge, un château sans doute de bois défendait la vallée de la Moselle. Ce très beau parc forestier de 26 ha a été tracé à l'emplacement

de ce qui devint la forteresse d'Épinal. Il occupe le sommet de la colline gréseuse qui s'avance jusqu'au milieu de la ville. Autour des ruines, remarquables jardins médiévaux.

Dans le parc du château, un minizoo, un terrain de jeux!

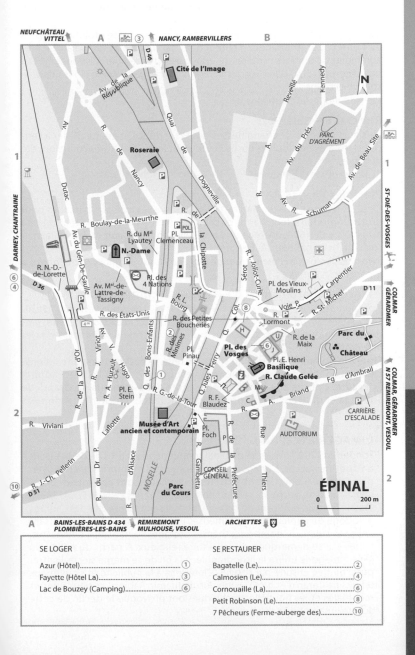

★ Basilique St-Maurice (B2)

Consacré en 1051 par le pape Léon IX en personne, cet édifice est le fruit de diverses influences régionales. La façade principale, avec son avant-corps massif formant beffroi, procède de la tradition mosane. L'entrée principale se trouve sur le flanc gauche de l'édifice. Très « champenois », le portail des Bourgeois (15e s.), détérioré par les révolutionnaires, est précédé d'un porche profond.

Bourguignonne dans son élévation à trois étages, la nef se prolonge au-delà du transept par le lumineux « chœur des Chanoinesses », réalisé au 14e s. et agrémenté de grandes verrières qui adoucissent l'ensemble. Mise au tombeau polychrome (15e s.) dans le croisillon droit et Vierge à la rose (14e s.) dans la chapelle voisine.

Prenez à droite de la basilique.

Rue Claude-Gelée (B2)

Plusieurs maisons de chanoinesses des 17e et 18e s. On peut accéder à l'enceinte médiévale, dont les bases des tours et les murs de grès rouge ont été dégagés.

Repassez devant St-Maurice.

Place des Vosges (B2)

C'est l'ancienne place du Marché qui a conservé ses maisons à arcades pour protéger produits, marchands et badauds. À côté d'un café, la maison dite « du Bailli », de 1604, possède une très belle loggia. Il s'agit en fait de la maison d'un riche papetier, A. Geninet.

Rejoignez la Moselle et prenez le quai Jules-Ferry jusqu'à la place Foch. Traversez le pont sur la Moselle.

★ Musée départemental d'Art ancien et contemporain (A2)

1 pl. Lagarde - ℰ 03 29 82 20 33 - www.vosges.fr - ঠ - tlj sf mar. 9h-12h30, 13h30-18h, dim. 13h30-18h - fermé 1er janv., 1er Mai, 1er nov., 25 déc. - 4,60 € (-18 ans gratuit), Printemps des musées, Nuit des musées, Journées du patrimoine et ts les dim. gratuit.

Situé à la pointe amont de l'île sur la Moselle, le bâtiment est une reconstruction contemporaine autour des vestiges (17e s.) de l'ancien hôpital St-Lazare. Collections d'archéologie (sites gallo-romains de Grand, de Soulosse et du Donon, nécropole mérovingienne de Sauville, monnaies

---

L'IMAGERIE D'ÉPINAL

Fondée en 1796, l'Imagerie d'Épinal connut pendant près de deux siècles un énorme succès. L'image est gravée sur bois et imprimée au moyen d'une presse à bras Gutenberg. Puis les couleurs sont appliquées une à une, à l'aide de pochoirs. Le fondateur, Jean-Charles Pellerin (1756-1836), était le fils d'un fabricant de cartes à jouer. Il se mit à réaliser des cadrans d'horloge de papier, puis les fameuses images d'Épinal. En introduisant dans ses sujets de nombreux thèmes profanes – chansons, devinettes, fables –, il se démarquait du répertoire religieux. À partir du milieu du 19e s, l'Imagerie utilisa la lithographie. À la fin de ce même siècle, l'entreprise, dirigée ensuite par son fils, s'intéressa à la publicité et s'ouvrit aux talents de Caran d'Ache, O'Galop, Job, Benjamin Rabier. Les deux guerres mondiales et les nouvelles techniques ont provoqué le déclin de cette activité, mais non sa disparition.

L'Imagerie d'Épinal.
Soleil Noir/Photononstop

celtiques), peinture française et écoles du Nord (Le Lorrain, La Hyre, La Tour et son *Job raillé par sa femme*, Bruegel, Van Goyen, Van Cleve, Rembrandt et sa *Mater dolorosa*). La collection de Paul Oulmont est composée quant à elle de dessins et d'aquarelles du 18e s. La section d'art contemporain est l'une des premières de France. Œuvres minimalistes (Carl André, Donald Judd), arte povera (Mario Merz, Gilberto Zorio) et pop art (Andy Warhol, Edward Rusha).

Traversez à nouveau le pont pour regagner la place Foch.

Parc du Cours (A2)
Ce grand parc public en bordure de la Moselle est également un essai de plantation de beaux arbres exotiques, parfois séculaires, mêlés aux essences vosgiennes.

À voir aussi

★ Cité de l'Image (A1)
42 bis quai de Dogneville - 🕿 *03 29 31 28 88 - www.imagerie-epinal.com - ♿ - visite guidée (1h) : 9h30, 10h30, 15h et 16h30 (dim. et j. fériés 15h et 16h30) - fermé 1er janv., 25 déc. - 4,70 € (6-16 ans 1 €).*

🚶🚶 Dans les ateliers de l'**Imagerie d'Épinal**, découvrez les techniques de fabrication, avec démonstration sur certaines machines (machine à colorier de 1898). La xylographie, la stéréotypie, le coloris au pochoir et la lithographie n'auront plus de secret pour vous. À la fin de la visite, flânez dans la galerie Pinot, le seul et unique point de vente des images d'Épinal (rééditions ou créations d'images contemporaines).

En face, le **musée de l'Image** présente l'histoire, les procédés de fabrication et les fonctions des images. Trouvez la réponse à toutes vos questions dans les vitrines thématiques où sont exposés plus de 23 000 images et bois gravés venant d'Épinal, mais aussi de grandes villes françaises ou de l'étranger.

Église Notre-Dame (A1)

Elle a été reconstruite de 1956 à 1958. Son portail présente des panneaux d'émail cloisonné sur cuivre rouge. Autour d'une croix sont représentés les symboles des quatre évangélistes et ceux des sept planètes. Dans le chœur, immense vitrail à la gloire de la Vierge.

À proximité

Fort d'Uxegney

6 km à l'ouest par la D 36, direction Darnieulles. ✆ *03 29 38 32 09 - http://pages-perso-orange.fr/fort-uxegney - visite guidée (2h) - juil.-août : 14h et 16h, dim. 14h, 15h et 16h ; mai : dim. 15h ; juin et sept. : dim. 15h et 16h- fermé dim. et lun. de Pâques, 1er Mai, 8 Mai, Jeu. de l'Ascension, lun. de Pentecôte- 5 € (-14 ans 1,50 €).*
Construit après 1870, c'est un exemple de fortification « Séré de Rivières », entre le bastion « Vauban », car il était à l'origine en pierre, et celle, enterrée, de la ligne Maginot. Modernisé en 1914, le fort est resté intact car il n'a subi aucune attaque. Vous découvrirez la tourelle de 155R, remise en état de fonctionnement, celle de 75, des tourelles mitrailleuses et des casemates de Bourges armées de canons de 75. Du « dessus » du fort, on découvre les dômes des tourelles et un large paysage. En projet, l'ouverture d'un tronçon des 120 km de ligne qui, en 1914, reliaient la ceinture de forts d'Épinal. Dans un wagon d'époque, on arpentera le kilomètre qui sépare les forts d'Uxegney et de Bois-l'Abbé.

Cimetière et mémorial américains

7 km au sud par la D 157, en suivant la rive gauche de la Moselle. 1 800 m après Dinozé, prenez à droite le chemin menant au cimetière.
Situé sur un plateau dominant la rivière, ce vaste terrain aligne sur des pelouses impeccables ses croix et ses stèles juives, de marbre blanc. Derrière, une chapelle et un mémorial gardent le souvenir des soldats américains tombés en 1944-1945, dont 5 255 demeurent enterrés ici.

Arches

18 km au sud-est. Son renom est dû à une célèbre papeterie. Un moulin à papier y tournait déjà en 1469. Beaumarchais l'acheta en 1779 pour y fabriquer le papier nécessaire à l'édition des œuvres de Voltaire. Comme celles-ci étaient censurées en France, il installa une imprimerie à Kehl, en territoire étranger. C'est de là que sortirent les deux éditions dites « de Kehl », recherchées des bibliophiles.

Châtel-sur-Moselle

18 km au nord par la N 57.
Ici, on visitera avant tout la **forteresse★**. Bâti autour d'un donjon carré, le premier château des 11e et 12e s. a connu une grande extension au 15e s., sous l'influence des sires de Neufchâtel, vassaux du duc de Bourgogne. Des adaptations à l'artillerie ont suivi. Des fossés de 57 m de largeur, deux enceintes fortifiées, 21 tours de guet protégeaient le site, alors que trois étages de galeries souterraines en faisaient communiquer les différentes parties. Démantelés en 1671 pendant le règne de Louis XIV, les bâtiments de l'enceinte et du château ont servi de base au couvent Notre-Dame qui s'installa en 1710. Il est aujourd'hui transformé en **musée**, où l'on peut découvrir l'ancêtre du fusil, le bâton à feu, des systèmes de fermeture de porte appelés crapaudines et même des jeux de quilles qui témoignent de jours plus tranquilles.

☎ 03 29 67 14 18 - http://chatel-medieval.fr/ - visite guidée (1h30) tlj 15h, 16h, 17h - 5 € (-12 ans 1 €).
Construite aussi à la fin du 15ᵉ s., l'**église St-Laurent** est d'une unité remarquable. Le chœur à cinq pans est voûté à sept branches. Dans le bas-côté sud, Pietà du 16ᵉ s.

😊 NOS ADRESSES À ÉPINAL

HÉBERGEMENT

PREMIER PRIX
Camping Club Lac de Bouzey – *19 r. du Lac - 88390 Sanchey ☎ 03 29 82 49 41 - www. lacdebouzey.com - Ouv. tte l'année - ♿ - réserv. conseillée - 160 empl. 33 €.* Cet hébergement de plein air jouxtant le lac de Bouzey comprend un camping, une aire de service pour camping-car et des mobil-homes. À l'entrée, un grand bâtiment abrite la réception, l'épicerie-journaux, un bar-restaurant et une discothèque. Beaux terrains de tir à l'arc, pétanque et volley.

BUDGET MOYEN
Azur Hôtel – *54 quai des Bons-Enfants - ☎ 03 29 64 05 25 - www. contacthotel.com - 20 ch. 47/53 € - ☕ 6 €.* En centre-ville, à deux pas du musée d'Art ancien et contemporain, cet hôtel des années 1950 a été rajeuni. Ses grandes chambres sont impeccablement tenues. Celles côté rue offrent une vue sur un canal de la Moselle transformé en parcours de canoë-kayak. Ambiance conviviale et familiale. Prix attractifs.

POUR SE FAIRE PLAISIR
Hôtel La Fayette – *3 r. Bazaine (Le-Saut-le-Cerf) - ☎ 03 29 81 15 15 - www.bestwestern-lafayette-epinal.com - 🅿 - 58 ch. 89/220 € - ☕ 12 € - rest. 19/43 €.* Aux portes d'Épinal, cet hôtel possède de vastes chambres fonctionnelles ; les dernières-nées sont plus agréables. Espace bien-être : bassin à contre-courant, sauna, jacuzzi. Cuisine classique et régionale sans prétention proposée dans une salle largement vitrée.

RESTAURATION

PREMIER PRIX
La Cornouaille – *17 pl. des Vosges - ☎ 03 29 34 27 76 - fermé dim. en été ; dim., lun. soir. et mar. soir d'oct. à mai - ♿ - 13 bc/23,50 €.* En plein cœur de la cité vosgienne, ce restaurant défend hardiment les couleurs de la gastronomie… bretonne, comme le suggère l'enseigne. Depuis la salle à manger, dont la discrète décoration évoque paysages et ambiances d'Armorique, vous pourrez suivre la préparation de votre galette de sarrasin ou de votre crêpe de froment, puisque la cuisine est ouverte et centrale. À moins que vous ne préfériez vous installer sur la terrasse dressée sur la place. Dans tous les cas, vous ne manquerez pas d'arroser votre plat d'une bonne bolée de cidre.

BUDGET MOYEN
Le Bagatelle – *12 r. des Petites-Boucheries - ☎ 03 29 35 05 22 - www.le-bagatelle.fr - fermé 2ᵉ quinz. de juil. et dim. (sf sur réserv.) - ♿ - formule déj. 12 € - 20/27 €.* Sur la petite île d'Épinal, coincée entre deux bras de la Moselle, cette maison pimpante des années 1940 vous permet d'être aux premières loges pour regarder les compétitions de canoë-kayak… en savourant une cuisine inspirée

dans sa salle lumineuse, décorée de meubles modernes.

Le Petit Robinson – *24 r. R. Poincaré -* $\mathcal{C}$ *03 29 34 23 51 - www.lepetitrobinson.fr - fermé 1er-4 mai, 18 juil.-16 août, 1er-4 janv., sam. midi, lundi midi et dim. - 20/40 €.* La façade colorée de ce restaurant familial situé entre vieille ville et Moselle cache une salle à manger un brin datée mais chaleureuse. Registre culinaire traditionnel.

Ferme-auberge des 7 Pêcheurs – *28-32 r. de la Division-Leclerc - 88220 Méloménil-Uzemain -* $\mathcal{C}$ *03 29 30 70 79 - fermé janv. et merc. hors sais.* - 🅿 - *19/21,50 € - 4 ch. 42 € -* ☕ *6 €.* Ici, on s'attable dans la forge du 18e s., qui a gardé une belle authenticité avec ses vieilles poutres, ses murs en pierres apparentes et sa cheminée. Des chambres et un grand gîte simples pour ceux qui veulent profiter du calme de cette ancienne ferme… Belles balades et étang à proximité (pêche).

Le Calmosien – *37 r. d'Epinal - 88390 Chaumousey -* $\mathcal{C}$ *03 29 66 80 77 - www.calmosien.com - fermé 11-25 juil., dim. soir et lun. - 22/62 €.* Pimpante maison du début du 20e s., proche de l'église offrant un cadre élégant : tons pastel, tableaux et tables bien dressées pour une cuisine au goût du jour.

FAIRE UNE PAUSE

Daval – *44 r. Léopold-Bourg -* $\mathcal{C}$ *03 29 35 60 00 - www.chocolats-daval@tiscali.fr - lun. 14h-19h, mar.-sam. 7h30-19h, dim. 9h-12h30. - fermé 1er mai, lun. de Pâques et lun. de Pentecôte.* Cette pâtisserie-salon de thé située en plein centre-ville est une halte idéale pour qui recherche un peu de quiétude. Vous pourrez y déguster à toute heure de la journée des petits plats chauds ou froids ainsi que d'excellentes gourmandises maison comme le Dakar, délicieusement chocolaté, la mousse au nougat et aux fruits de la passion ou l'entremets parfumé à la rose et au citron.

Pâtisserie du Musée – *2 quai du Musée -* $\mathcal{C}$ *03 29 82 10 73 - tlj sf lun. 7h30-19h, w.-end 7h30-12h30, 14h30-19h.* Située à proximité du musée, dans un écrin de verdure, cette pâtisserie-salon de thé est sans doute l'une des plus agréables de la ville. À moins d'être un monomaniaque en matière de sucreries, il vous sera difficile de ne pas barguigner entre le Désir des îles, le Délice à la mirabelle ou à l'edelweiss, le pain d'anis maison, et les fameuses « Charbonnettes des Vosges » (spécialité de chocolat praliné).

ACHATS

Cristalleries de Portieux – *35 r. des Arts - 88330 Châtel-sur-Moselle -* $\mathcal{C}$ *03 29 67 42 22 - 9h-12h, 14h-17h, w.-end et lun. 14h30-17h ; visite guidée sur RV.* Cette cristallerie créée en 1705 a conservé les mêmes procédés de fabrication au fil des siècles. La visite des ateliers vous fera découvrir le travail du verrier et les différentes étapes de l'élaboration d'un objet à partir de ce noble matériau. Vente de pièces en cristal dans le magasin d'usine.

ACTIVITÉS

Disponible à l'office de tourisme, le mensuel *Vivre à Épinal* vous informera sur les activités culturelles et sportives de la ville.

Golf d'Épinal – *R. du Merle-Blanc -* $\mathcal{C}$ *03 29 34 65 97 - www.epinal.fr - mai-oct. : 8h-20h, w.-end : 7h-20h ; nov.-avr. : 9h30-17h - fermé 1er déc.-15 fév. - 36 € parcours 18 trous - (enf. 25 € : parcours 18 trous).*

Club Vosgien – *5 r. François-Blaudez -* ℘ *03 29 35 45 44 - www.clubvosgienepinal.com - Mar. 15h-18h, merc. 10h-12h, sam. 10h-12h, 15h-17h - fermé j. fériés. - 20 €* Cotisation annuelle. Il accompagne de nombreuses randonnées pédestres dans le massif forestier des alentours d'Épinal.

🧍🧍 Spina Parc – *R. de la 40e-Semaine - juil.-août : 10h-20h ; merc. w.-end et vac. scol. 13h -19h sur réserv.* Le parcours acrobatique forestier étant le loisir à la mode, il faudra laisser votre vertige aux vestiaires pour avoir l'air « dans le coup ». Votre courage sera notamment mis à rude épreuve par la « tyrolienne » de 160 m de long, que l'on dévale dans le vide.

Espaces verts – La ville d'Épinal est dotée de nombreux parcs : parc du Cours, parc du Château, parc du plateau de la Justice, Espace du port, la Roseraie. Des parcours de santé ont aussi été aménagés à moins de 2 km du centre-ville (parc du Mont-Carmel et à la fontaine Guéry).

AGENDA

Fêtes de la St-Nicolas – Saint Nicolas et le père Fouettard visitent les écoles maternelles et distribuent pain d'épice et oranges. En ville, des chars décorés défilent dans les rues, un grand feu d'artifice conclut cette journée dédiée aux enfants *(1er sam. de déc. à partir de 17h).*

Fête des Champs Golot – Elle marque la fin de l'hiver, le dégel des ruisseaux et des champs. Un bassin rue du Gén.-Leclerc est rempli d'eau et les enfants y traînent des bateaux illuminés, qu'ils ont fabriqués eux-mêmes *(sam. mi-mars).*

Fête des images – Portes ouvertes de l'Imagerie, costumes d'époque et parade *(w.-end de Pâques).*

Festival Rues et Compagnie – Théâtre de rue *(mi-juin) - www.epinal.fr.*

Festival Les larmes du Rire – Théâtre burlesque *(du 4 au 14 oct.).*

Festival international de l'image – *En sept. -* ℘ *03 29 31 02 22 - http://diapimages.free.fr.*

Imaginales – Rencontre d'auteurs de livres fantastiques et expositions sur le thème de l'imaginaire *(en mai).*

Floréal musical – Festival de musique classique et lyrique *(de fin avr. à fin mai) - réserv. florealepinal@wanadoo.fr.*

Remiremont

8 182 Romarimontains – Vosges (88)

NOS ADRESSES PAGE 280

S'INFORMER

Office du tourisme de Remiremont – *2 r. Charles-de-Gaulle - 88200 Remiremont - ℰ 03 29 62 23 70 - www.ot-remiremont.fr - 9h-12h, 14h-18h (vac. scol. dim. et j. fériés 9h30-12h30).*

Visite guidée de la ville – *Découverte du centre historique, de l'église abbatiale St-Pierre, du quartier canonial et du palais abbatial (1h30) toute l'année - 4 € (-12 ans gratuit), Journées du patrimoine gratuit - s'adresser à l'office de tourisme.*

SE REPÉRER

Plan de région D2 (p. 268) – carte Michelin Départements 314 H4. La ville est située au sud-est d'Épinal sur la N 57. Vue sur la ville et la vallée de la Moselle vers le nord depuis la **promenade du Calvaire**.

À NE PAS MANQUER

L'abbatiale, mais aussi la maison-musée Charles-Friry pour son Georges de La Tour, *Le Veilleur à la sacoche*, et son jardin de chanoinesse.

AVEC LES ENFANTS

Le Parc Alsace-Lorraine miniature à St-Amé.

Il est bien question d'un mont dans l'histoire de Remiremont. Celui sur lequel un Amé et son confrère Romaric, disciple du célèbre saint Colomban, ont fondé, en 620, deux monastères, un pour les hommes et un pour les femmes, au-dessus de profondes forêts. Ce dernier deviendra par la suite le célèbre chapitre des Dames de Remiremont, au recrutement très mondain. Aujourd'hui, on s'attarde dans les rues de Remiremont pour admirer les arcades et les fleurs, en s'arrêtant devant les témoignages laissés par les riches abbesses.

Se promener

Abbatiale St-Pierre

D'abord bâti sur un sommet montagneux, le monastère de femmes fondé par Romaric en 620 finit par s'installer dans la vallée. À la fin du 13e s., la règle bénédictine est définitivement abandonnée. Pour être admises au chapitre des Dames de Remiremont, les jeunes filles doivent faire preuve de 16 quartiers de noblesse. Elles ne prononcent pas de vœux, sauf l'abbesse, et n'ont comme obligations que d'assister à la messe et d'élire… l'abbesse. Ainsi les biens de l'Église sont devenus ceux d'une caste et le couvent de bénédictines se trouve transformé en séminaire de filles à marier.

L'ancienne abbatiale St-Pierre est en majeure partie gothique même si la façade et le clocher ont été rebâtis au 18e s. Belle décoration de marbre du 17e s. dans le chœur orné d'un retable monumental, spécialement conçu pour l'exposition des châsses de reliques.

Dans la chapelle à droite du chœur, statue de N.-D. du Trésor (11e s.).

Au-dessous du chœur, **crypte**★ du 11ᵉ s. à voûtes d'arêtes que supportent des colonnes monolithes. *℘ 03 29 62 23 70 - possibilité de visite guidée (s'adresser à l'office de tourisme) - 3 cryptes du 11ᵉ s. ouvertes de janv. à nov. : mat. et apr.-midi.*

Accolé à l'église, l'**ancien palais abbatial**, de style classique, présente une belle façade. Autour de l'église et du palais subsistent quelques maisons de chanoinesses, des 17ᵉ et 18ᵉ s.

★ Rue Charles-de-Gaulle

Avec ses arcades aux piliers fleuris de géraniums, elle est un sympathique témoin de l'urbanisme du 18ᵉ s.

À voir aussi

Musée municipal Charles-de-Bruyère

70 r. Charles-de-Gaulle - ℘ 03 29 62 42 17 - www.remiremont.fr - ♿ - mai sept. : 10h-12h, 14h-18h (19h en été) ; nov.-avril : 14h-18h - fermé mar., oct. - 2 € (-18 ans gratuit).

Histoire de Remiremont et artisanat lorrain : bois, dentelles, « fixés » (peintures sur verre). Sont exposés notamment des manuscrits précieux, des tapisseries provenant de l'ancienne abbaye, des sculptures gothiques lorraines, de belles faïences du 18ᵉ s. et des tableaux des écoles du Nord du 17ᵉ s. (élèves de Rembrandt).

Maison-musée Charles-Friry

12 r. Gén.-Humbert - ℘ 03 29 62 42 17 - www.remiremont.fr - mai-sept. : 10h-12h, 14h-18h (19h en été) ; reste de l'année : 14h-18h - fermé mar., janv.-avr. et oct., 1ᵉʳ janv., 1ᵉʳ Mai et 25 déc. - 2 € (-18 ans gratuit), gratuit le dim.

Cet ancien hôtel des chanoinesses renferme des collections de documents, statues, objets d'art, hérités des Dames de Remiremont ou se rapportant à l'histoire locale et régionale, ainsi que de nombreuses peintures des 17ᵉ et 18ᵉ s., des gravures (Goya, Callot) et des pièces de mobilier, d'époques et de provenances diverses. La fondation Charles-Friry abrite aussi *Le Veilleur à la sacoche* de Georges de La Tour, né à Vic-sur-Seille, près de Marsal *(voir Le Saulnois)*.

Dans le jardin, qui reconstitue en partie le « Grand Jardin » de l'abbaye, on trouve deux fontaines ornementales et quelques autres vestiges anciens.

À proximité

Forêt de Fossard

De l'autre côté de la Moselle, la proche forêt de Fossard, occupée dès la préhistoire, conserve sur le St-Mont des vestiges des fondations religieuses qui s'y succédèrent après le 7ᵉ s. Elle est sillonnée de chemins forestiers balisés pour la randonnée pédestre.

circuit de 3h. Départ d'un sentier balisé en face de la gendarmerie de St-Étienne-lès-Remiremont.

Au St-Mont, on découvre une belle vue ainsi que les vestiges de l'abbaye *(propriété privée)* fondée par Amé et Romaric. On peut aussi emprunter un sentier menant à l'insolite et mystérieux pont des Fées. D'anciennes bornes armoriées délimitant le territoire des chanoinesses et celui des ducs de Lorraine sont encore visibles.

★ Tête des Cuveaux

15mn à pied AR. Suivez la route qui se dirige vers la crête marquée par une forêt d'épicéas et laissez la voiture au parking (aire de pique-nique).

En prenant à droite sur la crête, on atteindra un belvédère *(table d'orientation)*. De là, beau **panorama**★ sur la vallée de la Moselle, le plateau lorrain et les Vosges.

Éloyes

Ce petit bourg est un centre d'industries textile et agro-alimentaire.

Rejoignez St-Amé par la D 157 puis la D 417. Prenez ensuite la direction de Cleurie.

Parc Alsace-Lorraine miniature

℘ 03 29 61 21 38 - www.parc-miniature.com - juil.-août : tte la journée ; de mi-avr. à fin juin et de déb. sept. à mi-oct. : mat. et apr.-midi - fermé sam. et reste de l'année - 6 € (5-12 ans 4 €).

Rien de tel qu'une promenade dans ce parc ombragé et joliment aménagé pour faire en un temps record le tour des principaux monuments d'Alsace et de Lorraine. Vingt-six édifices ont été passionnément étudiés et reproduits, clichés à l'appui, à différentes échelles allant du dixième pour la maison de Jeanne d'Arc à Domrémy au centième pour le château du Haut-Kœnisgsbourg. Ce dernier, comme la cathédrale de Strasbourg, a nécessité plus de 2 000 heures de travail. Après un coup d'œil à la maquette de la place Stanislas de Nancy et à celle de l'abbatiale de Remiremont, entrez dans la maison au centre du parc pour assister au manège des trains électriques miniatures.

La Beuille

Prenez, après avoir parcouru environ 6 km sur la D 57, le chemin goudronné qui s'amorce à gauche et conduit au parking surplombant le chalet de la Beuille.

De la terrasse-belvédère du chalet, jolie **vue**★ sur la vallée de la Moselle et, dans l'axe, le ballon d'Alsace.

😊 NOS ADRESSES À REMIREMONT

HÉBERGEMENT

PREMIER PRIX

Hôtel du Cheval de Bronze – *59 r. Ch. de Gaulle - 88200 Remiremont - ℘ 03 29 62 52 24 - hotel-du-cheval-de-bronze@ wanadoo.fr - fermé en nov. - 35 ch. 38/58 € - ☕ 7 €.* Hôtel aménagé dans un ancien relais de poste, sous les jolies arcades du centre-ville. Chambres de style rustique, modestes mais bien tenues, et d'un bon rapport qualité-prix.

RESTAURATION

BUDGET MOYEN

Le Clos Heurtebise – *13 chemin des Capucins - 88200 Remiremont par r. Capit. Flayelle - ℘ 03 29 62 08 04 - fermé 31 août-15 sept., 4-19 janv., dim. soir et lun. - 🅿 - 18/60 €.* Sur les hauteurs de la ville, ce restaurant au décor ensoleillé propose une carte classique épurée et nuancée de touches locales et méditerranéennes. Belle terrasse.

POUR SE FAIRE PLAISIR

Le Chalet Blanc – *34 r. des Pêcheurs - 88200 St-Étienne-lès-Remiremont -* ☏ *03 29 26 11 80 - www.lechaletblanc.com - fermé 10-25 août et dim. soir -* ᷂ *- formule déj. 17 € - 29/51 € - 7 ch. 66/75 €.* Accueil chaleureux, agréable salle lambrissée et cuisine au goût du jour : cette villa située dans une zone commerciale mérite le détour. Chambres modernes d'esprit chalet.

ACHATS

Distillerie Lecomte-Blaise – *10 r. de la Gare - 88120 Le Syndicat -* ☏ *03 29 24 71 04 - www. lecomte-blaise.com - tlj sf dim. 10h-12h, 14h-18h - fermé j. fériés.* Fondée en 1820, cette distillerie artisanale élabore des cocktails (le Sauvageon et le Jean de Nol) et des eaux-de-vie de fruits (poire, mirabelle, framboise, quetsche) et de baies sauvages (églantier, myrtille, sureau, alisier) récoltés dans les vergers et les forêts des alentours. Visite libre des installations, dégustation et vente sur place.

Plombières-les-Bains

1 936 Plombinois – Vosges (88)

☺ NOS ADRESSES PAGE 285

☐ S'INFORMER

Office du tourisme de Plombières-les-Bains – *1 pl. Maurice-Janot - 88370 Plombières-les-Bains -* ☏ *03 29 66 01 30 - www.vosgesmeridionales. com - de déb. avr. à fin sept. : 10h-12h, 14h-18h30, dim. 10h-12h, 15h-18h ; reste de l'année : tlj sf dim. et j. fériés 10h-12h, 14h-18h - fermé 1er janv., 11 Nov., 25 déc.*

▶ SE REPÉRER

Plan de région D2 (p. 268) – carte Michelin Départements 314 G5. Plombières, que l'on atteint par la N 57, fait partie des stations thermales des Vosges avec Contrexéville et Vittel.

P SE GARER

En raison de l'étroitesse des rues, garez-vous sur les parkings gratuits : promenades Mesdames, pl. Beaumarchais, parterre de l'ex-hôtel du Parc, pl. Napoléon-III.

☺ À NE PAS MANQUER

Les thermes Napoléon, la vallée de la Semouse et la cascade du Géhard. Sans oublier la glace « Plombières », à base de kirsch et de fruits confits.

☉ ORGANISER SON TEMPS

La visite de Plombières n'occupe pas plus d'une demi-journée, mais les vallées alentour valent le détour.

À Plombières, les pendules semblent s'être arrêtées à l'heure du 19ᵉ s. Blottie au fond de la vallée sauvage et boisée de l'Augronne, cette petite ville tranquille au charme désuet a conservé plus d'un témoignage du passage de Napoléon III. Grâce à la qualité de ses eaux, elle a su conquérir les plus grands de ce monde, qui souffraient probablement de problèmes digestifs ou de rhumatismes.

Séjourner

LA VILLE THERMALE

Centre thermal
Av. des États-Unis - 📞 *03 29 30 00 00 - www.plombieres-les-bains.com - 13h30-20h, dim. 10h-20h - fermé 1ᵉʳ janv., 25 déc. - 30 € (-12 ans 6,50 €).*
Les Romains découvrirent les premiers les vertus curatives des eaux de Plombières. Puis, après eux, les ducs de Lorraine, Montaigne, Voltaire, Mᵐᵉˢ Adélaïde et Victoire, les filles de Louis XV, l'impératrice Joséphine et la reine Hortense, puis Musset, Lamartine et même Napoléon III. C'est d'ailleurs à Plombières qu'il décida avec Cavour du rattachement de la Savoie et du comté de Nice à la France, le 21 juillet 1858. Avec ses vingt-sept sources chaudes dont quelques-unes atteignent une température de 80 ºC, la station thermale de Plombières convient particulièrement au traitement des affections de l'appareil digestif et des troubles de la nutrition ainsi que des affections rhumatismales et des séquelles de traumatismes ostéo-articulaires.

Bain Stanislas
Construit de 1733 à 1736, il a servi de maison aux Dames du chapitre de Remiremont *(voir ce nom)*. Des hublots, dans le sol, éclairent la galerie réalisée par Jutier. Celle-ci canalise les eaux thermales et les conduit aux thermes Napoléon, à 600 m.

Étuve romaine
📞 *03 29 30 07 30 - www.plombieres-les-bains.com - 13h30-20h, j. fériés 10h-20h - fermé 1ᵉʳ janv., 11-24 janv., 25 déc. - 30 € (l'accès à l'étuve romaine se fait dans le cadre du Centre forme et détente Calodaé, avec entrée donnant accès à 8 ateliers thermaux libres et collectifs dont l'étuve romaine).*
Elle se visite comme les gradins du **bain romain** *(escalier à l'extrémité de la place)*. Vestiges des fouilles entreprises par Jutier en 1856.

Maison des Arcades
Parmi les maisons du 18ᵉ s., celle-ci présente les armes sculptées en façade du roi Stanislas de Pologne. Il y recevait ses petites-filles, Adélaïde et Victoire. Sous les arcades du rez-de-chaussée, la source du Crucifix a servi longtemps de buvette publique.

Bain national
Il fut reconstruit en 1935 par Franck Danis, qui a réalisé la buvette lumineuse. La façade du premier Empire a été conservée. Elle s'inspire des thermes de Lutèce.

Thermes Napoléon
Mêmes conditions de visite que l'étuve romaine. La statue de Napoléon III, à l'entrée, ouvre le vaste hall de 55 m de longueur, construit à partir de 1857. Il

Buvette thermale.
Compagnie Thermale de Plombières et Daniel GURY

rappelle l'architecture des thermes de Caracalla à Rome. En face, parc Tivoli et villas du 19e s.

Parc impérial
À la sortie sud de la ville, très beaux arbres d'essences rares, plantés sous Napoléon III. Le parc a été dessiné par Haussmann.

Fontaine Stanislas
À 3,5 km au sud-ouest de la ville par la D 20. À 1 km, tournez à gauche deux fois de suite. À 1 500 m de la dernière bifurcation, prenez à gauche le chemin de la Fontaine-Stanislas. La petite source jaillit d'un rocher couvert d'inscriptions datant du 18e s. et du début du 19e s. De la terrasse de l'hôtel, belle vue sur la vallée.

À voir aussi

Musée Louis-Français
℘ 03 29 30 06 74 - www.plombiereslesbains.fr - de mi-avr. à mi-oct. : merc.-sam. 15h-18h - fermé 1er Mai - 1 € (12-18 ans 0,50 €), Journées du patrimoine gratuit.
Œuvres du peintre Louis Français, né à Plombières en 1814, et de ses amis de l'école de Barbizon : Corot, Courbet, Diaz, Harpignies, Monticelli, Troyon…

Pavillon des Princes
Construit sous la Restauration pour les membres de la famille royale, il surprend par sa modestie. C'est ici qu'eut lieu en 1858 la fameuse **entrevue de Plombières**. Napoléon III, empereur des Français, rencontra secrètement le comte de Cavour, président du Conseil du Piémont. Ils décidèrent d'une stratégie militaire contre les Autrichiens qui avaient envahi l'Italie du Nord. En avril 1859, ils remportèrent les victoires de Magenta et de Solferino. Le pavillon des Princes abrite des expositions.

Itinéraires conseillés

★ VALLÉES DE L'AUGRONNE ET DE LA SEMOUSE

33 km – environ 1h. Quittez Plombières par la D 157 bis.

Vallée de l'Augronne

La route suit la rivière, rapide et aux eaux claires, au milieu de prairies et de forêts.

Par la D 19, à Aillevillers-et-Lyaumont, rejoignez la D 20 à La Chaudeau pour remonter la vallée de la Semouse.

★ Vallée de la Semouse

Elle est magnifiquement boisée, fraîche et calme. On l'appelait autrefois « vallée des Forges » à cause de ses petites usines métallurgiques. Très encaissée et sinueuse, elle est juste assez large pour contenir la rivière, la route et parfois d'étroites prairies.

Revenez à Plombières par la D 63, en descente très rapide ; soyez prudent.

VALLÉE DES ROCHES

47 km – environ 2h. Quittez Plombières par la N 57 en direction de Remiremont.
La route quitte rapidement la vallée de l'Augronne pour escalader le plateau qui marque le partage des eaux entre le bassin de la Méditerranée et celui de la mer du Nord. On descend ensuite vers la Moselle, qu'on rejoint à Remiremont.

Remiremont *(voir ce nom)*

Quittez Remiremont par la D 23, au sud-ouest. Montée pittoresque dans un beau vallon. Après 3,5 km, prenez à gauche la D 57. Peu après la Croisette d'Hérival, prenez à droite une route forestière goudronnée, étroite et sinueuse, qui s'engage dans la forêt d'Hérival : beaux sous-bois hérissés de rochers. Laissez à gauche le chemin de Girmont et une auberge.

★ Cascade du Géhard

Située en contrebas de la route, à gauche, elle bondit et bouillonne en une série de cascades tombant dans des marmites de géants. Magnifique en période de pluies.

Après avoir laissé à gauche la maison forestière du Breuil et, à droite, le chemin d'Hérival, prenez à gauche la route qui suit la vallée de la Combeauté, ou vallée des Roches.

Vallée des Roches

C'est un beau et profond défilé resserré entre deux magnifiques versants boisés.

Peu après l'entrée de Faymont, près d'une scierie, tournez à droite. 50 m plus loin, laissez la voiture et prenez à pied un chemin forestier sur 300 m.

Cascade de Faymont

Le site est remarquable avec ses rochers et les résineux.

Le Val-d'Ajol

Chef-lieu d'une des communes les plus étendues de France, Le Val-d'Ajol est constitué de plus de 60 hameaux disséminés dans les vallées de la Combeauté et de la Combalotte où plusieurs entreprises (métallurgie, tissage, scieries) maintiennent une activité industrielle.

Tournez à droite en direction de Plombières. 1 800 m après un lacet à droite, la route offre une jolie vue à droite sur la vallée. Arrêtez-vous peu après. Un chemin en montée derrière vous conduit à la Feuillée-Nouvelle, à 100 m.

La Feuillée-Nouvelle

Depuis la plate-forme, on découvre une belle **vue★** en balcon sur Le Val-d'Ajol.

Laissez la piscine du Petit-Moulin sur la gauche et revenez à Plombières par la N 57.

NOS ADRESSES À PLOMBIÈRES-LES-BAINS

VISITE

Petit train touristique – *✆ 03 29 66 01 30 - www.vosgesmeridionales.com - circuit (1h), dép. de l'office de tourisme - de mi-avr. à mi-oct. : merc., w.-end et j. fériés 16h (en juil.-août : merc. seult.) - 3 € (6-18 ans 1,50 €).*

HÉBERGEMENT

UNE FOLIE

Le Prestige Impérial – *Av. des Etats-Unis - ✆ 03 29 30 07 07 - www.plombieres-les-bains.com - 80 ch. 136 € - ☕ 11 € - rest. 24/48 €.* On entre dans cet hôtel Napoléon III – relié aux thermes de la ville – par un hall lumineux, sous une immense verrière. Chambres d'esprit Art déco. Le restaurant, entièrement rénové, propose une cuisine au goût du jour.

ACHATS

Jean-Luc Husson – *Faymont - 88340 Le Val-d'Ajol - ✆ 03 29 30 66 46 - tlj sf dim. 8h-12h30, 14h-19h - fermé j. fériés.* En reprenant la célèbre Maison Colle, M. Husson s'est juré de perpétuer le savoir-faire acquis par le maître charcutier. Pari réussi : les préparations vendues ici sont aussi goûteuses qu'avant. Le produit phare reste l'andouille du Val d'Ajol, marinée dans un mélange de vin blanc et d'épices puis fumée avec différents bois de la région.

Mirecourt

5 982 Mirecurtiens – Vosges (88)

🛈 S'INFORMER

Office du tourisme de Mirecourt – *22 r. de Chanzy - 88500 Mirecourt - ☏ 03 29 37 01 01 - www.ville-mirecourt.fr - mai-sept. : lun.-sam. 9h30-12h, 14h-18h30, dim. et j. fériés 14h-18h ; oct.-avr. : lun.-sam. 9h30-12, 14h-17h30 sf dim. et j. fériés.*

◑ SE REPÉRER

Plan de région C1 (p. 268) – carte Michelin Départements 314 E3. À 34 km au nord-ouest d'Épinal par la D 166, 24 km au nord-est de Vittel par la D 429, 48 km au sud de Nancy.

☻ À NE PAS MANQUER

Mirecourt étant la capitale de la lutherie, il serait dommage de ne pas visiter le musée consacré à cet artisanat.

🕐 ORGANISER SON TEMPS

Le musée de la Musique mécanique et le musée de la Lutherie sont toujours fermés le mardi.

Sans doute Mirecourt a-t-elle été inspirée, au 16ᵉ s., par les fêtes auxquelles les ducs de Lorraine conviaient des artistes italiens. L'Italie venait d'inventer le violon, Mirecourt apprenait à le fabriquer. Loin des grandes routes, au milieu des vergers, au confluent de deux rivières, la petite ville est devenue le symbole du savoir-faire français en matière de lutherie. Ayant plusieurs cordes à son violon, elle a étendu sa réputation à la virtuosité de ses dentellières.

Se promener

Musée de la Lutherie

Cours Stanislas - ☏ 03 29 37 81 59 - www.musee-lutherie-mirecourt.fr - ♿ - mai-sept. et vac. scol. : tlj 10h-12h, 14h-18h sf mar., dim. 14h-18h ; oct.-avr. : merc. et sam. 10h-12h, 14h-18h, dim. 14h-18h - fermé du 1ᵉʳ au 15 janv. et j. fériés (sf 14 Juil. et 15 août) - 3,60 € (-12 ans gratuit). Atelier Lutherie en juil.-août : tlj sf mar.

Violons, guitares, mandolines… choisissez votre instrument, à moins que vous ne préfériez le violoncelle géant de 7,50 m qui trône au milieu de la petite exposition. Grâce à une présentation visuelle et sonore régulièrement

> **UN SAVOIR-FAIRE RECONNU**
>
> La tradition de la lutherie à Mirecourt remonte vraisemblablement à la fin du 16ᵉ s. Influencés par leurs collègues italiens, les luthiers de Mirecourt prospèrent au cours des siècles suivants. La production pouvait atteindre à cette époque jusqu'à 40 000 violons par an. Pour préserver ce savoir-faire, une École nationale de lutherie a été créée en 1970 et dispense ses cours à une poignée d'élèves choisis pour leurs talents et leur motivation. Les Mirecurtiens se sont bien exportés : plus de 1 000 luthiers et 100 archetiers originaires de Mirecourt sont dispersés dans le monde entier.

renouvelée, vous apprendrez ici l'histoire et les secrets de fabrication des instruments à cordes. Saviez-vous par exemple que la sonorité d'un violon dépend en grande partie du bois utilisé ?

Un atelier de lutherie propose quelques démonstrations.

Église Notre-Dame

Construite à partir de 1303 mais achevée au 15ᵉ s., elle est surtout remarquable par son clocher-porche, curieusement encastré dans la ligne d'immeubles bordant la rue principale. L'intérieur, aux voûtes gothiques, abrite trois chapelles des 16ᵉ et 17ᵉ s., ainsi que plusieurs tableaux de peintres lorrains du 17ᵉ s., visibles dans le chœur.

Halles

Datant de 1617, c'est un bâtiment petit et massif, à étage sur arcades. Sur sa façade, deux tours carrées.

Chapelle de la Oultre

En traversant le Madon par le pont St-Vincent (jolie vue sur l'étagement de la vieille ville), jeter un coup d'œil sur cette chapelle, au milieu des pelouses et des fleurs, sur sa nef du 11ᵉ s., mais dont le transept et le chœur datent seulement du 16ᵉ s.

À voir aussi

Maison de la musique mécanique

24 r. Chanzy - ℘ 03 29 37 51 13 - ville-mirecourt.fr - ⚹ - visite guidée uniquement - oct.-avr. : mer., sam. 10h-12h et 14h-18h, dim. et j. fériés 14h-18h (sf vac. scolaires lun., mer.-sam. 10h12h et 14h-18h, dim. 14h-18h) ; mai-sept. : lun., mer.-sam. : 10h-12h-14h-18h, dim. et j. fériés 14h-18h. Fermé le mar. - fermé 1ᵉʳ-14 janv. et 25 déc. - 4,70 € (-18 ans 2,40 €).

La collection comprend plus de 100 instruments (18ᵉ-début 20ᵉ s.), tous en état de fonctionnement : limonaire, piano mécanique, petit orgue de table allemand (1889), piano pneumatique reproducteur « Welte Mignon »… L'orgue de danse Decap (1939) est composé de 280 flûtes et 12 registres reproduisant plusieurs instruments d'orchestre. Au 18ᵉ s., on fabriquait même des orgues mécaniques pour apprendre à chanter aux oiseaux (entre autres la fameuse serinette) !

Maison de la dentelle

1bis pl. Chantaire - ℘ 03 29 37 39 59 - oct.-avr. : lun.-vend. 10h-12h et 14h-17h, sam. et dim. 14h-17h ; mai-sept. : lun.-ven. 10h-12h et 14h-18h, sam. et dim. 14h-18h (l'exposition se tient alors aux halles, rue Chanzy) -de 3 € à 3,50 € suivant expositions (-10 ans gratuit).

Exposition de dentelles au fuseau (vêtements, nappes, rideaux) avec démonstrations du savoir-faire ancestral des dentellières et vidéo sur l'histoire de la dentelle.

À proximité

Poussay

1 km au nord.

Ce joli bourg en terrasses dominant la vallée du Madon fut édifié par un évêque de Toul autour d'une abbaye bénédictine. Le village est orné d'un magnifique **puits** abrité du 12ᵉ s., profond de 33 m.

Vomécourt-sur-Madon

9 km au nord. Prenez la D 413 jusqu'à Poussay puis prenez à droite la D 55. Au niveau de Bettoncourt, prenez la D 55ᴱ à gauche.

Sa petite **église** romane du 12ᵉ s. est particulièrement bien conservée. Le tympan du portail est une représentation naïve des saintes femmes au Tombeau et le combat de la Vie et de la Mort. À l'intérieur, un maître-autel (18ᵉ s.) surmonté d'une prédelle et d'un dais en fer forgé.

Vittel

5 684 Vittellois – Vosges (88)

NOS ADRESSES PAGE 292

S'INFORMER

Office du tourisme de Vittel – *Place de la Marne - 88800 Vittel - ℘ 03 29 08 08 88. www.ville-vittel.fr*

SE REPÉRER

Plan de région B1 (p. 268) – carte Michelin Départements s 314 D3. Vittel se trouve à 40 km à l'ouest d'Épinal. La ville thermale a été créée en dehors de l'agglomération urbaine.

SE GARER

Parkings centre-ville : pl. de la Marne, face à la gare et r. St-Nicolas (Bonne-Source).

À NE PAS MANQUER

Le parc paysager et les thermes Garnier.

La spécialité de Vittel, aujourd'hui, en plus de l'eau (1,3 milliard de bouteilles produites en 2008), c'est la forme. Les cures, le plaisir des bains, la verdure, le golf, la randonnée, l'air pur, les promenades en forêt… Les promoteurs de la station ont fait appel aux meilleurs architectes et artistes, dont Charles Garnier, alors qu'il venait juste d'achever l'Opéra de Paris, puis Bluysen et César. L'établissement thermal, le casino, les parcs fleuris, les grands hôtels et les villas aux façades toutes blanches rappellent les heures les plus fastes de la Belle Époque.

Séjourner

CENTRE THERMAL

L'ensemble du complexe thermal se situe au cœur d'un vaste parc de 650 ha. Pour éviter toute pollution des nappes phréatiques et préserver la qualité des eaux, tout épandage d'herbicides et de pesticides est interdit sur une zone de 11 000 ha autour de Vittel et de Contrexéville. Ici, ce sont des coccinelles qui s'occupent des pucerons et des rapaces qui régulent le nombre de rongeurs.

★ Parc paysager

Très fleuri, avec un kiosque à musique où ont lieu de nombreux concerts en saison, des jardins promenoirs et des clairières aménagées. Plusieurs bâtiments sont à découvrir, au milieu de la verdure. Remarquable, le Grand Hôtel, reconstruit dans les années 1910 sur l'emplacement d'un premier hôtel de 1862, appartient aujourd'hui au Club Med. Un bel escalier à volutes y conduit. Le casino de 1882, signé Garnier, a été revu par Nachon puis par Bluysen en 1929, dans le « Style nouveau ». Le nouveau palais des congrès a été inauguré en 1970. De vastes terrains de sport (champ de courses, polo, golf, tennis, etc.) prolongent le parc, ainsi que les **jardins de la Terre**, jardin de fruits, légumes et fleurs à visiter.

UN CURISTE RECONNAISSANT

Les Romains, déjà, avaient découvert les vertus des eaux de Vittel ; mais la ville, détruite par les Barbares, traversa discrètement le Moyen Âge. Il a fallu attendre le 19ᵉ s. pour que Vittel retourne à sa vocation première et s'assure une réputation internationale. Louis Bouloumié, avocat à Rodez, décida d'acheter, en 1854, la source qui lui avait permis de soulager ses coliques néphrétiques. Les Bouloumié se rendirent bientôt maîtres de la station, au grand bénéfice des Vittellois, qui en firent leurs maires sur plusieurs générations, pendant près de soixante-quinze ans. Pendant la guerre de 1939-1945, les palaces de Vittel avaient été réquisitionnés pour servir d'hôpitaux, puis de camps d'internement.

Anciens thermes Garnier

Construits par Charles Garnier en 1884, ils sont composés d'une galerie aux motifs mauresques, doublée en 1901 d'une Grande Galerie à l'architecture métallique. Au cours du 20ᵉ s., la galerie sera complétée par le pavillon de la Grande Source.

La galerie mauresque abrite aujourd'hui l'**exposition « L'Eau et la Vie »**. Cette exposition, réalisée par l'Institut de l'eau Neste, évoque l'eau sous différents aspects : scientifique, physiologique, technique et industriel. *℘ 03 29 08 77 29 -* ♿ *- avr.-oct. : 10h-12h, 14h-18h - 3,50 € (enf. 1 €).*

Établissement thermal

Parc thermal - ℘ 03 29 05 20 84 - www.thermes-vittel.com - tlj sf dim. (modification des horaires selon la période de l'année, se renseigner) - fermé de déb. janv. à déb. fév. Remise en forme.

Le bassin hydrominéral d'où émerge la source doit sa naissance à une faille tectonique au sud de la ville. L'eau sulfatée calcique ou magnésienne est employée dans les affections des reins et du foie, les séquelles de traumatismes, les maladies de la nutrition et les rhumatismes.

Randonnée

🥾 *3h à pied AR. Quittez Vittel au nord par l'avenue A.-Bouloumié. Après avoir laissé le centre équestre à droite, prenez à gauche un chemin goudronné qui traverse une prairie, puis s'élève dans le bois de la Vauviard.*

L'itinéraire franchit la D 18 pour atteindre, après un raidillon, la croix de mission de Norroy.

Croix de mission de Norroy
Vue étendue sur les bassins du Vair et du Mouzon vers le nord-ouest, sur la crête des Faucilles au sud, et au sud-est sur les sommets des Vosges.
Tournez à gauche et traversez un petit bois. À un calvaire, croisement d'un chemin allant de Vittel à Norroy.

Chapelle Ste-Anne
Elle se trouve à l'orée de la forêt de Châtillon, au pied d'un très beau chêne. La chapelle Ste-Anne cache un retable aux douze apôtres, du 16e s., dont les têtes ont été brisées. De là, jolie vue, vers le nord-ouest, sur la vallée du Vair.
Continuez tout droit.
Traversez le bois de Châtillon à la sortie duquel on découvre un nouveau point de vue sur Vittel, que l'on rejoint bientôt.

À proximité

Domjulien
8 km au nord-est par la D 68.
L'église des 15e et 16e s., très remaniée, abrite un remarquable ensemble de sculptures, groupées surtout dans le bas-côté gauche : retable (1541) représentant la Crucifixion et les douze apôtres ; Mise au tombeau du début du 16e s. avec les anges portant les instruments de la Passion ; statues de saint Georges (16e s.) et de saint Julien. Sur l'autel latéral droit, belle statue de Vierge à l'Enfant jouant avec un ange, de la fin du 15e s.

Itinéraires conseillés

FORÊT DOMANIALE DE DARNEY

▶ *Voir description p. 297 et circuit* 1 *ci-contre.*

PAYSAGES DE LA VÔGE

▶ *Pour visualiser ce circuit* 2*, reportez-vous à la carte ci-contre - 62 km - environ 1h30.*
Quittez Vittel par la D 429 qui traverse le bois du Grand-Ban.

Contrexéville *(voir ce nom)*
La D 164, au sud de Contrexéville, remonte le vallon de Vair à travers le plateau dénudé des Faucilles.

Dombrot-le-Sec
L'intérieur de l'**église**, aux piliers trapus – ceux des deux premières travées sont ornés de chapiteaux –, renferme une belle tribune, des ferronneries du 18e s. (poutre de gloire et balustrade du chœur), une Vierge à l'Enfant du 14e s. et une sainte Anne du 16e s.
Passer au col du Haut de Salin (Cote 403). À **Viviers-le-Gras**, on s'arrêtera pour les belles fontaines du 18e s.
Prenez à droite la D 2. La route suit la vallée du Gras, à travers la forêt.

Bleurville
Les Romains y avaient installé un établissement de bains.

Dans Bleurville, prenez la rue St-Pierre qui monte vers l'église ; laissez l'église sur la droite et suivez la rue Bezout, à gauche, sortant du village en direction de Monthureux-sur-Saône.

Monthureux-sur-Saône

L'**église** paroissiale, reconstruite au 16e s., abrite une **Mise au tombeau★** (école rhénane) dont les personnages grandeur nature, en bois polychrome, entourent un émouvant Christ allongé. *Tlj sf jeu. et dim. apr. midi. S'adresser à M. Roy - 172 r. de l'Église - ☎ 03 29 09 06 26.*
Rejoignez Darney par la D 460, d'où l'on a une vue étendue sur la forêt de Darney.

Darney *(voir Bains-les-Bains)*

Relanges

Son église est intéressante. Les colonnes du porche et le pignon de la façade remontent au 11e s. ; le transept, les absides et la tour, au 12e s. ; la nef et les bas-côtés ont été reconstruits au 16e s. Le chevet et le clocher carré, qui s'élèvent à la croisée du transept, sont très beaux.
La route remonte, à travers le massif forestier de Bois-le-Comte, un vallon étroit appelé **gorges de la Gabionne**.
À Provenchères-lès-Darney, prenez la D 25.

Thuillières

Le **château** fut construit par l'architecte Germain Boffrand (1667-1754) pour lui servir de résidence en Lorraine, où il séjournait souvent pour ses nombreux chantiers.

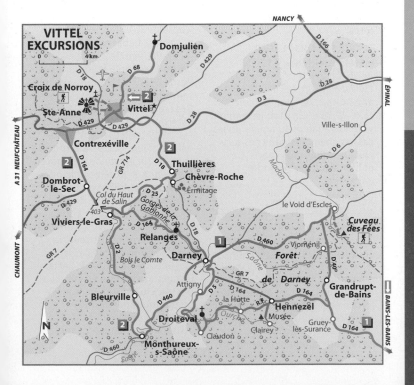

Visite guidée uniquement - &- *juil.-août : tlj apr.-midi - 3 € (-12 ans 1,50 €).*
C'est aussi à Thuillières que, après s'être retirée de la scène, Ève Lavallière
(1866-1929), célèbre artiste de la Belle Époque, termina sa vie dans une aus-
tère retraite.
Peu après, sur la gauche, dans le joli vallon de **Chèvre-Roche**, on aperçoit la
chapelle de l'ancien ermitage de N.-D.-de-Consolation. La route domine le
ruisseau de Thuillières.
La D 18 ramène à Vittel.

😊 NOS ADRESSES À VITTEL

HÉBERGEMENT

BUDGET MOYEN

Hôtel L'Orée du Bois –
*℘ 03 29 08 88 88 - www.
loreeduboisvittel.fr -* 🅿 *- 57 ch.
64/88 € -* ☕ *9 € - rest. 18/35 €.* Face
au golf, un établissement conçu
pour la détente : balnéothérapie,
massages, sauna, hammam.
Chambres soignées ; testez les
bio ou les familiales. Cuisine
traditionnelle qui tend à plus
de modernité tout en restant
attaché au terroir. Jardin-
terrasse.

POUR SE FAIRE PLAISIR

Hôtel Providence – *125 av.
de Châtillon - ℘ 03 29 08 08 27
- www.hotelvittel.com - 38 ch.
67/85 € -* ☕ *9 € - rest. formule déj.
15 € - 19/36 €.* Cet établissement
vittellois a fait peau neuve. Jolies
petites chambres dans des tons
chauds, suites plus spacieuses
et bien équipées (grande
baignoire).

ACHATS

Au Péché Mignon – *36 pl. du
Gén.-de-Gaulle - ℘ 03 29 08 01 07
- aupéchémignonpatrick.fr - tlj sf
7h30-12h30, 14h-19h, dim. 15h-19h,
- fermé lun.-.fin Juin.juil.15j.* Outre
les grands classiques tels le pâté
lorrain et le vittellois, ce maître
pâtissier vous invite à découvrir
ses spécialités de chocolats : la
Creuchotte (petite grenouille en

chocolat fourré praliné), la « Route
thermale du chocolat » (quatre
chocolats différents comme les
quatre stations thermales des
Vosges) ou encore le Vosgien,
entremets à base de myrtilles et
de mirabelles.
Délices Lorraines – *184 r. de
Verdun - ℘ 03 29 08 03 30 - tlj sf
dim. mat. et lun. mat. 9h-12h30,
14h15-19h15 - fermé hors sais.
thermale.* Ce magasin vous
propose une large sélection
de spécialités régionales : miel,
confitures, macarons, confiseries
(capsules de Vittel, grès rose des
Vosges...), babas et gâteaux à la
mirabelle, vins de Lorraine (côtes-
de-Toul), apéritifs et liqueurs des
Vosges, eaux-de-vie rares de fruits
sauvages, etc.
Brasserie-écomusée – *48 r. de
Mirecourt - 88270 Ville-sur-Illon
- ℘ 03 29 36 58 05 - 1er Mai-fin.
oct. : tlj sf lun. 14h30-18h ; reste de
l'année : sur demande préalable -
fermé janv.* Réputé pour la pureté
des ses eaux, Ville-sur-Illon
produisait de la bière depuis
1627. En 1887, Jacques Lobstein,
brasseur alsacien, vint y installer
une brasserie industrielle de
type bavarois qui ne cessa
son activité qu'en 1975. Cette
installation unique en France a
été transformée en écomusée,
où quelques passionnés
élaborent encore des bières
artisanales à déguster sur place
ou à emporter.

EN SOIRÉE

Casino de Vittel – *Parc thermal - ℰ 03 29 08 12 35 - tlj 10h -3h, sf vend. et sam. 4h, jeux traditionnels à partir de 21h . 80 machines à sous, roulette, black-jack et stud poker attirent touristes, curistes et habitants de la région dans ce casino voisin des thermes et d'un très joli parc. Organisation de soirées animées et d'un thé dansant le dimanche et les jours fériés.*

ACTIVITÉS

Club Med Golf de Vittel Ermitage – *BP 59 - ℰ 03 29 08 81 53 - www.golf-vittel-ermitage.com - 8h-19h - 42 € 2 parcours de 18 trous - (enf. : 1 parcours de 9 trous gratuit).*

Contrexéville

3 507 Contrexévillois – Vosges (88)

🙂 NOS ADRESSES PAGE 295

🛈 **S'INFORMER**

Office du tourisme de Contrexéville –*116 r. du Shah-de-Perse - 88140 Contrexéville - ℰ 03 29 08 08 68 - www.contrex-minceur.com - avr.-oct. : 9h-12h-, 13h30-18h30, dim. 10h-12h, 15h-18h, j. fériés 9h-12h, 13h30-18h30; 21 oct.-31 mars : tlj sf w.-end et j. fériés 9h-12h, 13h30-17h30.*

▶ **SE REPÉRER**

Plan de région B1 (p. 268) – *carte Michelin Départements 314 D3.* Contrexéville est située sur la D 164 à une trentaine de kilomètres au sud-est de Neufchâteau et à 5 km à l'ouest de Vittel. La ville est traversée par le Vair, que longe la rue de la Division-Leclerc, qui coupe la ville en deux.

👁 **À NE PAS MANQUER**

Un verre d'eau au pavillon des sources.

🕐 **ORGANISER SON TEMPS**

En fonction de la météo, vous choisirez des visites nature dans les villes d'eaux voisines ou dans la forêt de Darney toute proche, ou des visites plus culturelles à Bulgnéville ou à Neufchâteau.

👥 **AVEC LES ENFANTS**

Le lac de la Folie pour sa piscine et ses pédalos.

Située dans un vallon arrosé par le Vair et richement boisé, Contrexéville est une station hydrothermale coquette et fleurie. Voisine de sa consœur Vittel, elle constitue un bon centre de détente pour profiter de l'air pur des Vosges, des balades au milieu des étangs, des forêts et des fleurs.

Séjourner

CENTRE THERMAL

Galeries thermales - ☎ 03 29 08 03 24 - www.thermes-contrexeville.com - avr.-oct. - plusieurs formules, programmes minceur (7 à 14 jours) ou courts séjours.
Les eaux des cinq sources minérales naturelles jaillissant à 11 °C sont prescrites dans le traitement de l'obésité, des affections des reins, des infections urinaires et biliaires, de la goutte. Le centre thermal actuel a été construit dans le style néobyzantin en 1912 par l'architecte Mewes, un habitué de la station. À la Belle Époque, le gotha était contrexévillois une bonne partie de l'année. Les VIP se retrouvaient ici, pensant, grâce aux vertus de l'eau miraculeuse, traiter les excès de fêtes trop arrosées. Le shah de Perse, le roi de Serbie, la grande-duchesse Wladimir de Russie et de nombreux diplomates y installaient leurs quartiers d'été. À l'époque, on appelait cela « prendre les eaux ».

La galerie qui longe le parc et le **pavillon des Sources**, où l'eau sort des griffons, sont recouverts de mosaïque bleu et rose. Dans le parc, en face de la **chapelle anglicane** (1891), la petite **chapelle orthodoxe** fut construite en 1910, à la demande de la duchesse Wladimir de Russie, qui y repose aujourd'hui avec son fils, le duc Boris.

Des fontaines modernes, en lave émaillée et marbre de Carrare, décorent deux places de la ville. Elles sont l'œuvre, parfois discutée, de N. Normier et J.-M. Hennin.

LES DÉBUTS DU THERMALISME
Les Contrexévillois doivent une fière chandelle au docteur Bagard, premier médecin du dernier duc de Lorraine, Stanislas Leszczyński. C'est vers 1750 qu'il publia ses *Mémoires sur les eaux minérales de Contrexéville*, attestant de spectaculaires résultats sur les malades traités avec l'eau de cette source. Après que le médecin de Louis XVI eut confirmé le prodige, celui-ci ordonna la construction du premier établissement thermal, en 1774.

À proximité

Bulgnéville
7,5 km à l'ouest par la D 164.
Bulgnéville se dresse à la lisière de la forêt autour de quatre fontaines, dont celle des Curtilles, de 1750.
De l'ancienne **église**, reconstruite au 18e s., subsiste une chapelle du 15e s. qui renferme une Mise au tombeau de la même époque et un magnifique haut-relief du 16e s. représentant la lignée de sainte Anne : la sainte, ses trois filles dont la Vierge, ses trois gendres et ses sept petits-enfants dont Jésus. Boiseries et chaire du 18e s.

😊 NOS ADRESSES À CONTREXÉVILLE

HÉBERGEMENT

BUDGET MOYEN

Chambre d'hôte Le Château – *3 r. de Barbazan - 88140 Vaudoncourt -* 📞 *03 29 09 23 60 - daniel.pellerin@tisqcali.fr - fermé nov.-mars -* 🅿 *- 🛏 - 65/75 € ☕.* Cette demeure du 19e s. nichée dans un joli parc arboré abrite 3 suites familiales et 1 chambre alliant confort moderne et mobilier traditionnel. Les jours de grand beau temps, on pourra prendre le petit-déjeuner sous la pergola, avant de visiter le domaine à dos de cheval ou de faire un tour dans la chèvrerie.

Chambre d'hôte Benoit Breton – *74 r. des Récollets - 88140 Bulgnéville -* 📞 *03 29 09 21 72 - benoitbreton.chambresdhotes@ wanadoo.fr -* 🅿 *- 🛏 - 4 ch. 70 € ☕.* Antiquaire de son métier, M. Breton a posé sa patte dans le décor : chambres spacieuses aux meubles et bibelots raffinés. Poules, canards, chèvre… s'ébattent au jardin.

POUR SE FAIRE PLAISIR

Souveraine Hôtel – *Parc thermal -* 📞 *03 29 08 09 59 - www. souveraine-hotel.com - Ouvert 1er avril-14 sept. -* 🅿 *- 31 ch. 89 € - ☕ 9,50 €.* Charme d'antan dans l'ancienne résidence de la grande-duchesse Wladimir, tante de Nicolas II : hauts plafonds, moulures, lits en cuivre. Chambres plus calmes côté parc.

RESTAURATION

PREMIER PRIX

Brasserie du Casino – *Parc thermal -* 📞 *03 29 08 01 14 -* 🅿 *- 10/29 €.* Si les machines à sous vous ont creusé l'appétit, vous serez ravi d'apprendre que le casino dispose d'un restaurant.

Dans son cadre « terrasse brasserie », vous dégusterez grillades et salades à prix doux. Bien sûr, si vous avez fait sauter la banque, l'addition vous importera peu…

ACHATS

La Ruche Vosgienne – *3 r. du Château - 88170 Sandaucourt -* 📞 *03 29 94 59 99 - avr.-oct. : tlj sf dim. et lun. 14h-18h ; nov.-mars : mar.-vend. 14h-18h - fermé 3 dernières sem. de janv. et j. fériés.* Cette ferme ressemble à un petit musée de l'apiculture avec sa collection de ruches vitrées vivantes et sa salle d'extraction des miels. La visite se termine par la dégustation de miels et confiseries. Vente de produits dérivés : pollen, bonbons, pain d'épice, gelée royale, propolis…

EN SOIRÉE

Casino de Contrexéville – *R. du Gén.-Hirschauer-Parc thermal -* 📞 *03 29 08 01 14 - www.partouche. fr - 11h-3h, sam. 11h-4h .* Principal centre de loisirs de la station, le casino propose de nombreuses activités : machines à sous et boule, cinéma et restaurant. On y organise également des soirées.

ACTIVITÉS

Tout au long de la saison : concerts et spectacles musicaux, en salle ou en plein air, concours hippique, open de tennis, feux d'artifice.

👥 **Lac de la Folie** – *1,5 km au nord-ouest de Contrexéville.* Ce lac offre une base de loisirs qui ravira les amoureux de la pêche et des sports nautiques. Sur place, aires de pique-nique, location de pédalos, arboretum et sentier pédestre.

Bains-les-Bains

1 357 Balnéens – Vosges (88)

☺ NOS ADRESSES PAGE 299

🛈 S'INFORMER

Office du tourisme de Bains-les-Bains – *3 av. André-Demazure - 88240 Bains-les-Bains - ✆ 03 29 36 31 75 - www.ot-bains-les-bains.com - tlj sf dim. 9h30-12h et 14h-17h30 ; j. fériés 10h-12h - fermé 1er janv. et 25 déc.*
Office du tourisme de Darney – *14 r. Stanislas - 88260 Darney - ✆ 03 29 09 33 45 - tlj sf w.-ends et j. fériés 9h-17h.*

⏵ SE REPÉRER

Plan de région C2 (p. 268) – carte Michelin Départements 314 F4. Au croisement des D 434 et D 164, à 38 km au sud-est de Contrexéville et à 29 km au sud-ouest d'Épinal. Le grand parc thermal se prolonge graduellement par la forêt vosgienne.

☺ À NE PAS MANQUER

Le bain romain ; la légendaire forêt de Darney, ses vestiges celtiques et son musée du Verre et des Activités anciennes de la forêt à Hennezel.

👫 AVEC LES ENFANTS

Une visite-dégustation à la confiserie Delisvosges à Darney, la Ferme Aventure à La Chapelle-aux-Bois, le centre d'animation de la préhistoire à Darney.

Dans cette station thermale bâtie sur les rives du Bagnerot, au cœur de la Vôge, forêts, verdure et air pur contribuent au bien-être des curistes. Ce sont, bien sûr, les Romains qui ont découvert, comme toutes les autres sources de la région, ces eaux miraculeuses. Les chanoinesses de Remiremont ont ensuite pris en charge l'exploitation avant que les révolutionnaires ne confisquent les thermes pour les revendre quelques années plus tard.

Séjourner

QUARTIER THERMAL

1 av. du Dr-Mathieu - ✆ 03 29 36 32 04 - de déb. avr. à déb. nov. : tlj. sf sam. et dim., 8h30-12h et 14h-17h.
Les eaux débitées par onze sources, à une température variant de 25 à 51 °C, sont indiquées dans le traitement des affections rhumatismales, des maladies cardio-artérielles et des séquelles de traumatismes ostéo-articulaires. Elles alimentent deux établissements : le bain romain et celui de la Promenade.

Le bain romain

Reconstruit en 1845, il occupe l'emplacement des sources captées par les Romains. Situé au cœur de la ville piétonnière, il est éclairé à l'intérieur par une verrière. Trois piscines en pierre sont entourées de deux niveaux de colonnades superposés.

Piscines du bain romain.
J.-P. Clapham / MICHELIN

Le bain de la Promenade
Il a été complété en 1880 par un hôtel et son casino, puis a connu de profondes transformations en 1928 qui en font un bel édifice Art déco. Il accueille la buvette des Thermes et se trouve doté aujourd'hui d'installations très confortables.

À proximité

Fontenoy-le-Château
7 km au sud-ouest par la D 434.
L'ancienne ville fortifiée était le siège d'une prévôté seigneuriale où les seigneurs étaient également comtes de Toul et avaient le droit de haute et basse justice. En 1635, un incendie dû aux troupes franco-suédoises dirigées pas Turenne fait disparaître le château et la ville. Le portail de l'église et une partie du château sont encore visibles. Fontenoy a vu naître le poète Gilbert (1730-1780). Julie-Victoire Daubié, première bachelière de France (1861), a vécu et est morte à Fontenoy.

Itinéraire conseillé

FORÊT DOMANIALE DE DARNEY

74 km – 3h.
Le massif forestier de Darney totalise environ 15 000 ha, dont la moitié pour la seule forêt domaniale de Darney. Bien que le hêtre soit aujourd'hui devenu dominant dans les peuplements, ce massif prestigieux continue à fournir de grands chênes d'une exceptionnelle qualité. Peut-être les druides dont la présence est attestée dans la région y recueillaient-ils du gui ?
Quittez Bains-les-Bains par la D 164, puis prenez la D 40^D vers Vioménil.
Face au village de **Grandrupt-de-Bains**, un monument, en bordure de la route, rappelle le sacrifice de 117 maquisards morts en déportation.

Rejoignez ensuite la D 460, que vous suivez à droite jusqu'au virage précédant le Void-d'Escles. Dans ce coude, prenez à droite un chemin forestier suivant la vallée du Madon qui, au bout de 2 km, passe à proximité du vallon Druidique où se trouve le cuveau des Fées.

Cuveau des Fées

1h30 à pied AR. Laissez la voiture au départ du sentier grimpant (100 m), à la nouvelle chapelle St-Martin et à la grotte voisine du même nom (visite dangereuse).

De là, un autre sentier, escaladant sous bois le versant gauche du vallon, aboutit au cuveau des Fées, extraordinaire roche plate creusée de main d'homme en forme de bassin octogonal de plus de 2 m de diamètre.

Darney

La particularité de ce village est d'avoir été le siège, le 30 juin 1918, de la proclamation par le président Poincaré de l'indépendance de la Tchécoslovaquie, au nom des Alliés. Un petit **Musée tchécoslovaque** est installé dans l'ancien hôtel de ville, surnommé le château. *03 29 09 31 84 - sur RV 36h à l'avance - gratuit.*

Le **Centre d'animation de la préhistoire** met en évidence les découvertes archéologiques datant du Paléolithique inférieur au Néolithique. Activités ludiques proposées aux enfants pour comprendre la vie des hommes préhistoriques. *03 29 09 80 66 - http://gerav.free.fr - mars-nov. : w.-end 14h-17h30i ; vac. scol. zone A (sf Noël et hiver) : tlj 14h-17h30 sf merc. - 7,20 € (- 5 ans gratuit).*

Poursuivez par la D 164 et prenez à droite la D 5.

La route traverse Attigny, puis serpente dans la vallée boisée de la Saône.

À Claudon, tournez à gauche dans la D 5E qui mène à Droiteval.

Droiteval

Il y avait en 1128 une abbaye de cisterciennes dont subsiste encore l'église.

Dans Droiteval, prenez à droite, à hauteur d'une belle propriété fleurie, admirablement située à l'extrémité d'un petit étang encadré par la forêt. Continuez par une petite route étroite et pittoresque, qui longe l'Ourche. Après la maison forestière de Senenne, le chemin tourne à gauche, puis à droite, et continue sur La Hutte et Thiétry pour atteindre Hennezel.

Hennezel

Petite localité au milieu de la forêt, où l'on dénombrait autrefois 19 verreries fondées au 15e s. par des verriers de Bohême et aujourd'hui disparues.

À 1,5 km au sud d'Hennezel, juste avant le hameau de Clairey, le petit **musée du Verre et des Activités anciennes de la forêt** rassemble des souvenirs sur les anciens métiers de la forêt et les réseaux de Résistance locale en forêt. Une salle est consacrée à la vie et à la production du maître verrier François Théodore Legras. *03 29 07 00 80 - de Pâques à fin oct. : 14h30-18h30 - 3 € (enf. 2 €).*

Revenez à Bains-les-Bains par la D 164.

😊 NOS ADRESSES À BAINS-LES-BAINS

HÉBERGEMENT

PREMIER PRIX

Chambre d'hôte Les Grands Prés – *9 Les Grands-Prés - 88240 La Chapelle-aux-Bois - 3,5 km au sud-est de Bains-les-Bains, dir. St-Loup et rte secondaire - ☎ 03 29 36 31 00 - ⊟ - 3 ch. 45 € ⊏ - repas 15 €.* En pleine campagne, cette imposante maison du 19ᵉ s. est tenue par un ancien agriculteur. Il reçoit les hôtes dans ses chambres ou ses gîtes et à sa table, autour des légumes du jardin et parfois de ses volailles…

RESTAURATION

PREMIER PRIX

Auberge du Coney – *3 pont du Coney - 88240 Hautmougey - 4 km au nord-ouest de Bains-les-Bains dir. Vittel - ☎ 03 29 30 41 87 - auberge-du-coney@ wanadoo.fr - fermé 22 déc.-15 janv., lun. sf j. fériés - 13/24 €.* Les plaisanciers du canal de l'Est pourront faire escale à l'écluse voisine de cette maison qui, autrefois, servait de relais aux chevaux tirant les péniches sur le chemin de halage. Aujourd'hui, elle est vouée à la cuisine italienne ; attablez-vous sous ses charpentes ou en terrasse. Quatre chambres.

ACHATS

🏍 Fabrique de confiserie Delisvosges – *20 r. des Fabriques - 88260 Darney - ☎ 03 29 09 82 40 - magasin : tlj sf dim. et lun. 10h-12h, 14h-18h ; visite fabrication : tlj sf dim. et lun. 14h30-17h30 - fermé 15 janv.-15 fév. et j. fériés.* Après avoir pris connaissance de l'histoire du sucre, vous pourrez assister à la fabrication artisanale des bonbons des Vosges. À Noël et à Pâques, les chocolats sont à l'honneur. La visite se termine par une dégustation.

Fabrique de couverts – *7 r. des Rochottes - 88260 Darney - ☎ 03 29 09 30 02 - tlj sf dim. 9h-12h, 13h30-17h, lun. 10h-12h, 13h30-17h (avr.-sept. 18h) - fermé j. fériés.* Cet orfèvre, spécialiste des couverts de table, est installé à Darney depuis 1862. Argent massif, orfèvrerie argentée ou acier inox : les articles produits bénéficient d'une finition proche de l'artisanat d'art.

ACTIVITÉS

🏍 La Ferme Aventure – *15 Côte de Hardémont - 88240 La Chapelle-aux-Bois - ☎ 03 29 30 11 79 - www. la-ferme-aventure.fr et www. nuits-insolites.com - ouv. juin à août - 8 € (gratuit enfants de moins d'un mètre).* Cette vieille ferme vosgienne installée au milieu des champs abrite un parc de jeux insolites « pieds nus » dédiés à la nature. Au programme, des labyrinthes géants, un sentier des senteurs, la miniferme et plein de petits jeux. Des activités originales à découvrir en famille.

Neufchâteau

7 123 Néocastriens – Vosges (88)

☺ **NOS ADRESSES PAGE 303**

🚩 **S'INFORMER**

Office du tourisme de Neufchâteau – *3 parking des Grandes-Écuries - 88300 Neufchâteau - ℘ 03 29 94 10 95 - www.neufchateau-tourisme.com - tlj sf. dim. et j.fériés, 9h-12h et 14h-18h.*

▶ **SE REPÉRER**

Plan de région A1 (p. 268) – carte Michelin Départements 314 C2. Neufchâteau fait encore partie des Vosges, mais le relief s'adoucit au profit de la plaine plus sage, sillonnée par la Meuse et ses affluents. La ville est située au nord-ouest de Vittel, à l'intersection des D 164, D 674 et D 166.

À Neufchâteau, on ne trouve pas de château, neuf ou vieux. Pourtant, il y en a eu un, voici bien longtemps, mais il n'en reste rien. En revanche, autour de la place Jeanne-d'Arc, incontournable dans la région, de très belles vieilles maisons des 17ᵉ et 18ᵉ s. ont résisté au temps.

Se promener

Hôtel de ville

Rue St-Jean. Ce bâtiment de la fin du 16ᵉ s. possède un portail Renaissance au décor végétal ainsi qu'un bel **escalier★** intérieur italien, richement orné, de 1594. Visitez aussi les caves voûtées d'ogives du 15ᵉ s.

Église St-Christophe

Sa construction remonte à 1100 environ, mais la plus grande partie de l'édifice actuel date du 13ᵉ s. : les influences bourguignonnes se manifestent dans la façade aux arcatures reposant sur des colonnettes. La chapelle funéraire de P. Woeriot, orfèvre du duc, a été ajoutée au début du 16ᵉ s. et s'ouvre dans le bas-côté droit ; admirez sa voûte à douze clés pendantes, véritable dentelle de pierre, unique en France.

Place Jeanne-d'Arc

Cœur historique de la cité, elle présente un remarquable ensemble d'hôtels particuliers des 17ᵉ et 18ᵉ s. Au n° 2, l'hôtel des Goncourt (propriété de l'oncle des deux frères au 19ᵉ s.) offre une belle façade et un portail au linteau timbré d'un mufle de lion.

Église St-Nicolas

℘ *03 29 94 10 95 - possibilité de visite guidée : s'adresser à l'office de tourisme.*
Elle se trouve sur la butte qui portait aussi le château des ducs de Lorraine et, en raison de la dénivellation, deux églises ont été superposées. Le portail et la tour de l'église haute sont modernes, mais la nef date des 12ᵉ et 13ᵉ s. Les chapelles funéraires des riches bourgeois néocastriens des 15ᵉ et 16ᵉ s. sont ornées d'un très luxueux mobilier, dont un célèbre **groupe de pierre★** polychrome (fin 15ᵉ s.) où se retrouvent les personnages de la Mise au tombeau, réunis pour l'onction du Christ.

À proximité

Site archéologique gallo-romain de Grand

À 23 km à l'ouest de Neufchâteau par la D 674, la D 427 et la D 71.
4 r. de la Mosaïque - 88350 Grand - ℰ 03 29 06 77 37 - www2.cr-lorraine.fr/grand -
avr.-sept. : 9h-12h, 13h30-18h30 ; reste de l'année : 10h-12h, 14h-17h - fermé 25 déc.-
20 janv. - billet combiné amphithéâtre et/ou mosaïque et/ou site de Domrémy
3 € (-6 ans gratuit).

Les Romains étaient venus sur ce plateau calcaire, loin des routes, au milieu des forêts, pour construire un immense amphithéâtre, des thermes, un rempart… une vraie grande ville. Des kilomètres de canalisations alimentaient un bassin sacré autour duquel se pressaient les pèlerins. Les premières fouilles effectuées au niveau de l'amphithéâtre, retrouvé au 18e s., débutèrent dans les années 1820 mais ce n'est qu'en 1963 que les vestiges furent entièrement mis au jour. La mosaïque fut dégagée dès 1883. Quant au marbre, on en a retrouvé à Grand une soixantaine de variétés provenant de multiples parties de l'Empire romain, témoignage de la magnificence de ses aménagements. Les visiteurs d'aujourd'hui peuvent découvrir les vestiges de ces ouvrages et investir, pacifiquement, le camp romain.

Amphithéâtre – Construit vers l'an 80 apr. J.-C., il dessine un demi-ovale, forme adaptée ici au terrain, mais également particulière à la Gaule. D'une dimension imposante, il pouvait accueillir 17 000 spectateurs qui assistaient à des combats de gladiateurs et à des chasses. Abandonné à la fin du 4e s., il a conservé une partie de ses murs-enveloppes et quelques arcades de son grand corridor axial. Une restauration récente lui a redonné des gradins en bois exotique résistant aux intempéries et permettant au monument de retrouver sa vocation première d'édifice de spectacle.

Mosaïque★ – Datée de la première moitié du 3e s., cette mosaïque est la plus vaste qui ait été dégagée en France et l'une des mieux conservées du monde romain : 224 m² d'un seul tenant. Elle pavait le sol d'une basilique, édifice public à vocation administrative. Le tableau central, ou *emblema*, a subi une importante mutilation ; on y distingue deux personnages, souvent interprétés comme un pèlerin et un prêtre d'Apollon Grannus. Aux angles figurent des animaux bondissants : ours ou chien, tigre, panthère, sanglier. Enfin, l'abside est décorée de motifs géométriques en *pelta* (petit bouclier).

Rempart – De 1 760 m de périmètre, il était doté de 22 tours circulaires et de portes, dont une monumentale, tous les 80 m. Il délimitait un espace sacré, réservé aux divinités du sanctuaire. Seules trois tours, arasées, ont pu être dégagées.

GRAND AU TEMPS DES ROMAINS

Sous le nom d'*Andesina*, Grand a été, à l'époque romaine, un sanctuaire des eaux dédié à l'Apollon gaulois, Apollon Grannus, qui, comme son homologue l'Apollon romain, avait le pouvoir de guérir. Grannus s'est tout naturellement abrégé en Grand. Des textes antiques attestent que le site accueillit des hôtes illustres comme l'empereur Caracalla, vers 213, ou l'empereur Constantin, dont on dit qu'il aurait reçu ici en 309 une prédiction, celle de vivre « trente années de bonheur » ! Avec le retour de la persécution des chrétiens sous le règne de Julien l'Apostat, Grand fut, en 362, le théâtre de la décapitation de sainte Libaire, la première martyre de Lorraine.

Coussey

7 km au nord par la D 164.
Bâtie au 12ᵉ s., l'**église** du bourg possède l'un des plus beaux clochers romans de Lorraine.

St-Élophe

9 km au nord-est par la D 674.
À l'extrémité du village, clocher du 13ᵉ s. pour cette **église** remaniée à plusieurs reprises. Du parvis, vue sur la vallée du Vair, la basilique du Bois-Chenu, le château de Bourlémont.

Dans la nef du début du 16ᵉ s., éclairée par les hautes fenêtres ogivales de l'abside, est exposé le gisant de saint Élophe, évangélisateur de la Lorraine, martyrisé au 4ᵉ s. On raconte que le saint se lava la tête à une fontaine après avoir été décapité ! Sa statue, monumentale (7 m), date de 1886.

Saint Élophe est également évoqué dans un petit **Musée archéologique** installé à la mairie. *℘ 03 29 06 97 94 - visite guidée 14h-18h et dim. 15h-19h - fermé sam. et vac. de Noël - 2,50 €.*

Domrémy-la-Pucelle *(voir Vaucouleurs)*

Pompierre

12 km au sud par la D 74, puis la D 1 à gauche.
L'**église St-Martin**, rebâtie au 19ᵉ s. en bordure de la route, a toutefois conservé son **portail★** roman du 12ᵉ s. Des voussures remarquablement travaillées encadrent un tympan à trois registres : des scènes du Nouveau Testament y sont sculptées (Massacre des Innocents et Fuite en Égypte, Annonce aux bergers et Adoration des Mages, Entrée de Jésus à Jérusalem). La décoration très fouillée des chapiteaux ornés de bêtes affrontées et des colonnettes complète cet ensemble.

🌼 NOS ADRESSES À NEUFCHÂTEAU

HÉBERGEMENT

BUDGET MOYEN

Hôtel L'Éden – *R. 1re-Armée-Française - ☎ 03 29 95 61 30 - www.leden.fr -* 🅿 *- 27 ch. 70/90 € -* ☕ *8,50 € - rest. 25/45 €.* Construction récente aux chambres confortables de différentes tailles, certaines équipées de baignoires à remous. Le bar accueille aussi la clientèle locale. Salle à manger de style néo-classique et cuisine au goût du jour.

Chambre d'hôte La Demeure du Gardien du Temps qui passe – *88630 Coussey - 7 km au nord de Neufchâteau par D 164 - ☎ 03 29 06 99 83 - www.lademeure88.com - 5 ch. 75 €* ☕ *- repas 22 €.* Cet ancien relais de poste dont la partie la plus ancienne date du 18e s. dégage un charme discret et raffiné. Le salon avec sa cheminée lorraine et la bibliothèque au plafond à la française ont beaucoup de caractère. Les chambres, spacieuses, s'agrémentent de jolis meubles chinés chez les antiquaires. Cuisine traditionnelle des Vosges et beau jardin avec barbecue.

RESTAURATION

PREMIER PRIX

Le Romain – *Rte de Chaumont - ☎ 03 29 06 18 80 - fermé dim. soir et lun., 2e quizaine de fév. et 2e quinzaine d'août- 12,50 (déj.)/18/34 €.* Restaurant situé au bord de la route. Salle à manger vaste, claire et actuelle, agréable terrasse à la belle saison. Cuisine traditionnelle rustique, parfois régionale, et fruits de mer.

Vosges du Sud 5

Cartes Michelin Départements 314 et 315 – Vosges (88), Bas-Rhin (67), Haut-Rhin (68), Haute-Saône (70) et Territoire de Belfort (90)

Les Vosges depuis le col de la Schlucht, Alsace.
Yadid Levy / Agefotostock

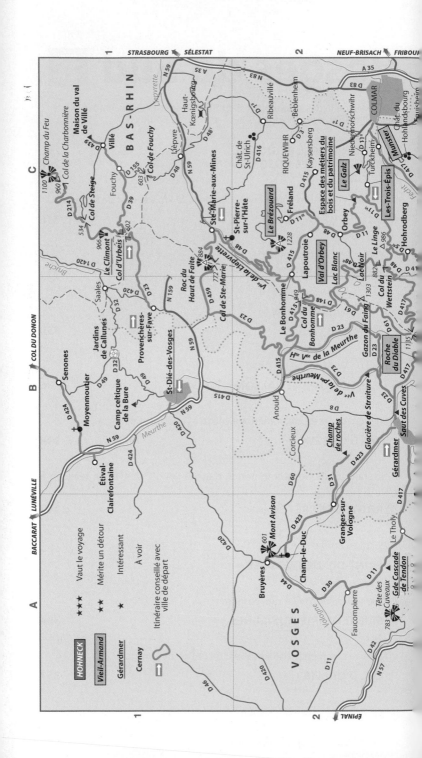

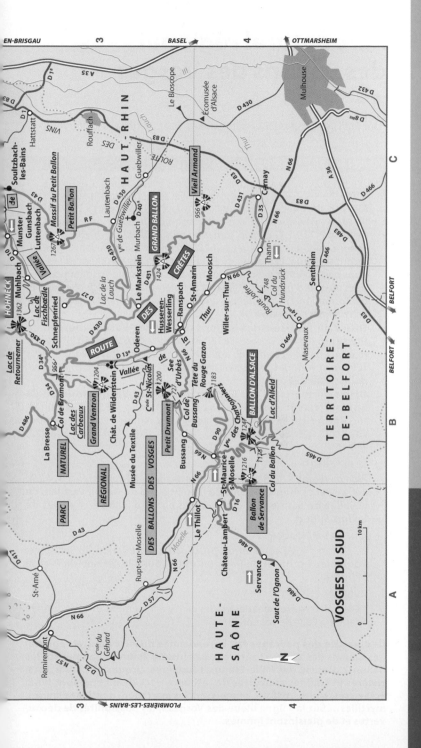

Parc naturel régional des Ballons des Vosges

★★

Haut-Rhin (68), Vosges (88), Haute-Saône (70) et Territoire de Belfort (90)

NOS ADRESSES PAGE 316

S'INFORMER

Maison du Parc – *1 cour de l'abbaye - 68140 Munster -* 🖋 *03 89 77 90 20/34 - www.parc-ballons-vosges.fr - possibilité de visite guidée sur demande (2 j. av.) - de déb. juin à fin sept. : 10h-12h, 14h-18h ; reste de l'année : tlj sf dim. et j. fériés 14h-18h - fermé 1re quinz. de janv. - gratuit.* Incontournable, la Maison du Parc propose plus de 600 m² d'expositions permanentes ou temporaires sur la montagne vosgienne destinées au grand public tout en restant bien sûr un service d'accueil et d'information. *Le Parc compte une quarantaine d'offices de tourisme et de syndicats d'initiative.*

Office du tourisme des Ballons des Hautes-Vosges (bureau de Bussang) – *8 r. d'Alsace - 88540 Bussang -* 🖋 *03 29 61 50 37 - www. tourisme-bussang.com - juil.-août : 10h-12h30, 14h-18h30, dim. et j. fériés 10h-12h30 ; reste de l'année : tlj sf dim. 10h-12h, 14h-17h - fermé 1er janv., Jeu. de l'Ascension, 25 déc.*

Office du tourisme des Ballons des Hautes-Vosges (bureau de St-Maurice-sur-Moselle) – *28 bis r. de Lorraine - 88560 St-Maurice-sur-Moselle -* 🖋 *03 29 24 53 48 - www.saint-maurice-vosges.com - pdt vac. scol., tlj 9h30-12h, 14h-17h ; hors vac. scol., tlj sf dim. 9h30-12h, 14h-16h.*

SE REPÉRER

Plan de région A3/B3 (p. 306) – carte Michelin Départements 314 L/M 3/4. Le Parc s'étend sur près de la moitié sud du massif vosgien, de la vallée de Sainte-Marie-aux-Mines au nord jusqu'aux portes de Belfort au sud.

À NE PAS MANQUER

Le panorama au sommet du Brézouard ou du Ballon de Servance. Pour mieux profiter du Parc, faites un tour à la Maison du Parc, à Munster.

AVEC LES ENFANTS

L'éventail des promenades est tel qu'il y a forcément une randonnée adaptée à l'âge de vos enfants.

La diversité des paysages fait la renommée du Parc naturel régional des Ballons des Vosges : pâturages d'altitude (hautes chaumes sur les ballons), plateau des Mille-Étangs, tourbières, cirques glaciaires, lacs, rivières et collines couvertes de résineux... Ici vivent chamois, lynx, écrevisses, truites, tritons, et poussent lys martagon, gentianes jaunes, myrtilles... Sur la « ligne bleue des Vosges », les possibilités de découvertes et de plaisir sont infinies.

Massif des Vosges.
Olivier Fellmann / MICHELIN

Itinéraires conseillés

Créé en 1989, le Parc naturel régional des Ballons des Vosges s'est donné trois objectifs : protéger et valoriser son patrimoine naturel, favoriser un développement économique compatible avec l'environnement et assurer la promotion du territoire. Le chamois a été réintroduit avec succès en 1956 et des castors sont revenus dans la vallée de la Doller. Quant au grand tétras et au faucon pèlerin, ces oiseaux sont désormais protégés.

Le territoire du Parc est un milieu rare et fragile. Il est demandé aux promeneurs de ne pas s'écarter des sentiers, de rester discrets et silencieux, de modérer les cueillettes, de respecter les arbres, de laisser les minéraux en place, de refermer les barrières et de ne pas abandonner de déchets dans la nature.

Pour les sorties hivernales en particulier, il est impératif de se renseigner sur le temps (Météo France ℘ 32 50), de prévoir un matériel adapté et de connaître l'usage d'une carte et d'une boussole.

LE VAL D'ARGENT

Pour visualiser ce circuit 🎱*, reportez-vous au plan p. 310 – 65 km au départ de Ste-Marie-aux-Mines – environ 1h30. Quittez Ste-Marie à l'ouest par la N 59.*

Argent, cuivre et autres métaux des Vosges ont été exploités depuis le Moyen Âge. À leur apogée aux 16e et 17e s., les mines déclinèrent au milieu du 19e s. Depuis, plusieurs sites sont protégés et réaménagés, pour un public curieux de patrimoine minier.

Col de Ste-Marie

Alt. 772 m. Du col, belle vue d'un côté sur le vallon de la Cude, de l'autre sur le bassin de la Liepvrette, la plaine d'Alsace et le château du Haut-Kœnigsbourg.

Roc du Haut de Faite

🚶 *30mn à pied à partir du col de Ste-Marie. Prenez au nord le sentier à droite d'une pierre tombale.* Du sommet, **beau panorama** sur la crête des Vosges et les versants alsacien et lorrain.

PARC NATUREL RÉGIONAL DES BALLONS DES VOSGES

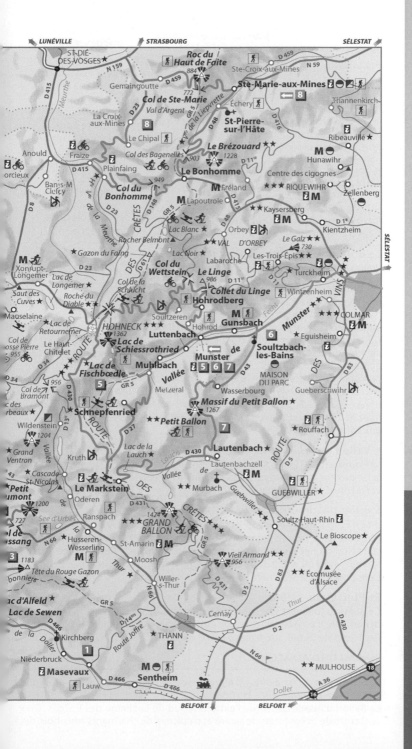

Revenez sur la N 59. En direction de St-Dié-des-Vosges, au Giron, tournez à gauche et prenez la D 23.

Circuit minier de la Croix-aux-Mines

🐾 *Au lieu-dit Le Chipal. 5,6 km – environ 2h45.* Au niveau de la chapelle du Chipal, suivez ce chemin balisé par des panneaux, cercle noir sur fond jaune avec l'emblème du sentier : un marteau et un pic. Sur ce site, des mineurs extrayaient autrefois le sulfure de plomb argentifère, communément appelé galène, pour en retirer l'argent.

Poursuivez sur la D 23 et à Fraize, prenez à gauche la D 415 puis après 3 km la D 148.

Col du Bonhomme *(voir val d'Orbey)*

Au col, prenez la D 148 à gauche puis après environ 5 km la D 415 à droite.

Le Bonhomme *(voir val d'Orbey)*

Prenez la D 148 pour rejoindre Le Brézouard.

> **FRONTIÈRE NATURELLE**
> Après la défaite de 1871, la crête des Vosges était devenue la frontière entre la France et l'Empire allemand. Les contrebandiers de tabac, alcool et allumettes avaient alors pris le contrôle de la montagne.

★★ Le Brézouard

🐾 *45mn à pied AR. Laissez votre véhicule sur l'aire de stationnement près du refuge des Amis de la nature.* La plus grande partie de l'excursion du Brézouard peut être effectuée en voiture depuis le **col des Bagenelles** *(4 km)*, d'où la vue est très belle sur la vallée de la Liepvrette. Au sommet du Brézouard, le **panorama★★** est très étendu. Au nord, on découvre le Champ du Feu, le Climont et au loin le Donon. Au nord-est, Strasbourg est visible. Au sud, vous verrez le Hohneck et le Grand Ballon. Le Mont Blanc se révèle dans le lointain par temps clair. Le Brézouard et la région environnante furent de hauts lieux de la guerre 1914-1918 (tranchées et abris).

Revenez vers Ste-Marie-aux-Mines par la D 48. Après quelques kilomètres dans la forêt, la route sinueuse rejoint la vallée de la Liepvrette où les vergers succèdent aux pâturages d'altitude.

★ Vallée de la Liepvrette

Le Rombach, qui jaillit de la terre au-dessus de La Hingrie, vient y alimenter la Liepvrette, charmant ruisseau courant entre les deux routes avant de traverser Ste-Croix-aux-Mines.

Sentier patrimoine de Neuenberg

🐾 *À Échery, deux circuits sont possibles : court (2h30) ou long (4h).*
Au cours de la promenade, on aperçoit notamment la tour des Mineurs et la maison du Receveur des dîmes caractéristique de la Renaissance avec sa tourelle, ainsi qu'une galerie de recherche de la mine Énigme.

Dans Échery, prenez à droite.

St-Pierre-sur-l'Hâte

Ce hameau joliment situé dans un espace boisé accueillait jadis un prieuré bénédictin. Il possède encore une **église** œcuménique dite « des mineurs ».

Revenez à Ste-Marie-aux-Mines par la D 48.

★★ BALLON D'ALSACE

Pour visualiser cet itinéraire ①*, reportez-vous au plan p. 310 - 38 km au départ de St-Maurice-sur-Moselle – environ 2h.*

Le Ballon d'Alsace constitue l'extrémité sud de la chaîne des Vosges. On y rencontre de belles forêts de sapins et d'épicéas, de charmants sous-bois, des fonds de ravins très frais et, sur les hauteurs, de grands pâturages, émaillés de fleurs alpestres. Du point culminant (1 250 m), le panorama est superbe ; par temps favorable, les Alpes sont visibles.

Cette route du col du Ballon d'Alsace, la plus ancienne du massif, a été construite sous le règne de Louis XV.

St-Maurice-sur-Moselle

À proximité des stations de ski du Rouge-Gazon et du Ballon d'Alsace, c'est le point de départ pour des excursions au Ballon de Servance et dans la vallée des Charbonniers.

Au cours de la montée au col du Ballon, la D 465 offre de jolies vues sur la vallée de la Moselle, puis pénètre dans une superbe forêt de sapins et de hêtres.

Plain du Canon

15mn à pied par un sentier qui part de la D 465, en direction de la maison forestière. Descendez devant la maison, puis prenez le sentier qui monte en lacet à gauche.

Le nom de ce lieu-dit est dû à un petit canon dont se servait le garde forestier pour provoquer un écho. Jolie vue sur le vallon boisé de la Presles, dominé par le Ballon d'Alsace. On reconnaît aussi le Ballon de Servance. Après le lieu-dit **La Jumenterie** qui perpétue le souvenir d'un établissement fondé en 1619 par les ducs de Lorraine pour l'élevage des chevaux, très belle vue à droite sur la vallée de la Moselle et sur le Ballon de Servance.

On atteint la région des hauts pâturages.

Monument à la mémoire des démineurs

Il a été élevé en mémoire du dévouement et souvent du sacrifice de ceux qui ont accompli cette tâche éminemment périlleuse.

Col du Ballon

À l'extrémité du parking, un monument rappelle l'exploit sportif du coureur cycliste René Pottier. Belle vue sur le sommet du Ballon d'Alsace, et plus à droite, sur la trouée de Belfort, où brillent des étangs, et le Jura du Nord.

★★★ Ballon d'Alsace

30mn à pied AR.

C'est le point culminant du Ballon d'Alsace (1 250 m) à l'extrémité sud de la chaîne des Vosges. Le sentier d'accès s'amorce sur la D 465, devant la ferme-restaurant du Ballon d'Alsace. Il se dirige à travers les pâturages, vers la statue de la Vierge : avant le retour de l'Alsace à la France, cette statue se trouvait exactement sur la frontière. Du balcon d'orientation, le **panorama★★** s'étend au nord jusqu'au Donon, à l'est sur la plaine d'Alsace et la Forêt-Noire, au sud jusqu'au Mont-Blanc.

La descente vers le lac d'Alfeld est très belle. Elle permet de découvrir en avant le Grand Ballon, point culminant des Vosges (1 424 m), puis la **vallée de la Doller**, le Jura et les Alpes. Après un parcours en forêt, le lac apparaît au fond d'un cirque d'origine glaciaire.

★ Lac d'Alfeld

Ce beau lac de 10 ha et d'une profondeur de 22 m est réservé à la pêche, il est entouré de hauteurs boisées où perce parfois la roche. Le barrage, un ouvrage de 337 m qui retient ses eaux, s'appuie sur une moraine laissée par les anciens glaciers.

Lac de Sewen

Petit lac peu à peu envahi par la tourbe. On trouve sur ses bords des plantes alpestres et nordiques. *En aval, la D 466 longe la Doller, qui coule entre de hautes pentes de prairies très vertes, coupées de bois de sapins et de hêtres.* La vallée est dominée par l'église romane de **Kirchberg**, perchée sur une moraine, et à l'entrée de **Niederbruck**, à gauche, par une Vierge à l'Enfant due au sculpteur Antoine Bourdelle.

> ### LE DIEU BEL
> Le terme « ballon », qui désigne les sommets si caractéristiques des Vosges du Sud, serait dérivé du nom du dieu Bel auquel les Celtes vouaient un culte.

Masevaux *(voir Thann)*

Sentheim

En face de l'église, la **Maison de la géologie** présente une belle collection de roches, de fossiles et de minéraux. *℘ 03 69 77 12 41 - http://sentheim.geologie. free.fr/ - &. - juil.-août : dim. 14h-18h ; reste de l'année : 1er dim. du mois 14h-18h - 2 € (enf. gratuit) - sentier géologique, visite libre avec plaquette explicative (1 €) ; juil.-août : visite guidée merc. 9h-13h - 5 € (enf. gratuit).*

Cette plongée dans la géologie peut être complétée par le **sentier géologique de Wolfloch** *(sur la D 466 en direction du Ballon d'Alsace, tournez à droite après l'église. 5 km, 12 sites balisés – environ 2h. Rejoignez le départ du sentier en suivant le fléchage. Partez ensuite à gauche du panneau de présentation et suivez le balisage représentant un fossile).*

Le sentier longe des champs et franchit ensuite la « grande faille vosgienne ». Il permet de survoler ainsi la géologie des Vosges depuis l'ère primaire jusqu'à nos jours. *Contact : Maison de la géologie - Sentier géologique : brochure disponible au Musée (1 €) ; possibilité de visite guidée en juil.-août : merc. 9h-13h - 5 € (enf. gratuit) - Sentier minier : possibilité de visite guidée en juil.-août merc. 14h-17h - 5 € (enf. gratuit).*

★★ BALLON DE SERVANCE

Pour visualiser cet itinéraire 2 , *reportez-vous au plan p. 310. Itinéraire de 20 km au départ de Servance – environ 1h.*

Situé quelques kilomètres à l'ouest du Ballon d'Alsace, le Ballon de Servance culmine à 1 216 m et donne naissance à l'Ognon, dont le cours prend un départ tumultueux. Pour différencier les deux Ballons, observez les sommets : le Ballon d'Alsace est surmonté d'une Vierge et celui de Servance, d'un fort militaire.

Servance

Autrefois, on exploitait les carrières de syénite (belle roche rouge) dans lesquelles on tailla les colonnes de l'Opéra de Paris.

À la sortie du bourg, à droite, un sentier *(15mn AR)* mène au **saut de l'Ognon**, cascade pittoresque s'échappant d'une étroite gorge rocheuse.

Col des Croix

Alt. 679 m. Dominé par le fort de Château-Lambert, il marque la frontière entre la Lorraine et la Franche-Comté, ainsi que la limite de partage des eaux entre la mer du Nord et la Méditerranée.

Château-Lambert

1 km après le col des Croix, on découvre ce charmant village qui accueille le **musée de la nature des Vosges saônoises**, où l'on visite la maison du paysan mineur, un moulin, une forge, un pressoir du 17e s., une scierie, différents

métiers de la forêt, une ancienne salle de classe… *03 84 20 43 09 - avr.-sept. : 9h30-12h, 14h-18h, sam. et dim. 9h30-12h ; oct.-mars : 14h-17h, sam. et dim. 14h-17h - fermé mar., vac. de Noël, 1er Mai, 1er et 11 Nov. - 4 € (16-18 ans 2 €). Revenez au col des Croix. Prenez à gauche la D 16, ancienne route stratégique qui s'élève en corniche, offrant de jolies vues sur la vallée de l'Ognon avant de sinuer en forêt.*

★★ Panorama du Ballon de Servance

Laissez la voiture au départ de la route militaire (interdite) du fort de Servance et prenez, à droite, le sentier jalonné qui conduit (15mn à pied AR) au sommet du Ballon (alt. 1 216 m).

On découvre un magnifique panorama : à l'ouest, sur la vallée de l'Ognon, le plateau glaciaire d'Esmoulières, semé d'étangs, et le plateau de Langres ; au nord-ouest, les monts Faucilles ; plus à droite, la vallée de la Moselle ; au nord-est, du Hohneck au Gresson en passant par le Grand Ballon, très lointain, se silhouette la chaîne des Vosges ; à l'est s'arrondit la croupe, toute proche, du Ballon d'Alsace ; au sud-est et au sud, vue sur les contreforts vosgiens.

VALLÉE DES CHARBONNIERS

Pour visualiser cet itinéraire ③, reportez-vous au plan p. 310 - 12 km au départ de St-Maurice-sur-Moselle – environ 30mn.

St-Maurice-sur-Moselle *(voir plus haut)*
À l'est de St-Maurice-sur-Moselle, prenez la route qui longe le ruisseau des Charbonniers.

Les habitants de cette vallée descendraient d'une colonie suédoise et allemande embauchée au 18e s. par les ducs de Lorraine pour l'exploitation de la forêt et le charbonnage.

Au village des Charbonniers, tournez à gauche vers la Tête du Rouge Gazon. Vues en direction du Ballon de Servance.

AUX SOURCES DE LA MOSELLE

Pour visualiser cet itinéraire ④, reportez-vous au plan p. 310 - 25 km au départ du Thillot – environ 1h30.

Le Thillot
Cette localité active à proximité des Hautes-Vosges a su depuis longtemps trouver les ressources nécessaires à sa reconversion. Ses anciennes mines de cuivre lui permettent aujourd'hui d'exploiter le filon touristique…

Les mines de cuivre des ducs de Lorraine – *03 29 25 03 33 - http://hautes. mynes.free.fr - possibilité de visite guidée - avr.-sept. : 10h-19h ; vac. scol. d'oct. à mars tlj 13h-19h ; reste de l'année : merc., w.-end et j. fériés 13h-19h - fermé 1er janv., 25 déc. - 7 € (6-17 ans 4 €) - prévoir de bonnes chaussures.*

Vous remonterez le temps en descendant aux fins fonds des galeries… du 16e s. jusqu'au 18e s., où puits et pompes d'autrefois dévoilent leurs atours. La descente dans les mines serait incomplète sans un passage à la **Maison des Hautes-Mynes**.

St-Maurice-sur-Moselle *(voir plus haut)*

Bussang
Joli site dans la vallée de la Moselle naissante, villégiature estivale, c'est aussi un centre de sports d'hiver. Le **Théâtre du Peuple**, fondé en 1895 par Maurice Pottecher, propose chaque année une programmation très

diversifiée, interprétée en majorité par des acteurs amateurs : pièces folkloriques écrites par son fondateur, mais aussi œuvres de Shakespeare, Molière, Labiche, Beaumarchais, Goldoni, etc. Classé Monument historique, ce grand vaisseau de bois, dont le fond de scène s'ouvre sur la forêt, rend les acteurs très proches du public. *℘ 03 29 61 50 48 - www.theatredupeuple.com - de mi-juil. à fin août.*

★★ Petit Drumont

◗◖ 15mn à pied AR. La route forestière d'accès s'embranche sur la D 89 à proximité du col de Bussang et à 100 m à peine de la source de la Moselle. Prudence recommandée. Quittez la voiture près de l'auberge et prenez le sentier qui s'élève à travers les chaumes. Table d'orientation au sommet (1 200 m). Le **panorama★★** s'étend du Hohneck au Ballon d'Alsace.

Col de Bussang

Alt. 727 m. Au col se trouve le monument de la source de la Moselle. Le petit ruisseau encombré de mousses deviendra grand et arrosera bientôt Épinal, Metz, Trèves. Mais, ici, il se grossit du superflu des sources minérales de Bussang. Le torrent ne devient rivière qu'aux environs de Rupt-sur-Moselle. Son cours assagi décrit de beaux méandres entre des collines boisées, puis coule tranquillement vers Remiremont et Épinal.

😊 NOS ADRESSES DANS LE PARC DES BALLONS

♿ Voir aussi nos adresses sur la route des Crêtes.

HÉBERGEMENT ET RESTAURATION

Location de gîtes

Au cœur des Ballons des Vosges, on trouve un grand choix de gîtes Panda agréés par les Gîtes de France (www.gites-panda.fr). Ces hébergements sont contrôlés et classés par le WWF. Ils répondent à des critères précis de préservation de la nature et sont très souvent situés à proximité des circuits de randonnée. Chaque gîte Panda dispose d'une malle de découverte contenant les informations nécessaires à l'exploration des environs. Voici quelques adresses : *La Gasse à Lapoutroie (℘ 03 89 47 55 27 - www.lapoutroie.net), La Petite Pierre à La Petite-Pierre (℘ 03 88 70 43 60), Les Hirondelles à La Chapelle (℘ 03 89 47 22 71), Spaltersgut à Breitenbach (℘ 03 89 77 40 33).*

PREMIER PRIX

Camping Lac de la Moselotte – *88290 Saulxures-sur-Moselotte - ℘ 03 29 24 56 56 - www.ville-saulxures-mtte.fr - réserv. conseillée - 75 empl. 20 €.* Ce camping aménagé au bord du lac, à côté de la base de loisirs, propose trois solutions d'hébergement : un terrain herbeux doté d'un bloc sanitaire impeccable, des chalets tout confort avec accès direct au plan d'eau et un ensemble de petites huttes en bois.

Grand Hôtel du Sommet – *Au sommet du Ballon d'Alsace - 90200 Lepuix-Gy - ℘ 03 84 29 30 60 - www.hotelrestaurantdusommet.com - fermé lun. sf vac. scol. - 🅿 - 25 ch. 45 € - ⌷ 6,50 € - rest. 15/28 €.* Se réveiller sur les hauteurs… au grand air, entouré de prairies et de vaches, avec vue sur la vallée de Belfort, voire, par beau temps, sur les Alpes suisses. Repos assuré dans ces chambres simples mais confortables. Restauration classique.

Chambre d'hôte La Villa du Lac – *2 rte du Ballon - 68290 Sewen - ☎ 03 89 82 98 38 - www.villa-du-lac-alsace.com - fermé janv. -✉ - 5 ch. 55/60 € ☕ - repas 24 €.* Cette villa de style 1930, sise au pied du Ballon d'Alsace et face au lac de Sewen, constitue un point de départ idéal pour les randonnées. Au retour, vous dégusterez un bon petit plat alsacien (produits fermiers et bio) avant de vous reposer dans l'une des chambres avec vue sur le plan d'eau ou la forêt. Copieux petits-déjeuners maison.

BUDGET MOYEN

Hôtel Le Rouge Gazon – *88560 St-Maurice-sur-Moselle - ☎ 03 29 25 12 80 - www.rouge-gazon. fr - fermé en nov. et 2 sem. en mars - 🅿 - 39 ch. 59/73 € - ☕ 8,50 € - rest. 20/22,50 €.* Ce vaste établissement familial perché à 1 260 m d'altitude, dans un site classé, comprend un hôtel et un restaurant travaillant à partir de produits locaux dont ceux de la ferme voisine. Parcours de randonnées en été, qui se transforme en piste de ski quand revient l'hiver.

Hôtel de la Poste – *Au village - 68650 Le Bonhomme - ☎ 03 89 47 51 10 - www.hotel-la-poste.com - fermé 2 sem. en nov. et 22-26 déc. - 31 ch. 59/81 € - ☕ 8,50 € - rest.*

11,50/46 €. Imposante bâtisse régionale bordant un axe animé. Les chambres, sobres et fonctionnelles, sont plus calmes côté jardin. Sympathique petit bar alsacien. Lambris, mobilier rustique et cuivres donnent du cachet au restaurant tourné vers le ruisseau et la colline.

ACTIVITÉS

Randonnées – Suivez les sentiers de découverte ou l'un des nombreux circuits historiques balisés. Un petit guide payant (Maison du Parc) donne plus d'informations pour certains d'entre eux. Un calendrier des animations (été ou hiver) est diffusé par le Parc ; il présente différentes sorties organisées par les associations locales, les expositions dans les musées ainsi qu'un agenda de manifestations et de rendez-vous culturels.

École de ski – *Chalet de l'ESF à la Gentiane - 90300 Valdoie - ☎ 03 84 29 06 65 - 15 déc.-15 avr. : 9h-18h.* Le Ballon d'Alsace offre pendant l'hiver une gamme de sports de glisse tout à fait respectable. Fier de ses 12 pistes de ski alpin, il reste avant tout un site de ski de fond : 8 pistes, 50 km.

Autres activités – Parapente, escalade, VTT.

Vallée de la Thur

★

Haut-Rhin (68)

 NOS ADRESSES PAGE 321

S'INFORMER
Office du tourisme de St-Amarin – *81 r. Charles-de-Gaulle - 68550 St-Amarin - ℘ 03 89 82 13 90 - www.ot-saint-amarin.com - juil.-août : 9h-12, 14h-18h, sam. 10h-12h, 15h-18h, dim. 10h-12h ; reste l'année : tlj sf dim. 9h-12h, 14h-17h (avr.-juin et sept. 18h), sam. 10h-12h.*

SE REPÉRER
Plan de régionB3/B4 (p. 306) – carte Michelin Départements 315 F/H 8/10. Sous le Grand Ballon, les premières vallées sont parallèles à la route des Crêtes. Accès par Thann, à 22 km à l'ouest de Mulhouse, par la N 86-E 512.

À NE PAS MANQUER
Le parc de Wesserling et son Écomusée textile, le circuit de la haute vallée de la Thur pour sa nature et ses panoramas.

AVEC LES ENFANTS
La ferme du parc de Wesserling, le parc d'Arbre en Arbre à Kruth.

La vallée de la Thur a beau être industrielle, elle a su préserver une partie de ses richesses naturelles. Ses villages, dominés par quelques-uns des plus hauts sommets des Vosges, sont charmants. La vallée supérieure et le vallon d'Urbès, aux versants boisés et couverts de pâturages, abritent une faune et une flore très riches et variées. Quantité d'oiseaux nicheurs et migrateurs les ont choisis ; les randonneurs y trouveront eux aussi le plaisir et l'oxygène qu'ils recherchent.

Itinéraires conseillés

LA VALLÉE INDUSTRIELLE

12 km au départ de Thann – environ 30mn – carte p. 306 ou p. 310.
Sortez de Thann à l'ouest, par la N 66.
La vallée est fréquentée dès l'époque romaine. Puis, à partir du début du 13e s., après l'ouverture des cols du St-Gothard et du Simplon, elle devient un axe de circulation entre l'Italie et les Pays-Bas.
La vallée de la Thur se resserre, puis s'élargit. Malgré leurs usines, les villages riverains sont charmants, de même que la campagne environnante avec ses prés, ses vergers, ses vallons, ses ruisseaux et ses cascades.

Willer-sur-Thur

Willer revendique l'honneur d'être le lieu de naissance de Catherine Hubscher, la future maréchale Lefebvre, passée à la postérité sous le surnom de « Madame Sans-Gêne » *(voir Rouffach).*

Moosch

Ils sont morts pour que vive la France. Dans un grand cimetière militaire adossé au versant est de la vallée reposent près de 1 000 soldats français fauchés en 1914-1918.

St-Amarin

Cette localité a donné son nom à la vallée entre Moosch et Wildenstein. Le **musée Serret et de la Vallée de St-Amarin** rassemble des souvenirs locaux : gravures et vues anciennes de la région, coiffes alsaciennes, armes, ferronneries, emblèmes de confréries. *7 r. Clemenceau - ℘ 03 89 38 24 66 - mai-sept. : tlj sf mar. 14h-18h - 3,20 € (-16 ans 0,80 €), Journées du patrimoine gratuit.*

> **DE GRANDS INDUSTRIELS**
> Ici, l'histoire n'a pas retenu des noms de guerriers, de souverains ou de religieux, mais ceux de Jérémie Risler, des Kœchlin, des Kestner, des Stehelin, tous « capitaines » d'industrie, fondateurs d'usines métallurgiques, textiles ou chimiques.

Ranspach

Dans le haut du village, au-delà d'une usine, départ d'un sentier botanique *(⬤ 2,5 km)* signalé par une feuille de houx. Cette promenade facile et agréable est jalonnée par des panneaux sur lesquels figurent les caractéristiques des arbres et arbustes rencontrés.

Parc de Wesserling - Écomusée textile★

À Husseren-Wesserling. ℘ 03 89 38 28 08 - www.parc-wesserling.fr - ♿ - 15 juin-5 oct. : tlj 10h-18h ; 1ᵉʳ avr.-15 juin : mar.-dim. et j. fériés : 10h-12h, 14h-18h ; 6 oct.-31 mars : mar.-dim. 10h-12h, 14h-17h. Fermé 11 Nov. - 6 €, 7,50 € musée et parc pdt les festivités (-10 ans gratuit).

L'ancienne manufacture royale de tissus imprimés a été entièrement réhabilitée en un ensemble muséographique très complet comprenant un Écomusée textile, quatre jardins, une ferme et un sentier patrimonial. Des artisans se sont installés dans la vallée et autour des anciens bâtiments entièrement rénovés.

L'Écomusée textile présente l'histoire du site, ses différents propriétaires ainsi que l'histoire du coton et de l'indiennage. Les métiers de l'industrie textile sont illustrés par des démonstrations : filage, tissage, impression à la planche et numérique *(démonstrations tous les dim., tlj. pdt les vac. scolaires et lors du festival des jardins métissés).*

Le parc compte quatre jardins : le jardin régulier dit « à la française », les terrasses méditerranéennes, le jardin ou parc à l'anglaise et le jardin potager. Malgré de nombreuses transformations depuis le 17ᵉ s., leur tracé actuel respecte en partie celui d'origine.

Ces jardins aux essences rares sont en été le théâtre du Festival des jardins métissés. Des artistes créent des jardins éphémères sur un thème imposé, en rapport avec le site. À Noël, à la tombée de la nuit, l'histoire des jardins est mise en scène dans un spectacle à l'occasion de l'opération « Noël aux jardin ».

👫 La ferme fait le bonheur des petits. Elle accueille des animaux qui étaient au service de l'industrie textile (chevaux, ânes, vaches, moutons et chèvres).

La découverte du site se poursuit en empruntant le sentier patrimonial (accès libre) doté de panneaux explicatifs.

★ LA HAUTE VALLÉE

Pour visualiser cet itinéraire, reportez-vous au plan p. 310 - 46 km au départ d'Husseren-Wesserling – environ 2h.

La haute vallée de la Thur est curieusement bosselée de buttes granitiques. Ce sont des îlots que l'action destructrice des anciens glaciers a respectés. Trois de ces buttes dominent **Oderen**. En amont, on peut apercevoir une autre butte, boisée, le Schlossberg, qui porte les ruines du **château de Wildenstein.**

À l'entrée d'Oderen, en venant de Fellering, belle vue sur les escarpements pittoresques des bois de Fellering.

À Kruth, prenez à gauche la D 13[81].

★ Cascade St-Nicolas

On peut accéder à la cascade à pied depuis Kruth, par un sentier.

La cascade, composée de multiples et charmantes cascatelles, tombe au fond d'un joli vallon très encaissé dont les versants sont couverts de sapins.

Revenez à Kruth.

Entre Kruth et Wildenstein, la route passe à droite du Schlossberg dans un défilé que, sans doute, la Thur emprunta autrefois.

Une autre route longe, par l'autre versant, le Schlossberg et le **barrage de Kruth-Wildenstein**, digue en terre et d'argile étanche, un des maîtres ouvrages de l'aménagement hydraulique de la vallée de la Thur.

À Wildenstein commence une superbe montée vers le col de Bramont caractérisée d'abord par une très belle vue en enfilade sur la vallée de la Thur, puis par un magnifique parcours en forêt.

Cette route n'est utilisable que dans le sens Wildenstein-Kruth et elle est fermée en hiver. Si tel est le cas, rejoignez Kurth par la D 13 bis, puis prenez la D 43[C] pour atteindre le Grand Ventron.

Col de Bramont

Alt. 956 m. Il est situé sur la crête principale des Vosges.

★★ Grand Ventron

La route d'accès s'embranche au col de Bramont. Prenez à gauche la route forestière (8 km) passant par le col de la Vierge et aboutissant à la chaume du Grand Ventron.

Du sommet (1 204 m), le **panorama★★** est très étendu sur les Vosges et la vallée de la Thur.

LE VALLON D'URBÈS

Pour visualiser cet itinéraire, reportez-vous au plan p. 310 - 11 km au départ d'Husseren-Wesserling – environ 30mn.

La route traverse la vallée de la Thur, puis s'engage dans le vallon d'Urbès barré par une moraine.

See d'Urbès

Parking sur le bord du lac, signalé par un grand panneau.

La dépression dans laquelle est installé le lac (ou *see*) d'Urbès doit son existence au glacier qui sculpta la vallée de la Thur à l'ère quaternaire. L'eau est retenue par une moraine frontale, dépôt rocheux accumulé par le glacier. Depuis la disparition de celui-ci, une végétation de tourbière (sphaignes, laîches, etc.) a colonisé ce lieu, le comblant progressivement.

🗨️ Un sentier balisé *(1h30)*, complété par des panneaux présentant la flore, la faune et les activités traditionnelles propres à ce milieu particulier, facilite la découverte du lac d'Urbès.

Une montée douce, avec de jolies vues sur la vallée de la Thur et les crêtes qui la dominent, amène au col de Bussang.

😊 NOS ADRESSES DANS LA VALLÉE DE LA THUR

HÉBERGEMENT ET RESTAURATION

BUDGET MOYEN

Auberge de France – *20 Grand'Rue - 68820 Kruth - ☎ 03 89 82 28 02 - www. aubergedefrance.fr - fermé 7-31 janv. et 15-30 juin., merc. soir et jeu. en saison, merc. et jeu. en hiver -* 🅿️ *- 16 ch. 59 € -* 🍽️ *8 € - rest. 16,50/39 €.* Dans la traversée de ce village de la haute vallée de la Thur, auberge bien tenue abritant des chambres assez confortables. Billard, boulodrome, accès internet. Vous passerez par le bar de l'hôtel pour atteindre la salle à manger rustique où l'on sert des plats traditionnels.

Auberge du Mehrbächel – *68550 St-Amarin - 4 km à l'est par rte du Mehrbächel - ☎ 03 89 82 60 68 - www.auberge-mehrbachel.com - fermé 25 oct.-6 nov. -* 🅿️ *- 23 ch. 58/75 € -* 🍽️ *10 € - rest. 14/38 €.* Ambiance « refuge » et confort actuel pour cette ancienne ferme tenue par la même famille depuis 1886 et bénéficiant d'une situation privilégiée sur le passage d'un GR. Le restaurant propose quelques spécialités alsaciennes à partager avec les randonneurs.

Domaine des Fines Fleurs du Terroir – *R. Rhin-et-Danube - 68820 Wildenstein - ☎ 03 89 82 20 20 - www. domaine-fines-fleurs.eu - fermé merc. -* ♿ *-* 🅿️ *- 9 ch. 45 € - menu 13 € (déj.)25/30/48 €.* Cet hôtel qui partage les lieux avec une ferme avicole ménage une superbe vue sur la vallée de la Thur. Les chambres, magnifiquement décorées, disposent de tout le confort actuel et le restaurant fonctionne selon le principe d'une ferme-auberge : la majorité des produits proviennent de l'exploitation voisine. Un jardin d'aromates est présenté l'été pour la découverte des herbes culinaires. Location d'un chalet pour 7 pers. à la semaine.

ACTIVITÉS

👥 **D'Arbre en Arbre** – *68820 Kruth - ☎ 03 89 82 25 17 - www. arbreenarbrekruth.com - Avr.-juin et sept.-nov. : merc., sam.-dim. 13h30-18h ; juil.-août 9h30-20h ; j. fériés 13h30-20h - fermé déb. nov. - 20 € 4h dans le parc - (- 16 ans 16 € : 4h dans le parc).* Retrouvez votre instinct d'aventurier en empruntant l'un de ces parcours de difficulté croissante tracés au milieu des arbres et qui vont de la simple découverte au grand frisson du circuit « No Limit ». La grande tyrolienne survole le lac (300 m. de long). Si le courage vous manque, vous pourrez toujours vous rabattre sur les pédalos ou les kayaks.

AGENDA

Feux de la St-Jean – La vallée de St-Amarin s'illumine chaque année à l'occasion de la veillée de la St-Jean (samedi suivant le 20 juin) de nombreux feux de joie et feux d'artifice ; animation musicale - ☎ 03 89 82 13 90 - www. ot-saint-amarin.com

Gérardmer

8 776 Géromois – Vosges (88)

NOS ADRESSES PAGE 327

S'INFORMER

Office du tourisme de Gérardmer – *4 pl. des Déportés - 88400 Gérardmer - ℘ 03 29 27 27 27 - www.gerardmer.net - juil.-août : 9h-19h, dim. et j. fériés 10h-13h ; reste de l'année : 9h-12h, 14h-18h30, dim. et j. fériés 10h-13h - fermé 1er janv., 25 déc.*

Office du tourisme de La Bresse – *2A r. des Proyes - 88250 La Bressse - ℘ 03 29 25 41 29 - www.labresse.fr - vac. scol. : 9h-12h, 14h-18h30, dim. et j. fériés 9h30-12h30 ; hors vac. scol. : tlj sf dim. 9h-12h, 14h-18h - fermé 11 Nov.*

SE REPÉRER

Plan de région B2 (p. 306) – Carte Michelin Départements 314 J4. À 53 km à l'ouest de Colmar, Gérardmer se situe du côté lorrain du massif des Vosges.

À NE PAS MANQUER

Le tour du lac de Gérardmer, une randonnée dans les vallées avoisinantes pour contempler les chutes du saut des Cuves ou celles de Tendon, ou bien encore la coulée morainique de Granges-sur-Vologne.

ORGANISER SON TEMPS

Lieu de séjour, Gérardmer est aussi le point de départ de circuits que vous pourrez parcourir en 2 ou 3h.

AVEC LES ENFANTS

Les loisirs ne manquent pas aux abords du lac : sports nautiques, ski, parcs d'aventures. Et pour tout savoir sur les animaux de la région, rendez-vous au musée Faune Lorraine.

En 1875, l'office du tourisme de Gérardmer a été le premier à voir le jour en France, preuve s'il en fallait de la vocation d'hospitalité de cette station de sports d'hiver, reconvertie l'été en station climatique autour de son très beau lac. Même Charlemagne aurait, paraît-il, apprécié son charme et serait venu y séjourner… Dans un tout autre registre, la ville peut également s'enorgueillir d'avoir enlevé à Avoriaz l'organisation, chaque année, du Festival du film fantastique.

Séjourner

LES LACS

★ Lac de Gérardmer

C'est le plus grand lac des Vosges. Sa longueur est de 2,2 km, et sa largeur de 750 m. Il est assez profond (38 m), on peut y pratiquer la pêche et, bien sûr, s'y baigner ou faire de l'aviron, du canoë-kayak, de la voile… Le **tour du lac★**

Vitrine créée pour le Festival du film fantastique de Gérardmer.
Ludotech Création

peut être effectué à pied ou en voiture *(6,5 km)*. Il offre de belles vues variées, selon que l'on se trouve plus ou moins près de la rive. Essayez les vedettes, canots électriques, barques, pédalos…

Plusieurs sociétés proposent des tours du lac commentés en vedette - de mi-avr. à fin oct. : 9h-19h - 5 € (enf. 2,70 €).

★ Lac de Longemer

5 km à l'est par D 417 et D 67.
Autour de ce lac, long de 2 km, large de 550 m, profond de 30 m, on trouve des espaces verts, une plage et des campings.

★ Lac de Retournemer

12 km à l'est par D 417 et D 67.
Alimenté par les cascades de la Vologne, ce petit lac privé est remarquable par la pureté et le bleu profond de ses eaux qui reposent au creux d'une conque.

LES STATIONS DE SKI

Gérardmer-La Mauselaine

℘ 03 29 60 04 05 - www.ski-gerardmer.com - navettes gratuites en hiver au départ des principales places du centre-ville : tlj pendant les vac. scol. ; w.-end hors vac. scol. Un vaste parking est à disposition au pied des pistes.

Quarante km de pistes de ski dont la plus longue des Vosges (4 km) sont balisées sur les hauteurs de Gérardmer. De tous niveaux, certaines sont équipées de canons à neige, d'autres peuvent ouvrir en nocturne jusqu'à 22h.

Le premier espace nordique du massif des Vosges, le domaine des Bas-Rupts, n'est qu'à 2,5 km du centre-ville de Gérardmer. Les 100 km de pistes tracées forment des circuits de tous niveaux sur les communes de Gérardmer, La Bresse et Xonrupt, et s'enfoncent à travers la forêt. Entre 800 et 1 100 m d'altitude, les pistes de fond sont complétées par des itinéraires à emprunter en raquettes.

La Bresse-Hohneck

C'est le plus grand domaine skiable vosgien, équipé de 282 canons à neige, avec 37 pistes sur 3 sites principaux, autour du Hohneck en descendant sur La Bresse, près du lac de Retournemer et aux environs du col de la Schlucht. La Bresse est ainsi passée de la taille d'une station familiale à celle d'une véritable station sportive.

Itinéraires conseillés

★ VALLÉE DE LA MEURTHE ET DE LA PETITE MEURTHE

◖ *Pour visualiser ce circuit* ①*, reportez-vous au plan ci-contre –*
55 km – environ 2h. Quittez Gérardmer par la D 417.

★ Saut des Cuves

🚶 *Laissez la voiture à proximité de l'hôtel-restaurant du Pont des Fées. Prenez à droite, en amont du pont, le sentier qui mène à la Vologne, que franchissent deux passerelles permettant de faire un petit circuit.*

Le torrent tombe en cascade parmi de gros blocs de granit. La plus importante des chutes se nomme le saut des Cuves.

Musée Faune Lorraine

Sur la D 417 à 500 m du carrefour du Saut-des-Cuves. 653 rte de Colmar - 88400 Xonrupt-Longemer - ☎ 03 29 63 39 50 - juil.-août et vac. scol. d'hiver : 10h-12h, 14h-18h30 ; reste de l'année : tlj sf sam. (sf vac. scol.) 14h-18h - fermé 25 déc. - 5,50 € (4-14 ans 4 €).

👥 Un esprit naturaliste règne ici. Fondée par un taxidermiste, cette exposition présente plusieurs facettes de la nature vosgienne : beaux dioramas, véritables mises en scène dignes d'un « musée Grévin » animalier et quatre aquariums qui plongent le visiteur dans le monde subaquatique des eaux douces des torrents et lacs environnants.

Après 1 km, prenez à gauche la D 23.

Après un parcours en forêt, on atteint près du Valtin la **haute vallée de la Meurthe★**, dont les versants sont couverts de pâturages et de sous-bois. En aval de Rudlin, la vallée s'étrangle et la Meurthe, rapide et claire, vient alimenter plusieurs scieries.

À Plainfaing, prenez à gauche la D 415, puis la D 73 encore à gauche.

Le retour s'effectue par la **vallée de la Petite Meurthe**, qui, large et cultivée, se resserre. La route pénètre dans le défilé de Straiture aux parois couvertes de sapins.

Glacière de Straiture

🚶 *À 0,7 km au-delà d'une petite route à droite, un sentier franchit la rivière et permet d'atteindre la glacière.* C'est un amas de rocs entre lesquels se conservait la neige transformée en glace.

À l'extrémité du défilé, la route franchit la Petite Meurthe et rejoint le col de Surceneux, d'où l'on regagne Gérardmer.

★★★ LA BRESSE, LE HOHNECK ET LA SCHLUCHT

◖ *Pour visualiser ce circuit* ②*, reportez-vous au plan ci-contre – 54 km – environ 2h30. Quittez Gérardmer par la D 486.*

La Bresse

La fondation de ce gros bourg remonte au 7e s. Très tôt, ses habitants furent régis par un droit coutumier propre, si bien que la ville demeura jusqu'en 1790 une petite république presque autonome vivant des fromages et du tissage. À peu près détruite durant l'automne 1944, La Bresse a été reconstruite à neuf. Son habitat typique de la montagne vosgienne est dispersé dans la vallée. L'**église St-Laurent**, du 18ᵉ s., possède un chœur gothique éclairé de **vitraux** modernes en verre éclaté. Quatre verrières racontent les destructions de La Bresse par les troupes allemandes en repli.

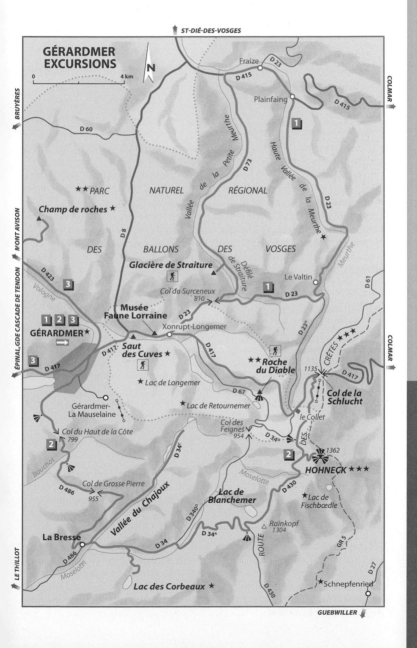

Musée du Textile

Par D 43 à 1,5 km de Ventron en direction du col d'Oderen. ✆ 03 29 24 23 06 - http://museetextile.online.fr - avr.-sept. et vac. scol. : 10h-12h, 14h-18h ; oct.-mars : 14h-18h - fermé de mi-nov. à mi-déc. - 4 € (-10 ans gratuit).

Ce musée retrace l'histoire d'un des plus importants pans de l'industrie vosgienne, qui a pris son essor grâce à l'esprit d'entreprise de paysans audacieux. Vous connaîtrez tout de la fabrication traditionnelle des toiles de lin à la filature industrielle du coton. Évolution des métiers à tisser du 18e s. à nos jours, démonstrations, etc.

Vallée du Chajoux

Au nord-est de La Bresse, elle longe un torrent à truites au pied de versants boisés. Chutes et retenues d'eau.

★ Lac des Corbeaux

À hauteur de l'hôtel du Lac, vous verrez à droite une route bordée de très beaux arbres ; elle conduit au lac.

Sa situation est particulière, au milieu d'un cirque abrupt couvert d'épaisses forêts. 🚶 Un sentier permet d'en faire le tour (30mn à pied). Pêche autorisée.

Après La Bresse, on remonte le cours de la Moselotte que l'on franchit, laissant à gauche la D 34D vers le col des Feignes. 2 km plus loin, laissez la route de Bramont et empruntez la D 34A, sinueuse, appelée « route des Américains ».

On atteint alors les pâturages et on découvre une belle vue à droite sur la haute vallée de la Thur, Wildenstein et le barrage de Kruth-Wildenstein.

Prenez à gauche la route des Crêtes (D 430) qui contourne le Rainkopf.

À gauche, en contrebas, le **lac de Blanchemer** est ntouré de prairies. Puis on atteint les chaumes du Hohneck.

★★★ Le Hohneck *(voir Route des Crêtes)*

Peu après, au loin à gauche, apparaît le lac de Longemer dans la vallée de la Vologne. La **vue★** devient superbe sur ce lac et celui de Retournemer.

Col de la Schlucht *(voir Route des Crêtes)*

★★ Roche du Diable

🚶 *15mn à pied AR. Laissez la voiture près du tunnel et prenez un sentier très raide par lequel on arrive aussitôt au belvédère.*

On a une large **vue★★** sur la vallée de la Vologne, les prairies qui la tapissent, les lacs de Retournemer et Longemer et les versants alentour.

★ Saut des Cuves *(voir plus haut)*

VALLÉES DU TENDON ET DE LA VOLOGNE

▶ *Pour visualiser ce circuit ③, reportez-vous au plan p. 306 – 61 km – environ 2h. Quittez Gérardmer par la D 417. À l'entrée du Tholy, prenez à droite la D 11. Parcourez 5 km 200 m avant l'hôtel Grande Cascade, prenez la route qui descend à gauche. Elle conduit à la cascade (800 m).*

★ Grande Cascade de Tendon

Près du col de Bonne Fontaine, cette double chute dévale joliment en plusieurs paliers successifs, à travers les sapins de la forêt de Fossard.

Devant Faucompierre, tournez à droite et, par la D 30 et la D 44, gagnez Bruyères ; en prenant la route de Belmont à gauche du cimetière, on arrive au pied du mont Avison. Laissez la voiture.

Tour-belvédère du mont Avison

45mn AR à pied. Élevée sur le sommet (601 m) d'une des collines entourant **Bruyères**, cette tour de 15 m de haut (affublée d'un pylône peu esthétique) domine le carrefour des vallées où la ville a pris place. **Panorama★** depuis la table d'orientation *(82 marches)* jusqu'aux sommets vosgiens de la Tête des Cuveaux, du Hohneck, du Donon. Remarquez au passage les maisons bourgeoises en grès jaune et rose.

Champ-le-Duc

La vieille **église** (12ᵉ s.) en grès rouge a survécu au raid des Suédois en 1635. La nef avec son alternance de piles fortes et faibles, la voûte avec ses boudins épais et l'abside en cul-de-four percée de trois petites fenêtres sont typiques de l'art roman primitif rhénan. Un chapiteau sculpté à la croisée du transept représente deux cavaliers affrontés (la tradition populaire y voit une entrevue entre Charlemagne et son fils Charles).

Le village fut incendié par les Allemands en 1944, beaucoup d'hommes furent déportés. C'est à la hâte que le village fut reconstruit à la fin de la guerre.

★ Champ de roches de Granges-sur-Vologne

Dans Granges-sur-Vologne, bourg industriel lié au textile, prenez la D 31 à gauche. À Barbey-Seroux, empruntez la route forestière à droite (à la deuxième intersection) et traversez la forêt de Vologne. À 2,4 km, à une bifurcation près de laquelle se trouve une maison, prenez à gauche et laissez la voiture à environ 150 m.

Cette extraordinaire coulée morainique, longue d'environ 500 m, scinde la forêt en ligne droite comme un fleuve de pierre figée. La surface de cet amoncellement est constituée de blocs serrés les uns contre les autres.

Revenez à Barbey-Seroux et à Granges, puis, par la D 423, rejoignez Gérardmer.

⊛ NOS ADRESSES À GÉRARDMER

VISITE

Usine textile – *Usine Garnier-Thiébaut :* visite guidée (45mn) sur demande, toute l'année (sf août) - fermé j. fériés - gratuit - ℘ 03 29 60 30 59.

HÉBERGEMENT

PREMIER PRIX

Camping municipal Le Haut des Bluches – *5 rte des Planches - 88520 La Bresse,* 3,2 km à l'E par D 34, rte du Col-de-la-Schlucht et à dr. chemin des Planches, bord de la Moselotte - ℘ 03 29 25 64 80 - www.domainehautdesbluches. labresse.fr - ouv. de mi-déc. à déb. nov. - ♿ - réserv. conseillée - 150 empl. 17,20 €. Outre la relative proximité des différentes activités proposées dans la région, ce camping bénéficie d'un bel aménagement en paliers de rochers et de verdure. L'hiver, on séjournera plus volontiers dans l'une des confortables chambres du chalet, au contact des pistes de ski.

BUDGET MOYEN

Hôtel Viry-L'Aubergade – *Pl. des Déportés -* ℘ 03 29 63 02 41 - www.hotelviry.com - 🅿 - 17 ch. 60/68 € - ⊆ 10 €. Des fresques de style tyrolien agrémentent la façade et les chambres, sobres et bien tenues (6 d'entre elles ont été rénovées), de cet hôtel familial agrémenté de balcons au 1er étage. Plaisant petit salon-cheminée. Le restaurant et sa chaleureuse ambiance campagnarde évoquent l'Autriche. Recettes traditionnelles et saveurs du terroir.

Chambre d'hôte « Au Pied des Chaumes » – *6 rte du Frère-Joseph - 88310 Ventron - ℰ 03 29 24 46 03 - www.couette.com -* 🅿 *- ⟱ - 5 ch. 65 € ⟱ - repas 18 €.* Calme et détente vous attendent dans cette grande bâtisse de style vosgien abritant cinq chambres agréablement décorées et équipées de WC et salle de bains. Petits-déjeuners assortis de confitures et pâtisseries maison, et possibilité de table d'hôte (cuisine traditionnelle et du terroir). Accueil convivial.

Auberge du Haut Jardin – *88640 Rehaupal - ℰ 03 29 66 37 06 - www.hautjardin.com - fermé 10 j. janv., et 10 j. mars -* 🕭 *-* 🅿 *- 8 ch. 100/118 € à deux en demi-pension - rest. 17,30/35 €.* Charmante petite auberge imprégnée du calme des alentours. Vous serez ravi, après une belle balade, de passer à table pour y faire le plein de saveurs locales. Côté hébergement, on pourrait s'imaginer séjourner en maison d'hôte tant les lieux ont du caractère… Seulement huit chambres, alors sachez garder le secret.

POUR SE FAIRE PLAISIR

Les Vallées – *31 r. P.-Claudel - 88520 La Bresse - ℰ 03 29 25 41 39 - www.labellemontagne. com - 56 ch. 73/100 € - ⟱ 12 € - rest. 18/52 €.* Chambres fonctionnelles de taille variée, équipements complets pour séminaires et installations de loisirs : cet imposant complexe hôtelier est fréquenté hiver comme été. Haute charpente en bois blond, grandes baies vitrées et plats régionaux au restaurant.

RESTAURATION

PREMIER PRIX

La Chaume – *23C bd Kelsch - ℰ 03 29 63 27 55 - lachaume2@ wanadoo.fr - fermé dim. soir et lun. sf vac. scol. et j. fériés - 13/16 €.* Cette petite adresse dispose de nombreux atouts qui en font un lieu très prisé : cadre rustique à souhait, cuisine inventive (millefeuille de canard et lentilles au raifort, filet mignon pané au miel de sapin, etc.), agréable service assuré par la patronne et prix tout doux. Pensez à réserver

BUDGET MOYEN

Le Bistrot de la Perle – *32 r. Ch.-de-Gaulle - ℰ 03 29 60 86 24 - fermé 1 sem. en juil., 3 sem. en oct., 1 sem. en mars, mar. soir et merc. -* 🕭 *- formule déj. 10,80 € - 16,60/23,50 €.* Cette perle de bistrot a conservé la jolie devanture « rétro » de la boucherie-charcuterie dans laquelle il s'est installé, mais l'intérieur, complètement réaménagé, s'avère actuel et chaleureux. Aux beaux jours s'y ajoute une agréable terrasse. Côté cuisine, la spécialité de la maison est la moule-frites escortée d'un vaste choix de petits plats « bistrotiers » à prix doux.

POUR SE FAIRE PLAISIR

Cap Sud – *144 rte de la Bresse - ℰ 03 29 63 06 83 - www.capsud-bellemaree.fr - Fermé lun. sauf j. fériés -* 🅿 *- formule déj. 16 € - 28/52 €.* Escale maritime au cœur des Vosges : hublots et décor « paquebot » en acajou côté salle, vue sur les montagnes côté véranda et cuisine du large d'inspiration méditerranéenne.

ACHATS

Marché – *Pl. du Vieux-Gérardmer - jeu. et sam. 8h-12h marché traditionnel. sam. juil.-août 8h-12h marché artisanal.* Ce rendez-vous bihebdomadaire des artisans et producteurs régionaux en fait l'un des marchés les plus populaires de la région.

Au pain de Mon Grand-Père – *1 r. François-Mitterrand, - ☎ 03 29 63 03 64 - mar.-sam. 5h30-19h30, dim. 6h-18h30.* Cette boulangerie perpétue le savoir-faire depuis quatre générations. Produits de qualité, pains façonnés à la main. Pour le petit-déjeuner, vous aurez l'embarras du choix car la maison propose une quarantaine de viennoiseries.

La Saboterie des Lacs – *25 bd de la Jamagne - ☎ 03 29 60 09 06 - tlj sf. dim., lun.au vend. 10h 12h -14h 17h30, juil.-août sam. inclus - fermé j fériés - visite gratuite.* Saboterie artisanale où vous assisterez à la fabrication complète d'une paire de sabots. Vous pourrez également en acheter sous de multiples formes, en frêne ou en érable : utilitaires, décoratifs, en porte-clés, etc.

Les Petits Crus Vosgiens – *10 chemin de la Scierie - Le Beillard - ☎ 03 29 63 11 70 - petitscrusvosgiensvillaume@wanadoo.fr - tlj sf lun. 10h30-12h30, 14h-19h - fermé 5 au 21 juin.- 4 au 20 sept.* Daniel Villaume, maître des lieux (en l'occurrence une ancienne scierie), vous fera découvrir les produits de sa fabrication et déguster ses boissons fermentées à base de groseilles, cassis, rhubarbe, fleurs de pissenlit et de sureau. Ces boissons de fruits ou de fleurs, très réputées dans les Vosges, se boivent en apéritif ou au dessert.

Linvosges – *6 pl. de la Gare - ☎ 03 29 60 11 00 - www.linvosges. com - tlj 10h-12h, 14h-19h, vac. scol. 10h-19h - fermé 1er mai-25 déc-1 janv.* Cette entreprise fondée en 1922 perpétue la tradition du beau linge vosgien pour le lit, la table, la cuisine ou la salle de bains. Vente des produits à prix d'usine.

Le Jacquard Français – *35 r. Charles-de-Gaulle - ☎ 03 29 60 82 50 - www.le-jacquard-francais.com - 10h-12h, 14h-19h - fermé 1er janv., 1er Mai et 25 déc.* Linge de table, de toilette et de plage.

M. Perrin - Production de laine mohair - Élevage de chèvres angoras – *9 imp. des Chaies-Gleys - ☎ 03 29 63 00 54 - visite de l'élevage : juin et sept. 16h30, juil.-août 17h30, durée 1h30 ; boutique, mai à sept. 10h-12h, 14h-19h30, reste de l'année se renseigner - 3 €.* Élevage de chèvres angoras. Vente de laine mohair, fils à tricoter, pulls, écharpes, couvertures, etc. Visite-diaporama commentée.

Société des producteurs du terroir vosgien – *5 pl. du Vieux-Gérardmer - ☎ 03 29 63 21 93 - hiver : 10h-12h, 14h30-18h30 - vac. scol. tlj.sf dim. apr.-midi - été 10h-12h, 15h-19h - fermé 11 Nov.-30nov.-1 sem. fin juin.* Cette association installée dans une belle bâtisse de 1789 réunit 20 producteurs du département des Vosges et commercialise plus de 200 produits : confiseries, miel de sapin, terrines lorraines, munster fermier, charcuteries, farine du moulin de Nomexy, confitures, vins, alcools divers, eaux-de-vie à la mirabelle…

Association des Artisans du Village de Liezey – *17 rte de Saucéfaing - 88400 Liézey - ☎ 03 29 63 16 50 - vac. scol. : 14h30-18h30 ; avr.-nov. : dim. 14h30-18h30 - fermé nov.-Pâques.* Dans cette ancienne ferme, plus de 50 artisans et producteurs régionaux exposent et vendent leurs produits : jouets en bois, émaux, broderies, dentelles, miel, confitures, confiseries, eaux-de-vie, crus vosgiens, artisanat de pierre, cuir, bois…

EN SOIRÉE

Les Rives du Lac – *1 av. de la Ville-de-Vichy -* 🕻 *03 29 63 04 29 - www.rivesdulac.com/ - 15 juin.-30 sept. 9h-22h, hors sais. 9h- 17h - fermé mi-nov-mi-déc.* C'est l'un des cafés les plus agréables de la ville, ce dont vous conviendrez aisément une fois installé à sa terrasse, bercé par le clapotis des vagues, face à l'onde bleutée du lac et aux montagnes environnantes. Soirées musicales en été.

Casino du Lac – *3 av. de la Ville-de-Vichy -* 🕻 *03 29 60 05 05 - lun.-vend. 13h-2h, sam.-dim. 13h-3h.*

Ce centre de loisirs comprend des machines à sous et des jeux traditionnels (boule, roulette, black jack), un cinéma-théâtre et un restaurant saisonnier dont la terrasse donne sur le lac.

AGENDA

Fête des Jonquilles – Une trentaine de chars pour lesquels des millions de fleurs sont nécessaires. Fanfares, majorettes et groupes folkloriques animent le cortège annonciateur du printemps. Le défilé est exceptionnel *(tous les deux ans, mi-avr.).*

Fantastic'Arts – Festival du film fantastique *(fin janv.),* 🕻 *03 29 60 98 21 - www.gerardmer-fantasticart.com*

Munster

5 041 Munstériens – Haut-Rhin (68)

😊 **NOS ADRESSES PAGE 334**

🛈 **S'INFORMER**

Office du tourisme de Munster – *1 r. du Couvent - 68140 Munster -* 🕻 *03 89 77 31 80 - www.la-vallee-de-munster.com - juil.-août : 9h30-12h30, 13h30-18h30 (sam. 18h), dim. et j. fériés 10h-12h ; reste de l'année : tlj sf dim. et j. fériés 9h30-12h30, 14h-18h, sam. 10h-12h, 14h-16h.*

▶ **SE REPÉRER**

Plan de région C3 (p. 306) – carte Michelin Départements 315 G8. Munster commande l'accès à la vallée de Munster, qui recouvre deux vallées du massif vosgien se rejoignant à Munster et filant ensuite vers la plaine. Seize communes implantées le long de la Petite et de la Grande Fecht, toutes deux verdoyantes (hêtraies), constituent cette entité traditionnelle parcourue notamment par la D 417.

⌖ **À NE PAS MANQUER**

Le Hohrodberg pour sa vue splendide, le Hohneck bien sûr, mais aussi le petit lac de Fischbœdle.

Des moines irlandais, venus au 7ᵉ s. pour achever l'évangélisation de l'Alsace, ont fondé une abbaye dans ce lieu sauvage – Munster signifie d'ailleurs « monastère ». Nichée entre les vignobles et la route des Crêtes, la ville permet, en hiver, d'accéder aux champs de neige et sert, en été, de point de départ de circuits pédestres vers les sommets arrondis des Hautes-Vosges, les versants parfois escarpés, les lacs, et surtout les prairies d'alpage : les hautes chaumes. Ces pelouses des sommets sont le repaire des marcaires, paysans détenteurs de la recette du très odorant fromage de Munster.

Se promener

La Grand'Rue est très animée avec ses jolies boutiques. Les dommages laissés par la Grande Guerre ne sont plus que des souvenirs. La très belle église protestante luthérienne a été construite dans les années 1867-1873, dans le style néoroman. Réintroduites dans la région au moyen d'un enclos, les cigognes sont de retour sur les toits de la ville.

En bordure de la place du Marché, l'aile subsistante de l'ancien palais abbatial est devenue le siège du **Parc naturel régional des Ballons des Vosges**. Une exposition permanente y présente les principales richesses et caractéristiques du Parc. *1 cour de l'abbaye - 68140 Munster - ℘ 03 89 77 90 20 - www.parc-ballons-vosges.fr - possibilité de visite guidée sur demande (2 j. av.) - de déb. juin à fin sept. :10h-12h, 14h-18h ; reste de l'année : tlj sf dim. et j. fériés 14h-18h - fermé 1ʳᵉ quinz. de janv. - gratuit.*

Itinéraires conseillés

★★ VALLÉE DE MUNSTER

◗ *Pour visualiser ce circuit ⑤, reportez-vous au plan p. 310 – 55 km – environ 3h. Quittez Munster au nord-ouest par la D 417, puis tournez à droite dans la D 5 bis en montée sinueuse.*

Hohrodberg

Le site de cette station estivale très ensoleillée est remarquable. **Vue★★** étendue sur Munster, sa vallée et, de gauche à droite, du Petit Ballon au Hohneck. Au cours de la montée, arrêtez-vous à l'aire de pique-nique et faites quelques pas sur la route, pour admirer les environs.

Le Collet du Linge

À droite de la route s'étend un cimetière militaire allemand.

Le Linge

Après de violents combats, les troupes françaises s'établirent définitivement en août 1915 sur les pentes ouest du Linge et du Schratzmaennele, alors que les Allemands occupaient la crête. En prenant à droite, on atteint le sommet du Linge (986 m).

Le **musée-mémorial du Linge** évoque la terrible vie des soldats dans les tranchées et les assauts meurtriers qui coûtèrent la vie à 17 000 combattants français et allemands de juin à octobre 1915. Une vidéo, ainsi que différents objets et documents d'époque (reliques, portraits, photos, uniformes, armes, journaux de tranchée), des cartes et des maquettes permettent de se représenter la dureté des combats, les difficultés du ravitaillement et des soins et de comprendre les raisons stratégiques qui firent du Linge un lieu de si triste

mémoire. La découverte du **champ de bataille** est particulièrement émouvante : à quelques mètres des premières lignes françaises, les tranchées allemandes, maçonnées, sont très bien conservées. *Collet du Linge (entre Orbey et Munster) - ℘ 03 89 77 31 61 - www.linge1915.com - Vend. saint-11 Nov. : 9h-12h30, 14h-18h - 3 € (-16 ans gratuit).*
La D 11 domine bientôt le val d'Orbey.

Col du Wettstein
Cimetière des Chasseurs, où reposent 3 000 soldats français.
Descendez dans la Petite Vallée par la D 48 qui rejoint la D 417 près de Soultzeren.
La route grimpe vers le col de la Schlucht offrant des perspectives de plus en plus belles sur la vallée de la Fecht, puis sur la Petite Vallée. Après un très beau parcours en forêt et de superbes échappées vers la plaine d'Alsace et la Forêt-Noire, on domine de très haut le cirque magnifique où naît la Petite Fecht.
On passe ensuite par le col de la Schlucht, le jardin d'altitude du Haut-Chitelet, le Hohneck et le Markstein *(voir Route des Crêtes)*. Au passage sous un téléski, vue plongeante sur le lac de la Lauch, la vallée de Guebwiller et la plaine d'Alsace.
Revenez sur vos pas et prenez à droite la D 27. Après une courte montée, on quitte la région des pâturages : belle vue à gauche sur le massif du Hohneck. La descente continue dans les bois où les hêtres prennent le pas sur les sapins.

★ Schnepfenried
Cette station de sports d'hiver possède plusieurs remonte-pentes. Elle offre un beau **panorama★** sur le massif du Hohneck, au flanc duquel on distingue le barrage et le lac de Schiessrothried, et, plus à droite, sur Munster et les hauteurs qui dominent sa vallée.
Du sommet du Schnepfenried (alt. 1 258 m), accessible par un sentier *(1h à pied AR)*, **tour d'horizon★** sur la chaîne du Grand Ballon au Brézouard, la vallée de la Fecht et la Forêt-Noire.
À Metzeral, prenez la D 10 VI. 1 km plus loin, tournez à droite pour franchir la Fecht et laissez votre voiture.

★ Lac de Fischbœdle
Alt. 790 m. Ce petit lac presque circulaire d'un diamètre de moins de 100 m est l'un des plus beaux des Vosges. On le doit au manufacturier de Munster, Jacques Hartmann, qui l'a créé vers 1850. Le cadre est boisé, admirable, surtout à la fonte des neiges lorsque le torrent du Wasserfelsen alimente le lac par une jolie cascade.

LA FABRICATION DU MUNSTER
Dans la vallée, les marcaires vivent depuis toujours en réseau solidaire. Au début du printemps, ils mènent leurs troupeaux de vaches, d'abord près des granges d'altitude (fourrage coupé l'année précédente). Puis l'été venu, ils montent à la marcairie, généralement un bien communal, et fabriquent le fromage. La recette du munster est connue depuis le 9e s. mais l'appellation n'apparaît qu'au 16e s. Pour une livre de fromage, on fait chauffer 5 litres de lait dans un grand chaudron en cuivre. Lorsque la température atteint 38 °C, on ajoute la présure. Le caillé obtenu est découpé en cubes que l'on fait égoutter après les avoir disposés dans des formes en bois.

Lac de Schiessrothried

1h à pied AR par le sentier en lacet qui part à droite lorsqu'on arrive au lac de Fishbœdle. On peut aussi arriver en voiture par la D 310, puis faire 2 km à pied. Ce lac de 5 ha, transformé en réservoir, est situé à 920 m d'altitude, au pied du Hohneck.
Revenez à Metzeral et prenez à gauche la D 10.

Muhlbach-sur-Munster

Le **musée de la Schlitte** est installé en face de la gare. Il propose une reconstitution thématique autour des traîneaux chargés du bois coupé en forêt, qu'on descendait sur des pentes douces. Utilisant des rondins comme les barreaux d'une échelle, le schlitteur, placé à l'avant, freinait le chargement.
03 89 77 61 08 - ᴋ. - visite guidée (45mn) juil.-août : mat. et apr.-midi - 2,50 € (enf. 1 €) - sur réserv. pour les groupes : 1,50 €.

Luttenbach-près-Munster

Voltaire y séjourna à plusieurs reprises en 1754, en pleine forêt.
Revenez à Munster par la rive gauche de la Fecht, en empruntant la D 10.

VALLÉE DE LA FECHT

Pour visualiser cet itinéraire ⑥, reportez-vous au plan p. 310 – 20 km. Quittez Munster à l'est par la D 10.

Gunsbach

Albert Schweitzer passa son enfance dans ce village où son père était pasteur. Plus tard, installé au Gabon où il poursuivait son œuvre, il fit construire à Gunsbach une maison près de celle de son frère, grâce au prix Goethe qu'il reçut en 1928. Elle est aujourd'hui transformée en **musée**, où on retrouve des souvenirs du « French doctor ». *03 89 77 31 42 - www.schweitzer.org - visite guidée sur demande (7 j. av.) - tlj sf lun. et dim. 9h-11h30, 14h-16h30 - fermé j. fériés, Vend. saint - 4 € (-10 ans gratuit).*
À Wihr-au-Val, traversez la Fecht et la D 417.

Soultzbach-les-Bains

La **chapelle Ste-Catherine**, du 17ᵉ s., abrite deux tableaux intéressants de F.-G. Hermann (1738). À l'écart du bourg, l'**église** paroissiale, très restaurée, contient trois **autels★★** étincelants de dorures, de vrais joyaux de sculpture sur bois. Exécutés entre 1720 et 1740, ils sont dus à l'ébéniste J.-B. Werlé. À gauche dans le chœur, beau tabernacle du 15ᵉ s. que supporte un saint Christophe.
03 89 71 11 16 - de déb. juil. à mi -sept : apr.-midi - possibilité de visite guidée - en cas de fermeture s'adresser à Rolande Megnouche-Lautrette - 12 r. de Munster - 03 89 71 17 58.
Revenez à la D 417 en direction de Colmar.
La vallée de la Fecht tapissée de prairies s'élargit peu à peu et la vigne garnit encore les pentes inférieures exposées au soleil. On aperçoit bientôt les ruines du haut donjon de Pflixbourg.
Tournez à gauche dans la D 10 pour rejoindre Turckheim, puis Colmar.

😊 NOS ADRESSES À MUNSTER

HÉBERGEMENT

PREMIER PRIX

Chambre d'hôte M. et Mme Boehm-Grevet – *139 Hilsenfirst - 68610 Linthal -* 📞 *03 89 74 05 23 -* 🚭 *- 42 €* 🍽 *- rest. 16 €.* Cette petite maison fleurie perchée sur les hauteurs du village dispose de trois chambres bien tenues. Deux d'entre elles sont aménagées dans une dépendance. Succulentes confitures maison à savourer au petit-déjeuner. Cuisine régionale et familiale à la table d'hôte, proposée les lundi, mercredi et vendredi.

Chambre d'hôte Chez Chantal et Dany – *4 Oberer-Geisberg - 68140 Soultzeren -* 📞 *03 89 77 02 09 - www.chezchantaletdany.fr -* ♿ *-* 🅿 *- 4 ch. 52/59 €* 🍽*. - repas 20 €.* Cette ferme laitière qui borde la route du col du Wettstein offre une vue magnifique sur la vallée de Munster. Les chambres, baptisées de noms de fleurs, sont sobres et meublées dans le style contemporain. Petits-déjeuners à la française et cuisine du terroir à la table d'hôte. Également un gîte d'étape sur place.

BUDGET MOYEN

Hôtel Deybach – *4 r. du Badischhof - 1 km par rte de Colmar (D 417) -* 📞 *03 89 77 32 71 - www.hotel-deybach.com - fermé lun. hors saison et dim. soir -* 🅿 *- 16 ch. 46/55 € -* 🍽 *8 €.* L'accueil souriant et l'ambiance chaleureuse distinguent cet hôtel familial qui borde la route. Chambres fonctionnelles à la tenue scrupuleuse. Petit bar et jardin (transats).

Hôtel Panorama – *3 rte de Linge - 68140 Hohrodberg -* 📞 *03 89 77 36 53 - www.hotel-panorama-alsace.com - fermé 2-26 nov. et 4 janv.-5 fév. -* 🅿

- 30 ch. 46/73 € - 🍽 *11 € - rest. 17/39 €.* Bâtiment ancien et son annexe moderne, face à la vallée de Munster. Chambres confortables – avec ou sans vue sur les Vosges – décorées de fresques à thème régional.. Superbe panorama au restaurant où l'on sert des spécialités telles que le *Presskopf* de la mer.

POUR SE FAIRE PLAISIR

Hôtel La Verte Vallée – *10 r. A.-Hartmann -* 📞 *03 89 77 15 15 - www.vertevallee.com - fermé 3-27 janv. -* 🅿 *- 108 ch. 83/130 € -* 🍽 *15 € - rest. 25/50 €.* Grand hôtel moderne avec spa et équipements de loisirs. Confortables chambres de style alsacien ou contemporain pour les plus récentes. Agréable jardin bordé par la Fecht. Le restaurant propose une cuisine classique et une séduisante carte des vins.

RESTAURATION

PREMIER PRIX

Auberge de Bichstein – *9 chemin Pfafflitt - 68140 Soultzeren -* 📞 *03 89 77 59 64 - fermé vend. -* 🅿 *-* 🚭 *- 11/17 €.* Cette auberge dominant la riante vallée de Munster vaut qu'on s'y attarde : le panorama sur le massif du Linge et le Grand Ballon y est époustouflant. Intérieur agrémenté d'une cheminée, décoré d'animaux naturalisés et de trophées de chasse. Cuisine du terroir.

BUDGET MOYEN

Auberge des Cascades – *6 chemin de Saegmatt - 68140 Stosswihr -* 📞 *03 89 77 44 74 - www. restaurant-des-cascades.com - fermé 4 janv.-31 janv., lun. et mar. -* 🅿 *- formule déj. 10 € - 16/25 €.* Sur la route du col de la Schlucht, ce restaurant niché au bord d'un ruisseau a sa petite célébrité : ses tartes flambées au feu de bois, servies pendant le week-end et les vacances, attirent les foules. Grand jardin avec des animaux.

POUR SE FAIRE PLAISIR

Nouvelle Auberge – *Rte de Colmar -* ℰ *03 89 71 07 70 - www. nauberge.com - fermé 1ᵉʳ-15 juil., vacances de la Toussaint, de fév., dim. soir, lun. et mar. -* 🅿 *- 30/55 €.* Dans ce relais de poste, les propriétaires jouent un « double jeu » culinaire. Gastronomie à l'étage, avec une partition classique de qualité et sans sophistication inutile. Bistrot au rez-de-chaussée.

PETITE PAUSE

Gilg – *11 Grand'Rue -* ℰ *03 89 77 37 56 - www.patisserie-gilg.com - 7h30-18h30, sam. 7h-18h, dim. 7h30-12h30 - fermé 1ᵉʳ janv., 26 déc. et lun. de Pâques.* En 1945, le général de Lattre de Tassigny, de passage à Munster, commande à la déjà célèbre pâtisserie Paul Gilg des vacherins glacés. Aujourd'hui, le petit-fils du maître, qui accumule les récompenses, vous invite à goûter ses délicieuses créations : le Lacthé au nom évocateur, le Cyrano glacé, un cake chocolat aux agrumes très moelleux ou les petits fours maison. Agréable salon de thé.

ACHATS

Dischinger – *2 Grand'Rue -* ℰ *03 89 77 36 92 - 9h-12h, 14h30-18h30, dim. 9h-12h - fermé nov.-janv.* Spécialités alsaciennes.

ACTIVITÉS

Ski – Le domaine skiable de la vallée de Munster regroupe 4 sites distincts : le Schnepfenried (ski de piste, ski de fond sur les chaumes et dans la forêt, vues spectaculaires), le Gaschney (ski de piste avec télésiège ouvert durant l'été à la promenade), le Tanet (ski de piste, ski de fond autour des lacs Vert et des Truites) et les Trois-Fours (uniquement ski de fond et raquettes, magnifiques panoramas).

Randonnées – La vallée de Munster propose 350 km de sentiers pédestres balisés et 250 km pour pratiquer le VTT.

Massif du Petit Ballon

Haut-Rhin (68)

NOS ADRESSES PAGE CI-CONTRE

SE REPÉRER
Plan de région C3 (p. 306) – carte Michelin Départements 315 G9. Un peu au sud de Munster, le massif appartient logiquement au Parc naturel régional des Ballons des Vosges.

À NE PAS MANQUER
Le panorama du sommet du Petit Ballon.

ORGANISER SON TEMPS
L'ascension du Petit Ballon prend 1h15 aller-retour. Prévoir l'équipement adapté et se renseigner sur les conditions météo.

Comme sa silhouette rebondie l'indique, c'est la forme arrondie du massif qui lui a valu ce nom de « ballon ». Les prairies naturelles au sommet des monts chauves sont le lieu des grands pâturages où paissent les troupeaux, auxquels on doit le savoureux munster ! Vous pourrez tester les différents crus à l'occasion d'étapes dans les fermes-auberges qui reçoivent les randonneurs pendant l'été.

Itinéraires conseillés

On peut enchaîner les deux itinéraires suivants l'un après l'autre et prendre pour le retour à partir du Markstein un tronçon du circuit rattaché à Munster *(voir ce nom)*.

Le **Petit Ballon** se place en troisième parmi les sommets vosgiens, quant à l'altitude. Donon : 1 009 m ; Champ du Feu : 1 100 m ; Ballon de Servance : 1 216 m ; Ballon d'Alsace : 1 250 m ; Petit Ballon ou Kahlen Wasen : 1 267 m ; Hohneck : 1 362 m ; Grand Ballon ou Ballon de Guebwiller : 1 424 m, point culminant.

Plus de 200 000 personnes habitent sur le territoire des Ballons des Vosges. Parmi eux, les « **marcaires** », nom qui vient de l'alsacien *malker* : « celui qui trait ».

DE MUNSTER AU PETIT BALLON

Pour visualiser cet itinéraire ⑦*, reportez-vous au plan p. 310 – 17 km – environ 2h.*
Quittez Munster par la D 417 vers Colmar, que l'on abandonne après 5 km pour tourner à droite dans la D 40.
Après Soultzbach-les-Bains *(voir Munster)*, prendre à droite la D 43 qui remonte la vallée verdoyante du Krebsbach, où alternent les pâturages et les forêts.
À **Wasserbourg**, on emprunte une route forestière pour atteindre les prairies où, à hauteur de l'auberge du Ried, on a une vue superbe sur la crête du Hohneck. Après un court passage sous bois, ce sont de nouveau les pâturages, au milieu desquels s'élève la ferme-auberge du Kahlenwasen. La **vue★**

s'étend sur Turckheim, au débouché de la vallée de la Fecht, sur la vallée elle-même et les hauteurs qui la dominent et, au-delà, par temps clair, sur la plaine d'Alsace.

★★ Petit Ballon

Alt. 1 267 m ⚲⚲ *De la ferme-auberge Kahlenwasen, 1h15 à pied AR.*
Superbe **panorama** à l'est, sur la plaine d'Alsace, les collines du Kaiserstuhl et la Forêt-Noire ; au sud, sur le massif du Grand Ballon ; à l'ouest et au nord, sur le bassin des deux Fecht.

DU PETIT BALLON AU MARKSTEIN

23 km – environ 2h30.
Descendez par le col et la route forestière du Boenlesgrab.
La route, en forte descente, offre une belle vue à droite sur la vallée de la Lauch. Attention aux deux lacets avant l'arrivée à Lautenbach.

★ Lautenbach *(voir Guebwiller)*

Prenez à droite la D 430 qui, après quelques kilomètres, devient très sinueuse en montée puis change de versant.

Le Markstein *(voir Route des Crêtes)*

☺ NOS ADRESSES DANS LE MASSIF DU PETIT BALLON

HÉBERGEMENT ET RESTAURATION

PREMIER PRIX

Ferme-auberge Kahlenwasen – *Massif du Petit Ballon - 68380 Luttenbach - sortie sud : 14 km par D 10 et rte du Petit-Ballon -* 📞 *03 89 77 32 49 - fermé nov.-avr. et merc. -🍽- 8/15,50 € - 12 ch.,* demi-pension 26 € par pers. Cette ferme a bonne réputation. La maison des années 1920 est modeste, mais sa salle décorée d'outils agricoles est sympathique et, l'été, la terrasse offre une belle vue sur la plaine d'Alsace. Spécialité de fromages. Quelques chambres simples.

Val d'Orbey

★★

Haut-Rhin (68)

 NOS ADRESSES PAGE 341

🔲 **S'INFORMER**

Office du tourisme des Trois-Épis – *2 imp. du Prés.-Poincaré - 68410 Les-Trois-Épis - 🕿 03 89 49 80 56 - www.ot3epis.fr - juil.-août : 10h-12h, 14h-18h ; reste de l'année : 14h-18h - fermé w.-end et j. fériés, déb. juin.*

▶ **SE REPÉRER**

Plan de région C2 (p. 306) – carte Michelin Départements 315 G8. Entre Kaysersberg, Munster et le col du Bonhomme. Accès possible par Colmar, St-Dié-des-Vosges ou Gérardmer.

😊 **À NE PAS MANQUER**

Pour les marcheurs, les sentiers au départ des Trois-Épis, du lac Noir et du lac Blanc.

🕐 **ORGANISER SON TEMPS**

Si le circuit peut être parcouru en 4h, ne consacrez pas moins d'une journée à la découverte des sentiers et des jolis villages du val d'Orbey.

👥 **AVEC LES ENFANTS**

L'Espace des métiers du bois et du patrimoine à Labaroche, la confiserie des Hautes-Vosges à Plainfaing, la Graine au Lait à Lapoutroie.

Bois et pâturages, lacs d'altitude, forêts de sapins au pied de la ligne bleue des Vosges... Dans ce paradis des randonneurs, la consonance française des noms des villages et des lieux claque comme une profession de foi. En pays welche, où l'on a toujours ignoré le dialecte alsacien, le parler a une origine romane et non germanique.

Itinéraire conseillé

57 km – environ 4h. Schéma p. 310.

★★ Les Trois-Épis

Admirablement située, cette station climatique est le centre d'inépuisables excursions à pied ou en voiture.

En parlant de randonnée pédestre, celle du **Galz★★** *(🚶 1h à pied AR)* vous assurera d'une **vue** sur la plaine d'Alsace, la Forêt-Noire, le Sundgau et le Jura. Au sommet, un gigantesque monument commémore le retour de l'Alsace à la France en 1918.

Pour apprendre à reconnaître la flore qui couvre les versants, suivez plutôt le **sentier de la forêt de St-Wendelin** *(🚶 1h30 à pied ; livret-guide à l'office de tourisme. Départ du parking, place des Antonins ; balisage vert symbolisé par un écureuil).*

Au départ des Trois-Épis, la D 11 vers Orbey puis la D 11[VI] longent la crête qui sépare les vallées d'Orbey et de Munster et offrent de jolies vues sur l'une et sur l'autre. Tracée en forêt, la route contourne le Grand Hohneck et atteint bientôt la région du Linge.

Le Linge *(voir Munster)*
Prenez à droite au Collet du Linge, puis, après avoir laissé à gauche le chemin de Glasborn, prenez encore à droite au col du Wettstein (cimetière militaire des Chasseurs).

⋆ **Lac Noir**
Alt. 954 m. Il occupe le fond d'un cirque glaciaire. Une moraine, à laquelle s'appuie un barrage, retient ses eaux vers l'est ; de hautes falaises granitiques forment, sur le reste du pourtour, un cadre grandiose. Au nord du lac, le **rocher Belmont** (1 272 m) était un observatoire durant la Première Guerre mondiale.
La pêche est autorisée, mais la baignade interdite.

⋆ **Lac Blanc**
La route qui longe le lac Blanc offre des vues de plus en plus belles sur le cirque rocheux qui enserre le plan d'eau.
Niché entre le col du Calvaire et le rocher-observatoire Belmont, au pied de la route des Crêtes, le lac Blanc se situe à 1 054 m d'altitude. D'une superficie de 28,7 ha et profond de 72 m, il est encastré dans un cirque glaciaire et dominé par un étrange rocher en forme de forteresse, le **château Hans**. De hautes falaises granitiques en partie boisées l'entourent.
Au col du Calvaire, on atteint la route des Crêtes que l'on prend à droite. De la route, jolis points de vue sur la vallée de la Béhine, dominée par la Tête des Faux.

Col du Bonhomme
Alt. 949 m. Entre le col de Ste-Marie *(au nord)* et le col de la Schlucht *(au sud)*, il fait communiquer l'Alsace et la Lorraine, de Colmar à Nancy.
En descendant, jolie vue sur la vallée de la Béhine dominée, en avant et au loin, par le Brézouard et, à droite et plus près, par la Tête des Faux. La route passe au pied des rochers qui portent les vestiges du château de Gutenburg.

Le Bonhomme
On entre ici en pays welche. Les ruisseaux dévalent pour former la Béhine.

Lapoutroie
Ce village possède un petit **musée des Eaux-de-Vie**, installé dans un ancien relais de poste 18ᵉ s. On peut y assister à une démonstration de fabrication des eaux-de-vie et liqueurs. Dégustation et possibilité d'achat. *℘ 03 89 47 50 26 - www.musee-eaux-de-vie.com - ⅗ - possibilité de visite guidée sur demande (7 j. av.) - 1ᵉʳ janv.-24 déc. : tlj 9h-12h, 14h-18h - gratuit.*
Continuez sur la D 415 vers Kaysersberg, puis tout de suite à gauche sur la D 11ᴵⱽ.

Fréland
C'est le « pays libre » où les mineurs de Ste-Marie-aux-Mines *(voir ce nom)* bénéficiaient de privilèges locaux. À la **Maison du pays welche** *(2 r. de la Rochette)*, les habitants des environs ont rassemblé des objets qui évoquent les traditions du pays dans un ancien presbytère datant du 18ᵉ s. Le cadre et la reconstitution de la vie du pays sont particulièrement soignés. Présentation des métiers d'autrefois, four à pain, roue d'eau, four à lin… *℘ 03 89 71 90 52 - www.maisonwelche.fr - visite guidée (1h à 2h) avr.-oct. : tlj sf merc. 15h - 4 € (6-18 ans 1,50 €).*
Revenez à la D 41 puis, au rond-point, prenez à gauche la D 48 vers Orbey.

LE PAYS WELCHE

Le terme « pays welche » signifie le pays des étrangers de l'Ouest, allusion à l'exception linguistique puisqu'ici, on ne parle pas le dialecte germanique. Certains anciens, nés avant-guerre, parlent encore le welche. Cette langue romane, qui date de l'occupation romaine en Gaule, est issue du latin populaire. Elle a hérité du latin une grammaire rigoureuse et une conjugaison particulière.

Orbey

Composé de nombreux hameaux, Orbey s'allonge dans la verdoyante vallée de la Weiss entre des hauteurs sillonnées de sentiers d'une fraîcheur agréable. En haut du village, un petit **musée** présente quelques objets et outils de la vie quotidienne dans le val d'Orbey au cours des siècles précédents. Tout est dans la visite guidée, assurée par la propriétaire des lieux. *℘ 03 89 71 27 65 - lun.-sam. mat. et apr. midi.*

Après Orbey, la D 11 s'élève dans le vallon de Tannach, puis continue, sinueuse et en corniche, offrant de jolies vues sur la vallée de la Weiss dominée par le piton du Grand Faudé. Plus loin, elle change de versant et offre une belle vue en avant et à gauche sur la vallée du Walbach, le Galz et son monument, la plaine d'Alsace.

★ Espace des métiers du bois et du patrimoine

À Labaroche - ℘ 03 89 78 94 18 - www.musee-bois-labaroche.com - ♿ - avr.-sept. : tlj sf lun. 9h-12h, 14h-18h - 5 € (6-16 ans 3,30 €).

👥 Annoncé par la belle sculpture d'un cheval tractant des billes de bois, l'**Espace des métiers du bois et du patrimoine** est animé par une équipe de Barotchés (habitants de Labaroche) passionnés et passionnants. On découvre au rez-de-chaussée les techniques de découpe du bois, depuis l'époque des scieurs de long jusqu'à la mécanisation avec une scie à haut-fer, actionnée par une machine à vapeur de 1896 (démonstration). Au sous-sol, se trouvent les ateliers du sabotier et du monteur de boîtes de fromages. À l'étage, une collection de jouets en bois rappelle de beaux souvenirs aux plus grands, tandis que les plus petits manipulent des jeux de construction. Sous les combles, des ateliers de différentes époques ont été reconstitués (menuisier, charron, tourneur sur bois, fermier, vanier). Le parc du musée est agrémenté de sculptures en bois faites par les bénévoles avec lesquelles les enfants peuvent jouer.

Laissant **Labaroche** à gauche, on découvre bientôt en avant le Grand Hohneck et, plus à droite, le piton conique du Petit Hohnack, avant de rejoindre Les Trois-Épis.

☺ NOS ADRESSES DANS LE VAL D'ORBEY

HÉBERGEMENT

PREMIER PRIX

Chambre d'hôte Ferme du Busset – *33 Lieu-dit Busset - 68370 Orbey -* ℘ *03 89 71 22 17 - www. fermedubusset.com - fermé 28 déc.-3 janv. -* 🅿 *-*🍽*- 5 ch. 50 € .* Air vivifiant, grand calme, agréable environnement campagnard et vue sur Orbey : cette ferme d'élevage a de quoi séduire Elle abrite des chambres d'hôte simples et lambrissées, trois appartements meublés et un gîte d'étape. Vente de fromages et confitures maison.

Hôtel Aux Bruyères – *35 r. Ch.-de-Gaulle - 68370 Orbey -* ℘ *03 89 71 20 36 - www. auxbruyeres.com - Ouv. 3 avril-25 oct. et 15-31 déc. -* 🅿 *- 29 ch. 42/65 € -* ☕ *8 € - rest. formule déj 11 € - 14/38 € bc.* Cette maison familiale, qui fait aussi salon de thé, propose des chambres pratiques (trois appartements familiaux). Celles du pavillon sont tournées sur le jardin. Sobre salle à manger, terrasse d'été et cuisine aux accents régionaux.

BUDGET MOYEN

Hôtel Wetterer – *68370 Orbey -* ℘ *03 89 71 20 28 - www.hotel-wetterer.com - fermé 8 mars-2 avril, 4-26 nov. et 4 janv.-5 fév. -* 🅿 *- 15 ch. 46/63 € -* ☕ *8 € - rest. formule déj. 14 € - 16/35 €.* Au cœur d'un superbe paysage de montagnes et de forêts – quiétude garantie ! –, cet hôtel des années 1960 dispose de chambres fonctionnelles et bien tenues. Restaurant au cadre rustico-bourgeois (poutres, cheminée et argenterie) et carte traditionnelle.

Hôtel Au Bon Repos – *235 Pairis - 68370 Orbey -* ℘ *03 89 71 21 92 - www.aubonrepos.com - Ouv. 8 fév.-19 oct., 19 déc.-3 janv. et fermé merc. -* 🅿 *- 16 ch. 46/51 € -* ☕ *8 € - rest. 16/34 €.* Petite auberge familiale avec jardin sur la route des lacs. Chambres simples et pratiques ; celles de l'annexe, plus paisibles, sont orientées vers une forêt de sapins. Salle à manger de style rustique pour une cuisine régionale.

Les Alisiers – *Lieu-dit Faudé - 68650 Lapoutroie - 3 km au SO de Lapoutroie par rte secondaire -* ℘ *03 89 47 52 82 - www.alisiers. com - fermé 4 janv.-4 fév. -* 🅿 *- 16 ch. 50/180 € -* ☕ *10 € - rest. (fermé mar. sf le soir du 4 mai au 30 sept. et lun.) 25/55 €.* À 700 m d'altitude, auberge pleine de charme, autrefois ferme du pays welche. Chambres chaleureuses, façon chalet, et belle vue sur le vallon. Recettes alsaciennes et actuelles au restaurant.

RESTAURATION

BUDGET MOYEN

Auberge du Musée – *2 r. de la Rochette - 68240 Fréland -* ℘ *03 89 71 90 52 - www. maisonwelche.fr - fermé le merc., en nov. -* ♿ *-* 🅿 *- formule déj. 10 € - 17/27 €.* Après la visite du musée, qui vous en dira long sur le pays welche, attablez-vous dans cette ancienne maison. Elle est amusante avec ses outils agricoles anciens, son soufflet de forge et sa charrette suspendue dans la charpente… Cuisine classique.

ACHATS

♟♟ Confiserie des Hautes-Vosges (CDHV) – *44 Habeaurupt - 88230 Plainfaing, env. 15 km d'Orbey -* ℘ *03 29 50 44 56 - www. cdhv.fr - magasin : tlj sf dim. 9h-12h, 14h-18h30 ; visites guidées : tlj sf dim. 10h-12h, 14h-18h - fermé dim.- j. fériés.* Du sucre, du miel des Vosges, des arômes naturels, parfois même des huiles essentielles, et tout cela qui cuit à feu nu dans des chaudrons en cuivre sous vos yeux. Il ne vous reste plus alors qu'à goûter… et acheter ces friandises aux saveurs d'autrefois : bonbons des Vosges (plus de 30 sortes), bergamotes de Nancy, myrtilles, violettes, coquelicots…

 La Graine au Lait – *333A la Croix d'Orbey - 68650 Lapoutroie - ℘ 03 89 47 50 76 - www.haxaire.*

com - tlj sf dim. et lun. 9h-12h, 14h-17h - groupes 12 pers. 1 €, plus complet 3 €. Venez découvrir tous les secrets d'élaboration du munster dans cette fromagerie de démonstration qui allie savoir-faire traditionnel et procédés de fabrication modernes. Les amateurs de ce fromage typique apprécieront la dégustation en fin de visite.

Route des Crêtes

★★★

Haut-Rhin (68), Vosges (88)

😊 NOS ADRESSES PAGE 347

ℹ S'INFORMER

Office du tourisme de Cernay et de la région du Vieil-Armand – *1 r. Latouche - 68700 Cernay - ℘ 03 89 75 50 35 - www.cernay.net - juil.-août : 9h-12h, 14h-19h (sam. 18h), dim. 10h-12h ; sept.-juin : tlj sf dim. et j. fériés 9h-12h, 14h-18h.*

▶ SE REPÉRER

Plan de région B2/3 et C3/4 (p. 306) – carte Michelin Départements 315 G8/10. L'itinéraire commence à 30 km à l'ouest de Colmar et descend vers le sud jusqu'à Thann, en passant par les hauteurs du Hohneck et du Grand Ballon. Accès au col du Bonhomme depuis Colmar par la D 415, après Kaysersberg.

😊 À NE PAS MANQUER

Les panoramas du Grand Ballon et du Hohneck.

🕐 ORGANISER SON TEMPS

En été, profitez de la navette des Crêtes, qui dessert 15 stations tout au long de l'itinéraire. Attention, en hiver, la route des Crêtes est fermée et transformée en piste de ski de fond entre la Schlucht et le Grand Ballon. Dates de fermeture communiquées par l'office du tourisme de Thann.

👪 AVEC LES ENFANTS

Le train à vapeur qui relie Cernay à Sentheim.

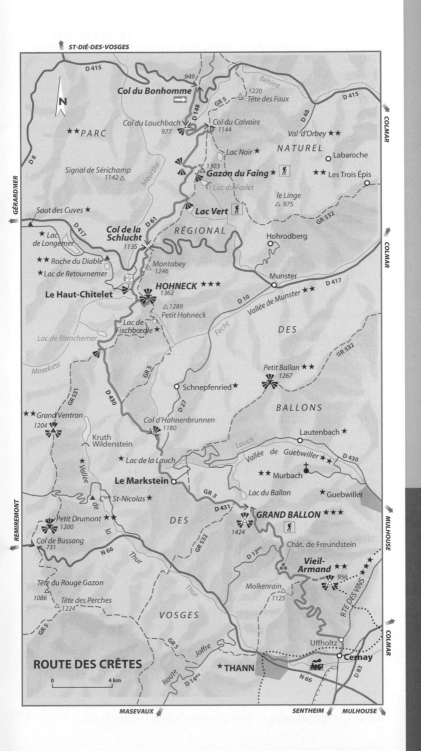

La création de cette route stratégique remonte à la guerre de 1914-1918 : le Haut Commandement français voulait assurer, sur le front des Vosges, les communications Nord-Sud entre les différentes vallées. Tracée en forêt sur la moitié de son parcours, la route des Crêtes est aujourd'hui le royaume des grands espaces, dont le décor et les attraits changent avec les saisons. Au printemps, les vaches quittent l'étable pour paître dans les chaumes. En été, gentianes jaunes et pensées des Vosges égayent les paysages. L'automne offre de délicieuses myrtilles, et l'hiver, des kilomètres de randonnées à skis...

Itinéraire conseillé

DU COL DU BONHOMME À THANN

Voir carte p. 343 - 83 km – environ une demi-journée.

Col du Bonhomme *(voir val d'Orbey)*

Au départ du col, belles échappées à gauche sur la vallée de la Béhine dominée par la Tête des Faux et le Brézouard. Du col du Louchbach, belle vue au sud sur la vallée de la Meurthe.
Au col du Calvaire, tournez à droite.

★ Gazon du Faing

45mn à pied AR.
Montez, en passant par le sommet du Gazon du Faing (1 303 m), jusqu'à un gros rocher. De cet endroit, la **vue** est superbe. Au fond du cirque de Lenzwasen, le petit étang des Truites a été transformé en réservoir par un barrage. Au-delà, on distingue de gauche à droite le Linge, le Schratzmaennele, le Barrenkopf ; plus à droite, au-delà de la vallée de la Fecht, on devine Munster ; à droite de celui-ci, à l'horizon, la silhouette du Grand Ballon (1 424 m) ; plus à droite encore, on aperçoit le Petit Hohneck (1 288 m) et le Hohneck (1 362 m).

Lac Vert

À hauteur de la borne km 5 (5 km de la Schlucht), un sentier conduit au lac Vert, appelé également lac de Soultzeren. Des lichens en suspension donnent leur teinte aux eaux du lac.

Col de la Schlucht

Le col de la Schlucht est situé à 1 135 m d'altitude. Au croisement de la route des Crêtes et de la route de Gérardmer, ce passage, l'un des plus fréquentés des Vosges, fait communiquer la vallée de la Meurthe, qui prend sa source à 1 km de là, avec celle de la Fecht.

Jardin d'altitude du Haut-Chitelet

À 2 km du col de la Schlucht, vers le Markstein, sur le côté droit de la D 430.
℘ *03 29 63 31 46 - www.cjbn.uhp-nancy.fr - juil.-août : 10h-18h ; juin : 10h-12h, 14h-18h ; sept. : 10h-12h, 14h-17h30 - 2,30 € (enf. 1,50 €).*
À 1 228 m d'altitude, sur 11 ha, ce jardin conserve une belle hêtraie et une tourbière en réserve intégrale. Des rocailles sur plus de 1 ha présentent 2 700 espèces de plantes originaires des principaux massifs montagneux du monde.
Plus loin, jolie **vue★** sur la vallée de la Vologne au fond de laquelle dorment les lacs de Longemer et de Retournemer (belvédère aménagé).

Dans les chaumes alsaciennes, sur la route des Crêtes.
R. Mattès / MICHELIN

★★★ Le Hohneck

Le chemin d'accès en forte montée s'embranche sur la route des Crêtes à 4 km de la Schlucht (ne prenez pas le chemin privé qui précède – à 3 km – en mauvais état). Attention au vent glacial dans les derniers mètres qui mènent au sommet.

Ce sommet, l'un des plus célèbres des Vosges et l'un des plus élevés (1 362 m), est le point culminant de la crête qui constituait, avant la guerre de 1914-1918, la frontière franco-allemande. **Panorama★★★** exceptionnel *(table d'orientation)* sur les Vosges, du Donon au Grand Ballon, sur la plaine d'Alsace et la Forêt-Noire. Par temps clair, on aperçoit les sommets des Alpes.

La route parcourt les **chaumes**. Domaine estival des troupeaux, les chaumes alsaciennes sont de vastes prairies aux herbes courtes, situées au-dessus de la limite des forêts. Sur la droite, le lac de Blanchemer, dans un très beau site boisé. Plus loin, vue magnifique sur la grande vallée de la Fecht.

Le Markstein

Station de sports d'hiver et d'été : des promenades à pied ou à dos de poney permettent de mieux connaître les environs, à travers hêtraies et sapinières.

De la route, en corniche, vues sur la vallée de la Thur et le Ballon d'Alsace, et sur la vallée de la Lauch et le Petit Ballon. Au fond d'un entonnoir boisé se trouve le petit **lac du Ballon**.

★★★ Grand Ballon

Quittez la voiture à hauteur de l'hôtel et empruntez le sentier à gauche (30mn à pied AR). Le voilà, le point culminant des Vosges (1 424 m) ! le Grand Ballon ou Ballon de Guebwiller. Le **panorama★★★** est prodigieux sur les Vosges méri-

---

RENCONTRES INSOLITES

Sentiers balisés, verts pâturages, fleurs sauvages, chants d'oiseaux, murmures de ruisseaux, sapins, hêtres et épicéas entremêlés… une nature émouvante et fragile à préserver avant tout. Il n'est pas impossible de rencontrer des troupeaux de chamois et des oiseaux rares, comme le pipit sponcielle ou le tarier des prés.

dionales, la Forêt-Noire et, par temps clair, le Jura et les Alpes. N'oubliez pas vos jumelles ! Vous trouverez sur place un **point d'accueil** offrant des informations et de la documentation sur l'ensemble du parc naturel. Un peu en contrebas du sommet s'élève le monument des « Diables bleus », à la mémoire des bataillons de chasseurs. En descendant du Grand Ballon, on passe près des ruines du château de Freundstein.

★★ Vieil-Armand

Le nom de Vieil-Armand a été donné par les poilus de 1914-1918 au Hartmannswillerkopf (HWK dans le jargon militaire), contrefort des Vosges qui s'élance à 956 m d'altitude, pour tomber en pentes escarpées sur la plaine d'Alsace. Le site est encore parsemé çà et là de casemates, de tronçons de tranchées et d'abris principalement allemands, vestiges oubliés dans la montagne silencieuse.

Monument national du Vieil-Armand – *℘ 03 89 75 50 35 - d'avr. à mi-nov. : 8h-12h, 14h-18h - 2 € (-14 ans gratuit)*. Sur les pentes dévastées pas les obus, les gaz, les lance-flammes, attaques et contre-attaques se succéderont pendant toute la durée de la guerre. Au terme de cette violence inouïe, on ne saura même pas compter les morts d'une telle boucherie, Français et Allemands : 30 000 ? 40 000 ? 60 000 ? Pendant la seule année 1915, le sommet, enjeu stratégique, va changer 4 fois de camp. Et les combats continueront inexorablement jusqu'en 1918.

Le Monument national est formé, au-dessus d'une crypte renfermant les ossements de 12 000 soldats inconnus, par une vaste terrasse surmontée d'un autel en bronze, l'autel de la Patrie, dont les faces représentent les armoiries des grandes villes de France. Trois chapelles autour de l'ossuaire, une catholique, une protestante, une juive.

Montée au sommet – *🐾 1h à pied AR*. Traverser le cimetière du Silberloch qui se trouve derrière le Monument national et renferme 1 260 tombes et plusieurs ossuaires. Suivre son allée centrale, puis le sentier qui la prolonge. Se diriger vers le sommet du Vieil-Armand (956 m) surmonté d'une croix de 22 m de haut, borne-limite du front français. Tourner à droite en direction de la croix en fer des engagés volontaires alsaciens-lorrains érigée sur un promontoire rocheux. De là, **panorama★★** sur la plaine d'Alsace, la chaîne des Vosges, la Forêt-Noire et les Alpes par temps clair.

Cernay

Cette ville industrielle située au pied de Vieil-Armand conserve encore des restes de son enceinte fortifiée du Moyen Âge, dont la porte de Thann. *Face à l'église, prenez la rue Poincaré et suivez les panneaux « Espace Grun ».*

👪 Un **parc de réintroduction des cigognes** ouvert librement a vu le jour en 1978. Les cigognes sont en liberté et nourries tous les jours *(9h30 et 15h, w.-end 10h et 15h - renseignements à l'office de tourisme de Cernay ℘ 03 89 75 50 35)*. Certaines restent toute l'année tandis que d'autres migrent de mi-août à mi-février. Si vous assistez au repas, n'hésitez pas à poser des questions à leur nourricier qui connaît ses oiseaux et vous montrera les petits. De retour chez vous, vous pourrez continuer à observer les nids grâce à une webcam *(http://194.250.20.130/home/homeJ.html)*.

Prenez la D 35 à l'ouest.

★ Thann *(voir ce nom)*

😊 NOS ADRESSES SUR LA ROUTE DES CRÊTES

♿ Voir aussi nos adresses dans le Parc naturel régional des Ballons des Vosges et à Thann.

VISITES

Navette des Crêtes – En été, le Parc des Ballons des Vosges met en service la « navette des Crêtes » qui propose une alternative à la voiture entre le Grand Ballon et le col des Bagenelles. *Se renseigner à la Maison du Parc - 𝄞 03 89 77 90 34.*

👥 **Trains à vapeur** –De St-André, au sud de Cernay, part le chemin de fer à vapeur de la vallée de la Doller, qui mène, en 14 km, à Sentheim *(voir Ballon d'Alsace). 𝄞 03 89 82 88 48 - www.train-doller.org - Trains à vapeur (au dép. de Cernay St André), durée 3h - juil.-août : merc. 10h, 14h - juin et sept. : dim. et j. fériés 11h et 15h30 - 10 € AR (-14 ans 8,50 €).*

HÉBERGEMENT

PREMIER PRIX

Wolf Hôtel-Restaurant – *Rte des Crêtes - 68610 Le Markstein - 𝄞 03 89 82 64 36 - www.hotelwolf.info - fermé nov. - 🅿 - 27 ch. 40/60,70 € - ☕ 8,50 € - rest. 14/30 €.* Cet hôtel-restaurant ne s'encombre pas de fantaisies. On appréciera donc la simplicité de sa cuisine servie dans la grande salle à manger ou, l'été, sur la terrasse. Côté hébergement, 22 chambres ont été rénovées en 2006.

Hôtel Les Quatre Saisons – *Au Frentz - 68820 Kruth - 3 km à l'ouest de Kruth par D 13[B1] - 𝄞 03 89 82 28 61 - www.hotel4saisons.com - fermé 30 mars-13 juil., 24-25 déc. - 🅿 - 9 ch. 50/60 € - ☕ 9 € - rest. (fermé mar. et merc.) 18/37 €.* Cet hôtel-restaurant qui fut jadis une ferme a conservé le charme rustique de son activité d'origine.

Les chambres, agréablement meublées et décorées, offrent une vue magnifique sur les montagnes alentour et la vallée de la Thur. La bonne cuisine du terroir est servie dans de la vaisselle traditionnelle.

BUDGET MOYEN

Hôtel Le Collet – *Au Collet, 2 km du col de la Schlucht sur la route de Gérardmer - 88400 Xonrupt-Longemer - 𝄞 03 29 60 09 57 - www.chalethotel-lecollet.com - fermé 2 nov.-3 déc. - 25 ch. 78 € - ☕ 12 € - rest. 17/28 €.* La façade de ce chalet-hôtel entouré d'une forêt de sapins dissimule l'essentiel : un coquet décor montagnard, une délicieuse cuisine du terroir et un état d'esprit, car on cultive ici l'art de recevoir. Mille détails font ainsi la différence : les brioches et confitures maison du petit-déjeuner, les spectacles de magie pour les enfants… Une très bonne adresse sur la route des Crêtes.

RESTAURATION

Votre périple sur la route des Crêtes vous fera sûrement passer devant l'une des fermes-auberges qui proposent, de juin à octobre, outre le menu « marcaire », une sélection de plats régionaux à base de produits de la ferme. On a particulièrement aimé la maison *Schafert* (à Kruth) pour sa cuisine et son décor. Réservation conseillée les dimanches et jours de fête. Pour éviter l'affluence (et les cars de touristes), ne venez pas en été.

PREMIER PRIX

Ferme-auberge du Molkenrain – *Rte des Crêtes - 68700 Wattwiller - 4 km au sud de Vieil-Armand par D 431, puis rte secondaire - 𝄞 03 89 81 17 66 - fermé 15 nov.-30 janv. sf vac. scol. et lun. sf fériés - réserv. obligatoire - 12,50/16,50 €.* Dans un site fantastique, au-dessus de la route des Crêtes, cette ferme construite en 1926 domine le Vieil-Armand et la plaine d'Alsace. Sur sa terrasse avec vue ou dans une salle chaleureuse, vous dégusterez plats « marcaires », à base de pommes de terre et d'oignons, et fromages locaux.

ACTIVITÉS

Sports de glisse – Certaines stations proposent ski alpin, ski de fond, balades en raquettes ou luge. Certaines sont équipées pour le ski nocturne.

Domaine skiable du Markstein – Alt. 1 030-1 267 m 10 pistes de ski alpin, un stade de slalom ; ces pistes, éclairées la nuit, bénéficient d'un enneigement artificiel - *office de tourisme au 📞 03 89 82 13 90 - www.ot-saint-amarin.com*

Saint-Dié-des-Vosges

⭐

21 642 Déodatiens – Vosges (88)

😊 NOS ADRESSES PAGE 352

 S'INFORMER

Office du tourisme de St-Dié-des-Vosges – *8 quai Mar.-de-Lattre-de-Tassigny - 88100 St-Dié-des-Vosges - 📞 03 29 42 22 22 - www.ville-saintdie.fr - juil.-août : 9h-19h, j. fériés 10h-18h ; reste de l'année : 9h-12h, 14h-18h - fermé j. fériés.*
Office du tourisme du Pays des Abbayes – *18 pl. Dom-Calmet - 88210 Senones - 📞 03 29 57 91 03 - www.paysdesabbayes.com - juil.-août : 9h-12h, 14h-18h, dim. et j. fériés 10h-12h ; reste de l'année : tlj sf dim. 9h-12h, 14h-17h, sam. 10h-12h, 14h-17h, j. fériés 10h-12h - fermé 1er janv., 1er Mai, dim. de Pentecôte, 1er nov., 25 déc.*

SE REPÉRER

Plan de région B1 (p. 306) – carte Michelin Départements 314 J3. St-Dié est distant d'une trentaine de kilomètres au nord de Gérardmer, la ville est desservie par la N 59.

SE GARER

Parkings au centre-ville : quai Jeanne-d'Arc, r. d'Alsace et r. du 11-Novembre.

À NE PAS MANQUER

Les chapiteaux et les vitraux de la cathédrale de St-Dié, la papeterie Clairefontaine et les trois abbayes (Étival-Clairefontaine, Moyenmoutier, Senones).

ORGANISER SON TEMPS

La visite du musée Pierre-Noël suivra celle de la cathédrale : vous percevrez ainsi les correspondances entre la verrière moderne de la cathédrale et la collection d'œuvres de Bazaine, Manessier, etc. au musée.

À St-Dié-des-Vosges, on trouve un camp celtique vieux de plus de 4 000 ans, au milieu des montagnes de grès rouge couvertes de sapins, et une tour de la Liberté en forme de vaisseau spatial. Les environs de la ville recèlent également un beau jardin botanique, où l'on peut admirer, entre autres, azalées, rhododendrons et bruyères...

Se promener

★ Cathédrale St-Dié

Se renseigner à l'office du tourisme - ✆ 03 29 42 22 22 - gratuit.
Saint Dieudonné ou Déodat, évêque de Nevers selon la légende, moine irlandais en réalité, a fondé ici au 7e s. un monastère bénédictin. Dieudonné fut abrégé en Dié.
Deux tours carrées solennelles (18e s.) contrastent, sur le flanc sud, avec un beau portail roman. Dynamitées en novembre 1944, les voûtes et les parties orientales de la cathédrale ont été reconstruites à l'identique. La nef romane montre une alternance de piles fortes et faibles couronnées de **chapiteaux★** sculptés, du 12e s. Les doubleaux et voûtes de la nef sont du 13e s. Sur la colonne à droite de la croisée du transept, Vierge à l'Enfant, en pierre, du 14e s. Des vitraux de la fin du 13e s., dans la deuxième chapelle à gauche, racontent des épisodes de la vie de saint Déodat. La cathédrale s'est enrichie en 1987 d'un bel ensemble de **vitraux★** non figuratifs, réalisés par une équipe d'artistes animée par Jean Bazaine.

★ Cloître gothique

Se renseigner à l'office de tourisme - ✆ 03 29 42 22 22 - gratuit. Entre la cathédrale et l'église N.-D.-de-Galilée, et faisant communiquer ces deux édifices, cet ancien cloître de chanoines est demeuré inachevé depuis les 15e et 16e s. Admirez les baies flamboyantes donnant sur la cour et les voûtes en croisées d'ogives. À un contrefort de la galerie s'adosse une chaire extérieure du 15e s.

★ Église N.-D.-de-Galilée

Se renseigner à l'office de tourisme - ✆ 03 29 42 22 22 - gratuit. Très bel exemple de l'architecture romane de la Lorraine Sud : la façade est précédée d'un clocher-porche aux frustes chapiteaux. Dans la nef, les voûtes d'arêtes du 17e s. remplacent les croisées d'ogives du 12e s., dont on voit encore les départs en pointe.

Musée Pierre-Noël - Musée de la Vie dans les Hautes-Vosges

Pl. Georges Trimouille - ✆ 03 29 51 60 35 - ♿ - mai-oct. : tlj 10h-12h,14h-19h sf dim. apr.-midi ; reste de l'année : tlj 14h-18h sf merc. 10h-12h, 14h-18h. - fermé lun. et j. fériés - 1,50 € (0,50 € enf.).
Construit à l'emplacement de l'ancien palais épiscopal dont subsiste la porte d'entrée monumentale, il comprend des sections consacrées à l'archéologie (fouilles du site de la Bure), à l'ornithologie, à la forêt vosgienne, aux métiers

---

LA VILLE NATALE DE JULES FERRY
Jules Ferry (1832-1893) est né ici. Cet avocat et journaliste fut élu député des Vosges, puis occupa à plusieurs reprises le poste de ministre de l'Instruction publique. C'est pour cette fonction qu'il est passé à la postérité ; c'est lui, en effet, qui a rendu l'école primaire laïque, gratuite et obligatoire. Il s'est préoccupé ensuite de promouvoir l'expansion coloniale française, ce qui lui vaudra sa chute politique.

du bois et du textile, à l'agriculture et à l'élevage, à la faïence de l'Est et à la verrerie. Une vaste salle est consacrée à Jules Ferry et à sa famille : manuscrits, photographies, mobilier, peintures, armes d'Afrique et d'Asie. Collection militaire franco-allemande : vitrine évoquant René Fonck, as de l'aviation militaire pendant la guerre 1914-1918, né près de St-Dié. Collection Goll (art moderne).

Bibliothèque

11 r. St-Charles - ℰ 03 29 51 60 40 - www.ville-saintdie.fr - tlj mat. et apr. midi, fermé dim., lun., jeu. matin et j. fériés - gratuit.
Elle possède 230 000 ouvrages (!) dont 600 manuscrits et 140 incunables (premiers livres imprimés). Dans la salle du Trésor est présenté un exemplaire de la rarissime *Cosmographiae Introductio*. Cet ouvrage a été imprimé à St-Dié dans l'une des plus vieilles imprimeries du monde par le Gymnase vosgien (assemblée de savants). En 1507, le continent découvert par Christophe Colomb y fut, pour la première fois, dénommé America, en hommage au navigateur Amerigo Vespucci. Dans la bibliothèque, on trouve également un graduel enluminé (début 16ᵉ s.) comprenant des miniatures qui évoquent le travail dans les mines au Moyen Âge.

Tour de la Liberté

ℰ 03 29 55 45 04 - www.ville-saintdie.fr - possibilité de visite guidée - de Pâques à fin sept. : 10h-20, w.-end 14h-20h ; reste de l'année : 10h-18h, w.-end 14h-18h - fermé j. fériés - 2,30 €.
Érigé au jardin des Tuileries, à Paris, en 1989, cet édifice d'acier, de câbles et de verre a été rebâti ici l'année suivante. Il abrite une **collection de 52 bijoux** créés par Heger de Lœwenfeld d'après l'œuvre du peintre Georges Braque, un des inventeurs du cubisme. Un escalier en hélice conduit à un belvédère d'où la **vue** sur la ville et la ligne bleue des Vosges est magnifique.

À proximité

Camp celtique de la Bure

🚶 7,5 km, puis 45mn à pied AR. Quittez St-Dié au nord-ouest par la N 59. À 4 km, prenez à droite vers la Pêcherie puis, encore à droite, la route forestière de la Bure, et enfin, à gauche, la route forestière de la Crénée. Au col de la Crénée, laissez la voiture et gagnez par le sentier de crête l'entrée principale du camp.
Le site archéologique de la Bure a conservé les traces d'une occupation humaine remontant à quelque 2 000 ans av. J.-C. et n'ayant pris fin qu'au 4ᵉ s. de notre ère. Établi sur l'extrémité ouest (582 m) de la crête de la Bure, le camp celtique révèle une terrasse d'enceinte émergeant de 40 à 60 cm par endroits, épaisse de 2,25 m (3 pas gaulois). Dans le camp, on distingue trois bassins dont deux consacrés à des divinités gauloises (Taranis et déesses-mères), à côté d'un grand atelier sidérurgique. Deux enclumes de 11 kg et de 23,5 kg ont été découvertes ainsi que 450 kg de scories de fer. Le matériel archéologique mis au jour est exposé au musée de St-Dié-des-Vosges. Belles **vues★** *(table d'orientation)* à l'ouest sur la vallée de la Meurthe, au sud sur le bassin de St-Dié-des-Vosges.

Les jardins de Callunes

ℰ 03 29 58 94 94 - www.jardins-callunes.com - ♿ - de mi-avr. au 31 oct. : 10h-12h, 14h-18h, dim. et j. fériés 10h-18h - 7 € (-12 ans 3 €).
Ce parc paysager et botanique étale, sur 4 ha, 230 variétés de bruyères, des collections de rhododendrons, d'azalées, de plantes vivaces, d'érables. À voir en particulier au printemps et à l'automne.

Site de la Pierre d'Appel à Étival, près de Saint-Dié-des-Vosges.
Olivier.Fellmann / MICHELIN

Itinéraire conseillé

LE PAYS DES ABBAYES

43 km – environ 2h30. Quittez St-Dié au nord-ouest par la N 59.

Étival-Clairefontaine

Cette petite ville de la vallée de la Meurthe est située sur la Valdange, affluent de la Meurthe. Son nom est célèbre, au moins chez les petits écoliers… grâce aux papeteries qui y sont installées. Sur les bords de la rivière, on peut voir les restes du moulin à papier de Pajaille, qui date de 1512. Des éléments en grès des Vosges de l'ancienne abbaye, détruite par les révolutionnaires, forment l'architecture de plusieurs maisons d'habitation. Dans l'**église★**, la nef centrale et les bas-côtés sont de l'époque de transition du roman au gothique.

℘ 03 29 57 91 03 - www.paysdesabbayes.com - ♿ *- possibilité de visite guidée (1h30) sur RV - visite libre tte l'année ; juil.-août : merc. 10h30 visite guidée gratuite.*

Moyenmoutier

Le « monastère du milieu » est situé entre les abbayes d'Étival, de Senones et de St-Dié. De très vastes dimensions, l'**église** baroque, rebâtie au 18e s., est un des plus beaux monuments religieux de cette époque dans les Vosges. Malheureusement, les façades de l'église et des immenses bâtiments conventuels sont défigurées et rendues invisibles, en partie, par une usine.

Senones

Un amphithéâtre de montagnes boisées sert de cadre à cette petite ville qui fut, à partir de 1751, la capitale de la principauté de Salm, État souverain de 100 km² rattaché à la France en 1793. Elle possède encore quelques constructions princières : châteaux et hôtels particuliers du 18e s. L'escalier de pierre

(18ᵉ s.) de l'**ancienne abbaye**, orné d'une rampe de fer ouvré, menait à l'appartement que Voltaire habita lors de son séjour en 1754. Ce dernier se rendit en effet par deux fois à Senones pour visiter l'abbé Augustin Calmet (1672-1757), considéré comme le premier historien de la Lorraine, qui possédait ici 15 000 volumes. ℘ 03 29 57 91 03 - www.paysdesabbayes.com - *possibilité de visite guidée (mar. mat. en juil.-août, gratuit), s'adresser à l'office du tourisme du pays des Abbayes, à Senones.*

Quittez Senones par la D 424 au nord. Dans la Petite-Raon, à 2 km, prenez à gauche la D 49 qui s'engage dans le val de Senones, puis traversez Moussey. La route forestière qui succède à la D 49 suit la vallée encaissée et déserte du Rabodeau. Le **col de Prayé**, situé sur la crête des Vosges, marquait l'ancienne frontière allemande. On atteint le **col du Donon** *(voir massif du Donon)*.

😊 NOS ADRESSES À SAINT-DIÉ-DES-VOSGES

HÉBERGEMENT

PREMIER PRIX

Camping Vanne de Pierre – *À l'est de la ville par le quai du Stade, près de la Meurthe* - ℘ 03 29 56 23 56 - *www.vannedepierre.com - Ouv. tte l'année* - ♿ - *réserv. conseillée* - 118 empl. 28 €. Ce camping aménagé au bord de la Moselle bénéficie d'un bel environnement verdoyant, en plein cœur du massif vosgien, qui ravira les amateurs de randonnées et de nature. Blocs sanitaires entièrement modernisés et emplacements bien entretenus. Location de chalets et animations estivales.

Chambre d'hôte Le Bout du Chemin – *6 r. d'Hadremont* - 88580 Saulcy-sur-Meurthe - ℘ 03 29 50 90 13 - bourg.jean-claude@wanadoo.fr - 🅿 - 🚭 - 5 ch. 48 € 🍽. Les chambres de cette maison d'hôte, située tout près de St-Dié, possèdent une terrasse privative d'où vous pourrez observer les chevreuils et les écureuils. Le salon, avec cheminée et piano, et la véranda ouverte sur le parc sont deux atouts supplémentaires. Plusieurs restaurants dans le village.

BUDGET MOYEN

Ibis – *5 quai Jeanne d'Arc* - ℘ 03 29 42 24 22 - www.ibishotel.com - 58 ch. 59/85 € - 🍽 8 €. Sur les berges de la Meurthe, hôtel aux chambres petites mais optimisées, rénovées dans le style contemporain de la chaîne. Préférez celles côté rivière. Au restaurant, atmosphère de bistrot (bois dominant, esprit bar à bières) et petite carte ad hoc.

RESTAURATION

BUDGET MOYEN

Voyageurs – *22 r. Hellieule* - ℘ 03 29 56 21 56 - lesvoyageurs88@wanadoo.fr - *fermé dim. soir et lun. - formule déj. 17 € - 21/32 €.* Dans un cadre égayé de jaune, on se régale de plats traditionnels (desserts maison, produits frais scrupuleusement choisis). Courte carte de vins où l'Alsace figure en tête.

La Table de Manaïs – *64 r. d'Alsace* - ℘ 03 29 56 11 71 - *fermé dim. - formule déj. 16,50 € - 22/35 € - 10 ch. 47/50 €* 🍽 8,50 €. Alléchante carte classique renouvelée au fil des saisons. Décor apaisant aux tonalités claires pour cette table située dans une avenue commerçante. Petites chambres.

Pisciculture Ste-Odile – *27 r. Ste-Odile - 88480 Étival-Clairefontaine - ℘ 03 29 41 40 83 - tlj sf lun. 8h-13h, 15h-19h - fermé de mi-janv. à fin fév.* Élevage de truites arc-en-ciel et truites Fario, ombles chevaliers, brochets, anguilles, écrevisses, etc., ensuite déclinés en une infinité de recettes : terrine de truite royale aux mirabelles, mousse de truite aux herbes, filets de truite et d'anguille fumée… Prêt de matériel pour pêcher soi-même son poisson.

ACHATS

Papeteries de Clairefontaine – *19 r. de l'Abbaye - 88480 Étival-Clairefontaine - ℘ 03 29 42 42 42 - clarisse.cherrier@clairefontaine. com - se renseigner sur horaires d'ouverture. - fermé 15 juil.-1er sept.* Retrouvez l'odeur des cahiers d'écolier et découvrez les mille et une étapes de leur fabrication en suivant la visite guidée de cette papeterie réputée.

EN SOIRÉE

Billard's Club – *33 r. de la Prairie - ℘ 03 29 56 07 14 - tlj sf lun. sf fériés 17h-1h, vend.-dim. 15h-2h.* C'est l'un des établissements les plus fréquentés de la région pour moult bonnes raisons : 19 billards, 8 pools, 3 snookers, 1 français et un bar cossu qui s'anime en fin de semaine lors de concerts ou de soirées à thème. Son impressionnante carte comprend 150 cocktails aux fruits frais, 50 bières en bouteilles et 5 à la pression. Également, jeux d'échecs et club de fléchettes. Terrasse d'été.

AGENDA

Festival international de géographie – *1er w.-end d'oct. - ℘ 03 29 42 22 22 - www.fig-saintdie.com*
Relève de la garde des princes de Salm – *Certains dimanches matin en juil.-août, à Senones - ℘ 03 29 57 91 03 - www. paysdesabbayes.com*
Foire aux écrevisses – *Mi-juin, à Étival-Clairefontaine.*

Sainte-Marie-aux-Mines

5 604 Sainte-Mariens – Haut-Rhin (68)

> ☺ **NOS ADRESSES PAGE 356**

🛈 **S'INFORMER**

Office du tourisme du val d'Argent – *86 r. Wilson - 68160 Ste-Marie-aux-Mines - 📞 03 89 58 80 50 - www.valdargent.com - www.tellure.fr - 1ᵉʳ juin-25 sept. : 9h-12h, 14h-18h, j. fériés 10h-13h ; reste de l'année : 9h-18h - fermé dim., 1ᵉʳ janv., 1ᵉʳ Mai, lun. de Pentecôte, 1ᵉʳ nov., 11 Nov., 25 déc. Point info : Lieu-dit Tellure - La Petite Lièpvre - 68160 Ste-Marie-aux-Mines - 1ᵉʳ mars-fin des vac. de la Toussaint.*

Visite guidée de la ville – *📞 03 89 58 80 50 - Toute l'année, visites découvertes (1h30 env.) organisées dans le cadre du label Pays d'art et d'histoire du Val d'Argent. Programme disponible auprès de l'office de tourisme du Val d'Argent - 3 € (enf. gratuit).*

▶ **SE REPÉRER**

Plan de région C1 (p. 306) – carte Michelin Départements 315 H7. À 22 km à l'ouest de Sélestat, 32 km au nord-ouest de Colmar, 29 km à l'est de St-Dié-des-Vosges.

☺ **À NE PAS MANQUER**

La Maison de pays pour découvrir les industries qui ont fait la prospérité de la ville.

🕐 **ORGANISER SON TEMPS**

Si vous souhaitez visiter une mine (compter une demi-journée), téléphonez quelques jours à l'avance pour connaître les horaires de visite et vous inscrire.

👥 **AVEC LES ENFANTS**

La visite d'une mine, casqués, les pieds dans l'eau.

Façades Renaissance et tissus colorés vous accueillent dans cette petite ville située au milieu des sapins : ni charbon ni corons dans le paysage ! Les mines exploitées du 9ᵉ au 18ᵉ s. étaient d'argent, de plomb et de cuivre. Les manufactures de fil se sont reconverties en filatures de coton, puis la ville s'est spécialisée dans le tissage des lainages légers, du cachemire. Il y a vingt-cinq ans, Ste-Marie-aux-Mines vivait encore au rythme des métiers à tisser. La ville n'a rien effacé de son passé : fête des tissus, Carrefour européen du patchwork et foire aux minéraux sont là pour le rappeler.

Découvrir les mines

Ce sont des moines, dépendant du monastère de Moyenmoutier, qui auraient découvert les premiers filons d'argent au 9ᵉ s. et contribué ainsi au développement de la ville. Au Moyen Âge, le val d'Argent était un véritable eldorado européen où étaient exploitées plus de 300 mines, avec 300 km de galeries, entretenant une ruée vers l'argent dont la valeur était alors huit fois supérieure à celle d'aujourd'hui.

Maison de pays

Pl. du Prensureux - ℘ 03 89 58 56 67 - www.musees-valdargent.fr - possibilité de visite guidée - juin-sept. : 10h-13h, 14h-18h ; reste de l'année : tlj sf merc., dim. et j. fériés 10h-12h, 14h-18h - fermé janv., 25 déc. - 5,50 € (-18 ans 3 €).

Dans le **Musée minéralogique**, riche collection de minéraux d'origine vosgienne et d'ailleurs. Dans le **musée du Textile**, atelier où l'on peut suivre les étapes de la fabrication du tissu avec différents métiers à bras et mécaniques. Enfin, le **musée du Patrimoine minier** est consacré à l'histoire des mines et des techniques minières : reconstitution grandeur nature d'une galerie du 16e s.

Centre d'exploration des mondes souterrains de Tellure

Informations auprès de l'office de tourisme de Ste-Marie-aux-Mines. ℘ 03 89 58 80 50 - www.tellure.fr - mars-oct. : tlj 10h-19h - 12 € (-12 ans 9 €).

👥 Ouvert en 2009, le Centre d'exploration des mondes souterrains invite à la découverte d'une mine d'argent alsacienne. Une muséographie résolument moderne raconte, à travers des stations muséographiques, l'histoire des mineurs du 16e s. et les conséquences à la fois humaines, politiques et économiques de l'activité minière. La visite se poursuit par l'exploration d'une mine préservée depuis cinq siècles.

Mine St-Barthélemy

R. St-Louis - ℘ 03 89 58 72 28 - visite guidée (1h) - dernier dim. de juin.-31 août : 10h-12h, 14h-18h (15 juil.-15 août : 10h-18h)- 6 € (enf. 4 €) - possibilité de visite groupe : mai, juin et sept. : sur RV.

Après un commentaire sur l'historique des mines, on visite différentes galeries taillées au marteau et à la pointerolle par les mineurs au 16e s.

Mine St-Louis-Eisenthür

Visite guidée (3h) sur réservation auprès de l'ASEPAM, centre du patrimoine minier, 4 r. Weisgerber, 68160 Ste-Marie-aux-Mines - ℘ 03 89 58 62 11 - www.asepam. org ou à l'Office de tourisme - ℘ 03 89 58 80 50 - Prévoir des chaussures de marche et des vêtements chauds (bottes, imperméable et casque sont fournis) - 10 € (5-12 ans 5 €).

Panorama complet des sites miniers et des techniques utilisées au 16e s.

Mine Gabe-Gottes

Visite guidée (1h30) sur demande auprès de l'ASEPAM, Centre du patrimoine minier, 4 r. Weisgerber, 68160 Ste-Marie-aux-Mines - ℘ 03 89 58 62 11 - www.asepam. org ou à l'office de tourisme - ℘ 03 89 58 80 50 - 8 € (5-12 ans 4 €). Prévoir des chaussures de marche et des vêtements chauds (bottes, imperméable et casque sont fournis).

LE BERCEAU DES AMISH

En 1693, Jakob Amman, un anabaptiste expulsé de Suisse pour puritanisme excessif, se réfugie dans la vallée de Ste-Marie-aux-Mines et y fonde le mouvement amish, connu pour son austérité et son opposition à la civilisation moderne. Expulsés de France au début du 18e s., les amish se réfugièrent alors en Pennsylvanie, où la communauté prospère toujours.

La présence des amish à Ste-Marie ne fut pas étrangère à la naissance du patchwork. Les femmes fabriquaient des couvertures (quilts) avec des bouts de tissu qu'elles découpaient et assemblaient. Certains quilts sont de véritables œuvres d'art.

La visite de la mine Gabe-Gottes (« don de Dieu ») met en évidence l'évolution des techniques d'exploitation du 16e s. au 20e s. On distingue bien les galeries du 16e s., tout juste taillées pour le passage d'un homme à la pointerolle, à raison de 5 cm par jour, des galeries élargies à l'explosif au 18e s., puis au marteau-piqueur au 20e s. Au bout du parcours, on parvient au cœur de la mine : la salle du puits, qui suit la trajectoire verticale du filon de cuivre argentifère.

Sentier minier et botanique de Ste-Croix-aux-Mines

👣 2h30. À la sortie de Ste-Marie, 100 m avant le panneau « Les halles », départ du circuit sur la gauche de la route.

Le bois de St-Pierremont recelait de riches filons argentifères exploités au 16e s. Tout au long du parcours, des panneaux sur les arbres indiquent les essences de la forêt.

😊 NOS ADRESSES À SAINTE-MARIE-AUX-MINES

HÉBERGEMENT ET RESTAURATION

BUDGET MOYEN

Aux Mines d'Argent – 8 r. du Dr-Weisgerber - ℘ 03 89 58 55 75 - 14/32 € - 9 ch. 45/55 € - 🛏 6 €. Près de l'hôtel de ville, cette bâtisse du 16e s. attire par sa coquette façade fleurie. Une fois attablé dans la salle aménagée façon *winstub*, demandez la petite brochure qui vous contera l'histoire de la maison, avant de découvrir la cuisine du cru.

AGENDA

Carrefour européen du patchwork – Chaque année a lieu, en septembre, une exposition artistique consacrée au patchwork. Cours d'initiation et de perfectionnement au patchwork, conférences sur l'histoire amish et les techniques de patchwork, présentation de quilts anciens ou contemporains se déroulent dans 18 sites de la vallée : églises, villa Burrus, théâtre… ℘ 03 89 58 33 10 - www.patchwork-europe.com

Mode et Tissus – En mars et en octobre, cette fête présente des collections et met en vente des étoffes tissées en partie à Ste-Marie et des textiles plus variés, surtout destinés à la haute couture. Les artisans, créateurs et commerçants proposent des accessoires de mode. Plusieurs présentations de mode par jour dans le hall d'exposition « Val d'Argent expo ». ℘ 03 89 58 33 10. www.modetissus.com

Bourse internationale des minéraux, gemmes et fossiles – Cette Bourse pas comme les autres attire les passionnés du monde entier. *Dernier w.-end de juin* - ℘ 03 89 50 51 51 - www. euromineral.fr

Festival aux chandelles – À l'Ascension et en août - ℘ 03 89 58 80 50.

Festival C'est dans la vallée – Festival sous la direction artistique de Rodolphe Burger mêlant musique, cinéma et arts plastiques. *Dernier w.-end de mai* - ℘ 03 89 58 33 10 - www. cestdanslavallee.com

Col d'Urbeis

Vosges (88) et Bas-Rhin (67)

NOS ADRESSES PAGE 359

S'INFORMER
Office du tourisme du val de Villé – *5 pl. du Marché - 67220 Villé -* 03 88 57 11 69 *- www.ot-valdeville.fr - juil.-août : 9h-19h, dim. et j. fériés 10h-12h30 ; reste de l'année : tlj sf dim. et j. fériés 9h30-12h, 14h-17h.*

SE REPÉRER
Plan de région C1 (p. 306) – carte Michelin Départements 315 H7 . Par le col passe la limite départementale. Le col se situe entre St-Dié-des-Vosges et Sélestat.

À NE PAS MANQUER
La Maison du val de Villé à Albé.

Paradis absolu des randonneurs, entre Sélestat et St-Dié-des-Vosges, le col d'Urbeis tient lieu de carrefour entre les vallées de la Fave et du Giessen. Le Club vosgien balise et entretient des centaines de kilomètres d'itinéraires pédestres le long des crêtes et au plus profond des vallées encaissées. C'est l'occasion de se régaler de toutes sortes de baies sauvages, myrtilles et framboises, sans oublier de goûter les cerises et de rendre visite aux bouilleurs de kirsch du val de Villé.

Itinéraires conseillés

★ VALLÉES DE LA FAVE ET DU GIESSEN

22 km – environ 45mn.

Provenchères-sur-Fave
Cité au pied de l'Ormont, de part et d'autre de la rivière.
De Provenchères, la route suit la vallée de la Fave, serpente et bientôt pénètre sous bois pour atteindre le **col d'Urbeis** (602 m) qui s'ouvre dans la section affaissée de la chaîne vosgienne. Peu après, à droite, en contrebas, on peut voir une ancienne mine de cuivre gris argentifère.
À l'entrée d'Urbeis, étalée sur 2 km, en avant et à gauche, se dressent les ruines du château de Bilstein.
On descend la vallée du Giessen, la rivière d'Urbeis. Dans l'agglomération de Fouchy, laissez à droite la route du col de Fouchy.

Villé
Durement éprouvé en 1944, Villé n'a pu conserver que quelques jolies maisons des 16e et 18e s.

Maison du val de Villé
À Albé. 03 88 57 08 42 *- www.maisonduvaldeville.com - avr.-déc. : 10h-12h, 14h30-18h, w.-end et j. fériés 14h30-18h ; reste de l'année : 10h-12h, 14h-17h, w.-end et j. fériés 14h-17h - fermé 1er janv.-5 fév., lun., dim. de Pâques, 1er nov., 25 déc. - 3,35 € (-12 ans gratuit).*

Chaque pièce de cette ancienne ferme vosgienne (1709) a été meublée et décorée de façon à présenter la vie des habitants du val de Villé du 18ᵉ s. au début du 20ᵉ s. La visite se poursuit dans le musée (1878), de l'autre côté de la place ; il abrite des expositions temporaires.

ROUTE DU COL DE STEIGE

19 km – environ 2h. Relie le col d'Urbeis à la région du Hohwald.

Col d'Urbeis *(voir ci-dessus)*

★ Le Climont

🐌🚶 *1h30 à pied AR.* Le sommet du Climont (966 m) offre un beau point de vue. La tour d'observation a été construite en 1897 par le Club vosgien de Strasbourg. En médaillon, au-dessus de l'entrée, le président de l'époque, Jules Euting.

À la sortie nord du Climont, 300 m après l'église, une pancarte signale le sentier d'accès, qui s'amorce sur un carrefour, à gauche de la D 214.

Ce sentier, abrupt et étroit, souvent encombré par la végétation *(suivre le balisage : croix jaunes)* aboutit à un chemin forestier transversal que l'on prend à gauche.

Au carrefour proche du sommet, prenez le chemin en montée à droite.

On atteint le pied de la tour Euting qui se trouve sur le sommet boisé du Climont. Du haut de la tour *(78 marches)*, **point de vue★** sur les Vosges : à gauche, la vallée de la Bruche ; au nord, le Donon ; à droite, le Champ du Feu avec sa tour.

Col de Steige

Belle vue au sud-ouest sur le Climont.

Col de la Charbonnière *(voir Le Hohwald)*

★★ Champ du Feu *(voir Le Hohwald)*

★ ROUTE DU COL DE FOUCHY

13 km – environ 30mn. À Fouchy, prenez à droite la D 155.

La route du col de Fouchy fait communiquer les vallées de la rivière d'Urbeis et de la Liepvrette. Elle remonte le vallon de Noirceux et celui de Froide-Fontaine.

Col de Fouchy

Du col, belle vue sur le Champ du Feu, reconnaissable à sa tour, et sur les montagnes du Hohwald. La route suit le ravin de Pierreuse-Goutte et descend vers la vallée de la Liepvrette qu'elle atteint à Lièpvre, sur la route du col de Ste-Marie.

😊 NOS ADRESSES AU COL D'URBEIS

♿ Voir aussi nos adresses à Ste-Marie-aux-Mines et dans le Hohwald.

HÉBERGEMENT

PREMIER PRIX
Hôtel La Bonne Franquette – *6 pl. du Marché - 67220 Villé - ✆ 03 88 57 14 25 - www.hotel-bonne-franquette.com - fermé 1re sem. de juil. et vac. zone B Toussaint et fév. - 10 ch. 40/55 € - rest. 20/39 €.* Sur une placette du centre-ville, avenante auberge familiale abritant des chambres bien tenues, meublées dans le style rustique. La clientèle locale apprécie le restaurant pour ses petits plats traditionnels servis « à la bonne franquette »… Une adresse toute simple à prix raisonnables.

RESTAURATION

PREMIER PRIX
Auberge La Canardière – *24 chemin de Bourgogne - 88490 Provenchères-sur-Fave - ✆ 03 29 51 27 81 - aubergelacanardiere@wanadoo.fr - fermé dernière sem. d'août, lun. soir, mar. soir, merc. - 20/30 €.* Cette ancienne ferme vosgienne typique, judicieusement rénovée, vous fera découvrir, parmi tant d'autres recettes, les mille et une façons d'accommoder un canard : confits, filets, magrets poêlés, etc.

ACHATS

G.E. Massenez – *67220 Dieffenbach-au-Val - ✆ 03 88 85 62 86 - www.eaux-de-vie.com - tlj sf w.-end 8h-12h, 13h30-16h - fermé j. fériés.* Les eaux-de-vie Massenez symbolisent l'art de la distillation à la française, et dans la famille, cet art s'enseigne de père en fils depuis 1870. Outre les incontournables eaux-de-vie de framboise et de poire Williams, les vieilles liqueurs et fruits à l'eau-de-vie confortent la réputation de la maison, plusieurs fois primée.

Distillerie artisanale Nusbaumer – *23 Grand'Rue - 67220 Steige - ✆ 03 88 57 16 53 - www.jos-nusbaumer.com - tlj 9h-12h, 14h-18h30, sam. 10h-12h, 14h-18h ; nov.-Pâques : lun.-sam. 10h-12h, 14h-18h - fermé dernière sem. de janv. et le dim. de janv. à Pâques.* Les produits Nusbaumer sont présentés dans un véritable musée de l'art alsacien et lorrain renfermant notamment une collection d'objets de bouilleurs de cru et un superbe comptoir de vente. Eaux-de-vie de kirsch, poire et framboise, médaillées d'or au Concours général agricole.

AGENDA

Rêve d'une nuit d'été – Spectacle son et lumière *(les w.-ends de deuxième quinzaine de juillet). 17 €/8 € jusqu'à 14 ans. Réserv. ✆ 03 88 58 99 11.*

Région de Saverne et Vosges du Nord

6

Cartes Michelin Départements 307, 314 et 315 – Moselle (57), Bas-Rhin (67).

Verrier à Meisenthal.
J.C. Kanny / CDT Moselle

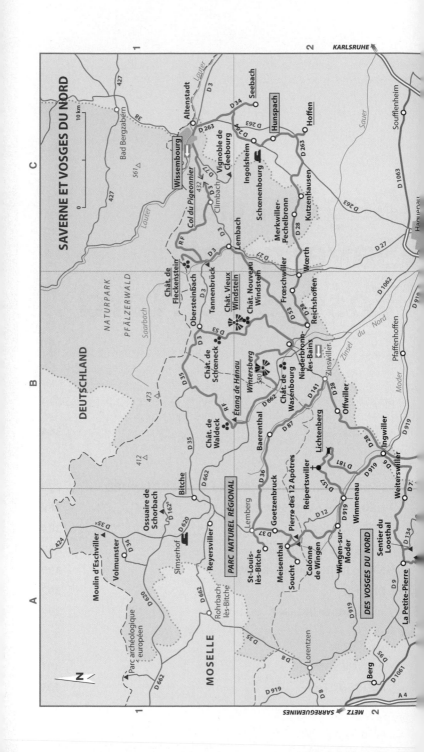

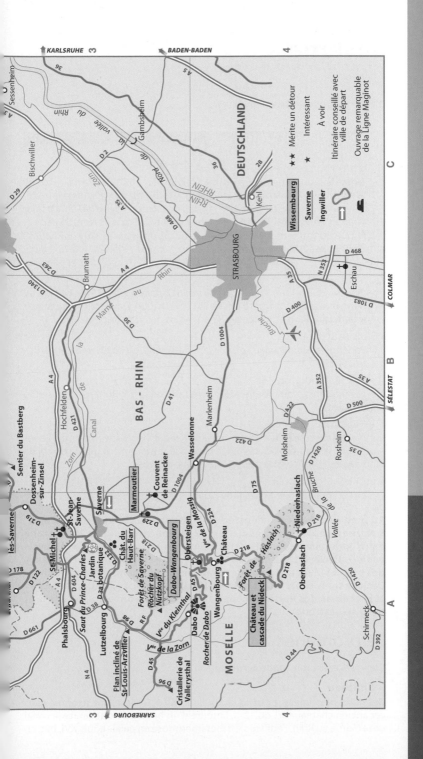

KARLSRUHE

BADEN-BADEN

★★ Mérite un détour

★ Intéressant

À voir

Itinéraire conseillé avec ville de départ

Ouvrage remarquable de la Ligne Maginot

Wissembourg

Saverne

Ingwiller

DEUTSCHLAND

Sessenheim

Bischwiller

D 29

Gambsheim

Vallée du Rhin

Zorn

Nord de

RHIN RHEIN

Kehl

STRASBOURG

D 468

Eschau

COLMAR

D 1083

D 263

Brumath

Rhin

au

Marne

la

de

Canal

BAS - RHIN

D 30

A 4

Hochfelden

D 421

Zorn

D 41

D 1004

Bruche

D 400

A 35

N 353

D 468

A 4

D 1340

Sentier du Bastberg

Dossenheim-sur-Zinsel

lès-Saverne

St-Jean-Saverne

Saverne

Marmoutier

Couvent de Reinacker

D 229

Wasselonne

Marlenheim

D 422

A 352

SÉLESTAT

D 500

Molsheim

D 422

Rosheim

D 35

D 1420

Bruche

D 219

D 122

St-Michel

Phalsbourg

D 604

D 178

Saut du Prince-Charles

Jardin botanique

Chât. du Haut-Barr

Forêt de Saverne

Rocher du Nutzkopf

D 218

Obersteigen

Vée de la Mossig

D 224

Château

D 75

D 218

Niederhaslach

Forêt de Haslach

D 218

Oberhaslach

D 218

D 1420

Vallée

de la

A 4

D 661

N 4

Lutzelbourg

Plan incliné de St-Louis-Arzviller

D 38

RF

86 a

Dabo-Wangenbourg

Vée du Kleinthal

D 45

Dabo

Rocher de Dabo

Wangenbourg

Château et cascade du Nideck

MOSELLE

Vée de la Zorn

D 45

96 a

Cristallerie de Vallerysthal

D 44

Schirmeck

D 392

SARREBOURG

Nideck

Saverne

11 907 Savernois – Bas-Rhin (67)

NOS ADRESSES PAGE 368

S'INFORMER

Office du tourisme de Saverne – *37 Grand'Rue - 67700 Saverne - 03 88 91 80 47 - www.ot-saverne.fr - mai-sept. : 9h30-12h, 14h-18h, dim. 10h-12h, 14h-17h (dim. et j. fériés 10h-12h, 14h-18h en juil.-août) ; reste de l'année : tlj sf dim. et j. fériés 10h-12h, 14h-18h - fermé 1ᵉʳ janv., 1ᵉʳ nov., 11 Nov., 25 déc.*
Office du tourisme de Phalsbourg – *30 pl. d'Armes - 57370 Phalsbourg - 03 87 24 42 42 - www.phalsbourg.com - avr.-sept. : 10h-12h, 14h-18h, (sam. 17h) ; reste de l'année : 10h-12h, 14h-17h - fermé 25-31 déc., dim. et j. fériés.*

SE REPÉRER

Plan de région A3 (p. 362) – carte Michelin Départements 315 I4. À 45 km au nord-ouest de Strasbourg par l'A 351 et la D 1004. Deux trains directs par jour depuis Paris et, grâce au TGV, à moins de 2h de la capitale.

SE GARER

Parkings en centre-ville : pl. du Gén.-de-Gaulle, pl. du Château et pl. des Dragons.

À NE PAS MANQUER

Les maisons à colombages de la ville, le château des Rohan et la roseraie en saison.

ORGANISER SON TEMPS

Mai et juin constituent la période idéale pour visiter Saverne : c'est l'époque de la floraison des orchidées sauvages au jardin botanique du col de Saverne ; c'est aussi la période de la Fête des roses.

AVEC LES ENFANTS

Le centre nautique L'Océanide *(voir le carnet d'adresses)*.

Au pied des Vosges, à l'entrée du passage qui conduit en Lorraine, Saverne a toujours bénéficié de sa position stratégique. Ville-étape dans l'Antiquité – elle était alors nommée Tres tabernae (« les trois tavernes ») – elle devint plus tard un prospère siège épiscopal sous l'influence des princes-évêques issus des maisons de Fürstenberg et de Rohan. L'écluse sur le canal de la Marne au Rhin, la friandise « Bouton de Rose » et le château des Rohan font de Saverne une cité ouverte, culturelle et riche en gastronomie.

Se promener

Commencez la promenade par le château.

★ Château

Des hôtes prestigieux, dont Louis XIV, Louis XV et Goethe, ont séjourné dans cet ancien château fort du 12ᵉ s. Entouré d'un beau parc que limite le canal de la Marne au Rhin, l'édifice s'est métamorphosé en palais Louis XVI, bâti en grès rouge. Incendié en 1779, il fut reconstruit par le cardinal Louis de Rohan (celui de l'affaire du collier de la reine), qui y vécut dans un faste prodigieux. De 1870 à 1944, il fut transformé en caserne. De la place du Général-de-Gaulle, on voit sa façade sud. Pour voir la **façade★★** nord, la plus belle, passer à droite du château après avoir franchi la grille.

Musée – 🕿 03 88 91 06 28 - ♿ - *15 juin-15 sept. : 10h-12h, 14h-18h ; reste de l'année : 14h-18h, w.-end et j. fériés 10h-12h, 14h-18h - fermé mar., 1ᵉʳ janv., Vend. saint, 1ᵉʳ Mai, 1ᵉʳ nov., 24 et 25 déc. - 2,60 € (-18 ans gratuit), Journées du patrimoine gratuit.*

Dans l'aile droite du château, le sous-sol abrite les collections archéologiques, surtout gallo-romaines. Le 2ᵉ étage est consacré à l'art et à l'histoire de Saverne : sculptures religieuses médiévales ; vestiges lapidaires et objets provenant des fouilles des châteaux forts environnants (Haut-Barr, Geroldseck, Wangenbourg) ; souvenirs des Rohan. À voir aussi, la donation Louise Weiss.

Prenez à gauche dans la Grand'Rue et traversez le canal. Remontez la rue du Griffon jusqu'à la Roseraie.

Roseraie

🕿 *03 88 71 21 33 - www.roseraie-saverne.fr - possibilité de visite guidée sur demande (7 j. av.) - 30 mai-15 sept. : 10h-19h - 2,50 € (-16 ans gratuit), Printemps des musées gratuit.*

8 500 rosiers de plus de 550 variétés y sont cultivés, en bordure de la Zorn. Le Concours international de roses nouvelles s'y déroule depuis 1923.

Revenez sur vos pas, remontez la Grand'Rue et engagez-vous à droite dans la rue Poincaré.

Ancien cloître des Récollets

Il s'ouvre à gauche de l'église des Récollets (franciscains réformés), édifiée par les frères d'Obersteigen en 1303. De style gothique, le cloître présente de belles arcades ogivales en grès rouge et, dans la 1ʳᵉ galerie à droite de l'entrée, une série de neuf peintures murales ajoutées en 1618 (restaurées). Le retable date de 1736.

Revenez dans la Grand'Rue.

★ Maisons anciennes

Les deux plus jolies maisons du 17ᵉ s. encadrent l'hôtel de ville. Remarquez la **maison Katz** à colombages, construite par Nicolas et Hans Faber pour Henri Katz, receveur général de l'évêché. Au n° 96 (à l'angle de la Grand'Rue et de la rue des Églises), la maison Mitterspach, du nom de son premier propriétaire, date de 1569.

Prenez à gauche la rue du Tribunal.

> ### UNE ROSE COMESTIBLE
> Pour perpétuer la roseraie de la ville, un jeune maître chocolatier a eu l'idée en 1995 de créer une spécialité : le Bouton de Rose de Saverne. C'est un petit bonbon au chocolat en forme de losange au sublime parfum de rose. Il se compose d'une gelée de rose surmontée d'un massepain, enrobé d'un chocolat noir, au goût amer et fruité. La gelée est obtenue à partir du pétale de la rose Luberon, choisie dans la roseraie pour son parfum et sa résistance. Le sablé à la rose, délicieux petit biscuit au beurre parsemé de pétales de roses non traitées, a été créé spécialement pour le centenaire de la roseraie.

Vieux château

Ancienne résidence des évêques aux 16ᵉ et 17ᵉ s., il abrite aujourd'hui la sous-préfecture. Une belle porte de style Renaissance orne la tour d'escalier. *Vous arrivez place de l'Église.*

Église N.-D.-de-la-Nativité

On y entre par un clocher-porche roman du 12ᵉ s. À l'intérieur, dans la nef du 16ᵉ s., trône une chaire de 1495, œuvre de Hans Hammer, maître d'œuvre de la cathédrale de Strasbourg. À gauche, dans un enfeu, on remarque un Christ au tombeau du 15ᵉ s. En haut du collatéral gauche, dans la chapelle du St-Sacrement, se trouvent une pietà du 16ᵉ s. et un grand bas-relief en bois peint et doré du 16ᵉ s. également, représentant l'Assomption. Les vitraux de la chapelle, datant des 14ᵉ, 15ᵉ et 16ᵉ s., illustrent l'Adoration des Mages, ainsi que des scènes de la Passion.

Dans le jardin attenant à l'église ont été rassemblés des vestiges de monuments funéraires gallo-romains et francs.

Poursuivez rue Dagobert-Fischer. Vous arrivez de nouveau Grand'Rue. Prenez à droite le quai du Château pour rejoindre le canal de la Marne au Rhin.

Flâner sur les quais du port de plaisance jusqu'à la capitainerie (de l'autre côté du canal) permet d'admirer toute la façade du château.

À proximité

Jardin botanique du col de Saverne

🚗 *3 km, puis 15mn à pied AR. Quitter Saverne par la D 1004. À 2,5 km, parking à droite de la route. Traverser la D 1004 et suivre le panneau indicateur. 🌐 03 88 91 21 00 - http://jardin-botanique-saverne.org - mai-août : 10h-18h ; avr. et sept. : w.-end et j. fériés 14h-18h - 2,50 € (-12 ans gratuit).*

Situé à 335 m d'altitude, dans une boucle formée par la route nationale, ce jardin de 2,5 ha réunit entre autres un arboretum, un alpinum, une petite tourbière avec des plantes insectivores et de nombreuses espèces de fougères. Aux mois de mai et de juin, floraison de 16 espèces d'orchidées poussant à l'état sauvage.

Saut du Prince-Charles

En sortant du parc botanique, continuer tout droit en forêt.

D'après la légende, un cavalier aurait sauté avec son cheval de ce rocher d'une dizaine de mètres de haut pour échapper à ses poursuivants. Le prince Charles qui a donné son nom à ce rocher pourrait être Charles IV, duc de Lorraine, qui a participé à la guerre de Trente Ans dans la région. De cette falaise de grès rouge, on a une jolie vue sur les contreforts des Vosges et la plaine d'Alsace.

★ Château du Haut-Barr

5 km au sud de Saverne– 30mn de visite.

Son panorama exceptionnel valut à la forteresse le surnom d'« Œil de l'Alsace ». Par temps clair, il est en effet possible d'apercevoir la flèche de la cathédrale de Strasbourg. Bâti au 12ᵉ s. sur trois gros rochers, ce château de grès rouge domine la vallée de la Zorn et la plaine d'Alsace. Il fut entièrement transformé au 16ᵉ s. par Jean de Manderscheidt, évêque de Strasbourg, qui y établit sa résidence. Il y fonda la « confrérie de la Corne », dont le rituel consistait à vider d'un trait une énorme corne d'aurochs remplie de vin d'Alsace !

Du portail d'entrée, une rampe pavée conduit à une porte derrière laquelle se trouvent à droite une chapelle romane restaurée et à gauche le restaurant du Haut-Barr. Au-delà de la chapelle, on accède à une plate-forme *(table*

> **LA RÉVOLTE DES RUSTAUDS**
> Liée à la réforme protestante et aux conditions économiques et sociales, la grande révolte paysanne du 16ᵉ s. est matée à Saverne. Le 16 mai 1525, les paysans sont assiégés par le duc de Lorraine ; ils consentent à se rendre moyennant leur vie sauve. Mais les soldats du duc les exterminent jusqu'au dernier. On estime entre 18 000 et 20 000 le nombre de morts.

d'orientation), d'où la **vue**★ s'étend sur Saverne, les coteaux du Kochersberg et, au loin, sur la Forêt-Noire. Par un escalier métallique *(64 marches)*, appliqué contre la paroi de grès, on peut atteindre un premier rocher. On revient devant le restaurant et, aussitôt après, on monte un escalier de 81 marches, cette fois pour atteindre un deuxième rocher relié par une passerelle, le « pont du Diable », à un troisième rocher. Là, la **vue**★★ est encore plus incroyable.

Télégraphe Claude-Chappe
À 200 m du château, au sud.
Il s'agit de la reconstitution d'une tour-relais du fameux télégraphe optique inventé en 1794 par le Sarthois Claude Chappe. Grâce à son procédé de « sémaphore mécanique », les informations ont circulé entre Paris et Strasbourg de 1798 à 1852. Un petit **musée** y est installé. *Rte du Haut-Barr - ☎ 03 88 52 98 99 - www.shpta.com - possibilité de visite guidée (40mn) - de déb. juin à mi-sept. : tlj sf lun. et mar. 13h-18h - 1,50 € (-14 ans 1,20 €), Journées du patrimoine gratuit.*

St-Jean-Saverne
5 km au nord de Saverne.
L'**église St-Jean-Baptiste** est le dernier vestige d'une abbaye bénédictine de femmes fondée au début du 12ᵉ s. par le comte Pierre de Lutzelbourg et dévastée successivement par les Armagnacs et les Suédois. À l'extérieur, elle est dominée par une tour ne datant que du 18ᵉ s., mais sous laquelle une porte romane offre des pentures en fer forgé remarquables. Remarquez à l'entrée du chœur les très beaux chapiteaux cubiques à feuillages stylisés.

★ Chapelle St-Michel
🚗🚶 2 km, puis 30mn à pied AR au départ de l'église St-Jean. Prendre la route du Mont-St-Michel qui s'élève en sous-bois puis, 1,5 km plus loin, un chemin à gauche à angle aigu.
Mai-sept : apr.-midi (si conditions climatiques bonnes) - reste de l'année : dim. apr.-midi - fermé déc.-fév.
La **chapelle** est contemporaine de l'abbaye de St-Jean-Saverne. Elle fut remaniée au 17ᵉ s. et restaurée en 1984 par le Club vosgien.
En prenant à droite de la chapelle, on atteint, à 50 m, l'extrémité du rocher, constituant une plate-forme d'où la **vue**★ *(table d'orientation)* est très étendue sur les coteaux d'Alsace et, au loin, sur la Forêt-Noire. La surface de cette plateforme est évidée circulairement et le trou ainsi formé est appelé « **École des Sorcières** ». La légende dit que des sorcières s'y rassemblaient la nuit pour se communiquer leurs maléfices.
Revenir à la chapelle.
Sur son flanc droit, descendre un escalier de 57 marches, puis suivre à gauche le chemin longeant le pied de la falaise. Il permet d'atteindre une grotte dont la paroi du fond communique avec l'extérieur par une étroite ouverture, le Trou des Sorcières.

Phalsbourg

11 km à l'ouest de Saverne.

Porte de France et **porte d'Allemagne**, voilà deux vivants témoins des fortifications que Vauban a apportées à la ville au 17ᵉ s.

Installé au 1ᵉʳ étage de l'hôtel de ville, ancien corps de garde de la forteresse (17ᵉ s.), le **Musée historique et Erckmann-Chatrian** consacre à l'histoire militaire de la cité une bonne partie de ses collections : uniformes français et étrangers, armes blanches et à feu. Des œuvres d'artistes locaux, des costumes traditionnels et des objets usuels font revivre les arts et traditions populaires de la contrée. D'intéressants documents retracent le cheminement littéraire d'Émile Erckmann (1822-1899), né à Phalsbourg, et d'Alexandre Chatrian (1826-1890). Ils ont écrit à quatre mains nombre de contes, de romans et d'œuvres dramatiques *(L'Ami Fritz, Histoire d'un conscrit de 1813…)*.

℘ 03 87 24 42 42 - juil.-août : 10h-12h, 14h-17h ; reste de l'année : tlj sf dim. et j. fériés 10h-12h, 14h-17h - 2 € (enf. 1 €), Journées du patrimoine gratuit.

🙂 NOS ADRESSES À SAVERNE

HÉBERGEMENT

POUR SE FAIRE PLAISIR

Hôtel Chez Jean – *3 r. de la Gare - ℘ 03 88 91 10 19 - www.chez-jean. com - 25 ch. 80/87 € - ⊑ 10 € - rest. formule déj. 13 € - 16/47 €.*
À deux pas du centre piétonnier, un établissement aux chambres claires et bien agencées, d'esprit alsacien : bois patiné, couettes et linge de qualité. Cuisine régionale servie dans une salle à manger habillée de boiseries.

Hôtel-restaurant Erckmann-Chatrian – *Pl. d'Armes - 57230 Phalsbourg - ℘ 03 87 24 31 33 - hotel. rest.e.chatrian@wanadoo.fr - 16 ch. 78 € - ⊑ 12 € - rest. 21/58 €.* Maison ancienne dont la façade fleurie ne manque pas de cachet. Les chambres, de bonnes dimensions, sont pourvues de meubles de style et parfois d'un coin-salon. Repas traditionnel à apprécier dans une salle aux boiseries sombres ou dans une ambiance brasserie.

RESTAURATION

PREMIER PRIX

Caveau de l'Escale – *10 quai du Canal - ℘ 03 88 91 12 23 - www.*
escale-saverne.fr - fermé 1ᵉʳquinz. juil., entre Noël et Nouvel An., 1 sem. fin oct., sam. midi, mar.soir, merc. - formule déj. 13 € - 13/30 €.
Cette maison discrète proche du canal et du point de départ des bateaux-péniches de location abrite un restaurant. Rejoignez sa cave voûtée et attablez-vous autour de plats régionaux, complétés le soir par un large choix de tartes flambées. Accueil cordial.

BUDGET MOYEN

Au Château du Haut Barr – *BP 88 - ℘ 03 88 91 17 61 - www. notrealsace.com/chateau-du-haut-barr - fermé 3 sem. en fév., 1 sem. fin nov., lun. et jeu. soir - ♿ - 🅿 - formule déj. 10 € - 20/44 €.* Cette construction de 1901, située dans l'enceinte même du château, s'apparente à un petit manoir dans lequel les gourmets sont à la noce. Grande salle de style médiéval agrémentée de fresques et généreux plats traditionnels à prix très serrés.

Zum Staeffele – *1 r. Poincaré - ℘ 03 88 91 63 94 - www.stasnet. com/staeffele.htm - Fermé 27 juil.-17 août, 22 déc.-3 janv., dim. soir, jeudi midi et merc. - 23/56 €.*

Cette maison en pierre des 18e et 19e s. située face au château des Rohan possède un intérieur soigné et orné de tableaux. Plats au goût du jour à base de beaux produits.

Kasbür – *8 r. de Dettwiller - 67700 Monswiller - ☏ 03 88 02 14 20 - www.restaurant-kasbur.fr - Fermé 20 juil.-10 août, 15-28 fév., dim. soir, merc. soir et lundi -* 🅿 *- 20/78 €*. Cette table de tradition familiale (1932) vous accueille dans une salle à manger contemporaine éclairée par une véranda. Un cadre séduisant pour une carte actuelle bien conçue.

ACTIVITÉS

👥 **L'Océanide** – *10 r. du Centre Nautique - ☏ 03 88 02 52 80 - http://oceanide.cc-saverne.fr - vac. scol. : 10h-20h, vend. 10h-21h, dim. juin 9h-19h - fermé j. fériés - 5 €.* Bien plus qu'une simple piscine, ce centre nautique compte plusieurs bassins, couverts ou non, avec toboggan en extérieur. Jacuzzi et espace « soins du corps » avec sauna et hammam.

Randonnées – 200 km de sentiers balisés par le Club vosgien ainsi que deux circuits thématiques (« circuit des 3 chapelles » et « circuit archéologique ») permettent de découvrir les richesses de la région.

VTT – Plusieurs circuits cyclo de longueurs variées (de 12 à 30 km) permettent de sillonner la région à vélo.

AGENDA

Fête des roses – Depuis 1923, chaque année ont lieu le Concours international des roses nouvelles et la très populaire Fête des roses (*3e dim. de juin*). *☏ 03 88 71 21 33 - www.roseraie-saverne.fr*

Festival de théâtre – *Fin juil. ☏ 03 87 24 42 42 - www.phalsbourg.com*

Parc naturel régional des Vosges du Nord

★★

Moselle (57) et Bas-Rhin (67)

😊 NOS ADRESSES PAGE 381

S'INFORMER

Maison du Parc naturel régional des Vosges du Nord – *R. du Château - 67290 La Petite Pierre - ☞ 03 88 01 49 59 - www.parc-vosges-nord.fr, www. ot-paysdelapetitepierre.com - fév.-déc. : tlj 10h-12h, 14h-18h - fermé mar., 24-25 et 31 déc.*

SE REPÉRER

Plan de région A2/3 B1/2 C1/2 (p. 362) – carte Michelin Départements 307 P/Q 4/5 et 315 I/J 2/3. Le Parc s'inscrit dans un triangle Wissembourg-Saverne-Volmunster délimité au nord par la frontière franco-allemande, au-delà de laquelle se situe le Parc naturel allemand du Palatinat, et au sud par l'A 4 Paris-Metz-Strasbourg. Sorties d'autoroute à Sarreguemines, Sarre-Union, Phalsbourg, Saverne et Hochfelden. Le GR 53 traverse le Parc.

À NE PAS MANQUER

Les maisons troglodytiques de Graufthal, les charmants villages de Hunspach et de Seebach, les ruines majestueuses des châteaux de Lichtenberg et Fleckenstein.

AVEC LES ENFANTS

Le château des énigmes et le P'tit Fleck, au Fleckenstein ; les amuse-musées (un week-end sur deux en saison, découverte ludique proposée dans chaque musée du parc ; *renseignements à la Maison du Parc de la Petite-Pierre*).

Les Gaulois appelaient les Vosges « la montagne des taureaux sauvages » (Vasagus). Aujourd'hui encore, dans le Parc naturel régional des Vosges du Nord, la faune est si dense qu'il n'est pas rare d'apercevoir cerfs, chevreuils, sangliers et gélinottes des bois. Côté paysage, vallées boisées, prairies, étangs, forêts de hêtres, de sapins, d'épicéas et d'érables seront le théâtre de vos plus belles randonnées. Dans cette nature préservée, l'homme a laissé sa trace, à travers des châteaux perchés, auréolés de mystère, et de beaux villages discrets.

Itinéraires conseillés

TRAVERSÉE DU PAYS DE HANAU

▶ *Pour visualiser ce circuit , reportez-vous au plan p. 372 – 125 km au départ de Saverne (voir ce nom) – environ 4h30.*
Peu après la sortie de Saverne par Ottersthal, la D 115, dans un virage à droite, traverse le vallon très frais de Muhlbach, puis passe sous l'autoroute.

RÉSERVE MONDIALE DE LA BIOSPHÈRE
Le Parc national des Vosges du Nord a été créé le 30 décembre 1975, à l'initiative des régions Alsace et Lorraine. En 1989, l'Unesco lui a décerné le titre prestigieux de « Réserve mondiale de la biosphère ». Le Parc s'est donné quatre grands objectifs : aménager son territoire et maîtriser l'évolution du paysage ; protéger et mettre en valeur les patrimoines naturel et culturel ; assurer un développement respectueux de l'environnement ; informer et éduquer le public.

St-Jean-Saverne *(voir Saverne)*
Peu après St-Jean-Saverne, on distingue à droite, sur une hauteur boisée dominant Saverne, les **ruines du Haut-Barr★** *(voir Saverne)* ; plus à droite, au sommet du versant opposé de la vallée de la Zorn, les ruines du château du Griffon.
Prenez à gauche en direction de Dossenheim-sur-Zinsel.

Dossenheim-sur-Zinsel
Nº 80 cour de l'Église.
Le **site d'interprétation du refuge fortifié** permet de comprendre pourquoi et comment, au Moyen Âge, les paysans construisirent autour de l'église un épais mur d'enceinte auquel ils adossèrent des habitations. Les pièces trapézoïdales du sous-sol leur servaient de réserve ou de refuge lors des guerres féodales. *℘ 03 88 70 00 04 - www.dossenheim-sur-zinsel.fr - possibilité de visite guidée sur demande - avr.-oct. : dim. et j. fériés 14h-18h (14 Juil.-15 août : tlj sf mar. 14h-18h) - 1,50 € (-16 ans gratuit).*

★ Neuwiller-lès-Saverne *(voir ce nom)*

Bouxwiller *(voir ce nom)*
On peut couper par Niedersoultzbach pour atteindre Ingwiller.

Ingwiller
Dans cette ville, sentier botanique et poétique du Seelberg *(2h).* Se renseigner à l'office de tourisme du Pays de Hanau et du Val de Moder : *℘ 03 88 89 23 45 - www.tourisme.pays-de-hanau.com*
En prenant la D 28 à la sortie d'Ingwiller, on traverse Rothbach, Offwiller et Zinswiller.

Offwiller
Arrêtez-vous au **musée d'Arts et Traditions populaires** pour découvrir le charme rural et culturel de la région. *℘ 03 88 89 31 31 - visite guidée (1h) uniquement sur demande préalable à la mairie juin-sept. : dim. 14h-18h - 2 € (enf. 1 €).*
Prenez la D 141 qui longe la Zinsel du Nord entre la forêt d'Offwiller et celle de Niederbronn. À droite en forêt, près du GR 53, ruines du château d'Arnsbourg.

Baerenthal
Charmant village, sur la rive gauche de la **Zinsel**. Sur la rive nord, un mirador permet d'observer l'avifaune (au printemps ou en automne pour les oiseaux migrateurs).
On peut faire le tour de l'étang de Baerenthal, réserve naturelle dont la flore est très riche.
La route de Baerenthal à Mouterhouse était jalonnée de nombreuses usines métallurgiques, aujourd'hui presque entièrement disparues, installées au début du 19e s. par la famille de Dietrich. La Zinsel s'élargit souvent en

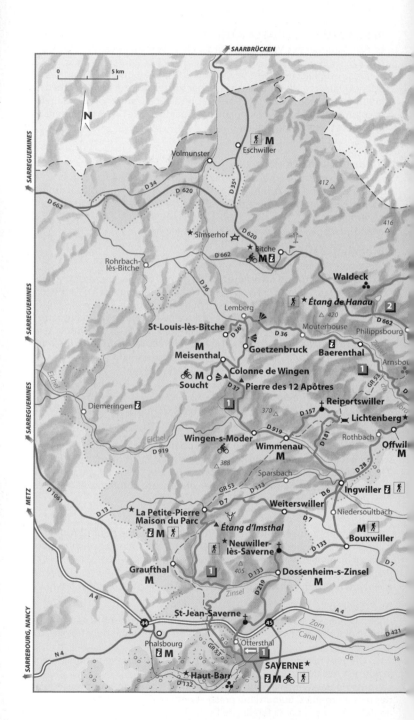

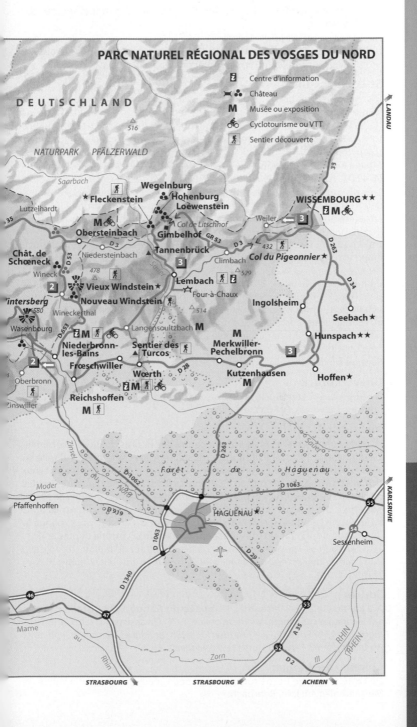

PARC NATUREL RÉGIONAL DES VOSGES DU NORD

- **i** Centre d'information
- **Château**
- **M** Musée ou exposition
- **Cyclotourisme ou VTT**
- **Sentier découverte**

DEUTSCHLAND

NATURPARK PFÄLZERWALD

Saarbach

LANDAU

516

Lutzelhardt

★ Fleckenstein

Wegelnburg
Hohenburg
Loèwenstein

WISSEMBOURG ★★
i M

Weiler

M

Oberterbach

Col de Litschhof

Gimbelhof

Chât. de Schœneck

Wineck

Niedersteinbach

Tannenbrück

GR 53

Col du Pigeonnier ★

Climbach

529

2

478

Vieux Windstein ★

Lembach

i

intersberg

580

Nouveau Windstein

Four-à-Chaux

514

Ingolsheim

Seebach ★

Wineckerthal

Wasenbourg

i M

Langensoultzbach

M

Hunspach ★★

Niederbronn-les-Bains

Sentier des Turcos

M
Merkwiller-Pechelbronn

3

Hoffen ★

Oberbronn

Froeschwiller

2

Wœrth

Kutzenhausen
M

Reichshoffen

i M

D 28

Zinswiller

M

Moder

Forêt de Haguenau

D 1063

Pfaffenhoffen

D 919

KARLSRUHE

55

HAGUENAU ★

54

Sessenheim

46

47

D 29

53

A 35

RHIN

Marne

au

Rhin

Zorn

52

D 2

Ill

RHIN

STRASBOURG   STRASBOURG   ACHERN

nappes d'eau, fleuries de nénuphars. Belle vue sur des monts séparés par de jolies trouées.

Continuez sur la D 36 jusqu'à Lemberg.

À droite, vue sur les hauteurs de la forêt de Mouterhouse. On côtoie le ruisseau Breitenbach, qui s'élargit fréquemment en étangs bordés de scieries.

St-Louis-lès-Bitche

Rien ne laisse imaginer, quand on arrive à St-Louis-lès-Bitche, que ce petit village isolé dans une vallée boisée est la patrie des célèbres **cristalleries** de St-Louis fondées en 1767. Ces anciennes verreries royales ont acquis une renommée internationale dans la production d'articles de table et d'ornementation.

Musée du Cristal St-Louis★ – *R. Coëtlosquet - 57620 St-Louis-les-Bitche - ℘ 03 87 06 40 04 - &. - tlj sf mar. 10h-18h - fermé 1er janv., 25 déc. - 6 € (-18 ans 3 €)*

Très discret à l'extérieur, le musée créé par les architectes Lipsky et Rollet séduit d'emblée grâce au jeu subtil des transparences et de la lumière. Organisé autour d'un vaste espace central ouvert sur les vestiges d'un four, éclairé par de superbes lustres de cristal, un parcours thématique et chronologique s'élève en pente douce sur quatre niveaux. Il fait revivre grâce à une magnifique collection d'objets et à de petites vidéos didactiques les grandes heures et les exploits techniques de la cristallerie : maîtrise de la technique du cristal en 1781, puis de la couleur dans la masse, les opalines de cristal, les boules à millefiori (presse-papiers à décor floral), la gravure, la taille, etc. Après l'âge d'or du 19e s., l'activité et la créativité sont toujours au rendez-vous, comme vous pourrez le constater de la passerelle qui surplombe l'atelier ou au dernier niveau consacré aux œuvres contemporaines. Boutique.

Revenez sur la D 37.

Goetzenbruck

On trouve à Goetzenbruck, spécialiste de l'industrie du verre, une importante fabrique de verres de lunettes.

Meisenthal

Haut lieu de la verrerie, Meisenthal a connu des heures de gloire avec Émile Gallé à la fin du 19e s. L'activité aurait pu disparaître avec la fermeture du site en 1969, mais des passionnés l'ont relancée en créant en 1993 le **Centre international verrier**. Ce lieu de recherche a repris la fabrication des fameuses boules de Noël de Goetzenbruck et propose au public des démonstrations de travail du verre. L'ancienne verrerie accueille aussi un spectaculaire hall d'expositions temporaires et un musée, la **Maison du verre et du cristal**, qui explique la fabrication (fours, film) et présente des produits de la verrerie depuis le 18e s. *℘ 03 87 96 91 51 - possibilité de visite guidée (1h30) sur demande - de déb. avr. au 31 oct. : 14h-18h ; reste de l'année : 14h-17h - fermé janv.-fév., 1er janv., 1er nov., 11 Nov., 25 déc. - 6 € (-16 ans 3 €).*

Soucht

À 2 km au-delà de Meisenthal, le **musée du Sabot** a été installé dans un ancien atelier qui fonctionnait encore en 1978. On assiste à la fabrication des pièces. *℘ 03 87 96 86 97 - &. - juil.-août : 14h-18h ; de Pâques à fin juin et sept.-nov. : w.-end et j. fériés 14h-19h - tarif : se renseigner.*

Colonne de Wingen

De cette ancienne borne routière, vue dégagée à gauche sur la vallée de Meisenthal et, au loin, Rohrbach.

Pierre des Douze Apôtres.
Olivier Fellmann / MICHELIN

Pierre des Douze Apôtres

Appelée également Breitenstein, cette « pierre levée » ne fut sculptée qu'à la fin du 18e s., en exécution d'un vœu : sous la croix, on reconnaît les 12 apôtres, répartis, trois par trois, sur les faces du menhir.

À **Wingen-sur-Moder**, un musée de l'Imaginaire Lalique devrait ouvrir en 2010.

Le village de **Wimmenau**, à l'instar d'autres villages de la vallée de la Moder, fut peuplé d'immigrants suisses après la guerre de Trente Ans, comme en témoigne la **Maison de l'histoire et des traditions de Haute-Moder**.

Tournez à gauche pour prendre la D 157.

Reiperstwiller

Clocher carré du 12e s. pour l'**église St-Jacques**. Le chœur de style gothique de 1480 est dû au dernier des Lichtenberg, Jacques le Barbu.

★ Château de Lichtenberg

Suivez le prolongement de la rue principale de Lichtenberg (D 257) jusqu'au sentier d'accès au château, où laisser la voiture. www.chateaudelichtenberg.com - juin-août : 10h-18h, lun. 13h30-18h ; avr.-mai et sept.-oct. : 10h-12h, 13h30-18h, lun. 13h30-18h, w.-end de Pâques 10h-18h ; w.-ends de mars et 2-11 Nov. : 13h-17h - dernière entrée 30mn av. fermeture - 3,50 € (6-16 ans 2,50 €).

Ce château, attesté dès le début du 13e s., a beaucoup changé au cours de l'histoire. Bâti sur un promontoire rocheux (414 m), il est d'abord la résidence des sires de Lichtenberg, puis, à la fin du 16e s., Philippe IV de Hanau-Lichtenberg passe commande auprès de l'architecte Daniel Specklin pour faire du château une forteresse de défense adaptée aux progrès de l'artillerie, sans pour autant lésiner sur la décoration Renaissance. Le corps de garde et la demi-lune de l'entrée témoignent de ce passé militaire. Pris par les troupes du maréchal de Créqui, sous les ordres de Louis XIV, lors de la guerre de Hollande en 1678, le château est alors intégré au dispositif de défense des nouvelles frontières du royaume de France. Légèrement remanié par Vauban et habité par une garnison, il tient le choc jusqu'au 9 août 1870, où il est violemment bombardé. Les travaux de restauration entrepris en 1993 ont dépassé la simple restitution historique : on reconnaît bien la griffe du 20e s. dans l'auditorium en porte-à-faux qui complète l'arsenal du 17e s. *Rendez-vous à Ingwiller par la D 919, puis empruntez la D 6 en direction de Bouxwiller. Après Obersoultzbach, tournez à droite sur la D 7 vers La Petite-Pierre.*

Weiterswiller

Le petit village possède deux églises. La plus ancienne, du 14e s., devint protestante dès le 16e s. Les belles **fresques★** du 15e s., couvertes d'un badigeon, ne furent retrouvées qu'en 1906. Sur la gauche, on distingue à peine la Création, avec une main tendue vers le fruit défendu. À droite, les scènes de la Passion sont reconnaissables. *℘ 03 88 89 47 50 - visite guidée mai-sept. : dim. et j. fériés 14h30-18h - reste de l'année sur demande au ℘ 03 88 89 52 34 (M. Léon Fernbach) ou au ℘ 03 88 89 27 45 (M. André Dorschner).*

★ La Petite-Pierre *(voir ce nom)*

Étang d'Imsthal

Le chemin qui y mène s'embranche sur la D 178 à 2,5 km de La Petite-Pierre.
But de promenade reposant, au fond d'un bassin de prairies entourées de forêts.

Graufthal

Dans ce hameau de la vallée de la Zinsel, on visite des **maisons troglodytiques** creusées dans de belles falaises de grès rouge (70 m), habitées jusqu'en 1958. *℘ 03 88 70 17 70 - juil.-août : tlj 14h-18h ; de Pâques à fin juin et sept. : dim. et j. fériés 14h-18h - possibilité de visite guidée - 2 € (enf. gratuit).*

LES CHÂTEAUX

◖ *Pour visualiser ce circuit ②, reportez-vous au plan p. 372 - 54 km au départ de Niederbronn-les-Bains (voir ce nom) – environ 2h.*
Aux confins des zones d'influence du Palatinat, de l'Alsace et de la Lorraine, dans le « pays des Trois Frontières », presque chaque piton rocheux porte la ruine d'un vieux château médiéval. Construits au 12e s. et dans la première moitié du 13e s. par les très puissants Hohenstaufen, ducs d'Alsace, ou par les familles nobles qui contestaient leur pouvoir (ducs de Lorraine, comtes des Deux-Ponts, évêques de Spire ou de Strasbourg…), ces châteaux ont été détruits et abandonnés avant le 18e s.
Quittez la ville en direction de Philippsbourg. En face des ruines du château de Wasenbourg, sur la D 1062, prenez à droite, puis à gauche par la route forestière.

Le Wintersberg

C'est le point culminant des Vosges du Nord (580 m). Du haut de la tour-signal *(112 marches)*, très beau **panorama★★** sur les Basses-Vosges et la plaine.
La boucle forestière de 6,5 km revient sur la D 1062. Atteignez l'étang de Hanau par l'embranchement à droite à 3 km.

★ Étang de Hanau

Au cœur d'une région de tourbières, ce lac de 18 ha est aménagé pour les loisirs nautiques (baignade surveillée, barques, pédalos). De l'autre côté de l'étang, **château de Waldeck**. ⟜ Deux parcours pédestres fléchés partent à la hauteur de l'étang de Hanau : le **sentier botanique de la tourbière** *(accès* *à 300 m à gauche du parking du restaurant sur la D 162, départ depuis l'aire de pique-nique située au-delà des terrains de tennis, durée 45mn)* et la **promenade de l'arche naturelle d'Erbsenfelsen** *(accès à partir du parking du restaurant, suivre le balisage n° 3 bleu, en passant derrière les courts de tennis, durée 1h30). Suivez la route forestière entre l'étang et le château jusqu'à la D 35 qui mène à Obersteinbach. Au passage, ruines du Lutzelhardt sur la gauche.*

Obersteinbach

Joli village aux maisons à colombages sur base de grès rouge. À la **Maison des châteaux forts**, explications sur l'histoire des châteaux, leurs accès, leurs maîtres. 📞 03 88 09 50 65 - avr.-nov. : w.-end et j. fériés 10h-12h, 14h-18h - 2 € (enf. 1 €).

Peu avant l'entrée du village, la D 53, sur la droite, reprend le chemin de ce qui fut l'une des principales routes de la région durant le Haut Moyen Âge. Plusieurs des ruines qui la surplombent ont appartenu vraisemblablement à la couronne de forteresses mise en place pour protéger le palais impérial de Haguenau, fin 12e s.

Château de Schœneck

Érigé sur une barre rocheuse, le château fut donné en fief à un Lichtenberg en 1301, par son récent acquéreur, l'évêque de Strasbourg ; la même famille tenait également Wineck, qui lui fait face au fond de la vallée.
À Wineckerthal, prenez à gauche.

Châteaux de Windstein

Parc de stationnement au terminus de la branche gauche de la route, devant l'hôtel-restaurant Aux Châteaux.

Les deux châteaux de Windstein, distants de 500 m l'un de l'autre, auraient été bâtis le premier à la fin du 12e s., le second en 1340. Tous deux ont été détruits en 1676 par les troupes françaises du baron de Montclar.

Les ruines du **Vieux Windstein★** *(🚶 45mn à pied AR)*, incorporées à deux hautes piles gréseuses, se réduisent à quelques vestiges. Les parties du château creusées à même la roche sont les mieux conservées : escaliers, chambres, cachots, puits (profond de 41 m). **Panorama★** sur les sommets environnants.

Sur sa propre butte, le **Nouveau Windstein** *(🚶 30mn à pied AR)*, de style gothique, a gardé une partie de ses fortifications et de belles fenêtres ogivales.
Retour à Niederbronn par la D 653.

UNE FRONTIÈRE BIEN GARDÉE

▶ *Pour visualiser ce circuit* 3*, reportez-vous au plan p. 372 – 42 km au départ de Wissembourg (voir ce nom) – comptez une demi-journée.*

★ Col du Pigeonnier

🚶 *30mn à pied AR. Accès à droite de la route. Empruntez le sentier de la Schérol (balisage « rond rouge ») à travers la forêt, au-dessus du refuge du Club vosgien.* Un belvédère permet de découvrir une **vue★** superbe sur la plaine d'Alsace et la Forêt-Noire.

Retour par le même chemin ou possibilité de faire le tour de la Schérol par la forêt pour revenir au col (compter 15mn de plus).

Au cours de la descente, au sortir de la forêt, à gauche, jolie vue sur Weiler et la vallée verdoyante de la Lauter. Après avoir passé un carrefour, vue en avant sur Wissembourg et, derrière, sur le vignoble ; dans le lointain, on distingue le Palatinat.

Reprenez la D 3 jusqu'à Climbach, tournez à droite dans le village. On franchit le col de Litschhof.

★ Château de Fleckenstein

📞 03 88 94 28 52 - www.fleckenstein.fr - possibilité de visite guidée sur demande - 20 mars-7 nov. : 10h-17h30 ; 26-31 déc. : 12h-16h ; 2 janv.- 19 mars : dim. 12h-16h - fermé 8 nov.-25 déc., 1er janv., 11 Nov., 25 déc. - 2,50 €(-18 ans 2 €), Journées du patrimoine gratuit.

À sa fondation au 12e s., ce château s'inscrivait dans le dispositif défensif des frontières nord du duché d'Alsace, contrôlant la vallée de la Sauer. Des murs d'enceinte cernent la basse cour, où l'on pénètre par une porte fortifiée. En approchant du rocher principal, on aperçoit l'impressionnante tour carrée qui lui fut accolée à la fin de l'époque gothique. Des escaliers intérieurs *(attention aux marches)* conduisent à plusieurs chambres taillées dans le roc, dont l'étonnante salle des Chevaliers et son pilier central monolithe, puis à la plateforme, large de 8 m, où se trouvait le logis seigneurial ; jolie **vue** sur la haute vallée de la Sauer et son confluent avec le Steinbach.

👪 En face de l'accueil, chez le **P'tit Fleck** (espace ludique grès et forêt), les enfants de 4 à 12 ans sont invités à découvrir la nature et le patrimoine vosgiens. On peut se suspendre à l'envers comme les chauves-souris, construire un puits à l'aide d'un treuil ou reconnaître des arbres… Dans le château, le parcours « **Le château des énigmes** » est ponctué d'une vingtaine de jeux à travers la forêt et dans les « pièces secrètes » du château. Qui parviendra à consoler Edwige ?

📞 03 88 94 28 52 - www.chateau-enigmes.com - de Pâques à la Toussaint : 10h-18h (juil.-août 18h30) (dernière vente de billets 15h) - 9,50 € (-4-18 ans 7,50 €).

Tour des quatre châteaux forts

🥾 *Départ du parking au pied du Fleckenstein. 4 km. Comptez environ 2h. Engagez-vous sur le chemin balisé d'un rectangle rouge, puis après quelques mètres à droite dans le sentier des Rochers (triangle rouge) qui conduit à la fontaine de la Jeune Fille.* Selon la légende, cette fontaine fut le théâtre d'un amour malheureux entre un chevalier du Wegelnburg et une demoiselle du Hohenburg. *Tournez à gauche (rectangle bleu).*

Après avoir franchi la frontière avec l'Allemagne, on atteint le **Wegelnburg**, forteresse impériale qui, devenue repaire de brigands, fut en grande partie détruite vers la fin du 13e s. Vue remarquable sur le Palatinat. Revenez vers la fontaine de la Jeune Fille, continuez tout droit *(rectangle rouge)* vers le **Hohenburg**, fief des Fleckenstein détruit en 1680, dont la partie basse Renaissance a conservé un puissant bastion d'artillerie et le logis seigneurial. Par le même chemin poursuivi vers le sud, on accède au **Loewenstein**, détruit en 1386 après avoir lui aussi servi de repaire à des chevaliers-brigands. Le même sentier balisé d'un rectangle rouge passe devant un curieux chicot de grès rouge (le Krappenfels) et mène à la ferme de Gimbel *(ferme-auberge, restauration en saison)*. Superbe **point de vue** sur le château du Fleckenstein.

👪 À l'emplacement de l'ancien château de **Gimbelhof**, aire de jeux médiévale.

Retour au parking par le chemin à droite (rectangle rouge-blanc-rouge).

Tannenbrück

Là, on franchit la Sauer. Le pont fut rendu célèbre par les combats livrés en 1793 par l'armée de la Moselle, que commandait Hoche.

Lembach

Petite ville ornée de bâtisses anciennes : maisons bourgeoises, lavoirs, auberges. Un circuit panoramique *(dép. de la mairie ; durée 1h)* permet de découvrir les alentours et de s'initier au paysage, à la géologie et aux milieux vivants comme les vergers et les haies. À 1 km de Lembach, sur la route de Wœrth, à gauche, se trouve l'accès à l'ouvrage du **Four à Chaux** (voir ligne Maginot).

À Lembach, prenez à droite la petite route longeant la Sauer, direction Reichshoffen.

On traverse des villages que la guerre de 1870 a rendus célèbres : Reichshoffen, Frœschwiller et Wœrth. Au bord de la route, de nombreux monuments commémorent le sacrifice des combattants français et allemands.

Reichshoffen

À cause de la dépêche envoyée par Mac-Mahon pour annoncer la défaite, Reichshoffen a eu le triste et glorieux privilège de donner son nom à l'héroïque charge de cuirassiers venue se briser dans le village de Morsbronn le 6 août 1870.

Le **musée du Fer** retrace l'histoire des mines et forges du Jaegerthal depuis le 14e s. Le château De Dietrich, fin 18e s., est un des souvenirs de son essor industriel précoce. *9 r. Jeanne-d'Arc - ℘ 03 88 80 34 49 - juin-sept. : tlj sf mar. 14h-18h - 2,50 € (-14 ans gratuit).*

Frœschwiller

Charmant village alsacien où eut lieu l'assaut définitif de la bataille. Si le nom de « bataille de Reichshoffen » est passé dans l'histoire de France, elle est pour l'armée française celle de Frœschwiller, et celle de Wœrth pour les Allemands.

Wœrth

Au château est installé le **musée de la Bataille du 6 août 1870** : uniformes, armes, équipements, documents et tableaux relatifs aux deux armées en présence lors de la bataille de Wœrth-Frœschwiller. Un grand diaporama évoque la bataille à l'aide de 4 000 figurines d'étain. *℘ 03 88 09 40 96 - www. cheminsdememoire.gouv.fr - ﹠ - juil.-août, vac. scol. de printemps et d'automne : tlj sf mar. 10h-12h, 14h-18h ; avr.-juin et sept.-oct. : tlj sf mar. 14h-17h (1er-15 juin et 1er-15 sept. 18h) ; fév.-mars et nov.-déc. : w.-end 14h-17h - fermé janv. et 25 déc. - 3,50 € (-15 ans 2,70 €).*

Sentier des Turcos

Départ quelques mètres après l'usine Star-Auto, sur la gauche, à la sortie de Wœrth vers Lembach.

Ce circuit pédestre de 2 km *(assez difficile)*, jalonné de panneaux explicatifs, évoque les faits marquants de la bataille du 6 août 1870. En prenant la direction d'Elsasshausen on peut aussi suivre, en voiture, le circuit du champ de bataille principal. À noter, les divers monuments construits après 1870 par les régiments provenant de différents États allemands.

Merkwiller-Pechelbronn

C'est le centre du bassin pétrolifère du nord de l'Alsace dont l'exploitation s'est arrêtée en 1970. L'activité de Merkwiller-Pechelbronn s'est alors orientée vers le thermalisme. Le **musée français du Pétrole** raconte l'histoire de l'or noir en Alsace depuis 1498 et propose une visite guidée de sites en extérieur *(circuit pédestre ; 2h)*. *℘ 03 88 80 91 08 - www. musee-du-petrole. com - possibilité de visite guidée -1h30) - avr.-oct. : jeu., dim. et j. fériés 14h30-18h - 4 € (-10 ans gratuit) - Circuits pédestres de découverte guidés : avr.-oct. les 1er et 3e dim. et les 2e et 4e merc. de chaque mois - RV au musée à 14h30 - 5 € (circuit+musée)*

Kutzenhausen

La **Maison rurale de l'Outre-Forêt** raconte, à l'aide de mannequins de cire, la vie quotidienne des paysans d'Alsace du Nord au début du 20e s. La ferme est caractéristique du 18e s. Un parcours fléché traverse l'espace apicole, l'espace boulangerie, la forge, différents ateliers (charron, tonnelier, cordonnier, sabotier), le hangar aux machines, la basse-cour et le petit potager. La visite se termine par la reconstitution d'une salle de classe d'antan. Expositions temporaires, conférences et animations font régulièrement revivre cette maison-musée. *1 pl. de l'église - 🖉 03 88 80 53 00 - www.maison-rurale.fr - 🖔 - avr.-sept. : tlj sf lun. et sam. 10h-12h, 14h-18h, dim. et j. fériés 14h-18h ; reste de l'année : merc., dim. et j. fériés 14h-18h - fermé 1er janv.-15 fév., 1er nov., 25 et 26 déc. - 4,50 € (-16 ans 2,50 €), Nuit des musées gratuit.*

★ Hoffen

Maisons fleuries, certaines à triple auvent, autour de l'église et de la curieuse petite mairie soutenue par trois piliers de bois. Près du vieux puits communal, un tilleul planté sous la Révolution.

★★ Hunspach

Hunspach est classé parmi « les plus beaux villages de France ». Des maisons blanches au poutrage apparent et aux auvents débordant sur la façade dont quelques-unes ont conservé leurs vitres bombées – mode remontant à l'époque baroque – se disposent harmonieusement le long des rues de ce village purement alsacien et de caractère exclusivement rural, comme l'attestent ses cours fermières, ses vergers et ses fontaines à balanciers.

Ingolsheim

Gros hameau agricole, sa rue principale est perpendiculaire à la grande route. Il est environné de vergers et entrecoupé de jardins et de cours de fermes.

★ Seebach

Ce bourg fleuri est resté le village alsacien type avec ses maisons à poutres apparentes et à auvents qu'encadrent souvent des jardins, même si quelques constructions sans style rompent l'harmonie de l'ensemble.

☺ NOS ADRESSES DANS LE PARC NATUREL RÉGIONAL

HÉBERGEMENT

PREMIER PRIX

Hôtel Au Vieux Moulin – *7 r. du Vieux-Moulin - 67320 Graufthal - ℰ 03 88 70 17 28 - www. auvieuxmoulin.eu - fermé 15 fév.- 2 mars et 27 juin-12 juil. -* 🅿 *- 14 ch. 52/70 € - ☕ 7,50 €.* Dans ce hameau dont Erckmann et Chatrian ont vanté la sérénité, petit hôtel réservant un accueil chaleureux. Chambres modestes. Plan d'eau privé (pêche). Une cuisine familiale à l'accent alsacien vous attend dans la salle à manger entièrement redécorée.

BUDGET MOYEN

Auberge de la Faveur – *Windstein – ℰ 03 88 09 24 42 - www.auberge-faveur.com - fermé env. 10 j. début sept. et les 2 premières sem. de déc. - 8 ch. 43/53 € - ☕ 8 € - menu du jour au restaurant 10/15 €.* Située dans une vallée isolée au fond des bois, l'Auberge de la Faveur est une étape agréable pour les promeneurs de l'Outre Forêt. Ils y retrouveront des spécialités alsaciennes, combinées avec des plats d'influence plus méridionale.

Auberge des Mésanges – *2 r. du Tiseur - 57960 Meisenthal - ℰ 03 87 96 92 28 - www. aubergedesmesanges.com - fermé 11-28 fév. et 24-28 déc. -* 🅿 *- 20 ch. 51/56 € - ☕ 8 € - rest. 19/30 €.* Après une visite à la Maison du verre et du cristal, adoptez cette maison pour une nuit ou un repas. Chambres bien tenues, cuisine sans prétention et, le week-end, *flammekueches* et pizzas jouent les vedettes.

Auberge d'Imsthal – *À l'étang d'Imsthal - 67290 La Petite-Pierre - 3,5 km au sud-est de La Petite-Pierre par D 178 - ℰ 03 88 01 49 00 - www.petite-pierre.com - fermé 2 dernières sem. de nov. - 23 ch. 59/92 € - ☕ 9 € - rest. 10,50/45 €.* Avec la forêt, la campagne tout autour et l'étang à ses pieds, cette maison à colombages comblera les amoureux de nature et de tranquillité. Préférez les chambres récentes, plus spacieuses et agréables. Sympathique salle à manger rustique ; sauna, hammam et salle de jeux.

RESTAURATION

POUR SE FAIRE PLAISIR

Le Cheval Blanc – *19 r. Principale - 67320 Graufthal - ℰ 03 88 70 17 11 - www.auchevalblanc. net - fermé 3-25 janv., 1re quinz. de sept., lun.soir, merc. soir et mar. - 27 €.* Cette engageante auberge décorée dans un esprit rustique concocte des recettes fidèles à la région. Joli poêle en faïence dans l'une des salles de restaurant.

ACTIVITÉS

Spectacles, expositions – Le parc s'anime toute l'année d'expositions et de spectacles variés : musique, pièces de théâtre ou festival littéraire. Marchés de Noël en décembre. Un carnet gratuit sur le Parc informe, de mai à octobre, des événements ponctuant la vie des Vosges du Nord.

Baignade – Sur le plan d'eau du Fleckenstein.

Neuwiller-lès-Saverne

★

1 145 Neuwillerois – Bas-Rhin (67)

NOS ADRESSES PAGE CI-CONTRE

S'INFORMER

Office du tourisme du pays de Hanau et du val de Moder – *68 rue du Gén.-Goureau - 67340 Ingwiller - ℘ 03 88 89 23 45 - tte l'année du lun. au vend. 10h-12h, 14h18h, sam. 10h-12h. (mi-juill. à mi-sept. : sam. 14h-17h et dim. 10h-12h)*

SE REPÉRER

Plan de région A3 (p. 362) – carte Michelin Départements 315 I4. Sur la D 14 à 13 km au nord de Saverne.

ORGANISER SON TEMPS

Si vous pouvez prévoir votre visite, demandez à l'avance de voir les tapisseries de la chapelle haute de l'église St-Pierre-et-St-Paul.

Au 8ᵉ s. apr. J.-C., les évêques de Metz, qui savaient vivre, n'avaient pas choisi ce lieu au hasard pour contruire une abbaye. Au milieu des collines et des forêts, l'endroit était protégé des vents. Aujourd'hui, si les miracles de saint Adelphe sont quelque peu oubliés, la remarquable église St-Pierre-et-St-Paul, où reposent ses reliques, attire toujours des visiteurs.

Visiter

★ **Église St-Pierre-et-St-Paul**

Visite : 30mn ℘ 03 88 70 00 51 - de déb. mars à mi-déc. : possibilité de visite guidée de la crypte et de la chapelle supérieure (avec les tapisseries de saint Adelphe) sur demande (2 j. av.).

L'évêque Siegebald de Metz aurait fondé au 8ᵉ siècle une abbaye dans laquelle les reliques de saint Adelphe furent transférées en 826 ou 836. Les pèlerins affluèrent, espérant la guérison sur le tombeau du Saint.

La partie la plus ancienne de cette abbatiale renommée est la crypte. Le chœur, le transept et une travée de la nef sont du 12ᵉ s. Le flanc gauche, donnant sur une grande place entourée des maisons des chanoines, est percé de deux portes : à droite, une porte du 13ᵉ s., de chaque côté de laquelle se dressent les statues de saint Pierre et de saint Paul ; à gauche, une porte du 12ᵉ s. dont le tympan représente un Christ bénissant. Au fond de la nef, tribune et orgue de 1773-1777.

Au bas du collatéral droit, tombeau de saint Adelphe (13ᵉ s.) sur huit colonnes élevées, disposition permettant autrefois aux fidèles de passer sous le tombeau du saint. En remontant le bas-côté droit jusqu'au croisillon, on verra une **Vierge★** assise du 15ᵉ s. Dans le bras gauche du transept, saint-sépulcre polychrome de 1478. Au-dessus du groupe formé par les trois saintes femmes portant des vases de parfums, autour du corps de Jésus, une niche abrite une Vierge du 14ᵉ s.

Les **chapelles superposées**★ sont toutes les deux du 11ᵉ s. et de même plan. Les chapiteaux cubiques, complètement nus dans la chapelle inférieure, sont décorés de beaux motifs dans la chapelle supérieure. La chapelle haute contient quatre panneaux de remarquables **tapisseries**★★ de la fin du 15ᵉ s. représentant la vie et les miracles de saint Adelphe.

Les divers remaniements du 11ᵉ au 19ᵉ siècle donnent à cette abbatiale une physionomie très particulière et en font une des plus intéressantes églises de Basse-Alsace.

Église St-Adelphe

Église de transition romano-gothique (12ᵉ-13ᵉ s.). Au moment de la Réforme, en 1562, la collégiale St-Adelphe a été la première en Alsace à pratiquer le *simultaneum*, c'est-à-dire un partage du lieu de culte entre les catholiques et les protestants, en l'occurrence le chœur aux catholiques et la nef aux protestants. Aujourd'hui, seul le culte protestant y est célébré.

😊 NOS ADRESSES À NEUWILLER-LÈS-SAVERNE

♿ Voir aussi nos adresses à Bouxwiller.

HÉBERGEMENT ET RESTAURATION

BUDGET MOYEN

Hôtel Au Herrenstein – *20 r. du Gén.-Kœnig - ℘ 03 88 70 00 53 - www.herrenstein.fr - fermé mer. soir et jeu. (sauf juil.-août), fin déc.-début janv. - 🅿 - 13 ch. 55/70 € - ⌷ 6 € - rest. 25/50 €.* Cette belle demeure datant du 18ᵉ s. a été reprise par la jeune génération familiale, mais la qualité de l'accueil reste la même. Les chambres, sobrement contemporaines, sont tout simplement superbes. Au restaurant, on dégustera, entre autres, des tartes flambées (servies dans le caveau le week-end).

ACHATS

Ferme-fromagerie Herrenstein – *7 r. de la Gare - ℘ 03 88 70 31 07 - tlj sf dim. et lun. 10h-12h, 14h-18h (sam. 17h) - fermé j. fériés.* Élevage de vaches laitières et production fromagère. Vous y découvrirez, outre le munster, quelques spécialités originales comme les fromages aux orties.

Bouxwiller

4 009 Bouxwillerois – Bas-Rhin (67)

NOS ADRESSES PAGE 386

S'INFORMER

Office du tourisme de Bouxwiller – *2 pl. du Château - 67330 Bouxwiller - ℘ 03 88 03 30 15 - www.ot.pays-de-hanau.com/fr - 1er juil.-15 sept. : tlj sf dim. et j. fériés 9h-12h, 14h-18h, sam. 9h-12h, 13h-17h ; reste de l'année : tlj sf w.-end et j. fériés 9h-12h, 14h-18h.*

SE REPÉRER

Plan de région B3 (p. 362) – carte Michelin Départements 315 I4. Bouxwiller se situe à 15 km au nord-est de Saverne par la D 16 et la D 6 et à 25 km à l'ouest d'Haguenau par la D 919 et la D 24.

À NE PAS MANQUER

Le centre historique avec ses maisons à pans de bois, la vue sur la ville depuis le sommet du Bastberg.

ORGANISER SON TEMPS

En mai et juin, allez contempler les orchidées qui bordent le sentier géologique du Bastberg.

Blottie au pied du Bastberg, que la légende désigne comme un repaire de sorcières, Bouxwiller a fait du bretzel sa spécialité. Le château des Lichtenberg n'a pas survécu à la Révolution, mais de nombreuses maisons des 16e et 17e s. subsistent, à pans de bois et torchis, s'imbriquant avec art les unes dans les autres.

Se promener

CIRCUIT HISTORIQUE

Livret-guide à la mairie. Ce parcours fait découvrir les rues typiques du centre, bordées de « cours nobles » ou de maisons de style Renaissance alsacienne. Les pans de bois des maisons de Bouxwiller sont ornés de motifs qui sont autant de recommandations pour leurs habitants. Ici une forme d'œil rappelle à la vigilance ; associé à un bec, il protège du mal ; ailleurs, la croix de St-André veille à la fécondité…

UN « PETIT VERSAILLES »

Après la guerre de Trente Ans, Caroline de Hesse, la Grande Landgravine, est venue s'installer à Bouxwiller. Elle a fait aménager de beaux jardins qui ont valu à Bouxwiller le surnom de « Petit Versailles ». Surnom aussi flatteur qu'éphémère puisque tout disparut à la Révolution. Bouxwiller était par ailleurs connue pour son bleu de Prusse, vendu comme colorant aux usines textiles de Mulhouse. Les usines chimiques de Bouxwiller le produisaient à partir du lignite trouvé à proximité de la bourgade. Enfin, c'est ici qu'est née la fameuse coiffe alsacienne au grand nœud noir, portée sur les cheveux nattés et relevés.

Hôtel de ville

C'est l'ancienne chancellerie du château de Hanau-Lichtenberg dont le portail arrière de 1659, restauré en 1909 s'orne des armoiries comtales.
Allez vers la place du Marché-aux-Grains, à droite en sortant.

Place du Marché-aux-Grains

Les façades à colombages de ses maisons du 17e s. sont parfois en léger encorbellement. Beau bâtiment de l'ancienne balance publique. La déclivité de la jolie place est rattrapée par des petits perrons de pierre devant chaque habitation.
Prenez la rue des Seigneurs, puis la rue de l'Église.

Église protestante

Juil.-août : vend. apr. midi, sam. mat. et apr. midi, dim. mat. et apr. midi.
Cette église fut transformée en temple protestant en 1542 quand Philippe IV de Hanau-Lichtenberg introduisit la Réforme à Bouxwiller. Sa **chaire★** est en pierre sculptée et en bois peint, elle possède un orgue Silbermann et une loge seigneuriale au décor délicat de stucs.

À voir aussi

Musée du Pays de Hanau

℘ 03 88 70 99 15 - juil.-sept. : 14h-18h, sam. 14h-17h ; reste de l'année : 14h-17h - fermé janv., lun., Vend. Saint, 1er Mai, 8 mai, 25 et 26 déc. - 2 € (-16 ans : gratuit).
Il présente un bel ensemble de **meubles polychromes★**, un intérieur paysan, ainsi qu'une salle de séjour bourgeoise, des costumes et des objets traditionnels.

Musée judéo-alsacien

℘ 03 88 70 97 17 - www.sdv.fr/judaisme - ♿ - avr.-sept. : tlj sf lun. et sam. apr.-midi ; reste de l'année : pour les groupes sur RV, se renseigner à l'office de tourisme du pays de Hanau ℘ 03 88 89 23 45 - 6 € (-10 ans 3 €).
Situé dans l'ancienne synagogue (1842), lieu de culte abandonné en 1963 et sauvé de la démolition, il retrace l'histoire et la culture des juifs d'Alsace, de la fin du 14e siècle et jusqu'après la Révolution, selon un parcours aménagé de rampes et de plateaux où la scénographie est très soignée (mannequins, maquettes en céramique…).

Randonnée

Sentier géologique du Bastberg

☞ Document disponible à la mairie, au Point information touristique.
Première réalisation de ce genre en Alsace, ce sentier suit un parcours de 6 km pour mettre en évidence son histoire géologique. Il conduit au sommet du Bastberg, également appelé « colline des Sorcières », d'où l'on domine la ville *(tables d'orientation)*. En mai et juin, de petites orchidées, qui ne doivent surtout pas être cueillies, poussent sur ce sol calcaire. Les nombreux fossiles que l'on trouve le long du sentier géologique contribuent à la renommée internationale du site de Bouxwiller, qui fut étudié par le grand paléontologue Georges Cuvier (1769-1832).
On peut aussi accéder au sommet du Bastberg en voiture par la D 6. Depuis Bouxwiller, tournez à droite juste avant Imbsheim.

😊 NOS ADRESSES À BOUXWILLER

HÉBERGEMENT ET RESTAURATION

BUDGET MOYEN

Hôtel Aux Comtes de Hanau – *139 r. du Gén.-de-Gaulle - 67340 Ingwiller -* 📞 *03 88 89 42 27 - www.aux-comtes-de-hanau. com -* 🅿 *- 11 ch. 63/68 € -* ☕ *8 € - rest. 12/54 €.* Cette maison alsacienne du 19e s. abrite un hôtel très correct en dépit de son mobilier quelque peu vieillot. La moitié des chambres dispose d'une terrasse ouvrant sur la campagne alentour. Cuisine traditionnelle servie dans la salle à manger rustique ou plat du jour proposé à la brasserie.

Hôtel La Cour du Tonnelier – *84a Grand'rue -* 📞 *03 88 70 72 57 - www.courdutonnelier. com - restaurant fermé 3 sem. en août, deux sem. en période de Noël, sam. et dim. -* 🅿 *- 16 ch. 72 €* ☕ *- rest. 24/31 €.* Cette maison traditionnelle proche du centre-ville abrite un petit hôtel parfaitement entretenu. Ses chambres ont été rénovées : couleurs chaudes, belles moquettes, mobilier en bois cérusé et salles de bains à la fois modernes et fonctionnelles.

Bar et agréable petit jardin avec piscine.

EN SOIRÉE

Le Royal Palace – *20 r. Hochfelden - 67330 Kirrwiller - 4 km à l'est de Bouxwiller -* 📞 *03 88 70 71 81 - www.royal-palace.com - horaires variables selon les spectacles - fermé de mi-juil. à fin août, lun. et mar. - 20/37 €.* Cabaret avec revue de danseuses et danseurs en strass, paillettes et « trucs en plumes ». Une soirée inattendue dans ce music-hall, le troisième de France, qui attire de nombreux spectateurs français et des pays voisins.

ACHATS

Marché de Noël – Le 2e w.-end de décembre.

Brasserie Météor – *6 r. du Gén.-Lebocq - 67270 Hochfelden - 14 km au sud-est de Bouxwiller -* 📞 *03 88 02 22 22 - www.brasserie-meteor.fr - juil.-août : lun.-jeu. 14h sur RV.* Pour découvrir les différentes étapes de fabrication de la bière. En fin de visite, dégustation des diverses boissons élaborées dans cette brasserie réputée.

Château de La Petite-Pierre.
Olivier Fellmann / MICHELIN

La Petite-Pierre

★

605 Parva-Pétriciens – Bas-Rhin (67)

 NOS ADRESSES PAGE 389

🔲 **S'INFORMER**

Office du tourisme de La Petite-Pierre – *2 r. du Château - 67290 La Petite-Pierre - 𝒫 03 88 70 42 30 - www.ot-paysdelapetitepierre.com - tlj en juil., août et sept. - fermé 25 déc. et 1ᵉʳ janv.* Vous pourrez vous y procurer des fiches thématiques (système défensif de la vieille ville, approvisionnement en eau).

Maison du Parc régional des Vosges du Nord – *pl. du Château - 67290 La Petite-Pierre- 𝒫 03 88 01 49 59 - -www.parc-vosges-nord.fr - tlj sf mar. 10h-12h, 14h-18h - fermé 24-25 déc. et 31 déc.-31 janv.*

▶ **SE REPÉRER**

Plan de région A2 (p. 362) – carte Michelin Départements 315 H3. À 55 km au nord-ouest de Strasbourg, 22 km au nord de Saverne.

☺ **À NE PAS MANQUER**

Le musée du Sceau alsacien.

🕐 **ORGANISER SON TEMPS**

Avant d'entamer l'exploration du Parc naturel régional des Vosges du Nord, rendez visite au château qui abrite la Maison du Parc.

Les origines de La Petite-Pierre remontent au Moyen Âge. Situé au carrefour de routes importantes, le bourg est fortifié par Vauban – on peut encore voir les vestiges de remparts –, puis abandonné en 1870. L'agréable station estivale, par sa position dominante au cœur du massif forestier des Vosges, est le point de départ de plus de 100 km de sentiers balisés.

Se promener dans la ville ancienne

On y accède par un chemin en forte montée, puis on suit la rue du Château.
Le bourg doit son nom au comte Hugues de Parva Petra, premier propriétaire, en 1180, du château fort. En version alsacienne, on l'appelle « Lützelstein ». Quant aux habitants, ils portent le nom peu commun de Parva-Pétriciens.

Église
La voûte du chœur est décorée de **peintures à la détrempe** du 15e s. représentant, entre autres, le Couronnement de la Vierge, la Tentation d'Adam et Ève, le Jugement dernier. La tour et la nef ont été rebâties au 19e s., mais le chœur gothique remonte au 15e s. L'église sert depuis 1737 aux cultes catholique et protestant (église simultanée).

Maison des Païens
Dans les jardins de la mairie, cette maison Renaissance (1534) a été construite sur les fondations d'une ancienne tour de garde romaine.

À voir aussi

Musée du Sceau alsacien
℘ 03 88 70 48 65 - www.musee-sceau.com - &. - *juil.-sept. et 25 déc.-1er janv. : tlj sf lun. 10h-12h, 14h-18h ; reste de l'année : w.-end et j. fériés 10h-12h, 14h-18h - fermé 2-31 janv. - gratuit.*
Construite en 1684 et jadis réservée à la garnison (monuments funéraires de gouverneurs ou commandants d'armes), la **chapelle St-Louis** abrite désormais le curieux musée du Sceau alsacien. Ce musée retrace l'histoire de l'Alsace par la présentation de nombreuses reproductions de sceaux de villes ou de seigneuries, de grands personnages ou de vieilles familles, de métiers ou de corporations, d'ordres religieux ou de chapitres.

Château et Maison du Parc
Ce château du 12e s. a subi de nombreuses transformations, notamment sous l'impulsion du comte palatin du Rhin, George Jean de Veldenz, au 16e s. Aujourd'hui, la Maison du Parc a investi les lieux. Grâce à une présentation astucieuse (reconstitutions, jeux, diaporamas…), l'exposition permanente « **L'aventure des Vosges du Nord** » permet, en six salles thématiques et multimédias, de découvrir les richesses historiques, culturelles et techniques de la région, ainsi que l'important patrimoine naturel du Parc naturel régional des Vosges du Nord (végétation, faune). *℘ 03 88 01 49 59 - www.parc-vosges-nord.fr - fév.-déc. : 10h-12h, 14h-18h - fermé janv., 24, 25 et 31 déc. - 2,50 € (-12 ans gratuit).*
Revenez par la rue des Remparts.
Points de vue sur la campagne et les sommets boisés.

Musée des Arts et Traditions populaires
℘ 03 88 70 41 41 - &.- www.musee-sceau.com - *visite guidée (30mn) - juil.-sept. et 25 déc.-1er janv. : tlj sf lun. 10h-12h, 14h-18h ; fév.-juin et oct.-25 déc. : w.-end et j. fériés 10h-12h, 14h-18h - fermé 2-31 janv. - gratuit.*

Dans un ancien entrepôt du 16e s. (le « magasin »), situé sur les remparts, curieuse collection de positifs de moules à gâteaux, dits *springerle* (« gâteaux à l'anis ») et *lebkuche* (« pains d'épice »).
Continuez à suivre la rue des Remparts qui rejoint la rue du Château.

À proximité

Sentier botanique du Loosthal
Accès sur la D 134, au niveau de la maison forestière de Loosthal, entre La Petite-Pierre et Neuwiller. Ce sentier botanique fait découvrir la diversité du milieu forestier des Vosges du Nord (arbres, écologie forestière, géologie, traces d'animaux…).

Berg
13,5 km à l'ouest par D 9 et D 95. Dans le village, suivre les flèches « Kirchberg ».
Depuis la **chapelle du Kirchberg**, point de vue intéressant sur Berg et, vers l'est, sur les premiers reliefs boisés des Vosges du Nord. Du parking, on peut emprunter un sentier botanique (*1h*) présentant les arbres les plus communs de la région.

😊 NOS ADRESSES À LA PETITE-PIERRE

♿ Voir aussi nos adresses dans le Parc naturel régional des Vosges du Nord.

HÉBERGEMENT

PREMIER PRIX
Chambre d'hôte Chez Jeanne Brehm – *32 r. Principale - 67290 La Petite-Pierre - 𝄞 03 88 70 46 80 -* ✉ *- 38/45 €.* Au cœur du village, cette maison contemporaine alsacienne abrite sur l'arrière deux chambres dont une avec kitchenette, et un appartement. Chaque pièce est meublée dans la pure tradition locale. Jardin avec terrasse. Accueil aimable et prix attractifs.

POUR SE FAIRE PLAISIR
Hôtel des Vosges – *30 r. Principale - 67290 La Petite-Pierre - 𝄞 03 88 70 45 05 - www.hotel-des-vosges.com - fermé 16-31 juil. et 22 fév.-20 mars - 30 ch. 68/84 € -* ☕ *10 € - rest. 24/57 €.* Chambres douillettes, variées (certaines typiquement alsaciennes) et bien tenues, complétées par un agréable espace bien-être. Salle à manger ouverte sur la vallée, spécialités régionales et traditionnelles accompagnées de vins bien choisis (vieux millésimes).

ACTIVITÉS

🥾 La Petite-Pierre est le point de départ de très nombreux sentiers balisés de 1,8 km à 12 km et de plusieurs circuits VTT (140 km au total). Superbes points de vue sur la région. Tableau indicateur dans le village et à l'office de tourisme.

AGENDA

Au grès du jazz – *Le week-end du 15 août.*

Niederbronn-les-Bains

4 387 Niederbronnois – Bas-Rhin (67)

😊 NOS ADRESSES CI-CONTRE

🛈 S'INFORMER

Office du tourisme de Niederbronn-les-Bains – *6 pl. de l'Hôtel de Ville - 67110 Niederbronn-les-Bains - 🕾 03 88 80 89 70 - www.niederbronn.com - mai-sept. : 10h-12h, 14h-18h, dim. et j. fériés 15h-18h ; reste de l'année : tlj sf w.-end et j. fériés 10h-12h, 14h-18h - fermé 1er janv., dim. et lun. de Pâques, 1er Mai, 25 déc..*

◗ SE REPÉRER

Plan de région B2 (p. 362) – carte Michelin Départements 315 J3. À 17 km au nord-ouest de Haguenau. Situé dans le Parc naturel régional des Vosges du Nord, Nierderbronn est le point de départ d'un circuit des Châteaux *(voir p.376).*

😊 À NE PAS MANQUER

La spécialité locale, le *keschtewurscht* (entraînez-vous pour le prononcer !), est un boudin aux châtaignes très apprécié. À l'automne, vous en trouverez sur la carte de la plupart des restaurants de la région.

Vers 48 av. J.-C, les Romains exploitaient déjà la source thermale qui jaillit au cœur de Niederbronn-les-Bains. Aujourd'hui, la Celtic est mise en bouteilles et dispense ses bienfaits aux quatre coins de la France. Mais rien ne vaut un grand verre d'eau tirée dans l'établissement thermal, suivi d'une incontournable séance de remise en forme.

Visiter

Établissement thermal

Pl. des Thermes - 🕾 03 84 40 44 22 - visite sur demande - de déb. mars à déb. nov.
Au 18e s., les barons de Dietrich, premiers de la fameuse dynastie d'industriels métallurgiste dont l'entreprise reste aujourd'hui encore le principal employeur de la ville, s'employèrent à faire connaître la station thermale. Ses eaux proviennent de deux sources : la source romaine, qui jaillit depuis 2 000 ans en plein cœur de la ville devant le casino municipal (rhumatologie, séquelles de traumatisme), et la source Celtic, une des moins minéralisées en France, commercialisée depuis 1989. L'établissement propose des stages de balnéothérapie et de remise en forme.

Maison de l'archéologie des Vosges du Nord

🕾 03 88 80 36 37 - www.niederbronn.com - ♿ - possibilité de visite guidée (1h) sur RV - mars-oct. : tlj sf mar. et sam. 14h-18h ; reste de l'année : dim. 14h-17h - fermé 1er janv., 25 déc. - 2,50 € (-16 ans 1,70 €), Journées du patrimoine gratuit.
Collection archéologique provenant des fouilles effectuées dans la proche région. Une salle est consacrée aux poêles de fonte, spécialité de Niederbronn depuis plus de trois siècles.

Château de Wasenbourg

🚶 À l'ouest. 15mn à pied AR.
Partez de la gare SNCF et suivez l'allée des Tilleuls. Après être passé sous la voie de contournement, à hauteur du lieu-dit « Roi-de-Rome », tournez à gauche dans le sentier « promenade et découvertes » qui mène aux ruines

d'un château gothique du 15e siècle détruit par les Français en 1677. La vue depuis ce prémontoire qui semblait imprenable est très belle sur le vallon du Falkensteinbach.

Au nord-est, vestiges d'un camp celtique, **le Ziegenberg** : mur de 1 à 2 mètres de haut construit de blocs de pierre à l'état brut qui présente quelque analogie avec le mur païen du mont Ste Odile.

😊 NOS ADRESSES À NIEDERBRONN-LES-BAINS

HÉBERGEMENT

BUDGET MOYEN

Hôtel Mercure – *14-16 Av. Foch - 𝄞 03 88 80 84 48 - www.mercure. com -* P *- 59 ch. 59/98 € -* ☕ *12 €.* Cet établissement abrite de grandes chambres standardisées et des suites. Décoration épurée (tons pastel, esprit Belle Époque). Bar-salon design. Agréable jardin arboré.

Hôtel Le Bristol – *4 pl. de l'Hôtel-de-Ville - 𝄞 03 88 09 61 44 - www. lebristol.com -* P *- 29 ch. 60/70 € -* ☕ *8,50 € - rest. formule déj. 10 € - 15/42 €.* Hôtel familial situé au centre de la station thermale. Les chambres refaites se révèlent chaleureuses et coquettes avec leur mobilier artisanal et leurs couleurs gaies. Salle cossue, agrandie d'une véranda utilisée les jours d'affluence. Carte traditionnelle.

Hôtel du Parc – *r. de la République - 𝄞 03 88 09 01 42 - www.parchotel. net -* P *- 40 ch. 65/80 € -* ☕ *9 € - rest. formule déj. 12 € - 20/55 €.* Dans une rue passante, hôtel composé de deux bâtiments. Chambres régulièrement rénovées, coquettes et très bien tenues. Cuisine traditionnelle servie dans une salle de style alsacien ou sous la tonnelle en été.

RESTAURATION

BUDGET MOYEN

Anthon – *40 r. Principale - 67510 Obersteinbach - 𝄞 03 88 09 55 01 - www.restaurant-anthon.fr -* fermé janv., mardi et merc. - P *- 25/65 € - 10 ch. 65 € -* ☕ *10 €.* Maison à colombages (1860) abritant une élégante salle à manger en rotonde tournée vers le jardin. Cuisine du terroir. Chambres rafraîchies, dont deux conservent une boiserie d'alcôve intégrant les lits.

EN SOIRÉE

Casino Barrière de Niederbronn-les-Bains – *10 pl. des Thermes - 𝄞 03 88 80 84 88 - www.lucienbarriere.com - ouv. 10h30-2h en sem.- vend.-sam. - j. feriés 4h .* Le plus grand casino d'Alsace compte 185 machines à sous et une salle de jeux traditionnels. Trois restaurants dont une brasserie alsacienne, un lounge bar et une salle de cinéma.

La Villa du Parc (au Casino de Niederbronn) – *10 pl. des Thermes - 𝄞 03 88 80 84 88 - www. lucienbarriere.com - brasserie alsacienne ouverte tlj.* Restaurant agrandi et entièrement rénové dans un style contemporain d'inspiration coloniale. Tous les 15 jours, dîner spectacle ou dîner dansant.

AGENDA

Nuit artisanale – *En juillet.*

Bitche

★

5 607 Bitchois – Moselle (57)

 NOS ADRESSES PAGE 394

S'INFORMER

Office du tourisme de Bitche – *4 Glacis-du-Château - 57230 Bitche - ℘ 03 87 06 16 16 - www.pays-de-bitche.com - mai-sept. : 9h-12h, 13h30-17h30, sam. 10h-12h, 14h-16h, dim. et j. fériés 10h-12h ; reste de l'année : tlj sf dim. et j. fériés 9h-12h, 13h30-17h, sam. 10h-12h - fermé 1er janv., 1er Mai, 25 déc.*

SE REPÉRER

Plan de région A1 (p. 362) – carte Michelin Départements 307 P4. Bitche est située à 21 km de la frontière allemande. Voies de circulation les plus importantes à proximité de la ville, la D 35^A en direction de l'Allemagne et à l'ouest la D 662 qui conduit à Sarreguemines.

À NE PAS MANQUER

La citadelle Vauban (la visite guidée dure 2h), pour le jardin de la Paix.

AVEC LES ENFANTS

Le moulin d'Eschviller à Volmunster.

Perchée sur l'énorme socle rocheux autour duquel Bitche s'est construite, la citadelle de Vauban en grès rose à l'admirable architecture plante le décor. Longtemps marquée par son statut de ville de garnison, la cité a cependant réussi à renouveler son image. Entourée de magnifiques forêts, elle mise aujourd'hui avec succès sur le tourisme vert, grâce à son golf au paysage champêtre et son village de vacances au bord d'un étang.

Visiter

★★ Citadelle

℘ 03 87 96 18 82 - de mi-mars à mi-nov. : 10h-17h (juil.-août 18h) - 5 à 9 € selon période (enf. 7 €). La citadelle est construite par Vauban en 1681. Reconstruite par Cormontaigne, la forteresse réputée imprenable est caractéristique de l'architecture militaire du 18e s. Après avoir gravi la rampe et franchi la porte monumentale, on atteint le tertre central, d'où la **vue★** est remarquable : à l'ouest se détachent les cloches cuirassées du Simserhof et au sud le Parc naturel régional des Vosges. Cette vue circulaire sur la région a fait de Bitche un point militaire stratégique. Seul vestige du château construit sous Vauban, la chapelle semble résister aux épreuves du temps, notamment les bombardements de 1945. Restaurée conformément aux plans du 18e s., elle abrite un plan-relief de la ville de 1794. Prenez une bouffée d'air frais avant de pénétrer au cœur de la citadelle et de son vaste complexe souterrain *(la température est fraîche, prévoyez un pull).*

Un parcours audiovisuel permet de comprendre le long et difficile siège de Bitche : revivez, des dortoirs aux cuisines, l'histoire quotidienne de ces hommes et leurs doutes face aux horreurs de la guerre.

Au pied de la citadelle, le **jardin pour la Paix** propose une approche végétale du thème « Guerre et Paix » à travers les rapports harmonieux et conflictuels entre les plantes. Cet espace permet par ailleurs d'avoir des perspectives nouvelles sur la forteresse.

À proximité

Reyersviller
5 km au sud-ouest par la D 662.
Après le village, sur la droite de la route, le **chêne des Suédois**, impressionnant par son âge (450 ans) et sa taille, aurait servi de potence aux Suédois pour pendre les paysans du village disparu de Kirscheid pendant la guerre de Trente Ans.

★ Le Simserhof *(voir ligne Maginot)*

Ossuaire de Schorbach
6 km au nord-ouest par les D 962 et D 162^B à gauche.
Près de l'église reconstruite en 1774 et dédiée à saint Remi, un petit bâtiment percé d'arcatures romanes s'ouvre sur un ossuaire né de l'exiguïté du cimetière.

Volmunster
11 km au nord-ouest par les D 35^A et D 34.
L'**église St-Pierre**, détruite lors de la dernière guerre, a été reconstruite en 1957. Une mosaïque de 70 m² représentant saint Pierre en marin-pêcheur figure au « tympan » du portail. Vous n'êtes pas loin du **moulin d'Eschviller** *(à 4 km, suivre les indications)*. Le cadre est bucolique, une auberge permet de faire une pause.

LE SIÈGE DE BITCHE
17 juillet 1870. La France répond à une provocation de Bismarck (dépêche d'Ems) en déclarant la guerre à la Prusse. La désillusion est brutale. Les Prussiens, rejoints par les États allemands, infligent de lourdes défaites aux troupes françaises. Le 6 août, la terrible bataille de cavalerie à Reischoffen montre les limites de l'héroïsme face à une armée supérieure en nombre et très organisée. La garnison de Bitche qui vient d'être confiée au **colonel Teyssier** avec un bataillon du 86e d'Infanterie de ligne, voit arriver des soldats de nombreuses unités en déroute. Quelque 2 400 hommes, avec seulement 17 canons en état, vont tenir plusieurs mois de siège avec l'aide de la population.
D'intenses bombardements, dont un de plus de 10 jours et 10 nuits, détruisent les bâtiments du fort, à l'exception de la chapelle, avant de toucher la ville. La défaite de Sedan avec la capture de Napoléon III le 2 septembre, la capitulation de Paris et même l'armistice du 28 janvier 1871 ne font pas renoncer le colonel Teyssier. Il attend un ordre écrit du gouvernement français. Ce n'est que le 25 mars que les défenseurs quittent la ville en héros. La signature du traité de Francfort le 10 mai 1871 confirme l'annexion ; Bitche devient allemande.

😊 NOS ADRESSES À BITCHE

HÉBERGEMENT

BUDGET MOYEN

Hôtel Le Strasbourg – *24 r. Col.-Teyssier - ℰ 03 87 96 00 44 - www.le-strasbourg.fr -fermé lun., mar. midi et dim. soir. - 10 ch. 53/90 € - ☕ 10 € - rest. 25/55 €.* Cuisine au goût du jour dans une spacieuse salle à manger épurée. Chambres bien rénovées et personnalisées : Afrique, Asie, Provence, etc.

RESTAURATION

BUDGET MOYEN

Restaurant de la Tour – *3 r. de la Gare - ℰ 03 87 96 29 25 - fermé mar. soir et lun. - 16/52 €.* Le style Belle Époque des salles à manger donne un charme certain à ce restaurant installé dans une maison flanquée d'une tourelle. Cuisine traditionnelle enrichie de quelques plats régionaux.

ACTIVITÉS

Golf de Bitche – *R. des Prés - ℰ 03 87 96 15 30 - www.golf-bitche.com - hiver : 9h-16h ; été : 8h30-18h - fermé 22 déc.-5 janv.* Situé au cœur du Parc naturel régional des Vosges du Nord, ce parcours de 27 trous offre de beaux panoramas.
Técacap – *Étang de Hasselfurth, - ℰ 03 87 06 40 00 - www.tepacap-bitche.fr.* Village d'aventures.

Wissembourg

8 008 Wissembourgeois – Bas-Rhin (67)

😊 NOS ADRESSES PAGE 399

🛈 S'INFORMER

Office du tourisme de Wissembourg – *9 pl. de la République - 67163 Wissembourg - ℰ 03 88 94 10 11 - www.ot-wissembourg.fr - mai-sept. : 10h-12h, 14h-18h, dim. et j. fériés 14h-18h ; reste de l'année : tlj sf dim. et j. fériés 10h-12h, 14h-17h30 - fermé 1er janv., dim. et lun. de Pâques, 1er Mai, 1er nov., 11 Nov.*
Visites guidées – L'office du tourisme de Wissembourg organise tout au long de l'année diverses activités : des randonnées pédestres d'une journée dans la région, avec guide, aux visites à thème de la ville, en passant par la découverte du pays de Wissembourg (route des Villages pittoresques, route des Châteaux forts, du Parc naturel du Palatinat et du « Pays de Bade » avec la route de la Forêt-Noire) et les promenades équestres ou à pied dans le Parc naturel régional des Vosges du Nord - *ℰ 03 88 94 10 11 - www.ot-wissembourg.fr*
Office du tourisme de Hunspach – *3 rte de Hoffen - 67250 Hunspach- ℰ 03 88 80 59 39 - www.hunspach.com - 8h-12h, 14h-17h - fermé j. fériés.*

◐ SE REPÉRER

Plan de région C1 (p. 362) – carte Michelin Départements 315 L2. À 33 km au nord-est de Haguenau par la D 263. Ville frontalière dominée à l'ouest par le Hochwald et au nord par le Mundatwald.

🅿 **SE GARER**
Parkings : r. Bannacker, pl. de la Foire et r. de la République.

⊛ **À NE PAS MANQUER**
L'église St-Pierre-et-St-Paul et sa fresque de saint Christophe, le quartier de la Petite Venise, le vignoble de Cleebourg.

🕐 **ORGANISER SON TEMPS**
Consacrez une demi-journée au tour de la ville, puis partez explorer la campagne environnante, à pied de préférence. Nombreuses animations à la Pentecôte.

Wissembourg est sortie miraculeusement préservée d'une histoire parsemée de sièges, de désastres et de faits de guerre – une bataille de 1870 porte d'ailleurs son nom. Une promenade sur les remparts, dans les quartiers anciens ou dans celui de la « Petite Venise » vous fera découvrir plus de 70 maisons bâties avant 1700 et l'imposante église St-Pierre-et-St-Paul, la deuxième en taille des églises gothiques d'Alsace, après la cathédrale de Strasbourg.

Se promener

★ **LA VIEILLE VILLE**

Promenade 1h30. Départ place de la République.

Hôtel de ville (B H)
Construit de 1741 à 1752, en grès rose, avec fronton, petite tour et horloge, selon les plans de Massol, il remplace l'ancien Rathaus disparu dans l'incendie de la ville du 25 janvier 1677.
Prendre la rue du Marché-aux-Poissons qui mène à la Lauter et offre, à son extrémité, une **vue** agréable sur de beaux massifs fleuris, au premier plan, et sur le chevet de l'église St-Pierre-et-St-Paul, à l'arrière.

Maison du Sel (A)
Reconnaissable à sa toiture divisée en auvents sous lesquels les lucarnes ouvrent en balcons, c'était d'abord un hôpital (1448) avant de devenir un dépôt de sel et un abattoir.
Suivez le quai Anselman.

À l'Ancienne Couronne (A)
Cette très ancienne maison de patriciens (1491) servit d'auberge jusqu'en 1603, puis appartint aux Bartholdi à la fin du 18e s. C'est aujourd'hui un bar : *Les Vignes de la Couronne.*

LA VILLE DU PÈRE FOUETTARD
Le légendaire Hans Trapp, le père Fouettard alsacien, est né ici. À la fin du Moyen Âge, Hans von Drodt terrorisait les Wissembourgeois depuis son nid d'aigle du Berwarstein voisin. Les parents se mirent donc, à leur tour, à menacer les enfants pas très sages des foudres du terrible Hans.

Maison Vogelsberger (A)

Avec son riche portail Renaissance et son blason peint, elle date de 1540. L'un de ses propriétaires, Sébastien Vogelsberger, fut décapité en 1548 sur l'ordre de Charles Quint pour avoir assisté au sacre d'Henri II. Le bienheureux Charles de Foucauld passa dans cette maison les deux premières années de sa vie.

Tournez à droite dans la rue du Presbytère.

Église St-Jean (A)

Cette église protestante restaurée remonte au 15ᵉ s., sauf le clocher, roman (13ᵉ s.). **Martin Bucer** (ou Butzer) (1491-1551), réformateur alsacien né à Sélestat, y a prêché la Réforme, en 1522, avant de partir pour l'Angleterre. Dans la cour, sur le côté gauche de l'église, anciennes pierres tombales en grès rouge des Vosges.

Du haut des remparts, vue d'ensemble de l'église St-Jean et St-Pierre-et-St-Paul.

Revenez sur vos pas, traversez la Lauter et prenez à droite le quai du 24-Novembre.

Quartier du Bruch (A)

Du pont sur la Lauter, on a une belle vue sur ce vieux quartier. La première maison à droite, dont le pan coupé est orné d'une petite loggia ou oriel (1550), servit de décor au tournage du film *L'Ami Fritz*, en 1933. En face, sur l'autre rive, maison patricienne des 16ᵉ et 17ᵉ s.

Revenez sur l'autre rive et prenez à droite la rue du Chapitre.

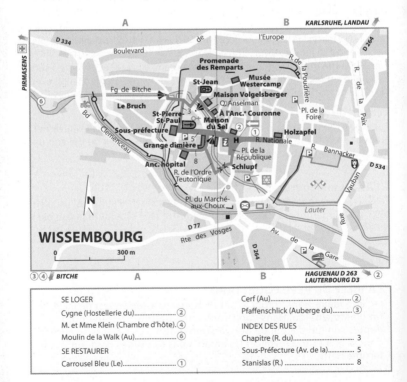

UN MARIAGE INESPÉRÉ

Roi détrôné de Pologne, Stanislas Leszczyński vivait un exil bien mélancolique dans une maison de Wissembourg. L'ancien roi ne regrettait son royaume et sa fortune que pour sa fille, Marie, qu'il n'imaginait pas un jour voir convoler, faute de dot et de fortune. Or, en 1725, le duc d'Antin apporte une nouvelle inespérée : Louis XV, roi de France, le Bien-Aimé, a jeté son dévolu sur la modeste héritière. Marie sera reine de France…

Stanislas emprunte argent et carrosses, dégage ses bijoux et peut offrir un mariage décent à sa fille qui, à 22 ans, devient reine d'un roi de 15 ans.

★ Église St-Pierre-et-St-Paul (A)

Bâtie en grès, c'est l'ancienne église gothique, élevée au 13e s., d'un monastère bénédictin fondé au 7e s. Un clocher carré, vestige de l'église romane antérieure, reste accolé au flanc droit de l'édifice. La Révolution le transforma en magasin à fourrage. À l'intérieur, entre la chapelle de droite et le chœur, le grand **saint Christophe** tenant l'Enfant Jésus dans ses bras, **fresque★** du 15e s., est le plus grand personnage peint connu en France (11 m de haut). Le chœur est éclairé par des vitraux du 13e s., restaurés au siècle dernier. Le vitrail le plus ancien est la petite rose placée au pignon du croisillon gauche ; il représente une Vierge à l'Enfant (2e moitié du 12e s.).

Contre le flanc nord de l'église subsistent une galerie entière et deux travées d'un somptueux **cloître gothique** resté inachevé, longtemps considéré comme « le plus beau de toute la vallée du Rhin ». Une porte le desservant mène à une chapelle romane du 11e s.

Dans l'avenue de la Sous-Préfecture, le **jardin Stanislas** offre un agréable petit havre de verdure au milieu de buis centenaires. Ouvert au public, il appartient à un magasin d'antiquités. *R. Stanislas - ✆ 03 88 54 29 54 - gratuit.*

Sous-préfecture (A)

À l'extrémité de l'avenue de la Sous-Préfecture, l'élégant pavillon de la fin du 18e s. occupe l'ancien hôtel du doyenné de la collégiale.

Prenez à gauche l'avenue de la Sous-Préfecture. Place du Saumon, prenez à droite la rue Stanislas.

Grange dîmière (A)

La grange dîmière de l'ancienne abbaye jouxte la maison des Chevaliers Teutoniques, de 1606. L'ordre Teutonique, fondé en Terre sainte au 12e s., a disparu à la Révolution. Sur le mur qui fait face à l'abbatiale se trouve sculpté le moine Otfried, qui, au 9e s., soucieux de transmettre le message évangélique aux peuples de langue allemande, en fit pour la première fois une adaptation à partir du texte latin.

Ancien hôpital (Palais Stanislas) (A)

C'était la résidence du roi Stanislas Leszczyński de 1719 à 1725, dont la fille, Marie, épousa Louis XV en 1725.

Faites demi-tour, tournez à droite dans la rue de l'Ordre-Teutonique puis à gauche dans le passage dit « rue pittoresque ».

Empruntez la petite passerelle au-dessus de la Lauter, dans le quartier appelé le **Schlupf**, « Petite Venise » de Wissembourg.

Rejoignez par la gauche la rue de la République, puis tournez à droite dans la rue Nationale.

Holzapfel (B)

La maison gothique avec tourelles d'angle fut d'abord, dès 1506, une maison des corporations, puis un relais de poste de 1793 à 1854 ; Napoléon s'y arrêta en 1806.
Faites demi-tour pour revenir place de la République.

LES REMPARTS (AB)

La balade le long du talus des anciens remparts, planté d'ormes et de frênes, permet de découvrir les toits patinés du quartier ancien, les tours majestueuses de l'église St-Pierre-et-St-Paul et, dans le lointain, le moutonnement des Vosges. Un premier mur longe en pleine ville un bras de la Lauter. Non loin de la maison Stanislas s'élève le **Schartenturm**, vestige de l'enceinte du monastère construite sous l'abbé Samuel au 11e s. Une deuxième enceinte part de l'extrémité du faubourg de Bitche, où l'on découvre une belle maison patricienne des 16e et 17e s. et la tour des Husgenossen (de 1420), et se poursuit jusqu'au sud de la ville. Au nord, la promenade des Remparts permet d'admirer les fortifications du 13e s.

À voir aussi

Musée Westercamp (B)

Fermé pour rénovation. Ouverture après 2010.
Au début du 20e s., un musée s'est installé dans cette maison viticole du 16e s., qui a gardé son authenticité. La visite commence par la cuisine, atmosphère intimiste assurée. Même ambiance dans les autres pièces, qui renferment des meubles anciens (superbes armoires), des costumes paysans et des souvenirs du champ de bataille de 1870. Antiquités préhistoriques et romaines, salle d'armes.
Le musée conserve même une maquette en bois de cerisier du lustre-couronne de l'abbatiale représentant la Jérusalem céleste, détruit par les révolutionnaires. L'original de 1070 en métal argenté, célèbre dans tout l'Occident, faisait 6 m de diamètre ! On parlait alors de Wissembourg-la-Couronne.

À proximité

Vignoble de Cleebourg

Sur les contreforts des Vosges du Nord, cette section septentrionale de la route des Vins parcourt des vignobles d'ancienne tradition qui se sont fait notamment une spécialité du pinot gris et du pinot blanc auxerrois. On peut traverser les terroirs de Steinseltz et Oberhoffen pour gagner Cleebourg.
Trois sentiers d'interprétation au départ de Cleebourg, à côté de la cave viticole (de 3h à une journée complète) pour découvrir vignoble, vergers et forêts. Renseignements : ℘ 03 88 94 10 11 - www.ot-wissembourg.fr

Altenstadt

2 km à l'est. Intéressante église romane des 11e et 12e s. Nef et bas-côtés sont plafonnés. En pénétrant dans l'église, on passe sous un curieux porche de près de 7 m deprofondeur. Le clocher du 11e s., décoré de bandes lombardes, a été surélevé d'un 3e étage au 12e s.

Ouvrage d'artillerie de Schœnenbourg

12 km au sud, par la D 264, puis la D 65, fléchage. Voir ligne Maginot.

😊 NOS ADRESSES À WISSEMBOURG

VISITES

Mini-train touristique – Circuit commenté (45mn) en français, anglais ou allemand. ℘ 03 88 94 10 11 - www.ot-wissembourg.fr - 3 juin-3 oct. : 14h-17h ; 2 avr.-2 juin : vend.-dim. et j. fériés 14h-17h - fermé dim. et lun. de Pentecôte - 5 € (-14 ans 2,50 €).

HÉBERGEMENT

BUDGET MOYEN

Hostellerie du Cygne – 3 r. Sel - ℘ 03 88 94 00 16 - www.hostellerie-cygne.com - fermé 19 fév.-4 mars, 2-16 juil., 7-23 nov. et merc. - 16 ch - 50/70 € - ☕ 8,50 €.

Au Moulin de la Walk – 2 r. Walk - ℘ 03 88 94 06 44 - www.moulin-walk.com - fermé 8-28 janv. - 🅿 - 25 ch. 64/69 € - ☕ 8 € - rest. 32/50 €. Au bord d'une rivière, bâtiments aménagés sur les vestiges d'un moulin dont la roue tourne encore. Décor chaleureux et épuré avec du bois brut pour rappeler le style local. Carte classique et régionale (spécialité de foie gras), vins choisis. Jolie terrasse d'été.

Chambre d'hôte M. et Mme Klein – 59 r. Principale - 67160 Cleebourg - ℘ 03 88 94 50 95 ou 06 - www.chez.com/cleebourg - 🅿 -☕ - 4 ch. 76 € par pers., demi-pension seult. Cette maison alsacienne des 18e et 19e s. nichée au cœur du village de Cleebourg dont le vin est justement renommé réjouira les amateurs de calme et d'authenticité. Les chambres, toutes situées au rez-de-chaussée, sont garnies de beaux meubles anciens. Cuisine régionale.

RESTAURATION

PREMIER PRIX

Au Cerf – 67250 Hunspach - ℘ 03 88 80 41 59 - fermé lun. soir et merc. - ☕ - 6,10/15,24 €.

BUDGET MOYEN

Auberge du Pfaffenschlick – Col de Pfaffenschlick - 67510 Climbach - ℘ 03 88 54 28 84 - restaurant-du-pfaffenschlick.com - fermé 18 janv.-9 fév., lun. et mar. - ♿ - 🅿 - formule déj. 12 € - 22/38 €. En pleine forêt, juste en face d'une cabane qui servit de cantine pendant la construction de la ligne Maginot, ce restaurant longtemps fréquenté par les seuls randonneurs continue de servir une cuisine ménagère du cru, solide et abondante. Agréable terrasse.

POUR SE FAIRE PLAISIR

Le Carrousel Bleu – 17 r. Nationale - ℘ 03 88 54 33 10 - www le-carrousel-bleu.fr - fermé 1er-15 août, dim. soir, lun. et merc. - formule déj. 20 € - 28/70 €. Ce sympathique et intimiste restaurant, situé dans une maison du 18e s., propose des recettes actuelles, originales et dépaysantes, à mille lieues de la « Petite Venise ».

PETITE PAUSE

Pâtisserie Daniel Rebert – 7 pl. du Marché-aux-Choux - ℘ 03 88 94 01 66 - www.rebert. fr - mar.-sam. 7h-18h30 (dim. 8h) ; oct.-avr. : salon de thé. - Fermé lun.. La spécialité de ce chocolatier sont les pavés de Wissembourg, petits chocolats fourrés. Derrière la boutique, une ravissante cour fleurie fait office de salon de thé durant tout l'été.

ACHATS

Au P'tit Kougelhopf – 20 r. Nationale - ℘ 03 88 94 00 56 - tlj sf lun.-mar. 7h-18h - fermé 3 sem. sept. Cette accueillante boulangerie-pâtisserie, fort respectueuse des traditions, fabrique chaque jour 10 variétés de pains spéciaux, tous plus croustillants les uns que les autres. Mais on vient ici avant tout pour ses fabuleux kouglofs (ou *kougelhopfs*) : sucrés ou salés, mini ou géants, vendus à l'unité ou au poids, ils sont divinement bons.

Cave vinicole de Cleebourg – *Rte du Vin - 67160 Cleebourg - ℰ 03 88 94 50 33 - www.cave-cleebourg.com - caveau ouvert 8h-12h, 14h-18h, dim. et j. fériés à partir de 10h - fermé 1er janv., Pâques et 25 déc.* Ce domaine viticole reconstitué en 1946 sous une forme coopérative dans le cadre du premier programme de remembrement cultive les 7 cépages alsaciens traditionnels. Ses deux valeurs sûres sont le pinot gris et le pinot blanc. Chaque année, une « cuvée de la confrérie » est sélectionnée parmi les vins de Cleebourg. La cave de Cleebourg propose également une large gamme de vins issus de lieux-dits et 4 crémants d'Alsace.

ACTIVITÉS

Espace Cycles – *Allée des peupliers - ℰ 03 88 54 33 77 - espace.cycles2@orange.fr -mar.-vend. 9h-12h, 14h30-18h30 ; sam. 9h-12h,-14h-17h - fermé dim. lun.* Location de vélos.

AGENDA

Avent – Animations à l'occasion de l'avent (4 w.-end de l'Avent : cortège du Hans Trapp, concerts, veillées de Noël, célébrations religieuses, crèches vivantes, spectacles, contes et légendes, venue de saint Nicolas, café de Noël, marché de Noël, marche et cross). *Renseignements à l'office de tourisme - ℰ 03 88 94 10 11 - www.ot-wissembourg.fr*

Pentecôte – Depuis 1864, Wissembourg célèbre la Pentecôte avec gaieté et bonne humeur : somptueux cortège de costumes traditionnels, folklore, gastronomie, courses hippiques, feu d'artifice.

Festival international de musique – *Déb. sept. - ℰ 03 88 94 10 11 - www.wissembourg-festival.com*

Carte de circuit à vélo – Plusieurs cartes de circuit à vélo sont à disposition à l'office de tourisme - *℘ 03 88 94 10 11 - www.ot-wissembourg.fr*

Streisselhochzeit à Seebach – Le premier week-end qui suit le 14 Juillet fait revivre des scènes de la vie quotidienne d'antan.

Wangenbourg

1 182 Wangenbourgeois et Engenthalois – Bas-Rhin (67)

NOS ADRESSES PAGE 405

S'INFORMER

Office du tourisme de Wangenbourg – *32A r. du Gén.-de-Gaulle - 67710 Wangenbourg-Engenthal - ℘ 03 88 87 33 50 - www.suisse-alsace.com - juil.-août : 9h30-12h, 15h-17h30, w.-end et j. fériés 10h-12h, 15h-17h ; mai-juin et sept.-déc. : 9h-11h30, 14h30-17h30 ; janv.-avr. 10h-12h, 15h-17h - fermé w. ends (sf juil.-août), 1er janv., dim. et lun. de Pâques, 1er nov., 11 Nov., 25 déc.*
Office de tourisme du Pays de-Nideck – *22 r. du Nideck - 67280 Oberhaslach - ℘ 03 88 50 90 15 - tlj sf dim.mat.*

SE REPÉRER

Plan de région A4 (p. 362) – carte Michelin Départements 315 H5. À 20 km au sud de Saverne par la D 218, 41 km à l'ouest de Strasbourg par la D 1004, puis la D 224.

À NE PAS MANQUER

Le château et la cascade du Nideck, le plan incliné de St-Louis-Arzwiller, les rochers de Dabo et du Nutzkopf pour leur panorama.

ORGANISER SON TEMPS

Comptez une demi-journée pour découvrir Wangenbourg et son château ; prévoyez une journée complète pour les deux circuits proposés.

Avec ses paysages de montagne, ses immenses forêts, ses prairies qu'on croirait d'altitude et ses chalets qui rappellent ceux des Alpes, la région de Wangenbourg mérite bien son surnom de « Suisse d'Alsace ».

Se promener

Château

Pour y accéder (15mn à pied AR), laissez la voiture sur le parking de l'office de tourisme, 200 m après l'église, passer près d'un énorme tilleul et suivre un chemin dans le prolongement de la rue principale. Du château, des 13e et 14e s., qui appartenait à l'abbaye d'Andlau, il reste un donjon pentagonal et d'importants vestiges de murs. Par le donjon (24 m de haut), on accède à une plate-forme. Très belle vue sur la région. Un sentier, en partie tracé dans les fossés du château, permet de faire le tour de l'énorme rocher de grès qui porte les ruines. Par un pont, on accède à l'ancienne cour.

Itinéraires conseillés

La **région de Dabo-Wangenbourg★★** appartient aux Petites Vosges. Ses massifs gréseux, d'apparence farouche et tourmentée, sont séparés par des vallées fraîches et calmes dont les eaux coulent sur des lits de sable fin. L'ancienne et puissante maison de Dabo, ou Dagsbourg, descend du duc d'Alsace Étichon, père de sainte Odile. C'est dans le château de Dagsbourg que certains historiens situent, en 1002, la naissance de Bruno de Dabo, qui deviendra le pape Léon IX, puis saint Léon. D'autres affirment que cette illustre naissance a eu lieu à Eguisheim. Le débat reste ouvert…

FORÊT DE SAVERNE

Au nord de Wangenbourg – 78 km – environ 3h30.

Obersteigen

La petite église de grès rose a été construite au 13e s. par les chanoines de St-Augustin qui, trouvant le climat de la montagne un peu rude, déménagèrent vers Saverne au 16e s. Son architecture, d'un style homogène, marque la transition du roman au gothique : arcs en plein cintre, chapiteaux à crochets. Des colonnettes annelées ornent le portail.

Prenez la D 45 vers Dabo.

La route sinueuse pénètre dans une superbe forêt. Belles échappées sur le rocher et le pays de Dabo, le plateau fertile du Kochersberg et la plaine d'Alsace.

★ Rocher de Dabo

Signalisation « Rocher St-Léon ». Rte du Rocher - ℘ *03 87 07 47 51 - www.ot-dabo. fr - possibilité de visite guidée sur demande (1 sem. av.) - mai-oct. : tte la journée ; nov.-avr. : apr.-midi - fermé 1er janv., 1er et 11 Nov., 25 déc. - 2 € (enf. 0,50 €).*

Le rocher de grès de Dabo porte deux tables d'orientation. Dans la tour de la chapelle est encastrée la statue du pape Léon IX. À gauche du portail percé sous la tour et permettant d'entrer dans la chapelle, une petite porte s'ouvre sur l'escalier *(92 marches)*. Beau **panorama**★ du haut de la tour, d'où il est possible de repérer les principaux sommets des Vosges gréseuses (Schneeberg, Grossmann, Donon, etc.). De là, le village de Dabo a la forme d'un X.

Dabo

Le **site**★ de Dabo est très agréable et les belles forêts environnantes en font une station estivale fréquentée.

Un peu plus loin, la route descend dans la pittoresque **vallée du Kleinthal**.

Après Schaeferhof, suivez la D 45 à gauche. À 5 km, prenez à gauche la D 96.

Aux approches de Schaeferhof, on aperçoit, en avant, le village de Haselbourg perché au sommet d'une colline.

Cristallerie de Vallerysthal

℘ *03 87 25 62 04 -* &. *- lun-ven. : 10h-12h/13h-18h, sam., dim. et j. fériés 10h-12h/14h-18h- fermé 1er janv. et 25 déc. - gratuit.* C'est le baron de Klinglin (nom prédestiné !) qui transporta en 1838 la très ancienne verrerie de Plaine-de-Walsch au val de Valléry. Entreprise prospère dont les produits étaient très demandés durant la seconde moitié du 19e s., notamment en Allemagne, la verrerie comptait 1 300 salariés en 1914. Du temps de sa splendeur, l'antique maison a conservé sa « salle des trésors » qui recèle près de 40 000 modèles du 18e s. à nos jours.

Revenez sur la D 98C.

★ Rocher du Nutzkopf

45mn à pied AR. Prenez la D 98D à partir de Sparsbrod, puis une route forestière à gauche, enfin un sentier signalé à gauche. Au sommet (515 m) de ce curieux rocher tabulaire, **vue**★ sur le rocher du Dabo, le village de La Hoube, la verdoyante vallée du Grossthal. *Revenez sur la D 98C, puis prenez la D 98 à droite, le long de la Zorn.*

★ Plan incliné de St-Louis-Arzviller

On peut l'observer depuis la D 98. ℘ *03 87 25 30 69 - www.plan-incline.com - visite guidée uniquement (30mn)- de déb. juil. à fin août : 10h-18h ; mai-juin et sept. : tlj sf lun. 9h45-11h45, 14h-17h30 ; avr. et oct. : 10h-11h45, 13h30-16h45 - 4 € (-15 ans 3 €). Luge d'été de déb. avril à fin oct.,* ℘ *03 87 03 74 87.*

Plan incliné de Saint-Louis-Arztviller.
R. Mattès / MICHELIN

Long de 108,65 m dans sa partie inclinée, pour une dénivellation de 44,55 m, cet ouvrage spectaculaire a remplacé en 1969 l'ancien escalier de 17 écluses, étagées sur moins de 4 km, le long de la voie ferrée, dont le franchissement nécessitait une journée entière. Un **chariot-bac**, d'une longueur de 43 m, se déplaçant sur les rails d'une rampe de béton par un système de contrepoids reliés au chariot-bac par des câbles, permet de faire passer d'un bief à l'autre, en 20mn, une péniche automotrice de 350 t. Petit musée dans une péniche.

⋆ Vallée de la Zorn

Cette vallée, aux versants couverts de hêtres et de sapins, a toujours été le passage le plus fréquenté des Vosges du Nord. Le canal de la Marne au Rhin et le chemin de fer de Paris à Strasbourg ont aussi choisi de l'emprunter. La Zorn y coule, abondante et claire, sur un lit de sable et de cailloux.

À **Lutzelbourg**, sur la D 38-D 132, sur un promontoire, ruines féodales du château du même nom.

⋆ Château du Haut-Barr *(voir Saverne)*

Saverne *(voir ce nom)*

⋆⋆ Marmoutier *(voir ce nom)*

FORÊT DE HASLACH

Au sud de Wangenbourg – environ 2h30.

Forêt de Haslach

Après Wolfsthal, la D 218 monte dans la belle forêt de Haslach. Un parcours agréable conduit à la maison forestière. À 500 m commence une descente parfois sinueuse qui se poursuivra jusqu'à Oberhaslach. On aperçoit en avant et à gauche, toute proche, la tour ruinée du château du Nideck.

⋆⋆ Château et cascade du Nideck

🐾 *1h15 à pied AR. Laissez la voiture sur le parking situé en contrebas de la maison forestière du Nideck et prenez le sentier signalé par des panneaux. Une tour* du 13e s. et un donjon du 14e s., dans un **site**★★ romantique, sont les restes de deux châteaux incendiés en 1636. D'en haut, belle vue sur la forêt, la vallée de la Bruche, le château de Guirbaden et les hauteurs du Champ du Feu.

Passant ensuite à droite du donjon, suivez à gauche le sentier de la cascade. Après un abri en bois, puis un petit pont, prenez à droite jusqu'au belvédère (très dangereux, bien que muni d'un garde-fou).

Du belvédère, la **vue**★★ est superbe sur la vallée glaciaire et le gouffre boisé, dans lequel la cascade du Nideck se jette du haut d'une muraille de porphyre. Pour voir la cascade, continuer, au-delà du belvédère, par un sentier aménagé *(30mn AR)*.

Revenez à la D 218 et faire 1,2 km.

Belvédère

À 20 m de la route, à hauteur d'une borne commémorant sa construction. Belle **vue**★ sur le château du Nideck et la vallée. Ensuite, la vue se dégage à gauche sur les ravins boisés de la Hasel et de ses affluents et, au loin, sur la vallée de la Bruche et les hauteurs qui la dominent au sud.

LE GÉANT DU NIDECK

Une légende rapporte que, dans des temps immémoriaux, une famille de géants habitait le château du Nideck. La fille du géant, se promenant un jour dans la campagne environnante, fut fascinée par un jouet hors du commun qu'elle ramena chez elle : un paysan avec ses deux bœufs attelés. À la vue du paysan, le géant réprimanda aussitôt la jeune imprudente, lui ordonnant de remettre à sa place celui sans qui elle n'aurait pas de quoi manger.

Oberhaslach

C'est un lieu de pèlerinage assez fréquenté, en l'honneur de saint Florent. Au 7e s., on le disait capable d'adoucir les animaux les plus sauvages ; il est resté le protecteur des animaux domestiques. La chapelle, construite en 1750, de style baroque, rappelle l'endroit où le saint vécut en ermite avant de devenir le 7e évêque de Strasbourg.

★ Église de Niederhaslach

Visite environ 30mn. Elle se dresse à l'emplacement d'une ancienne abbaye fondée par saint Florent. Style gothique avec un portail encadré de statuettes et orné d'un tympan qui illustre l'histoire de saint Florent, guérissant la fille du roi Dagobert. Dans les bas-côtés et l'abside se trouvent de **beaux vitraux**★ des 14e et 15e s. Une chapelle, à droite du chœur, abrite sous ses voûtes aux clés sculptées le tombeau de Gerlac et un saint-sépulcre du 14e s.

Suivez la D 75.

Wasselonne

C'est une ancienne place forte dominée par un château fort réduit à une vieille tour. Ses maisons s'étagent sur les pentes d'une colline, les contreforts du Kochersberg. Elle garde de ses fortifications une porte de ville, ancien donjon. L'**église protestante** date du 18e s. (orgue de Silbermann).

Vallée de la Mossig

Les blocs de grès en saillie donnent aux hauteurs qui encadrent la Mossig une physionomie très particulière. Le grès des environs de Wasselonne servit à la construction de la cathédrale de Strasbourg.

NOS ADRESSES À WANGENBOURG

HÉBERGEMENT

POUR SE FAIRE PLAISIR

Hostellerie Belle Vue – *16 rte de Dabo - 67710 Obersteigen - ☎ 03 88 87 32 39 - www.hostellerie-belle-vue.com - Ouv. 4 avril-1er janv. - fermé dim. soir et lun. hors saison sauf fériés - 25 ch. 80/90 € - ☐ 10 € - rest. formule déj. 18 € - 25/40 €.*
Au cœur de la forêt de Saverne, cette auberge offre une vue magnifique sur la vallée. Chambres confortables au mobilier de style, espace bien-être, jardin, belle piscine. Grande salle à manger de style régional et terrasse d'été fleurie ; cuisine traditionnelle.

RESTAURATION

PREMIER PRIX

Auberge des Randonneurs – *3 pl. de l'Église - 57850 Dabo - ☎ 03 87 07 47 48 - fermé 24-25 déc.*

- *8,50/21 €.* Le patron de cette auberge, artiste à ses heures, a réalisé la décoration de la salle à manger agrémentée de tableaux et personnages en bois sculpté. Vous mangerez ici des petits plats régionaux : goûteux presskopf et pâté faits maison, savoureuses *flammekueche*, originales crêpes lorraines. Terrasse ombragée.

AGENDA

La **foire de Wasselonne**, avec son marché gourmand et artisanal *(sam. soir et dim.)*, son corso fleuri *(dim.)* et son marché annuel *(lun. suivant la foire)*, est un événement régional - *dernier w.-end d'août tous les 2 ans, années impaires - ☎ 03 88 59 12 00 - www.wasselonne.fr ou www.suisse-alsace.com*

Marmoutier

★

2 657 Maurimonastériens – Bas-Rhin (67)

NOS ADRESSES PAGE 407

S'INFORMER

Office du tourisme de Marmoutier – *1 r. du Gén.-Leclerc - 67440 Marmoutier - ☎ 03 88 71 46 84 - www.paysdemarmoutier.com - mai-oct. : 10h-12h30, 14h-18h (sam. 17h, dim. 17h30) ; reste de l'année : tlj sf dim. et j. fériés 10h-12h30, 14h-18h, lun. 14h-17h, sam. 9h-12h30 - 2 dim. av. Noël : 10h-12h, 14h-17h.*

SE REPÉRER

Plan de région A3 (p. 362) – carte Michelin Départements 315 I4. À 6 km au sud de Saverne par la D 1004. Accès par l'A 4-E 25 Paris-Metz-Strasbourg : sortie à Saverne. Des abords du Sindelsberg (1,5 km au nord-ouest par l'ancienne route de Saverne, puis une petite route goudronnée, à gauche), jolie vue plongeante sur Marmoutier.

AVEC LES ENFANTS

Le Centre européen de l'orgue.

L'église abbatiale de Marmoutier constitue un véritable joyau de l'art roman alsacien. En outre, elle abrite un orgue Silbermann prestigieux, sur lequel Albert Schweitzer aimait jouer. Le Centre européen de l'orgue s'est implanté juste à côté, dans la vaste salle de l'ancienne grange dîmière du monastère.

Visiter

★★ Église

03 88 71 46 84 - mat. et apr. midi - possibilité de visite guidée : s'adresser à l'office de tourisme.

La **façade occidentale★★** est construite en grès rouge des Vosges. Le clocher est carré et les deux tours d'angle octogonales. Le porche comporte une voûte d'ogives centrale, entre deux voûtes en berceau.

Le narthex, surmonté de coupoles, est la seule partie intérieure romane. Dans les bras du transept, monuments funéraires élevés en 1621 et très abîmés pendant la Révolution. De belles boiseries dans le chœur : stalles Louis XV et quatre dais surmontés de feuillages et de branches d'arbres ; au couronnement des stalles, petits anges charmants. Les **orgues** authentiques de Silbermann, construites en 1710, comptent parmi les plus belles d'Alsace.

Des vestiges d'une **église précarolingienne** ont été découverts sous le transept *(accès par la crypte ; entrée dans le bras sud du transept).*

Musée d'Arts et Traditions populaires

03 88 71 46 84 - www.marmoutier.net - visite guidée (1h) mai-oct. : dim. et j. fériés 10h-12h, 14h-18h - fermé 1er janv., dim. de Pâques, lun. de Pâques, 1er Mai, 1er nov., 11 Nov., 25 déc. - 4 €.

Installé dans une maison à colombages de style Renaissance, le musée propose des reconstitutions de la vie rurale alsacienne d'autrefois : pièces aménagées (*stube*, cuisine…), ateliers d'artisans (forgeron, tonnelier, tailleur de pierre…). Importante collection de moules à pâtisserie en terre cuite. Nombreux témoins de la communauté juive alsacienne : objets du culte synagogal et domestique, ainsi que le bain rituel du 18e s.

Centre européen de l'orgue

03 88 03 21 34 - http.//perso.wanadoo.fr/ceorgue - possibilité de visite guidée (1h30) - avr.-sept. : 14h-18h ; reste de l'année : vend.-dim. et j. fériés 14h-17h - fermé 1er janv., dim. de Pâques, 1er nov., 25 déc. - 2 € (-12 ans gratuit), journées du patrimoine gratuit.

Pédaliers et tuyaux Silbermann, table de jeux, orgue de Barbarie et orgue électro-pneumatique illustrent l'histoire du vénérable instrument, ainsi que celle de ses plus célèbres facteurs. Le centre présente aussi un pianoforte « organisé » des années 1820 dont il ne reste que trois exemplaires au monde. Plusieurs mannequins d'orgue (dont deux ont été offerts par l'École de facture d'orgues d'Eschau, unique en France), des bornes

L'ÂGE D'OR DE L'ABBAYE

Au 14e s., les abbés de Marmoutier imposent sur la région une influence considérable, tant spirituelle que temporelle. Nombre d'artisans et d'agriculteurs gravitent autour de l'abbaye. Une communauté juive s'installe, chargée, par les abbés, du négoce. En 1792, la Révolution disperse tout ce petit monde.

vidéo et quelques manipulations permettent de comprendre le fonctionnement d'un orgue, des touches aux tuyaux en passant par le sommier et les registres. Dans la cave du bâtiment, l'exposition « **Flûtes du monde** » a été réalisée grâce à la collection de Charles Tripp, chercheur de flûtes sur les cinq continents.

À proximité

Couvent de Reinacker
2 km à l'est de Marmoutier, au sud de Reutenbourg.
Lieu de pèlerinage marial depuis le Moyen Âge, le sanctuaire de Reinacker est aujourd'hui tenu par des religieuses franciscaines. L'église gothique de grès rose reconstruite au début du 15e s. sur des vestiges plus anciens se reconnaît de loin grâce à son clocher (fin 17e s.) couvert de tuiles vertes vernissées et à la Vierge monumentale qui orne sa façade depuis 1827. En faisant le tour de l'église par le jardin, on aperçoit de curieuses gargouilles, dont un diable prêt à lancer une pierre. À l'intérieur, voyez les sculptures qui décorent les niches du chœur (soleil et lune à tête humaine, rosace sculptée, scène de chasse) et la console supportée par un atlante. L'autel latéral de droite abrite une Vierge miraculeuse de la fin du 15e s. Sur celui de gauche, la Pietà de bois est datée de 1443.

☺ NOS ADRESSES À MARMOUTIER

HÉBERGEMENT ET RESTAURATION

PREMIER PRIX
Hôtel Aux Deux Clefs – *30 r. du Gén.-Leclerc -* ☎ *03 88 70 61 08 - aux.deux.cles@wanadoo.fr - fermé oct. ou nov. : se renseigner - 15 ch. 42/45 € -* ☕ *7,50 € - rest. 16/28 €.* Cet établissement du centre-ville propose un hébergement très correct, chaque chambre étant équipée d'une bonne literie et d'une petite salle d'eau. Au restaurant, on a affaire à un chef qui aime son métier : entre le *baeckeoffe* traditionnel, le foie gras et la charcuterie fumée, tout est fait maison.

Ferme-auberge du Tannenwald – *1 r. de Hengwiller - 67440 Dimbsthal -* ☎ *03 88 70 60 34 -*🚭*- 4 ch. 40 € * ☕ *- repas 8,50/26 €.* Cette exploitation agricole met à votre disposition des chambres simples et bien tenues, toutes équipées de douche et WC, ainsi qu'un gîte (52,50 € la nuit pour deux). Table d'hôte (sur réservation) et auberge en fin de semaine pour déguster une bonne cuisine préparée avec les produits de la ferme. Accueil chaleureux.

VOUS CONNAISSEZ

LE**GUIDE**VERT

...CONNAISSEZ-VOUS
VRAIMENT
MICHELIN ?

Données au 31/12/2008

N°1 mondial des pneumatiques
avec **17,1 %** du marché

Une présence commerciale dans plus de 170 pays

Une implantation industrielle
au cœur des marchés

68 sites industriels dans **19** pays ont produit en 2008 :

- **177** millions de pneus
- **16** millions de cartes et guides

Des équipes très internationales

Plus de **117 500** *employés* de toutes cultures*
sur tous les continents dont **6 000** personnes employés
dans les centres de R&D en Europe, aux Etats-Unis, en Asie.

*110 252 en équivalents temps plein

Le groupe Michelin
en un coup d'œil

Michelin présent
en compétition

A fin 2008

24h du Mans
11 années de victoires consécutives

Endurance 2008
- 5 victoires sur 5 épreuves
en Le Mans Series
- 10 victoires sur 10 épreuves
en American Le Mans Series

Paris-Dakar
Depuis le début de l'épreuve, le groupe
Michelin remporte toutes les catégories

Moto GP
26 titres de champion du monde
des pilotes en catégorie reine

Trial
Tous les titres de champion du monde
depuis 1981 (sauf 1992)

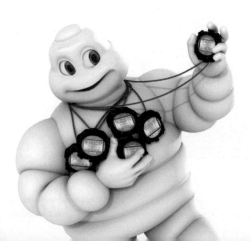

Michelin, implanté près de ses clients

○ **68 sites de production dans 19 pays**
- Algérie
- Allemagne
- Brésil
- Canada
- Chine
- Colombie
- Espagne
- Etats-Unis
- France
- Hongrie
- Italie
- Japon
- Mexique
- Pologne
- Roumanie
- Royaume-Uni
- Russie
- Serbie

● **Un centre de Technologies réparti sur 3 continents**
- Amérique du Nord
- Asie
- Europe

● **2 plantations d'hévéa**
- Brésil

Notre mission

Contribuer, de manière durable, au progrès de la mobilité
des personnes et des biens en facilitant la liberté, la sécurité,
l'efficacité et aussi le plaisir de se déplacer.

Michelin s'engage pour l'environnement

Michelin, 1er producteur mondial de pneus à basse résistance au roulement, contribue à la diminution de la consommation de carburant et des émissions de gaz par les véhicules.

Michelin développe, pour ses produits, les technologies les plus avancées afin de :
- diminuer la consommation de carburant, tout en améliorant les autres performances du pneumatique ;
- allonger la durée de vie pour réduire le nombre de pneus à traiter en fin de vie ;
- privilégier les matières premières à faible impact sur l'environnement.

Par ailleurs, à fin 2008, 99,5 % de la production de pneumatiques en tonnage est réalisé dans des usines certifiées ISO 14001*.
Michelin est engagé dans la mise en œuvre de filières de valorisation des pneus en fin de vie.

*certification environnementale

**Tourisme
camionnette**

Poids lourd

Michelin
au service de la mobilité

Génie civil

Avion

Agricole

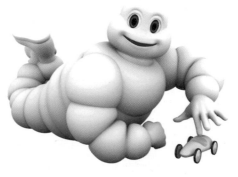

Deux roues   **Distribution**

Partenaire des constructeurs, à l'écoute des utilisateurs,
présent en compétition et dans tous les circuits de distribution,
Michelin ne cesse d'innover pour servir
la mobilité d'aujourd'hui et inventer celle de demain.

**Cartes   ViaMichelin,   Michelin
et Guides   des services   Lifestyle,
                      d'aide au   des accessoires
                        voyage   pour vos
                                             déplacements**

MICHELIN
joue l'équilibre des performances

● **Longévité des pneumatiques**

● **Economies de carburant**

○ **Sécurité sur la route**

... les pneus MICHELIN vous offrent les meilleures performances,
sans en sacrifier aucune.

Le pneu MICHELIN
un concentré de technologie

1 Bande de roulement
Une épaisse couche de gomme
assure le contact avec le sol.
Elle doit évacuer l'eau
et durer très longtemps.

2 Armature de sommet
Cette double ou triple ceinture armée
est à la fois souple verticalement
et très rigide transversalement.
Elle procure la puissance de guidage.

3 Flancs
Ils recouvrent et protègent la carcasse
textile dont le rôle est de relier la bande
de roulement du pneu à la jante.

4 Talons d'accrochage à la jante
Grâce aux tringles internes,
ils serrent solidement le pneu
à la jante pour les rendre solidaires.

5 Gomme intérieure d'étanchéité
Elle procure au pneu l'étanchéité
qui maintient le gonflage à la bonne
pression.

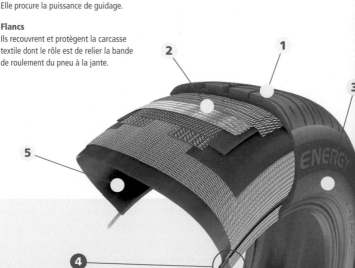

Suivez les conseils
du bonhomme MICHELIN

Pour gagner en sécurité

- Je roule avec une pression adaptée
- Je vérifie ma pression tous les mois
- Je fais contrôler régulièrement mon véhicule
- Je contrôle régulièrement l'aspect
  de mes pneus (usure, déformations)
- J'adopte une conduite souple
- J'adapte mes pneus à la saison

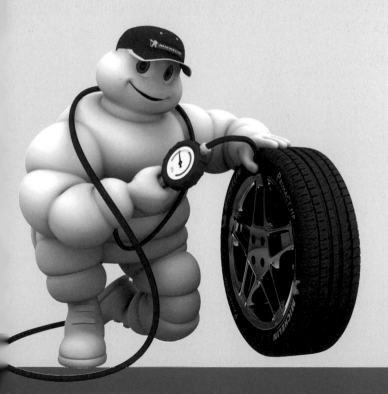

www.michelin.com
www.michelin.(votre extension pays - ex : fr pour France)

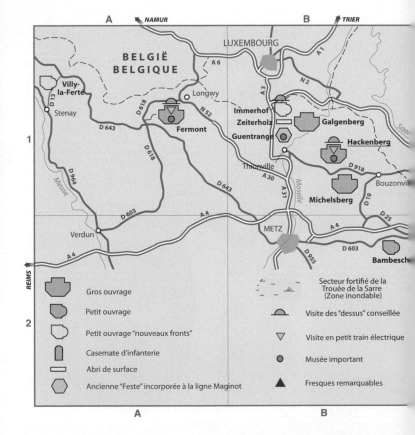

A · NAMUR · B · TRIER

LUXEMBOURG

BELGIË
BELGIQUE

Villy-la-Ferté

Stenay

Longwy

Immerhof
Zeiterholz
Fermont
Guentrange

Galgenberg

Hackenberg

Thionville

Michelsberg

Bouzonvi[lle]

Meuse

Verdun

Moselle

METZ

Bambesch

REIMS

Légende

Gros ouvrage

Petit ouvrage

Petit ouvrage "nouveaux fronts"

Casemate d'infanterie

Abri de surface

Ancienne "Feste" incorporée à la ligne Maginot

Secteur fortifié de la Trouée de la Sarre (Zone inondable)

Visite des "dessus" conseillée

Visite en petit train électrique

Musée important

Fresques remarquables

Ligne Maginot 7

Cartes Michelin Départements 307 et 315 –
Meuse (55), Meurthe-et-Moselle (54), Moselle (57), Bas-Rhin (67)

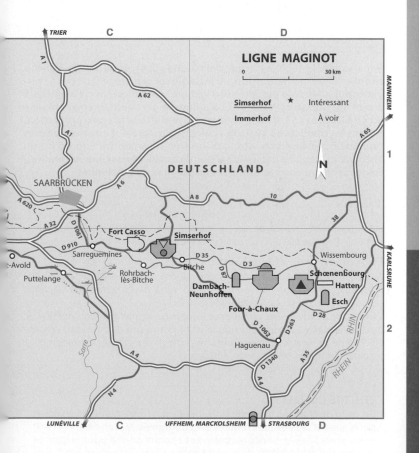

Ligne Maginot

Meuse (55), Meurthe-et-Moselle (54), Moselle (57), Bas-Rhin (67)

▶ **SE REPÉRER**

Plan de région p. 408 – carte Michelin Départements 307 A/R 1/5, 315 G/M 1/3. Les ouvrages ouverts au public, indépendants les uns des autres, forment une suite discontinue s'étirant sur plusieurs centaines de kilomètres, plus ou moins près des frontières avec la Belgique, le Luxembourg et l'Allemagne.

Pour l'hébergement et la restauration, voir nos adresses à Stenay (p. 121), Montmédy (p. 125), Longwy (p. 188), Thionville (p. 185), Sierck-les-Bains (p. 192), Saint-Avold (p. 197), Sarreguemines (p. 200), Bitche (p. 394), Niederbronn-les-Bains (p. 391), Wissembourg (p. 399).

☺ **À NE PAS MANQUER**

Les gros ouvrages du Hackenberg et du Simserhof.

Dans les années 1920, les leçons de la Grande Guerre poussent la France à se doter d'une « muraille » infranchissable sur son flanc Est. Prévu à l'origine pour aller de la mer du Nord jusqu'à la Méditerranée, l'ambitieux projet des ministres Painlevé et Maginot ne sera véritablement réalisé qu'en Alsace et en Lorraine et laisse la frontière belge sans protection. Durant les combats de 1940, la « cuirasse du Nord-Est » ne tient pas ses promesses. Sortie presque intacte de la guerre, elle offre aujourd'hui au visiteur l'un des plus beaux exemples de fortifications contemporaines, soigneusement entretenues par une poignée de passionnés.

Visiter

La température à l'intérieur des galeries souterraines est fraîche (13 °C en moyenne) : se munir d'un bon pull. Prévoir aussi des chaussures confortables.

Petit ouvrage de Villy-la-Ferté

18 km au nord-ouest de Montmédy par la D 643 et la D 44. ☏ *03 24 22 61 49 - www.ouvragelaferte.fr - juil.-août : 14h-18h ; du dim. des Rameaux à fin juin et sept.-oct. : dim. et j. fériés 14h-18h - 4 € (enf. 2 €).*

Il fait partie des ouvrages « nouveaux fronts » construits à partir de 1935 avec des améliorations techniques que la visite permettra de découvrir : entrée en chicane, créneaux de tir à rotule plus protecteurs, cloches d'armes mixtes associant mitrailleuses et canon antichar…

CONTRE L'OUBLI

Un coup de chapeau aux militaires, bénévoles, retraités et associations qui raniment ces vestiges rouillés et abandonnés, les remettent en état et les entretiennent encore, innovant chaque année pour inciter de plus en plus de touristes du monde entier à venir les voir et, ainsi, à ne pas oublier !

L'histoire de la ligne Maginot

UNE NOUVELLE STRATÉGIE

Pour défendre au mieux la France au lendemain de la guerre 1914-18, le concept de régions et de secteurs fortifiés offrant des fronts continus de 20 à plus de 60 km s'impose, en même temps que celui de fortification permanente enterrée, adaptée au combat moderne. Les différents blocs (gros ouvrages mixtes, petits ouvrages d'infanterie ou d'artillerie, chapelets de casemates protégéEs par des cuvettes inondables, champs de mines, fossés antichars), équipés de tourelles et de créneaux de tir, interdiront tout passage à l'ennemi par des tirs croisés. Dans les intervalles manœuvreront les troupes de soutien.

LES GRANDS TRAVAUX... ET LES FAILLES DE L'OUVRAGE

Les travaux débutent en 1930. En moins de dix ans, 58 ouvrages sont édifiés sur la frontière du Nord et du Nord-Est dont 22 gros ouvrages, 50 dans les Alpes, dispositif complété par 410 casemates et abris pour l'infanterie. 152 tourelles à éclipse, 1 536 cloches fixes hérissent les superstructures en béton armé, les « dessus » qui seuls s'exposent au regard. À cela s'ajoutent 339 pièces d'artillerie et plus de 100 km de galeries souterraines. Pourtant, le nombre des constructions est nettement diminué. Et très souvent, des armes d'infanterie remplacent les organisations d'artillerie initialement prévues. La dispersion de l'effort achève de dénaturer les choix originels. Les blocs de surface sont en béton armé ; l'épaisseur des murs arrière se révélera notoirement insuffisante lorsque l'ennemi prendra certains ouvrages à revers en 1940. Les parties souterraines, au-delà de 20 m de profondeur, sont construites en maçonnerie de pierres de taille, moins coûteuse.

LES HOMMES

Les gros ouvrages étaient reliés à des dépôts de munitions par des voies ferrées électrifiées, empruntées aujourd'hui par les visiteurs pour parcourir de longues distances en galerie. L'importance de la garnison était fonction de celle de l'élément fortifié : elle pouvait aller d'une quinzaine d'hommes dans la casemate de Dambach-Neunhoffen à près de 1 200 au Hackenberg. Ces soldats appartenaient à des unités d'élite créées à partir de 1933, les troupes de forteresse. Les menus servis désignent, comme incontestable vainqueur sur la ligne Maginot, la conserve de bœuf, stockée en quantités astronomiques dans les réserves souterraines des ouvrages…

DANS LA TOURMENTE

Le fait que la ligne Maginot ne couvre pas le nord du pays par suite de considérations politiques et financières, qu'elle ne serve pratiquement pas de base offensive durant la « drôle de guerre », qu'elle ait été privée au moment crucial de ses troupes d'intervalle tenues de se replier, et réduite à sa seule garnison (qui n'excéda jamais 30 000 hommes), rendra vaine la pathétique et glorieuse résistance de mai-juin 1940. Les équipages invaincus devront se plier aux clauses de l'armistice et prendre le chemin de la captivité.

Villy devait être le « pilier ouest » de la ligne Maginot sur la vallée de la Chiers. Mais l'ouvrage se réduisit finalement à deux blocs d'infanterie, réunis par une galerie creusée à plus de 30 m de profondeur et flanqués de deux casemates d'artillerie (l'une d'elles borde la route en face du chemin d'accès).

Le 18 mai 1940, le fort, qui n'était plus défendu par les troupes d'intervalle, fut « couronné » par les sapeurs allemands. La totalité de l'équipage (plus de 100 hommes), réfugiée dans la galerie souterraine mal ventilée, périt asphyxiée. À l'extérieur, adossé au champ de rails antichars, un monument rappelle ce sacrifice. Sur les « dessus », les dégâts aux cloches et la tourelle basculée par une charge explosive témoignent des épreuves subies.

Gros ouvrage de Fermont

13 km au sud-ouest de Longwy par la D 18. À la sortie de Cutry, prenez la D 17ᴬ, puis à gauche la D 174. ☏ 03 82 39 35 34 - www.ligne-maginot-fort-de-fermont.asso. fr - visite guidée (2h) mai-juin : 15h, w.-end et j. fériés 14h et 15h30 ; de déb. juil. à mi-sept. : tlj 14h et 16h30 ; avr. et oct. : se renseigner - 8 € (-12 ans 5 €).

Le plus occidental des gros ouvrages de la ligne Maginot comporte deux blocs d'entrée et sept blocs de combat, dont trois à armement d'artillerie. Devant le fort, monument dédié aux troupes de forteresse et, sous un hangar, musée du Matériel lourd exposant des écorchés de tourelles et divers types d'observatoires de campagne affectés aux troupes d'intervalle. Resté pratiquement dans l'état de 1940, l'ouvrage de Fermont forme un ensemble complet avec cuisines, boulangerie, chambre froide, infirmerie, dortoirs, chambres de sous-officiers et officiers, foyer du soldat, etc.

On gagne le bloc 4 en monte-charge à munitions et en petit train électrique. On découvre une imposante casemate d'artillerie couverte d'une dalle de béton épaisse de 3,50 m (protection maximale sur la ligne Maginot) et équipée de canons obusiers de 75 mm. Celle des « dessus » présente les principaux types de superstructures : tourelles à éclipse, cloches GFM (guetteur-fusil-mitrailleur) à vision périscopique, cloches lance-grenades, casemates. Les dégâts causés par les combats de 1940 sont bien visibles : soumis à d'intenses bombardements, puis cible de troupes d'assaut à partir du 21 juin, Fermont, invaincu, dut se livrer six jours plus tard sur ordre supérieur.

Fort de Guentrange

2 km au nord-ouest de Thionville. Quittez la ville par l'allée de la Libération, puis tournez à droite vers Guentrange. Chemin du fort - ☏ 03 82 88 12 15 - www.fort-guentrange.com - mai-sept. : merc. et w.-end, départ de la visite à 15h - 2,50 €.

Ancienne *Feste* (groupe fortifié) allemande construite de 1899 à 1906 et occupée par l'armée française en 1918, le fort de Guentrange fut incorporé à la ligne comme ouvrage de soutien du secteur fortifié de Thionville en 1939-1940.

Vestiges de la ligne près de Falkenstein.
Olivier Fellmann / MICHELIN

Certaines des solutions techniques dont il avait bénéficié se retrouveront sur la ligne Maginot : machinerie électrique, transmissions téléphoniques, etc. Outre la centrale électrique et ses huit moteurs Diesel en état de marche, l'élément spectaculaire est le casernement central de 140 m de long, réparti sur quatre niveaux, en mesure d'accueillir 1 100 hommes. Particularité de l'armement : les tourelles pour canons de 105 mm sont pivotantes mais non escamotables. Plusieurs salles présentent une documentation sur le fort.

Abri du Zeiterholz

14 km au nord de Thionville. Prenez la direction de Longwy, puis tournez à droite sur la D 57. Traversez Entrange ; panneaux indicateurs à partir de la chapelle. 🕿 *03 82 34 54 51 - visite guidée mai-sept. : 1ᵉʳ et 3ᵉ dim. du mois apr.-midi - 3 € (-14 ans 2 €).*

Le Zeiterholz, construit en béton armé sur deux niveaux, est un abri de surface, à distinguer de l'abri-caverne hébergeant les hommes dans des locaux souterrains. Ses occupants avaient la garde des blockhaus égrenés entre les ouvrages et casemates. Bien conservés, les locaux du casernement sont progressivement rééquipés et animés de scènes reconstituées avec des mannequins.

Petit ouvrage de l'Immerhof

À partir du Zeiterholz, gagnez Hettange-Grande par Entrange-Cité. La D 15 prise à gauche (panneau indicateur) conduit à l'Immerhof. 🕿 *03 82 53 09 61 - avr.-nov. : 2ᵉ et 4ᵉ dim. du mois et j. fériés 14h-17h - 3,50 € (-15 ans 1,50 €).*

C'est l'un des deux ouvrages de la ligne Maginot – et le seul visitable – qui furent construits à ciel ouvert, à cause de la configuration du terrain, et entièrement bétonnés. Chambres, infirmerie, lavabos, etc. sont en très bon état car l'Immerhof a longtemps compté parmi les postes de commandement de l'Otan. La tourelle à éclipse du bloc d'artillerie, pour mortiers de 81 mm, est actionnée devant les visiteurs, qui verront aussi une tourelle lance-grenades et des tourelles pour jumelages de mitrailleuses. Au cours de la visite des « dessus », remarquez une fausse cloche servant de leurre.

Gros ouvrage du Galgenberg

De Thionville, empruntez la D 1 vers Mondorf-les-Bains. Au niveau de Cattenom, tournez à gauche dans la D 56, puis à droite peu après l'usine EDF. 🕿 *03 82 55 34 69 - www.forticat.com - visite guidée (45mn-1h30) avr.-oct : 2ᵉ et 4ᵉ dim. du mois sur RV - 4 € (enf. gratuit).*

Au cœur du bois de Cattenom, l'ouvrage fut surnommé le « gardien de la Moselle ». Défendu par deux tourelles d'artillerie et les ouvrages voisins, le Galgenberg ne subit aucune attaque massive. On visite les galeries (1 400 m), dont les pierres de taille n'ont – chose rare – pas été enduites, qui conduisent de bloc en bloc jusqu'à l'abri du bois de Cattenom. À voir également : l'usine électrique remise en état de fonctionnement, le central téléphonique, les cuisines, la monumentale porte parasouffle. Un sentier fléché dans les bois permet de parcourir l'ensemble du site.

★ Gros ouvrage du Hackenberg

20 km à l'est de Thionville. Quittez la ville par la D 918. Panneaux indicateurs à partir de Metzervisse. 61bis Grand'rue - 57920 Veckring - ☎ 03 82 82 30 08 - http://maginot-hackenberg.com - ⚐ - visite guidée de mi-juin à mi-sept. : 14h45 et 15h, w.-ends et j. fériés 14h et 15h30 ; du 1ᵉʳ avr. à mi-juin : merc. 14h45 et 15h, w.-ends et j. fériés 14h et 15h30 ; reste de l'année : se renseigner - fermé 1ᵉʳ janv., 25 déc. - 8 € (-16 ans 4 €).

À proximité du village de Veckring, sous 160 ha de forêts, est tapi le plus gros des ouvrages de la Ligne, avec ses 2 blocs d'entrée et ses 17 blocs de combat. Ses installations pouvaient abriter 1 200 hommes, sa centrale électrique était capable d'alimenter en courant une ville de 10 000 habitants et son artillerie de tirer plus de 4 t d'obus à la minute ! Le 4 juillet 1940, l'équipage de l'ouvrage dut se rendre, sur ordre apporté par l'officier de liaison du Gouvernement replié à Bordeaux.

Tout ici est colossal : l'écrasante porte « parasouffle », la gare centrale avec ses hautes voûtes, les kilomètres de galeries vides, la monumentale usine électrique évoquent une métropolis vaine et délaissée. Après un parcours en petit train électrique et en monte-charge, on découvre le bloc d'artillerie n° 9, équipé de canons lance-bombes de 135 mm.

L'animation qui régnait dans les cuisines, dans l'infirmerie ou dans le PC de tir est reconstituée avec des mannequins. Le **musée** expose toutes sortes

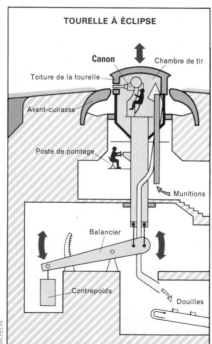

TOURELLE À ÉCLIPSE

d'armes, dont une riche collection de mitrailleuses et fusils-mitrailleurs des deux guerres mondiales, et des uniformes d'unités alignées dans la bataille de France.

Pour comprendre la valeur stratégique du fort, dont les éléments de défense regardaient à la fois la vallée de la Nied et celle de la Moselle, montez en voiture *(ou à pied par beau temps)* jusqu'à la chapelle du Hackenberg, entourée de pierres tombales anciennes *(2,5 km par la route débutant au fond du parking ; devant l'entrée des hommes, prenez à gauche le chemin revêtu de macadam)*. De ce site très calme de la forêt de Sierck émergent les cloches de tir ou pour périscopes d'artillerie des deux observatoires du Hackenberg. Derrière la chapelle, un sentier conduit à un escarpement maçonné de 700 m de long, dispositif unique défendu par cinq blocs de combat.

Gros ouvrage du Michelsberg

22 km à l'est de Thionville par la D 918 (accès à partir du village de Dalstein). Du Hackenberg, dirigez-vous vers Dalstein par la D 60, la D 60ᴮ, puis la D 118N.

03 82 34 66 67 - http://perso.orange.fr/michelsberg/ - prévoir des vêtements chauds - visite guidée (1h30) avr.-sept. : dim. apr.-midi - fermé 1ᵉʳ janv., 25 déc. - 3,80 € (enf. 2 €).

Attaqué le 22 juin 1940, le Michelsberg résista grâce à la puissance de son feu et au tir croisé des forts voisins, notamment le Hackenberg, distant de 6 km. L'équipage ne quittera le « Michel » que le 4 juillet, sur ordre du haut commandement français et en recevant les honneurs militaires. Ouvrage de taille intermédiaire, le Michelsberg se décompose en un bloc d'entrée, deux blocs d'infanterie et trois blocs d'artillerie.

Le bloc d'artillerie n° 6 abrite la fameuse tourelle de 135 mm qui brisa l'assaut allemand du 22 juin 1940 ; demeurée en bon état, cette pièce d'un poids de 163,5 t représente le plus gros modèle de canon en service de la ligne Maginot.

Petit ouvrage du Bambesch

9 km à l'ouest de St-Avold par la D 603. 03 87 90 31 95 - http://maginotmoselle. free.fr - avr.-sept. : visite guidée uniquement (1h30) 2ᵉ et 4ᵉ dim. du mois 14h30, 15h30 et 16h30 - prévoir des vêtements chauds - 5 € (-6 ans gratuit).

Il fournit un bon exemple d'ouvrage que les restrictions de crédits ont progressivement dénaturé : diminution du nombre de blocs, suppression des organisations d'artillerie… Ainsi réduit à trois blocs d'infanterie, le fort est attaqué sur ses arrières à l'arme lourde le 20 juin 1940 ; les cloches sont percées ou descellées. L'équipage, instruit du drame de Villy-la-Ferté, préféra se rendre. Le niveau des galeries, à 30 m sous terre, est atteint par un escalier. On visite le petit casernement et les blocs de combat. Le bloc 2 porte les pathétiques marques de l'assaut de juin 1940.

Zone inondable de la trouée de la Sarre

Placé entre les deux grandes régions fortifiées de la ligne Maginot, celle de Metz et celle de la Lauter, le domaine qui s'étend de Barst à Wittring, couvert au nord par le territoire de la Sarre administré par la France, n'était pas défendu par des ouvrages, mais par une zone inondable à partir d'un système d'étangs-réservoirs endigués. Lorsque la Sarre redevint allemande en 1935, ce système fut renforcé par un réseau serré de blockhaus et d'obstacles antichars.

Quittez St-Avold par la D 656. À Barst (8 km), prenez à droite après l'église et deux fois à gauche, dans la rue de la Croix, puis dans le premier chemin.

Celui-ci est bordé d'une douzaine de blockhaus représentatifs, dans leur diversité, du type de fortification en faveur après 1935.

Sortez du chemin et tournez dans le suivant à droite ; garez votre voiture.

À 50 m en contrebas de l'étang, le wagon bétonné est le dernier en place des obstacles antichars de la trouée de la Sarre.

Quittez Barst en direction de l'est.

De la sortie de Cappel à Puttelange-aux-Lacs, la route domine quelques-uns de ces étangs-réservoirs qui servirent à inonder la zone.

★ Gros ouvrage du Simserhof

4 km à l'ouest de Bitche par la D 35, puis la route militaire en face de l'ancien casernement du Légeret. Stationnez ici et empruntez une navette conduisant au site, ou marchez (10mn). ℘ 03 87 96 39 40 - www.simserhof.fr - ⚙ - possibilité de visite guidée (2h30) sur demande (1 mois av.) - juil.-août : 10h-18h ; reste de l'année : 10h-17h - fermé 15 déc.-5 janv. - prévoir des vêtements chauds - 12 € (-16 ans 8 €).

De l'extérieur, on ne voit que le bloc d'accès des munitions (et les aménagements touristiques), orienté au sud, avec sa porte blindée de 7 t, ses créneaux de flanquement précédés de fossés « Diamant ». Les cloches de tir ou d'observation qui surmontent les blocs de combat sont disséminées dans un espace de plusieurs kilomètres de façon à dominer la plaine en contrebas *(on voit quelques-unes de ces émergences depuis la D 35ᴬ, route de Hottwiller, 1 km au départ de la D 35).*

La partie enterrée du fort se compose de deux secteurs : l'un « arrière », de service, l'autre « avant », de combat, distribués sur un même niveau et reliés par 5 000 m de galeries dont 1 700 m de réseau ferré.

La visite débute par la projection d'un film d'archives qui retrace l'histoire de la ligne Maginot. Elle se poursuit dans un véhicule automatisé par un passionnant voyage à 30 m sous terre. Le récit d'un sous-officier imaginaire reprend plusieurs témoignages très émouvants d'anciens combattants de la ligne Maginot. Les visiteurs revivent à l'aide d'une scénographie bien adaptée l'ambiance de la drôle de guerre, celle des combats et de la défaite à laquelle les équipages des forteresses ont dû se plier. Du 10 mai au 30 juin 1940, le Simserhof s'est illustré par une résistance héroïque mais devenue inutile.

Vous terminerez à pied pour visiter les casernements (chambres, cuisine, infirmerie,…), l'occasion d'apercevoir les fresques murales peintes en 1939 qui reprennent le dessin animé *Blanche-Neige et les sept nains* sorti dans les salles en 1937.

Fort Casso

À Rohrbach-lès-Bitche, 18 km à l'est de Sarreguemines par la D 662. 1 km avant Rohrbach, prenez à gauche la D 84.

RD 84 - ℘ 03 87 02 70 41 - http://casso.shorturl.com - visite guidée (2h) - de mi-juin à mi-sept. : 10h, 14h et 16h ; de mi-mars à mi-juin : 15h ; de mi-sept au 30 nov. : w.-end et j. fériés 15h - 5 € (-13 ans 3 €), Journées du patrimoine gratuit.

Après le Simserhof, une visite s'impose dans cette forteresse plus « intime » qui présente des particularités intéressantes : locaux crépis, dortoirs à hamacs, tourelle pour armes mixtes et tourelle pour mitrailleuses en état de fonctionnement. Bien conservés, les locaux sont progressivement rééquipés : PC de tir, central téléphonique, etc. Fort Casso fut attaqué le 20 juin 1940 mais, couvert par les canons de l'ouvrage du Simserhof, il ne subit pas le sort de Villy-la-Ferté et dut à un ordre supérieur de se rendre.

Casemate de Dambach-Neunhoffen

Entre Neunhoffen et Dambach, 20 km à l'est de Bitche par la D 35, la D 87 et la D 853. ℘ 03 88 09 21 46 - mai-sept. : dim. apr.-midi - visite guidée : se renseigner - 2 €.

Cette casemate du modèle le plus élémentaire, un petit bloc bétonné à un seul niveau, gardait l'un des 12 barrages du système d'inondation de la vallée de la Schwarzbach. Ce type de fortification ne disposant pas de l'électricité, le système de ventilation fonctionnait… à bras (ou à pédales!).

Le Four à Chaux de Lembach

15 km à l'ouest de Wissembourg par la D 3, puis la D 27 à la sortie de Lembach.
ℰ 03 88 94 48 62 - www.lignemaginot.fr ou www.ot-lembach.com - visite guidée : 27 mars-30 avr. : 14h et 15h ; mai-sept. : 10h30, 14h, 15h, 16h ; oct. : 14h et 15h - 5,50 € (-12 ans 2,50 €).

Le bombardement massif du Four à Chaux et du petit ouvrage de Lembach, le 19 juin 1940 par 27 Stuka, aboutit au cessez-le-feu le 25 juin. Les troupes se rendirent le 1er juillet, l'armistice étant signé. Cet ouvrage d'artillerie de taille intermédiaire (6 blocs de combat et 2 entrées, effectif théorique de 580 hommes) a conservé des locaux en bon état, équipés de leur matériel d'origine : casernement, poste de commandement, central téléphonique, usine électrique, système de chauffage central et d'alimentation en eau chaude, puits artésien, cuisines, dortoir… Originalité : un plan incliné muni d'une crémaillère relie l'entrée des munitions, construite en contrebas, au reste de l'ouvrage. Il servait au transit des wagonnets. À l'extérieur, un fragment de réseau de rails antichars est resté en place. Un musée est installé dans l'ancienne gare de triage de l'entrée des munitions : vestiges de la dernière guerre.

Ouvrage d'artillerie de Schœnenbourg

12 km au sud de Wissembourg par la D 263. Suivez les panneaux indicateurs.
ℰ 03 88 80 96 19 - www.lignemaginot.com - mai-sept. : 14h-18h, dim. 9h30-11h, 14h-18h ; avr. et oct. : sam. et j. fériés 14h-18h, dim. 9h30-11h, 14h-18h - 7 € (-18 ans 5 €).

Élément important du secteur fortifié de Haguenau, cet ouvrage de la ligne Maginot fut conçu en tenant compte des enseignements acquis à Verdun de 1916 à 1918. À l'époque de l'achèvement du Schœnenbourg en 1935, on considérait qu'aucune arme connue ne pouvait venir à bout d'un tel fort. Après avoir repoussé le 20 juin 1940 l'assaut d'une division allemande, le Schœnenbourg fut pilonné par les bombardiers et les mortiers lourds. Aucun autre ouvrage ne sera soumis à un tel déluge de feu, mais la qualité de ses protections permettra à celui-ci de tenir jusqu'à l'armistice.

La visite fait découvrir une bonne partie des installations souterraines : galeries de liaison (plus de 3 km au total, de 18 à 30 m sous la surface du sol), cuisine, usine électrique, centrale de filtrage de l'air, casernement et poste de commandement. On peut voir aussi un des trois blocs d'artillerie avec sa tourelle à éclipse.

Abri de Hatten

22 km au nord-est de Haguenau par la D 263 et la D 28. Depuis le Schœnenbourg (14 km), allez jusqu'à Soultz-sous-Forêts (D 263), puis prenez la D 28. ℰ 03 88 80 14 90 - www.maginot-hatten.com - ♿ - 15 juin-15 sept. : 10h-12h, 14h-18h, w.-end 10h-18h ; 1er mars-14 juin et 16 sept.-11 Nov. : jeu., vend. 10h-12h, 14h-18h, w.-end et j. fériés 10h-18h - 5 € (enf. 3 €).

L'**abri semi-enterré** hébergeait les troupes d'intervalle de la ligne Maginot. Il est resté dans sa configuration d'origine : chambre des hommes de troupe et d'officiers, salle des réserves alimentaires, cuisine ou centrale de filtrage de l'air. Le **musée de l'Abri** retrace quant à lui l'histoire de la Seconde Guerre mondiale. Le grand hall est consacré au souvenir de la bataille de Hatten-Rittershoffen, qui se déroula du 9 au 20 janvier 1945. La salle des « Malgré-

Nous » évoque le sort des incorporés de force, et une reconstitution des différents check-point à l'intérieur de Berlin aborde le thème de la guerre froide. En plein air sont exposés des engins, dont un char russe T34, un char d'appui américain Sherman, des Jeep et des camions. Dans la salle des maquettes, la ligne Maginot apparaît sous vos yeux en modèle réduit.

Casemate d'infanterie Esch

1 km à l'est de Hatten. ℘ 03 88 80 05 07 - www.lignemaginot.com - mai-sept. : dim. 10h-12h, 13h30-18h - 2 € (6-18 ans 1 €).

Elle se trouva, en janvier 1945, au cœur de la bataille de chars qui opposa Allemands et Américains, dévastant Hatten et les villages alentour. La reconstitution d'une chambre de troupe et d'une chambre de tir, l'aménagement de deux autres salles et un petit musée (uniformes, armes, équipements divers…) constituent une évocation très parlante du monde défensif de la Ligne. Une maquette d'un bloc d'artillerie avec tourelle à éclipse permet de comprendre l'économie des grands ouvrages souterrains.

Mémorial-musée de la ligne Maginot du Rhin

À Marckolsheim, 15 km au sud-est de Sélestat par la D 424 ; sortez de Marckolsheim par la D 10. ℘ 03 88 92 56 98 - www.grandried.fr - &. - possibilité de visite guidée (1h) sur demande (7 j av.) - 15 juin-15 sept. : 9h-12h, 14h-18h ; 15 mars-14 juin et 16 sept.-15 nov. : dim. et j. fériés 9h-12h, 14h-18h - 2 €.

Un canon soviétique, un char Sherman, une automitrailleuse et un half-track sont exposés sur l'esplanade. À l'intérieur des huit compartiments *(attention aux seuils métalliques)* de la casemate, armes et objets se rapportant à la lutte du 15 au 17 juin 1940 : la casemate fut défendue par 30 hommes pendant trois jours. Hitler la visita après la bataille.

Casemate de l'Aschenbach

3 km au sud-ouest de Sierentz - Traversez le village d'Uffheim.
℘ 06 07 65 21 18 - www.maginot68.com - possibilité de visite guidée (1h) sur demande - 2 mai-12 sept. : dim. 10h-18h- 2 € (-12 ans 1 €), Journées du patrimoine gratuit.

Cette petite casemate d'infanterie est la seule du Haut-Rhin à avoir été réhabilitée et ouverte à la visite ; l'armement et l'ambiance de 1940 ont été reconstitués. Comme les 32 autres ouvrages du secteur fortifié d'Altkirch, elle était destinée à écarter tout risque d'invasion par le territoire suisse. Dotée de deux mitrailleuses et de deux canons antichars, elle est couverte d'une cloche d'observation de 17 tonnes. Une noria permettait d'y monter les munitions. Une telle casemate n'abritait pas plus de 20 hommes. À l'extérieur, on peut voir un char allemand de la fin de la guerre type Hetzer. Les rails verticaux dressés devant la casemate servaient à arrêter les chars.

Un char de la ligne Maginot.
Catherine Salliard / MICHELIN

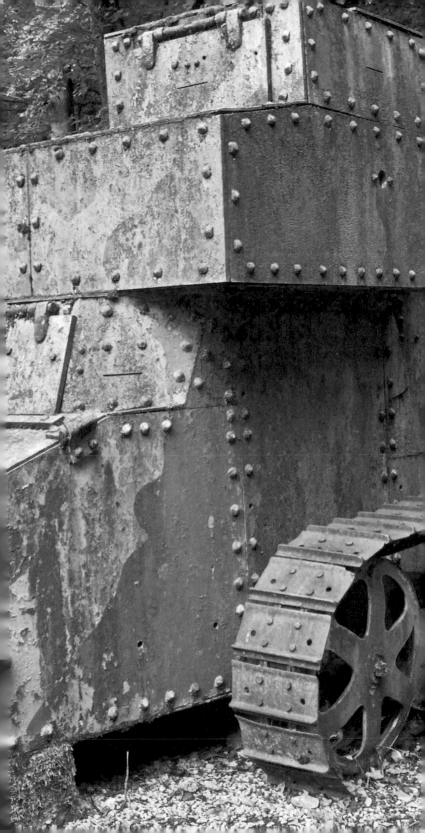

Région de Strasbourg et Vosges moyennes 8

Carte Michelin Départements 315 – Bas-Rhin (67)

Cathédrale de Strasbourg.
Claude Truong-Ngoc / MICHELIN

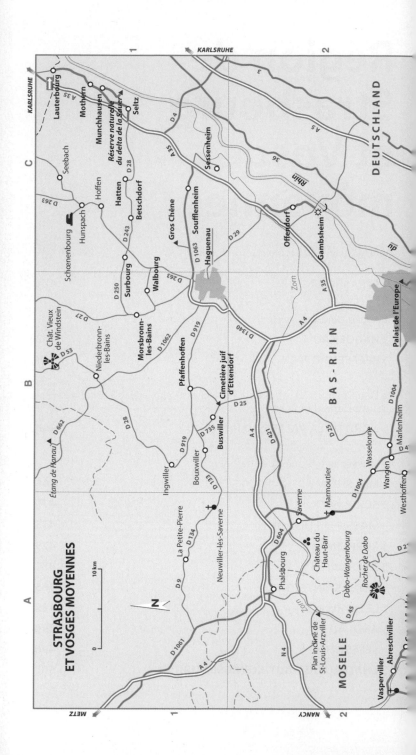

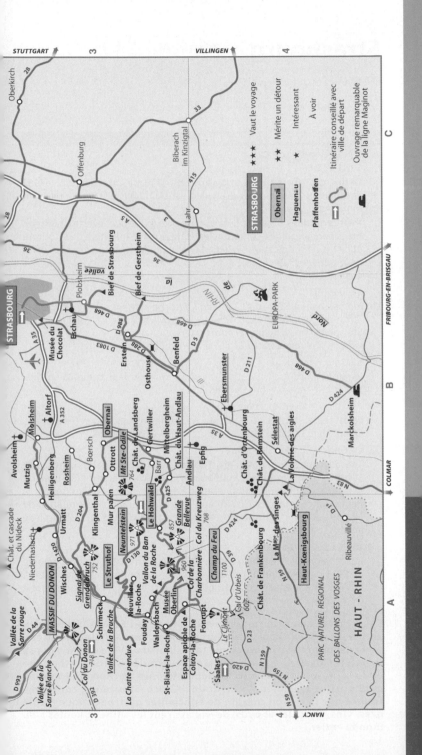

Strasbourg

272 975 Strasbourgeois (agglomération : 427 245 habitants) – Bas-Rhin (67)

😊 NOS ADRESSES PAGE 445

🛈 S'INFORMER

Office du tourisme de Strasbourg – *17 pl. de la Cathédrale - 67082 Strasbourg -* ✆ *03 88 52 28 28 - www.ot-strasbourg.fr - 9h-19h. Bureau d'information, pl. de la Gare.*

Visites guidées – Strasbourg propose des visites-découverte (1h30) animées par des guides-conférenciers agréés par le ministère de la Culture et de la Communication - *9,30 € (-12 ans gratuit) - renseignements à l'office de tourisme -* ✆ *03 88 52 28 20 . (Voir également rubrique « Visites » dans le carnet d'adresses).*

▶ SE REPÉRER

Plan de région B2/3 (p. 422) - Plan I, Strasbourg centre, p. 432 et plan II, Strasbourg agglomération, p. 444 – carte Michelin Départements 315 K5. Strasbourg possède un aéroport international, situé à 10 km du centre-ville. Le TGV relie Strasbourg à Paris en 2h20.

🅿 SE GARER

Parkings en centre-ville et aux abords. Pour vos déplacements en ville, préférez le tramway ou le vélo !

😊 À NE PAS MANQUER

La cathédrale et sa place, la Petite France, le palais Rohan et ses musées. Quant au marché de Noël, sa réputation n'est plus à faire.

🕐 ORGANISER SON TEMPS

Trois jours ne seront pas de trop pour visiter les principales richesses de Strasbourg. À titre indicatif, vous pouvez découvrir les ensembles suivants : la cathédrale et le quartier alentour avec une visite au palais Rohan ; la Petite France et le musée d'Art moderne et contemporain ; le quartier de l'Europe et l'Orangerie ; une promenade en bateau sur l'Ill puis une visite au Musée alsacien.

👥 AVEC LES ENFANTS

L'ascension de la flèche de la cathédrale pour la vue ou le spectacle de l'horloge astronomique de la cathédrale (se présenter avant 12h), le Vaisseau, le musée du Chocolat à Geispolsheim et Natura Parc à Ostwald.

Siège du Parlement européen et du Conseil de l'Europe, Strasbourg est l'une des deux « capitales » européennes. Une capitale qui a su éviter la démesure et conserver une taille humaine. Ville d'avant-garde depuis le Moyen Âge, elle a réussi aujourd'hui le pari de l'esthétique et de la protection de l'environnement, grâce au choix du tramway et des pistes cyclables. Au cœur de l'Alsace, Strasbourg concentre tout ce que la région compte de spécialités gastronomiques : foie gras, vins, chocolat et eaux-de-vie attirent les « fines gueules » du monde entier.

Du village de pêcheurs à la cité européenne

LA « VILLE DES ROUTES »

En 12 av. J.-C., le village de chasseurs et de pêcheurs qui côtoie le camp militaire romain d'*Argentoratum* devient rapidement une cité prospère en même temps qu'un carrefour entre les peuples : *Strateburgum*, la « ville des routes ». Cette position vaudra à Strasbourg de servir de cible ou de passage à toutes les invasions d'outre-Rhin et d'être maintes fois détruite, brûlée, pillée et reconstruite. Fort heureusement, la ville fut aussi, au cours de son histoire, théâtre de conciliation. En 842, par le serment de Strasbourg, deux des fils de Louis le Débonnaire et leurs soldats se jurent fidélité. Ce serment est resté célèbre parce qu'il représente le premier texte officiel connu, écrit en langue romane et en langue germanique.

CÉLÉBRITÉS À STRASBOURG

Ville libre d'Empire, Strasbourg est le foyer d'un humanisme influent, notamment avec Gutenberg, et d'une profonde réforme religieuse avec Calvin aux 15e et 16e s. En 1725, Louis XV épouse Marie Leszczyńska dans la cathédrale Notre-Dame. En 1770, Marie-Antoinette, arrivant de Vienne pour épouser le futur Louis XVI, est reçue à la cathédrale par Louis de Rohan. La ville est le témoin de grandes réalisations artistiques : concerts de Mozart, séjour de Goethe, alors étudiant à la célèbre université, floraison d'hôtels particuliers sur le modèle parisien, édification du prestigieux palais Rohan.

FRANÇAISE?

En 1870, Strasbourg est prise par les Allemands, après un long siège émaillé de durs bombardements. Elle devient alors la nouvelle capitale du Reichsland d'Alsace Lorraine et continue de grandir, sous l'influence cette fois du style architectural prussien, souvent massif mais à l'allure néo-baroque. Les deux guerres suivantes balloteront la ville-frontière entre les deux nationalités : à nouveau française en 1918, Strasbourg, comme toutes les autres villes d'Alsace et de Moselle, connaît une nouvelle parenthèse allemande entre 1940 et 1944. La ville sera libérée par le général Leclerc le 23 novembre 1944.

EUROPÉENNE AVANT TOUT

Avant même la fin du dernier conflit mondial, l'idée prit corps qu'une réconciliation définitive des anciens belligérants devait s'enraciner au cœur d'une ville symbole, Strasbourg, au bord d'un grand fleuve jadis hérissé d'ouvrages militaires et à présent lien privilégié de communication, le Rhin. Le 5 mai 1949 fut créé le **Conseil de l'Europe**, qui regroupe aujourd'hui 47 pays membres. Cet organisme consultatif fait des recommandations aux gouvernements, établit des conventions qui engagent les États signataires et harmonisent leur législation dans divers domaines d'intérêt commun. La plus connue est la Convention européenne de sauvegarde des droits de l'homme (1950). Le Conseil de l'Europe est indépendant du **Parlement européen**, importante institution de l'Union européenne. Ce dernier est composé de députés, élus au suffrage universel direct depuis 1979 par les citoyens de chaque État membre. Il exerce un pouvoir consultatif, budgétaire et de contrôle. Les autres organes de l'Union européenne se situent à Luxembourg et à Bruxelles.

Découvrir

★★★ **CATHÉDRALE NOTRE-DAME** (plan I C2)

Le centre historique de Strasbourg et la cathédrale Notre-Dame ont été classés par l'Unesco au Patrimoine mondial de l'humanité en 1988.

Sur l'emplacement d'un temple de Mars, le chantier de la cathédrale débute en 1015 dans le style roman. L'art gothique, nouveau venu en Alsace, influencera ensuite les architectes. En 1365, les tours à peine terminées sont réunies jusqu'au niveau de la plate-forme. Ensuite, la tour nord seule est surélevée, puis prolongée de sa célèbre flèche par Jean Hültz de Cologne en 1439.

Pendant de longues années, catholiques et protestants luttent pied à pied dans la cathédrale. Sur la porte de l'édifice, les propositions de Luther sont affichées. Le culte protestant finit par l'emporter. La cathédrale ne redevient catholique que sous Louis XIV, en 1681, lorsque le roi prend possession de la ville. Les obus prussiens de la guerre de 1870 et les bombardements anglo-américains de 1944 endommageront plusieurs parties de l'édifice, qui seront délicatement restaurées.

EXTÉRIEUR

La cathédrale doit une grande part de son charme à ses pierres en grès rose des Vosges.

★★★ Façade

C'est depuis la rue Mercière que l'on en a une meilleure vue. Erwin de Steinbach en dirigea la construction jusqu'au-dessus de la galerie des Apôtres. Le **portail central**, surmonté d'une magnifique rose de 15 m de diamètre, est le plus richement décoré de la façade. Son tympan comprend quatre registres : les trois premiers, du 13e s., sont remarquables par leur réalisme. Le quatrième est moderne. On peut y lire des scènes de l'Ancien Testament (création du monde ; histoire d'Abraham, Noé, Moïse, Jacob, Josué, Jonas et Samson…) et du Nouveau Testament (baiser de Judas ; Jésus crucifié, au-dessus du cercueil d'Adam, entre la Synagogue et l'Église, qui recueille son sang ; miracles…).

Au **portail de droite**, la parabole des vierges sages et des vierges folles est illustrée par de célèbres statues, dont certaines ont dû laisser place à des copies (originaux au musée de l'Œuvre Notre-Dame).

Au **portail de gauche**, les statues (14e s.) représentent les Vertus : sveltes et majestueuses dans leurs longues tuniques flottantes, elles terrassent les Vices. Durant la Révolution, on donna l'ordre d'abattre toutes les statues : 230 furnt détruites. L'administrateur des Biens publics parvint à cacher 67 statues de la façade.

★★★ Flèche

328 marches. ✆ 03 88 43 60 32 - 1er-avr.-30 sept., tlj 9h-19h15 ; 1er oct.-31 mars, tlj 10h-17h15. Nocturnes en été : 1er-31 juil., vend. et sam. jusqu'à 21h15 ; 1er-15 août, vend. et sam. jusqu'à 20h45 ; 16-31 août, vend. et sam. jusqu'à 19h45 - fermé 1er janv., 1er Mai et 25 déc. - 4,60 € (-18 ans 2,30 €).

Octogonale à la base, la flèche de Jean Hültz dresse ses six étages de tourelles ajourées, qui contiennent les escaliers, et se termine par une double croix. C'est un chef-d'œuvre de grâce et de légèreté. Durant la Révolution, un habitant eut l'idée de coiffer l'aiguille de pierre d'un immense bonnet phrygien, en tôle peinte d'un rouge ardent, sauvant ainsi le chef-d'œuvre de Hültz.

👤👤 La plate-forme qui surmonte la façade culmine à 66 m de hauteur. La tour s'élève encore de 40 m, puis se termine par une flèche dont le sommet atteint 142 m au-dessus du sol (9 m de moins que la flèche en fonte de la cathédrale de Rouen). De cette plate-forme, **point de vue spectaculaire★** sur Strasbourg, en particulier sur la vieille ville, avec ses toits caractéristiques percés de plusieurs étages de lucarnes, sur les faubourgs et la plaine rhénane limitée par la Forêt-Noire et les Vosges.

Flanc droit

Le flanc droit offre les beautés du **portail de l'Horloge**, le plus ancien de la cathédrale (13e s.). Il est composé de deux portes romanes accolées. Entre les deux portes, statue de Salomon, appuyée sur un socle qui rappelle son fameux jugement. De part et d'autre de cette statue : à gauche, l'Église, puissante et fière sous sa couronne, tient d'une main la croix et de l'autre le calice. À droite, la Synagogue s'incline, triste et lasse, essayant de retenir les débris de sa lance et les Tables de la Loi qui s'échappent de ses mains. Le bandeau qui couvre ses yeux symbolise l'égarement.

Dans le tympan de la porte de gauche se trouve l'admirable **Mort de la Vierge★★** dont le peintre Delacroix, mourant, se plaisait à contempler le moulage. La figurine que Jésus tient dans sa main gauche représente l'âme de Marie.

On voit, au-dessus des deux portes, le cadran extérieur de l'horloge astronomique.

Flanc gauche

Le **portail St-Laurent★**, de la fin du 15e s., a pour sujet principal le groupe du martyre de saint Laurent (restauré au 19e s.). À gauche de la porte se dressent les statues de la Vierge, des trois Rois mages et d'un berger ; à droite, cinq statues, dont celle de saint Laurent (originaux au musée de l'Œuvre Notre-Dame).

INTÉRIEUR

Possibilité de visite guidée (1h) sur demande - ♿ - 7h-19h - gratuit.
Les **vitraux★★★**, des 12e, 13e et 14e s., sont superbes, mais ont quelque peu souffert au cours des âges.

Nef et bas-côté droit

La nef, commencée au 13e s., se découpe en 7 travées. Les vitraux des fenêtres hautes datent des 13e et 14e s., ainsi que ceux des bas-côtés. Dans la nef, on pourra détailler la cinquantaine de statuettes mises en scène sur le corps hexagonal de la **chaire★★ (1),** type parfait de gothique flamboyant, qui fut dessinée par Hans Hammer pour le prédicateur Geiler de Kaysersberg. L'**orgue★★ (2)** accroché en nid d'hirondelle au triforium, dans la nef, déploie sur la largeur d'une travée son buffet gothique (14e-15e s.) en bois sculpté polychrome. De part et d'autre de sa tribune en pendentif ornée d'un Samson sculpté, deux statues représentent un héraut de la ville et un marchand de bretzels en costume d'époque. Ces personnages articulés s'animaient parfois pendant les sermons pour distraire les fidèles.

La chapelle Ste-Catherine occupe les deux travées du bas-côté droit touchant au transept. On y voit une épitaphe décorée de la Mort de la Vierge **(3)**, datée de 1480.

Croisillon droit

Au centre se trouve le **pilier des Anges**, ou du **Jugement dernier★★ (4)**, du 13e s.

👥 L'**horloge astronomique★ (5)** constitue la grande curiosité populaire de la cathédrale. Conçue par des mathématiciens et réalisée par des horlogers suisses entre 1550 et 1574, elle s'est arrêtée en 1780. Le Strasbourgeois

Schwilgué l'a auscultée pendant trente ans et en a reconstitué le mécanisme de 1838 à 1842. Les sept jours de la semaine sont représentés par des chars conduits par des divinités, apparaissant dans une ouverture au-dessous du cadran : Diane le lundi, puis Mars, Mercure, Jupiter, Vénus, Saturne et Apollon. Une série d'automates frappent deux coups tous les quarts d'heure. Les heures sont sonnées par la Mort. Au dernier coup, le second ange de la galerie aux Lions retourne son sablier. À 12h30, un grand défilé se produit dans la niche, au sommet de l'horloge. Les apôtres passent devant le Christ en le saluant, Jésus les bénit, tandis que le coq, perché sur la tour de gauche, bat des ailes et lance trois fois son cocorico en souvenir du reniement de saint Pierre. ♿ - *Visite libre : 7h-19h - gratuit, sauf de 11h20 à 12h35 (12h projection d'un film sur l'Horloge astronomique suivi du défilé des Apôtres à 12h30).*

À gauche de l'horloge, un vitrail du 13e s. représente un gigantesque saint Christophe. C'est le plus grand personnage de vitrail connu. Il mesure 8 m de haut.

Croisillon gauche

On y voit de magnifiques fonts baptismaux **(6)** de style gothique flamboyant. En face, un groupe en pierre de 1498 représente Jésus au mont des Oliviers **(7)**. Les vitraux des 13e et 14e s. représentent des empereurs du Saint-Empire romain germanique.

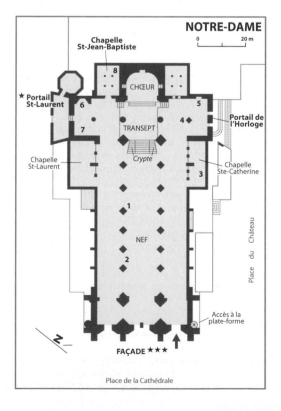

Chapelle St-Jean-Baptiste

Ne se visite pas. La chapelle (13ᵉ s.) contient le tombeau de l'évêque Conrad de Lichtenberg **(8)** qui fit commencer la façade. L'œuvre est attribuée à Erwin.

Chœur

Rénové en 2004, le chœur a été doté d'un nouveau mobilier et d'une grande croix dorée qui orne le fond de l'abside. Au-dessus, le vitrail de la Vierge dû à Max Ingrand fut offert à la cathédrale par le Conseil de l'Europe en 1956, en remplacement du vitrail détruit par les bombardements de 1944. Les peintures de Steinle (1877) qui décorent les murs et les voûtes de l'abside sont d'inspiration byzantine. Devant le **chœur**, des escaliers mènent à la crypte *(visite guidée uniquement)*.

★★ Tapisseries

La cathédrale possède 14 magnifiques tapisseries du 17ᵉ s. que l'on suspend le long de la nef entre les piliers pendant l'avent et le temps de Noël. Elles représentent des scènes de la vie de la Vierge, exécutées d'après les cartons de Philippe de Champaigne, Ch. Poerson et J. Stella.

Se promener

★★★ LA CITÉ ANCIENNE

▷ *Circuit* 1 *tracé en vert sur le plan I de la ville p. 432 – Cette promenade part de la place de la cathédrale. Comptez 1h30 sans les visites des musées.*
La cité ancienne s'étend autour de la cathédrale, sur l'île formée par les deux bras de l'Ill. Comptez une journée si vous visitez les musées, et munissez-vous de chaussures confortables.

★ Place de la Cathédrale (C2)

Elle se trouve devant la cathédrale et sur le côté nord. À l'angle de la rue Mercière, l'**ancienne pharmacie du Cerf** (C2), de 1268, était la plus ancienne pharmacie de France en activité. Fermée en 2000, elle a été transformée pour abriter la boutique de la culture. À gauche de la cathédrale se dresse la maison **Kammerzell★** (C2) (1589), décorée de poutres et de pans de bois sculptés. Seule sa porte date de 1467.

Place du Château (C2)

Sur cette place s'élève le palais Rohan, qui contient de très riches musées *(accès au fond de la cour à gauche).*

★ Palais Rohan (C2)

Le cardinal Armand de Rohan-Soubise, prince-évêque de Strasbourg en 1704, fit construire ce palais au 18ᵉ s. sur les plans de Robert de Cotte, premier architecte du roi. Le long de la terrasse bordant l'Ill, l'édifice déploie une majestueuse **façade**, de pur style classique, ornée, sur le corps central, de colonnes corinthiennes.

★★ Musée des Arts décoratifs

Au rez-de-chaussée et dans la partie droite (aile des écuries et pavillons Hans-Hang). ℘ *03 88 52 50 08 - www.musees-strasbourg.org - 12h-18h, w.-end 10h-18h - fermé mar., 1ᵉʳ janv., Vend. saint, 1ᵉʳ Mai, 1ᵉʳ nov., 11 Nov., 25 déc. - 5 € (-18 ans gratuit), 1ᵉʳ dim. du mois gratuit.*
Les **grands appartements** des cardinaux de Rohan comptent parmi les plus beaux intérieurs français du 18ᵉ s. La salle du Synode, la chambre du Roi, le salon d'assemblée, la bibliothèque des Cardinaux, le salon du Matin et la cham-

bre de l'Empereur sont particulièrement remarquables par leur décor, leur mobilier d'apparat, leurs tapisseries (tenture de Constantin d'après Rubens, vers 1625) et leurs tableaux du 18e s.

Consacré aux **arts et à l'artisanat de Strasbourg et de l'est de la France** depuis la fin du 17e s. jusqu'au milieu du 19e s., ce secteur comporte notamment la célèbre **collection de céramiques★★**, l'une des plus importantes de France. Celle-ci groupe essentiellement les faïences et porcelaines de la manufacture de Strasbourg et Haguenau, fondée et dirigée par la famille **Hannong** de 1721 à 1781, ainsi que de celle de Niderviller, fondée en 1748 par le baron de Beyerlé, directeur de la Monnaie royale de Strasbourg. On admirera les pièces de céramique de la période « bleue », celles au décor polychrome « de transition », les terrines en forme d'animaux ou de végétaux et surtout les magnifiques décorations florales aux pourpres dominants.

Le musée expose également des jouets mécaniques donnés par Tomi Ungerer ainsi qu'une belle collection d'horlogerie (milieu 14e-18e s.), de ferronnerie et d'orfèvrerie.

★ Musée des Beaux-Arts

Aux 1er et 2e étages du corps de logis principal. ☎ 03 88 88 50 68 - www.musees-strasbourg.org - ♿ - 12h-18h, w.-end 10h-18h - fermé mar., 1er janv., Vend. saint, 1er Mai, 1er nov., 11 Nov., 25 déc. - 5 € (-18 ans gratuit), 1er dim. du mois gratuit.
La collection présente essentiellement des tableaux européens de la fin du Moyen Âge au 18e s. Les **primitifs italiens** et peintres de la **Renaissance** sont représentés par Filippino Lippi, Botticelli, de Cima da Conegliano (magnifique *Saint Sébastien*) et l'un des premiers tableaux du Corrège, *Judith et la Servante*. Pour les 17e et 18e s., on remarquera particulièrement les œuvres de Crespi, Tiepolo (retable) ou Canaletto.

Quelques tableaux illustrent l'**école espagnole**, parmi lesquels des œuvres de Zurbarán, Murillo, Goya, et surtout une célèbre *Vierge de douleur* par Le Greco.

L'**école des anciens Pays-Bas** du 15e au 17e s. occupe aussi une place de choix : très beau *Christ de pitié* par Simon Marmion, les *Fiancés* par Lucas de Leyde, plusieurs tableaux de Rubens, un *Saint Jean* (portrait de l'artiste) de Van Dyck, le *Départ pour la promenade* par Pieter de Hooch.

Parmi les toiles représentant des noms des écoles française et alsacienne du 17e au 19e s., on retiendra celle de *La Belle Strasbourgeoise* par Nicolas de Largillière (1703). Des œuvres de Delacroix, Courbet et Corot sont également exposées.

Autre richesse du musée : une importante collection de **natures mortes** du 16e au 18e s., dont le très célèbre *Bouquet de fleurs* de Bruegel de Velours.

★★ Musée archéologique

Au sous-sol. ☎ 03 88 52 50 00 - www.musees-strasbourg.org - ♿ - tlj sf mar. 14h-18h - fermé 1er janv., 1er Mai, 11 Nov. - 5 € (-18 ans gratuit), 1er dim. du mois gratuit. Audioguide gratuit sur demande.
Les collections d'archéologie régionale couvrent l'histoire de l'Alsace de 600 000 ans av. J.-C. à 800 apr. J.-C. La section de préhistoire comporte des collections néolithiques illustrant la vie des premiers agriculteurs implantés en Alsace dès 5500 av. J.-C. Des civilisations de l'âge du bronze, puis du fer, sont présentées à travers le mobilier découvert lors de fouilles dans la région : céramiques, armes et outils, objets de parure, vaisselles d'apparat importées de Grèce ou d'Italie, char funéraire d'Ohnenheim.

Remarquable section romaine avec ses collections lapidaires et épigraphiques ainsi que son bel ensemble de verreries, associés à de très nombreux objets de la vie quotidienne des Gallo-Romains.

Strasbourg sous la neige.
Geneviève ENGEL / Office de Tourisme de Strasbourg et sa Région

L'époque mérovingienne est illustrée par des armes et des bijoux, ainsi que quelques pièces insignes, tels le casque de Baldenheim ou les phalères décorées d'Ittenheim. Certains vestiges antiques du sanctuaire du Donon sont également exposés.

Sur la place du Château est également installé le musée de l'Œuvre Notre-Dame.

★★ Musée de l'Œuvre Notre-Dame (C2)

3 pl. du Château - ℘ 03 88 52 50 00 - www.musees.orgun. - tlj sf lun. 12h-18h, w.-end 10h-18h - fermé 1ᵉʳ janv., Vend. saint, 1ᵉʳ Mai, 1ᵉʳ et 11 Nov., 25 déc. - 5 € (-18 ans gratuit), 1ᵉʳ dim. du mois gratuit.

L'Œuvre Notre-Dame fut fondée pour recueillir les dons des fidèles en vue de la construction de la cathédrale. Elle contribue aujourd'hui à son entretien et à sa restauration.

Indissociable de la visite de la cathédrale, le musée consacré à l'art alsacien du Moyen Âge et de la Renaissance présente ses collections dans les deux ailes de la maison de l'Œuvre, datant de 1347 et de 1578-1585, ainsi que dans l'ancienne hôtellerie du Cerf (14ᵉ s.) et dans une maison du 17ᵉ s., le tout groupé autour de quatre petites cours, dont la cour du Cerf, aménagée en jardinet médiéval. Ce jardinet restitue l'environnement du *Paradisgärtlein*, jardin d'Éden représenté dans la peinture et la gravure alsaciennes du Moyen Âge.

Du vestibule (sculptures préromanes), on accède aux salles de sculpture romane et à la salle des vitraux (12ᵉ et 13ᵉ s.), provenant en partie de la cathédrale romane ; on y voit le cloître des bénédictines d'Eschau (12ᵉ s.) et la célèbre **Tête de Christ★★** de Wissembourg, le plus ancien vitrail figuratif connu (vers 1070).

De là, on traverse la cour de l'Œuvre, à l'ornementation mi-flamboyante mi-Renaissance, pour pénétrer dans l'ancienne salle de séance de la Loge des maçons et tailleurs de pierre, dont les boiseries et le plafond datent de 1582. À la suite, la grande salle de l'hôtellerie du Cerf montre l'œuvre des ateliers qui se sont succédé au 13ᵉ s. sur le chantier de la cathédrale.

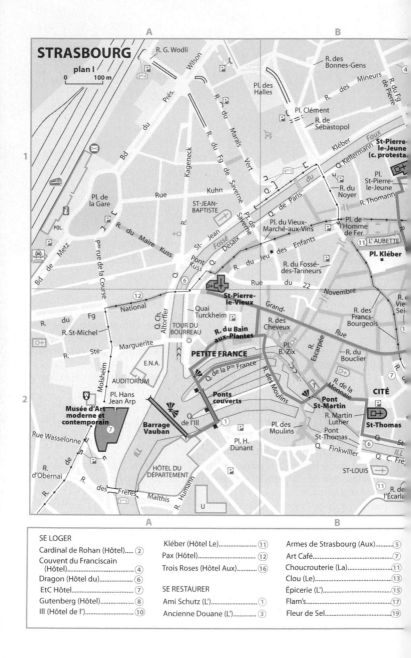

N

C · D

R. Mme Foch

Av. de la Paix

Av. des Vosges

R. A. Lamey

Av. d'Alsace

ST-PIERRE-LE-JEUNE

R. Gén. de Castelnau

Palais du Rhin

Q.

J.

Sturm

Schoepflin

Place de la République

R. du Mme Joffre

BIBLIOTHÈQUE NATIONALE

Av. V. Schœlcher

Av. de la Liberté

St-Paul

Aar

Koch

Pt. d'Auvergne

Pt. de la Fonderie

Rempart

Pt. du Théâtre

R. de la Fonderie

Hôtel de Klinglin

Musée Tomi Ungerer

Av. de la Marseillaise

Koch

Q.

Ill

Maire

Pt. Dietrich

Pl. de l'Université

HÔTEL D'ANDLAU

Hôtel des deux Ponts

Place Brogile

Hôtel de ville

Brûlée

ÉVÊCHÉ

R. dor Récollets

R. des Pontonniers

Pont Royal

Q. des Pêcheurs

de la Nuée bleue

R. de la Mésange

R. de l'Arc-en-Ciel

Q. Lezay-Marnésia

Bd de la Victoire

Pl. des Étudiants

Pl. du Temple-Neuf

Rue du Dôme

R.

Juifs

des

R. des Pucelles

Q. St-Étienne

Prechter

Pl. du Marché-Neuf

⑬

Frères

Place St-Étienne

ST-ÉTIENNE

M^{on} ㉟

Kammerzell

⑰

Pl. du Marché Gayot

Pt. St-Guillaume

St-Guillaume

2 Pl. de la Cathédrale

des veaux

CATHÉDRALE NOTRE-DAME

R. des

Pl. de l'Académie

Pl. Gutenberg

des Fourriers

Anc. Pharmacie du Cerf

Pl. du Château

Pl. du Pt. aux Chats

R. E. Munch

R. Calvin

⑧

⑤

⑨

Palais Rohan

⑯

R. de la Krutenau

Hôtel de la Chambre de Commerce

②

12

M^{ée} de l'Œuvre Notre-Dame

Pt. Ste-Madeleine

Bateliers

㊵

R.de Zurich

⑳

R. des Bateliers

㉗

15

14

⑤ 6

②

des

Pl. du Foin

ANCIENNE

R. des Tonneliers

Anc. douane

③

Musée historique

Q.

R. Ste-Madeleine

STE-MADELEINE

Pl. de Zurich

㉝

Fritz

Leclerc

㉓

㉙

de la Douane

Pont du Corbeau

Pl. du Corbeau

Cour du Corbeau

R. de l'Abreuvoir

R. de

R. de Zurich

Thomas

Pt. St-Nicolas

Musée alsacien

㉛

R. d'Austerlitz

des Orphelins

Q. St-Nicolas

Maison de Pasteur

Bouchers

⑩

des

R. du St-Gothard

R. de l'Hôpital-Militaire

CITÉ ADMINISTRATIVE

ST-NICOLAS

R. de la 1ere Armée

des

Pl. d'Austerlitz

R. de Lucerne

Pl. de l'Hôpital

1

2

Au 1er étage, importante collection d'orfèvrerie strasbourgeoise du 15e au 17e s.

Le 2e étage est consacré à l'évolution de l'art alsacien au 15e s. ; dans des salles à boiseries et plafonds de l'époque, sculptures et **peintures★★** de l'école alsacienne : Conrad Witz et primitifs alsaciens, Nicolas de Leyde.

On redescend au 1er étage par le bel escalier à vis de 1580.

Dans l'aile **Renaissance**, salle consacrée à Hans Baldung Grien (1484-1545) : élève de Dürer, ce peintre et dessinateur est le principal représentant de la Renaissance à Strasbourg.

L'aile est présente du mobilier alsacien et rhénan et la sculpture des 16e et 17e s. ; collection de natures mortes du 17e s., de Sébastien Stoskopff (1597-1657) en particulier ; miniatures, intérieurs et costumes strasbourgeois du 17e s., verreries.

En sortant du musée, prendre la rue de Rohan puis, à droite, la petite rue des Cordiers conduisant à la charmante **place du Marché-aux-Cochons-de-Lait★** bordée de maisons anciennes, la plus intéressante étant une maison du 16e s., à galeries de bois.

Tournez à gauche dans la rue du Vieux-Marché-aux-Poissons.

Au n° 2 de la rue du Vieux-Marché-aux-Poissons, on aperçoit la maison natale du sculpteur Jean Arp. Au n° 4, l'**ancienne douane**, édifice reconstruit en 1965, était autrefois l'entrepôt de commerce fluvial de la ville. Elle abrite des expositions temporaires.

Depuis la place du Vieux-Marché-aux-Poissons, vous avez une belle vue sur le pont du Corbeau.

Revenez sur vos pas pour rejoindre la place de la Grande-Boucherie.

★★ Musée historique (C2)

3 pl. de la Grande-Boucherie - ☎ 03 88 52 50 00 - www.musee-strasbourg.org - tlj sf lun. 12h-18h, w.-end 10h-18h - 5 € (-18 ans gratuit)- audioguide.

Après plus de vingt ans de travaux, d'enrichissement du fonds et de restauration des collections, le Musée historique, installé dans les bâtiments de l'ancienne Grande Boucherie (1586), poursuit sa métamorphose. Une muséographie d'avant-garde guide le visiteur à travers trois époques importantes dans l'histoire de la ville. Faites tout d'abord connaissance avec la **ville libre du Saint Empire romain germanique** (1262-1681) grâce aux objets trouvés lors des fouilles archéologiques (monnaie, étoffes, partie d'enceinte). Les armes et armures permettront de comprendre le rôle des corporations et de l'armée ; quant à Gutenberg et sa fameuse invention, ils n'auront plus de secret pour vous ! Autre élément important de l'histoire de Strasbourg : son rôle dans la Réforme. La visite se poursuit avec la **ville royale et révolutionnaire** (1681-1800), notamment le rattachement de Strasbourg à la France, le 30 septembre 1681. Les garnisons royales font alors vivre l'ancienne ville libre selon la mode parisienne : profitez-en pour essayer un chapeau ou un corset ! Pièce maîtresse du musée, le **plan relief★** de Strasbourg réalisé par Ladevèze en 1727 permet de voir la ville et ses fortifications. On trouvera aussi dans cette partie une évocation de *la Marseillaise* créée à Strasbourg ainsi que le grand bonnet phrygien en tôle qui ornait la permanence du club des Jacobins de Strasbourg. La dernière partie (*en cours d'aménagement*) concerne la **naissance d'une métropole** (19e et 20e s.).

👪 Les enfants comprendront, en essayant un casque ou en dessinant un blason imaginaire, que l'histoire est au cœur du présent.

Descendre la rue du Vieux-Marché aux Poissons.

LA MARSEILLAISE EST STRASBOURGEOISE

Le 24 avril 1792, Frédéric de Dietrich, premier maire constitutionnel de Strasbourg, offre un dîner d'adieux aux volontaires de l'armée du Rhin. La France a déclaré la guerre à l'Autriche et les troupes doivent être entraînées par un chant digne de leur enthousiasme. « Voyons, Rouget, vous qui êtes poète et musicien, faites-nous donc quelque chose qui mérite d'être chanté », dit Dietrich. Le *Chant de guerre pour l'armée du Rhin*, repris par les soldats républicains marseillais entrant à Paris lors de l'insurrection des Tuileries, devint alors *La Marseillaise*.

Pont du Corbeau (C2)

De cet ancien pont des Supplices, on plongeait dans la rivière, jusqu'à ce que mort s'ensuive, les infanticides et les parricides dans des sacs cousus.
Traversez le pont.

★ Cour du Corbeau (C2)

Entrée par le 1 quai des Bateliers.

Récemment restaurée, cette cour présente un exceptionnel exemple d'architecture à pans de bois du 16e s., véritable dédale de galeries et de coursives. L'ancienne auberge, qui, jusqu'au 19e s., vit défiler le maréchal de Turenne, le duc de Bavière et un roi de Pologne, est aujourd'hui un hôtel de luxe.

Quai St-Nicolas (C2)

Agrémenté de belles maisons anciennes dont trois ont été transformées en musée. Pasteur habita au n° 18.

★★ Musée alsacien (C2)

23-25 quai Saint-Nicolas - ☏ 03 88 52 50 01 - www.musees-strasbourg.org - possibilité de visite guidée sur RV - tlj sf mar. 12h-18h, w.-end et j. fériés 10h-18h - fermé 1er janv., Vend. saint, 1er Mai, 1er et 11 Nov. et 25 déc. - 5 € (-18 ans 2,50 €), 1er dim. du mois gratuit.

Ce musée d'art populaire est installé dans trois incroyables maisons des 16e et 17e s. qui valent à elles seules le déplacement. Il raconte le passé et les traditions de l'Alsace. Empruntant le dédale des escaliers et galeries de bois des cours intérieures, le parcours permet de découvrir une multitude de petites salles au cachet alsacien. On y admire des collections de costumes, d'imagerie, de jouets anciens, de masques « cracheurs » de farine provenant des moulins, mais surtout des reconstitutions d'intérieurs anciens, tels que le laboratoire de l'apothicaire alchimiste et des chambres à boiseries, avec leurs lits clos, leurs meubles en bois peint, leurs coffrets de courtoisie et des poêles monumentaux. Musée typique où l'atmosphère est chaleureuse, à l'image de la « stub », pièce commune fort bien reconstituée en fin de parcours.

Traversez le pont St-Nicolas et suivez le quai St-Thomas. Prenez à droite la rue Martin-Luther.

Église St-Thomas (B2)

☏ 03 88 32 14 46 - www.saint-thomas-strasbourg.org - fév.-déc. : tte la journée, dim. et j. fériés aprè.-midi.

Cette église à cinq nefs, reconstruite à la fin du 12e s., est devenue église luthérienne en 1529 puis cathédrale protestante. On peut y voir une copie du clavier de l'orgue Sielbermann sur lequel jouèrent en ces lieux Mozart puis Albert Schweitzer. L'édifice est surtout célèbre pour son **mausolée du maréchal de Saxe★★**, l'une des œuvres maîtresses de Pigalle (18e s). Sur le mausolée, la France en larmes, tenant le maréchal par la main, s'efforce d'écarter la Mort. La Force, symbolisée par Hercule, s'abandonne à sa douleur, tandis que l'Amour pleure, éteignant son flambeau. À gauche, un lion (la Hollande), un léopard (l'Angleterre) et un aigle (l'Autriche) sont rejetés, vaincus, sur des drapeaux froissés.

À gauche, par la rue de la Monnaie, gagnez le pont St-Martin.

Pont St-Martin (B2)

La **vue★** du pont donne sur le quartier des tanneurs. La rivière se divise à cet endroit en quatre bras (on voit encore des moulins à eau, des barrages et des écluses).

Prenez la rue des Moulins puis suivez le contour de l'île vers les ponts couverts.

★★ La Petite France (A2)

Ce quartier était autrefois le coin des pêcheurs, des tanneurs et des meuniers. Il doit son nom à l'hôpital qui y fut installé au 16e s. pour les soldats de François Ier, dont beaucoup étaient atteints de la syphilis, ou « mal français », comme aimaient à ironiser les Allemands de l'époque. C'est un des lieux les plus curieux et les mieux conservés du vieux Strasbourg. Le quai longe le canal de navigation et offre un **coup d'œil★** romantique sur les façades des vieilles maisons médiévales qui se reflètent dans l'eau. Une des façons les plus agréables de découvrir la Petite France est de faire une croisière sur l'Ill et d'admirer les jeux de lumière sur les belles maisons qui bordent la rivière.

★ Ponts couverts (A2)

C'est une enfilade de trois ponts enjambant les bras de l'Ill, gardés chacun par une tour carrée et massive, reste des anciens remparts du 14e s., et autrefois reliés par des ponts de bois couverts.

Entre le premier pont à gauche et la première tour, tour du Bourreau, prenez à droite le quai de l'Ill, seul accès pour monter à la terrasse du barrage Vauban.

Barrage Vauban (A2)

60 marches. ✆ *03 88 60 90 90 - fermé pour travaux.*

De la terrasse panoramique *(table d'orientation ; longue-vue)* aménagée sur toute la longueur du pont-casemate, dit « barrage Vauban » (reste de l'enceinte de Vauban), impressionnant **panorama★★** sur les ponts couverts et leurs quatre tours au premier plan, le quartier de la Petite France et ses canaux en arrière, la cathédrale à droite.

Par le passage, au rez-de-chaussée du barrage Vauban, on peut gagner le musée d'Art moderne et contemporain *(voir description dans « À voir aussi »).*

Traversez à nouveau les ponts couverts et prenez la rue Adolphe-Seyboth pour rejoindre la rue du Bains-aux-Plantes.

★★ Rue du Bain-aux-Plantes (A2)

Elle est bordée de vieilles maisons de la Renaissance alsacienne (16e-17e s.), à encorbellement, pans de bois, galeries et pignons.

Soyez attentifs aux nos 25, 27 et 31 (1651), et à l'étroitesse du numéro 33 (à l'angle de la rue du Fossé-des-Tanneurs et de la rue des Cheveux). Continuez jusqu'à la maison des Tanneurs (Gerwerstub), de 1572, au n° 42, au bord du canal.

Rejoignez la Grand'Rue par la rue du Fossé-des-Tanneurs et tournez à gauche pour rejoindre St-Pierre-le-Vieux.

Église St-Pierre-le-Vieux (A1)

Deux églises sont ici juxtaposées, l'une catholique, l'autre protestante. Dans le transept gauche de l'église catholique (reconstruite en 1866), panneaux en bois sculpté (16e s.), œuvre de Veit Wagner, montrant des scènes

de la vie de saint Pierre et de saint Valère. Au fond du chœur, **scènes★** de la Passion (fin 15ᵉ-début 16ᵉ s.) attribuées au peintre strasbourgeois Henri Lutzelmann. Dans le bras droit du transept, **panneaux peints★** de l'école de Schongauer (15ᵉ s.) sur le thème de la Résurrection et des apparitions du Christ.

Reprenez la Grand'Rue bordée de maisons du 16ᵉ au 18ᵉ s.; elle se prolonge par la rue Gutenberg, qui conduit à la place du même nom. La rue Mercière ramène à la place de la Cathédrale.

LA CITÉ ANCIENNE PAR LA PLACE BROGLIE

Circuit ☑ tracé en vert sur le plan I de la ville p. 432 – Cette promenade part de la place de la Cathédrale. Comptez 1h30.

Du parvis de la cathédrale, remontez la rue Mercière et tournez à droite.

Place Gutenberg (C2)

Gutenberg a séjourné à Strasbourg de 1434 à 1444. La statue du centre de la place par David d'Angers le représente tenant un feuillet qu'il vient d'imprimer avec ces mots de la Genèse : « Et la lumière fut. » Dos à la statue de Gutenberg, la chambre de commerce et d'industrie ; ce bâtiment Renaissance logeait les conseils de la ville libre jusqu'à la Révolution.

Rejoignez la rue des Grandes-Arcades, très commerçante, pour atteindre la place Kléber.

Place Kléber (B1)

Elle est bordée au nord par « l'Aubette », bâtiment du 18ᵉ s. ainsi nommé parce que, à l'aube, les corps de la garnison venaient y chercher les ordres. Au centre de la place, trône la statue de Kléber, glorieux enfant de la cité. Le socle de la statue, illustré de deux bas-reliefs qui représentent ses victoires d'Altenkirchen et d'Héliopolis, énumère ses titres de gloire.

Continuez dans la rue des Grandes-Arcades et tournez à gauche dans la rue de la Haute-Montée. Au nᵒ 4 la *kleine Metzig* (la petite boucherie), curieux bâtiment néogothique.

Revenez dans la rue des Grandes-Arcades et prenez la petite rue de l'Église.

Église St-Pierre-le-Jeune (B1)

☎ 03 88 32 41 61 - ♿ - 28 mars-1ᵉʳ nov. : 10h30-18h, lun. 13h-18h ; 1ᵉʳ-23 déc. : w.-end 12h-17h - gratuit.

Trois églises furent construites au même endroit. De celle du 7ᵉ s., il reste un caveau avec cinq niches funéraires attribué à la fin de l'époque romaine (4ᵉ s.), et de l'église de 1031 un très joli petit **cloître★**, auquel la restauration achevée en 2005 a rendu tout son éclat. Servant au culte protestant, l'église actuelle date de la fin du 13ᵉ s. À l'intérieur, un beau **jubé** gothique, orné

FOIE GRAS À L'ALSACIENNE

Le maréchal de Contades, gouverneur militaire de l'Alsace installé à Strasbourg depuis 1762, souhaita un jour régaler ses hôtes de marque avec un mets hors du commun. Il en fit la commande à son jeune cuisinier, Jean-Pierre Clause, qui eut l'idée d'entourer des foies entiers d'oies alsaciennes d'une farce de veau et de lard finement hachés, puis d'enfermer le tout dans une croûte de pâte qu'il laissa cuire et dorer à feu doux. Adopté par Louis XVI à Versailles, le foie gras devint ainsi une nourriture royale et un produit de luxe.

de peintures de 1620 représentant les quatre évangélistes, côtoie un orgue Silbermann de 1780. Au fond de la nef, la fresque représente la tempête apaisée sur le lac de Tibériade.

Prenez la rue de la Nuée-Bleue.

Remarquez au n° 25 l'hôtel d'Andlau, de 1732.

Prenez le quai Schœpfin pour descendre l'Ill. Longez le quai jusqu'à la rue des Récollets. Ou, si vous préférez, traversez l'Ill et longez le fleuve sur les quais aménagés.

Vous avez vue successivement sur le palais de justice et St-Pierre-le-Jeune en grès rose, puis sur la place de la République.

Tournez à droite dans la rue des Récollets puis rue Brûlée.

Ce quartier avoisinant la place Broglie était habité par la haute noblesse et la grande bourgeoisie. On peut y admirer plusieurs hôtels du 18ᵉ s.

Au n° 19, remarquez le portail de l'hôtel de Klinglin et au n° 16 l'archevêché, puis au n° 13, l'ancien **hôtel des Deux-Ponts** (C1) (1754).

Prenez à droite la rue de la Comédie.

Place Broglie (C1)

Cette place rectangulaire plantée d'arbres a été ouverte au 18ᵉ s. par le maréchal de Broglie, gouverneur d'Alsace. Au fond, le théâtre municipal est orné de colonnes et de muses sculptées par Ohmacht (1820). À gauche se dresse l'**hôtel de ville★** (C1) du 18ᵉ s., élevé par Massol, ancien hôtel des comtes de Hanau-Lichtenberg, puis des landgraves de Hesse-Darmstadt. Le quai est bordé par la majestueuse **façade** de la résidence du préfet (1736), ancien **hôtel de Klinglin** (« prêteur royal »), dont vous venez de voir le portail dans la rue Brûlée.

Traversez la rivière par la passerelle face à l'hôtel de Klinglin puis prenez à droite dans l'avenue de la Marseillaise.

★ Musée Tomi Ungerer -
Centre international de l'illustration (D1)

Villa Greiner - 2 av. de la Marseillaise - ✆ 03 69 06 37 27 - www.musee-strasbourg. org - tlj sf mar. 12h-18h, w.-end 10h-18h - 5 € (-18 ans gratuit).

Le dessinateur Tomi Ungerer a fait don d'une partie de son œuvre à sa ville natale : une collection de 11 000 dessins, 160 sculptures et 6 000 jouets (ces derniers sont en majorité conservés au musée des Arts décoratifs) ! Installé dans une belle maison aux intérieurs épurés, le musée présente les différentes facettes du personnage : dessinateur à l'humour noir, auteur d'affiches publicitaires, illustrateur de livres pour enfants ou créateur débridé d'œuvres érotiques, rien ne semble l'effrayer ! L'exposition de dessins, estampes et affiches publicitaires est renouvelée environ tous les quatre mois, tandis qu'un large fonds documentaire (jouets, archives, photographies, articles de presse) se trouve à disposition du public.

Revenez sur vos pas, traversez la place Broglie dans sa longueur et rejoignez la cathédrale par la rue du Dôme.

QUARTIER ALLEMAND

Nous sommes en 1871 ; l'Alsace et la Moselle annexées, les Allemands décident de faire de Strasbourg la capitale du Reichsland. Ils élèvent alors un grand nombre d'édifices publics aux proportions monumentales, où se côtoient les styles néo-gothique, néo-Renaissance et néo-baroque avec quelques immeubles Jungendstil aux proportions plus harmonieuses. Tout un ensemble, au nord-est de la ville ancienne, englobant l'université et l'Orangerie, a été construit dans l'intention d'y déplacer le centre de la ville. Ces quartiers aux larges artères, comme les avenues des Vosges, d'Alsace et de la Forêt-Noire, restent de nos jours un exemple rare d'architecture prussienne, leurs équivalents allemands ayant souffert des bombardements de la Seconde Guerre mondiale.

Les deux grands conflits du 20e s. ballotteront la ville-frontière entre les deux nationalités : à nouveau française en 1918, Strasbourg, comme toutes les autres villes d'Alsace et de Moselle, connaît une nouvelle parenthèse allemande entre 1940 et 1944. La ville sera libérée par le général Leclerc le 23 novembre 1944.

Place de la République (plan I C1)

Lien entre la vieille ville et la *Neustadt*, l'ancienne place impériale est un vaste carré dont la partie centrale a été aménagée en jardin circulaire, planté d'arbres, au centre duquel s'élève le monument aux morts sculpté par Drivier (1936). À gauche, le **palais du Rhin** (C1), ancien palais impérial (1883 à 1888) ; à droite, le Théâtre national, occupant l'ancien palais du Landtag d'Alsace-Lorraine, et la Bibliothèque nationale.

Maison Égyptienne

10 r. du Général-Rapp. La façade de cette maison de 1905 mêle Art nouveau et orientalisme.

Parc des Contades (plan II E2)

Ce parc, situé au nord de la place de la République, porte le nom du maréchal gouverneur de l'Alsace qui le fit réaliser. En bordure du parc s'élève la synagogue de la Paix, construite en 1955 pour remplacer l'ancienne détruite en 1940.

Maison de la télévision France 3-Alsace (plan II E2)

Place de Bordeaux. Construite en 1961, elle porte sur sa façade concave une monumentale composition sur céramique de Lurçat, symbolisant la création du monde.

Église réformée St-Paul (plan I D1)

Place du Gén.-Eisenhower. Figure de proue au confluent de l'Ill et de l'Aar, cette église de garnison érigée entre 1892 et 1897 arbore fièrement ses deux tours jumelles de style néogothique (76 m). En entrant, on est aussitôt frappé par la belle galerie de grès en arc de cercle qui décore le fond du chœur.

Université

Prestigieuse vitrine de la culture allemande à l'époque du Reichsland, le **palais universitaire** fut inauguré en 1884. Le rayonnement de l'université de Strasbourg attire alors d'éminents professeurs dans les facultés de philosophie, de sciences ou de médecine. L'université Louis-Pasteur regroupe aujourd'hui plusieurs musées, dont un riche Musée zoologique *(lire sa description dans « À voir aussi »)*, un musée de Minéralogie et un musée de Sismologie et de Magnétisme terrestre.

👪 Pour découvrir l'astronomie, le **planétarium** de Strasbourg, attenant à l'université, propose différentes projections pour enfants ou pour adultes, ainsi qu'une visite guidée de la coupole de l'observatoire. L'exposition interactive de la « Crypte aux étoiles » termine la visite. 📞 *03 90 24 24 50 - www.planetarium-strasbourg.fr - réservation recommandée - juil.-août : 10h-12h15, 14h-18h, dim. 14h-18h : vac. scol. (zone B) : 10h-12h15, 14h-18h, dim. 14h-18h ; reste de l'année : 9h-12h, 14h-17h, merc. 14h-17h, dim. 14h-18h - fermé sam. et j. fériés - 7,50 € (-16 ans 4,20 €), Journées du patrimoine gratuit.*

Jardin botanique (plan II F2)

☏ 03 90 24 18 65/18 86 - jardin botanique : mars-oct. : tte la journée ; reste de l'année : mat. et apr.-midi, w.-end apr.-midi ; serre froide et serre tropicale : tlj sf w.-end mat. et apr.-midi - fermé 1ᵉʳ janv., 1ᵉʳ et 11 Nov., 25 et 26 déc.

Ce jardin, qui rassemble plus de 6 000 plantes, est une des richesses dont fut dotée l'université impériale. La serre de Bary, du nom du professeur qui constitua la collection, est d'époque. Elle abrite de remarquables nénuphars géants. À côté, une parcelle présente différentes plantes utiles à l'homme. Parmi les arbres de l'arboretum, cherchez le séquoia géant ou le faux-noyer du Caucase, le plus gros du jardin (5,40 m de circonférence).

Parc de la Citadelle (plan II F2)

À la lisière du quartier allemand, ce parc entoure les vestiges des fortifications Vauban que Louis XIV ordonna de construire en 1681, aussitôt après la capitulation de Strasbourg et son rattachement à la France.

LA CAPITALE DE L'EUROPE

★ Palais de l'Europe (plan II F1)

Quittez le centre-ville par le quai des Pêcheurs. Entrée allée Spach. av. Conseil de l'Europe - ☏ 03 88 41 20 29 - www.coe.int - 🕭 - sur réservation uniquement (Conseil de l'Europe - service des visites - 67075 Strasbourg Cedex) - fermé w.-end et j. fériés - gratuit.

Siège du Conseil de l'Europe, le palais de l'Europe abrite le Comité des ministres, l'Assemblée parlementaire et le Secrétariat général. Les bâtiments sont l'œuvre de l'architecte français Henri Bernard. À l'intérieur, le palais, qui comprend notamment 1 350 bureaux, possède l'hémicycle le plus vaste d'Europe.

★ Parc de l'Orangerie (plan II F2)

En face du palais de l'Europe, le parc de l'**Orangerie** est le plus vaste de la ville. Dessiné par Le Nôtre en 1692, il a été aménagé en 1804 en vue du séjour de l'impératrice Joséphine. Le pavillon Joséphine (1805), incendié en 1968 et reconstruit, sert aux expositions temporaires, aux représentations théâtrales et aux concerts.

👫 Dans le parc, un mini-zoo fait cohabiter les fameuses cigognes locales avec quelques animaux plus exotiques (singes, aras, perruches, grand tétras, flamants du Chili). Les enfants apprécieront également le lac, la petite cascade et les aires de jeux.

Palais des Droits de l'homme (plan II F1)

Au bord de l'Ill, conçu dans un style futuriste par l'architecte Richard Rogers, le nouveau palais des Droits de l'homme abrite la Cour européenne des droits de l'homme, relevant du Conseil de l'Europe. Imposants, les bâtiments, avec au centre la tour de l'hémicycle, épousent la courbe de l'Ill. La Cour européenne des droits de l'homme, désormais unique, y siège de façon permanente. On aperçoit, en face, le **Parlement européen**.

LE PORT AUTONOME ET LE RHIN

Circuit de 25 km – environ 1h30.

Situé à l'un des principaux points de jonction des voies de communication qui unissent les diverses parties de l'Europe, le port de Strasbourg se classe parmi les premiers ports rhénans. Il constitue pour la région de l'Est l'équivalent d'un grand port maritime grâce aux qualités de navigabilité exceptionnelles du Rhin (aujourd'hui canalisé entre Bâle et Iffezheim), comparable à un bras de mer international de 800 km de longueur.

Suivez la route du Rhin (D 1004) au sud, au départ du pont d'Austerlitz. Peu avant le pont Vauban, empruntez à droite la rue du Havre, parallèle au bassin René-Graff.

Cette promenade offre les points de vue les plus intéressants sur les installations portuaires et le Rhin. Dans son prolongement, la rue de La Rochelle conduit à la zone sud, partie la plus moderne du port, avec les trois bassins Auguste-Detœuf (centre céréalier), Gaston-Haelling, Adrien-Weirich (conteneurs et colis lourds) et la darse IV. Entre ces deux derniers bassins est implanté le centre Eurofret-Strasbourg *(accès par les rues de Rheinfeld et de Bayonne).*

Rebroussez chemin par la rue de La Rochelle et la rue du Havre. À l'extrémité de cette dernière, bifurquez à droite et traversez le pont Vauban, qui franchit le bassin Vauban. L'avenue du Pont-de-l'Europe conduit au bord du Rhin.

Le fleuve, large à cet endroit de 250 m, est enjambé par le **pont de l'Europe** (plan II F2) (1960), constitué par deux arcs métalliques, qui relie Strasbourg à Kehl en Allemagne. Il remplace le fameux pont métallique dit « de Kehl » (1861) détruit pendant la Seconde Guerre mondiale.

Jardin des Deux Rives (plan II F2)

À droite du pont de l'Europe, ce jardin transfrontalier doit son unité à l'élégante passerelle à haubans, conçue par l'architecte Marc Mimram, qui permet aux piétons et aux cyclistes de traverser le Rhin. Côté français, les vastes pelouses, parsemées de massifs de fleurs, sont entourées d'un imposant mur d'eau.

Revenez à l'avenue du Pont-de-l'Europe et obliquez sur la droite pour prendre la rue Coulaux, puis la rue du Port-du-Rhin (vue sur le bassin du Commerce).

Du **pont d'Anvers** (F2), on voit sur la gauche, l'entrée du grand Vauban et le bassin Dusuzeau (gare fluviale) ; sur la droite, le bassin des Remparts.

Franchissez le pont et tournez à droite dans la rue du Gén.-Picquart, qui longe le bassin des Remparts, où est amarré le Naviscope.

Naviscope (plan II F2)

18 r. du Gén.-Picquart - Bassin des Remparts - ☎ 03 88 60 22 23 - mar., merc., dim. 14h30-17h30 - fermé déb. janv. à mi-mars, 1ᵉʳ janv., 1ᵉʳ Mai, 1ᵉʳ nov., 25 déc. - 2,50 € (- 4 ans gratuit).

👥 L'ancien pousseur de Strasbourg a été transformé en **musée du Rhin et de la Navigation**. Salle des machines, exposition de maquettes, timonerie, etc.

Prenez ensuite la rue Boussingault pour passer le pont sur le canal de la Marne au Rhin. Suivez à droite le quai Jacoutot longeant le canal.

Du **pont Jean-Millot** (F2), à l'entrée du bassin Albert-Auberger, la vue embrasse le Rhin à gauche et l'entrée nord du port. Dans l'avant-port nord débouchent le canal de la Marne au Rhin, les bassins Louis-Armand, du Commerce et de l'Industrie.

À voir aussi

★★ Musée d'Art moderne et contemporain (plan I A2)

1 pl. Hans-Jean-Arp - ☎ 03 88 23 31 31 - www.musees-strasbourg.org ♿ - possibilité de visite guidée - tlj sf lun. 12h-19h (jeu. 21h), w.-end 10h-18h - fermé j. fériés - 6 € (-18 ans gratuit), 1ᵉʳ janv. 1ᵉʳ dim. du mois gratuit.

Élevé au bord de l'Ill, ce bâtiment a été réalisé par Adrien Fainsilber. Une nef centrale vitrée dessert les salles d'exposition, panorama de l'art moderne et contemporain.

Au rez-de-chaussée, les œuvres exposées illustrent la diversité des langages picturaux qui, des peintures du maître de l'académisme William Bouguereau (*La Vierge consolatrice*) aux œuvres abstraites de Kandinsky, Poliakoff ou Magnelli, ont marqué l'histoire de l'**art moderne des années 1850 aux années 1950**. Des impressionnistes (Renoir, Sisley, Monet), des toiles de Signac, quelques Nabis (Gauguin, Vuillard, Maurice Denis). L'art au tournant du 20e s. est représenté par un groupe d'œuvres symbolistes.

Le bureau dessiné par Arp, le tapis de Sophie Taeuber côtoient des pièces liées au Bauhaus, au mouvement De Stijl et à l'esprit moderne. Plusieurs salles sont consacrées à Arp et à sa femme Sophie Taeuber-Arp (auteurs avec Theo van Doesburg d'un ensemble de vitraux), qui font revivre les décors intérieurs « constructivistes » (1926-1928) de l'Aubette, bâtiment du 18e s. situé place Kléber. Une salle est entièrement réservée à l'œuvre sculptée de Jean Arp.

Liés au fauvisme ou à l'expressionnisme, des artistes comme Marinot, Dufy, Vlaminck ou Campendonk font exploser la couleur pure et violente. À l'opposé, la *Nature morte* (1911) de Georges Braque est une œuvre type du cubisme. En réaction à la Première Guerre mondiale, le mouvement dada élabore des œuvres dérisoires, voire absurdes (Janco, Schwitters). À leur suite, les surréalistes, avec Victor Brauner, Max Ernst et Arp, cherchent à introduire l'onirisme dans leurs œuvres.

Le mobilier et les grandes compositions en marqueterie de Charles Spindler, les sculptures de Carabin, Ringel d'Illzach et Bugatti et des vitraux réalisés au début du 20e s. à Strasbourg témoignent du renouvellement de l'art et des arts décoratifs en Alsace autour de 1900.

La salle Doré a été spécialement conçue pour présenter l'immense toile peinte par l'illustrateur Gustave Doré en 1869, *Le Christ quittant le prétoire*. Un balcon situé à l'entrée du restaurant permet d'avoir une vue plongeante sur cette salle.

Le 1er étage est consacré à l'**art moderne des années 1950 à nos jours**. Dans la première salle, les œuvres de Picasso, Richier, Pinot-Gallizio, Kudo et Baselitz reflètent les incertitudes du temps. La salle suivante évoque le mouvement Fluxus avec Filliou, Brecht, et l'arte povera avec des œuvres de Kounellis, Penone, Merz, qui cherchent à dévoiler l'énergie des objets les plus simples. Puis ce sont les années 1960-1970 avec les expérimentations de Buren, Parmentier, Toroni, Rutault, Morellet, Lavier. Toni Grand, Miroslav Balka, Christian Boltanski, Philippe Ramette, Maurice Blaussyld, Javier Pérez représentent les années 1980-1990. On découvre également les installations de Collin-Thiébaut (*Un musée clandestin à Strasbourg*) et de Sarkis (*Ma chambre de la Krutenau en satellite*), artistes ayant vécu ou travaillé à Strasbourg.

★ **Le Vaisseau** (plan I F2)

1 bis r. Philippe-Dollinger - ℰ 03 88 44 44 00 - www.levaisseau.com - ₺ - tlj sf lun. 10h-18h (dernière entrée 17h) - fermé 3 premières sem. de sept., 1er janv., 1er Mai et 25 déc. - 8 € (-3-18 ans 7 €) ; billet combiné avec Batorama (découverte en bateau de Strasbourg) 9,50 €. 1/2 journée de visite. Parcours dans le noir et studio de télévision ne sont accessibles que les merc., sam. et dim. et pendant les vac. scol. ; il est nécessaire de s'y inscrire à l'avance. Entièrement accessible aux personnes handicapées. Journal de bord téléchargeable sur Internet.

👪 L'exposition du Vaisseau s'adresse aux enfants de 3 à 15 ans. Elle s'articule autour de quatre thèmes : « Le monde et moi », « Découvrir les animaux », « Je fabrique » et « Les secrets de l'image ». Selon leur âge, les enfants ont ainsi la possibilité de jouer au bébé kangourou, de parcourir une pièce dans le noir le plus complet, d'observer une fourmilière, de travailler dans un mini chantier ou même de participer à la réalisation d'un journal télévisé. Dans le jardin, différents parcours (scientifique, sensoriel, nature) enseignent les rudiments de la météo, de l'optique ou du jardinage. La maison de la nature et la reconstitution de milieux naturels permettent de découvrir la faune et la flore régionales. Une salle est spécialement destinée aux pique-niques tirés du sac ; une cafétéria propose également des sandwichs, les plus diététiques possible, avec des ingrédients originaux.

Musée zoologique de l'université et de la ville (F7)

29 bd Victoire - ☎ 03 90 24 04 85 - www.musees-strasbourg.org - ♿ - 12h-18h, w.-end 10h-18h - fermé mar., 1ᵉʳ janv., Vend. saint, 1ᵉʳ Mai, 1ᵉʳ nov., 11 Nov., 25 déc. - 5 € (-18 ans gratuit), 1ᵉʳdim. du mois gratuit.

👤👤 Installé sur deux étages, ce musée un brin académique présente une très riche collection d'animaux naturalisés des quatre coins du globe : lion de la savane, pingouins des régions arctiques, petits rongeurs de nos campagnes. Quelques vitrines attirent l'attention sur les espèces protégées et sur celles qui ont déjà disparu d'Alsace (ours, lynx, cigogne noire) ou du monde (grand pingouin). Les animaux sous-marins sont également représentés, monstrueux ou fascinants. Au 2ᵉ étage, impressionnante collection d'oiseaux, reconstitution du cabinet de sciences naturelles de Jean Hermann, fondateur du musée. Collection d'insectes.

Église protestante St-Guillaume (plan I D2)

Sa construction s'échelonna de 1300 à 1307. De beaux vitraux (1465) dus à Pierre d'Andlau éclairent la nef. Mais c'est le tombeau double (14ᵉ s.) à étage des frères de Werd qui fait la curiosité de l'église : sur la dalle inférieure, Philippe en habit de chanoine ; au-dessus, sur deux lions, comme suspendu, Ulrich en habit de chevalier.

Hospices de Strasbourg

1 pl. de l'Hôpital - ☎ 03 88 11 64 27 - Visite guidée sur demande à Philippe Junger, responsable de la Cave historique.

L'Hôpital civil de Strasbourg en impose. Long de 145 m, il a été construit en 1721 au milieu d'autres bâtiments plus anciens, comme la pharmacie, épargnée par un incendie. Son toit orné de quatre rangées de lucarnes est agrémenté d'un clocheton. À l'intérieur, de beaux escaliers baroques donnent du caractère à ces hospices. Témoin de la place du vin dans l'histoire hospitalière, les caves revivent aujourd'hui sous l'impulsion de viticulteurs alsaciens de renom.

À proximité

Musée « Les Secrets du Chocolat » (plan II E3)

Zl de Geispolsheim, parc de la Porte Sud, rue du Pont-du-Péage. Depuis Strasbourg, A 35 direction Colmar, sortie n° 7 (Illkirch-Graffenstaden), puis D 222 en direction d'Illkirch. Au carrefour à gauche, vers Illkirch, puis de nouveau à gauche au rond-point.

R. du Pont-de-Péage - 67118 Geispolsheim - ☎ 03 88 55 04 90 - www.musee-du-chocolat.com - ♿ - mars-déc. : tlj sf lun. 10h-18h, dim. et j. fériés 14h-18h ; janv.-fév. : merc.-sam. 10h-18h, dim. et j. fériés 14h-18h - fermé 1ᵉʳ janv., 2 avr., lun. de Pâques, lun. de Pentecôte, 1ᵉʳnov., 25 et 26 déc. - 8 € (5-15 ans 6 €).

Dans ce musée du chocolatier Marquise de Sévigné vous sont présentées l'histoire et la fabrication de la fameuse confiserie. Après un petit film sur l'ensemble du processus, le parcours vous transporte dans une ambiance précolombienne, pour évoquer le temps où le cacao constituait la boisson des dieux et où les fèves servaient de monnaie, avant de se répandre en Europe par l'intermédiaire des conquistadors. Dans un décor travaillé, panneaux interactifs, bornes expérimentales, bandes sonores et automates présentent ensuite les différentes étapes de la fabrication du chocolat, ainsi que d'anciens instruments de chocolatiers, puis l'histoire de la marque. En fin de visite, un chocolatier vous invite dans son atelier pour une démonstration.

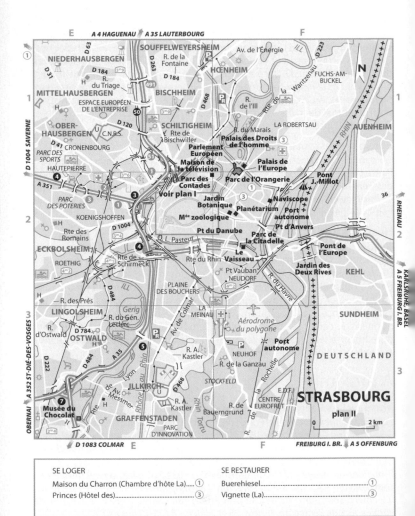

SE LOGER		SE RESTAURER	
Maison du Charron (Chambre d'hôte La).....①		Buerehiesel..①	
Princes (Hôtel des)..③		Vignette (La)..③	

😊 NOS ADRESSES À STRASBOURG

TRANSPORTS

Parkings relais-tram – Huit parkings permettent de laisser sa voiture en périphérie et de prendre le tram pour se rendre dans le centre-ville (tarifs : 2,80 € sauf Rotonde 3,10 €, stationnement pour la journée, 1 ticket AR pour chaque occupant du véhicule, tlj sf dim. 7h-20h). Ces parkings sont indiqués par les lettres « P+R » à l'intérieur d'un carré sur fond bleu. (Voir plan page 432).

En tram et en autobus – CTS - ℘ 03 88 77 70 70 - www.cts-strasbourg.fr - 4 lignes de tram desservent les principaux sites et lieux touristiques, culturels ou étudiants de Strasbourg et de ses environs. Lignes A, B et C : 4h30-0h30 ; ligne D : tlj sf dim. (sf vac. scol. d'été) 7h-19h.

VISITES

Visites audioguidées – Les visites audioguidées (1h30) de Strasbourg permettent de partir à la découverte de la ville à son rythme et en toute liberté tlj de l'année et à toute heure - 5,50 € (caution de 100 €/baladeur) - s'adresser à l'office de tourisme - 17 pl. de la Cathédrale.

« Il était une fois la Ville » – Visite ludique avec jeux de piste : « Il était une fois la Ville » - se renseigner : ℘ 03 88 31 05 25.

Mini-train – ℘ 03 88 77 70 03 - www.cts-strasbourg.fr - fermé 1er Mai - 5,30 € (-18 ans 2,80 €) 21 mars-3 nov. : dép. pl. du château, à côté de la cathédrale, ttes les 30mn ou ttes les h. selon la sais. - visite commentée en 8 langues (40mn) du Vieux Strasbourg, du barrage Vauban.

Strasbourg Pass – Proposés par l'office de Tourisme, le « Strasbourg Pass » et le « Strasbourg-Pass Junior » (valables 3 jours) permettent de bénéficier d'entrées gratuites et à moitié prix pour les visites. En vente dans les bureaux d'accueil de l'office de Tourisme (pl. de la Cathédrale et pl. de la Gare) - 11,90 € (junior 5,00 €).

Vélocation – Pl. de la Gare - ℘ 03 88 23 56 75 - 10 r. des Bouchers - ℘ 03 88 24 05 61 - www.velocation.net - Location de vélos pour circuler dans Strasbourg, première ville de France pour son réseau cyclable (300 km).

Taxi 13 – Cette association propose, de jour comme de nuit, des circuits commentés par cassettes « audio » en plusieurs langues (4 passagers maxi). Réservation 24h/24 , ℘ 03 88 36 13 13.

Promenades commentées en vedette sur l'Ill – Départ de l'embarcadère du palais Rohan : promenade dans la Petite France avec passage devant le barrage Vauban, puis sur le fossé du Faux-Rempart jusqu'au palais de l'Europe. ℘ 03 88 84 13 13 - &. - visite guidée (1h10) janv.-mars : 10h30-13h-14h30-16h ; avr. : 9h30-21h, ttes les 1/2h. ; mai-sept. : 9h30-22h, ttes les 1/2h. ; oct. : 9h30-21h, ttes les 1/2h. ; nov. : 10h30-13h-14h30-16h. ; déc. : 9h30-18h, ttes les 1/2h. ; - 8,40 € (enf. 4,20 €).

Promenades en bateau sur le Rhin, visite du port et Naviscope – Départ de l'embarcadère de la promenade Dauphine. ℘ 03 88 84 13 13 - www.batorama.fr - juil.-août : tlj sf w.-end, 14 Juil. et 15 août 14h30-17h, promenade commentée (2h) et visite accompagnée au musée de la navigation (30mn)- 10 € (-10 ans 5 €).

Promenades en avion – Abords de Strasbourg, survol des châteaux et plaine du Rhin. *Aéro-Club d'Alsace - aérodrome du Polygone - Strasbourg-Neudorf - ☎ 03 88 34 00 98 - www.aero-club-alsace.org - tlj 9h-12h, 14h-18h sur RV, durée 30mn - fermé 1er janv., 25 déc. - de 68 € (1 pers.) à 88 € (3 pers.) ; vols d'initiation avec instructeur 122 € (45mn) pour une pers.*

Visite de la brasserie Kronenbourg – *68 rte d'Oberhausbergen - 67200 Strasbourg - ☎ 03 88 27 41 59 - www.brasseries-kronenbourg. com - &- visite guidée (1h30) sur RV uniquement - 7 janv.-31 déc. : 10h-18h - fermé dim. (sf août et déc.), j. fériés, 26 déc. - 6 € (-18 ans 4,50 €), Journées du patrimoine gratuit.*

HÉBERGEMENT

Les sessions plénières du Parlement européen ont lieu chaque mois pendant une semaine. Les hôtels, même les moins chers, sont alors tous pris d'assaut par les parlementaires.

PREMIER PRIX

Hôtel de L'Ill *(plan I p. 432-433)* – 8 r. des Bateliers - ☎ 03 88 36 20 01 - www.hotel-ill.com - *fermé 29 déc.-1er janv. et 1re sem. de janv. - 27 ch. 60/74 € - ☐ 7 €.* Hôtel rénové où règne une ambiance familiale. Les chambres, de tailles variées, sont d'une propreté exemplaire. Salle des petits-déjeuners de style alsacien avec pendule à coucou. À deux pas de là, découvrez l'Ill à bord d'une vedette.

Chambre d'hôte La Maison du Charron *(plan II p. 444)* – *15 r. Principale - 67370 Pfettisheim - ☎ 03 88 69 60 35 - www. maisonducharron.com - & - ⌿- 5 ch. 46/57 € ☐.* Avec ses mains et beaucoup de passion le propriétaire a personnalisé chaque chambre, dans ces deux

maisons de 1858, grâce à diverses essences de bois. Petit jardin, boxes à chevaux et deux gîtes disponibles.

BUDGET MOYEN

Hôtel Aux Trois Roses *(plan I p. 432-433)* – 7 r. de Zurich - ☎ 03 88 36 56 95 - www. hotel3roses-strasbourg.com - *32 ch. 65/86 € - ☐ 8 €.* Couettes moelleuses et meubles en pin équipent chaleureusement les chambres calmes de cet élégant immeuble posé au bord de l'Ill. Espace de remise en forme, sauna, jacuzzi.

Hôtel Le Kléber *(plan I p. 432-433)*– 29, pl. Kléber - ☎ 03 88 32 09 53 - www.hotel-kleber.com - *fermé 29 déc.-6 janv. - 30 ch. 61/86 € - ☐ 8 €.* Ce bel hôtel récemment rénové dispose de chambres confortables aux noms « sucrés ». Laissez-vous séduire : Macaron, Puits d'Amour, Amaretti, Mirabelle, Fraise, Cannelle, Caramel et Chocolat vous attendent.

Hôtel Du Dragon *(plan I p. 432-433)* – 2 r. Écarlate - ☎ 03 88 35 79 80 - www.dragon.fr - *32 ch. 89/129 € - ☐ 12 €.* Demeure du 17e s. tournée sur une courette tranquille. Intérieur résolument contemporain : camaïeu de gris, meubles design, chambres au style épuré et expositions d'art.

Hôtel Cardinal de Rohan *(plan I p. 432-433)* – 17 r. Maroquin - ☎ 03 88 32 85 11 - www.hotel-rohan.com - *36 ch. 75/149 € - ☐ 14 €.* Hôtel situé près de la cathédrale, en plein secteur piétonnier. Chambres bourgeoisement meublées (styles Louis XV, Louis XVI ou rustique). Beaux produits au petit-déjeuner.

Hôtel Couvent du Franciscain *(plan I p. 432-433)* – 18 r. du Fg-de-Pierre - ☎ 03 88 32 93 93 - www.hotel-

franciscain.com -fermé 24 déc.-
3 janv. - 👤 - 43 ch. 68/74 € - 🛏 10 €.
Au fond d'une impasse, hôtel
assurant un hébergement simple
et confortable. Salon lumineux,
petits-déjeuners dans un caveau
aux faux airs de *winstub* (fresque
amusante).

Hôtel Pax *(plan I p. 432-433) – 24 r.
Fg National -* 📞 *03 88 32 14 54
- www.paxhotel.com - fermé 1er-
10 janv. - 106 ch. 69/84 € -* 🛏 *8,50 €.*
L'hôtel longe une rue où ne circule
que le tramway. Chambres en
partie rénovées et bien tenues.
Espaces communs égayés par des
objets anciens évoquant la ferme.

Hôtel Gutenberg *(plan I
p. 432-433) – 31 r. des Serruriers
-* 📞 *03 88 32 17 15 - www.
hotel-gutenberg.com - 42 ch.
74/113 € -* 🛏 *9 €.* Bâtiment de
1745 logeant des chambres
hétéroclites et plutôt spacieuses,
originalement aménagées
sous les combles. Salle des
petits déjeuners éclairée par
une verrière.

EtC Hôtel *(plan I p. 432-433) – 7, rue
de la Chaîne -* 📞 *03 88 32 66 60 -
www.etc-hotel.com - 35 ch. 62/77 €
-* 🛏 *8 €.* Situé au calme, bien qu'en
plein centre, entre la cathédrale et
la Petite France, cet hôtel original
de style contemporain propose
des chambres sobres et spacieuses
dont les décors déclinent quatre
thèmes aux différents étages :
Métal urbain, Terre et Brume, Ciel
et Eau, Soleil et Feu.

POUR SE FAIRE PLAISIR

Hôtel des Princes *(plan II p. 444)
– 33 r. Geiler -* 📞 *03 88 61 55 19
- www.hotel-princes.com - fermé
25 juil.-22 août et 2-10 janv. - 43 ch.
123 € -* 🛏 *13 €.* Accueillant hôtel
dans un quartier résidentiel calme.
Chambres au mobilier classique ;
grandes salles de bains. Petit-
déjeuner servi dans un décor de
fresques bucoliques.

RESTAURATION

PREMIER PRIX

L'Épicerie *(plan I p. 432-433) –
6 r. du Vieux-Seigle -* 📞 *03 88 32
52 41 - www.lepicerie-strasbourg.
com - 4/6 €.* Dans un décor
réussi d'épicerie à l'ancienne,
on grignote une soupe, une
salade ou l'une des succulentes
tartines garnies de mélanges aussi
réussis que pruneaux à la fourme
d'Ambert ou dinde aux légumes
croquants. Un « bistrot à tartines »
décontracté et un rien branché.

La Choucrouterie *(plan I
p. 432-433) – 20 r. St-Louis
-* 📞 *03 88 36 52 87 - www.
choucrouterie.com - fermé 3 août-
23 août, sam. midi et dim. -* 👤
- formule déj. 9 € - 13/25 €. Ce relais
de poste du 18e s. fut la dernière
fabrique de chou en saumure de
Strasbourg : dans un décor de bric
et de broc, on ripaille et on rit à
la fois… Repas animés, dîners-
spectacles ou repas et théâtre, à
vous de choisir. Autour des menus
alsaciens ou d'un verre de blanc.

Au Pont du Corbeau *(plan I
p. 432-433) – 21 quai St-Nicolas
-* 📞 *03 88 35 60 68 - corbeau@
reperes.com - fermé août, vac.
de fév., dim. midi et sam. sauf
en déc. - formule déj. 12 € €.* Sur les
quais de l'Ill, jouxtant le musée
alsacien (art populaire), maison
réputée dont le cadre s'inspire
du style Renaissance régional.
Spécialités du terroir.

Au Renard Prêchant *(plan I p. 432-
433) – 34 r. de Zurich -* 📞 *03 88 35 62 87
- fermé sam. midi, dim. et j. fériés
- 10/20 €.* Dans une zone piétonne,
cette chapelle du 16e s. doit son
nom aux peintures murales qui la
décorent et racontent l'histoire du
Renard prêchant… Une légende
à découvrir en s'attablant dans la
salle rustique. Jolie terrasse en été et
formule déjeuner intéressante.

Pommes de Terre et Cie (plan I p. 432-433) – 4 r. de l'Écurie - ✆ 03 88 22 36 82 - www.pommes-de-terre-cie.com - ♿ - 8,90/18,90 €. Pour changer de la choucroute, un restaurant convivial proposant essentiellement des assiettes garnies de pommes de terre en robe des champs accompagnées de viandes, poissons ou fromages. Décor à dominante de bleu et jaune. Produits du terroir.

Flam's (plan I p. 432-433) – 29 r. des Frères - ✆ 03 88 36 36 90 - www.flams.fr - formule déj. 7 € - 12/19 €. Tout près de la cathédrale, maison à colombages abritant un restaurant spécialisé dans les flammekueches. Les trois salles et les deux caveaux, relookés, affichent de belles couleurs vives. N'oubliez pas de jeter un coup d'œil au superbe plafond peint, vestige du 15e s.

Pfifferbriader (plan I p. 432-433) – 6 pl. du Marché-aux-Cochons-de-lait - ✆ 03 88 32 15 43 - winstub.pfifferbriader@wanadoo.fr - fermé dim., et lun. de janv. à Pâques., reste de l'année fermé le dim. - 🅿 - 10/18,50 €. On se sent tout de suite bien dans ce restaurant alsacien typique avec son plafond bas, ses poutres patinées, ses boiseries et ses vitraux ornés de scènes viticoles. Au menu, goûteuses spécialités régionales – escargots, choucroutes, baeckehoffe – et plats plus classiques, tous élaborés avec des produits frais. Bon choix de vins locaux.

Le Pigeon (plan I p. 432-433) – 23 r. des Tonneliers - ✆ 03 88 32 31 30 - fermé dim. soir, mar. soir et lun., 1 sem.juin-1 sem. janv. - 14/24 €. Cette winstub typique qui doit son nom aux deux pigeons sculptés sur sa façade occupe l'une des plus anciennes demeures de Strasbourg (l'escalier en bois, classé, vaut le coup d'œil). Décor et cuisine sont fidèles à la tradition alsacienne.

La Taverne du Sommelier (plan I p. 432-433) – Ruelle de la Bruche - ✆ 03 88 24 14 10 - fermé sam. midi et dim. - 15/25 €. Une adresse confidentielle comme on aime en trouver. La décoration – murs jaunes et lithographies – est en harmonie avec l'atmosphère intimiste. La cuisine suit le rythme des saisons. La carte des vins préfère le Languedoc et la vallée du Rhône.

Art Café (au musée d'Art moderne et contemporain) (plan I p. 432-433)– 1 pl. Hans-Jean-Arp - ✆ 03 88 22 18 88 - www:artcafe-restaurant.com - fermé lun., j. fériés,1er janv., 1er mai ., 25 déc. - ♿ - formule déj. 20 € - 16 bc/20 €. Difficile de trouver plus belle vue sur Strasbourg que depuis la terrasse de ce restaurant installé au premier étage du musée d'Art moderne et contemporain. Intérieur très design, à l'image des lieux et cuisine au goût du jour. Brunchs le dimanche.

BUDGET MOYEN

Le Clou (plan I p. 432-433) – 3 r. Chaudron - ✆ 03 88 32 11 67 - www.le-clou.com - fermé 27 juil.-8 août, merc. midi, dim. et fériés - formule déj. 15 €, carte 26/55 €. Proximité de la cathédrale, décor traditionnel (esprit maison de poupée à l'étage) et bonne humeur caractérisent cette authentique et fameuse winstub à la cuisine généreuse.

Petit Ours (plan I p. 432-433) – 3 r. de l'Écurie - ✆ 03 88 32 13 21 - www.resto-petitours.fr - ♿ - formule déj. 13 € - 29/29 €. Adresse fort sympathique que ce restaurant décoré aux couleurs de la Toscane. La salle éclairée de grandes baies vitrées et le caveau sont tous deux très plaisants. Chaque plat (essentiellement du poisson) a pour thème une herbe ou une épice.

L'Ancienne Douane *(plan I p. 432-433)* – 6, r. de la Douane - *℘ 03 88 15 78 78* - *www. anciennedouane.fr* - *tlj 12h-14h/19h-22h- menu 25/29/31 €*. Cette grande brasserie est une institution qui sert des plats typiques et généreux à petits prix. Aux beaux jours, une jolie terrasse donnant sur le quai St-Nicolas et le Musée alsacien vous accueillera. Remarquable « choucroute des douaniers ».

Aux Armes de Strasbourg *(plan I p. 432-433)* – 9, pl. Gutenberg - *℘ 03 88 32 85 62* - *tlj midi et soir* - *menus 18/30 €*. Située au cœur de la vieille ville, cette brasserie au cadre authentique et pittoresque sert une cuisine chaude non-stop de 11h30 à 24h. Presskopf, salade brasserie (cervelas-gruyère), choucroute, jambonneau grillé, *baeckeoffe*.

La Table de Christophe *(plan I p. 432-433)* – 28, rue des Juifs - *℘ 03 88 24 63 27* - *www. tabledechristophe.com* - *fermé dim. et lun. soir – formule déj. en semaine 11,90 €, carte 33/40 €*. Petit restaurant de quartier au cadre simple et rustique propice à la convivialité. Le chef mélange les influences terroir et actuelles tout en respectant les saisons. Foie gras, fricassée d'escargots, suprême de sandre rôti sur choucroute, filet de canette au miel d'acacia.

L'Ami Schutz *(plan I p. 432-433)* – 1 Ponts-Couverts - *℘ 03 88 32 76 98* - *www.ami-schutz.com* - *fermé vac. de Noël - formule déj. 21 € - 25/41 €*. Entre les bras de l'Ill, *winstub* typique à l'ambiance chaleureuse (boiseries, banquettes) ; la plus petite des deux salles offre plus de charme. Terrasse ombragée de tilleuls.

Le Tire-Bouchon *(plan I p. 432-433)* – 7 r. Maroquin - *℘ 03 88 22 16 32* - *www. letirebouchon.fr* - *formule déj. 10 €* - *23/32 €*. Enseigne-vérité : on vient ici pour faire bonne chère ! Attention, le décor modernisé dénote par rapport aux autres *winstubs*, mais l'assiette reste traditionnelle à souhait.

La Vignette *(plan II p. 444)* – 29 r. Mélanie - *℘ 03 88 31 38 10* - *restaurant.lavignette.robertsau@ orange.fr* - *fermé 20 juil.-18 août, 22 déc.-10 janv., sam., dim. et j. fériés - 29/39 €*. Fourneau en faïence et vieilles photos du quartier embellissent la salle à manger de cette charmante maison aux allures de guinguette. Appétissante cuisine du marché.

POUR SE FAIRE PLAISIR

Fleur de Sel *(plan I p. 432-433)* – 22 quai des Bateliers - *℘ 03 88 36 01 54* - *fermé dim. et lun. midi et 1re sem. de janv., une sem. fin mars et 3 sem. en août - Formule déj. 13/19 €, à la carte 40/50 €*. Au bord de l'eau, face au palais Rohan, dans un cadre contemporain, on vous servira une cuisine de bistrot et du marché.

S'Burjerstuewel - Chez Yvonne *(plan I p. 432-433)* – 10 r. Sanglier - *℘ 03 88 32 84 15* - *www.chez-yvonne.net* - *30/60 €*. Atmosphère chic dans cette *winstub* devenue une institution (photos et dédicaces de stars à l'appui). On y mange au coude à coude des plats régionaux et dans l'air du temps.

Buerehiesel *(plan II p. 444)* – Dans le parc de l'Orangerie - *℘ 03 88 45 56 65* - *www. buerehiesel.com* - *fermé 1er-21 août, 31 déc.-21 janv., dim. et lun.* - 🅿 - *37/96 €*. À la suite de son père Antoine, Éric Westermann signe une intéressante cuisine, chez lui, dans cette belle ferme à colombages, au cœur du parc de l'Orangerie. Spécialités : *schniederspaetle* et cuisses de grenouille poêlées au cerfeuil, pigeon d'Alsace farci d'un tajine de céleri, croustillant café-caramel au beurre salé.

PETITE PAUSE

Christian – *12 r. de l'Outre - ☎ 03 88 32 04 41 - www.christian. fr - 7h-18h30 - fermé dim., j. fériés.* Cette belle boutique propose de délicieux chocolats : truffes au bois de santal, Châtaignes, carrés rehaussés de poivre de Jamaïque, sans oublier les grands crus pur Java, Équateur ou Venezuela. Les pâtisseries sont élaborées avec du lait cru fermier et – selon la saison – avec les fruits du verger familial.

Riss – *35 r. du 22-Novembre - ☎ 03 88 32 29 33 - tlj sf dim. 8h-18h45, lun. (sf en été) 13h30-18h30 - fermé j. fériés.* Fondée dans les années 1930, cette maison est devenue une institution pour les Strasbourgeois friands de chocolats. Grand passionné, Jean-François Hollaender marie les saveurs, oppose les consistances, joue avec les couleurs pour un résultat des plus délicats. Ne manquez pas de goûter à sa spécialité, la truffe au scotch-whisky !

ACHATS

Marchés –. Les marchés sont ouverts en général de 7h à 13h. Marché traditionnel le merc. et le vend. pl. Broglie, le mar. et le sam. bd de la Marne, le mer. pl. de Zurich. Marché de producteurs le sam., pl. du Marché-aux-Poissons. Marché aux puces et brocante (9h-18h) le merc. et le sam., r. du Vieil-Hôpital et pl. de la Grande-Boucherie. Marché aux livres (9h-18h) mar., mer. et sam., pl. et r. Gutenberg ainsi que r. des Hallebardes. Marché de Noël en déc.

Un Noël en Alsace – *10 r. des Dentelles - ☎ 03 88 32 32 32 - www. noelenalsace.fr - tlj sf dim. mat. 10h-12h30, 13h30-19h (à partir de juil. : dim. 14h-18h) - fermé janv.-fév.* Dans cette maison du 16e s. au cœur de la Petite France, c'est Noël tous les jours. Guirlandes, petits personnages en bois, étoiles scintillantes, boules multicolores, tout est là pour parfaire votre décor de Noël.

La Boutique du Gourmet – *26 r. des Orfèvres - ☎ 03 88 32 00 04 - www.bruck-foiegras.com - tlj sf dim. et lun. 9h-12h, 14h30-18h30 (avr.-déc., lun. 14h30-18h30) - fermé j. fériés.* Le foie gras d'oie est à l'honneur dans cette luxueuse petite boutique : vous le trouverez entier, à la coupe, en croûte, en gelée, cuit au torchon, sous forme de verrine ou de terrine. Ceux qui préfèrent le foie gras de canard trouveront aussi leur bonheur. Également, choix de vins et eaux-de-vie d'Alsace.

La Boutique d'Antoine Westermann – *1 r. des Orfèvres - ☎ 03 88 22 56 45 - en cours - lun. 14h30-19h, mar.-jeu. 9h30-12h30, 14h-19h, vend. 9h30-19h, sam. 9h-19h - fermé j. fériés., dim. (sauf autorisation préfectorale) et lun. matin.* L'épicerie recèle, au sous-sol, une belle sélection d'huiles, de vinaigres, des épices, des spécialités au piment d'Espelette, du thé en vrac, etc. Au rez-de-chaussée, vous trouverez le produit phare de la maison, le foie gras préparé par Éric Westermann, les confitures de Christine Ferber et du matériel de cuisine.

Au Paradis du Pain d'Épices – *14 r. des Dentelles - ☎ 03 88 32 33 34 - mireille-oster.com - tlj 9h-19h (lun. 10h).* Des parfums d'orange, de miel, de cannelle et de cardamome embaument cette petite boutique aménagée dans une maison à colombages datant de 1643. C'est que le pain d'épice est ici roi : tendre ou croquant, sucré, salé et même glacé, il se décline à l'infini et nous replonge dans notre enfance. Le pain d'Amour, le Verdi ou le pain de Soleil comptent parmi les incontournables du magasin.

EN SOIRÉE

Pour connaître le programme des théâtres, concerts, conférences, expositions, manifestations sportives, procurez-vous le mensuel *Strasbourg actualités* ou *l'Hebdoscope*, hebdomadaire sur les arts et les spectacles.

Au Brasseur – *22 r. des Veaux - 𝒞 03 88 36 12 13 - 11h30-1h, dim. 0h. concert vend., sam. soir et juil.-août. sam. soir - fermé 1er janv.*. Cette microbrasserie propose une grande variété de blanches, blondes, ambrées et brunes brassées sur place. Ses mousses réputées attirent les Strasbourgeois qui viennent également ici pour dîner. Concerts de rock, jazz et blues en fin de semaine.

Bar Champagne – *5 r. des Moulins - 𝒞 03 88 76 43 43 - www.regent-hotels.com - 17h-1h*. Bar de l'hôtel Régent Petite France, qui fut un moulin pendant huit siècles puis une glacière jusqu'à la fin des années 1980. Ici, tout est fait pour passer une soirée relax : beau cadre contemporain, terrasse au bord de l'Ill, ambiance musicale, de nombreux cocktails et les meilleurs champagnes.

Le Festival – *4 r. Ste-Catherine - 𝒞 03 88 36 31 28 - www.barlefestival. com - 21h-4h*. Bar américain chic, tenue correcte recommandée. Pour les consommations, il est de bon ton de s'en remettre aux conseils du barman réputé être un maître en matière de cocktails.

Café de l'Opéra (dans l'Opéra national) – *Pl. Broglie - 𝒞 03 88 22 98 51 - 10h30-23h*. Logé à l'intérieur de l'Opéra national du Rhin, ce café « cosy », récemment relooké, accueille régulièrement des expositions d'artistes

(peintres et photographes). Restauration servie à toute heure (carte assortie de suggestions du jour), bar à champagne et très agréable terrasse d'été.

Opéra national du Rhin – *19 pl. Broglie - 𝒞 03 88 75 48 00 - www.operanationaldurhin.eu - billetterie : tlj sf dim. 11h-18h, sam. 11h-16h et 1h av. représentation - fermé mi-juil. à mi-août - 11 à 75 €*. Créé en 1972, l'Opéra du Rhin est un organisme culturel intercommunal gérant les scènes lyriques de Strasbourg, Mulhouse et Colmar. Outre le grand répertoire lyrique classique, la programmation fait la part belle à la musique de chambre, à la danse, aux récitals et au jeune public. Salle de 1 142 places.

ACTIVITÉS

⚎ Natura Parc – *R. de la Nachtweid - 67540 Ostwald - 𝒞 03 88 65 40 07 - www. naturaparc.com*. Dans un vaste parc arboré, 10 parcours acrobatiques attendent grands et petits à partir de 3 ans. Plusieurs niveaux de difficulté : « parcours découverte » pour toute la famille, « circuit noir » réservé aux plus sportifs, tyroliennes, etc.

AGENDA

Foire européenne – Elle regroupe tous les secteurs d'activités avec plus de 1 000 exposants - *mi-sept. au parc des expositions Strasbourg Wacken - 𝒞 03 88 37 21 21 - www.strasbourg-events.com*

Strasbourg, capitale de Noël – De fin nov. au 31 déc., très nombreuses animations et spectacles en ville : marché de Noël (Christkindelsmärik), illuminations, grand sapin, expositions, crèche et concerts. Programme disponible à l'office de tourisme.

Haguenau

34 891 Haguenoviens – Bas-Rhin (67)

NOS ADRESSES PAGE 456

S'INFORMER

Office du tourisme de Haguenau – *Pl. de la Gare - 67500 Haguenau - 03 88 93 70 00 - www.tourisme-haguenau.eu - mai-sept. : 9h-12h, 14h-18h, sam. 10h-12h, 14h-17h ; reste de l'année : 9h-12h, 14h-17h, sam. 14h-17h (et 10h-12h en déc.) - fermé dim. (sf de mi-juin à mi-sept. : 14h-17h) et j. fériés.*

Visite guidée de la ville – *Pour connaître les secrets de Haguenau, suivez la visite guidée (1h30-2h) de mi-juin à mi-sept. : merc. 10h - sur demande à l'office de tourisme - gratuit en sais. ; hors sais. : se renseigner.*

Office du tourisme de Soufflenheim – *20B Grand'Rue - 67620 Soufflenheim - 03 88 86 74 90 - www.ot-soufflenheim.fr - tlj sf dim. et j. fériés 9h-12h, 14h-17h30, sam. 10h-17h.*

Office du tourisme de Betschdorf – *Bureau d'information dans les locaux du Musée de la Poterie - 2 r. du Kuhlendorf - 67660 Betschdorf - 03 88 54 48 07 - www.betschdorf.com - avr.-oct. : tlj sf dim. 10h-12h, 14h-18h ; hors sais. : à la mairie 2 r. des Francs - 03 88 54 48 00.*

SE REPÉRER

Plan de région B1 (p. 422) – carte Michelin Départements 315 K4. La ville est à 25 km au nord de Strasbourg par l'A 4 et à environ 20 km du Rhin et de l'Allemagne.

À NE PAS MANQUER

Le Musée historique et les deux villages de potiers : Soufflenheim et Betschdorf.

ORGANISER SON TEMPS

Consacrez une demi-journée à vous promener dans la ville, puis visitez l'un des musées avant de parcourir les alentours.

AVEC LES ENFANTS

En été, le Nautiland et, à Morsbronn-les-Bains, Didi'Land.

Blottie au cœur d'un immense massif forestier, Haguenau possède de beaux musées, un théâtre néoclassique en grès rose et une halle aux houblons. Dès l'origine, la ville a bénéficié d'avantages accordés par Frédéric Ier Barberousse qui avait fait construire son château dans les alentours. Les randonneurs apprécieront la forêt : au milieu des fougères, myrtilles, frênes, hêtres, charmes, pins et aulnes, des chemins balisés mènent jusqu'au chêne d'Arbogast, planté, selon la légende, à l'emplacement d'un ermitage du 5e s.

Se promener

Centre-ville

Dans la rue du Château s'élèvent deux bâtiments de style Louis XV (18e s.) : l'**hôtel du Bailli Hoffmann** et l'**hôtel Barth** aux visages sculptés. L'**hôtel de ville**, massif bâtiment édifié en 1908, fut à l'origine un tribunal. L'imposante

Enseigne de potier à Soufflenheim.
R. Mattès / MICHELIN

halle aux houblons, inaugurée en 1867, était trois mois par an, à l'automne, exclusivement réservée à la vente du houblon (un marché s'y tient chaque mardi et vendredi matin). Dans la rue de la Moder, les vestiges d'un **moulin**, avec ses engrenages et sa meule, ont été restaurés. En face du Musée historique *(voir description ci-dessous)*, remarquez le temple néogothique du 19e s. À voir également, de la même période, le **théâtre municipal**, en grès rouge.

À voir aussi

★ **Musée historique**
☎ 03 88 93 79 22 - www.ville-haguenau.fr - tlj sf mar. 10h-12h, 14h-18h, lun. 14h-18h, w.-end 15h-18h30 - fermé 1er janv., dim. et lun. de Pâques, 1er Mai, 1er nov., 25 déc. - 3,20 € (-14 ans gratuit).

La façade de cet imposant **bâtiment★** de style néo-Renaissance (1905) s'apprécie avec un peu de distance. Sa conception fit, en 1899, l'objet d'un concours lancé par le maire Nessel pour la construction d'un ensemble destiné à recevoir sa collection privée, ainsi que la bibliothèque et les archives municipales. Kuder et Müller sortirent vainqueurs avec ce projet d'édifice de style Renaissance allemande, proche de l'Art nouveau. Remarquez le campanile (48 m) orné d'une horloge, la céramique de Charles Bastian sous le porche d'entrée et la sculpture représentant l'empereur Frédéric Barberousse, en tenue de croisé, à l'angle. Ce dernier tient dans la main droite la charte des franchises (1164), qui marque l'autonomie de la ville. La décoration est tout aussi riche à l'intérieur (vitrail de Schnug). Au sous-sol du musée, les objets provenant de fouilles dans la forêt de Haguenau et sur le site de Seltz sont nombreux : bijoux, armes, céramiques de l'âge du bronze ou de l'âge du fer. Au rez-de-chaussée, les monnaies et les médailles frappées sur place, ainsi que les ouvrages imprimés à Haguenau aux 15e et 16e s., racontent l'histoire de la ville. Au 1er étage, collection de céramique. Les Hannong, célèbres faïenciers du 18e s., possédaient une fabrique à Strasbourg et une autre à Haguenau.

Église St-Georges

Du 12ᵉ et 13ᵉ s., elle allie les styles roman et gothique. Ses deux cloches sont les plus anciennes datées de France (1268). Sur le contrefort du transept sud, on peut voir, sous forme de rainures, les étalons de mesures de longueur utilisées pour la construction. La nef ample, à l'ambiance encore romane, est séparée des bas-côtés par de puissantes piles reliées entre elles par des arcs en plein cintre. Le chœur, de style gothique, a été réalisé par des sculpteurs de l'Œuvre Notre-Dame de Strasbourg. Il renferme une **custode** (gothique flamboyant), pour contenir les hosties, qui s'élève jusqu'à la voûte. Voyez la chaire, sculptée dans la pierre en 1500, le grand Christ en bois de 1487, ou le **retable★** du Jugement dernier.

Église St-Nicolas

Elle a été fondée par l'empereur Frédéric Barberousse. De la construction primitive de 1189, il ne reste que la tour; la nef et le chœur gothiques ont été construits vers 1300. Remarquables **boiseries★** du 18ᵉ s. pour la chaire, le buffet d'orgues et les stalles du chœur. Elles proviennent de l'ancienne abbaye de Neubourg, et ont été transportées ici après la Révolution. Quatre statues de bois, à l'entrée du chœur, représentent saint Augustin, saint Ambroise, saint Grégoire et saint Jérôme.

Musée alsacien

℘ 03 88 73 30 41 - tlj sf mar. mat., 9h-12h, 13h30-17h30, w.-end 14h-17h - fermé 1ᵉʳ janv., dim. de Pâques, 1ᵉʳ Mai, 1ᵉʳ nov., 25 déc. - 2,40 € (-14 ans gratuit).
Il est aménagé dans l'ancienne chancellerie de la ville (15ᵉ s.). La collection de peintures sous verre et de canivets (dentelles de papier réalisées par des religieuses au 19ᵉ s.) est très intéressante. On y voit aussi quelques costumes alsaciens traditionnels, un atelier de potier reconstitué et un intérieur paysan avec sa cuisine et sa *stube* (salle à manger).

À proximité

Gros Chêne

6 km à l'est de Haguenau. Empruntez la D 1063, puis, après 5 km, tournez à gauche dans la route forestière.
Près d'une modeste chapelle dédiée à saint Arbogast, envoyé au 6ᵉ s. par le roi des Francs évangéliser les Alamans, le Gros Chêne, dont il ne reste plus qu'une partie du tronc, est un repère dans cette forêt très prisée par les ermites à l'époque médiévale. Sa présence valut au lieu le nom de « Forêt sainte ». À voir aussi, un sentier botanique, un parcours de santé, quelques promenades balisées en forêt et une aire de jeux pour enfants.

Surbourg

10 km au nord par la D 263.
C'est ici que fut fondé par saint Arbogast, au 6ᵉ s., le premier couvent d'Alsace. L'abbaye, bénédictine depuis le 8ᵉ s., devint un chapitre collégial au 11ᵉ s. La superbe église de style romano-byzantin qui subsiste aujourd'hui fut alors construite pour abriter les reliques du saint. À l'intérieur de l'édifice, remarquable par ses proportions, les piliers ronds alternent avec les colonnes carrées.

Walbourg

10 km. À la lisière nord-ouest de la forêt, sortez de Haguenau par la D 27.
Le village doit son nom à la fondation par des moines bavarois d'une abbaye bénédictine dédiée à sainte Walburge, en 1074. Il en reste une abbatiale du 15ᵉ s. à nef plafonnée. Le chœur est éclairé de cinq verrières du 15ᵉ s.

Morsbronn-les-Bains

11 km au nord par la D 27.

Dans cette petite station thermale, les eaux chlorurées sodiques jaillissent à 41,5 °C. Là furent massacrés par l'armée prussienne la plupart des cuirassiers survivants de la charge dite de Reichshoffen (6 août 1870).

Soufflenheim

14 km à l'est par la D 1063.

Ce petit bourg, connu pour ses **ateliers** de poteries et de céramiques vernissées et colorées typiquement alsaciennes, doit beaucoup, comme son voisin Betschdorf, à la forêt de Haguenau qui l'entoure. On y trouve des terrines ovales pour la potée, des moules à gâteau *(kougelhopf)* et autres plats. En 1837, la localité comptait 55 ateliers employant 600 personnes. Aujourd'hui, la confrérie des artisans potiers garantit l'origine de fabrication selon une tradition séculaire. *Visite d'ateliers : s'adresser à l'office de tourisme* ☎ *03 88 86 74 90 ou à la Confrérie des potiers)* ☎ *03 88 86 64 69 - www.confrerie.net*

Vous pourrez admirer l'un des chefs-d'œuvre des potiers dans l'ancien **cimetière** fortifié de l'Œlberg : la *Cène*, composition d'après le tableau de Léonard de Vinci, protégée par un auvent. Les personnages grandeur nature ont été façonnés dans l'argile par le céramiste Léon Elchinger en collaboration avec Charles Burger (1871-1942).

Betschdorf

16,5 km au nord-est par la D 263 puis la D 243.

Dans ce village aux jolies maisons à colombages, un **musée** présente dans une ancienne ferme une collection de grès au sel, caractéristique de la production locale. Cruches, pots ou vases en grès gris à décor bleu sont tournés à la main et, après séchage, décorés au pinceau avec du bleu de cobalt. À la fin de la cuisson à 1 250 °C, ils sont vernis au sel. On y voit aussi des tessons de poteries du Moyen Âge et des productions actuelles, utilitaires ou œuvres d'art. Dans l'ancienne grange, reconstitution d'un atelier de poterie. ☎ *03 88 54 48 07 - www.betschdorf.com - avr.-oct. : 10h-12h, 13h-18h, dim. 13h-18h - fermé 1er janv., 1er nov., 11 Nov., 25 déc. - 3,50 € (-18 ans 1 €).*

Hatten

22 km au nord-est par la D 263 puis la D 28.

Le **musée de l'Abri et de la Casemate d'infanterie Esch** se trouve dans la localité. La **casemate**, quant à elle, est à 1 km après la sortie sur la route de Seltz, sur la gauche *(voir ligne Maginot).*

Sessenheim

21 km à l'est de Haguenau.

Sessenheim garde le souvenir des amours de Goethe et Frédérique, fille cadette du pasteur Brion chez qui le jeune poète avait accompagné un ami en visite. On suivra donc Goethe à la trace dans l'**église protestante** où les amoureux écoutaient le prêche et à l'**auberge Au Bœuf** où sont rassemblés des gravures, lettres et portraits se rapportant à Goethe et à Frédérique. ☎ *03 88 86 97 14 - www.auberge-au-boeuf.fr -* ♿ *- possibilité de visite guidée - tlj sf lun. et mar. 10h-15h, 18h-23h - fermé 1er janv. - 1 € (-15 ans gratuit).*

Un **mémorial Goethe** se trouve à côté du presbytère.

NOS ADRESSES À HAGUENAU

HÉBERGEMENT

PREMIER PRIX

Chambre d'hôte Krumeich – *23 r. des Potiers - 67660 Betschdorf - ℰ 03 88 54 40 56 - 🅿 -🍴- 3 ch. - 48/53 € ⌷. Dans cette maison de Betschdorf, vous pourrez vous initier à la poterie de grès au sel avec le propriétaire, digne héritier d'une vieille famille de potiers… Ou tout simplement dormir dans une de ses jolies chambres, meublées à l'ancienne et profiter de son jardin.*

RESTAURATION

POUR SE FAIRE PLAISIR

Au Bœuf – *48 Grand-Rue - 67620 Soufflenheim - ℰ 03 88 86 72 79 - www.boeuf-soufflenheim.com - 11 €.* Au cœur de ce village réputé dans la région pour ses potiers, cette maison typique avec balcon et terrasse fleuris a aussi sa petite renommée locale. On y mange du bon bœuf, des plats alsaciens et des tartes flambées le soir.

Auberge au Cheval Blanc – *46 r. du Gén.-de-Gaulle - 67590 Schweighouse-sur-Moder - ℰ 03 88 72 30 99 - jm101@hotmail.com - fermé 15-30 août - ⅊ - 🅿 - 29/33 €.* Sympathique auberge située dans un village proche de Haguenau. Chaleureux intérieur, à la fois rustique et chic, et terrasse dressée dans le jardin. La cuisine met en valeur les produits du terroir : foie gras, filet d'oie fumé, brochet à la vapeur et sa sauce matelote à l'estragon, civet de marcassin, *spaetzles*.

ACHATS

Marchés – Marché hebdomadaire le matin à la halle aux houblons, mardi et vendredi. Marché biologique le vendredi après-midi rue du Rempart.

Le **marché de Noël** est ouvert tous les jours pendant l'Avent.

Atelier de poterie Michel-Dupuy – *13 r. du Moulin-Neuf - ℰ 03 88 93 28 18 - www.michel-dupuy.com - Visite guidée sur demande préalable : tlj sf sam. apr.-midi et dim. 10h-12h30, 14h-19h - fermé de mi-janv. à mi-fév.* Maisons miniatures d'Alsace en terre cuite.

Brasserie d'Uberach – *30 Grand-Rue - 67350 Uberach - ℰ 03 88 07 07 77 - www.brasserie-uberach.com - lun.-vend. 9h-12h, 13h30-18h, sam. sur RV, 3 € par pers. - fermé 25 déc.-5 janv.* Passionné passionnant, le Bourguignon Éric Trossat a découvert l'Alsace il y a quelques années et a décidé d'y monter sa propre microbrasserie. Il produit aujourd'hui 2 000 hl de bière par an sans filtration ni pasteurisation. Ses créations sont baptisées de noms évocateurs, à l'instar de la Juliette, blonde rose-gingembre, de la Klintz, blonde ou brune au miel « bio », ou du Doigt de Dieu, de couleur ambrée.

ACTIVITÉS

Didi'Land – *1 r. de Gunstett - 67360 Morsbronn-les-Bains - ℰ 03 88 09 46 46 - www.didiland.fr - pour les horaires d'ouvertures se renseigner - 15 € (enf. 14 €).* Parc d'attractions proposant manèges de clowns, radeaux, tacots, train de mines, bateau pirate etc… Spectacles vivants (en été).

Nautiland – *8 r. des Dominicains - ℰ 03 88 90 56 56 - www.nautiland.net - lun., mar., jeu., vend. 12h-21h, merc. 9h30-21h, sam. 10h-22h, dim. et j. fériés 9h-19h - fermé 10 j. en mars, 10 j. en sept., 24, 25, 31 déc. et 1er janv. - 8 € entrée illimitée - (- 13 ans 6,50 € entrée illimitée).* Ensemble aquatique équipé de toboggans, cascades et bassins bouillonnants permettant de s'amuser en famille, ou de saunas, solarium, aquagym, etc. avec lesquels entretenir sa forme physique… Vous pourrez aussi tout simplement nager.

Établissement thermal de Morsbronn – *12 rte de Haguenau - 67360 Morsbronn-les-Bains - ℘ 03 88 09 83 93 - info@curethermale.com - mars-nov. : 8h-12h, 13h-17h - fermé déc., janv., fév., sam. apr.midi, dim.* Les eaux thermales sont recommandées dans le traitement des rhumatismes et des séquelles de traumatismes. Au choix : cure thermale classique (72 soins) ou forfaits personnalisés (découverte, bien-être, balnéo).

AGENDA

Fête du Houblon et Festival du folklore mondial – Durant une semaine, mi-août - *℘ 03 88 73 30 41 - www.ville-haguenau.fr*
Humour de Notes – *Fin avr. -déb. mai - ℘ 03 88 73 30 54 - www. humour-des-notes.com*

Pfaffenhoffen

2 663 Pfaffenhoviens – Bas-Rhin (67)

😊 NOS ADRESSES CI-CONTRE

ℹ S'INFORMER
Point d'information sur la ville au musée de l'Image populaire *(voir ci-dessous)*.

▶ SE REPÉRER
Plan de région B1 (p. 422) – carte Michelin Départements 315 J3. À 15 km à l'ouest de Haguenau, 27 km au nord-est de Saverne, 37 km au nord-ouest de Strasbourg, 50 km à l'est de Sarrebourg.

Dans le paysage de douces collines du pays de Hanau, Pfaffenhoffen cache au cœur de ses anciennes fortifications quelques jolies maisons ornées de colombages. On y découvre un beau musée de l'Image populaire, détenteur d'une des plus vieilles traditions picturales d'Alsace.

Visiter

★ Musée de l'Image populaire

24 r. Dr. Albert-Schweitzer - 📞 *03 88 07 80 05 -* ♿ *- www.pfaffenhoffen.org - possibilité de visite guidée sur RV - mai-sept. : tlj sf lun. 14h-18h ; oct.-avr. : tlj sf lun. et mar. 14h-17h - fermé 1er janv., 4-31 janv., Vend. Saint, 1er Mai, 1er nov., 24, 25 et 26 déc. - 3,50 € (-16 ans gratuit), Journées du patrimoine gratuit.*

Avant l'invention de la photographie, les imagiers-peintres itinérants et sédentaires travaillaient à la demande pour enregistrer les moments importants de la vie quotidienne. Installé dans l'ancienne brasserie Moritz (1577), aux murs rouge vif bien reconnaissables, ce musée présente différents types d'images populaires peintes à la main produites par le centre imagier de Pfaffenhoffen entre le 17e s. et le début du 20e s.

Les techniques sont détaillées, exemples à l'appui : calligraphies, estampes, canivets (dentelles de papier aux fines miniatures), anciennes peintures sous verre aux couleurs toujours éclatantes. Les « églomisés » du second Empire, peintures sous verre à fond noir où se détachent des motifs d'or, décoraient des pièces éclairées par des bougies ou des lampes à pétrole dont la lumière vacillante faisait scintiller les dorures.

À l'étage, les images qui, jadis, ornaient les intérieurs modestes d'ouvriers ou de paysans, sont remises dans leur contexte. Différentes selon les confessions, les images pieuses étaient destinées à favoriser la prière ou à protéger la maison. Les images-souvenirs illustraient, quant à elles, les événements marquants de la vie (naissance, communion, mariage, décès, souvenir de conscription). La tradition des *Goettelbrief,* ou « souhaits de baptême », typiquement alsacienne, dura près de quatre cents ans.

Hôtel de ville

Sur la façade, un médaillon représente le buste du docteur Schweitzer (1875-1965), citoyen d'honneur de la ville qui prêcha son premier sermon dans l'église protestante de Pfaffenhoffen. Le hall de l'hôtel de ville abrite les œuvres (sculptures, peintures figuratives dans le goût de l'impressionnisme) d'un artiste strasbourgeois, Alfred Pauli (1898-1988).

Maisons anciennes
De nombreuses **maisons à colombages** du 16e au 19e s. subsistent encore aujourd'hui, notamment rue du Dr-Schweitzer et rue du Marché.

Synagogue
Malgré la discrétion de sa façade, cet édifice (1791) témoigne de l'importance de la société juive de l'époque. L'ensemble comprend un remarquable encadrement d'arche sainte, une *kahlstub* (salle communautaire) et une chambre pour l'hôte de passage.

À proximité

Cimetière juif d'Ettendorf
6 km au sud-ouest par les D 419A et D 25, 1re route à droite. Traverser le village et prendre une petite route parallèle à la voie ferrée, qui conduit en 500 m au cimetière.
Les stèles levées de ce cimetière juif, le plus ancien d'Alsace, s'égrènent à flanc de colline sur un vaste espace, s'intégrant parfaitement au paysage.

Buswiller
2 km à l'ouest d'Ettendorf par la D 735.
Le village conserve de plaisantes maisons à colombages. Au n° 17 de la rue Principale, on peut admirer le pignon ouvragé au traditionnel badigeon bleu cobalt d'une ferme datée de 1599, épargnée par la guerre de Trente Ans.

😊 NOS ADRESSES À PFAFFENHOFFEN

🚃 Voir aussi nos adresses à Haguenau et dans le Parc naturel régional des Vosges du Nord.

VISITE

M. Mahler – *1 pl. du Marché -* 📞 *03 88 07 75 91 - visite d'atelier d'orgues vend. et sam. de préférence sur RV - adultes, 3 €, enf. 1,50 €, gratuit -8 ans.*

HÉBERGEMENT ET RESTAURATION

BUDGET MOYEN
Hôtel-restaurant de l'Agneau – *3 r. de Saverne -* 📞 *03 88 07 72 38 - www.hotel-restaurant-delagneau.com - se renseigner pour j. d'ouverture -* 🅿 *- 12 ch. 55/73 € -* ☕ *9 € - rest. 13/65 €.* Élégant restaurant sis dans une ancienne bergerie du 18e s. Au choix : cuisine actuelle prenant parfois l'accent du Sud, plats du terroir ou menu minceur. Chambres coquettes.

Nord de la vallée du Rhin

★

Haut-Rhin (68), Bas-Rhin (67)

NOS ADRESSES PAGE 465

 S'INFORMER

Office du tourisme de Seltz – *2 av. du Gén.-Schneider - 67470 Seltz - ℘ 03 88 05 59 79 - www.tourisme-seltz.fr - tlj sf w.-end et j. fériés 8h-12h, 13h30-17h30, lun. 13h30-17h30.*

Syndicat d'initiative de Gambsheim – *Pavillon du tourisme - Écluse du Rhin - 67760 Gambsheim - ℘ 03 88 96 44 08 - du 3ᵉ w.-end de mars-oct. : tlj apr.-midi ; reste de l'année : tlj sf w.-end apr.-midi.*

Office du tourisme d'Erstein – *16 r. du Gén.-de-Gaulle - 67150 Erstein- ℘ 03 88 98 14 33 - www.ville-erstein.fr - juil.-août : 8h30-12h30, 13h30-19h, sam. 9h-12h, 14h-16h, dim. 10h-13h ; reste de l'année : tlj sf dim. 8h30-12h, 14h-18h (vend. 17h30), sam. 9h-12h.*

Office du tourisme de Marckolsheim – *13 r. du Mar.-Foch - 67390 Marckolsheim - ℘ 03 88 92 56 98 - www.grandried.free.fr - juil.-août : tlj sf dim. et j. fériés 9h30-12h30, 14h-18h, sam. 10h-12h, 14h-17h ; reste de l'année : tlj sf w.-end et j. fériés 10h-12h, 14h-17h.*

Sites Internet à consulter – *www.grandried.free.fr ; www.aufildurhin. com*

○ **SE REPÉRER**

Plan de région C 1/2 (p. 422) – carte Michelin Départements 315 I/N 2/11. Colmar et Mulhouse sont de bons points de départ pour découvrir la vallée du Rhin. Accès rapide par les autoroutes A 35 Karlsruhe-Strasbourg et E 35-E 52/A 5-E 35 Karlsruhe-Bâle. Entre Lauterbourg et Strasbourg, il est facile d'accéder au Rhin par l'une des routes qui le relient à la D 468.

○ **ORGANISER SON TEMPS**

Comptez une demi-journée pour chacun des deux itinéraires décrits ci-dessous.

👥 **AVEC LES ENFANTS**

« Il était une fois le Rhin » à Mothern.

Le volcan éteint du Kaisersthul qui se dresse sur la rive est du Rhin marque la limite sud de cette région où le fleuve voit son cours s'élargir en se lovant dans des régions basses de sa vallée. Plus au nord, c'est le pays des zones humides peu propices à l'agriculture où s'élèvent des forêts alluviales parfois entourées de brume. Percées çà et là d'étangs vestiges d'anciens méandres, elles offrent un habitat exceptionnel à une faune et une flore variées, qui rendent encore plus attrayantes les promenades à pied ou à vélo.

Histoire d'un fleuve

LE NOM

Pour désigner un fleuve, les Grecs disaient *rheein*, « couler », les Latins écrivaient *renes*, les Gaulois prononçaient *renos*, les Germains préféraient *rhein*. C'est devenu le Rhin. Avec ses 1 298 km, dont 190 le long de la frontière franco-allemande, c'est le 7e plus long fleuve d'Europe. Encore alpestre en Alsace, le fleuve s'assagit en terre allemande après le confluent avec le Main. Gonflés de la fonte des neiges, ses hautes eaux de mai-juin et ses faux bras drainés par le cours latéral du canal contrastent avec les basses eaux de septembre, parfois gelées en hiver par le rude climat alsacien.

DES VILLAGES ENGLOUTIS

Les crues du Rhin étaient autrefois redoutables et aucune ville, sauf Huningue, ne s'est établie immédiatement sur ses bords. En cas de montée des eaux, les riverains prenaient la garde jour et nuit auprès des digues. Malgré cela, les catastrophes étaient fréquentes. À Strasbourg même, l'un des bras du fleuve pénétrait dans les murs de la ville. L'actuelle rue d'Or marque l'emplacement d'une ancienne crue.

COMMERCE FLUVIAL

Aux 8e et 9e s., les bateliers strasbourgeois empruntaient le Rhin jusqu'à la mer du Nord pour vendre du vin aux Anglais, aux Danois et aux Suédois. À la fin du Moyen Âge, ces mêmes bateliers dominaient le Rhin, de Bâle à Mayence. Leur corporation était la plus importante des corps de métiers strasbourgeois. 5 000 rouliers, disposant de 20 000 chevaux, transportaient vers l'intérieur les marchandises débarquées à Strasbourg. Aujourd'hui, les chalands du Rhin mesurent 60 à 125 m de long, 8 à 13 m de large et transportent environ 190 millions de tonnes de fret par an.

L'AMÉNAGEMENT DU RHIN

Sous le premier Empire, la navigation connut une ère de prospérité considérable. En 1826, les premières lignes régulières de vapeurs sur le Rhin font escale à Strasbourg. Mais les travaux de correction du lit du Rhin par endiguement exécutés dans la plaine d'Alsace au 19e s. découvrent des fonds rocheux qui compliquent voire empêchent la navigation en période de basses eaux. C'est la décadence du trafic. Pour ramener la circulation sur le Rhin alsacien, la France conçoit en 1920 un projet de dérivation d'une part importante du débit du fleuve entre Bâle et Strasbourg. Le creusement du canal d'Alsace, commencé en 1928 et achevé au début des années 1960, permet d'exploiter les importantes réserves d'énergie électrique du fleuve.

FLEUVE DE LÉGENDE

Le Rhin inspira les légendes des sirènes – la plus célèbre étant la Lorelei – qui attiraient les marins par leurs chants mélodieux, puis les entraînaient par le fond. Le nain Alberich, personnage de *L'Or du Rhin* (premier épisode de la *Tétralogie* de Richard Wagner), a réussi à dérober aux ondines qui en avaient la garde l'or du Rhin, pour s'en forger un anneau tout-puissant.

Itinéraires conseillés

DE LAUTERBOURG À GAMBSHEIM

> Pour visualiser cet itinéraire ⓵, reportez-vous au plan ci-contre.

Le Nord Alsace s'est associé au Palatinat du Sud et à la région Mittlerer Oberrhein en Allemagne pour former le Parc rhénan Pamina, qui cherche à mettre en valeur la plaine du Rhin. Neuf musées et 2 centres de découverte de la nature y sont affiliés.

Lauterbourg

Située sur le passage des armées, la ville a été détruite à plusieurs reprises au 13ᵉ s., au 17ᵉ s. et en 1940. Elle a cependant conservé le chœur de son église catholique, daté de 1467, son ancien palais épiscopal de 1592, restauré en 1716, son hôtel de ville (1731) et quelques traces de ses fortifications Vauban du 18ᵉ s. (porte de Landau).

Mothern

👥 La **Maison de la Wacht** héberge l'office de tourisme et l'exposition permanente « Il était une fois le Rhin ». Divinité, animal, père nourricier, rival des hommes, le fleuve fascine depuis des siècles. Un espace consacré à l'ethnologie permet d'appréhender l'imaginaire des riverains du Rhin. Les enfants apprécieront les plus célèbres légendes du Rhin illustrées. *℘ 03 88 94 86 67 - www.mothern-tourisme.fr - possibilité de visite guidée sur demande (2 sem. av.) - avr.-oct. : tlj sf dim. 14h-18h (sam. 17h) ; Exposition permanente « Il était une fois le Rhin »: 1ᵉʳ dim. du mois 14h-17h - fermé janv., j. fériés - 1 € (-14 ans gratuit).*

Munchhausen

Une petite visite au **Centre d'initiation à la nature** constituera un bon préambule à la découverte de la **Réserve naturelle du delta de la Sauer**.

Outre les panneaux présentant la faune de la réserve, l'aménagement du fleuve et la constitution d'une plaine alluviale, le centre propose un programme de sorties, des stages et conférences pour mieux connaître la nature. *42 r. du Rhin - ℘ 03 88 86 51 67 - www.nature-munchhausen.com - &. - possibilité de visite guidée (3h) sur demande (2 sem. av.) - du 4 janv. à mi-déc. : tlj sf w.-end et j. fériés 9h-12h30, 14h-18h - 9,50 € (-12 ans gratuit).*

Seltz

Au sous-sol de la **maison Krumacker**, office de tourisme et médiathèque, un petit musée agréablement aménagé présente l'histoire du pays de Seltz en deux volets. Quelques vestiges témoignent de la présence celte puis gallo-romaine dans la région. La période médiévale est évoquée grâce à Sainte Adélaïde, épouse de l'empereur Othon Iᵉʳ, qui fonda à la fin du 10ᵉ s. à Seltz une abbaye, aujourd'hui détruite. *2 av. du Gén.-Schneider - ℘ 03 88 05 59 79 - www.tourisme-seltz.fr - &. - possibilité de visite guidée sur demande - 8h-12h, 13h30-17h30 (vend. 16h30), lun. 13h30-17h30 - fermé w.-end (sf 1ᵉʳ janv.dim. du mois), j. fériés, 24 déc.-1ᵉʳ janv. - 1 € (enf. gratuit), Journées du patrimoine gratuit.*

En pénétrant dans l'église de Seltz, vous serez saisis par le contraste entre l'ensemble moderne du clocher et de la nef et le **chœur baroque** du 15ᵉ s.

Offendorf

Alors qu'elle est attestée depuis le 16ᵉ s., c'est surtout aux 19ᵉ et 20ᵉ s. que la batellerie connut un essor significatif à Offendorf, occupant jusqu'à un tiers de la population du petit village (1960), avant d'être progressivement évincée par le fret routier et ferroviaire. Le **musée de la**

VALLÉE DU RHIN

Barrage-Usine
Barrage

0   20 km

N

MANNHEIM

KARLSRUHE

1 Lauterbourg

Munchhausen

Mothern

*Réserve naturelle
du delta de la Sauer*

Seltz

D 263

D 1062

D 35

Haguenau

1

RHIN

BADEN-BADEN

A 4

Saverne

METZ

45

47

Gambsheim **Offendorf**

du

de la Marne au Rhin

Canal

vallée

D 1004

2

★★★ **STRASBOURG**

5

A 352

7

11

RHIN

RHIN

du

A 5

54

FREUDENSTADT

D 1420

Eschau

Erstein

Osthouse

Benfeld

Obernai

Plobsheim

55

Offenburg

Bief de Strasbourg

Bief de Gersheim

28

la

de

415

Lahr/
Schwarzwald

A 35

2

VILLINGEN

Sélestat

Nord

D 468

★ **EUROPA-PARK** ★★★

57b

DEUTSCHLAND

Marckolsheim

59

A 5

3

294

D 415

Colmar

25

D 10

3

Biesheim

Breisach

62

Freiburg-im-
Breisgau

TITISEE

Neuf-Brisach

63

Bief de Vogelgrun ★

Fessenheim

3

31

TITISEE

Sud

de

la

A 35

**Maison des
énergies-EDF**

Belchen

3

Ottmarsheim

Mulhouse

A 36

Blauen

BELFORT

vallée

du

Rhin

Bief d'Ottmarsheim ★

Bief de Kembs ★

317

BREGENZ

**Canal du Rhône
au Rhin**

2

5

Uffheim

D 419

34

Huningue

A 3

ZÜRICH

*La P^ite Camargue
alsacienne* ★

St-Louis

1

BASEL

SCHWEIZ

BERN

Batellerie, installé dans la cale d'une péniche à la retraite, présente les évolutions des techniques de navigation, la nature des chargements, le fonctionnement des écluses mais évoque aussi les difficultés humaines liées à une mobilité permanente. Visite de la cabine et de la timonerie. *📞 03 88 96 74 92 - possibilité de visite guidée - mai-sept. : w.-end et j. fériés 14h-19h - 3,50 € (enf. 2 €).*

Gambsheim
Traversez Gambsheim et suivez les indications « Centrale électrique », puis traversez le Rhin. Tournez à gauche juste avant d'entrer en Allemagne.
Avec l'écluse d'Iffezheim, à 30 km en aval, sur le territoire allemand, l'écluse de Gambsheim est la plus grande d'Europe. Elle doit sa particularité à son aménagement en ligne, le premier sur le Rhin (1974) : l'écluse, la centrale, la digue de fermeture et le barrage sont de front. En 2006, une **passe à poissons** a été mise en place à Gambsheim pour permettre leur migration. La passe attire le poisson en aval du barrage pour l'inciter à passer par un chemin qui le contourne. Depuis 2007, la passe est ouverte au public et permet de regarder le passage des poissons migrateurs à travers une vitre. Les mois de reproduction (avril et juillet-août) sont particulièrement propices à leur observation. *📞 03 88 96 44 08 (office du tourisme) - tlj sf mar. tte la journée - 2 € (enf. 1 €).*

LE GRAND RIED

▷ *Pour visualiser cet itinéraire* ②*, reportez-vous au plan p. 463. Empruntez la D 468 jusqu'à Eschau.*

Eschau
Avec son architecture ottonienne, l'**abbatiale St-Trophime**, du 10e s., est caractéristique du premier art roman en Alsace. Face à cette église sans clocher, jardin monastique de plantes médicinales. Eschau abrite la dernière école de facteurs d'orgues de France.

Bief de Strasbourg
Un bassin de compensation forme un plan d'eau de 650 ha. Un centre nautique est aménagé à Plobsheim.

Erstein
Capitale alsacienne du sucre, Erstein doit la vitalité de son économie aux betteraves depuis plus d'un siècle. L'**Étappenstall** est à la fois office du tourisme, espace d'expositions artisitiques et maison du patrimoine, destinée à faire découvrir l'histoire du pays d'Erstein de façon vivante, suivant des thématiques différentes chaque année. *📞 03 90 29 93 55 - ♿ - tlj sf mar. 14h-18h - fermé 25-31 déc. et j. fériés - gratuit.* À deux pas, la réserve naturelle de la forêt d'Erstein.
La ville abrite depuis 2008 le **Musée Würth**. Ce bâtiment aux murs de béton brut abrite l'une des plus importantes collections d'entreprise d'art moderne et contemporain. Elle a été lancée dans les années 1960 par l'industriel Reinhold Würth, qui n'a cessé, depuis, de l'enrichir. Quelque 12 000 pièces (dessins, peintures, sculptures…) illustrent les grands mouvements artistiques du 20e et du début du 21e s. Deux expositions, monographiques ou thématiques, se tiennent chaque année dans les 800m² des trois grandes salles du musée. *ZI Ouest, rue Georges Besse - 📞 03 88 64 74 84 - mar.-dim. 11h-18h - fermé 1er janv., 1er janv., 8 Mai, jeu. de l'Ascension, 14 Juil., 24 et 25 déc. - 4 €, réduit 2 € - visites guidées gratuites le dim. à 14h30.*

Bief de Gerstheim

Il fut construit dans les années 1960. Les groupes à bulbe équipent pour la première fois une centrale rhénane. Le sentier-nature du Langgrund, parsemé de panneaux explicatifs, permet une promenade sur l'île.

Château d'Osthouse

3 km au sud d'Erstein par la D 288. Ne se visite pas. Au 14e s., la ville d'Osthouse fut cédée à la famille des Zorn de Bulach, qui y construisit ce château. Remarquez le toit bicolore et les sculptures qui décorent l'entrée.

Benfeld

L'**hôtel de ville** de 1531 a une porte sculptée qui donne accès à la tourelle polygonale ornée d'un écusson aux armes de la ville. Son horloge à jaquemart comprend trois personnages en chêne : le chevalier en armes qui sonne les quarts d'heure représente la Sagesse ; à gauche, la Mort retourne son sablier toutes les heures pour nous rappeler que nous sommes mortels ; au-dessus, le « Stubenhansel » est un traître qui, en 1331, aurait livré la ville aux Bavarois et aux Wurtembourgeois pour une bourse d'or qu'il tient dans la main. Remarquez la petite pendule qui retarde de 25mn par rapport à l'heure du méridien de Greenwich.

Marckolsheim *(voir ligne Maginot)*

☺ NOS ADRESSES DANS LE NORD DE LA VALLÉE DU RHIN

RESTAURATION

PREMIER PRIX

La Truite – *68970 Illhaeusern* - ℰ *03 89 71 83 51 - 10,50/38 €.* Adresse réputée pour la qualité de sa matelote, spécialité alsacienne typique de la région. La façade joliment fleurie du restaurant et sa terrasse dressée au bord de l'Ill offrent un cadre plaisant pour déguster cette recette incontournable. Service efficace et souriant.

BUDGET MOYEN

Auberge du Grand Ried – *4 r. du Wyhl - 67390 Mackenheim* - ℰ *03 88 74 92 60 - fermé vac. de fév., 1er janv., 25 déc., lun.-vend. midi - 19,50 €.* Viticulteurs du lundi au jeudi, les propriétaires enfilent leur tablier en fin de semaine pour mitonner des recettes alsaciennes peu connues, telles leur spécialité à base d'escargots ou la matelote, véritable vedette de la maison (uniquement sur commande). Le tout arrosé de vin « bio » issu de l'exploitation.

ACTIVITÉS

👫Canoës du Ried – *r. de la Fecht - 68970 Illhaeusern* - ℰ *03 89 73 84 82 - www.canoes-du-ried.com - 9h-11h, 13h30-15h - fermé mi-oct. à mi-avr. - 25 € descente journée ou 1/2 journée avec navette retour (- 12 ans : enfants gratuits dans le même canoë que les parents).* De par son vaste réseau de rivières, la région du Ried est particulièrement agréable à découvrir en canoë. Vous pourrez emprunter une embarcation et suivre l'un des circuits pouvant durer entre 2 h et 3 jours, avec ou sans encadrement. Possibilité de bivouaquer à la base.

AGENDA

Festival du sucre – À Erstein. *Dernier w.-end d'août,* ℰ *03 88 98 14 33.*

Molsheim

★

9 382 Molsheimiens – Bas-Rhin (67)

😊 **NOS ADRESSES PAGE 469**

🗐 **S'INFORMER**
Office du tourisme de Molsheim – *19 pl. de l'Hôtel-de-Ville - 67120 Molsheim - ℘ 03 88 38 11 61 - www.ot-molsheim-mutzig.com - 1ᵉʳ juin-15 oct. : 9h-12h, 14h-18h, dim. 17h ; reste de l'année : tlj sf dim. 9h-12h, 14h-18h - fermé j. fériés sf Pâques, Pentecôte et 25 déc.*

▶ **SE REPÉRER**
Plan de région B3 (p. 422) – carte Michelin Départements 315 I5. À 25 km à l'ouest de Strasbourg, Molsheim est située sur la D 422.

🅿 **SE GARER**
Entrez dans le centre ancien par l'est de la ville. Vous traverserez la Bruche et le canal Coulaux : trois parkings gratuits sont situés près de l'église des Jésuites.

😊 **À NE PAS MANQUER**
La Metzig et la chartreuse.

Chassés des États protestants aux 16ᵉ et 17ᵉ s., bénédictins, chartreux, capucins et jésuites ont trouvé refuge à Molsheim. Ces communautés ont marqué leur passage : l'église des Jésuites est le plus grand bâtiment culturel d'Alsace, et la chartreuse la seule jamais construite au cœur d'une ville. Molsheim abrite aujourd'hui une collection quelque peu singulière : celle de la Fondation Bugatti, dont les usines sont implantées aux portes de la ville. Autre nom prestigieux lié à la cité, celui du bruderthal, un grand cru classé que Molsheim élève avec fierté.

Se promener

★ Église des Jésuites
Elle appartenait à la fameuse université des jésuites, fondée en 1618 par l'archiduc Léopold d'Autriche, évêque de Strasbourg. La renommée de cette université qui comprenait une faculté de théologie et une autre de philosophie s'étendait fort loin. En 1702, le cardinal de Rohan décida son transfert à Strasbourg, afin de contrebalancer l'influence de l'université protestante.
Bien que du début du 17ᵉ s., l'église a été construite dans le style gothique. L'intérieur est remarquable par ses dimensions harmonieuses, ses vastes tribunes et sa voûte en résille. Les deux chapelles du transept sont décorées de stucs, de dorures et de peintures datant des 17ᵉ et 18ᵉ s. L'une est consacrée à saint Ignace (fonts baptismaux en grès blanc de 1624), l'autre à la Vierge (beau gisant polychrome de Jean de Durbheim, évêque de Strasbourg de 1306 à 1328). Belles boiseries pour la chaire (1631) et les portes (1618), ornées de sculptures. L'orgue Silbermann date de 1781 ; c'est le seul instrument d'Alsace à posséder un clavier d'écho complet de quatre octaves. À l'entrée nord se dresse la croix des Chartreux en pierre de la fin du Moyen Âge.

Suivez à gauche la rue Notre-Dame.

Tour des Forgerons

Cette ancienne porte fortifiée du 14e s. abrite une des plus anciennes cloches d'Alsace (1412). De part et d'autre de la tour, deux logis, pour le péage et pour la garde, ont été accolés vers 1650.

Rejoignez à droite la place de l'Hôtel-de-Ville en empruntant la rue de Strasbourg.

★ La Metzig

Ce bâtiment Renaissance fut construit en 1583 par la corporation des bouchers, qui y tenait ses réunions à l'étage, les boucheries occupant le rez-de-chaussée. L'édifice est typiquement alsacien, avec ses pignons à volutes, son double escalier, sa loggia surmontée d'un beffroi et l'élégant balcon de pierre qui ceinture le premier étage. Au centre de la place, fontaine à deux vasques superposées, dominée par un lion qui porte les armoiries de la ville.

Prenez la rue Jenner, à gauche de la place. Remarquez, aux nos 18 et 20, deux **anciennes maisons de chanoines** de style Renaissance (1628).

Prenez à droite la rue des Étudiants et passez devant le musée de la Chartreuse (voir description dans « À voir aussi »), puis tournez à droite dans la rue de Saverne.

Maison ancienne

Elle possède un bel oriel en bois de 1607 et des fenêtres délicatement ouvragées.

Poursuivez par la rue de Saverne, traversez la rue du Mar.-Foch et prenez en face la rue des Serruriers. Prendre ensuite à gauche la rue de la Boucherie, puis à droite la rue St-Joseph. On rejoint l'église des Jésuites à droite par la rue du Mar.-Kellermann.

À voir aussi

Musée de la Chartreuse

☎ *03 88 49 59 38 - 2 mai-15 oct. : tlj sf mar. 14h-17h - fermé dim. et lun. de Pâques, 1er Mai - 3 € (enf. 1,50 €), Printemps des musées gratuit.*

Le prieuré de l'ancienne chartreuse (1598-1792) abrite un musée consacré à l'histoire de Molsheim et de sa région, de la préhistoire à nos jours. Avec l'arrivée des jésuites, des capucins et surtout des chartreux, Molsheim devient au 17e s. la capitale religieuse de l'Alsace. Un plan de 1744 montre l'importance de la chartreuse, qui s'étendait sur 3 ha, à l'intérieur de la ville. Une partie du cloître a été restaurée, et deux **cellules** de moines, reconstituées.

Dans un autre bâtiment, la **Fondation Bugatti** présente des souvenirs de la famille et quelques voitures construites ici dans l'Entre-deux-guerres.

À proximité

Avolsheim

3,5 km au nord de Molsheim. Accès possible par une piste cyclable à l'écart de la route. Ce village conserve un très vieux baptistère et surtout, à 500 m au sud-est, une église célèbre qui passe pour être la plus ancienne d'Alsace.

La **chapelle St-Ulrich**, ancien baptistère (vers l'an 1000) au plan en forme de trèfle, se compose de quatre absidioles autrefois voûtées en cul-de-four. De belles **fresques★** du 13e s. aux tons verts, ocre et rouges, représentent la Trinité, les quatre évangélistes et des scènes de l'Ancien Testament.

LA GUERRE DES RUSTAUDS

Alors que le grand humaniste Érasme de Rotterdam voyageait à travers l'Europe, Érasme Gerber, tanneur à Molsheim, devenait en 1525 le chef de milliers de paysans insurgés. Par leur lutte appelée « guerre des Rustauds », ils s'opposèrent aux seigneurs locaux tout-puissants. Leur résistance prit fin dans un bain de sang, à Saverne. Plus tard, ce sont des catholiques convaincus qui secouèrent la ville pour soutenir les jésuites de la Contre-Réforme en 1580.

Avec son clocher à huit pans, l'**église du Dompeter** fait face à un magnifique tilleul d'âge vénérable, au milieu d'un cimetière, en plein champ. Quoiqu'en partie reconstruite aux 18e et 19e s., cette église dédiée à saint Pierre constitue un émouvant témoignage des débuts de l'art roman. De l'origine, il reste la base du clocher-porche, les linteaux des portes latérales ornés de symboles et les piles massives supportant les pleins cintres des arcades.

Altorf

3 km à l'est par la D 392. Contraste à l'**église St-Cyriaque** entre l'extérieur et la nef, de style roman tardif (bandes lombardes, arcs en plein cintre) et le transept et le chœur baroques (1724).

Mutzig

3 km à l'ouest. Cette charmante petite ville, autrefois fortifiée, abrite depuis des siècles une garnison. Elle s'orne d'une jolie fontaine et d'une porte du 13e s., surmontée d'une tour.

Le **fort de Mutzig** est la première fortification « moderne » (ouvrages bétonnés, tourelles cuirassées et électricité) édifiée par l'Empire allemand à partir de 1893. Le circuit de 2 km permet de découvrir les installations (cuisines, chambrée, boulangerie). *R. du Camp - ☞ 06 08 84 17 42 - www.fort-mutzig.eu - visite guidée uniquement (2h30) - du 1er juil. à mi-sept. : 10h, 10h30, 13h30, 16h ; avr.-juin et de mi-sept. à fin oct. : w.-end 13h30, 16h ; mars, nov., déc. : w.-end 14h - fermé 1er janv., 25 déc. - 7 € (-16 ans 3,50 €).*

C'est à Mutzig, en 1812, que l'industriel Wagner créa sa célèbre brasserie. Elle a fermé ses portes en 1990. Mais il y a toujours chaque année une Fête de la bière *(voir le carnet d'adresses)*. C'est aussi à Mutzig qu'en 1833 naquit Chassepot, l'inventeur du fusil qui armait l'infanterie française en 1870. Près de la Bruche, l'ancien **château des Rohan** (17e s.), évêques de Strasbourg, fut converti en manufacture d'armes après la Révolution. Il abrite aujourd'hui un centre culturel et le **musée régional des Armes** (armes à feu, histoire du fusil Chassepot et armes blanches). *☞ 03 88 38 31 98 - & - 2 mai-15 oct. : merc.-sam. 14h-17h30, dim. 14h-18h - 2,50 €.*

⊛ NOS ADRESSES À MOLSHEIM

HÉBERGEMENT

BUDGET MOYEN

Le Bugatti – *R. de la Commanderie - ✆ 03 88 49 89 00 - www.hotel-le-bugatti.com - fermé 24 déc.-1er janv. - 48 ch. 56/62 € - ☐ 7 €.* L'architecture contemporaine du Bugatti, proche des usines de la marque légendaire, abrite des chambres fonctionnelles, rénovées dans l'esprit d'aujourd'hui.

RESTAURATION

PREMIER PRIX

Auberge Vigneronne Dr Winschnutzer – *12 pl. de la Liberté - ✆ 03 88 38 55 47 - feldbaum. kaes@yahoo.fr - fermé Pâques, 15-31 août, 1er nov., 24 déc.-2 janv., dim. et lun. - ouv. vend. soir et sam. soir, réservez - 8/20 €.* Vous repérerez facilement cette ferme dans Molsheim grâce à sa fresque murale. Vin du cru, bien sûr, mais aussi jus de fruits naturels et légumes du potager accompagnent les plats alsaciens (dont les tartes flambées) servis sous la charpente de son ancien grenier à foin.

ACHATS

Pâtissier-chocolatier Schaditzki – *3 r. de Strasbourg - ✆ 03 88 38 11 42 - mar.-vend. 8h-19h, sam. et dim. 7h30-18h.* Depuis la création de la boutique en 1911, la passion de la pâtisserie se transmet de père en fils dans la famille. Quelques spécialités ont acquis une renommée internationale comme le succès Schaditzki, un mariage subtil de fonds meringués riches en amandes et noisettes avec une crème maison. Autres gourmandises tout aussi succulentes : le Napolitain, les glaces, les chocolats et le pain d'épice.

La Cave du Roi Dagobert – *1 r. de Scharrachbergheim - ✆ 03 88 50 69 00 - www.cave-dagobert.com - tlj 9h-12h, 13h30-18h.* Les terres de M. Schaal recoupent exactement l'ancien domaine des rois mérovingiens, dont faisaient partie les Dagobert. Grâce à l'exposition des parcelles, aux fûts en chêne et à des cuves à la pointe de la modernité, les vins, souvent primés, acquièrent des vertus très appréciées. Le riesling grand cru de Wolxheim et le gewurztraminer en sélection Grains Nobles font le bonheur des connaisseurs.

Oppé – *29 r. du Maréchal-Foch - 67190 Mutzig - ✆ 03 88 38 13 21 - mar.-dim. 7h30-12h30/13h30-19h.* M. Oppé, fils de boulanger, a préféré le chocolat à la farine… pour notre plus grand plaisir. Ses chocolats, fins et d'une grande variété, se déclinent en vrac ou en ballotin : à la pistache, au miel, aux noix, à la framboise d'Alsace, etc. Les pâtisseries ont aussi de quoi faire saliver, comme le Frou-Frou, un biscuit sacher chocolaté avec une bavaroise au chocolat, le fondant au kirsch ou encore un excellent pain d'épice et des bretzels briochés.

Antoni Artisan Chocolatier – *1 rte du Vin - 67120 Avolsheim - ✆ 03 88 38 65 41 - www.antoni-chocolatier.com - tlj sf dim. et lun. 8h30-12h, 14h-18h30, sam. 8h30-12h, 14h-17h - fermé j. fériés.* Depuis plus de 50 ans, cette entreprise familiale a acquis une solide réputation grâce à la qualité et à la finesse de son chocolat. Parmi la gamme de confiseries au pur beurre de cacao, ne passez pas à côté de la griotte à l'eau de vie et au kirsch, véritable vedette de la maison distribuée dans toute la France.

Lucien Doriath - domaine de la Schleif – *30A rte de Molsheim - 67120 Soultz-les-Bains - ℘ 03 88 47 98 98 - www.lucien-doriath.fr - boutique : 9h-19h, dim. 10h-17h ; rest. : merc. midi, jeu. midi, dim. midi, vend. et sam.* Avec un restaurant en guise de vitrine, on est sûr d'attirer l'attention des gourmets. Surtout quand il est question de foie gras et autres spécialités élaborées à partir du canard.

AGENDA

Marathon du vignoble d'Alsace – Chaque année, un w.-end de juin, courses le dimanche à travers vignoble et villages. - *www.marathon-alsace.com*
Les Vendredis de la Chartreuse – *℘ 03 88 49 39 55 - juin-août.* Soirées musicales des Vendredis de la Chartreuse dans l'ancienne chartreuse (concerts, cabaret, danse, théâtre).
Fête du raisin – Le 2ᵉ w.-end d'oct., elle donne lieu à des animations musicales et folkloriques. Portes ouvertes dans les caves viticoles. *℘ 03 88 49 58 37.*
Festivales de Molsheim – *Parc des Jésuites - ℘ 03 88 48 83 28.* Animation musicale (variété, folklore, musette, country…) tous les samedis soir de mi-juin à fin août.
Fête de la Bière – *1ᵉʳ w.-end de sept. - ℘ 03 88 38 31 98.*
Noël d'antan – Chaque année un w.-end de déc., animations médiévales : costumes, marché, repas, spectacles. *Renseignements auprès de l'office de tourisme de Molsheim.*

Schirmeck

2 425 Schirmeckois – Bas-Rhin (67)

☺ NOS ADRESSES PAGE 474

🅱 **S'INFORMER**
Office du tourisme de la haute vallée de la Bruche – *114 Grand-Rue - 67130 Schirmeck - ℘ 03 88 47 18 51 - www.hautebruche.com - juil.-août 9h-12h, 14h-18h, w.-end et j. fériés 10h-12h, 14h-17h ; juin et sept. : tlj sf dim. 9h-12h, 14h-18h, sam. 10h-12h, 14h-17h ; oct.-mai : tlj sf w.-end 10h-12h, 14h-17h.*

▶ **SE REPÉRER**
Plan de région A3 (p. 422) – carte Michelin Départements 315 H6. À 53 km au sud-ouest de Strasbourg, 39 km au nord-est de St-Dié, 47 km au sud de Saverne, 45 km au nord-ouest de Sélestat, Schirmeck est desservie par la D 1420.

☺ **À NE PAS MANQUER**
Le mémorial d'Alsace-Moselle (comptez 2h de visite).

👫 **AVEC LES ENFANTS**
Le musée Oberlin à Waldersbach (comptez 1h de visite).

Créée autour du 13ᵉ s. sous l'impulsion de l'évêque de Strasbourg, Schirmeck tira grand profit de sa situation entre les Vosges du Nord et la région des Ballons. Les vastes forêts assurèrent pendant longtemps sa richesse. Elles attirent aujourd'hui les amateurs de nature, qui trouveront autour de la cité, et jusque dans la haute vallée de la Bruche, des sites sauvages et des sentiers de randonnée réputés.

Visiter

★ Mémorial d'Alsace-Moselle

℘ 03 88 47 45 50 - www.memorial-alsace-moselle.com - ♿ - possibilité de visite guidée (2h) sur demande - fév.-déc. : tlj sf lun. 9h30-10h30 - fermé janv., 1ᵉʳ Mai, 25 déc. - 10 € (-8 ans gratuit).
Érigé en 2005 sur une colline en face de l'ancien camp de concentration du Struthof, le mémorial rassemble les souvenirs des souffrances endurées par les Alsaciens et les Mosellans de 1870 à la fin de la Seconde Guerre mondiale. Muni d'un audioguide, vous effectuerez un véritable plongeon dans l'Histoire, grâce à une scénographie vivante. Après l'évocation de la **période de 1870 à 1939**, un long parcours fait revivre les malheurs de la **Seconde Guerre mondiale**, depuis l'exode de 430 000 habitants des zones proches de la ligne Maginot jusqu'à la Libération. L'exposition s'attarde sur la « drôle de guerre », l'annexion de fait de l'Alsace et de la Moselle et leur processus de germanisation accélérée, l'incorporation de force des Alsaciens et Lorrains dans l'armée allemande, le souvenir de la Résistance et le réseau des passeurs, les déportations et la dénonciation du système concentrationnaire. La visite se termine par une présentation de la **construction européenne** et par une vidéo célébrant la réconciliation franco-allemande.

Château-musée de Schirmeck

Depuis le mémorial, empruntez la rue principale de Schirmeck, puis tournez à gauche dans la rue du Repos. Longez le cimetière, puis garez la voiture au niveau de la rue de la Côte-du-Château. Comptez ensuite 20mn de marche AR. ℘ 03 88 47 18 51 - www.hautebruche.com - juil.-août : mar., jeu., dim. et j. fériés 14h30-18h30 - gratuit.
Ce château, dont il ne restait pratiquement plus rien, a été patiemment restauré en 1970 par Marcel Heiligenstein, maire de Schirmeck. Construit au 13ᵉ s. par l'évêque de Strasbourg, il fut probablement brûlé par les Suédois en 1633, pendant la guerre de Trente Ans. La tour restaurée abrite aujourd'hui un petit **musée des Traditions locales** où sont exposés divers objets et outils de la vie courante (1900), ainsi que quelques documents et souvenirs sur les deux guerres à Schirmeck.
De la plate-forme dominée par une Vierge de 1858, belle **vue★** sur Schirmeck.
De l'église néoclassique de Schirmeck (1754) il reste une façade encore belle et un clocher octogonal encadré par 4 statues baroques.

À proximité

★★ Le Struthof

10 km à l'est. ℘ 03 88 47 44 67 - www.struthof.fr - ♿ - possibilité de visite guidée - 1ᵉʳ mars-15 avr. : 9h-17h ; 16 avr.-15 oct. : 9h-18h30 ; 16 oct.-24 déc. : 9h-17h - 5 € (-18 ans 2,50 €) - Journées du patrimoine gratuit. Les horaires sont susceptibles de changer lors des cérémonies commémoratives. Le camp du Struthof est un lieu de mémoire ; vous pouvez y venir avec vos enfants, mais nous vous conseillons de les avertir au préalable du contexte historique.

Au cours de la dernière guerre, les nazis créèrent à Natzwiller en 1941 un important camp de concentration qui reçut des convois de prisonniers allemands et autrichiens, ainsi que, à partir de 1943, des prisonniers de toute l'Europe classés N.N. (du décret *Nacht und Nebel* visant à l'extermination des résistants), voués à une mort rapide. Sur les dizaines de milliers de personnes déportées ici, 10 000 à 12 000 y sont mortes.

Le **Centre européen du résistant déporté** a été inauguré à l'occasion du 60ᵉ anniversaire de la libération des camps nazis. Construit aux abords du Struthof, il est une bonne introduction à la visite du site et du musée. Le bâtiment, appelé *Kartoffelkeller* (cave à pommes de terre) par les nazis, a été construit par les déportés du camp du Struthof. Une exposition y décrit le contexte historique de la Seconde Guerre mondiale et, au rez-de-chaussée, 14 camps de déportation et de concentration sont présentés sur des bornes interactives et autour d'un objet quotidien des déportés.

Rejoignez ensuite le **camp** *(visite guidée gratuite possible, départ toutes les heures, demandez les horaires à l'accueil)* où subsistent la double enceinte de fils de fer barbelés, la grande porte d'entrée, le four crématoire, les cellules des déportés punis et deux baraques (un dortoir et la cuisine) transformées en musée.

La nécropole, aménagée au-dessus du camp, abrite les restes de 1 120 déportés. Devant elle se dresse le **mémorial**, sorte d'immense colonne évidée, portant gravée à l'intérieur une silhouette géante de déporté. Le socle renferme le corps d'un déporté inconnu français. À 1,5 km du camp en direction de Rothau, la **chambre à gaz** qui a servi à gazer 86 Juifs en vue d'expériences « scientifiques » est ouverte au public.

Itinéraire conseillé

★ VALLÉE DE LA BRUCHE

70 km. La D 420, qui traverse Schirmeck, longe la rive gauche de la Bruche, de Saales à Molsheim.

Saales

Situé à l'origine de la vallée de la Bruche, le bourg commande le col du même nom qui procure un passage facile d'un versant des Vosges à l'autre. C'est d'ailleurs ici que la Bruche prend sa source pour aller plus tard se jeter dans l'Ill, près de Strasbourg.

Saint-Blaise-la-Roche

Ce petit bourg est un important carrefour routier. À ses environs, la Bruche, étroite et calme, bordée de trembles et de bouleaux, coule entre les prés.
Tournez à droite dans la D 424. Suivez la direction des Charasses.

Espace apicole de Colroy-la-Roche

Le rucher-école permet de découvrir la vie des abeilles, la récolte du miel et de la cire. Quant au musée, il présente une belle collection d'outils apicoles et de ruches. *Rte des Charasses - ✆ 03 88 47 25 14 - ⚬ - visite guidée (2h) sur RV mai-août - 3,50 € (-18 ans 2,50 €).*
Revenez sur la D 424, puis prenez la direction de Ranrupt, à droite.

Remarquez au passage les fermes vosgiennes du hameau de **Fonrupt**.
On emprunte ensuite la D 214, à gauche, en direction du Champ du Feu (1 100 m).
Au col de la Charbonnière, prenez la D 57 à gauche.

Vallon du Ban de la Roche

L'aspect encore sauvage de ce vallon est adouci par la présence de quelques jolies habitations isolées.

★ Musée Oberlin

03 88 97 30 27 - www.musee-oberlin.com - &. - possibilité de visite guidée (90mn) sur RV - avr.-sept. : tlj sf mar. 10h-19h ; reste de l'année : tlj sf mar. 14h-18h - fermé 1er janv., Vend. saint, dim. de Pâques, 1er Mai, dim. de Pentecôte, 1er nov., 25, 26 et 31 déc. - 4,50 € (-18 ans 3 €).

Ce musée est installé dans l'ancien presbytère protestant de **Waldersbach**, charmant hameau aux maisons couvertes de grandes toitures de tuiles. On y fait la connaissance de **Jean Frédéric Oberlin** (1740-1826). Pasteur à Waldersbach, cet ardent partisan de l'éducation par le jeu ouvre des écoles maternelles, familièrement appelées « poêles à tricoter », et prolonge la scolarité des enfants jusqu'à 16 ans. Il dote le vallon de routes, fonde des caisses de prêt, développe l'agriculture et l'artisanat. Il crée enfin une petite activité industrielle en faisant venir des métiers à tisser. Oberlin, précurseur de toutes les œuvres sociales, demeure, en Alsace, l'objet d'une vénération justifiée. Sa personnalité singulière et attachante, ses goûts pour la Bible, la botanique, l'astronomie mais aussi pour la physiognomonie (étude du caractère à partir du profil) sont exposés au visiteur de façon ludique et pédagogique. On découvre sous des panneaux coulissants ou des tiroirs en bois ses effets personnels ou ses collections ; on reproduit des schémas de plantes grâce à des empreintes en relief ; on miniaturise son profil à l'aide d'un pantographe. Dehors, le jardin botanique est lui aussi une occasion d'apprentissage.

Fouday

Le pasteur Oberlin repose dans le petit cimetière attenant au temple luthérien. Celui-ci, à l'intérieur, présente une simple nef carrée que des galeries de bois ceignent sur trois côtés, mais conserve l'abside à voûte d'arêtes qui constituait le chœur de l'ancienne église romane. Le temple est décoré de fresques médiévales.

Empruntez la D 1420 vers la droite. À Rothau, prenez en direction des Quelles, puis à 1 km suivez une route de terre (direction de La Falle) ; sur la droite, un panonceau indique le départ du sentier balisé ; parking possible dans le virage suivant.

Rocher de la Chatte pendue

2h à pied AR. Le sentier grimpe dans un sous-bois déjà montagneux. À 900 m d'altitude, au sommet en plateau de la Chatte pendue, beau **belvédère★**.

Revenez à Rothau pour emprunter la D 130. Après 1 km, tournez à droite vers Neuviller.

Neuviller-la-Roche

Dans ce charmant petit village de montagne a pris place un **musée des Arts et Traditions populaires** où meubles, outils et ustensiles retracent la vie quotidienne des ouvriers-paysans du temps jadis. *R. principale -* ℘ *03 88 97 07 18 - www.hautebruche.com - juin-sept. : w.-end 14h-18h - 3 € (-12 ans 1,50 €).*
Revenez à la D 1420 et dépassez Schirmeck.

On traverse ensuite le petit village de **Wisches**, qui marque la limite entre les pays de langue française et de dialectes alsaciens. À la sortie d'**Urmatt** à droite, gigantesque scierie. Un petit détour s'impose ensuite pour admirer l'**église de Niederhaslach★** *(voir Wangenbourg)*. La vallée se resserre entre des versants boisés, en vue du village de **Heiligenberg**, que l'on aperçoit sur un promontoire de la rive gauche. Avant de parvenir à **Molsheim★** *(voir ce nom)*, on visitera Mutzig *(voir Molsheim)*.

☺ NOS ADRESSES À SCHIRMECK

HÉBERGEMENT

BUDGET MOYEN

Hôtel Neuhauser – *Les Quelles* - ✆ *03 88 97 06 81* - *www.hotel-neuhauser.com* - 🅿 *- 15 ch. 67/84 € -* 🍽 *12 € - rest. 20/45 €.* Calme garanti dans cette auberge campagnarde nichée au cœur de la forêt. Vous aurez le choix entre les chambres, un brin désuètes, et de spacieux chalets. Restaurant avec vue sur la vallée de la Bruche. Plats régionaux et… incontournable eau-de-vie de la distillerie familiale en digestif !

ACHATS

Marché des produits de montagne de la Haute-Bruche – *67420 Saâles - 2ᵉ dim. de juin jusqu'au 3ᵉ vend. de sept. ; marché de Noël : 2ᵉ vend. de déc.* Sous les halles de l'hôtel de ville de Saales se tient le vendredi après-midi, de mi-juin à fin septembre, le marché des produits de montagne de la Haute-Bruche. Agriculteurs et artisans de tout le massif vosgien vous proposent leurs produits traditionnels mais aussi des produits moins connus mais tout aussi savoureux.

ACTIVITÉS

🥾 Pendant l'été (15 juin-15 sept.), l'office de tourisme organise des randonnées à thème « Sentiers Plaisir ». Calendrier des balades disponible à partir de mois de juin - *gratuit - 114 Grand'Rue - ✆ 03 88 47 18 51 - www.hautebruche.com*

AGENDA

Fête de la Totsche – *À Russ - w.-end suivant le 14 Juil. - www.fetedelatotsche.com*. Tous les deux ans, on y recrée la vie des paysans du début du 20ᵉ s. Prochaine édition en 2011.

Lac de Pierre-Percée, à l'ouest du Donon.
J.-P. Kayser / CDT MEURTHE ET MOSELLE

Massif du Donon

★★

Moselle (57), Meurthe-et-Moselle (54), Vosges (88), Bas-Rhin (67)

 NOS ADRESSES PAGE 477

S'INFORMER
Office de tourisme du pays des lacs de Pierre-Percée – *Base de loisirs Lac de la Plaine - 88110 Celles-sur-Plaine - ℘ 03 29 41 19 25 - www.sma-lacs-pierre-percee.fr - juil.-août : 10h-19h, lun. 13h-18h ; avr.-mai : w.-end 13h-18h ; juin : w.-end 10h-19h ; reste de l'année : sur réservation - fermé de déb. fév. à fin mars.*
Office du tourisme de Raon-l'Étape – *R. Jules-Ferry - 88110 Raon-l'Étape - ℘ 03 29 41 28 65 - www.ot-raon.fr - de mi-juin à mi-sept. : 9h-12h, 14h-18h ; reste de l'année : 9h-12h, 14h-18h, sam. 9h-12h - fermé dim. et j. fériés.*

SE REPÉRER
Plan de région A3 (p. 422) – *carte Michelin Départements 315 G5.* Entre St-Dié-des-Vosges et Saverne, le massif du Donon occupe la partie sud des Vosges gréseuses.

À NE PAS MANQUER
Le col du Donon, le sentier des passeurs.

AVEC LES ENFANTS
Le petit train forestier d'Abreschviller à Grand-Soldat.

Quel que soit le côté par lequel on arrive, on reconnaît sa silhouette : un sommet à deux gradins qui marque la limite entre l'Alsace et la Lorraine. Royaume du sapin des Vosges et de son cousin l'épicéa, le massif du Donon est le berceau de nombreux ruisseaux et pourrait, du haut de ses 1 009 m, s'attirer la jalousie de bien des châteaux d'eau... Il était autrefois une montagne sacrée. Le sommet porte en effet les traces de cérémonies religieuses remontant aux temps celtique et gallo-romain.

Itinéraire conseillé

VALLÉES DE LA SARRE ROUGE ET DE LA SARRE BLANCHE

55 km – environ 2h.

Col du Donon
1h30 à pied AR environ. Parking en face de la maison forestière du Haut-Donon.

Axe de communication ancestral, le col du Donon est le carrefour d'un trafic soutenu de pèlerins, de voyageurs, puis de touristes, depuis des millénaires. Les Celtes, les premiers, y bâtirent un temple au dieu Cerf. Des traces de culte gallo-romain ont aussi été découvertes : nos ancêtres honoraient à Donon Mercure, le dieu des voyages. Le fruit des découvertes faites sur le site du col du Donon se trouve aux musées archéologiques de Strasbourg et d'Épinal.

Du sommet du Donon *(alt. 718 m)*, **panorama★★** sur la chaîne des Vosges, le plateau lorrain, la plaine d'Alsace et la Forêt-Noire. Entre les deux tables d'orientation s'élève un petit temple à l'antique, datant de Napoléon III, tandis que des vestiges gallo-romains subsistent sur les pentes.

Le trajet, en descendant du col du Donon, suit d'abord la belle **vallée de la Sarre rouge**, ou vallée de St-Quirin, puis passe sur le plateau lorrain.

Après une légère montée sur la D 993, laissez à gauche la route de Cirey-sur-Vezouze. Aussitôt commence une très agréable descente entre les arbres vers la vallée de St-Quirin. La route, très encaissée, suit les sinuosités de la Sarre rouge, un ruisseau plutôt modeste.

Grand-Soldat
Hameau qui vit naître Alexandre Chatrian, moitié d'Erckmann-Chatrian, écrivain à quatre mains du 19e s. Émile Erckmann est lui-même natif de Phals-bourg.

Abreschviller
Un **petit train forestier** à vapeur ou Diesel conduit à Grand-Soldat (6 km) à travers les richesses naturelles de la Sarre rouge. *℘ 03 87 03 71 45 - www. train-abreschviller.fr - juil.-août : mat. et apr.-midi, dim. et j. fériés tte la journée ; de déb. avr. à fin oct. : 14h-17h, j. fériés 14h-18h - fermé 1ᵉʳ janv., 1ᵉʳnov., 11 Nov., 25 déc. - 9 € AR, (4-12 ans 7 € AR).*
3 km plus loin, tournez à gauche dans la D 96ᶠ vers St-Quirin.

Vasperviller
Sur les premiers contreforts du Donon, ce village doit à l'architecte Litzenburger une remarquable petite **église** moderne, Ste-Thérèse (1968). Du sommet du campanile, accessible par un original escalier-chemin de croix de 75 marches, point de vue sur l'agglomération et le vallon que borde la route de St-Quirin. L'intérieur de l'église Ste-Thérèse est éclairé par de jolis vitraux illustrant l'« arbre généalogique du Christ ».

St-Quirin

Cet agréable petit village doit beaucoup à son bel **ensemble prioral**★ immédiatement repérable grâce à l'étonnante silhouette de l'**église** (1722). De style baroque, elle est en effet surmontée de deux tours et d'un clocheton coiffés de bulbes superposés. À l'intérieur, admirez l'orgue rénové de Silbermann (1746) et le mobilier style Louis XIV et Louis XV. Un peu plus bas, au pied de la statue de saint Quirin, une source dite miraculeuse guérirait les maladies de peau.

Prenez le chemin face à l'église pour atteindre la chapelle haute. Elle est située à l'emplacement d'un ancien sanctuaire celte. La **vue**★ sur la forêt de St-Quirin y est très belle. Les promeneurs ne seront pas déçus grâce aux nombreuses randonnées balisées dans le secteur.

Quittez St-Quirin par la D 96, à l'ouest, et, 2 km plus loin, prenez à gauche la D 993.

La **vallée de la Sarre blanche**, que longe la D 993, traverse de belles forêts. La vallée est peu peuplée (quelques scieries ou maisons forestières seulement en bordure de route), mais on profite d'un très beau paysage.

En fin de parcours, on repasse en Alsace et, laissant à gauche la route d'Abreschviller, on regagne le col du Donon par la D 993.

Pour le descriptif de la vallée de la Plaine, à l'ouest du massif du Donon (lac de Plaine, lac de Pierre Percée), voir chapitre Baccarat, p. 251)

😊 NOS ADRESSES DANS LE MASSIF DU DONON

♿ Voir aussi nos adresses à Baccarat et à Schirmeck.

HÉBERGEMENT

PREMIER PRIX

Chambre d'hôte Le P'tit Bonheur – *21 les Noires Colas - 54540 Bionville -* 📞 *03 29 41 12 17 - www.vosgespetitbonheur.fr - fermé de fin oct. à déb.avr. -* 🅿 *-* 🚭 *- 5 ch. 50 €* ☕ *- rest. 21 € bc.* Vous serez toujours les bienvenus dans cette grande ferme bercée par le murmure d'un ruisseau. Confort douillet dans les chambres baptisées du nom de danses folkloriques. Après le dîner, vous aurez peut-être la chance de voir la maison s'animer au rythme d'instruments traditionnels.

POUR SE FAIRE PLAISIR

Chambre d'hôte Monique et Daniel Bouvery – *18 r. du Val - 54480 Cirey-sur-Vezouze -* 📞 *03 83 42 58 38 - www.chambres-haute-vezouze.com -* 🅿 *-* 🚭 *- 5 ch. 95/115 €, demi-pension*

seult - rest. 20 €. Cette maison de maître posée au pied des Vosges dispose de 5 chambres équipées d'une salle de bains et de WC. Agréables moments de détente en perspective auprès de la cheminée du salon ou autour du jeu de billard. Petits-déjeuners complets avec charcuteries et fromages ; cuisine régionale à la table d'hôte.

RESTAURATION

BUDGET MOYEN

Hostellerie du Prieuré – *163 r. Gén.-de-Gaulle - 57560 St-Quirin -* 📞 *03 87 08 66 52 - www.saintquirin.com - fermé 24-31 juil., 26 oct.-4 nov., 16-28 fév., sam. midi, mardi soir et merc. -* ♿ *-* 🅿 *- formule déj. 12 € - 25/70 € - 8 ch. 45/50 € -* ☕ *7 €.* Ancien couvent du 18ᵉ s. au cœur de ce village apprécié des randonneurs. Cuisine traditionnelle servie dans des salles à manger colorées. Chambres pratiques pour l'étape, aménagées dans la maison familiale, typique, située à deux pas.

Auberge de la Forêt – *276 r. des Verriers - 57560 Abreschviller - ℘ 03 87 03 71 78 - www. aubergedelaforet57.com - fermé 1er-21 janv., mar. soir et lun. -* 🅿 *- formule déj. 18 € - 25/40 €.* Pimpante auberge de village abritant de coquettes salles à manger ; la plus récente présente un agréable cadre contemporain. Cuisine traditionnelle et spécialités régionales.

ACTIVITÉS

Sentier des passeurs – Aujourd'hui balisé à partir de la maison forestière de Salm jusqu'à Moussey, ce sentier fut emprunté de 1941 à 1944 par nombre d'habitants de l'Alsace annexée désireux de fuir le régime nazi et de rejoindre la France. Ceux-ci étaient accompagnés par de courageux passeurs, fins connaisseurs de la montagne. *Randonnées guidées en été. Demander brochure et calendrier à l'office de tourisme, 114 Grand'Rue - 67130 Schirmeck - ℘ 03 88 47 18 51 - www.hautebruche.com - de mi-avr. à mi-oct. - gratuit.*

Rosheim

4 708 Rosheimiens – Bas-Rhin (67)

⊛ NOS ADRESSES PAGE 480

⊟ S'INFORMER

Office du tourisme de Rosheim – *94 r. du Gén.-de-Gaulle - 67560 Rosheim - ℰ 03 88 50 75 38 - www.rosheim.com - juin-sept. : 9h-12h, 14h-18h (sam. 17h), dim. 9h-12h ; reste de l'année : lun.-vend. 10h-12h, 14h-17h (déc. : sam. 9h-12h, 14h-17h, dim. 14h-19h)- fermé 1ᵉʳ janv., lun. de Pâques, 1ᵉʳ Mai, 1ᵉʳ janv. nov., 11 Nov., 25 déc.*

Visite pédestre du sentier viticole – *94 r. du Gén.-de-Gaulle - ℰ 03 88 50 75 38 - www.rosheim.com - Visite pédestre du sentier viticole : toute l'année. Possibilité d'un circuit court (1h30) et d'un circuit long (2h30). Renseignements à l'office de tourisme.*

◖ SE REPÉRER

Plan de région B3 (p. 422) – carte Michelin Départements 315 I6. À 8 km au sud de Molsheim, 27 km à l'ouest de Strasbourg, 30 km au nord de Sélestat.

⊙ ORGANISER SON TEMPS

La plupart des festivités à Rosheim ont lieu à la belle saison.

Cette petite ville où domine l'activité viticole, incontournable pour les amateurs d'architecture romane, fut membre de la Décapole en 1354. Au milieu des vignes, entre les ruines des remparts, se dissimulent deux remarquables édifices : une église du 12ᵉ s. dédiée aux apôtres Pierre et Paul, qui reste l'édifice le plus complet et le plus typique de l'architecture romane en Alsace, et, à quelques maisons de là, une maison en grès rouge de 1152, peut-être la plus ancienne construction civile d'Alsace.

Se promener

★ Église St-Pierre-et-St-Paul

Construite en grès jaune entre 1150 et 1250, l'église adopte la forme d'une croix latine. Elle présente une tour octogonale, au-dessus de la croisée du transept, qui date du 14ᵉ s. Des bandes lombardes reliées par des arcatures courant le long des parties hautes de la nef et des bas-côtés décorent la façade et les murs. Sur le pignon de la façade ouest, des lions dévorent des humains. Aux quatre angles de la fenêtre absidiale sont figurés les symboles des évangélistes. À l'intérieur, alternance de piles fortes et de piles faibles surmontées de chapiteaux sculptés, chef-d'œuvre de l'école rhénane du 12ᵉ s.

Porte des Lions, porte Basse et porte de l'École

Ce sont des vestiges de l'ancienne enceinte de Rosheim.

Puits à chaîne et Zittgloeckel

Sur la place de la Mairie, puits à six seaux (1605), qui servit aux Rosheimiens jusqu'en 1906, et tour de l'Horloge.

Maisons anciennes

Elles longent la rue du Gén.-de-Gaulle et les petites rues adjacentes.

Maison romane

Située également rue du Gén.-de-Gaulle entre les n°s 21 et 23. Appelée aussi la maison des païens, elle aurait appartenu à une dame noble d'Andlau nommée Wilebric et passe pour la plus ancienne construction en pierre d'Alsace (seconde moitié du 12e s.) Elle présente deux étages percés de baies géminées *(se visite durant les Journées du Patrimoine)*.

🙂 NOS ADRESSES À ROSHEIM

RESTAURATION

BUDGET MOYEN

Auberge du Cerf – *120 r. du Gén.-de-Gaulle -* 📞 *03 88 50 40 14 - www.aubergeducerf-rosheim.com - fermé 25 janv.-7 fév., dim. soir et lundi - formule déj. 12 € - 16/40 €.* Au centre de la cité vigneronne, cette auberge fleurie héberge deux petites salles à manger assez plaisantes. Cuisine classique et régionale.

ACHATS

Caves à vins *–.* 10 vignerons vous ouvrent leurs caves (dégustation et vente). S'adresser à l'office de tourisme.

Siffert Frères – *35 rte de Rosenwiller -* 📞 *03 88 50 20 13 - www.fromagerie-siffert.com - tlj sf w.-end 8h-12h, 14h-18h - vend. 17h - fermé j. fériés.* Affinage de munster et autres spécialités.

AGENDA

Fête de l'escargot – *W.-end du 14 Juil.*
Fête du munster – *Déb. août.*
Balade « Corso fleuri » – *2e dim. de sept.*

Obernai

★★

11 009 Obernois – Bas-Rhin (67)

 NOS ADRESSES PAGE 483

S'INFORMER

Office du tourisme d'Obernai – *Pl. du Beffroi - 67210 Obernai - ℘ 03 88 95 64 13 - www.obernai.fr - avr.-déc. : 9h-12h, 14h-18h ; janv.-mars : tlj sf dim. 9h-12h, 14h-17h - fermé dim. en nov., 1er janv., 1er janv.nov., 11 Nov., 25 déc.*

SE REPÉRER

Plan de région B3 (p. 422) – carte Michelin Départements 315 I6. Obernai se trouve au nord du vignoble alsacien, à 27 km au sud-ouest de Strasbourg. Enserrée par les hauteurs du mont Ste-Odile qui se trouve à 13 km à l'ouest, la ville est aussi desservie par l'A 35 qui file au sud vers Colmar, à 50 km, Mulhouse et Bâle.

À NE PAS MANQUER

La place du Marché pour son ensemble de maisons traditionnelles et le célèbre puits aux Six Seaux.

ORGANISER SON TEMPS

À Obernai, saisissez l'occasion de découvrir le vignoble alsacien en empruntant le sentier viticole du Schenkenberg ou en goûtant les différents crus dans une des caves de dégustation. Fête des vendanges en octobre.

Étape incontournable sur la route des vins, Obernai est aussi le pays de la bière puisque les brasseries Kronenbourg y sont installées. Un charme particulier émane de ses vieilles maisons aux toits polychromes, de ses petites rues fleuries, de ses remparts et de son vieux puits, comme si toute l'Alsace s'était concentrée ici.

Se promener

★★ **Place du Marché** (A)

Centre de la ville, elle est bordée de maisons aux teintes dorées tirant parfois vers le carmin, nuances qui donnent aux rues d'Obernai cette lumière si particulière. Une fontaine dédiée à sainte Odile orne le centre de la place.

★ **Ancienne halle aux blés** (B)

Elle date de 1554 et abritait autrefois les boucheries municipales.

★ **Tour de la Chapelle** (A)

Ce beffroi du 13e s. était le clocher d'une chapelle dont ne subsiste que le chœur. La flèche gothique culmine à presque 60 m. Flanquée de quatre échauguettes ajourées, elle date du 16e s.

★ **Hôtel de ville** (A H)

Quelques vestiges du 14e au 17e s. (oriel et beau balcon sculpté de 1604 en façade) sont intégrés à la reconstruction de 1848.

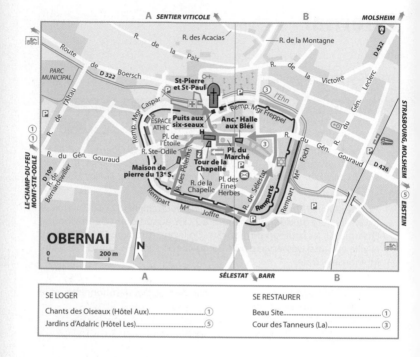

SE LOGER		SE RESTAURER	
Chants des Oiseaux (Hôtel Aux)............................ ①		Beau Site.. ①	
Jardins d'Adalric (Hôtel Les)............................... ⑤		Cour des Tanneurs (La)...................................... ③	

Puits aux Six Seaux (A)

Ce puits Renaissance est un des plus beaux et des mieux conservés d'Alsace même s'il a connu au cours du temps quelques mésaventures qui ont entraîné des rénovations. La date de sa création est apposée sur la girouette : 1579. Chacune de ses trois rouelles porte deux seaux.

Église St-Pierre-et-St-Paul (A)

Imposante, elle a été construite au 19ᵉ s. dans le style néogothique. Dans le bras gauche du transept, autel du St-Sépulcre (1504) et châsse contenant le cœur de Mᵍʳ Freppel, évêque d'Angers, mort en 1891. Quatre fenêtres portent des vitraux du 15ᵉ s. attribués à Pierre d'Andlau ou à son élève Thibault de Lyxheim.

★ Maisons anciennes (A)

Elles sont très nombreuses dans le quartier de la place du Marché *(notamment ruelle des Juifs)* et jusque vers la place de l'Étoile. Rue des Pèlerins, remarquez une maison en pierre de trois étages, du 13ᵉ s.

Remparts (A/B)

Au 12ᵉ s., la ville, alors possession du Saint Empire romain germanique, décide de se protéger par une double enceinte fortifiée. Remaniée à plusieurs occasions, cette dernière constitue une promenade agréable. La partie la mieux conservée est le rempart Maréchal-Foch.
Revenez à la place du Marché par la rue du Gén.-Gouraud.

😊 NOS ADRESSES À OBERNAI

HÉBERGEMENT

POUR SE FAIRE PLAISIR

Hôtel Les Jardins d'Adalric – *19 r. Mar. Koenig* - 📞 *03 88 47 64 47* - *www.jardins-adalric.com* - *46 ch. 85/95 €* - 🍽 *12 €*. Un bâtiment récent légèrement excentré abritant des chambres soignées. Salle des petits-déjeuners cossue avec baie vitrée, prolongée par une terrasse. Piscine, jardin.

Hôtel Aux Chants des Oiseaux – *Ottrott-le-Haut - 67530 Ottrott* - 📞 *03 88 95 87 39* - *www.chantsdesoiseaux.com* - *fermé 1er-12 juil. et 11 janv.-4 fév. - 16 ch. 77/106 €* - 🍽 *13 €*. En pleine nature, maison typique du coin qui abrite de plaisantes chambres colorées. Salle des petits-déjeuners avec boiseries et poutres apparentes, terrasse côté piscine.

RESTAURATION

BUDGET MOYEN

La Cour des Tanneurs – *Ruelle du canal de l'Ehn* - 📞 *03 88 95 15 70* - *fermé 2-14 juil., 22 déc.-2 janv., mardi et merc. - formule déj. 16 €* - *20/35 €*. Une adresse simple et soignée, sobrement décorée. Accueil à la bonne franquette pour une cuisine du marché au goût du jour fine et bien faite. Belle carte de vins d'Alsace.

Beau Site – *Ottrott-le-Haut - 67530 Ottrott* - 📞 *03 88 48 14 30 - www. hotel-beau-site.fr - fermé fév.* - 🅿 - *21/54 €*. Le restaurant – *winstub* de luxe, ornée d'œuvres de Spindler – propose une carte terroir.

PETITE PAUSE

Aux Caves d'Obernai – *14 r. du Marché* - 📞 *03 88 95 36 94 - tlj sf dim. 9h-12h, 14h-18h, lun. 14h-*18h *- fermé de mi-janv. à déb. fév. et j. fériés.* Tous les crus du Clos Ste-Odile, dont les vignes s'étendent au-dessus de la ville, sont en vente dans ce magasin : riesling, tokay, gewurztraminer, pinot noir, crémant blanc de blanc, liqueurs, eaux-de-vie de framboise, de mirabelle… On y trouve également une sélection de produits régionaux.

ACHATS

Domaine Seilly – *1 r. de la Paille* - 📞 *03 88 95 55 80 - www.seilly. com - 8h-12h, 14h-18h - fermé dim. - visite 1h30 avec dégustation payante pour les groupes*. Sise dans une maison de 1628, cette ancienne échoppe de drapier est à présent la boutique du viticulteur Seilly. Entre autres agapes, vous pourrez y déguster le « vin du pistolet » qui doit son nom à l'amusante rencontre entre Ferdinand Ier et « l'effronté » maire d'Obernai. Anecdote qui vous est abondamment commentée sur place.

Les Eaux de Vie J. et M. Lehmann – *Chemin des Peupliers* - 📞 *03 88 50 41 29 - www. distillerielehmann.com - tlj sf dim. 8h-12h, 14h-18h, sam. 8h-12h, 14h-16h*. M.Lehmann, qui représente la cinquième génération de cette famille de distillateurs, invite chaleureusement à découvrir ses méthodes artisanales de production. Ses eaux-de-vie et liqueurs (comme la framboise sauvage ou la poire Williams), de nombreuses fois primées, se vendent uniquement à la distillerie.

EN SOIRÉE

L'Athic – *6 pl. de l'Étoile* - 📞 *03 88 95 50 57 - 15h-3h - fermé 21 fév.-16 mars, 21-30 nov., 24 et*

31 déc. Cet élégant bar à cocktails, meublé de fauteuils en velours et d'un piano à la disposition de la clientèle, ménage différents espaces : une salle de billard à l'étage et une autre plus intime avec un comptoir en étain et de vieilles tables en marbre. Grande terrasse en été.

ACTIVITÉS

Sentier viticole du Schenkenberg – ℘ 03 88 95 64 13 - www.obernai.fr - Circuit de 3,6 km (1h30 à pied) permettant de découvrir le vignoble sur 250 ha. Parking au mémorial ADEIF, repérable par la grande croix de 12 m de haut. En été, visite guidée hebdomadaire (merc. mat.) suivie d'une visite de cave.

AGENDA

La Nocturne du Hans – Course nocturne de 12 km à travers la ville et le vignoble *(sam. après le 14 juil.)* - ℘ 03 88 95 00 37 - www.nocturneduhans.com

Les Estivales d'Obernai – Concerts de musique du monde en plein air sur la place du Marché *(sam. en juil.-août)* - ℘ 03 88 95 64 13 - www.obernai.fr

Fête d'automne et des vendanges – ℘ 03 88 95 64 13 - www.obernai.fr - *le 3e w.-end d'oct.*

Mont Sainte-Odile

★★

Bas-Rhin (67)

☺ **NOS ADRESSES PAGE 487**

S'INFORMER
Renseignements sur www.mont-sainte-odile.com ou à l'office du tourisme
d'Ottrott dont dépend le mont - ℘ 03 88 95 83 84

▶ **SE REPÉRER**
Plan de région B3 (p. 422) – carte Michelin Départements 315 I6. Le mont
Sainte-Odile se situe au sud-ouest d'Obernai.

🅿 **SE GARER**
Nombreux parkings aménagés aux abords du mont. Pour les plus courageux, le GR 5 passe tout près.

☺ **À NE PAS MANQUER**
Le panorama sur la plaine d'Alsace et la Forêt-Noire depuis la terrasse du
couvent, les vestiges du Mur païen.

**Des falaises de grès rose, couvertes de forêts, qui avancent au-dessus
de la plaine d'Alsace… : c'est dans ce décor que la sainte patronne de
l'Alsace, qui a donné son nom au lieu, naquit et mourut au 7ᵉ s. Un million de touristes font chaque année l'ascension du mont, pour faire
un pèlerinage, admirer le panorama… ou pour percer le mystère du
fameux Mur païen.**

Visiter

LE COUVENT

Un unique porche, sous l'ancienne hôtellerie, donne accès à la grande cour
plantée de tilleuls et encadrée à gauche par la façade de l'hôtellerie actuelle,
au fond par l'aile sud du couvent, et à droite par l'église.

Église conventuelle

L'intérieur de l'église, reconstruite en 1692, est composé de trois nefs. Belles
boiseries au chœur et confessionnaux du 18ᵉ s. richement sculptés.

Chapelle de la Croix★

Accès par une porte à gauche dans l'église conventuelle.
Les quatre voûtes d'arêtes sont soutenues par une seule colonne trapue, de
style roman (11ᵉ s.), au chapiteau décoré de palmettes et de figures. Un sarcophage contenait les ossements d'Étichon, père de la sainte.
À gauche, une porte basse aux sculptures carolingiennes communique avec
la petite chapelle Ste-Odile.

Chapelle Ste-Odile

Ici reposent, dans un sarcophage de pierre du 8ᵉ s., les reliques de la sainte.
Cette chapelle aurait été édifiée au 12ᵉ s. sur l'emplacement de celle où mourut sainte Odile. La nef est romane et le chœur gothique. Deux bas-reliefs du

17ᵉ s. représentent l'un le baptême de sainte Odile et l'autre Étichon délivré des peines du Purgatoire grâce aux prières de sa fille.

Terrasse
Deux tables d'orientation y ont été installées. L'une à l'angle nord-ouest, d'où l'on découvre le Champ du Feu et la vallée de la Bruche. L'autre à l'extrémité nord-est, qui offre un splendide **panorama**★★ sur la plaine d'Alsace et la Forêt-Noire.

Chapelle des Larmes
C'est la première des chapelles qui s'élèvent à l'angle nord-est de la terrasse. Elle est bâtie sur l'ancien cimetière mérovingien (plusieurs tombes taillées dans le rocher sont visibles à l'extérieur). La mosaïque (1935) représente le tombeau entouré de Léon IX et de sainte Eugénie ; sous la voûte, le Christ et les vertus chrétiennes, et au-dessus de la porte, Odile en prière.

Fontaine Ste-Odile
La route de descente vers St-Nabor *(D 33)* passe devant la fontaine Ste-Odile : protégée par une grille, cette source que sainte Odile fit jaillir du rocher pour calmer la soif d'un homme épuisé de fatigue, et aveugle de surcroît, reste un but de pèlerinage pour ceux qui souffrent des yeux.

Chapelle des Anges (chapelle St-Michel)
Bordée par un étroit passage dominant le précipice, elle présente une belle mosaïque de 1947. Selon une croyance, la jeune fille qui en faisait neuf fois le tour était assurée de trouver un mari dans l'année.

Randonnées

Le Mur païen
30mn à pied AR. Prenez à gauche, à la sortie du couvent, un escalier de 33 marches ; au bas de celui-ci, suivez le sentier qui le prolonge directement.
La simple vue d'une partie de cet ouvrage colossal laisse une forte impression. Il faudrait quatre ou cinq heures de marche pour faire le tour entier des vestiges de cette enceinte mystérieuse, courant à travers forêts et éboulements.
Personne n'est d'accord sur la date de construction de cette étrange muraille. Certains affirment qu'elle serait du 10ᵉ s. av. J.-C., d'autres qu'il s'agirait d'une fortification germanique du 1ᵉʳ s. av. J.-C. D'autres encore penchent pour l'hypothèse d'un ouvrage mérovingien du 7ᵉ s. Pour ce qui est de son objectif, débat encore. Était-ce un enclos pour les animaux, une fortification contre les envahisseurs ? Le mystère demeure…
Revenez au couvent par le même chemin.

L'HISTOIRE DE SAINTE ODILE
Au 7ᵉ s., le cruel duc Étichon, propriétaire du château de Hohenbourg (premier nom du mont Ste-Odile) qui lui sert de résidence d'été, rejette sa fille Odile, née aveugle et débile. Enlevée par sa nourrice, elle recouvre la vue le jour de son baptême et décide de consacrer sa vie à la religion. Après bien des péripéties, son père lui fait don du château dans lequel elle établira son couvent. On lui attribue des miracles et son tombeau devient rapidement un lieu de pèlerinage.

Vue du mont Ste-Odile.
Alain Janssoone / www.all-free-photos.com

Un autre sentier *(partant du parc de stationnement sud)* offre une belle promenade le long du Mur païen.

Château de Landsberg

🚶 *4 km au sud-est par la D 109, puis 1h à pied environ AR par le chemin en descente indiqué par un panneau.*

Agréable promenade en forêt. On passe devant l'ancienne auberge du
Landsberg et on suit un sentier jusqu'à un terre-plein en contrebas du château
qui apparaît entre les arbres. Ce château du 13ᵉ s. n'est plus qu'une ruine.

🏨 NOS ADRESSES AU MONT SAINTE-ODILE

HÉBERGEMENT

PREMIER PRIX

**Hôtellerie du Mont Ste-
Odile** – ℰ 03 88 95 80 53 - www.
mont-sainte-odile.com - 🅿 -
110 ch. 31/54 € - ☕ *14,50 €.* Cette
hôtellerie de charme en plein
cœur du site permet de passer la
nuit dans un cadre exceptionnel.
Chambres simples avec diverses
options de confort (avec ou sans
douche/bains/WC).

AGENDA

Fête de Ste-Odile – *Deux fois
dans l'année, le 1ᵉʳ dim. de juil. et le
2ᵉ dim. de déc.*

Le Hohwald

★★

469 Hohwaldois – Bas-Rhin (67)

😊 **NOS ADRESSES PAGE 492**

🔖 **S'INFORMER**

Office du tourisme du Hohwald – *Square Kuntz - 67140 Le Hohwald - ☏ 03 88 08 33 92 - www.pays-de-barr.com - juil.-août : 9h-12h, 14h-17h, dim., 14h-17h ; avr.-juin et sept.-oct. : tlj sf dim. et j. fériés 10h-12h, 14h-17h, sam. 14h-17h ; reste de l'année : se renseigner - fermé 25 déc.*
Office du tourisme d'Ottrott – *46 r. Principale - 67530 Ottrott - ☏ 03 88 95 83 84 - www.ottrott.com - mai-oct. : 13h30-18h (sam. 17h30) ; janv.-avr. : mar.-jeu. 15h-18h, vend. 13h30-18h, sam. 13h30-17h - fermé lun., dim. et j. fériés.*

▶ **SE REPÉRER**

Plan de région A3 (p. 422) – carte Michelin Départements 315 H6. La région du Hohwald s'étend sur le pays de Barr et du Bernstein. Le village du Hohwald se trouve à 20 km au sud-ouest d'Obernai et à 26 km au nord-ouest de Sélestat. On y accède par la D 425 ou par la D 426.

😊 **À NE PAS MANQUER**

Le Champ du Feu et, pour le devoir de mémoire, le Struthof.

👪 **AVEC LES ENFANTS**

Le parc-aquarium Les Naïades à Ottrott, le musée du Pain d'épice, et le parc Alsace Aventure.

« Hohwald » est à la fois le nom d'un village et de sa région. Lieu de cure et de détente très à la mode au début du 20ᵉ s., et aujourd'hui encore centre de villégiature, la localité a vu passer Sarah Bernhardt, le maréchal Joffre, le général de Gaulle ou encore le chancelier Adenauer. Dans la région, qu'on appelait autrefois « l'Alsace bénie », règnent les forêts de sapins et de hêtres, mais aussi les vignes. Parsemé de châteaux et de monastères, le Hohwald offre de multiples buts d'excursion, été comme hiver.

Itinéraires conseillés

★★ AU NORD DU HOHWALD

▶ *Pour visualiser ce circuit* , *reportez-vous au plan p. 490. 91 km – environ une journée.*
Quittez Le Hohwald par la D 425 qui suit la rivière d'Andlau en sous-bois.
Sur une crête, à gauche, les ruines des châteaux de Spesbourg et du Haut-Andlau.

★ **Andlau** *(voir ce nom)*

Mittelbergheim
Les maisons de ce joli bourg sont accrochées aux flancs d'un coteau. La place de l'Hôtel-de-Ville est bordée de belles maisons Renaissance, dont les ouvertures sont en grès des Vosges. La vigne y est cultivée, dit-on, depuis l'époque romaine.

À l'entrée du Hohwald, deux géants de bois.
N.Reff/OT Barr Bernstein

Barr *(voir Route des Vins)*

Gertwiller

Au début du siècle, ce petit village viticole comptait neuf fabricants de pains d'épice, dont deux sont encore en activité aujourd'hui : Fortwenger, à l'entrée du village, et Lips, installé dans l'ancienne grange dîmière. Cette dernière, dont la façade peinte semble sortir tout droit du conte d'Hansel et Gretel, abrite dans son grenier un **musée du Pain d'épice et de l'Art populaire alsacien.** 👥 Mobilier alsacien, poêles en fonte, collection de moules et d'images de décoration pour pains d'épice y ont été patiemment amassés. L'été, visite de la fabrique tous les jours de la semaine. *℘ 03 88 08 93 52 - www.paindepices-lips.com - mars-nov. : 9h-12h, 14h-18h, lun. et dim. 14h-18h ; déc. : tlj 9h-12h, 14h-18h - fermé 25 déc., janv., fév. - 2,70 € (-13 ans gratuit).*

On distingue ensuite, sur les premières pentes des Vosges, le château de Landsberg ; plus à droite, le couvent du mont Ste-Odile et plus bas, les ruines des châteaux d'Ottrott.

★★ **Obernai** *(voir ce nom)*

Ottrott

Au pied du mont Ste-Odile, Ottrott est célèbre pour son vin, le « rouge d'Ottrott », fruité et agréablement corsé. Ottrott est également fière de ses deux châteaux : le Lutzelbourg, du 12ᵉ s., avec son bâtiment carré et sa tour ronde, et le Rathsamhausen, du 13ᵉ s., plus vaste et plus orné.

👥 Plus loin, sur la route de Klingenthal, aménagé sur le site d'une ancienne filature, le grand aquarium **Les Naïades** rassemble 3 000 poissons provenant de toutes les mers de la planète : requins, piranhas et autres gymnotes (anguilles électriques) évoluent dans des bassins qui reconstituent au mieux leur milieu naturel. Le parc abrite également une ferme pédagogique. *℘ 03 88 95 90 32 - www.parclesnaiades.com - ♿ - fév.-sept. : 10h-18h30 ; reste de l'année : 14h-18h30 - 10 € (-11 ans 7,50 €).*

Klingenthal

Son nom signifie « vallée des lames », rappelant la Manufacture royale d'armes blanches qui y fut fondée en 1776.

Prenez la D 204, tracée en forêt. À l'hôtel-restaurant de Fischhütte, laissez la voiture.

👣 À 150 m, à droite, un sentier *(6 km à pied AR)* mène aux ruines du **château fort de Guirbaden** (11ᵉ s.), dont subsistent le donjon et les murs du corps de logis.

★ Signal de Grendelbruch

👣 *15mn à pied AR.* Le **panorama**★ est large sur la plaine d'Alsace et la Forêt-Noire, jusqu'à la vallée de la Bruche et la chaîne des Vosges avec le temple du Donon.

La route se poursuit vers la vallée pittoresque de la Bruche.

★★ Schirmeck et le Struthof *(voir description p. 472)*

Depuis le Struthof, la route court sur le plateau, pénètre en forêt et descend vers la Rothlach. À 1,5 km, laissez la voiture et prenez à gauche un sentier vers le rocher de Neuntelstein.

★★ Rocher de Neuntelstein

👣 *30mn à pied AR.* La **vue**★★ est très belle sur Ste-Odile, l'Ungersberg, le Haut-Kœnigsbourg et le Champ du Feu.

Poursuivez sur la D 130, qui rejoint la D 426 à un carrefour d'où le mont Ste-Odile est accessible. En prenant à droite, vous revenez au Hohwald.

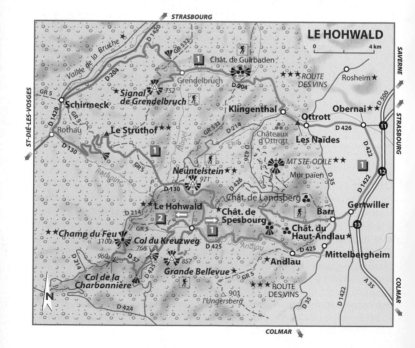

★★ CHAMP DU FEU

11 km – environ 30mn. Quittez Le Hohwald à l'ouest par la D 425.

Col du Kreuzweg

À 768 m d'alt., il ouvre sur les vallées de Breitenbach et du Giessen et sur les monts qui les encadrent.

La D 57 monte ensuite vers le col de la Charbonnière, et on aperçoit les châteaux du Haut-Kœnigsbourg et de Frankenbourg sur des promontoires qui dominent la plaine.

Col de la Charbonnière

Au-delà des hauteurs du val de Villé, on distingue la plaine d'Alsace et, à l'horizon, la Forêt-Noire.

Au col, tournez à droite dans la D 214, qui contourne la tour du Champ du Feu.

★★ Champ du Feu

Du haut de ses 1 100 m, le point culminant du Bas-Rhin est un terrain idéal pour les randonnées d'été et les sports d'hiver. Du haut de la tour d'observation *(actuellement fermée)*, immense **panorama★★** sur les Vosges, la plaine d'Alsace, la Forêt-Noire et par temps clair, les Alpes bernoises. De la tour, on peut rejoindre le stade de neige.

À 1 km, la D 414 conduit au chalet-refuge et aux pistes de la Serva, ouvertes en hiver.

Randonnées

★ Châteaux du Haut-Andlau et de Spesbourg

1h30 à pied AR. De Barr, prenez la D 854, puis 1 500 m après Holzplatz, un chemin goudronné à gauche qui mène à la maison forestière de Hungerplatz. Laissez la voiture et suivez le chemin tracé sur la crête de la montagne jusqu'aux ruines.

Le **château du Haut-Andlau★**, bâti au 14e s. et restauré au 16e s., était encore habité en 1806. Il présente entre deux grosses tours des murs en ruine percés de fenêtres gothiques. De la terrasse, vue sur le vignoble, la plaine d'Alsace et, au loin, la Forêt-Noire. Du **château de Spesbourg★**, on découvre vers le sud une jolie vue sur la vallée d'Andlau et l'Ungersberg. Un donjon carré domine les hauts murs du corps de logis aux belles fenêtres géminées.

★ Grande Bellevue

1h30 à pied AR. Du Hohwald, prenez la route qui fait face au café-restaurant d'Alsace et qui traverse la rivière.

À 1 km, à hauteur de l'ancienne pension *Belle-Vue*, prendre un sentier à gauche. Il monte sur 3 km en forêt et atteint les pâturages. **Vue★** à droite sur le Climont, en avant sur le val de Villé et le Haut-Kœnigsbourg.

😊 NOS ADRESSES DANS LE HOHWALD

HÉBERGEMENT

PREMIER PRIX

Chambre d'hôte Famille Maurer – *11 rte d'Obernai - 67530 Ottrott -* 📞 *03 88 95 80 12 - dominiquemaurer@free.fr* - ♿ - 🅿 - 🚭 - *5 ch. 48/53 € ☕.* Cette ferme bâtie en 1846 aux portes du village a conservé son caractère d'origine. Les chambres d'hôte et la salle à manger sont respectivement aménagées dans la grange et les écuries. Si vous venez en fin d'année, vous aurez peut-être la chance de déguster les fameux *bredele* de noël et autres pâtisseries maison.

Chambre d'hôte La Couronne – *15 rte de Schirmeck - 67190 Grendelbruch -* 📞 *03 88 97 40 94 - am.metzger@club-internet.fr - fermé 1er janv.-15 mars -* 🅿 - 🚭 *- 5 ch. 40 € ☕ - rest. 18 €.* Cette grande bâtisse perchée sur les hauteurs du village ménage une belle vue sur la vallée. Les chambres, situées dans l'habitation des propriétaires, disposent toutes de sanitaires privatifs. Succulente cuisine régionale proposée à la table d'hôte.

BUDGET MOYEN

Chambre d'hôte Tilly's Inn – *28 r. Principale -* 📞 *03 88 08 30 17 -* 🅿 *- 3 ch. 50/60 € - ☕ 8 €.* Laissez-vous tenter par la façade rouge, décorée de dessins naïfs, vous ne serez pas déçu ! Chambres originales et surprise du matin : un cheval de bois dans un cadre amusant, où s'entassent objets anciens et bibelots, assiste au petit-déjeuner. Deux appartements.

POUR SE FAIRE PLAISIR

Hôtel À l'Ami Fritz – *Ottrott-le-Haut - 67530 Ottrott -* 📞 *03 88 95 80 81 - www.amifritz.com - fermé 11-31 janv. - 21 ch. 80/135 € - ☕ 13 €.* Maison régionale aux chambres confortables et personnalisées. L'enseigne est un clin d'œil au roman d'Erckmann-Chatrian (1854), mais c'est aussi le nom des propriétaires.

Domaine Le Moulin – *67530 Ottrott - rte Klingenthal, nord-ouest : 1 km par D 426 -* 📞 *03 88 95 87 33 - www.domaine-le-moulin.com - Fermé 23 déc.-20 janv. -* 🅿 *- 23 ch. 72/80 € - ☕ 14 €.* Ce vaste hôtel entouré d'un parc (rivière, étang) impose sa présence sur la route des Vins. Chambres douillettes et, dans l'annexe, grands appartements (duplex) plus modernes.

RESTAURATION

BUDGET MOYEN

Ferme-auberge Lindenhof – *11 rte du Kreuzweg -* 📞 *03 88 08 31 98 - se renseigner pour les jours d'ouverture -* 🚭 *- formule déj. 8,50 € - 19,50 €.* Entre campagne et forêt, cette bâtisse plutôt anodine sert une cuisine préparée à partir des produits de la ferme sous une grande véranda : fromage blanc, munster, gruyère et beurre, en plus des volailles et lapins. Cuisine alsacienne sur commande.

Des Vosges – *2 r. Ackermann -* 📞 *03 87 25 30 09 - www.hotelvosges.com -* 🅿 *- formule déj. 12 € - 20/35 € - 10 ch. 58/68 € - ☕ 8 €.* Auberge traditionnelle dont la terrasse domine le canal Rhin-Marne. Boiseries et beau parquet ancien composent le décor de la salle. Spécialités régionales et truite au bleu.

ACHATS

Lips - Musée du Pain d'épice et de l'Art populaire alsacien – *Pl. de la Mairie - 67140 Gertwiller - ✆ 03 88 08 93 52 - magasin : 8h-12h, 13h30-19h, dim. 10h-12h, 14h-18h ; musée : déb. juil. à mi-sept. : lun. 14h-18h, mar. 9h-12h, 14h-18h, merc. 14h-18h, jeu. 9h-12h, 14h-18h, vend. 14h-18h ; le reste de l'année : dim. 14h-18h ; en déc. : tlj sf le 25 - fermé déb. janv. à mi-janv. (magasin), janv.-fév. (musée).* De mi-juillet à mi-septembre, visite-dégustation tous les jours de la semaine.

Jean-Charles Vonville et Fils – *4 pl. des Tilleuls - 67530 Ottrott - ✆ 03 88 95 80 25 - www.vins-vonville.com - 9h-12h, 13h30-19h (dim. 18h) - fermé 25 déc. et 1er janv.* Jean-Charles Vonville propose à la dégustation ses fameux rouges d'Ottrott élevés au pied du mont Ste-Odile (7 ha de pinot noir cultivés en agriculture raisonnée). À découvrir absolument : son excellente cuvée « tradition » vieillie deux ans en fûts de chêne.

ACTIVITÉS

École de parapente Grand Vol – *Ferme Niedermatten - 67220 Breitenbach - ✆ 03 88 57 11 42*

- www.grandvol.com - avr.-nov. : w.-end ; le site de parapente est accessible toute l'année. . Ici, des moniteurs diplômés assurent votre formation et vous suivent dans votre progression. Forfait débutant. Le parapente, le vol biplace et le vol découverte peuvent se pratiquer dès l'âge de 14 ans.

Stage de neige du Champ du Feu *Champ du Feu - 67130 Belmont - ✆ 03 88 97 35 05.* Au cœur des Vosges moyennes, il est situé entre 900 et 1 100 m d'altitude. C'est un vaste plateau propice au ski de fond, ou aux balades à raquettes, mais la station possède aussi 17 remontées mécaniques. École de ski français.

⚌ Parc Alsace Aventure – *Col du Kreuzweg - 67220 Breitenbach - ✆ 03 88 08 32 08 - www.parc-alsace-aventure.com - vac.scol. : lun.-sam. 13h-18h, dim. et j.fériés 10h-18h - réservation.* La forêt de Breitenbach propose un circuit de tyroliennes long de 3 000 m, considéré comme l'un des plus complets de la région. Des cabanes construites dans les arbres permettent de reprendre son souffle. En été, parcours nocturne avec éclairage trappeur.

Andlau

1 844 Andlaviens – Bas-Rhin (67)

NOS ADRESSES CI-CONTRE

S'INFORMER

Office du tourisme d'Andlau – *5 r. du Gén.-de-Gaulle - 67140 Andlau - ℘ 03 88 08 22 57 - www.pays-de-barr.com - juil.-août : tlj sf dim. et j. fériés 10h-12h, 14h-17h ; vac. scol. (zone B) : tlj sf w.-end 10h-12h, 14h-17h.*

SE REPÉRER

Plan de région B3 (p. 422) – carte Michelin Départements 315 I6. À 4 km au sud de Barr par la route des Vins, ou au pied du Champ du Feu, en suivant la D 425.

À NE PAS MANQUER

Le magnifique portail de l'église.

ORGANISER SON TEMPS

L'époque des vendanges est très animée à Andlau.

Entourée de vignes et de forêts, Andlau est surtout connue pour son abbatiale St-Pierre-et-St-Paul, dont les origines remontent au 9ᵉ s. On en repère de loin le clocher. Situé sur la Route des vins, le bourg possède trois grands crus de riesling, le wiebelsberg, le moenchberg et le kastelberg. Pour protéger leur trésor contre les parasites, les vignerons d'Andlau, comme d'autres en Alsace, ont recours à des alliées originales : des guêpes microscopiques qui dévorent les œufs des vers.

Visiter

★ Église St-Pierre-et-St-Paul

℘ 03 88 08 93 38 - ⵕ - de mi-mai à fin sept. : 9h-12h, 14h-19h - gratuit.

L'église est parfois appelée « abbatiale Ste-Richarde ». Un incendie a détruit le premier édifice en 1045. Bien qu'il ait été reconstruit au 12ᵉ s., seules certaines parties subsistent à présent : le portail, la crypte et une frise historiée qui court en façade et sur le côté gauche.

Sous le porche massif (clocher du 17ᵉ s.), le **portail★★** offre les plus remarquables sculptures romanes d'Alsace par son pourtour couvert de bas-reliefs. Des couples représentant vraisemblablement les bienfaiteurs de l'abbaye se superposent dans les arcatures. Sur le linteau, vous verrez des scènes de la Création et du Paradis terrestre.

À l'intérieur, le chœur, élevé au-dessus de la **crypte★** double et voûtée d'arêtes, est décoré de belles stalles du 15ᵉ s. Vous y verrez aussi le tombeau de sainte Richarde.

Dans la rue du Général-de-Gaulle, la maison Ste-Richarde est un bâtiment remarquable de 1623, remanié par le comte Hallez-Claparède vers 1840.

HISTOIRE D'OURSE

L'abbaye d'Andlau est fondée en 880 par l'impératrice Richarde, épouse répudiée de Charles le Gros qui l'avait accusée d'adultère. Soumise à l'épreuve du feu, Richarde, reconnue innocente, fit construire l'abbaye dans un lieu reculé où l'un de ses chevaliers avait rencontré une ourse et ses petits. On raconte aussi qu'un ours vivant était élevé dans la cour de l'abbaye et que la cité se chargeait de subvenir aux besoins des montreurs d'ours qui passaient par là. Bref, Andlau et les ours, c'est une vieille histoire d'amour… Vous en trouverez la trace sur certaines sculptures, comme celle qui orne la fontaine Ste-Richarde.

À proximité

Epfig

6 km au sud-est par les D 253 et D 335. Traverser le village pour prendre la D 603 vers Kogelheim.

Située à la sortie est du village, au milieu du cimetière, la **chapelle Ste-Marguerite** aurait servi de lieu de culte à des nonnes au 12ᵉ s. À l'intérieur, n'hésitez pas à mettre en marche le guide vocal qui vous renseignera sur la chapelle et son histoire. Ossuaire dont l'origine reste inconnue. Devant la chapelle, quatre carrés d'inspiration médiévale ont été plantés : on retrouve les fleurs, les aromates, les simples et le potager.

Château du Haut-Andlau *(voir le Hohwald)*

HÉBERGEMENT

BUDGET MOYEN

Hôtel Kastelberg – *10 r. du Gén.-Koenig -* ☎ *03 88 08 97 83 - www.kastelberg.com -* 🅿 *- 29 ch. 62/71 € -* ☕ *10 € - rest. 19/45 €.* Au cœur des vignes, une plaisante façade alsacienne cache des chambres sobres et fonctionnelles (mansardées ou avec balcon). Au restaurant, rustique mais coquet avec ses tables bien dressées, vous attend une cuisine familiale du terroir.

Zinckhotel – *13 r. de la Marne -* ☎ *03 88 08 27 30 - www.zinckhotel. com - 18 ch. 59/95 € -* ☕ *8 €.* Ancien moulin à l'esprit décalé : chambres personnalisées (zen, pop, jazzy, Empire), couloirs semblables à des ponts de bateau… L'annexe contemporaine donne sur le vignoble.

RESTAURATION

BUDGET MOYEN

À la Couronne – *4 r. du Mar.-Foch -* ☎ *03 88 08 93 24 - fermé merc. et jeu. -* ♿ *- 17,50/29 €.* Dans ce petit restaurant familial, on cultive l'art de faire simple et bon. Le menu alsacien et le menu terroir (avec son filet de sandre en matelote) sont servis sans chichis dans une salle à manger de caractère. Pour les amateurs : tartes flambées à savourer midi et soir.

Au Bœuf Rouge – *6 r. du Dr-Stoltz -* ☎ *03 88 08 96 26 - auboeufrouge@wanadoo.fr - fermé 24 juin-10 juil., 6-22 fév., merc. et jeu. sauf du 11 juil. au 30 sept. - formule déj. 10 € - 16/31 €.* Ce restaurant convivial typiquement alsacien est aménagé dans un ancien relais de poste (17ᵉ s.). On y mange des spécialités locales, dans une élégante salle lambrissée.

ACHATS

André Durrmann – *11 r. des Forgerons -* 📞 *03 88 08 26 42 - www.agroecologie.unblog.fr - 9h-19h et sur RV.* Le domaine, spécialisé dans l'agriculture biologique, assure une visite et une dégustation. Exposition-démonstration de cuisson solaire.
Marcel Schlosser – *5-7 r. des Forgerons - Domaine du Vieux Pressoir -* 📞 *03 88 08 03 26 - www.marcel-schlosser.fr - sur RV - 9h-12h, 13h30-18h - fermé dim. et j. fériés.* Caveau de dégustation. Visite de

caves. Vente au détail. Spécialités du domaine : riesling wiebelsberg, gewurztraminer moenchberg, crémants d'Alsace (blanc et rosé). Propose des gîtes à louer.
Gérard Wohleber – *14A r. du Mar.-Foch -* 📞 *03 88 08 93 36 - www.alsace-chalet.com - 8h-12h, 13h-19h, dim. sur RV.* Les visiteurs sont reçus dans le superbe caveau de cette maison construite en 1549. Cheminée, tables rustiques, vaisselle alsacienne et objets de vignerons en font une salle de dégustation idéale. À découvrir, un riesling grand cru moenchberg, un crémant d'Alsace (à base de riesling et de pinot blanc) et des vins de qualité dans les 7 cépages de la région.

Sélestat

19 459 Sélestadiens – Bas-Rhin (67)

😊 NOS ADRESSES PAGE 501

🔹 **S'INFORMER**
Office du tourisme de Sélestat – *10 bd du Gén.-Leclerc - Commanderie St-Jean - 67604 Sélestat -* 📞 *03 88 58 87 20 - www.selestat-tourisme.com - juil.-août : 9h30-12h30, 13h30-18h30, sam. 9h-12h30, 14h-17h, dim. 10h30-15h ; reste de l'année : tlj sf dim. 9h-12h, 14h-17h45 (sam. 17h), merc. 9h30-12h, 14h-17h45, j. fériés 10h-13h, dim. de déc. 13h-17h - fermé 1ᵉʳ janv., lun. de Pâques, lun. de Pentecôte, 1ᵉʳ et 11 Nov., 24 déc. apr.-midi, 25 et 26 déc.*
Office du tourisme de Kintzheim – *Route de Sélestat - 67600 Kintzheim -* 📞 *03 88 82 09 90 - pour les horaires : se renseigner.*

🔹 **SE REPÉRER**
Plan de région B4 (p. 422) – carte Michelin Départements 315 I7. À mi-chemin entre les deux départements du Rhin. À 28 km au nord de Colmar et à 50 km au sud de Strasbourg par l'A 35.

🔹 **SE GARER**
Parkings au centre-ville : quai de l'Ill, rue du Prés.-Poincaré, rue du Babil et boulevard du Gén.-Leclerc.

😊 **À NE PAS MANQUER**

La Bibliothèque humaniste, mais aussi le cœur historique de la ville. Et, à quelques kilomètres, la très belle église baroque d'Ebermunster.

🕐 **ORGANISER SON TEMPS**

Lors de votre promenade dans la vieille ville (2h), octroyez-vous une petite pause gourmande à la Maison du pain (1h de visite).

👪 **AVEC LES ENFANTS**

La Maison du pain, la Volerie des aigles, la Montagne des singes et Cigoland à Kintzheim.

À mi-chemin entre Colmar et Strasbourg, Sélestat occupe une place centrale sur la route des Vins. Située sur la rive gauche de l'Ill, la vieille ville possède deux belles églises, quelques maisons anciennes remarquables et d'agréables ruelles piétonnes particulièrement animées lors du marché hebdomadaire des producteurs. La Renaissance a légué un trésor à la ville : la Bibliothèque humaniste, l'une des plus riches du monde.

SE LOGER		SE RESTAURER	
Dontenville (Hôtel)	①	Auberge de la Paix	②
Ferme Trau (Chambre d'hôte La)	③	Aux Deux Clefs	④
Parc des Cigognes (Hôtel Au)	⑤		

Se promener

★ LA VIEILLE VILLE

Visite : 2h. Partez du boulevard du Gén.-Leclerc et prenez à droite la rue du Vieux-Marché-aux-Vins. Au bout de la place Gambetta, prenez à droite la rue des Serruriers.

Sur la place du Marché-aux-Pots, l'ancienne **église des Récollets** (B1) est reconvertie en temple protestant. De l'ancien couvent ne subsiste que le chœur de l'église.

Tournez à gauche dans la rue de Verdun.

Maison de Stephan Ziegler (B1/2)

Cette maison Renaissance fut construite au 16e s. par un maître maçon de la ville.

La rue de Verdun mène à la place de la Victoire.

Ancien arsenal Ste-Barbe (B2)

Très jolie façade du 14e s. ornée d'un escalier à double pente conduisant à un petit dais qui précède la porte d'entrée. Le toit porte deux nids de cigogne.

Suivez en avant la rue du 17-Novembre et tournez à droite dans la rue du 4e-Zouave pour prendre le boulevard du Mar.-Joffre à gauche.

Promenade des Remparts (B2)

Depuis ces anciennes fortifications de Vauban, on a une belle vue sur les collines sous-vosgiennes et le Haut-Kœnigsbourg.

Suivez le boulevard Vauban, puis la rue Poincaré.

Tour de l'Horloge (B2)

Elle date du 14e s., sauf les parties hautes qui ont été restaurées en 1614.

Passez sous la tour de l'Horloge, puis suivez la rue des Chevaliers pour atteindre la place du Marché-Vert.

★ Église Ste-Foy (B1)

Cette belle église romane du 12e s., en grès rouge et granit des Vosges, est un ancien prieuré bénédictin. Les chapiteaux de la nef possèdent un beau décor floral emprunté aux églises lorraines. Le porche est joliment décoré d'arcatures, de corniches et de chapiteaux historiés.

Sortez de l'église par la petite porte derrière la chaire et prenez à droite la ruelle qui mène à la place du Marché-aux-Choux.

Maison Billex (B1)

Bel oriel Renaissance à deux étages. C'est dans cette demeure que la ville de Strasbourg signa en 1681 sa reddition à Louis XIV.

Gagnez l'église St-Georges.

Au passage, on aperçoit à droite la **tour des Sorcières** (B1), vestiges des anciennes fortifications démolies par Louis XIV, puis la **porte de Strasbourg** (B1) (1679), construite par Tarade selon les plans de Vauban.

★ Église St-Georges (B1)

Cette importante église gothique construite du 13e au 15e s. a subi des restaurations considérables, notamment au 19e s. Elle comporte un narthex (sorte de vestibule) original, très allongé, qui occupe toute la largeur de la façade et s'ouvre au sud sur la place St-Georges par une porte élégante.

Tour de l'Horloge à Sélestat.
OT Sélestat

Trois des portes ont conservé leurs vantaux primitifs avec leurs pentures. La chaire, en pierre sculptée et dorée, date de la Renaissance. La rose de la porte sud du narthex illustre les commandements du décalogue. Trois vitraux du chœur représentent des épisodes de la vie des saintes Catherine, Agnès et Hélène. Les nouveaux vitraux du chevet et du chœur ont été exécutés par Max Ingrand.
Prenez la rue de l'Église.

Résidence d'Ebersmunster (B1)

N° 8. C'était la résidence urbaine des moines bénédictins, construite en 1541. Le portail Renaissance, surmonté de coquilles, est décoré de motifs italiens.
Quelques mètres plus loin, prenez à gauche la petite rue de la Bibliothèque.

À voir aussi

★ Bibliothèque humaniste (B1)

📞 *03 88 58 07 20 - www.bh-selestat.fr - possibilité de visite guidée sur demande (2 sem. av.) - juil.-août : tlj sf mar. 9h-12h, 14h-18h, sam. 9h-12h, 14h-17h, dim. et j. fériés 14h-17h ; reste de l'année : tlj sf mar. et dim. 9h-12h, 14h-18h, sam. 9h-12h - fermé 1er janv., dim. et lun. de Pâques, 1er Mai, 8 Mai, Jeu. de l'Ascension, dim. et lun. de Pentecôte, 1er et 11 Nov., 25 et 26 déc. - 3,90 € (-18 ans 2,40 €), Journées du patrimoine gratuit.*

Installée dans l'ancienne halle aux blés (1843), la Bibliothèque humaniste recèle près de 450 manuscrits, 530 incunables (livres imprimés avant 1500) et 2 000 imprimés du 16e s. provenant de deux fonds : la bibliothèque latine fondée en 1452 et le legs de la *libraria rhenana* (avec quelque 500 volumes de l'humaniste Beatus Rhenanus). S'y trouvent aussi le *Lectionnaire mérovingien* (ouvrage le plus ancien conservé en Alsace – 7e s.) et la fameuse *Cosmographiae Introductio*, imprimée en 1507 à St-Dié, contenant l'« acte de baptême de l'Amérique » *(voir Saint-Dié-des-Vosges)*. Vous pourrez également y découvrir l'évolution des techniques du livre du 7e au 16e s.

Maison du pain (B1)

7 r. du Sel - ☎ 03 88 58 45 90 - www.maisondupain-d-alsace.org - ♿ - tlj sf lun. 9h30-12h30, 14h-18h, sam. 9h-12h30, 14h-18h, dim. 9h-12h30, 14h30-18h - fermé de mi-janv. à déb. fév., 1er janv., 1er Mai, 1er nov., 25 et 26 déc. - 4,60 € (-16 ans gratuit), Nuit des musées gratuit.

L'odeur du pain chaud vous incitera sans doute à y entrer. La première salle est consacrée à l'histoire de la boulangerie et de la meunerie. Dans une ancienne boulangerie, vous verrez ensuite tous les ustensiles qui étaient nécessaires avant l'ère industrielle. Suivent quelques conseils diététiques et des explications sur la qualité et la consommation du pain. Avant de regagner la boutique, rendez-vous dans l'ancienne salle de la Zunft (1522), maison de la corporation des boulangers qu'occupe aujourd'hui cette Maison du pain, dont vous admirerez le poteau central (pièce sculptée Renaissance) et les vestiges d'une fresque. ☹♂ Les enfants apprécieront les bandes dessinées et les maquettes à illuminer ou à animer. Quelques démonstrations et animations illustrent le propos de façon plus vivante encore.

À proximité

Châteaux de Ramstein et d'Ortenbourg

▶ *7 km, puis 1h15 à pied. Quittez Sélestat à l'ouest par la D 1059. À 4,5 km, tournez à droite dans la D 35 vers Scherwiller. À 2 km, prenez à gauche le chemin de terre. Laissez la voiture à Huhnelmuhl près de l'auberge. Suivez le sentier qui mène aux deux châteaux.*

Ruines intéressantes pour le panorama sur le val de Villé et la plaine de Sélestat.

Château de Frankenbourg

▶ *11 km, puis 1h15 à pied. Quittez Sélestat à l'ouest par la D 1059. À Hurst, prenez la D 167 vers la Vancelle. À 2 km, laissez la voiture et prenez le sentier à droite.*

Des ruines, belles vues sur les vallées de la Liepvrette et de Villé.

La Volerie des aigles

8,5 km, à Kintzheim. Quittez Sélestat par la D 159. ▶ 30mn à pied AR - ☎ 03 88 92 84 33 - www.voleriedesaigles.com - spectacles commentés (40mn) 1er avr. au 11 Nov. : apr.-midi ; 14 Juil. au 20 août : tlj sf dim. mat. et apr.-midi - fermé du 11 Nov. à fin mars - 9 € (-12 ans 6 €).

☹♂ Elle est installée dans l'enceinte du château médiéval de Kintzheim *(voir la route des Vins)* qui abrite près de 80 rapaces diurnes et nocturnes. Aigles, condors, vautours et faucons participent aux spectaculaires **démonstrations de vols★** en complète liberté, organisés durant la visite *(sauf par mauvais temps).*

Reprenez la voiture et continuez la route forestière, puis prenez la D 159. 2 km à droite un chemin aboutit aux clôtures électrifiées ceinturant la « Montagne des singes ».

La Montagne des singes

10 km, à Kintzheim. Quittez Sélestat par la D 159. ☎ 03 88 92 11 09 - www.montagnedessinges.com - juil.-août : 10h-18h ; avr.-oct. : 10h-12h, 13h-17h (18h en mai, juin et sept.), dim. et j. fériés 10h-17h ; fermé reste de l'année - 8 € (-15 ans 5 €).

☹♂ Dans ce parc de 20 ha, planté de pins, vivent en liberté 280 magots (ou macaques de Barbarie), bien adaptés au climat alsacien. Le parc contribue à la sauvegarde de cette espèce menacée : plusieurs centaines de singes ont déjà été réintroduits dans leur habitat nord-africain d'origine.

Musée-mémorial de la Ligne Maginot du Rhin (voir ligne Maginot)
15 km au sud-est. Quittez Sélestat par la D 159, puis D 424. 1,5 km après Marckolsheim, la casemate du mémorial apparaît sur le côté droit de la N 424.

Benfeld (voir nord de la vallée du Rhin)
20 km au nord-est. Quittez Sélestat par la D 1083.

Ebersmunster

8 km au nord-est par D 1083. Jadis siège d'une abbaye bénédictine célèbre qui aurait été fondée vers 660 par le duc d'Alsace Étichon et sa femme, les parents de sainte Odile. Édifiée par Peter Thumb, architecte autrichien, entre 1719 et 1727, l'actuelle **église abbatiale**★ est l'unique spécimen de style baroque en Alsace. Elle se signale de loin par ses trois clochers à bulbe.
L'**intérieur**★★ étonne par sa luminosité et la gaieté du décor, peint et stuqué, qui composent un cadre raffiné au mobilier élégamment sculpté. Par un sens aigu de la mise en scène chère au baroque, c'est vers le maître-autel (1728) que le regard est attiré. Coiffée d'une couronne en baldaquin, cette composition tout en sculptures et en dorures s'élève jusqu'à la voûte du chœur.

★★ **Château du Haut-Kœnigsbourg** (voir ce nom)

😊 NOS ADRESSES À SÉLESTAT

HÉBERGEMENT

PREMIER PRIX

Hôtel Dontenville – *94 r. du Mar.-Foch - 67730 Châtenois - ☎ 03 88 92 02 54 - rolland. dontenville@wanadoo.fr - 13 ch. 45/85 € - ☐ 8 €.* Charme et simplicité d'une demeure alsacienne du 16e s. à colombages. Sous leurs charpentes apparentes, les chambres du dernier étage ont notre préférence. Dans la petite salle boisée, on sert une cuisine du terroir.

Chambre d'hôte La Ferme Trau – *53 rte Nationale - 67600 Ebersheim - ☎ 03 88 85 73 31 - bernard.trau@wanadoo.fr - ☐ - 6 ch. 46,30 € ☐.* Cette ferme céréalière voisine de Sélestat a développé un concept original et plutôt réussi. Outre ses 6 chambres contemporaines disponibles toute l'année, elle dispose d'une piscine et propose une restauration chaque week-end. Spécialité réputée de tartes flambées au feu de bois.

BUDGET MOYEN

Hôtel Au Parc des Cigognes – *Rte de Sélestat - 67600 Kintzheim - ☎ 03 88 92 05 94 - www.cigoland. fr - fermé 24-25 déc. - ☐ - 45 ch. 48/58 € - ☐ 8,50 € - rest. formule déj. 9 € - 18/28 €.* Cette ferme avicole familiale, logée dans plusieurs bâtiments de style régional, s'est transformée au fil des années en hôtel-restaurant. Les chambres sont bien équipées et le restaurant propose une cuisine régionale très correcte. Bon rapport qualité-prix.

RESTAURATION

PREMIER PRIX

Auberge de la Paix – *R. du Prés.-Poincaré - ☎ 03 88 92 14 50 - fermé dim., lun. soir et merc. - 10,90/40 €.* La façade typiquement alsacienne et le nom pacifique de cette auberge mettent d'emblée de bonne humeur. Le chef y concocte des petits plats régionaux - assiette du marché, *schiffala* à la crème de raifort et kouglof glacé nappé d'un coulis de fruits rouges, etc. - qui séduiront les plus fins palais.

POUR SE FAIRE PLAISIR

Aux Deux Clefs – *72 r. du Gén.-Leclerc - 67600 Ebersmunster - 8 km au nord-est de Sélestat par D 1083 puis D 210 - ℘ 03 88 85 71 55 - www.deuxclefs. com - fermé 18-28 juil., 24 déc.-20 janv., lun. sf le midi de mars à déc., dim. soir et jeu. - 29/32 €.* Face à l'église abbatiale réputée pour son intérieur baroque ; le décor du restaurant est plus sobre, mais tout aussi soigné. Spécialités de matelote, friture, anguille, etc.

ACHATS

Pâtisserie-chocolaterie Benoît Wach – *7 r. des Chevaliers - ℘ 03 88 92 12 80 - 7h30-19h, sam. 7h30-18h, dim. 7h-13h, - fermé 2 sem. fin janv.-1 sem. fin juin-2 sem. après 15 août.* La façade en trompe l'œil, ornée d'un superbe chevalier polychrome réalisé par un ébéniste régional, vaut le détour. L'intérieur, signé du célèbre décorateur Edgar Mahler, aussi. Le Gâteau du chevalier (aux parfums de cannelle, girofle, gingembre et poire), Le Triple Choc, aux trois chocolats, et le dernier-né de la maison, à base de rhubarbe, sont à déguster sur place ou à emporter.

Marché du terroir – *Sam. 8h-12h .*

Kamm – *15 r. des Clefs - ℘ 03 88 92 11 04 - www.patisserie-kamm.fr - .8h-19h, sam. 8h-18h, dim.8h-13h - fermé lun., dim. apr.-midi.* En été, la vaste terrasse de cette pâtisserie attire beaucoup de monde. Le reste de l'année, les nombreux fidèles ne se lassent pas de fréquenter l'adresse qui propose de délicieuses mousses, une trentaine de chocolats aux parfums parfois originaux

(poivre, thé, kiwi), des glaces et des sorbets maison. Petite restauration à midi.

ACTIVITÉS

♣♣ Cigoland – *Rte de Sélestat - 67600 Kintzheim - ℘ 03 88 92 36 36 - www.cigoland.fr - juil.-août : 9h30-19h30 ; mars-avr. et w.-end : 10h-18h ; sept.-oct. 13h30-18h, w.-end 10h-18h ; mai-juin : 10h-19h - 12 € (enf. 10 €).* Sympathique petit parc d'attractions dédié à la cigogne. On peut visiter l'ensemble du site à bord d'un monorail aérien circulant à 5 m au-dessus du sol, et découvrir la vie de ces oiseaux dans les laboratoires de réintroduction en milieu naturel.

AGENDA

Fêtes de Noël – Fidèle à la tradition alsacienne de la Nativité, Sélestat, berceau de l'Arbre de Noël, propose de nombreuses animations originales. Exposition de grands sapins au marché de Noël, visites guidées, concerts, et autres animations, Sélestat fait aussi la part belle aux spécialités culinaires et notamment les fameux *winachtsbredele* de la Maison du pain d'Alsace. *Renseignements auprès de l'office de la Culture ℘ 03 88 58 85 75 ou auprès de l'office de tourisme au ℘ 03 88 58 87 20.*

Corso fleuri – *2e w.-end du mois d'août - ℘ 03 88 58 85 75 - www. corso-selestat.fr*

Sélest'Art – Cette biennale d'art contemporain a lieu chaque année impaire, de mi-septembre à mi-octobre, autour d'un thème. *℘ 03 88 58 85 75.*

Carnaval des fous – Venus des 4 coins de l'Europe, 2 000 carnavaliers paradent dans les rues de la ville *(février-mars).*

Dans le château du Haut-Kœnigsbourg.
Château du Haut-Kœnigsbourg

Château du Haut-Kœnigsbourg

★★

Bas-Rhin (67)

 NOS ADRESSES PAGE 505

S'INFORMER

Château du Haut-Kœnigsbourg – 📞 03 88 82 50 60 - www.haut-kœnigs-bourg.fr - ♿ - possibilité de visite guidée (1h) - juin-août : 9h15-18h ; avr.-mai : 9h15-17h15 ; reste de l'année : se renseigner - fermé 1er janv., 1er Mai, 25 déc. - 7,50 € (-18 ans gratuit), Journées du patrimoine gratuit.

SE REPÉRER

Plan de région A4 (p. 422) – carte Michelin Départements 315 I7. À l'ouest de Sélestat. La route d'accès (2 km) se trouve à l'intersection de la D 159 et de la 1B1, à hauteur de l'hôtel du Haut-Kœnigsbourg. À 1 km, prendre à droite la route à sens unique qui contourne le château.

À NE PAS MANQUER

Le panorama depuis le grand bastion.

AVEC LES ENFANTS

Des visites ludiques sont organisées pendant les vacances scolaires (du lundi au vendredi à 15h), ainsi qu'en juillet et en août (tous les jours à 11h, 13h30, 14h45 et 16h). La manifestation « Monument jeu d'enfant » (en octobre) anime le château le temps d'un week-end (jeux, ateliers, spectacles…).

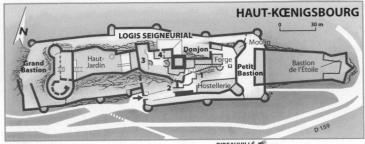

RIBEAUVILLÉ

Surprenant vaisseau de pierre de 270 m de long perché à près de 800 m, cette forteresse n'est ni un mirage ni la « Grande Illusion » qu'évoquait Jean Renoir dans le film qu'il y tourna en 1937. L'éperon de grès sur lequel le château est bâti surveille toutes les routes, qu'elles traversent l'Alsace ou mènent à la Lorraine : celles du vin, du blé et du sel.

Visiter

Témoin de l'importance stratégique de la région au Moyen Âge, ce *burg* fut construit par les Hohenstaufen au 12ᵉ s. Après un passage aux mains de chevaliers brigands qui en avaient fait leur quartier général, le château est récupéré par les Habsbourg au 15ᵉ s. Quelques siècles d'abandon plus tard, il est offert en 1899 par la ville de Sélestat à l'empereur Guillaume II, grand amateur de châteaux.

Après la porte et le massif de la herse, on atteint la basse-cour, où se trouvent les bâtiments d'intendance, nécessaires à l'autonomie du château en cas de siège : hostellerie (restaurant, boutique, librairie), écuries, forge et moulin. On accède par une rampe bordée de meurtrières au portail des Lions **(1)** et au fossé séparant le logis du reste du château. Un puits **(2)** fortifié, profond de 62 m, est construit en bordure de l'éperon rocheux sur lequel s'élève le logis. Au rez-de-chaussée de ce dernier, magnifique reconstitution médiévale, se trouvent le cellier **(3)** côté ouest, les cuisines **(4)** côté nord.

Depuis la cour intérieure, deux escaliers en colimaçon desservent les étages. Côté sud, deux balcons décorés des représentations des Neuf Preux.

UNE RESTAURATION MINUTIEUSE
Guillaume II a confié la restauration du château à l'architecte berlinois Bodo Ebhardt, spécialiste de la fortification médiévale. L'initiative germanique fut pourfendue par l'écrivain alsacien Hansi *(voir p. 514)*, qui déclarait à propos du Berlinois : « Son œuvre achevée, il tenta même l'impossible : donner une patine à ces murs, à ces pierres, à ces toits neufs. On vit alors des ouvriers martelant à grands coups les chéneaux de cuivres pour leur enlever la régularité du neuf, et arroser de couleur les murs et même les toits. » Bodo Ebhardt n'a rien laissé au hasard dans cette tentative de reconstruction exceptionnelle, selon les exigences de son impérial client. Les travaux se sont terminés en 1908. Dix ans après son inauguration, le château redevenait français !

Les appartements (chambre de séjour, chambre à coucher) occupent les côtés sud et nord. À l'ouest se trouvent les grandes salles : la salle des fêtes, suivie de la Chambre lorraine, enfin la salle d'armes. Dans la salle des fêtes, ou salle du Kaiser, une des fresques de Léo Schnug, expert en perspective, représente le siège du château en 1462. À l'est, le donjon restauré dans ses niveaux supérieurs. Le mobilier et les armes (15e-17e s.) ont été acquis au début du 20e s. pour recréer l'ambiance, que l'on imaginait alors, d'un château fort.

Après la traversée du Haut-Jardin, depuis le Grand Bastion, **panorama★★** au nord sur les ruines des châteaux de Frankenbourg, de Ramstein et d'Ortenbourg ; à l'est, de l'autre côté du Rhin, les hauteurs de Kaiserstuhl, en avant de la Forêt-Noire ; au sud, le Hohneck, et, à l'horizon, le Grand Ballon et la route des Vins ; à 200 m environ à l'ouest, ruines de l'Œdenbourg et du Petit-Kœnigsbourg.

Au pied des remparts un **Jardin médiéval** a été aménagé.

⊛ NOS ADRESSES AU CHÂTEAU DU HAUT-KŒNIGSBOURG

♿ Voir aussi nos adresses à Sélestat.

HÉBERGEMENT ET RESTAURATION

PREMIER PRIX

Hôtel Au Fief du Château – *20 Grand-Rue - 67600 Orschwiller - ℰ 03 88 82 56 25 - www.fief-chateau.com - fermé 3-9 mars, 25 juin-1er juil., 4-11 Nov. et merc. - 🅿 - 8 ch. 48 € - ⌑ 7 € - rest. 18/32 €.* Cet hôtel à la façade fleurie propose des chambres confortables et bien tenues. Au restaurant, outre les plats régionaux, on appréciera particulièrement le pavé de bœuf maison servi avec une escalope de foie gras et petits légumes. Prix raisonnables.

BUDGET MOYEN

Auberge La Meunière – *30 r. Ste-Anne - 68590 Thannenkirch - 5 km au sud-ouest du château* par D 159 puis D 42 - ℰ 03 89 73 10 47 - www.aubergelameuniere.com - fermé 23 déc.-24 mars - 🅿 - 25 ch. 70/140 € ⌑ - rest. 17/38 €. Cette maison en brique et bois est au cœur du village… et pourtant certaines de ses chambres, les plus belles, ouvrent leurs fenêtres côté campagne avec, au loin, les tours du château du Haut-Kœnigsbourg. Vous profiterez aussi de cette magnifique vue depuis la terrasse du restaurant.

AGENDA

Soirées médiévales – De mai à déc. et soirées médiévales musicales et théâtrales sur demande toute l'année. ℰ 03 88 82 37 80.

Colmar et vignoble alsacien

Église de Murbach.
Wojtek Buss / Agefotostock

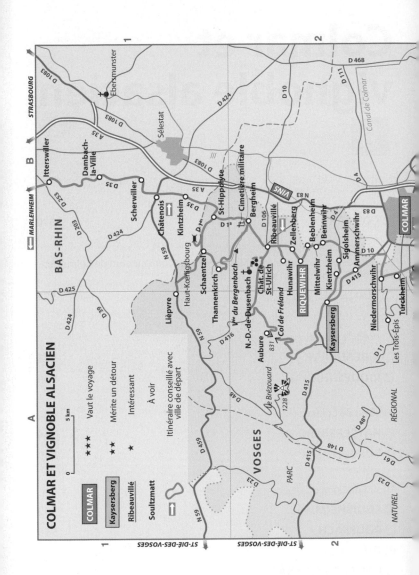

COLMAR ET VIGNOBLE ALSACIEN

0 — 5 km

COLMAR ★★★ Vaut le voyage

Kaysersberg ★★ Mérite un détour

Ribeauvillé ★ Intéressant

Soultzmatt À voir

Itinéraire conseillé avec ville de départ

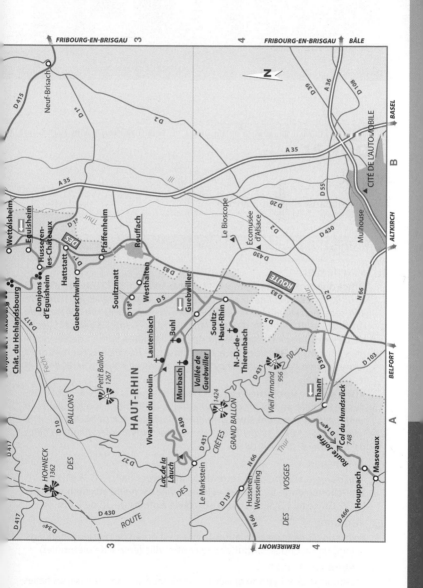

Colmar

★★★

65 713 Colmariens – Haut-Rhin (68)

NOS ADRESSES PAGE 517

 S'INFORMER

Office du tourisme de Colmar – *4 r. d'Unterlinden - 68000 Colmar - ℘ 03 89 20 68 92 - www.ot-colmar.fr - juil.-août : 9h-19h, dim. et j. fériés 10h-13h ; avr.-juin, sept.-oct. et marchés de Noël : 9h-18h, dim. et j. fériés 10h-13h ; reste de l'année : 9h-12h, 14h-18h, dim. et j. fériés 10h-13h - fermé 25 déc. et 1er Janv.*

Visites guidées – Des visites guidées de la vieille ville et de ses quartiers sont organisées de juil. à sept. ainsi que des visites thématiques toute l'année - *4 € - s'adresser à l'office de tourisme pour avoir les dates et les horaires.*

Visite guidée nocturne – Les plus beaux bâtiments de la ville sont inondés de lumière par un procédé dynamique réellement spectaculaire. *La féerie des lumières : sam. soir ; La magie de Noël : déc. 18h (sf 24, 25 et 31 : 11h) - durée 1h15 - 4 € (12-18 ans 2,50 €). Renseignements et réservations à l'office de tourisme ℘ 03 89 20 68 92.*

▶ **SE REPÉRER**

Plan de région B2 (p. 508) – carte Michelin Départements 315 I8. En voiture, à mi-chemin entre Strasbourg et Bâle, la ville est reliée aux deux cités par l'A 35. Grâce au TGV Est, Colmar se trouve à moins de 3h de Paris.

P **SE GARER**

En raison d'une forte circulation, la ville s'est dotée de plusieurs parkings, le long des avenues conduisant au centre-ville (en partie piétonnier).

À NE PAS MANQUER

Le retable d'Issenheim au musée d'Unterlinden, la Petite Venise, les belles maisons historiques, le musée Bartholdi…

🕐 **ORGANISER SON TEMPS**

Il serait dommage de ne pas s'arrêter au moins une nuit à Colmar, pour profiter notamment d'une des bonnes tables de la ville, mais aussi de la visite guidée nocturne (en saison) ou des différents spectacles.

La « Petite Venise »
J.L. Gallo / MICHELIN

👥 **AVEC LES ENFANTS**

Le musée animé du Jouet et des Petits Trains, une promenade en barque.

Qu'on visite la ville à pied ou en barque sur les canaux de la « Petite Venise », ses fontaines, ses maisons à colombages, ses géraniums aux balcons disent tout de son appartenance à l'Alsace… Ni les guerres ni le temps ne semblent l'avoir altérée. Si le patrimoine culturel est considérable, les plaisirs de la table le sont tout autant. Excellent point de départ pour découvrir la route des Vins, Colmar est aussi le lieu idéal pour mieux connaître l'Alsace gastronomique.

Découvrir

★★★ MUSÉE D'UNTERLINDEN (A1)

1 r. d'Unterlinden - 📞 03 89 20 15 50 - www.musee-unterlinden.com - possibilité de visite guidée (1h30) - mai-oct. : tlj 9h-18h ; 2 nov.-30 avr. : tlj sf mar. 9h-12h, 14h-17h - fermé 1er janv., 1er Mai, 1er nov., 25 déc. - 7 € (-18 ans 5 €), Printemps des musées gratuit.

La place d'Unterlinden, c'est-à-dire « sous les tilleuls », est traversée par le Logelbach (canal des Moulins). Le bâtiment du musée occupe un ancien couvent de dominicaines fondé au 13e s. et célèbre pour son mysticisme et son austérité. Fermé à la Révolution, devenu musée en 1849, il connaît aujourd'hui la célébrité grâce aux œuvres de Grünewald, Schongauer et Isenmann.

Rez-de-chaussée

Le **cloître★** a été construit au 13e s. dans le style gothique. Au milieu de la galerie ouest, une arcade plus haute et ornée surmonte la cuve de l'ancien lavabo. Puits Renaissance dans un angle. Les salles autour du cloître sont consacrées à l'**art rhénan** : peintures et sculptures, provenant parfois d'édifices religieux de la région, bronzes, vitraux, ivoires, tapisseries, datant de la fin du Moyen Âge ou de la Renaissance. Les primitifs rhénans sont représentés par Holbein l'Ancien, Cranach l'Ancien, Gaspard Isenmann et les gravures sur cuivre de Martin Schongauer dit « le beau Martin ».

Retable d'Issenheim★★★ – Il est conservé dans la chapelle, avec des œuvres de Schongauer et de son entourage (**retable de la Passion★★** en 24 panneaux). Le retable a été exécuté vers 1512-1516 par **Grünewald** pour l'église du couvent des Antonins d'Issenheim, ordre spécialisé dans le traitement du « mal des ardents » ou « feu de saint Antoine » (empoisonnement à l'ergot de seigle). Il était exposé dans l'église, ouvert de différentes façons selon les fêtes de l'année liturgique. Les statues de la caisse centrale, dues à Nicolas de Haguenau (vers 1490), n'étaient visibles qu'à la fête de saint Antoine. Morcelé à la Révolution, le retable n'est reconstitué qu'en 1930, le temps de retrouver l'ordre, tissé de significations cachées, de chaque panneau. Les historiens n'ont aucune certitude sur la vie de l'homme. En fait, Grünewald s'appelait Matthias Gothardt Neithardt, né à Würzburg vers 1460 et mort à Halle en 1528 (Grünewald est employé par commodité, on l'appelle aussi Maître Mathis). Mais on reconnaît de loin ses peintures, par leur style expressionniste, leurs couleurs audacieuses, l'art de leurs éclairages tour à tour crépusculaire, ardent, surnaturel, et leur mysticisme angoissé, violent et passionné.

Pour mieux percevoir le côté exceptionnel du retable d'Issenheim, voir d'abord les salles 1, 3 et 4. La vue depuis la tribune du 1er étage aide à saisir l'organisation des multiples tableaux. Fixées au mur, des maquettes reconstituent l'ensemble du retable.

Le réalisme des détails chargés de symbolique (carafe en verre, poignée de coffre, baquet) le dispute à l'invention, à la poésie (ange aux plumes vertes) et même à l'humour des décors et des personnages (soldat renversé, son casque sur le nez). La virtuosité du maître excelle dans le rendu des mains. Dans la Crucifixion, la douleur physique émane du corps raidi et bleui d'ecchymoses du supplicié et les mains semblent souligner la souffrance surhumaine du Christ.

COLMAR : QUELQUES REPÈRES HISTORIQUES

Un pigeonnier – Louis le Pieux, le premier, en 823, mentionne *Columbarium* (« le pigeonnier »), qui deviendra une étape de villégiature dans les déplacements des rois carolingiens, dont Charlemagne. Le domaine des Colombes s'est transformé en *Columbra*, puis en Colmar.

Un maire pas assez noble – Colmar est en lutte ouverte contre l'évêque de Strasbourg qui aimerait bien mettre la main sur la petite ville très convoitée. Mais c'est **Roesselmann**, le fils d'un tanneur, qui y exerce les plus hautes responsabilités, au grand dépit des nobles de la région. En 1261, ceux-ci prêtent main-forte à l'évêque pour se débarrasser de leur ennemi commun. Roesselmann ne se résigne pas et se réfugie chez Rodolphe de Habsbourg, futur empereur, dont l'aide lui permet de réoccuper les lieux. Mais un matin, une troupe aux couleurs de Rodolphe entre dans la ville : ce sont les soldats de l'évêque déguisés. Roesselmann réussit à repousser l'ennemi, mais y laisse la vie.

La Décapole alsacienne – Au 14e s., les Habsbourg, ambitieux, voulaient soumettre l'Alsace. Colmar se dote alors d'une charte communale en 1354 et la ville entre dans la Décapole alsacienne. Les villes membres de cette ligue se promettaient aide et entente mutuelle. Colmar renforce sa position grâce au soutien des villes alliées et garantit la paix à sa population pendant près de deux siècles.

Un tyran – Dès le 15e s., le tyran **Hagenbach**, installé en Alsace par l'empereur germanique Sigismond, tente de s'imposer sans y réussir et y laisse sa tête. Le glaive qui a décapité le tyran Hagenbach est conservé au musée d'Unterlinden.

1er étage

Il est consacré à l'histoire de la ville et des objets alsaciens : costumes, meubles, armes, étains, orfèvrerie, ferronnerie, porcelaines, faïences de Strasbourg (18e s.). Intérieurs reconstitués : chambre gothique aux murs et plafond lambrissés ; salon, dit « des demoiselles anglaises » (18e s.), au magnifique plafond peint en trompe l'œil dans le goût baroque. La cave du vigneron (pressoir à cabestan du 17e s.) est accessible depuis le cloître. Une partie du cloître est consacrée à l'histoire des bâtiments qui abritent le musée ainsi qu'aux acquisitions des collections.

Caves du couvent

Deux nefs admirablement conservées accueillent des collections allant de la préhistoire à l'époque mérovingienne. Le sous-sol comprend aussi une salle gallo-romaine (fragments de la mosaïque de Bergheim, 3e s.). La peinture du 20e s. n'est pas oubliée avec des œuvres de Renoir, Rouault, Picasso, Vieira da Silva, Nicolas de Staël ou Poliakoff.

Se promener

★★ LA VILLE ANCIENNE

◗ *Circuit* 1 *sur les plans I et II de la ville p. 515 et p.516, au départ de la place d'Unterlinden (proche de l'office de tourisme).*
Suivez la rue des Clefs.
On passe devant l'hôtel de ville du 18e s., aux beaux chaînages de grès rose, qui occupe l'ancien hôtel de Pairis, fondation cistercienne aujourd'hui disparue, qui se trouvait dans le val d'Orbey.
Place Jeanne-d'Arc, tournez à droite dans la Grand'Rue.

Temple protestant St-Matthieu (C)

☎ *03 89 41 44 96 - de mi-mai à mi-juin et de fin juil. au 15 oct. : 10h-12h, 15h-17h (sf cultes et concerts)*
Ancienne et vaste église des franciscains (13e-14e s.), caractéristique des ordres mendiants, il a retrouvé sa beauté et son harmonie premières après plusieurs années de restauration : élégant, jubé, vitraux des 13e et 15e s. Le plus remarquable est, en haut du collatéral droit, le **vitrail de la Grande Crucifixion★**, attribué à Pierre d'Andlau (15e s.).
Tournez à gauche vers la place du 2-Février pour voir l'**Ancien Hôpital** (C) du 18e s., construit avec les pierres provenant des fortifications démantelées et coiffé d'une haute toiture percée de lucarnes.
De retour dans la Grand'rue, on croise l'élégante **maison des Arcades★** (C) de style Renaissance flanquée aux angles de deux tourelles octogonales, puis la **fontaine Schwendi** (C). Sculptée par Bartholdi, la statue représente le général Schwendi (1522-1583) qui, selon une légende tenace, aurait introduit le cépage tokay en Alsace. Produit à partir du pinot gris, il diffère de son homonyme hongrois. La mention « Tokay-Pinot gris » n'est d'ailleurs plus légale depuis 2007, elle est remplacée par « Pinot gris ».
On arrive sur la place de l'Ancienne-Douane.
Dépassez la **maison du Pèlerin** (C) (1571).

Place de l'Ancienne-Douane (C)

C'est l'une des plus pittoresques de Colmar : nombreuses maisons à pans de bois, dont la **maison au Fer rouge** (à l'angle de la rue des Marchands) (C).

★ Ancienne Douane (ou Koifhus) (C)

N'hésitez pas à prendre du recul pour admirer cet imposant bâtiment couvert de tuiles vernissées. Au rez-de-chaussée du corps de logis principal (1480) on entreposait les marchandises soumises à l'impôt communal, et l'étage accueillait l'administration de la ville, le tribunal et le conseil des échevins. Sur la gauche, la tourelle d'escalier fin 16e s., à pans coupés et coiffée d'un clocheton, conduit à une jolie galerie de bois. La maison voisine du 16e s, qui abritait un marché aux beurres et graisses, vit naître en 1771 le futur général Rapp, fils du portier.

Continuez par la rue des Marchands.

★★ Maison Pfister (C)

Petit bijou de l'architecture locale, elle a été construite en 1537 pour un chapelier de Besançon. Façade peinte, à fresques, oriel d'angle vitré au premier étage et habilement intégré à la galerie de bois fin 16e s. du second étage, sculptée et soutenue par de belles consoles ouvragées.

Dans cette rue, voir la **maison Schongauer** (C) ou **de la Viole**, qui appartint à la famille de ce peintre (15e s.), et la **maison au Cygne** (C), où il aurait vécu ; au n° 9, un marchand sculpté dans le bois (1609).

Musée Bartholdi (C)

30 r. des Marchands - ℰ 03 89 41 90 60 - www.musee-bartholdi.com - mars-déc. : tlj sf mar. 10h-12h, 14h-18h (dernière entrée 1h av. fermeture) - fermé 1er Mai, 1er nov. et 25 déc. - 4,50 € (-18 ans 2,90 €).

La partie basse de la maison natale du sculpteur Auguste Bartholdi (1834-1904) a été transformée en musée d'Histoire locale (archives, sceaux, gravures). Les appartements au 1er étage, meublés comme au temps de l'artiste, évoquent sa vie et ses œuvres, du *Lion* de Belfort au *Vercingétorix* de Clermont-Ferrand. Le 2e étage est tout entier consacré à la célébrissime « Lady Liberty », la statue de la Liberté du port de New York. Une collection d'art juif est aussi présentée dans l'une des salles.

Un passage sous arcades en face du musée Bartholdi permet de rejoindre la place de la Cathédrale.

C'est ici que s'élèvent la **maison Adolphe** (1350) – la plus ancienne maison de Colmar – ainsi que l'**ancien corps de garde★** (C) de la ville (1575) devant lequel les membres des corporations juraient fidélité aux administrateurs de la ville. Il possède une magnifique loggia d'où le magistrat prêtait serment et annonçait les condamnations infamantes.

UNE VILLE D'ARTISTES

Martin Schongauer (1445-1491), né à Colmar, y a exécuté presque toute son œuvre peinte (retables) et ses nombreuses gravures ont été admirées autant par Dürer que par les artistes vénitiens de la Renaissance. Au 16e s., c'est un certain **Matthias Grünewald** qui laisse à la ville le fameux retable d'Issenheim. Plus tard, **Auguste Bartholdi** (1834-1904), le célèbre sculpteur de la statue de la Liberté, a reçu plusieurs commandes de sa ville natale. Né à Colmar, l'écrivain et aquarelliste Jean-Jacques Waltz, dit **Hansi** (1872-1951), avait aussi un grand talent de caricaturiste. Son crayon, vengeur à l'égard de l'occupant allemand dont il appuie les allures grotesques, se fait tendre, amusé et poète devant le petit peuple alsacien, représenté, plus vrai que nature, coloré, patriote et malicieux.

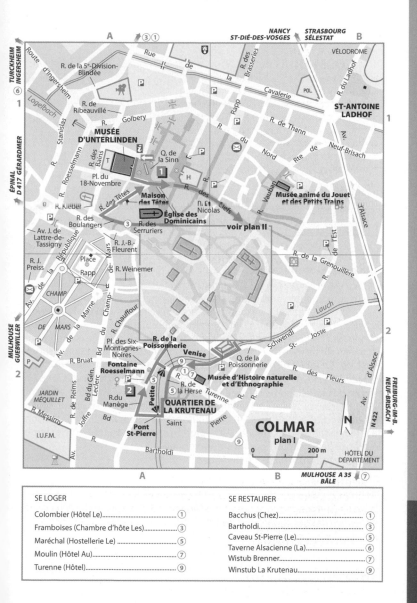

COLMAR
plan I

0   200 m

HÔTEL DU
DÉPARTEMENT

SE LOGER	
Colombier (Hôtel Le)	①
Framboises (Chambre d'hôte Les)	③
Maréchal (Hostellerie Le)	⑤
Moulin (Hôtel Au)	⑦
Turenne (Hôtel)	⑨

SE RESTAURER	
Bacchus (Chez)	①
Bartholdi	③
Caveau St-Pierre (Le)	⑤
Taverne Alsacienne (La)	⑥
Wistub Brenner	⑦
Winstub La Krutenau	⑨

★ Collégiale St-Martin (C)

L'élégant édifice gothique fut construit de 1237 au milieu du 14ᵉ s. Ici, on l'appelle couramment « cathédrale ». Elle est construite en grès jaune et le portail principal est encadré de deux tours. La tour sud porte un cadran solaire. Le **portail St-Nicolas**, signé « Maistre Humbret », est orné de la légende de saint Nicolas. À l'intérieur, remarquez le buffet d'orgues dû au facteur Silbermann au 18ᵉ s. Dans la chapelle absidiale, **Crucifixion★** sculptée du 14ᵉ s.

Quittez la place de la Cathédrale par la rue des Serruriers.

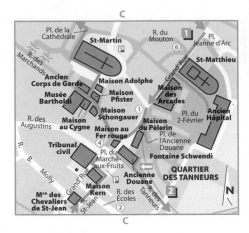

Église des Dominicains (A1)

Avr.-déc. : mat. et apr.-midi - 1,50 € (enf. 0,50 €).

La plus remarquable église que l'ordre mendiant réalisa dans les pays rhénans entre 1283 et 1310, aux longs piliers sans chapiteau avec de splendides **vitraux**★ des 14e et 15e s. et, devant le chœur, une œuvre majeure de Schongauer (1473), la **Vierge au buisson de roses**★★. La Vierge et l'Enfant se détachent sur un fond d'or couvert de rosiers pourpres, habité de toutes sortes d'oiseaux. Ce tableau admirablement conservé est d'une rare élégance.

Prenez ensuite la rue des Boulangers et tournez à droite dans la rue des Têtes.

Le nom de la rue comme celui de la **maison des Têtes**★ (A1), au n° 19, vient des nombreuses sculptures qui figurent en façade de cette demeure qui a pignon sur rue. La maison des Têtes (1609) est sûrement la plus belle maison de la Renaissance colmarienne. Sur le pignon à volutes, on trouve une statue en bronze de Bartholdi figurant sur un tonnelier.

Poursuivez jusqu'à la place d'Unterlinden.

★ LA PETITE VENISE (A2)

◖ *Circuit ② tracé en vert sur le plan de la ville p. 515. Au départ de la place de l'Ancienne-Douane, rejoignez la rue des Tanneurs, longée par un petit canal.*

Quartier des Tanneurs (C)

Bien que restauré dans les années 1970, il est resté typique de l'activité qui y régna jusqu'au 19e s. Les maisons à pans de bois y sont étroites et hautes : elles comportaient un grenier pour le séchage des peaux. *Franchissez le pont sur la Lauch.*

On entre dans le **quartier de la Krutenau**★ (A2), jadis peuplé de maraîchers qui circulaient sur les cours d'eau en barques à fond plat.

Suivez, à droite, le quai de la Poissonnerie.

Le **quai de la Poissonnerie**★ (A2) et ses maisons de pêcheurs à colombages toutes colorées aboutissent à la rue de Turenne, l'ancienne « Krutenau », jadis marché aux légumes.

Prenez à gauche la rue de la Herse, puis à droite la ruelle conduisant à la Lauch.

Promenade aménagée le long de la berge qui mène au **pont St-Pierre** (A2), d'où partent les promenades en barque *(voir le carnet d'adresses, rubrique « Visites »).* Remarquable **point de vue**★ sur la Petite Venise et le vieux Colmar.

À droite, la rue du Manège aboutit à la place des Six-Montagnes-Noires. La **fontaine Roesselmann** (A2), œuvre de Bartholdi, célèbre le héros colmarien.
À droite de la place, sur le pont, on retrouve la rivière qui baigne les vieilles maisons.

Rejoignez en face la rue St-Jean.

À gauche, la **maison des Chevaliers de St-Jean** (C) évoque un palazzo vénitien. La façade ornée de trois galeries dont deux à arcades datées de 1608 observe une rigoureuse symétrie.

La place du Marché-aux-Fruits est bordée par la maison Renaissance **Kern** (C) et par la jolie façade classique en grès rose de l'**ancien conseil souverain d'Alsace (1765)**★ (C), sur la gauche. L'Ancienne Douane est en face.

Rejoignez la place de l'Ancienne-Douane par la rue des Tanneurs.

À voir aussi

Musée animé du Jouet et des Petits Trains (B1)

40 r. Vauban - ℘ 03 89 41 93 10 - www.museejouet.com - ᵴ - juil.-août : 10h-19h ; sept. : 10h-12h, 14h-18h ; reste de l'année : tlj sf mar. 10h-12h, 14h-18h - fermé 1ᵉʳ janv., 1ᵉʳ Mai, 1ᵉʳ nov., 25 déc. - 4,50 € (- 8 ans gratuit), Nuit des musées gratuit.

Installé dans un ancien cinéma, un coin de paradis pour petits et grands enfants : poupées, chevaux, avions, machines à coudre, sans oublier wagons et locomotives de la collection Trincot (circuit de plus de 1 000 m où circulent une vingtaine de trains). Amusantes vitrines animées sur le thème de la fête foraine et du cirque, théâtre de marionnettes.

Musée d'Histoire naturelle et d'Ethnographie (B2)

11 r. Turenne - ℘ 03 89 23 84 15 - www.museumcolmar.org - possibilité de visite guidée - tlj sf mar. 10h-12h et 14h-17h, dim. 14h-18h - fermé 22 déc.-1ᵉʳ janv., 1ᵉʳ Mai, 1ᵉʳ nov. - 2 € (-7 ans gratuit).

Mammifères, oiseaux et poissons d'Alsace naturalisés sagement rangés dans une maison du 17ᵉ s. La salle de géologie explique la diversité des paysages de la région et une collection d'égyptologie complète une section d'ethnologie et de minéralogie.

NOS ADRESSES À COLMAR

VISITES

Train touristique – *℘ 03 89 24 19 82 - www.colmar-petit-train. fr - avr.-oct. : visite commentée (35mn), tlj 9h-18h - dép. toutes les 30mn quai de la Sinn (face au musée Unterlinden) - 6 € (-12 ans 3,50 €).*

Promenade en barque – Dans la « Petite Venise » : embarquement au bas du pont St-Pierre. *℘ 03 89 41 01 94 - www. sweetnarcisse.com - promenade* accompagnée (30mn) - mars-oct. - 6 € (-10 ans gratuit).

Association des bateliers de la Lauch - *℘ 03 89 23 59 31 - avr.-sept.* Visite commentée de 30mn dans « le sillage des maraîchers d'autrefois ». Croisière-repas sur le canal de Colmar à la découverte du Ried alsacien (journée ou demi-journée), en traversant des paysages typiques de la vallée rhénane.

Aqua-découverte - *Port de plaisance - ℘ 06 30 70 51 30 - www. aqua-decouverte.com*

HÉBERGEMENT

PREMIER PRIX

Chambre d'hôte Les Framboises – *128 r. des Trois-Épis - 68230 Katzenthal - 8 km au nord-ouest de Colmar par la D 415 puis la D 10 -* 🕾 *03 89 27 48 85 - www. gites-amrein.com -* 🅿 *- 5 ch. 52 € ⚏..* Quittez donc Colmar pour venir vous mettre au vert dans ce village entouré de vignes. L'hôte-propriétaire, qui par ailleurs distille le marc de gewurztraminer, propose sous les toits de sa maison quelques chambres lambrissées. Le matin, ne manquez pas le spectacle de marionnettes…

BUDGET MOYEN

Hôtel Turenne – *10 rte de Bâle -* 🕾 *03 89 21 58 58 - www. turenne.com - 82 ch. 65/75 € - ⚏ 8,50 €.* Architecture d'inspiration régionale, chambres fonctionnelles, copieux buffet de petits-déjeuners et prix sages : une adresse pratique à deux pas de la Petite Venise.

Hôtel Au Moulin – *rte d'Herrlisheim - 68127 Ste-Croix-en-Plaine sur D 1 - 10 km au sud de Colmar par la E25 -* 🕾 *03 89 49 31 20 - www.aumoulin.net - ouvert 1er avril-20 déc. et fermé dim. soir -* 🅿 *- 16 ch. 61/80 € - ⚏ 9 €.* Les chambres de ce moulin, confortables et entièrement refaites, ont vue sur les Vosges. Petit musée d'objets alsaciens anciens. Restauration d'appoint (plats locaux).

POUR SE FAIRE PLAISIR

Hôtel Le Colombier – *7 r. Turenne -* 🕾 *03 89 23 96 00 - www.hotel-le-colombier.fr - fermé 24 déc.-2 janv. - 28 ch. 86/225 € - ⚏ 12 €.* Le cadre contemporain et le mobilier créé par un designer italien soulignent le charme authentique de cette bâtisse régionale du 15e s. Escalier Renaissance, paisible patio.

POUR SE FAIRE PLAISIR

Hôtel St-Martin – *38 Grand'Rue -* 🕾 *03 89 24 11 51 - www.hotel-saint-martin.com - fermé 23-26 déc. et 1er janv.-8 mars -* 🅿 *- 40 ch. 89/154 € - ⚏ 12 €.* Dans le quartier historique, trois maisons des 14e et 17e s. réparties autour d'une cour intérieure avec tourelle et escalier Renaissance. Chambres personnalisées.

UNE PETITE FOLIE

Hostellerie Le Maréchal – *4 pl. des Six-Montagnes-Noires -* 🕾 *03 89 41 60 32 - www.le-marechal.com - 30 ch. 105/225 € - ⚏ 15 € - rest. (fermé 5-22 janv.) 28/78 €.* Les chambres de ces ravissantes maisons alsaciennes de la Petite Venise affichent un côté bonbonnière (sauf deux, un peu plus vieillottes). Très bon petit-déjeuner régional. Au restaurant, décor à thème musical et spectacle enchanteur de la Lauch.

RESTAURATION

La visite de la ville vous mènera sûrement du côté de la place de l'Ancienne-Douane où officient plusieurs restaurants traditionnels. Au menu, choucroute, coq au riesling ou tartes flambées. Vous pourrez vous laisser tenter par le charme latin des pizzerias et bars à tapas.

PREMIER PRIX

Wistub La Krutenau – *1 r. de la Poissonnerie -* 🕾 *03 89 41 18 80 - ♿ -* 🅿 *- 7/9 €.* Au menu de cette *winstub* au bord de la Lauch : promenades en barque dans la Petite Venise et tartes flambées sur la terrasse fleurie le long du canal en été… Une façon très ludique de découvrir ce ravissant quartier de Colmar.

Le Caveau St-Pierre – *24 r. de la Herse -* 🕾 *03 89 41 99 33 - www. lecaveausaintpierre-colmar.com*

- tlj sf lun.- fermé 3 sem. en nov.
- 14/39 €. Un petit coin de paradis que cette maison du 17e s. à laquelle on accède par une jolie passerelle en bois enjambant la Lauch. Décor rustique fidèle à la tradition alsacienne et terrasse les pieds dans l'eau. Plats du terroir.

Schwendi Bier-U-Wistub – 23-25 Grand'Rue - ℘ 03 89 23 66 26 - fermé 25 déc.-1er janv. - formule déj. 16,50 € - 8/18 €. D'entrée, on éprouve de la sympathie pour cette charmante *winstub* idéalement située au cœur du vieux Colmar. Le décor, où domine le bois, et la cuisine, copieuse et de qualité, célèbrent l'Alsace. Vaste terrasse pour la belle saison.

BUDGET MOYEN

Wistub Flory – 1 r. Mangold - ℘ 03 89 41 78 80 - fermé 25 déc. - &. - 15 €. Le *Stammtisch*, vous connaissez ? Cette table réservée à tout dégustateur de vin blanc est dotée en son centre d'une clochette. Le hic, c'est que nombre de clients s'amusent à toucher celle-ci, et que le moindre tintement signifie… une tournée générale. Cuisine régionale sans reproche et fresque murale valant le détour.

La Maison Rouge – 9 r. des Écoles - ℘ 03 89 23 53 22 - www.maison-rouge.net - fermé dim., lun., fin déc.-déb. janv.- 2e sem. juil. - & - formule déj. 9,50 € - 23,60/39,90 €. La façade peut paraître anodine, mais l'intérieur rustique de ce restaurant vous séduira : poutres, mobilier alsacien, objets décoratifs liés au monde de la vigne… Cuisine régionale et plats maison comme le jambon à l'os braisé à la broche ou la fondue vigneronne.

Wistub Brenner – 1 r. Turenne - ℘ 03 89 41 42 33 - www.wistub-brenner.fr - fermé 23 juin-1er juil., 10-18 nov., 5-20 janv., mardi et merc. - 21/27 €. Ambiance décontractée et animée dans cette authentique *winstub* agrandie d'une sympathique terrasse. Cuisine du pays (tête de veau, pieds de porc…) et ardoise de suggestions.

Chez Bacchus – 2 Grand'Rue - 68230 Katzenthal - ℘ 03 89 27 32 25 - bacchus-katzenthal@wanadoo.fr - fermé 5-25 janv., 22-28 juin,, 16-22 nov., ouv. du jeu. au dim. soir du 1er oct.-14 Juil., merc.-dim. soir du 14 Juil., au 30 sept. du 15 juil. - P - formule déj. 10 € - 16/25 €. Belle ambiance conviviale dans cette maison de 1789 installée dans un village de vignerons. Sous les poutres massives de cette *winstub*, la cuisine alsacienne servie ici comblera les plus affamés. Et pour les enfants, des marionnettes automatisées s'animent avec entrain.

POUR SE FAIRE PLAISIR

Bartholdi – 2 r. Boulangers - ℘ 03 89 41 07 74 - http://restaurant-bartholdi.monsite.wanadoo.fr/ - fermé 30 juin-7 juil., vacances de fév., dim. soir et lundi - 22/53 €. Amoureux de vins alsaciens, vous trouverez forcément votre bonheur parmi l'immense choix de crus régionaux que propose cette maison aux allures de winstub. Plats traditionnels.

AUX ENVIRONS DE COLMAR

La Taverne Alsacienne – 99 r. de la République - 68040 Ingersheim - à 5 km à l'ouest de Colmar - ℘ 03 89 27 08 41 - www.tavernealsacienne-familleguggenbuhl.com - fermé 1er-10 janv., 21 juil.-7 août, 10-18 nov., jeu. soir sf déc., dim. soir et lun. - 20/55 €. Au bord de la Fecht, vaste salle à manger contemporaine et claire où sont proposées des recettes classiques et régionales. Belle carte de vins alsaciens. Plats du jour servis au bar.

ACHATS

Fortwenger – *32 r. des Marchands - ℘ 03 89 41 06 93 - www. fortwenger.fr - 9h30-12h30, 13h30-19h, sam. 9h30-12h30, 13h30-18h30, dim. 10h-12h30, 13h30-18h - fermé 25 déc. et 1er janv.- 3 sem. janv.* C'est à Gertwiller que Charles Fortwenger fonda en 1768 sa fabrique de pain d'épice mais c'est dans le magasin de Colmar que vous trouverez un large choix de savoureux produits : chocolat, miel, sucre glace, anis, cannelle, etc. Également, spécialités régionales et souvenirs.

Caveau Robert-Karcher – *11 r. de l'Ours - ℘ 03 89 41 14 42 - www. vins-karcher.com - tlj sf dim. apr.-midi 8h-12h, 13h30-19h - fermé vend. Saint, Pâques, 25, 26 déc. et 1er janv.* Le domaine viticole Karcher occupe une ancienne ferme (1602) située en plein cœur du vieux Colmar. Les crus que l'on y vend proviennent exclusivement du vignoble appelé Harth de Colmar (à 6 km du centre) : vins des 7 cépages d'Alsace, souvent récompensés. Caveau de dégustation et visite possible de la propriété..

Maison des Vins d'Alsace - Civa – *12 av. de la Foire-aux-Vins - BP 11217 - ℘ 03 89 20 16 20 - www.vinsalsace.com - tlj sf w.-end 9h-12h, 14h-17h - fermé 25 déc.-1er janv. et j. fériés.* Cet important centre dédié à la « dive bouteille » regroupe 5 organismes viticoles régionaux. Carte en relief situant villages et grands crus, expositions, films, brochures, affiches, objets publicitaires… Tout, tout, tout, vous saurez tout sur les vins alsaciens.

Coco LM – *14 pl. de la Cathédrale - ℘ 03 89 21 85 10 - www.coco-lm.com - 9h-19h (janv.-mars : 10h-18h).* Chez Coco LM, on déguste avant d'acheter. De toute façon, tout est bon… 40 variétés de *bredele*, le *kougelhopf* traditionnel, le *berawecka* à base de dattes, de figues, de poires, d'abricots, etc., les bretzels et les pains d'épice assurent le succès de cette maison spécialisée dans les pâtisseries régionales.

Domaine viticole de la Ville de Colmar – *2 r. du Stauffen - ℘ 03 89 79 11 87 - www. domaineviticolecolmar.fr - tlj sf dim. 8h-12h, 14h-18h, sam. 9h-12h - fermé j. fériés.* Ce domaine fondé en 1895 (environ 25 ha) cultive les 7 cépages alsaciens et propose des vins de sélection, des cuvées spéciales, des grands crus et des vendanges tardives. Les crémants d'Alsace, les vins des Hospices de Colmar et le grand cru pfersigberg (gewurztraminer) méritent bien des éloges.

EN SOIRÉE

Les spectacles programmés en ville figurent sur la brochure mensuelle disponible à la mairie ou à l'office de tourisme. La presse locale relaie l'information chaque semaine dans son programme des festivités.

Atelier du Rhin – *6 rte d'Ingersheim - ℘ 03 89 24 31 78 - www.atelierdurhin.com - billetterie 9h-12h30, 13h30-18h30 - fermé sam. et dim.-sf j. de représentations-dernière sem. juil. et deux 1er sem. août - 18 €.* Comédies, spectacles d'humour, chansons, ballets et opéras.

Soirées folkloriques – *pl. de l'Ancienne-Douane - ℘ 03 89 20 68 93 - www.ot-colmar. fr - 10 mai-sept. : mar. à 20h30.*

Théâtre municipal – *3 r. d'Unterlinden - ℘ 03 89 20 29 01 - www.ville-colmar.fr - billetterie 8h-12h, 14h-18h30 - fermé août.* Propose des pièces classiques, des comédies et des opéras.

AGENDA

Noël à Colmar – Marché, patinoire de plein air et tremplin de saut à ski sur la place Rapp *(de fin nov. à fin déc.) - ☎ 03 89 20 68 92 - www.noel-colmar.com.*
Foire aux vins d'Alsace – Foire aux vins d'Alsace *(1re quinz. août).*

Festival international de Colmar – Parmi les premiers festivals européens de musique classique, il a lieu chaque année début juillet. À cette occasion, la ville est illuminée (900 points). *www.festival-colmar.com*

Route des Vins

★★★

Bas-Rhin (67) et Haut-Rhin (68)

🍷 NOS ADRESSES PAGE 530

🚩 **S'INFORMER**

Maison des vins d'Alsace – *12 av. Foire aux Vins - 68 000 Colmar - ☎ 03 89 20 16 20 - www.vinsalsace.com -* *- 4 janv.-23 déc. : tlj sf w.-end et j. fériés 12h, 14h-17h.*
Office du tourisme de Barr – *1 pl. de l'Hôtel de ville - 67140 Barr - ☎ 03 88 08 66 65 - www.pays-de-barr.com - juil.-août : 9h-18h, dim. 10h-12h, 14h-18h ; reste de l'année : 9h-12h, 14h-18h, dim. et j. fériés 14h-18h - fermé 25 déc.*
Office du tourisme de Dambach-la-Ville – *Pl. du Marché - 67650 Dambach-la-Ville - ☎ 03 88 92 61 00 - www.pays-de-barr.com - juil.-août : 9h-12h, 14h-18h, dim. 10h-12h ; reste de l'année : tlj sf dim. et j. fériés 10h-12h, 14h-17h.*
Office du tourisme de Kintzheim – *Route de Sélestat - 67600 Kintzheim - ☎ 03 88 82 09 90 - pour les horaires : se renseigner.*

▶ **SE REPÉRER**

Plan de région de B1 à A4 (p. 508) – carte Michelin Départements 315 I/G 5/10. La route des Vins va de Marlenheim à Thann, mais peut se faire en sens inverse !

😊 **À NE PAS MANQUER**

Tous les lieux cités ici ont leur charme, mais la route est longue. Alors pour les plus pressés, citons : Obernai, Riquewihr, Kaysersberg et Colmar. Et enfin, le musée du Vignoble et des Vins à Kientzheim.

🕐 **ORGANISER SON TEMPS**

Sur le parcours de la route des Vins, 39 sentiers viticoles sont balisés et jalonnés de panneaux explicatifs. Mais attention, certains d'entre eux peuvent voir leur accès réglementé lors des vendanges (se renseigner). Enfin, de nombreuses fêtes célébrant les vendanges émaillent le calendrier.

👥 **AVEC LES ENFANTS**

Le centre de réintroduction des cigognes et des loutres et les jardins des Papillons exotiques vivants, à Hunawihr.

C'est peut-être la route gastronomique la plus fameuse de France. Vous allez pouvoir l'emprunter sur 125 km, de Marlenheim jusqu'à Thann, et varier les plaisirs, entre l'histoire et le présent, les vignes, les jolis villages, les vieux châteaux, les caves de dégustation, les bonnes tables, les petites chapelles, les fêtes vigneronnes et les abbayes. Depuis que les Romains ont planté quelques ceps de vigne sur sa terre, on peut dire que l'Alsace a su les faire fructifier. Au Moyen Âge, ce sont les communautés religieuses qui ont tout particulièrement œuvré à l'essor de cette noble et rentable activité. Les coteaux, même les plus escarpés, mais bien exposés, sont occupés par 80 % du vignoble.

Itinéraires conseillés

DE MARLENHEIM À CHÂTENOIS

◐ *Pour visualiser cet itinéraire* ⒈, *reportez-vous au plan ci-contre – 68 km – environ 4h.*
Jusqu'à Rosheim, la route n'aborde pas franchement les contreforts des Vosges et les villages ont encore les caractères des villages de plaine.

Marlenheim
Ce centre viticole, point de départ de la route des Vins, se situe au cœur d'un vignoble qui rassemble, sous l'appellation de *Couronne d'Or*, les villages de Traenheim, Wolxheim, Bergbieten, Dahlenheim où sont produits quelques vins remarquables…

Wangen
Avec ses rues sinueuses, ses vieilles maisons, les arcs de ses portes de cour, Wangen est le type même du village viticole. Jusqu'en 1830, ses habitants devaient chaque année verser à l'abbaye St-Étienne de Strasbourg, propriétaire du village, un impôt de 300 hl de vin. La Fête de la fontaine vient chaque année rappeler cette coutume *(voir le carnet d'adresses, rubrique agenda)*. Ne pas oublier ses fortifications médiévales avec les deux tours, dont la « Niedertorturm ».

Westhoffen
Ce village de vignerons, ancienne dépendance d'un domaine royal franc hérité des Romains, a gardé des maisons anciennes des 16e et 17e s. et une fontaine Renaissance. Dans l'église St-Martin, un chœur et des vitraux du 14e s.

Avolsheim *(voir Molsheim)*

★ Molsheim *(voir ce nom)*

★ Rosheim *(voir ce nom)*
Désormais, la route serpente dès qu'on s'élève, la vue s'étend sur la plaine d'Alsace, tandis qu'apparaissent, perchées sur des promontoires, les ruines de nombreux châteaux : ceux d'Ottrott, du Landsberg ou un peu plus loin ceux de Spesbourg et d'Andlau.

Bœrsch
Bœrsch possède trois anciennes portes. Franchissant la porte du Bas, on atteint la **place★** sur laquelle s'élève l'hôtel de ville du 16e s. et quelques belles vieilles maisons. Pour sortir de Bœrsch, passer sous la porte du Haut. À quelques centaines de mètres, à l'extérieur, on découvre le charmant hameau de St-Léonard qui abrite L'**atelier de marqueterie d'art Spindler**. Charles

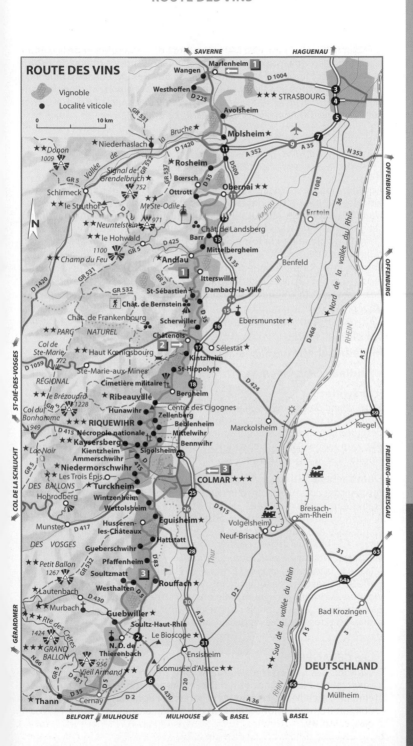

Spindler (1865-1958) travailla à la sauvegarde du patrimoine et de la culture alsacienne dans une province devenue allemande après la guerre de 1870. Il fut l'un des créateurs du Musée Alsacien de Strasbourg. *L'atelier a aménagé une galerie d'exposition de tableaux marquetés et une présentation audiovisuelle sur son activité.* 🕿 03 88 95 90 17 - www.spindler.tm.fr - *tlj sf dim. et j. fériés 10h-12h, 14h-18h - fermé Vend. saint, 26 déc. - gratuit.*

Ottrott *(voir le Hohwald)*

★★ Obernai *(voir ce nom)*

Barr

Ancienne cité industrielle, cette agréable localité est un important centre viticole, produisant des vins de choix : sylvaner, riesling et surtout gewurztraminer. L'hôtel de ville, du 17e s., est décoré d'une loggia et d'un balcon sculpté : pénétrer dans la cour pour voir la façade postérieure. Autour de l'hôtel de ville, a lieu la foire aux vins annuelle *(voir le carnet d'adresses, rubrique « Agenda »).*

Entourée de vignes, la **Folie Marco**, maison patricienne du 18e s., abrite un musée où sont exposés meubles anciens du 17e au 19e s., faïences, porcelaines, étains et souvenirs locaux. Le petit jardin est harmonieusement dessiné. 🕿 *03 88 08 66 65 - www.barr.fr - possibilité de visite guidée - juin-sept. : tlj sf mar. 10h-12h, 14h-18h ; mai et oct. : w.-end et j. fériés 10h-12h, 14h-18h - 5 € (-16 ans gratuit), Journées du patrimoine gratuit.*

Mittelbergheim *(voir le Hohwald)*

★ Andlau *(voir ce nom)*

Itterswiller

Situé à flanc de coteau, ce charmant village viticole aux maisons fleuries est traversé par une ancienne voie romaine. Son église à clocher partiellement gothique conserve des fresques romanes.

🐾 Depuis le village, un circuit d'une heure, « Vins et gastronomie », vous conduit à un joli panorama avec table d'orientation.

Dambach-la-Ville

Au creux des coteaux, centre d'un vignoble renommé (grands crus classés du Frankstein), cette belle cité est dominée de plus de 500 m par un massif boisé. À l'intérieur des remparts, dont subsistent trois vieilles portes, on découvre un centre ancien et fleuri, avec, bien sûr, des maisons à pans de bois et à colombages. C'est ici que siège la confrérie des Bienheureux du Frankstein. *400 m après la porte Haute, tournez à gauche.*

À la fin de la montée, prendre à droite un chemin qui s'élève jusqu'à la **chapelle St-Sébastien** à la tour romane. Vue étendue sur la plaine d'Alsace et le vignoble. À l'intérieur de la chapelle, ancien lieu de pèlerinage, le maître-autel baroque fin 17e s. est en bois sculpté et figure la Sainte Famille. Un ossuaire roman est adossé au chevet de la chapelle.

LES CÉPAGES

Les noms des sept cépages autorisés sont : riesling, gewurztraminer, sylvaner, pinot blanc, pinot gris, muscat d'Alsace et pinot noir. En Alsace, et nulle part ailleurs, ce sont les cépages qui donnent leur nom au vin, obligatoirement embouteillé dans sa région d'origine. Pour en savoir plus, voir p. 49.

Hunawihr, sur la route des Vins.
C. Koserowsky / Agefotostock

En continuant le chemin *(2h à pied AR)*, on arrive aux ruines du **château fort de Bernstein**, construit aux 12ᵉ et 13ᵉ s. par les comtes d'Eguisheim. sur une arête granitique, dont il reste un corps de logis et un donjon pentagonal. Très belle vue sur la plaine d'Alsace.

Scherwiller

C'est au pied des châteaux forts de l'Ortenbourg et du Ramstein, que le duc de Lorraine mit fin à la guerre de des Rustauds le 10 mai 1525. Scherwiller conserve un ancien corps de garde à oriel, le Wachtaus, et de belles maisons à colombages du 18ᵉ s. D'anciens lavoirs longent des berges de l'Aubach.

Châtenois

On y remarque la tour des Sorcières, porte du 15ᵉ s. surmontée d'un étage de bois flanqué de quatre échauguettes. Il reste une double enceinte du château disparu. La mairie remonte au 15ᵉ s.

DE CHÂTENOIS À COLMAR

Pour visualiser cet itinéraire ②, reportez-vous au plan p. 523 – 54 km – environ 5h.
Jusqu'à Ribeauvillé, la route est dominée par de nombreux châteaux : masse imposante du Haut-Kœnigsbourg, ruines des châteaux de Kintzheim, St-Ulrich, Girsberg et Haut-Ribeaupierre.

Kintzheim

Le château du 13ᵉ s., construit sur une avancée du Staufenberg, surplombe le village. Après bien des vicissitudes (destructions en 1298 sous Conrad de Lichtenberg et en 1632 par les Suédois), il abrite aujourd'hui la Volerie des aigles *(voir Sélestat)*.

De nombreuses randonnées sont possibles au départ du village.

St-Hippolyte *(voir Ribeauvillé)*

Bergheim

À deux pas de la porte Haute, ancienne entrée fortifiée de l'enceinte du 14e s., un tilleul daté de 1300 donne une idée de l'ancienneté de ce bourg viticole. Le mur d'enceinte médiéval subsiste encore au nord, flanqué de tours rondes, celle de la Poudrière ou celle des Sorcières. On peut voir de nombreuses maisons anciennes. Une jolie fontaine se trouve sur la place du Marché. L'**église** de grès rouge conserve des éléments du 14e s. (abside, chœur et base du clocher, peinture murale) dans une construction contemporaine de l'hôtel de ville, bâti au 18e s.

Cimetière militaire allemand

1 200 m après Bergheim. À la sortie nord de la localité, prenez à droite une route en montée se détachant de la D 1ᴮ.

Cette nécropole aligne sur les pentes de la colline les sépultures de soldats allemands tombés durant la dernière guerre. De la croix érigée au sommet du cimetière, **panorama★** sur les crêtes vosgiennes avoisinantes à l'ouest, le château du Haut-Kœnigsbourg au nord, Sélestat et la plaine d'Alsace au nord-est et à l'est.

★ Ribeauvillé *(voir ce nom)*

Au-delà de Ribeauvillé, la route s'élève à mi-pente des coteaux et la vue se dégage sur la plaine d'Alsace. C'est entre Ribeauvillé et Colmar que se trouve le cœur du vignoble alsacien. Villages et bourgs viticoles aux crus réputés se succèdent alors sur les riches coteaux bien exposés au soleil et protégés par les plus hauts sommets vosgiens.

Hunawihr

Ici, c'est le riesling qui profite du soleil. Mais Hunawihr, outre son église et son cimetière, compte deux curiosités vraiment étonnantes : le parc des Cigognes et la serre aux Papillons. Ces rendez-vous animaliers donneront des ailes aux enfants… entre deux visites de monuments.

Centre de réintroduction des cigognes et des loutres – ℘ 03 89 73 72 62 - www.cigogne-loutre.com - & - juin : 10h-18h, juil. 18h30, août 19h ; avr.-mai et sept.-oct. : 10h-12h30, 14h-18h (avr. 17h30, oct. 17h) ; mars : 10h-12h, 14h-16h30 - 8,50 € (5-12 ans 5,50 €). Pas d'Alsace sans cigognes, ce pourrait être un slogan. Depuis 1976, les responsables du centre s'attachent à supprimer l'instinct migratoire des cigognes alsaciennes qui étaient en voie de disparition, pour un certain nombre de raisons : chasse, lignes électriques, sécheresse en Afrique, etc. On peut faire perdre à une cigogne cet instinct en l'enfermant pendant trois ans, mais la nature est plus forte et les jeunes n'ont qu'une idée en tête : partir quand l'été s'achève. Seul un petit nombre parviendra à revenir au nid. On peut découvrir la nidification, plusieurs couples évoluant librement, et voir les nouveau-nés du printemps. Plus de 200 cigognes sont élevées au centre.

En 1991 a été adjoint au site un **centre de reproduction de la loutre**, disparue des rivières françaises. La loutre fait ainsi son retour dans la région, après le castor et le saumon. Chaque après-midi ont lieu plusieurs **spectacles d'animaux pêcheurs** : le bassin vitré permet d'apprécier les techniques de pêche et de nage des cormorans, manchots, otaries et des fameuses loutres. ℘ 03 89 73 72 62 - Spectacle : juin-juil. : 14h30, 16h, 17h ; août : 14h45, 15h45, 16h45, 17h45 ; mai, sept. : 15h, 16h, 17h ; avr., oct., nov. : 15h, 16h ; mars 15h.

Jardins des Papillons exotiques vivants – ℘ 03 89 73 33 33 - www.jardins-despapillons.fr - & - avr.-oct. : 10h-18h - 7,50 € (-5 ans 5 €). Plus de 150 espèces de papillons, de toutes tailles, aux couleurs chatoyantes, évoluent en liberté dans une vaste serre climatisée parmi une végétation luxuriante (orchidées, fleurs de la passion). Ces beautés éphémères, qui vivent une quinzaine de jours en moyenne, viennent d'Afrique, d'Asie et d'Amérique. Grâce à l'éclosoir, on peut observer leur cycle de vie complet.

Église – *Gagnez le centre du village et, avant la fontaine située près de la mairie, prenez à gauche la rue de l'Église puis gravissez un raidillon.*

Son lourd clocher carré a l'allure d'un donjon. Elle est entourée d'une enceinte hexagonale datant du 14e s. dont l'unique entrée était défendue par une tour. En faisant le tour de l'édifice, entre les tombes du cimetière catholique, on découvre les six bastions qui flanquaient l'enceinte.

L'église est fortifiée et sert à la fois aux cultes catholique et protestant (à tour de rôle). Le chœur est réservé aux catholiques depuis Louis XIV. Dans la chapelle à gauche du chœur, des fresques des 15e et 16e s. aux tons ocre-rouge, bleus et jaunes racontent la vie et les miracles de saint Nicolas et la canonisation de sainte Hune.

Zellenberg

Petit village sur une colline : belle vue sur Riquewihr et le vignoble. Un circuit *(durée : 40mn - livret-guide à la mairie, à l'office du tourisme de Ribeauvillé ou de Riquewihr)* permet de découvrir la vie publique, administrative et juridique à travers ses édifices.

★★★ **Riquewihr** *(voir ce nom)*

Beblenheim *(voir Ribeauvillé)*

Mittelwihr

Les coteaux de Mittelwihr – appelé le « Midi de l'Alsace » – bénéficient d'une exposition si favorable que les amandiers y fleurissent et même y mûrissent. Le gewurztraminer et le riesling qui en proviennent jouissent d'une renommée sans cesse grandissante.

À la sortie sud du village, le « mur des Fleurs martyres » fut fleuri, durant toute l'Occupation, d'impomées bleues, de pétunias blancs et de géraniums rouges. Cette floraison symbolisa le gage de la fidélité alsacienne.

Bennwihr

Le village, détruit en 1944, a été reconstruit dans le style local. Tant mieux ! Une fontaine monumentale trône dans le village. Le vitrail de l'église moderne, étiré sur toute la longueur de la façade sud, laisse pénétrer à l'intérieur de l'édifice une lumière colorée très intense.

Sigolsheim

Encore un village durement touché durant les combats de la poche de Colmar (1944-1945). L'église St-Pierre-et-St-Paul date du 12e s. Son portail roman s'orne d'un tympan dont les sculptures rappellent celles de Kaysersberg et d'Andlau.

Empruntez la rue de la 1re-Armée pour gagner, à 2 km au nord-est, après le couvent des Capucins, la Nécropole nationale.

Nécropole nationale de Sigolsheim

Du parc de stationnement, 5mn à pied AR. 124 marches pour y accéder. Au sommet d'une colline, dans cette enceinte de grès rouge entourée de vignes, sont inhumés 1 684 soldats de la 1re armée française commandée par le général de Lattre de Tassigny, français, africains et américains tombés le 25 janvier 1945 lors des combats de la poche de Colmar. Du terre-plein central, **panorama★** sur les sommets et châteaux avoisinants, ainsi que sur Colmar et la plaine d'Alsace à l'est.

Kientzheim *(voir Kaysersberg)*

★★ **Kaysersberg** *(voir ce nom)*

Ammerschwihr

Ammerschwihr a été incendié par les bombardements de décembre 1944 et janvier 1945. Le village au pied de coteaux couverts de vignobles a été reconstruit après la guerre. Seules l'**église St-Martin**, dont le chœur est éclairé par des vitraux modernes, la façade Renaissance de l'ancien hôtel de ville, la **porte Haute** et deux tours des fortifications (la tour des Voleurs et la tour des Bourgeois) témoignent encore de l'intérêt touristique qu'offrait cette petite ville.

À la sortie ouest d'Ammerschwihr, vers Labaroche, la tour quadrangulaire de la porte Haute est surmontée d'un nid de cigogne. Y sont peints un curieux cadran solaire et les armes de la ville.

★ Niedermorschwihr

Joli village au milieu des vignes, dont l'église moderne a gardé son clocher vrillé du 13ᵉ s., unique en Alsace. Le long de sa rue principale, maisons anciennes à oriels et balcons de bois.

★ Turckheim *(voir ce nom)*

Wintzenheim

Au centre d'un vignoble réputé (grand cru hengst), des restes de fortifications (1275), quelques maisons anciennes *(rue des Laboureurs)*, une belle fontaine de la Vierge (18ᵉ s.) et l'ancien manoir des chevaliers de St-Jean ou Thurnburg devenu hôtel de ville. Sur le coteau, ruines d'une villa gallo-romaine (1ᵉʳ-4ᵉ s.).

★★★ Colmar *(voir ce nom)*

DE COLMAR À THANN

⬡ *Pour visualiser cet itinéraire* ③*, reportez-vous au plan p. 523 - 59 km – environ 3h. Sortir de Colmar par la D 417.*

Wettolsheim

Ce petit bourg revendique l'honneur d'avoir été la patrie du vignoble alsacien : introduite à l'époque gallo-romaine, la culture de la vigne se serait, de là, étendue à tout le pays. Une Fête du vin s'y déroule tous les ans *(voir le carnet d'adresses, rubrique « Agenda »)*. Curieusement, on y découvre une réplique de la grotte de Lourdes (1912). Le château de Hagueneck (13ᵉ s.) se dresse à 2 km à l'ouest.

★ Eguisheim *(voir ce nom)*

Husseren-les-Châteaux

Le village de Husseren, d'où l'on a un beau panorama sur la plaine d'Alsace, est dominé à 591 m par les ruines des tours des trois châteaux d'Eguisheim mentionnés dès 1453. C'est d'ailleurs de Husseren que part la « route des Cinq Châteaux » *(voir Eguisheim)*. Dans l'église, les fonds baptismaux du 12ᵉ s. proviennent de l'abbaye de Marbach, de l'ordre de St-Augustin, fondée en 1094.

Hattstatt

Très ancien bourg, autrefois fortifié. L'église, de la première moitié du 11ᵉ s., possède un chœur du 15ᵉ s. avec un autel en pierre de la même époque. À gauche, dans la nef, beau calvaire Renaissance. Un bel hôtel de ville du 16e s. côtoie des maisons anciennes.

Gueberschwihr

Sur un coteau couvert de vignes, ce village est fier de ses nombreuses belles maisons et de son magnifique et monumental clocher roman à 3 étages percés de fenêtres de l'église St-Pantalé, dernier vestige de son église du début du 12e s. À côté de l'église, sarcophages mérovingiens. À 2 km à l'ouest sur la D 1, le couvent St-Marc, ancien couvent de bénédictins, qui aurait été fondé dès le 7e s. par le roi Dagobert, est un bel exemple de l'architecture du 18e s.

Pfaffenheim *(voir Rouffach)*

★ **Rouffach** *(voir ce nom)*

Peu après Rouffach se profile, au loin, le Grand Ballon.

Westhalten

À l'entrée de la « Vallée noble », le village entouré de vignes et de vergers possède deux fontaines et plusieurs maisons anciennes. Son vignoble s'étend sur les flancs du Zinnkoepflé, du Strangenberg et du Bollenberg.

Soultzmatt

Soultzmatt se trouve au bord de l'Ohmbach, au pied du grand cru zinnkoepflé, le plus élevé d'Alsace (420 m). Ses vins, sylvaner, riesling, gewurztraminer, sont particulièrement appréciés et ses eaux minérales connues, notamment la source Nessel. Chaque année a lieu à Soultzmatt la Nuit des grands crus du zinnkoepflé. À l'entrée du pays se dresse le **château de Wagenbourg**.

★ **Guebwiller** *(voir ce nom)*

Soultz-Haut-Rhin *(voir ce nom)*
Prenez à droite la D 51.

Basilique N.-D. de Thierenbach

Reconnaissable à son clocher à bulbe, la basilique a été construite en 1723, dans le style baroque autrichien, par l'architecte Peter Thumb. Elle est le but d'un important pèlerinage remontant au 8e s. et dédié à Notre-Dame de l'Espérance.

À l'intérieur de la basilique, deux pietà : la Vierge miraculeuse de 1350 et la Vierge douloureuse de 1510, située dans la chapelle de la Réconciliation, ainsi que de nombreux ex-voto témoignant de la ferveur populaire.
Revenez à Soultz-Haut-Rhin et prenez la D 5 vers Cernay.

Cave vinicole du Vieil-Armand

À la sortie de Soultz. Elle regroupe 130 vignerons qui cultivent 150 ha de vignes. Deux grands crus sont élevés : le rangen, le plus méridional d'Alsace avec son terroir à roche volcanique, et l'ollwiller, au pied du Vieil-Armand. La cave propose une dégustation de vins régionaux. Au sous-sol, le musée du Vigneron réunit du matériel utilisé autrefois par le vigneron ou le caviste (botiches à vendange en bois).
Poursuivez sur la D 5, puis tournez à droite dans la D 35.

★ **Thann** *(voir ce nom)*

☺ NOS ADRESSES SUR LA ROUTE DES VINS

♿ Voir aussi nos adresses à Molsheim, Rosheim, dans le Hohwald, à Obernai, à Andlau, Ribeauvillé, Riquewihr, Kaysersberg, Turckheim, Colmar, Eguisheim, Rouffach, Guebwiller, Soultz-Haut-Rhin et Thann.

VISITES

Conseil – Les vendanges ont généralement lieu entre la fin sept. et la mi-oct., selon le degré de maturité auquel sont arrivés les raisins. À cette époque, l'accès aux sentiers viticoles peut être réglementé. *Se renseigner.*
Sentiers viticoles – Voir p.521 rubrique « Organiser son temps ».

HÉBERGEMENT

PREMIER PRIX

Chambre d'hôte Maison Thomas – *41 Grand-Rue - 68770 Ammerschwihr - ℘ 03 89 78 23 90 - www.maisonthomas.fr -* 🅿 *-* 🍽 *- 5 ch. 46/51 € .* Cette ancienne maison de vigneron se trouve dans la partie la plus pittoresque du village, près d'une porte fortifiée. Grandes chambres fonctionnelles avec coin cuisine et mezzanine pour certaines. Plusieurs appartements sont également disponibles dans une bâtisse du 16e s. située au pied des vignes. Jardin bien aménagé.
Chambre d'hôte Domaine Bouxhof – *R. du Bouxhof - 68630 Mittelwihr - ℘ 03 89 47 93 67 - www.bouxhof.com - fermé janv. -* 🅿 *-* 🍽 *- 4 ch. 56 € .* Séduisante maison du 17e s. nichée au cœur d'un domaine viticole. Ses propriétaires font visiter leur magnifique cave classée et découvrir les crus produits sur place. Gîtes spacieux et bien équipés et chambres d'hôte au cadre actuel à réserver pour

2 nuits minimum. Petit-déjeuner servi dans une chapelle du 15e s.
Chambre d'hôte Mme Seiler – *3 r. du Nord - ℘ 03 89 73 70 19 - www.le-clos-seiler.com - 2 studios 39/45 € - 5 gîtes.* Parce que la propriétaire a créé sa maison d'hôte par passion, elle réserve toujours un accueil souriant et chaleureux à ses visiteurs. Les chambres, décorées avec goût et bien tenues, bénéficient d'une appréciable indépendance. Participez à la cueillette du raisin, des figues ou des noix, selon la saison.

BUDGET MOYEN

À l'Arbre Vert – *7 r. des Cigognes - 68770 Ammerschwihr - ℘ 03 89 47 12 23 - www.arbre-vert. net - fermé 21 fév.-12 mars, lundi de nov. à avril et mardi - 17 ch. 51/64 € - ⌷ 9 € - rest. 22/49 €.* Dans un village au pied de coteaux plantés de vignes, maison alsacienne abritant des chambres fonctionnelles, plus grandes et actuelles à l'annexe. Au restaurant, belles boiseries sculptées de scènes vigneronnes et cuisine régionale soignée. Service agréable.
Hôtel du Château d'Andlau – *113 r. vallée St Ulrich - 67140 Barr à 2 km - ℘ 03 88 08 96 78 - www. hotelduchateau-andlau.fr - fermé 11-26 nov. et 3-25 janv. - 22 ch. 53/68 € - ⌷ 9 € - rest. 27/40 €.* Nuits sereines en perspective dans ce sympathique hôtel au cadre bucolique et aux chambres simples et rustiques. Salle à manger bourgeoise, mets classiques et superbe carte des vins du monde, présentée comme un manuel d'œnologie et primée pour son originalité.
Hôtel Vignoble – *1 r. de l'Église - 67650 Dambach-la-Ville - ℘ 03 88 92 43 75 - www.hotel-*

vignoble-alsace.fr - fermé janv. - 7 ch. 60/65 € - ☕ 8 €. Attenante à l'église du village, cette ancienne grange alsacienne de 1765 propose des chambres coquettes (bien insonorisées) et offre un accueil chaleureux. Cour et jardinet.

RESTAURATION

PREMIER PRIX

La Palette – *9 r. Herzog - 68920 Wettolsheim - ✆ 03 89 80 79 14 - www.lapalette.fr - fermé 17-24 août, 1er-5 janv., 16-23 fév. - ♿ - P - 14/64 € - 16 ch. 74/110 € - ☕ 9 €.* Une riche palette de styles et de couleurs se déploie dans les salles à manger de cette auberge où l'on déguste une cuisine au goût du jour. Jolies chambres rénovées.

BUDGET MOYEN

À la Truite – *17 r. du 25-Janvier - 68970 Illhaeusern - ✆ 03 89 71 83 51 - fermé mar. soir et merc. - formule déj. 9,50 € - 18/39 €.* Cette maisonnette des années 1950, au bord de l'eau, déploie sa terrasse le long de la rivière en été. Vous y serez bien accueilli et vous vous installerez dehors ou dans une salle colorée pour savourer une cuisine simple. Formule intéressante à déjeuner.

Zum Loejelgucker – *17 r. Principale - 67310 Traenheim - ✆ 03 88 50 38 19 - www.loejelgucker-auberge-traenheim.com - fermé 30 déc.-5 janv., 16 fév.-2 mars, lundi soir et mardi - formule déj. 12 € - 20/47 € bc.* Dans un village au pied des Vosges, cette ferme alsacienne du 18e s. séduit par ses plats régionaux et par son cadre (boiseries sombres, fresques, cour fleurie l'été).

POUR SE FAIRE PLAISIR

Aux Saisons Gourmandes – *23 r. Kirneck - 67140 Barr - ✆ 03 88 08 12 77 - fermé dim. hors sais et mar.-merc. - formule déj. 12 € - 28/45 €.* Cette jolie maison à colombages dont le décor panache ancien et contemporain propose selon le marché une cuisine dans l'air du temps et des plats régionaux actualisés.

ACHATS

Cave Krossfelder – *39 r. de la Gare - 67650 Dambach-la-Ville - ✆ 03 88 92 40 03 - 8h-12h (10h dim. et j. fériés), 14h-18h - fermé 1er janv., Vend. Saint, 1er Nov., 25 et 26 déc..* Dégustation-vente et visite de la cave.

Domaine Schaetzel – *41 r. Mgr-Barth - 67530 Boersch - ✆ 03 88 95 83 33 - www.lechatelain.com - 7h-12h, 14h-17h (w.-end 22h).* Le superbe caveau, de style romano-gothique, du domaine vinicole Schaetzel date de 1722 et passe pour être l'un des plus vieux d'Alsace. Désiré Schaetzel, l'actuel propriétaire de l'exploitation, produit des vins de très grande qualité : rouge d'Ottrott élevé en foudre de chêne et rouge d'Ottrott Châtelain. Liqueurs et alcools complètent la gamme.

Distillerie Artisanale Legoll – *Rte de Villé - 67730 Châtenois - ✆ 03 88 85 66 90 - www.legoll.com - 8h30-12h, 14h-17h30 - fermé sam., dim., j. fériés.* René et Nicole Legoll travaillent les fruits provenant des meilleures régions de production. Selon une méthode ancienne, la distillation s'effectue dans des alambics à repasse pour garantir une qualité optimale. Mirabelle, kirsch et poire Williams constituent les recettes phare de la maison. Nicole confectionne également des confitures aux parfums variés et originaux.

Domaine Sibler – *8 r. du Château - 68770 Ammerschwihr*

- *℘ 03 89 47 13 15 - jm.sibler@ wanadoo.fr - tlj (téléphoner avant visite).* La famille Sibler s'adonne à la viticulture depuis trois générations. Son domaine accueille tous les cépages alsaciens autorisés sauf le sylvaner. L'un des grands succès de la maison est la cuvée Kaefferkopf. Un caveau agrémenté de banquettes et d'un tonneau transformé en table sert d'espace de dégustation.

Beck - Domaine du Rempart – *5 r. des Remparts - 67650 Dambach-la-Ville - ℘ 03 88 92 42 43 - www.vins-beck.fr - 8h-12h, 14h-19h, dim. 9h-12h.* Gilbert Beck, issu de la troisième génération de viticulteurs travaillant sur le domaine, fut l'un des pionniers du crémant d'Alsace. Aujourd'hui, l'exploitation de 10 ha accueille les 7 cépages d'Alsace en culture intégrée, proche du « bio ». Son riesling grand cru franskstein et son pinot noir élevés en fût de chêne sont incontournables.

Albert Boxler – *78 r. des Trois-Épis - 68230 Niedermorschwihr - ℘ 03 89 27 11 32 - tlj sf dim. 9h-12h, 14h-18h .* M. Boxler, à la tête d'un domaine de 12 ha, vinifie avec son fils Jean sa récolte de riesling et pinot gris. Cette lignée de vignerons est à l'origine de belles réussites comme les deux grands crus sommerberg et brand, ou les cuvées « vendanges tardives » aux arômes également fort appréciés.

Caveau Lorentz Klipfel – *1 r. Rotland - 67140 Barr - ℘ 03 88 58 59 00 - www.klipfel. com - 10h-12h, 14h-18h - fermé en janv..* Propriétaire d'un des domaines les plus importants d'Alsace, la famille Klipfel cultive 40 ha dont 15 réservés aux grands crus et aux vendanges tardives. Cette entreprise produit en exclusivité le clos-zisser, ainsi que les grands crus kirchberg, kastelberg et wiebelsberg. Caveau de dégustation ; visites sur RV.

ACTIVITÉS

Petit Train du Vigneron – *34 r. du Mar.-Foch - 67650 Dambach-la-Ville - ℘ 03 88 92 41 86 - www. ruhlmann-schutz.fr - juil.-août : lun., jeu. et sam. à 17h (départ pl. du Marché) - 6 € - (enf. 3 €).* Venez faire le tour de la ville et du vignoble à bord d'un petit train : parcours de 30mn, puis visite du domaine de la famille Ruhlmann avec un petit détour par les caves pour déguster les trois vins les plus représentatifs de l'exploitation.

AGENDA

Fête de la fontaine de Wangen – À la fête de la fontaine de Wangen, le dim. apr. le 2 juil., le vin coule gratuitement à la fontaine du village (11h-12h30).

Foire aux vins de Barr – *℘ 06 60 83 47 33.* L'annuelle Foire aux vins de Barr se tient place de l'Hôtel-de-Ville, autour du 14 Juil.

Fête des vendanges de Barr – *℘ 03 88 08 66 55.* La Fête des vendanges a lieu le 1er w.-end d'oct. : vend. 20h, sam. 8h-23h30, dim. 10h30-22h - 5 €.

Fête du vin – À Wettolsheim, fête du vin le dernier w.-end de juil. - 6 €.

Nuit du grand cru hatschbourg – À Hattstatt, en juil., tous les 2 ans.

Art, artisanat et riesling – À Scherwiller, le w.-end après le 15 août.

Ribeauvillé

4 973 Ribeauvilléens – Haut-Rhin (68)

😊 NOS ADRESSES PAGE 537

▣ S'INFORMER

Office du tourisme de Ribeauvillé – *1 Grand'rue - 68150 Ribeauvillé - ☎ 03 89 73 23 23 - www.ribeauville-riquewihr.com - avr.-sept. : 9h30-12h, 14h-18h, dim. 10h-13h ; reste de l'année : tlj sf dim. et j. fériés 10h-12h, 14h-17h.*

Visite guidée de la ville – *Visite guidée gratuite de la vieille ville, mai-oct. : tlj sf lun. et sam. 15h, départ de la mairie - sur réservation, à l'OT - ☎ 03 89 49 08 42.*

◉ SE REPÉRER

Plan de région B2 (p. 508) – carte Michelin Départements 315 H7. À 14 km au nord de Colmar et 16 km au sud de Sélestat.

▣ SE GARER

Deux parkings : r. du Rempart-de-la-Streng et rte de Bergheim.

☺ À NE PAS MANQUER

La Grand'Rue et ses maisons, le château de St-Ulrich.

◍ ORGANISER SON TEMPS

Commencez par un tour en ville avant d'attaquer la randonnée vers St-Ulrich (2h).

▲▲ AVEC LES ENFANTS

La ferme de l'Hirondelle *(voir le carnet d'adresses).*

Au cours de votre escapade sur la route des Vins, faites donc un arrêt à Ribeauvillé, petite ville lovée le long de sa rivière, au pied de la chaîne des Vosges. Et à propos de vin, trois grands cépages sont ici à l'honneur : le riesling, le pinot gris et un gewurztraminer particulièrement fin.

Se promener

★★ GRAND'RUE

Partir de l'office de tourisme installé dans l'ancien corps de garde (1829).

La Grand'Rue traverse toute la ville avec ses maisons à colombages et ses géraniums. Aux entrées sud et est de la ville, deux tours sont surmontées de nids de cigogne.

Pfifferhüs *(restaurant)*

N° 14. Sur une loggia, au-dessus de la porte, deux statues illustrent l'Annonciation.

Halle au blé

Pl. de la 1re-Armée. Une fois par semaine s'y tenait le marché aux grains.

> **LA VILLE AU MOYEN ÂGE**
> Au 11ᵉ s., le seigneur Reinbaud construit ici son château, qu'il appelle Reinbaupierre. Une puissante famille d'Alsace s'y installe ensuite et prend le nom de Ribeaupierre. La ville qui se développe autour du château s'appellera Ribeauvillé à partir du 13ᵉ s.
> Les comtes de Ribeaupierre s'étaient vu attribuer au Moyen Âge la juridiction sur la confrérie des ménétriers (musiciens et troubadours) d'Alsace. Les musiciens de la région s'y réunissaient chaque 8 septembre. Depuis, on a gardé la tradition d'une Fête des ménétriers *(voir le carnet d'adresses)*.

Fontaine Renaissance
En grès rouge et jaune (1536), elle est surmontée d'un lion héraldique.

★ Tour des Bouchers
Cet ancien beffroi séparait autrefois la ville haute de la ville moyenne. La partie inférieure date du 13ᵉ s.
Belle maison à colombages du 17ᵉ s. au n° 78 de la Grand'Rue.

Place de la Sinne
Charmante petite place entourée de maisons à colombages avec, au centre, une fontaine de 1860.

Église St-Grégoire-le-Grand
Le tympan du portail ouest date des 13ᵉ et 15ᵉ s. Belles ferrures de la porte. Dans le bas-côté droit, Vierge à l'Enfant en bois peint et doré du 15ᵉ s. portant la coiffe de la région ; orgue baroque de Rinck.
Retournez dans la Grand'Rue et prenez la rue Klobb, puis la rue des Juifs.

Maisons anciennes
Dans les rues des Juifs, Klobb, Flesch et des Tanneurs (au n° 12, le toit possède des ouvertures qui servaient à sécher les peaux), maisons des 16ᵉ et 17ᵉ s.

Hôtel de ville
Un petit **musée** y est installé : pièces d'orfèvrerie (17ᵉ s.) et hanaps en vermeil des seigneurs de Ribeaupierre. *☎ 03 89 73 20 00 - visite guidée (30mn) mai-sept. : tlj sf lun. et sam. 12h, 14h, 15h - gratuit.*
Descendez complètement la Grand'Rue jusqu'au parking en bas du village.

Coopérative vinicole (musée de la Vigne et de la Viticulture)
2 rte de Colmar - ☎ 03 89 73 61 80 - tlj mat. et apr. midi - gratuit.
La coopérative a organisé un petit musée pour découvrir les étapes de fabrication des vins issus de sept cépages de la région et leurs spécificités : le sylvaner, le pinot blanc, le pinot noir, le pinot gris, le riesling, le muscat et le gewurztraminer. La visite permet de voir les cuves de conservation. Dégustation possible.

Randonnée

Laissez la voiture sur une aire de stationnement située en bordure de la D 416, à 800 m environ de la sortie de Ribeauvillé. Montez à pied par le chemin des stations (20mn), ou par le chemin « Sarassin » (40mn), carrossable mais réservé à l'ONF et aux religieux.

N.-D.-de-Dusenbach

Ce lieu de pèlerinage médiéval très populaire a vu par trois fois ses trois chapelles détruites : en 1365 par les Anglais, en 1632 par les Suédois et en 1794 par les républicains. Le vallon n'a rien perdu de sa beauté presque mystique. Sur les ruines, une **chapelle de la Vierge**, un couvent, une église néogothique (1903), ainsi qu'un abri des pèlerins (1913) ont été reconstruits. La chapelle de la Vierge occupe une situation impressionnante, au flanc d'un promontoire à pic sur le ravin au fond duquel coule le petit torrent de Dusenbach. À l'intérieur, au-dessus de l'autel, petite **statue miraculeuse de Notre-Dame**, émouvante pietà du 15e s. en bois polychrome.

Prenez le chemin « Sarassin », puis le sentier qui conduit aux châteaux. À mi-parcours, faites halte au rocher Kahl, éboulis granitique d'où l'on a une belle vue sur la vallée du Strengbach. Le chemin aboutit à un important carrefour de sentiers forestiers : prenez alors le chemin balisé qui descend au château de St-Ulrich.

★ Château de St-Ulrich

Le château de St-Ulrich n'était pas seulement une forteresse, comme la plupart de celles des Vosges, mais une habitation luxueuse, digne des comtes de Ribeaupierre, la plus noble famille d'Alsace après l'extinction de celle d'Eguisheim.

Au pied du donjon, à gauche, escalier d'accès au château. L'escalier qui passe sous la porte d'entrée du château donne accès à une petite cour d'où la vue plonge sur les ruines de Girsberg et la plaine d'Alsace. Au fond de cette cour (citerne) s'ouvre la porte de la grande salle romane qui prend jour par neuf belles arcades géminées.

Revenez à la cour de la citerne et prenez l'escalier qui s'y amorce ; laissez à droite l'entrée de la tour du 12e s. et gagnez la chapelle.

À l'ouest de la chapelle s'élève une énorme tour quadrangulaire où l'on monte par un escalier extérieur. Revenez sur vos pas pour visiter les parties les plus anciennes : corps d'habitation roman aux fenêtres ornées de fleurs de lys, cour et donjon. Du sommet du donjon *(escalier de 64 marches)*, **panorama★★** sur la vallée du Strengbach, les **ruines du château de Girsberg**, Ribeauvillé et la plaine d'Alsace. (*On peut aussi y accéder par l'ouest de la ville, par le GR 5. 1h.)*

Itinéraires conseillés

COL DE FRÉLAND

Environ 5h.

Quittez Ribeauvillé par la D 416. À 7 km, prenez à gauche la D 11V vers Aubure.

Aubure

Station située sur un plateau ensoleillé, encadrée par de belles forêts de pins et de sapins.

Prenez, à gauche, la D 11III. Au cours de la descente du col de Fréland, à 1,5 km après le col, prenez à gauche une route étroite.

On longe une très belle **forêt de pins★**, l'une des plus belles de France. Les fûts de 60 cm de diamètre, hauts de 30 m, s'élancent droit, au-dessus d'un sous-bois de bruyères.

Sortez de la forêt pour faire demi-tour, 1 km plus loin, à hauteur d'une maison. Revenez à la D 1IIII.

La vue se dégage à gauche sur la vallée de la Weiss et une partie du val d'Orbey.

Après Fréland, et 1,5 km après avoir laissé à droite la route d'Orbey, tournez à gauche dans la D 415.

★★ Kaysersberg *(voir ce nom)*

On atteint la route des Vins que l'on suivra jusqu'à Ribeauvillé. Vous traversez des petites cités qui s'égrènent sur les coteaux, au milieu des vins aux crus réputés : Kientzheim, Sigolsheim, Bennwihr et Mittelwihr *(voir la route des Vins)*.

Beblenheim

Le village, orné d'une fontaine gothique de la fin du 15e s., est adossé à un coteau célèbre, le Sonnenglanz (éclat de soleil). Les 35 ha de son vignoble produisent des vins de très haute qualité : pinot gris, muscat et gewurztraminer.
Continuez sur la D 3.

★★★ Riquewihr *(voir ce nom)*

Hunawihr *(voir Route des vins)*
Retour à Ribeauvillé par la D 1bis.

★★ SENTINELLES DE L'ALSACE

Circuit de 46 km – environ 2h.
Quittez Ribeauvillé à l'ouest par la D 1bis.
Ce circuit permet de voir les châteaux construits le long de la ligne des Vosges.

Bergheim *(voir Route des vins)*

St-Hippolyte

Nombreuses fontaines fleuries en été, jolie église gothique des 14e et 15e s.
Prenez à gauche, à l'entrée du village, la direction du Haut-Kœnigsbourg. À 4 km de St-Hippolyte, tournez à droite, puis, 1 km plus loin, à gauche pour prendre la route à sens unique qui contourne le château.

★★ Château du Haut-Kœnigsbourg *(voir ce nom)*
Rejoignez la D 1B1 que l'on prend à droite, puis prenez, encore à droite, la D 481.

★ De Schaentzel à Lièpvre

De cette jolie route en descente rapide, bordée de sapins, vues superbes sur la vallée de la Liepvrette et sur ses châteaux ruinés.
Revenez à la D 1B1 et prenez à droite la D 42.

Thannenkirch

Charmant village dans un site reposant, environné de forêts. La descente vers la plaine s'effectue par la **vallée du Bergenbach**, profondément encaissée entre des hauteurs boisées. Après Bergheim, où l'on reprend la route de l'aller, on aperçoit à nouveau les trois châteaux étagés de St-Ulrich, de Girsberg et du Haut-Ribeaupierre.

NOS ADRESSES À RIBEAUVILLÉ

VISITES

Petit train touristique – ℘ 03 89 73 74 24 - www.petit-train.com - circuit « vieille ville » (40mn) avr.-oct. : 10h-18h - dép. à l'entrée de la ville et devant la mairie - 6 € (-6 ans gratuit).

HÉBERGEMENT

PREMIER PRIX

Camping municipal Pierre-de-Coubertin – 23 r. de Landau - sortie E 106 puis r. de Landau à gauche - ℘ 03 89 73 66 71 - www.camping-alsace.com/ribeauville/index.htm - de mi-mars à mi-nov. - ₰ - 260 empl. Un camping spacieux pour profiter en toute quiétude du magnifique village de Ribeauvillé. Les allées sont larges et même si les emplacements ne sont pas encore délimités, ils sont agréables. Belle vue et tranquillité assurée.

BUDGET MOYEN

Hôtel du Cheval Blanc – 122 Grand'Rue - ℘ 03 89 73 61 38 - www.cheval-blanc-alsace.fr - fermé 12-22 nov. et 6 janv.-12 fév. - 23 ch. 56 € - ☕ 8 € - rest. formule déj. 11 € - 18/40 €. La façade de cette bâtisse régionale se couvre de fleurs en saison. Intérieur de style rustique. Petites chambres offrant un confort fonctionnel ; salon avec cheminée. Au restaurant, cadre alsacien un brin original et cuisine ancrée dans la tradition.

POUR SE FAIRE PLAISIR

Hôtel de la Tour – 1 r. de la Mairie - ℘ 03 89 73 72 73 - www.hotel-la-tour.com - fermé 4 janv.-12 mars - 31 ch. 73/100 € - ☕ 9 €. Ex-propriété viticole aux chambres pratiques et gaies ; les plus récentes affichent un décor vosgien au goût du jour.

Certaines, très calmes, regardent une jolie cour intérieure.

RESTAURATION

PREMIER PRIX

Au Relais des Ménétriers – 10 av. du Gén.-de-Gaulle - ℘ 03 89 73 64 52 - fermé 14-29 juil., jeudi soir, dim. soir et lundi - 12/37 €. Vaisselle alsacienne (véritables plats à baeckoeffe) et légumes achetés chez le paysan : le chef concocte ici une vraie cuisine du pays. Plaisant décor rustique.

POUR SE FAIRE PLAISIR

Wistub Zum Pfifferhüs – 14 Grand'Rue - ℘ 03 89 73 62 28 - fermé 1er-12 mars, 1er-14 juil., 25 janv.-21 fév., jeudi de nov. à juil. et merc. - 26 €. Un charmant winstub qui conjugue convivialité, en particulier lors du Pfifferdaj (jour des fifres), et authenticité : cadre rétro et appétissantes recettes locales.

ACHATS

Distillerie Marcel Windholtz – 31 av. du Gén.-de-Gaulle - 68150 Ribeauvillé - ℘ 03 89 73 66 64 - mwindholtz@terre-net.fr - tlj sf dim. 9h-12h, 14h-18h - fermé j. fériés. M. Windholtz fait des eaux-de-vie en pensant avant tout à ceux qui les boivent. Distillées selon des méthodes vraiment artisanales, elles acquièrent typicité et authenticité. Une mention spéciale est à décerner aux réserves particulières de quetsche, mirabelle, poire Williams et kirsch d'Alsace.

Domaine du Moulin de Dusenbach – 25 rte de Ste-Marie-aux-Mines - ℘ 03 89 73 72 18 - www.domaine-schwach-bernard.com - avr.-déc. : 8h-12h, 14h-18h. Le savoir-faire artisanal se transmet de père en fils dans la famille Schwach. La génération actuelle produit de très grands vins comme les grands crus schœnenbourg, le schlossberg, le rouge d'Alsace et le kaefferkopf en gewurztraminer. Dégustation-vente et visite des caves sur RV.

Distillerie Jean-Paul Metté – *9 r. des Tanneurs -* 📞 *03 89 73 65 88 - distillerie-mette.com - lun.; vend. 9h-12h, 13h30-18h30, sam.14h-18h30; avr. à juin et sept.-oct. 16h-18h janv.-mars et juil.-août - fermé dim., j. fériés.* Les diplômes tapissant les murs témoignent de l'excellence de cette distillerie qui élabore pas moins de 87 sortes d'eaux-de-vie et 22 variétés de liqueurs, toujours de façon artisanale. Son eau-de-vie de gingembre et celles à base de cannelle, de café ou d'ail ne laissent pas de surprendre les fines gueules.

👤👤Sarl B.J. L'Hirondelle – *100 rte de Guémar -* 📞 *03 89 73 89 79 - 12h-20h, hors sais. 12h-19h - ferme lun.* Derrière la boutique de l'Hirondelle, près de 30 fromages, des charcuteries, des confitures et des laitages sont plaisamment exposés. La star locale est le ribeaupierre, un fromage ancestral réhabilité par cette ferme qui le fabrique désormais sous divers conditionnements : cru, pasteurisé, aux herbes ou fumé.

AGENDA

Le Pfifferdaj ou Fête des ménétriers – Importantes festivités au cours desquelles un grand cortège parcourt les rues de la ville *(1er dim. de sept.).*

Foire aux vins – *Le w.-end. suivant le 14 Juil.*

Fête du kougelhopf – *Début juin.*

Pfiffer.
Alain Janssoone / www.all-free-photos.com

Riquewihr

★★★

1 273 Riquewihriens – Haut-Rhin (68)

 NOS ADRESSES PAGE 543

S'INFORMER

Office du tourisme de Riquewihr – *2 r. de la 1ʳᵉ-Armée - 68340 Riquewihr - ℘ 03 89 73 23 23 - www.ribeauville-riquewihr.com - avr.-sept. : 9h30-12h, 14h-18h, dim. et j. fériés 10h-13h ; reste de l'année : tlj sf dim. et j. fériés 10h-12h, 14h-17h.*

SE REPÉRER

Plan de région B2 (p. 508) – carte Michelin Départements 315 H8. À l'ouest de l'axe Colmar-Sélestat et au sud de Ribeauvillé.

SE GARER

Utilisez les parkings à l'extérieur de la ville : place des Charpentiers, rue de la Piscine, rocade nord et près de la poste, car le centre est piéton.

À NE PAS MANQUER

La rue du Gén.-de-Gaulle pour ses belles demeures du 16ᵉ s. et le musée Hansi pour se familiariser avec l'œuvre du célèbre dessinateur alsacien.

ORGANISER SON TEMPS

Prenez le temps de déjeuner dans une auberge dans la forêt à l'écart des foules.

Si, à l'exception des Lorrains en 1635, Riquewihr a toujours su résister aux envahisseurs, la ville se laisse volontiers amadouer par les visiteurs qui sont chaque année plus de 2 millions à franchir ses remparts. Elle est passée miraculeusement à travers toutes les guerres, toutes les destructions. Les ruelles, les murailles et les vieilles maisons ont conservé, pratiquement intactes, leur splendeur du 16e s. et une harmonie architecturale remarquable. La ville est fleurie tout au long de l'année et joliment décorée aux périodes de Pâques et de Noël.

Se promener

Passez sous l'hôtel de ville, prenez la rue du Gén.-de-Gaulle (qui traverse Riquewihr d'est en ouest) puis à gauche engagez-vous dans la cour du château.

Château des ducs de Wurtemberg (B)

Reconstruit en 1540 par le comte Georges de Wurtemberg, il a gardé ses fenêtres à meneaux, son pignon couronné de bois de cerf et sa tourelle d'escalier. Il abrite le musée de la Communication en Alsace. Devant la façade du château, petit musée lapidaire de plein air et autel de la Liberté de 1790.

Musée de la Communication en Alsace – Postes, diligences, télécoms (B)

Château des Princes de Wurtemberg-Montbéliard - ✆ 03 89 47 93 80 - www.shpta.com - possibilité de visite guidée sur demande - avr.-oct. et déc. : 10h-17h30 - reste de l'année : se renseigner - fermé 1er janv. et 25 déc. - 4,50 € (-16 ans 2,50 €), Journées du patrimoine 1 €.

Une diligence à trois compartiments (modèle 1835) stationnée à l'entrée du musée retrace l'évolution des moyens de communication utilisés en Alsace de l'époque gallo-romaine au 20e s. : messagers à pied, poste aux lettres, aviation postale, télégraphe et téléphone. Sont aussi exposés des véhicules allant du 18e s. (turgotine de 1775, première malle-poste en osier de 1793) au début du 20e s. Uniformes, plaques et bottes de postillon, livres de poste et enseignes complètent l'ensemble.

Suivez la rue du Gén.-de-Gaulle.

Au n° 12, la **maison Irion** (B) date, avec son oriel d'angle, de 1606 ; en face, vieux puits du 16e s. Au n° 14, la **maison Jung-Selig** (B), de 1561, avec ses pans de bois ouvragés, est l'une des maisons à colombages les plus hautes d'Alsace. Au n° 16 se trouve le musée **Hansi**.

Musée Hansi (B)

✆ 03 89 47 97 00 - tlj sf lun. 10h-12h30, 13h30-18h (juil.-août et déc. : ouv. lun.) - fermé janv., 25 déc. - 2,50 € (-16 ans gratuit).

Pour accéder au musée, un passage obligé : la boutique de souvenirs. À l'étage, plus rien n'est à vendre : aquarelles, lithographies, eaux-fortes, faïences décorées, affiches publicitaires, histoire de tout connaître (ou presque) du talentueux dessinateur et caricaturiste colmarien J.-J. Waltz, dit Hansi.

★ Maison Liebrich (Cour des Cigognes) (B)

Elle date de 1535, avec sa pittoresque cour à galeries de bois à balustres (milieu du 17e s.), un puits de 1603 et un énorme pressoir (1817). En face, **maison Behrel** (B) avec un joli oriel de 1514 surmonté d'une partie ajoutée en 1709.

Prenez la rue Kilian, première à droite.

Tout au fond de la rue, belle porte (1618) de la **maison Brauer** (B).

Revenez rue du Gén.-de-Gaulle et empruntez à droite la rue des Trois-Églises.

Place des Trois-Églises (B)

Elle est encadrée par les anciennes églises St-Érard et Notre-Dame, converties en maisons d'habitation, et par un temple protestant du 19ᵉ s.

Revenez rue du Gén.-de-Gaulle et prenez à droite la cour des Vignerons.

★ Maison Preiss-Zimmer (A)

Bâtie en 1686, sa façade est l'une des plus décorées de la cité. L'enseigne de cette ancienne maison de gourmet « À l'Étoile » a été réalisée par Hansi. Plusieurs cours successives forment un ensemble pittoresque. La seconde cour donne sur la maison qui appartenait à la corporation des vignerons. Prenez la rue du Gén.-de-Gaulle et passez devant l'ancienne **cour dîmière des sieurs de Ribeaupierre** (A).

Au bout de la rue du Gén.-de-Gaulle, sur la place de la Sinn, à droite, jolie **fontaine dite Sinnbrunnen** (A) de 1560 utilisée pour jauger les tonneaux et autres récipients. Elle porte les armes de Riquewihr et celles des comtes de Horbourg, anciens propriétaires de la seigneurie qu'ils ont vendue en 1324 aux comtes de Wurtemberg.

Prenez à droite la rue des Juifs.

Rue et cour des Juifs (A)

La petite rue des Juifs débouche sur la cour des Juifs, ancien ghetto qui fut victime d'un pogrom au début du 15ᵉ s. Au fond, un étroit passage et un escalier de bois conduisent aux remparts et au **musée de la Tour des Voleurs** (A).

Musée de la Tour des Voleurs (A)

📞 0 820 360 922 ou 03 89 49 08 40 (OT) - avr.-nov. : 10h30-13h, 14h-18h - 2,50 € (-10 ans gratuit), billet combiné avec le musée du Dolder 4 €.

Dans cette ancienne tour défensive, on visite la prison avec salle de torture, oubliettes et la salle de garde. Voyez aussi la **maison de Vigneron**, attenante au musée, avec sa cuisine, sa chambre et son cellier où sont exposés des outils liés au travail de la vigne et du vin. Expositions temporaires…

★ Dolder (A)

Ancienne porte défensive élevée en 1291. Une cloche à son sommet, refondue au 19ᵉ s., signalait aux habitants d'éventuelles menaces sur la cité.

Musée du Dolder (A)

Accès par l'escalier à gauche de la porte du Dolder. 58 r. du Général-de-Gaulle - 📞 03 89 86 00 92 - www.ribeauville-riquewihr.com - juil.-août : 13h30-18h ; avr.-juin et sept.- oct. : w.-end et j. fériés 13h30-18h - fermé nov.-mars - 2,50 € (-10 ans gratuit).

Il renferme des souvenirs, gravures, armes, ustensiles se rapportant à l'histoire locale (outils, meubles, serrures…).

Passez sous le Dolder pour accéder à l'Obertor.

Obertor (Porte supérieure) (A)

Remarquez sa porte à double battant, sa herse et la place de l'ancien pont-levis de 1500. Sur la gauche, rempart de la cour des Bergers avec sa tour de défense.

Faites demi-tour, repassez sous le Dolder et descendez la rue du Gén.-de-Gaulle pour tourner à droite dans la rue du Cerf.

★ Maison Kiener (A)

N° 2. La maison Kiener, qui remonte à 1574, est surmontée d'un fronton présentant une inscription en cartouche et un motif en bas relief où l'on voit la Mort saisir le fondateur de la maison. La porte en plein cintre est taillée en biais pour faciliter l'entrée des voitures. En face, l'ancienne **auberge du Cerf** (A) date de 1566.

Continuez la rue du Cerf, puis tournez à gauche dans la rue Latérale et faites quelques pas dans la rue du Cheval, à droite.

Au n° 5, ancienne propriété de l'abbaye d'Autrey, dite **Adrihof** (A), bel ensemble reconstruit en 1581, avec sa tourelle d'escalier et son puits de 1587.

Rue Latérale (A)

Elle possède de belles maisons, parmi lesquelles, au n° 6, la **maison du marchand Tobie Berger**, qui a gardé un oriel de 1551 et une belle porte Renaissance dans la cour.

Tournez à droite dans la rue de la 1re-Armée.

Maison du Bouton d'Or (A)

N° 16. Elle remonte à 1566. À l'angle de la maison, une impasse conduit à l'ensemble dit « **cour de Strasbourg** » (A) (1597), ancienne propriété de l'évêché de Strasbourg jusqu'en 1324.

Revenez sur vos pas. Prenez ensuite la rue Dinzheim qui s'amorce devant la maison du Bouton d'Or. On arrive ainsi dans la rue de la Couronne.

Maison Jung (B)

N° 18. Son pan de bois avec oriel date de 1683 ; en face, un vieux puits, le **Kuhlebrunnen**.

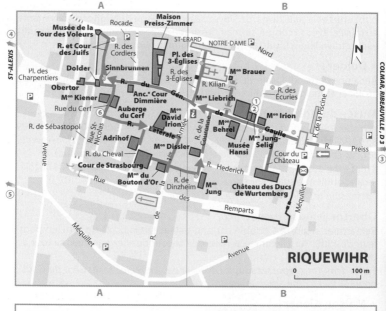

SE LOGER		SE RESTAURER	
Oriel (Hôtel L')	①	Grappe d'Or (La)	②
Riesling (Hôtel Au)	③	Saint-Alexis (Auberge)	④
Schmitt Gérard (Chambre d'hôte)	⑤	Sarment d'Or (Le)	⑥

★ **Maison Dissler** (B)

N° 6. Construite en pierre, avec son pignon à volutes et sa loggia, c'est un intéressant témoin de la Renaissance rhénane (1610).

Regagnez ensuite la rue du Gén.-de-Gaulle et tournez à droite et descendez vers l'hôtel de ville.

😊 NOS ADRESSES À RIQUEWIHR

VISITE

Petit train touristique – ☎ 03 89 73 74 24/// 60 - www.petit-train. com - *de mi-avr. à fin oct. : 10h-19h - 6 € (6-14 ans 4,50 €).* Visite commentée autour des remparts, dans le vignoble, avec retour par la vieille ville (30mn).

HÉBERGEMENT

PREMIER PRIX

Chambre d'hôte Schmitt Gérard – *3 r. des Vignes - 68340 Riquewihr -* ☎ *03 89 47 89 72 - fermé janv.-mars, fin nov. -* 🅿 *- 2 ch. 50 €* 🍽. La maison de M. Schmitt, agrémentée d'un jardin, est située sur les hauteurs du village, à la lisière du vignoble. Vous logerez dans des chambres lambrissées aménagées sous les toits. L'adresse est appréciée pour sa propreté et ses prix doux.

POUR SE FAIRE PLAISIR

Au Riesling – *5 rte du vin - 68340 Zellenberg -* ☎ *03 89 47 85 85 - www.au-riesling.com - fermé 1er janv.-1er mars -* ♿ *-* 🅿 *- 34 ch. 83/98 €* 🍽 *- rest. 18/27 €.* Au cœur du vignoble, hôtel arborant fièrement le nom de celui qu'on nomme ici le « Roi des Vins ». La longue bâtisse abrite des chambres sobres, pour moitié rajeunies. Le restaurant, de style rustique, offre une jolie vue sur les vignes. Carte traditionnelle.

Hôtel À l'Oriel – *3 r. desÉcuries Seigneuriales - 68340 Riquewihr -* ☎ *03 89 49 03 13 - www.hotel-oriel.com - 22 ch. 79/99 €* 🍽 *12 €.* Dans une ruelle tranquille, jolie façade du 16e s. ornée d'un oriel. Chambres rustiques personnalisées (quelques lits bateau), plus cossues à l'annexe. Caveau transformé en bar.

RESTAURATION

PREMIER PRIX

Auberge Saint-Alexis – *68240 St-Alexis, 4 km à l'ouest de Riquewihr -* ☎ *03 89 73 90 38 - fermé vend. - 13,50/18 €.* Une magnifique forêt de conifères entoure cette ferme-auberge au chaleureux intérieur campagnard. Cuisine du terroir simple et authentique, préparée avec des produits des fermes voisines : goûteux potage de légumes, savoureuse choucroute et délicieuses tartes maison.

BUDGET MOYEN

La Grappe d'Or – *1 r. Ecuries Seigneuriales - 68340 Riquewihr -* ☎ *03 89 47 89 52 - www. restaurant-grappedor.com - Fermé 25 juin-10 juil., janv., merc. de fév. à mars et jeudi - 16/36 €.* Cette accueillante maison de 1554 héberge deux salles à manger aux murs patinés, l'une agrémentée d'outils agrestes et l'autre d'un joli poêle en faïence. Plats du terroir.

Le Sarment d'Or – *4 r. du Cerf - 68340 Riquewihr -* ☎ *03 89 86 02 86 - www.riquewihr-sarment-dor.com - Fermé 16-24 nov. et 2-24 mars - 20/55 € - 9 ch. 70/80 € -* 🍽 *8 €.* Dans cette demeure du 17e s., bois blond, poutres apparentes, cheminée et mobilier choisi composent le séduisant décor d'une cuisine traditionnelle soignée. Chambres douillettes.

ACHATS

Féerie de Noël – *1 r. du Cerf - 68340 Riquewihr - ☏ 03 89 47 94 02 - www.bestofchristmas.com - 15 fév.-juin 10h-12h30, 13h45-18h, juil.-août 9h30-19h, sept.-déc. 10h-12h30, 13h45-18h30 - fermé déb. janv. à mi-fév., 25 et 26 déc.* Vous trouverez dans cette boutique plus de 20 000 articles pour décorer la maison à l'occasion des fêtes de fin d'année.

Domaine Dopff « Au Moulin » – *2 av. Jacques-Preiss - 68340 Riquewihr - ☏ 03 89 49 09 69 - www.dopff-au-moulin.fr -*

janv.-mars : tlj sf w.-end 10h-12h, 14h-18h, avr.-déc. : 9h30-12h30, 13h30-18h, w.-end 9h30-12h30, 14h-18h - fermé w.-end janv., fév., 1er janv., 25 et 26 déc. Impossible de parler des vins d'Alsace sans évoquer la célèbre famille Dopff liée à la vigne depuis le 17e s. Aujourd'hui, elle est toujours sur le devant de la scène avec ses 7 crémants incontournables, dont la cuvée Julien brut, l'excellente gamme traditionnelle et les grands crus de schœnenbourg en riesling ou sporen en gewurztraminer.

Kaysersberg

★★

2 715 Kaysersbergeois – Haut-Rhin (68)

 NOS ADRESSES PAGE 547

S'INFORMER

Office du tourisme de Kaysersberg – *39 r. du Gén.-de-Gaulle - 68240 Kaysersberg - ☏ 03 89 71 30 11 - www.kaysersberg.com - de mi-juin à mi-sept. : 9h-12h30, 14h-18h, dim. et j. fériés 10h-12h30 ; reste de l'année : tlj sf dim. 10h-12h, 14h30-17h30, j. fériés 10h-12h30 - fermé 1er janv., lun. de Pâques, 1er Mai, lun. de Pentecôte, 1er nov., 11 Nov., 25 déc.*

SE REPÉRER

Plan de région A2 (p. 508) – carte Michelin Départements 315 H8. Kaysersberg se trouve à 12 km au nord-ouest de Colmar.

SE GARER

La ville est entièrement piétonne ; parkings à l'ouest, au sud et à l'est de Kaysersberg.

À NE PAS MANQUER

Le retable de l'église Ste-Croix, le pont fortifié, les vestiges du château et la vue qu'ils offrent sur la ville et la vallée de la Weiss. Pendant l'Avent, le marché de Noël.

ORGANISER SON TEMPS

Une halte à Kaysersberg marie forcément découverte culturelle et découverte gourmande avec, au choix, un repas dans l'un de ses restaurants, une dégustation de vins locaux ou d'une bonne pâtisserie.

« Il est minuit, docteur Schweitzer ! » Rien n'a beaucoup changé dans la petite ville où vous êtes né. Elle a toujours son aspect médiéval, ses vieilles maisons, les ruines de son château, le très beau retable de l'église Ste-Croix, le puits Renaissance avec son inscription amusante, le pont fortifié… Quoi de neuf ? Eh bien, en 1975, le schlossberg a été le premier vin à bénéficier de l'appellation grand cru d'Alsace, le marché de Noël de Kaysersberg est devenu un des plus célèbres d'Alsace et, surtout, un musée portant votre nom vous est consacré tout près de votre maison natale.

Se promener

Partez de l'hôtel de ville (rue du Gén.-de-Gaulle).

★ Hôtel de ville
Construit dans le style de la Renaissance rhénane, il offre une jolie façade, une cour tranquille et une galerie de bois ouvragée et fleurie.
Passez sous le porche, à droite de l'hôtel de ville. Un sentier monte par marches (10-15mn) jusqu'aux ruines du château.

Château
Deux possibilités pour bénéficier d'une jolie **vue**★ sur la ville : grimper en haut de la tour ou poursuivre un peu l'ascension par le sentier qui monte. Dans ce cas, la tour ajoute encore du charme au paysage tapissé de vignes.
Faites le tour du château pour redescendre côté ouest. En parvenant rue des Forgerons, tournez à gauche, passez sous l'arche et poursuivez jusqu'à la rue du Gén.-de-Gaulle.

Hostellerie du Pont
Elle se trouve à droite, à l'angle de la rue des Forgerons. À la fois robuste et élégante, c'était l'ancienne maison des bains.

Maison Renaissance
Face au pont fortifié, belle maison du forgeron Michel Herzer (de 1592) à colombages peints. Une gargouille colorée semble surgir de la plus haute lucarne.

★ Pont fortifié
Il possède un parapet crénelé et porte même un oratoire. Dès que vous l'aurez traversé, vous admirerez la **maison Brief**★, appelée aussi « maison du Gourmet », remarquable par ses pans de bois richement sculptés et peints, et sa galerie couverte.
Revenez sur vos pas pour tourner à droite dans la rue du Gén.-de-Gaulle.

Ancienne boucherie
Aussitôt à l'angle, elle date de 1616. Le canal des Moulins coule en dessous.

Place du 1er-R.C.A.
Entrez dans la cour du Musée communal *(voir plus loin)* pour admirer deux maisons patriciennes aux pignons jumelés. De l'autre côté de la rue, bel ensemble de façades à pans de bois des 17e et 18e s. À l'angle de la rue du Collège, passez l'imposant portail de la maison Volz pour trouver le **puits Renaissance** de 1618, sur lequel figure cette inscription : « Si tu te gorges d'eau à table, cela te glacera l'estomac ; je te conseille de boire du bon vin vieux et laisse-moi mon eau ! » Un peu plus loin, place Jean-Ittel, maison Lœwert (boulangerie) avec oriel d'angle.

Tournez à gauche dans l'impasse du Père-Staub.

Maison Bohn

Sur le coin de cette maison de 1601, un étrange personnage vous dévisage. *Revenez vers l'église.*

★ Église Ste-Croix

Sur son parvis, une jolie fontaine de 1521, restaurée au 18e s., représente l'empereur Constantin. Certains chapiteaux du portail roman sont décorés de pélicans et sirènes à deux queues, motif d'inspiration lombarde. Groupe en bois sculpté polychrome dans la nef, belle verrière (15e s.) de Pierre d'Andlau représentant le Christ en croix entre les deux larrons. Dans le chœur, un large triptyque constitué d'un panneau central entouré de douze panneaux sculptés : le **retable★★** du maître Jean Bongartz de Colmar (1518) dépeint la Crucifixion et des scènes de la Passion. Au revers, les peintures (17e s.) représentent la Découverte et l'Exaltation de la sainte Croix. Le bas-côté nord abrite un saint-sépulcre de 1514. Remarquez le groupe des saintes femmes, de Jacques Wirt. Détail que l'on retrouve dans plusieurs églises d'Alsace : la poitrine du Christ est percée d'une entaille destinée à recevoir les hosties pendant la Semaine sainte.

Cimetière

Des fragments archéologiques donnent à ce cimetière le caractère d'un musée lapidaire. Une galerie de bois du 16e s. abrite une croix dite « de la peste » de 1511. Un mémorial et une série de croix blanches rendent hommage aux victimes de la Seconde Guerre mondiale.

Chapelle St-Michel

C'était l'ancienne chapelle du cimetière. Elle date de 1463, et comporte deux étages. La salle inférieure, transformée en ossuaire, est assez saisissante (bénitier avec une tête de mort à la base). Dans la chapelle supérieure, fresque de 1464 et à droite, dans le chœur, curieux crucifix du 14e s.
Revenez rue du Gén.-de-Gaulle pour emprunter, en face, la rue de la Commanderie.

Rues de la Commanderie et de l'Ancien-Hôpital

On y admire des maisons très colorées, comme celle du bourgmestre Jean Vollrath. Un peu plus loin, sur la gauche, ancien manoir d'Étienne de Bavière.

À voir aussi

Musée communal

📞 03 89 78 22 78 - 03 89 78 11 11 - tlj sf mar. juil.-août : 10h30-12h, 14h-18h - 2 € (-10 ans gratuit).
Dans une maison Renaissance avec tourelle à escalier, objets d'art religieux (rare Vierge ouvrante du 14e s., Christ des Rameaux du 15e s.), d'art populaire et d'archéologie.

Musée Albert-Schweitzer

📞 03 89 47 36 55 - &. - de mi-mars au 11 Nov. : 9h-12h, 14h-18h ; fermé janv.-mars - 2 € (-10 ans 1 €), Nuit des musées gratuit.
Situé à côté de la maison où il vit le jour en 1875, le musée présente des documents, photos et objets personnels retraçant sa vie *(voir p. 67)*. On peut également visiter la maison de son enfance à Gunsbach *(voir Munster)*.

À proximité

Kientzheim
À 3 km à l'est de Kaysersberg.
L'entrée dans Kientzheim nous met au parfum : la **Porte Basse** - dite du « Lalli » - est surmontée d'une tête sculptée qui tire la langue aux passants. Cette tête narguait l'assaillant qui avait franchi l'enceinte, mais l'effrayait-elle vraiment ? Ici, le charme du Moyen Âge habite encore les rues au détour desquelles on rencontre des maisons à colombages, de vieux puits, des cadrans solaires…

Ancien château – Remontant au Moyen Âge mais transformé au 16e s., l'ancien château est aujourd'hui le siège de la confrérie St-Étienne, qui, au cours de dégustations à l'aveugle, octroie des « sigilles » (labels) de qualité aux vins qui lui sont présentés. Un **musée du Vignoble et des Vins d'Alsace** rassemble sur trois étages une importante vinothèque. Les collections comprennent notamment un monumental pressoir ancien et de nombreux instruments devenus rares, comme ce curieux arracheur de ceps. *18 Grand'Rue - ℘ 03 89 78 21 36 - www.musee-du-vignoble-alsace.fr - possibilité de visite guidée - juin-oct. : 10h-12h, 14h-18h ; mai : w.-ends et j. fériés 10h-12h, 14h-18h - fermé 1er janv., dim. de Pâques, lun. de Pâques, 11 Nov., 25 déc. - 4 € (-18 ans 2 €), Nuit des musées gratuit.*

Église – Elle a une tour gothique très restaurée. Sur le mur nord, à l'angle d'une ruelle, étrange fresque représentant une inquiétante *Danse macabre.*
À l'intérieur, sur l'autel latéral gauche, Vierge du 14e s. et, à côté, **pierres tombales★** de Lazare de Schwendi. Dans la sacristie, ancien ossuaire, fresques du 14e s. et statues de la Vierge des 14e et 17e s.

Chapelle Sts-Félix-et-Régule – À l'intérieur, curieux ex-voto, peintures naïves sur toile et sur bois, de 1667 à 1865.

😊 NOS ADRESSES À KAYSERSBERG

HÉBERGEMENT

PREMIER PRIX
Chambre d'hôte Les Cèdres – *104 rte de Lapoutroie - ℘ 03 89 47 15 14 - www.les-cedres.org - fermé 5 janv.-21 mars - 🅿 - 🚭 - 5 ch. 48/72 € ⚲.* Cette maison entourée d'un parc dispose de chambres confortables baptisées de noms de fleurs. Mobilier agréable et literie d'excellente qualité. Une adresse intéressante par son rapport qualité-prix et sa situation pratique au cœur de ce charmant village touristique.

POUR SE FAIRE PLAISIR
Hôtel Les Remparts – *4 r. Flieh - ℘ 03 89 47 12 12 - www.lesremparts.com - 🅿 - 28 ch. 69/83 € - ⚲ 8,50 €.* L'hôtel se trouve dans un quartier résidentiel calme, aux portes de la cité. Chambres pratiques dotées d'amples terrasses joliment fleuries à la belle saison.

BUDGET MOYEN
Hostellerie Schwendi – *2 pl. Schwendi - 68240 Kientzheim - ℘ 03 89 47 30 50 - www.schwendi. fr - 29 ch. 79/105 € - ⚲ 10 € - rest. 23/62 €.* Belle façade à pans de bois dressée sur une placette

pavée. Intérieur mi-rustique, mi-bourgeois. Coquettes chambres personnalisées, encore plus confortables à l'annexe. Carte régionale et vins de la propriété à déguster l'été en terrasse, face à une fontaine.

POUR SE FAIRE PLAISIR
L'Abbaye d'Alspach – *2 r. Foch - 68240 Kientzheim - ℘ 03 89 47 16 00 - www. abbayealspach.com - fermé 7 janv.-15 mars -* 🅿 *- 34 ch. 74/113 € -* ☕ *11 €.* Parmi les atouts de cet hôtel occupant les dépendances d'un couvent du 11e s. : cinq superbes suites, une jolie cour et un bon petit-déjeuner (*kougelhopf* et confitures maison).

RESTAURATION

BUDGET MOYEN
À La Porte Haute – *118 r. du Gén-de-Gaulle - ℘ 03 89 78 21 49 - fermé janv., 29 juin-6 juil., 10-20 nov., mar. soir et merc. - formule déj. 9,50 € - 16,60/20,50 €.* Un séjour en Alsace passe obligatoirement par une dégustation de choucroute, alors offrez-vous le grand jeu avec une Royale aux 7 garnitures… à moins que vous ne préfériez vous laisser tenter par un coq au riesling ou une tarte flambée. Agréable salle à manger, service souriant et prix raisonnables.
Winstub du Château – *38 r. du Gén.de-Gaulle - ℘ 03 89 78 24 33 - fermé 8 j. en juin, 15 j. en mars., merc. soir et jeu. -* ♿ *- 17,50/33 €.* Le restaurant de la famille Kohler attire beaucoup de monde, notamment en fin d'année car le marché de Noël de Kaysersberg est devenu un des plus célèbres d'Alsace. On y déguste une honorable cuisine régionale : escargots à l'alsacienne, choucroute royale, filet de truite fumée et sa sauce au raifort…

La Vieille Forge – *1 r. des Écoles - ℘ 03 89 47 17 51 - fermé 2-15 juin, 31 déc.-18 janv., merc. et jeudi - formule déj. 10 € - 20/33 €.* La jolie façade à colombages du 16e s. invite à s'attabler dans ce restaurant familial proposant une carte régionale assortie de suggestions de saison.
Au Lion d'Or – *66 r. du Gén.-de-Gaulle - ℘ 03 89 47 11 16 - www. auliondor.fr - fermé 1er-8 juil., 24 janv.-4 mars, mardi sauf le midi de mai à oct. et merc. - 15/35 €.* Belle maison de 1521 tenue par la même famille depuis 1764 ! Salles à manger d'époque (dont une ornée d'une monumentale cheminée) pouvant accueillir jusqu'à 180 convives.

ACHATS

Pâtisserie Loecken – *46 r. du Gén.-de-Gaulle - ℘ 03 89 47 34 35 - tlj sf lun. 8h-18h30 (19h en été) - fermé 15 j. en janv. et 25 déc.* Cette superbe bâtisse à pans de bois du 16e s. abrite une pâtisserie. Chocolats maison, carte de thés provenant du monde entier et cafés torréfiés sur place. On propose également d'autres bons produits alsaciens : foies gras, eaux-de-vie et confitures artisanales.
Caveau des Vignerons de Kientzeim-Kaysersberg – *20 r. du Gén.-de-Gaulle - ℘ 03 89 47 18 43 - www.vinsalsace-kaysersberg.com - 10h-19h. Visite sur RV. - fermé mar.-janv.-mi-fév.* Dégustation et vente de vins et crémant d'Alsace.
Verrerie d'Art de Kaysersberg – *30 r. du Gén.-de-Gaulle - ℘ 03 89 47 14 97 - boutique : 10h-12h30, 14h-18h, dim., lun. et j. fériés 14h-18h ; atelier : tlj sf dim., lun. et j. fériés 10h-12h30, 14h-18h - fermé janv.* Située dans le centre historique de Kaysersberg, cette verrerie d'art ouvre au public les portes de son atelier de fabrication artisanale.

Les maîtres verriers font découvrir les différentes opérations de leur travail : cueillage, soufflage et façonnage à la main. Exposition et vente des objets à la boutique située en face de l'atelier.

Cave vinicole de Kientzheim - Kaysersberg – *10 r. des Vieux-Moulins - 68240 Kientzheim - ℘ 03 89 47 13 19 - www.cave-kaysersberg.com - 9h-12h, 14h-18h, w. end et j. fériés à partir de 10h - fermé sam.-dim. du 1er janv. à Pâques*. Grâce à des méthodes de vinification rigoureuses et des contrôles stricts de la qualité, les vins de cette coopérative possèdent des propriétés remarquables, reconnues par les spécialistes. Les grands crus schlossberg et furstentum et les cuvées du lieu-dit Altenburg figurent parmi les chantres de l'Alsace viticole.

Domaine Paul Blanck – *29 Grand'Rue - ℘ 03 89 78 23 56 - www.blanck.com - 9h-12h, 13h30-18h-sam.dim.17h - fermé dim., j. fériés*. On ne compte plus les récompenses dans la famille Blanck, vignerons de père en fils depuis… 1610 Cultivant les 7 cépages alsaciens, Philippe et Frédéric entretiennent la réputation des vins locaux avec leurs grands crus schlossberg et furstentum et leurs crus patergarten et altenburg.

Turckheim

★

3 714 Turckheimiens – Haut-Rhin (68)

🙂 **NOS ADRESSES PAGE 551**

S'INFORMER

Office du tourisme de Turkheim – *Corps de Garde - 68230 Turckeim - ℘ 03 89 27 38 44 - www.turckheim.com - juil.-août : 9h-12h, 13h30-18h, sam. 9h-12h, 14h-17h, dim. : 10h-12h ; reste de l'année : tlj sf dim. 9h-12h, 13h30-18h, sam. 9h-12h, 14h-17h - fermé j. fériés*.

Circuit historique – *℘ 03 89 27 38 44 - www.turckheim.com*. Promenade (50mn) à la découverte du patrimoine architectural de cette ancienne ville impériale. Brochure du circuit historique disponible à l'office de tourisme.

SE REPÉRER

Plan de région B2 (p. 508) – carte Michelin Départements 315 H8. À la sortie ouest de Colmar, dans la vallée de la Fecht.

SE GARER

Parking en face de la porte de France.

Il faut arriver à Turckheim par Niedermorschwihr. De la jolie route au milieu des vignes, vous verrez apparaître à l'intérieur de ses remparts la petite ville aux toitures anciennes et son clocher aux tuiles polychromes.

UN GRAND CAPITAINE POUR UNE VICTOIRE DÉCISIVE
En 1674, Strasbourg livre imprudemment le passage du pont de Kehl à quelque 60 000 Impériaux qui envahissent l'Alsace. Turenne n'a que 20 000 hommes. Il ne se démonte pas et commence par défaire un corps ennemi à Entzheim, près de Strasbourg. Puis il se retire par le col de Saverne. Se jouant des espions et rompant avec la tradition établie jusqu'alors de ne pas engager les hostilités pendant les mois d'hiver, il réunit, fin décembre, par un froid intense, toutes ses forces près de Belfort. Puis il fonce sur les Impériaux dispersés dans leurs quartiers d'hiver. En dix jours, le capitaine les culbute à Mulhouse et à Colmar, les bat à Turckheim le 5 janvier 1675 et les rejette au-delà du Rhin en pleine déroute ! L'Alsace, hormis Strasbourg, est alors acquise à la France.

Avec ses nids de cigogne et son grand cru du Brand, il est assez difficile d'imaginer Turckheim en champ de bataille… C'est pourtant bien ici, aux portes de la ville, que Turenne, en 1675, a écrasé impitoyablement les envahisseurs impériaux.

Se promener

L'ancienne ville impériale a beaucoup souffert pendant la bataille de Colmar, en hiver 1944-1945. Elle a perdu près d'une centaine de maisons, avant de regagner sa liberté. Au fil de la promenade, vous pourrez néanmoins admirer les demeures médiévales épargnées ainsi que les portes fortifiées.

Porte de France
Face au quai de la Fecht, elle s'ouvre dans une tour massive et quadrangulaire du 14e s. qui porte un nid de cigogne.

Place Turenne
Elle est entourée de maisons anciennes. À droite se trouve le corps de garde, précédé d'une fontaine du 18e s. Au fond de la place, l'hôtel de ville construit en 1595 avec pignon Renaissance ; derrière, l'ancienne église dont on aperçoit la tour aux assises romanes.

Grand'Rue
De nombreuses maisons de viticulteurs remontent à la fin du 16e et au début du 17e s. Belle maison à colombages dont l'oriel repose sur un pilier en bois.

Porte de Munster et obélisque en grès à la gloire de Turenne
Une autre des trois portes typiques de la ville.
Revenez par la Grand'Rue.

Hôtel des Deux Clefs
Ancienne hostellerie municipale, il a été rénové par la ville en 1620. Son oriel repose sur un pilier de pierre.

☺ NOS ADRESSES À TURCKHEIM

VISITES

Circuit viticole –Environ 1h à pied - départ 30 m après la porte du Brand sur votre droite, à hauteur d'un petit oratoire. Circuit de 2 km à travers les vignes, balisé de panneaux explicatifs, pour vous apprendre à connaître le travail de la vigne ainsi que les différents cépages. Beau panorama sur la ville. ℰ 03 89 27 38 44 - www.turckheim.fr

HÉBERGEMENT

PREMIER PRIX

Hôtel Le Berceau du Vigneron – *10 pl. Turenne - 68230 Turckheim - ℰ 03 89 27 23 55 - www.berceau-du-vigneron.com - Fermé 11-25 janv. - 16 ch. 44/73 € - ⴾ 9,50 €.* Maison à colombages bâtie en partie sur les remparts de la vieille ville. Chambres fraîches, plus calmes sur l'arrière. L'été, on prend son petit déjeuner dans la cour intérieure.

Hôtel Les Portes de la Vallée – *29 r. Romaine - 68230 Turckheim - ℰ 03 89 27 95 50 - www. hotelturckheim.com - ℗ - 14 ch. 46/64 € - ⴾ 8 € - rest. 18 €.* Dans un quartier calme, deux bâtiments réunis par une treille. Préférez les chambres claires de l'aile moderne. Plats alsaciens servis dans une salle d'inspiration *winstub*.

RESTAURATION

PREMIER PRIX

Caveau Morakopf – *7 r. des Trois-Épis - 68230 Niedermorschwihr*

- *ℰ 03 89 27 05 10 - www. morakopf.com - fermé 7-20 janv., 23 juin-7 juil., lun. midi et dim.* - ⴺ - *14/23,30 €.* Atmosphère chaleureuse dans ce restaurant qui occupe la cave d'un bâtiment du 18ᵉ s., et sur son agréable terrasse-jardin. Les spécialités alsaciennes comme le *schwina zingala* (langue de porc au court-bouillon) ou les *fleischschnacka*, préparées avec soin par Mᵐᵉ Guidat et son équipe, figurent bien sûr au menu.

BUDGET MOYEN

L'Homme Sauvage – *19 Grand'Rue - ℰ 03 89 27 56 15 - www.restauranthomme.sauvage. com - fermé mar. soir de nov. à avr., dim. soir et merc. - 18/38 €.* Cette auberge accueille les amateurs de bonne chère depuis 1609. Cuisine actuelle à déguster dans un cadre mi-rustique, mi-contemporain, ou l'été, dans la cour pavée ombragée.

AGENDA

Ronde du veilleur de nuit – Elle a lieu tous les soirs à 22h de mai à octobre, à travers les ruelles de la vieille ville. Il est drappé dans une houppelande, coiffé d'un tricorne, il porte une lanterne et une hallebarde, s'arrête à chaque carrefour et entonne une mélopée. Dép. place Turenne, devant le corps de garde. Également les 3 premiers sam. de déc. et le 31 déc. à minuit, pour les Vœux aux autorités et bourgeois de la ville. ℰ 03 89 27 38 44 - www. turckheim.fr

Eguisheim

1 549 Eguishiens – Haut-Rhin (68)

😊 **NOS ADRESSES PAGE 554**

🚹 **S'INFORMER**

Office de tourisme d'Eguisheim – *22A Grand'Rue - 68420 Eguisheim -
☏ 03 89 23 40 33 - www.ot-eguisheim.fr - juil.-sept. : 9h30-12h, 14h-18h, sam.
9h30-12h, 13h30-17h30, dim. et j. fériés 10h30-12h30 ; reste de l'année : tlj sf
dim. et j. fériés 9h30-12h, 14h-18h, sam. 9h30-12h, 13h30-17h30.*

▶ **SE REPÉRER**

Plan de région B3 (p. 508) – carte Michelin Départements 315 H8. À 7 km au
sud de Colmar, 41 km au nord de Mulhouse. Accès par la D 83 ou la E 225-
A 35 Colmar-Mulhouse.

😊 **À NE PAS MANQUER**

Le circuit des remparts et la route des Cinq Châteaux.

🕐 **ORGANISER SON TEMPS**

Après avoir parcouru les vieilles rues de la ville, prévoyez des chaussures
de marche pour partir à la découverte des cinq châteaux environnants
(le circuit s'effectue en voiture, mais l'accès aux châteaux n'est possible
qu'à pied).

👫 **AVEC LES ENFANTS**

Le château du Hohlandsbourg et ses animations chevaleresques (en
été).

**Inoubliable, l'arôme des deux grands crus d'Eguisheim ! Inoubliable,
également, la forme, toute ronde, de ce village. Entouré de vignes, ce
dernier s'est développé en cercles concentriques à partir du château octogonal du 13ᵉ s. Si les trois fameuses tours, qui servaient de cadran solaire
aux travailleurs de la plaine, sont définitivement en ruine, les ruelles et
les vieilles maisons de la ville semblent n'avoir pas vu passer les quatre
derniers siècles. Vous voici plongé en pleine Renaissance.**

Se promener

Grand'Rue

Maisons anciennes à grands portails armoriés et datés, ainsi que deux jolies
fontaines Renaissance.

★ Circuit des remparts

Suivre le circuit fléché pour emprunter l'ancien chemin de ronde. Les rues
étroites et pavées sont bordées de vieilles maisons très riches architectura-
lement (balcons, oriels, pans de bois, pignons pointus).

Église

À l'intérieur de l'église moderne, à droite en entrant, une chapelle s'ouvre
sous le clocher. Au tympan (12ᵉ s.) de l'ancien portail, un Christ entre saint
Pierre et saint Paul ; le linteau représente la parabole des vierges sages et des

> **LE PAPE VOYAGEUR**
> Le plus célèbre enfant de la ville est Bruno d'Eguisheim, né en 1002. Il fut plus connu sous le nom de Léon IX, le « pape voyageur », unique pape alsacien. Il ne doit pas faire oublier les comtes d'Eguisheim qui, au 13ᵉ s., ont fait construire le château.

vierges folles. De superbes vitraux modernes retracent des scènes de la vie de Léon IX. Bel orgue Callinet du 19ᵉ s.

Sentier viticole

C'est à Eguisheim, dit-on, que les premières vignes furent plantées en Alsace par les Romains au 4ᵉ s. Eguisheim compte 300 ha de vignobles cultivés et deux grands crus, l'eichberg et le pfersigberg.

👣 *Le meilleur moyen de découvrir le vignoble d'Eguisheim : le sentier viticole avec visite guidée et dégustation (1h30 à 2h). De mi-juin à mi-sept. : sam. 15h30 (en août : mar. et sam. 15h30) - gratuit - 🖉 03 89 23 40 33 - www.ot-eguisheim.fr*

Itinéraire conseillé

★ ROUTE DES CINQ CHÂTEAUX

Attention, la route est fermée du 15 novembre au 15 mars.
20 km – plus 2h à pied AR environ.
Gagnez Husseren (voir route des Vins) par la D 14. À la sortie du bourg, empruntez, à droite, la route forestière « des Cinq Châteaux ». À 1 km, laissez la voiture (parc de stationnement) et montez aux « trois châteaux » d'Eguisheim à pied (15mn).

Donjons d'Eguisheim

Weckmund, Wahlenbourg, Dagsbourg, tels sont les noms de ces trois donjons de grès rouge, carrés et massifs qui s'élèvent sur le sommet de la colline. Ils appartenaient à la puissante famille d'Eguisheim. Après son extinction, les trois châteaux devinrent, en 1230, la propriété des évêques de Strasbourg. Ils furent brûlés lors de la guerre dite « des Six Oboles » (1466), conflit ayant opposé les bourgeois de Mulhouse à la noblesse des environs.

👣 *Vous pouvez rejoindre à pied (1h) le château de Hohlandsbourg en suivant le sentier découverte « Les traces de l'écureuil ».*
Ayant repris la voiture, poursuivez la route des Cinq Châteaux.
Ne vous privez pas des très beaux points de vue qui jalonnent le parcours.

★ Château du Hohlandsbourg

Laissez la voiture sur le parking, en contrebas, pour poursuivre la montée à pied (10mn). 🖉 03 89 30 10 20 - www.chateau-hohlandsbourg.com - possibilité de visite guidée - juil.-août : 10h-19h ; de Pâques à fin mai, 1ᵉʳ oct.-11 Nov. : sam. 14h-18h, dim. et j. fériés 11h-18h ; avr., juin, sept. et vac. de Toussaint : 14h-18h, dim. et j. fériés 11h-18h - 4,20 € (-8 ans gratuit), Journées du patrimoine gratuit.
👥 À 6 km environ des donjons d'Eguisheim se dresse l'imposant château du Hohlandsbourg, jadis chef-lieu d'une seigneurie des Habsbourg, construit à partir de 1279. Alors que ses voisins sont en grès, il est de granit comme le piton sur lequel il est ancré à quelque 644 m. Acquis et restauré en 1563 par Lazare de Schwendi, conseiller de l'empereur Maximilien II, il fut modernisé et adapté à l'artillerie, comme en témoignent encore la présence du bastion et

de nombreuses bouches à feu. Mais c'est sans difficulté que le château fut pris en 1633 pendant la guerre de Trente Ans, puis démantelé par les Français dès 1635. De l'Oberschloss, cœur fortifié du château, il ne reste que des ruines. Ce qui impressionne au premier abord, c'est la majestueuse enceinte rectangulaire du 13ᵉ s. qui encadre le château. Elle est surmontée d'un chemin de ronde duquel se dégage une **vue★★** magnifique à 360° : à l'ouest, on aperçoit le donjon de Pflixbourg et le sommet du Hohneck, au nord, le Haut-Kœnigsbourg, à l'est, Colmar et la plaine d'Alsace. La cour du château, avec ses logis du 17ᵉ s. et ses dépendances, ressemble à une place de village.

Les collectivités locales ont décidé de faire du Hohlandsbourg un « pôle historique et culturel » en lui redonnant une certaine jeunesse : outre une importante restauration en 2000, le château a été doté d'un jardin médiéval et d'une auberge. De nombreuses animations chevaleresques s'y déroulent en été.

Donjon de Pflixbourg

Accessible par un sentier situé 2 km plus loin, sur la gauche.

Du château construit au 13ᵉ s. par les Hohenstaufen pour protéger leurs possessions proches de Colmar, subsiste le donjon, situé à une hauteur de 454 m. La famille des Ribeaupierre reçut en fief au 15ᵉ s. cette forteresse qui était l'ancienne résidence des baillis impériaux en Alsace. Une citerne voûtée jouxte le donjon cylindrique dont on dit encore aujourd'hui qu'il est hanté par une dame blanche qui à minuit descend vers la plaine en chantant tristement. Belle vue sur la vallée de la Fecht à l'ouest et la plaine d'Alsace à l'est.

La route rejoint la D 417 en direction de Colmar. À la sortie de Wintzenheim (voir route des Vins), tournez à droite dans la D 83, puis de nouveau à droite dans la D 1bis pour regagner Eguisheim.

😊 NOS ADRESSES À EGUISHEIM

HÉBERGEMENT

BUDGET MOYEN

Auberge des Trois Châteaux – *26 Grand'Rue -* ☎ *03 89 23 11 22 - 12 ch. 55/67 € -* 🍽 *8 € - rest. 18/32 €.* Maison du 17ᵉ s. joliment fleurie en saison, située au cœur du bourg. Toutes les chambres sont récentes et fonctionnelles ; les plus lumineuses donnent sur la rue. Restaurant simple et sympathique où l'on propose des petits plats du terroir.

Hostellerie des Comtes – *2 r. des Trois-Châteaux -* ☎ *03 89 41 16 99 - www.hostellerie-des-comtes.fr - fermé de mi-janv. à mi-fév. et 24-25 déc. - 14 ch. 69 € -* 🍽 *8 € - rest. 16/35 €.* Auberge familiale proposant des chambres bien tenues et sans prétention ; certaines bénéficient d'une petite terrasse. Cuisine traditionnelle servie dans une salle à manger rustique ou en plein air lorsque le temps s'y prête.

Hostellerie du Château – *2 r. du Château -* ☎ *03 89 23 72 00 - www.hostellerieduchateau.com - fermé 4 sem. en hiver. - 11 ch. 69/125 € -* 🍽 *11 €.* Sur la place centrale, maison ancienne entièrement rénovée par le patron, architecte de formation. Les chambres, contemporaines et personnalisées, s'intègrent bien au cadre ancien et leurs salles de bains sont vraiment chouettes…

RESTAURATION

BUDGET MOYEN

La Grangelière – *59 r. du Rempart-Sud -* ☎ *03 89 23 00 30 - www. lagrangeliere.com - fermé de mi-janv. à mi-fév., dim. soir de nov. à avr. et jeu. - 18/67 €.* Avant de tenir ces fourneaux-là, Alain Finkbeiner a appris le métier au sein de prestigieuses maisons. Il propose ici deux formules pour satisfaire au mieux ses clients : la brasserie sert des plats régionaux dans un cadre simple, et le restaurant se consacre à une cuisine plus élaborée et personnalisée.

POUR SE FAIRE PLAISIR

Le Caveau d'Eguisheim – *3 pl. du Château St Léon   ☎ 03 89 41 08 89 - fermé de fév. à mi-mars, lun. et mar. - 29/63 €.* Authentique maison vigneronne située sur la place principale du village. Un beau pressoir à vis de 1721 trône dans la salle du rez-de-chaussée, rustique et chaleureuse (ambiance et cadre plus feutrés à l'étage). Goûteuse cuisine traditionnelle complétée de plats mettant le cochon en vedette.

ACHATS

Caveau Léon Beyer – *8 pl. du Château -* ☎ *03 89 23 16 16 - www. leonbeyer.fr - tlj sf merc. 10h-12h, 14h-18h - fermé janv.-fév.* Cette maison, l'une des plus vieilles d'Alsace (elle remonterait à 1580) est réputée en particulier pour ses vins blancs secs recherchés par bon nombre d'excellents restaurateurs à travers l'Europe et jusqu'aux États-Unis. Les plus prisés de ces vins sont les réserves maison et surtout les grandes cuvées Comtes d'Eguisheim.

Domaine Charles Baur – *29 Grand'Rue -* ☎ *03 89 41 32 49 - www.vinscharlesbaur.fr - tlj 8h-12h, 13h-19h, dim. 9h-12h (dim. apr.-midi sur RV) - fermé 25 déc.* La famille Baur élabore une gamme complète de vins d'Alsace, dont les fameux grands crus eichberg et pfersigberg, des « vendanges tardives » issues du cépage gewurztraminer, le crémant d'Alsace et des eaux-de-vie. L'ensemble de sa production a obtenu de nombreuses médailles dans les concours nationaux. Visite de la cave, dégustation et vente.

AGENDA

Fête des vignerons – *Dernier w.-end d'août.* ☎ *03 89 23 40 33 - www.ot-eguisheim.fr.*
Festival des saveurs musicales – *W.-end de mi-sept. -* ☎ *03 89 23 40 33 - www.ot-eguisheim.fr.*

Rouffach

4 620 Rouffachois – Haut-Rhin (68)

😊 **NOS ADRESSES PAGE 558**

🗒 **S'INFORMER**
Office du tourisme de Rouffach – *Pl. de la République - 68250 Rouffach - 𝒫 03 89 78 53 15 - www.ot-rouffach.com - juil.-août : 9h-12h30, 14h-17h30 (sam. 16h30), dim. et j. fériés 10h30-12h30 ; reste de l'année : tlj sf dim. et j. fériés 9h30-12h, 14h-17h, lun. 14h-17h, sam. 9h30-12h.*

⊙ **SE REPÉRER**
Plan de région B3 (p. 508) – carte Michelin Départements 315 H9. À 15 km au sud de Colmar, 28 km au nord de Mulhouse.

😊 **À NE PAS MANQUER**
Le festival de musique classique Musicalta *(voir carnet d'adresses).*

À l'abri de ses coteaux couverts de vignes, Rouffach fut villa royale sous les Mérovingiens (le roi Dagobert serait passé par là). Quelques belles demeures anciennes retiennent aujourd'hui l'attention, ainsi que le musée du Bailliage qui garde le souvenir du duc de Dantzig, originaire du lieu.

Se promener

Église N.-D.-de-l'Assomption
Cette église date, pour son gros œuvre, des 12e et 13e s. La partie la plus ancienne est le transept (11e-12e s.). La tour nord et la tour sud, inachevée en raison de la guerre de 1870, sont du 19e s. Comme il est d'usage dans le style rhénan du 12e s., les grandes arcades intérieures alternent piles fortes et piles faibles. Toutes les colonnes sont surmontées de beaux chapiteaux à crochets. Dans le croisillon droit, fonts baptismaux octogonaux (1492). Dans le chœur *(contre les piles du carré du transept)*, d'élégants escaliers sont ce qui reste d'un jubé du 14e s. À gauche du maître-autel, joli tabernacle du 15e s. Contre un des piliers de la nef, à gauche, une Vierge à l'Enfant surmontée d'un dais, sculptée vers 1500.

Tour des Sorcières
Datant des 13e et 15e s., couronnée de mâchicoulis, elle est surmontée d'un toit à quatre pans terminé par un nid de cigogne. On y enfermait jusqu'au 18e s. les femmes accusées de sorcellerie.

Maisons anciennes
Sur la place de la République, ancienne halle au blé (fin 15e s.-début 16e s.) ; au fond de la place, à gauche de la tour des Sorcières, maison de l'Œuvre Notre-Dame, gothique, et ancien hôtel de ville qui possède une belle façade Renaissance à double pignon. On peut voir d'autres maisons intéressantes aux n°s 11, 17 et 23 de la rue Poincaré.

Chapelle du Bollenberg sur la colline de Rouffach.
Olivier Fellmann / MICHELIN

Musée du Bailliage

6A place de la République - ☎ 03 89 49 78 22 - www.chateau-hohlandsbourg.com - possibilité de visite guidée - juil.-août : tlj sf mar. 10h-19h - gratuit.

Ce petit musée traite de l'histoire et de la géographie de Rouffach. Une partie est consacrée au **maréchal d'empire Lefebvre**, également duc de Dantzig, qui revenait souvent visiter sa vieille mère à Rouffach, après avoir épousé ladite Madame Sans-Gêne (surnom donné par Sardou et Moreau en 1893 dans leur pièce *Madame Sans-Gêne*). Un monument lui est dédié, place Clemenceau.

Église des Récollets

Elle fut construite de 1280 à 1300. Les bas-côtés ont été remaniés au 15e s. À l'un des contreforts est accolée une chaire à balustrade ajourée.

À proximité

Pfaffenheim

3 km au nord par la D 83.

C'est un village viticole, ancienne cité de la fin du 9e s. qui conserve de vieilles maisons vigneronnes. L'abside de l'**église** (13e s.), décorée de frises à motifs floraux, a une galerie aveugle et de fines colonnettes. Les entailles visibles sur les pierres de l'abside *(partie basse)* laissent supposer que les vignerons aiguisaient là leurs serpettes.

😊 NOS ADRESSES À ROUFFACH

HÉBERGEMENT

BUDGET MOYEN

Hôtel À la Ville de Lyon – *R. Poincaré -* 📞 *03 89 49 62 49 - villedelyon@villes-et-vignoble.com -* 🅿 *- 48 ch. 59/145 € -* 🍽 *8,50 €.* Façade d'inspiration Renaissance. Les chambres refaites dans un esprit campagnard actuel se révèlent coquettes, les anciennes restent fonctionnelles. Piscine en mosaïque.

Hôtel Relais du Vignoble – *33 r. des Forgerons - 68420 Gueberschwihr -* 📞 *03 89 49 22 22 - www.relaisduvignoble.com - fermé 1er fév.-1er mars -* 🅿 *- 30 ch. 64/68 €* 🍽. Étape « spiritueuse » : la grande bâtisse jouxte la cave familiale et la plupart des chambres, désuètes mais bien tenues, donnent sur les vignes. Salle de séminaires. Plats traditionnels et vins du domaine à déguster sur la terrasse panoramique aux beaux jours.

RESTAURATION

POUR SE FAIRE PLAISIR

Auberge au Vieux Pressoir – *68250 Westhalten -* 📞 *03 89 49 60 04 - www.bollenberg. com - fermé 21-27 déc. et dim. soir de mi-nov. à mi-mars -* 🅿 *- 28 bc/75 € bc.* Belles armoires et collection d'armes anciennes président au décor alsacien de cette maison de vignerons. Cuisine régionale soignée et dégustations de vins de la propriété.

ACHATS

Bruno-Hunold – *29 r. aux Quatre-Vents -* 📞 *03 89 49 60 57 - www.bruno-hunold.com - 9h-12h, 13h-18h, dim. 9h-12h - visite 30mn sur RV - fermé j. fériés apr.-midi.* Ce domaine dispose de 12,5 ha de vignes et cultive les sept cépages alsaciens. Caveau de dégustation-vente où vous pourrez découvrir, entre autres, des côtes-de-Rouffach, un grand cru de Vorbourg, des vendanges tardives, des crémants d'Alsace ainsi qu'une gamme variée d'eaux-de-vie.

Domaine de l'Ecole, lycée viticole – *8 r. Aux-Remparts -* 📞 *03 89 78 73 48 - http://www. rouffach.educagri.fr - tlj sf w.-end 9h-12h, 13h30-17h - fermé Noël et 1er janv.* Le lycée viticole de Rouffach cultive 13 ha de vignes dont 5,5 en grand cru Vorbourg, fleuron du domaine. La limitation volontaire du rendement favorise la qualité. Côte-de-Rouffach, crémant brut, « vendanges tardives » et sélection de grains nobles en gewurztraminer méritent aussi la mention très bien.

Earl Bannwarth et Fils – *19 r. du 4e-Spahis -* 📞 *03 89 49 62 37 - www.vins-bannwarth.com - 8h-12h, 13h30-19h, sam. 8h-12h, 13h30-18h, dim. 10h-12h.* Derrière le nom de l'enseigne se cache une très longue lignée de « fils » : on trouve trace des viticulteurs Bannwarth à Rouffach dès 1645 Ceux-ci cultivent les 7 cépages d'Alsace et élaborent des vins de haute qualité comme le grand cru vorbourg en riesling et gewurztraminer et le pinot Gris Côte-de-Rouffach.

Domaine René Muré (Clos Saint-Landelin) – *Rte des Vins -* 📞 *03 89 78 58 00 - www.mure.com - tlj sf dim. 8h-18h, sam. 9h-12h, 14h-18h - fermé dim. et j.fériés.* Ce domaine vinicole, situé dans un cadre magnifique, passe pour être l'un des plus anciens d'Alsace. (depuis le 8e s.). Aujourd'hui, la famille Muré

continue à cultiver les 15 ha dans les 7 cépages de la région et produit, entre autres, un grand cru zinnkoepflé et un vorbourg en riesling de belle qualité.
Meyer Clos Ste-Apolline – *Domaine du Bollenberg - 68250 Westhalten - ℘ 03 89 49 60 04 - www.bollenberg.com - 8h-20h* . Cette entreprise familiale exploite 23 ha de vignes situées sur les collines du Bollenberg et produit sylvaner, riesling, muscat, pinot gris, gewurztraminer, pinot noir, crémant d'Alsace. Le domaine propose également des eaux-de-vie distillées artisanalement sur place, du foie gras, ainsi que des confitures et confits cuits à l'ancienne dans des bassines en cuivre.

AGENDA

Fête de la sorcière – Le premier samedi qui suit le 14 Juillet, les rues de Rouffach s'animent grâce à l'intervention de nombreux groupes médiévaux - *℘ 03 89 78 53 15 - www.fete-sorciere.com*.
Festival Musicalta – *En juil.-août - ℘ 03 89 47 59 93 - www.musicalta. com*
Foire européenne du pain, vin et fromage écobiologiques – *Début mai - ℘ 03 89 49 62 99.*

Guebwiller

11 609 Guebwillerois – Haut-Rhin (68)

😊 NOS ADRESSES PAGE 562

🛈 S'INFORMER

Office du tourisme de Guebwiller – *73 r. de la République - 68500 Guebwiller - ℘ 03 89 76 10 63 - www.tourisme-guebwiller.fr - mai-oct. : 9h-18h, dim. 10h-12h, 15h-17h ; reste de l'année : tlj sf dim. et j. fériés 9h-18h, sam. 10h-17h ; juil.-août 10h-19h, dim. et j. fériés 10h-13h, 15h-18h*
Visite guidée de la ville – *Visite guidée de la ville (1h30), juil.-août : mar. et vend. 10h et 11h45, dép. de l'office de tourisme - 4,50 € (enf. 3 €), Journées du patrimoine gratuit.*

◐ SE REPÉRER

Plan de région A4 (p. 508) – carte Michelin Départements 315 H9. Guebwiller se situe à 25 km de Colmar et de Mulhouse entre vignobles et coteaux boisés. Son centre-ville, semi-piétonnier, est préservé des flux automobiles puisqu'il faut traverser la Lauch pour entrer dans la ville basse.

😊 À NE PAS MANQUER

L'église Notre-Dame et, au musée duFlorival, la collection de céramiques de Théodore Deck.

◔ ORGANISER SON TEMPS

Guebwiller commande l'entrée du Florival, il serait dommage d'y passer sans prévoir une petite randonnée.

👥 AVEC LES ENFANTS
Le vivarium de Lautenbach-Zell.

Principale ressource de la ville depuis le Moyen Âge : le vin. À Guebwiller, ville-étape de la route des Vins, vous découvrirez des méthodes d'exploitation modernes du vignoble et dégusterez quatre grands crus : le kitterlé, le kessler, la saering et le spiegel.

Se promener

⭐ Église Notre-Dame

Le centre de la place est occupé par la belle église néoclassique élevée de 1760 à 1785 par le dernier prince-abbé de Murbach. La façade de grès rouge est décorée de statues représentant les vertus théologales et cardinales. À l'**intérieur⭐⭐**, les deux bras du transept s'achèvent par des absides semi-circulaires qui forment avec celle du chœur un jeu trinitaire d'esprit baroque. À voir également, l'exceptionnelle composition en haut relief du **maître-autel⭐⭐** (1783) sur le thème de l'Assomption, où le sculpteur Fidèle Sporrer, aidé par sa fille Hélène, a laissé libre cours à ses dons de metteur en scène. On lui doit aussi les stalles et le buffet d'orgues.

Place Jeanne-d'Arc

D'autres constructions réalisées pour les princes-abbés de Murbach au 18ᵉ s. sont rassemblées autour de l'église : l'ancien doyenné (musée du Florival), quelques maisons canoniales et l'ancien château de la Neuenbourg, résidence du prince-abbé.
Empruntez la rue de la République.
À droite, la place de la Liberté et sa fontaine de 1536.

⭐ Hôtel de ville

Il a été bâti en 1514 pour un riche drapier. Remarquables, les fenêtres à meneaux et le bel oriel à cinq pans de style gothique flamboyant. À droite dans une niche d'angle, une Vierge du 16ᵉ s. Un **espace roman** à vocation pédagogique est aménagé au rez-de-chaussée.
Une maison Art nouveau, à gauche de l'hôtel de ville, 69 rue de la République, témoigne de la prospérité de la ville à la fin du 19ᵉ s.
Poursuivez jusqu'à l'église St-Léger.

⭐ Église St-Léger

C'est un très bel édifice dans le style roman rhénan tardif. La **façade ouest⭐⭐** encadrée de deux hautes tours comporte un porche ouvert sur trois côtés. Les bandes d'arcatures dénotent quant à elles une influence lombarde. Le transept dépourvu d'absidioles est surmonté d'une tour de croisée octogonale ; il date, comme la nef, la façade et les bas-côtés, des 12ᵉ et 13ᵉ s.
Contournez l'église.
L'**ancien tribunal de bailliage** est situé dans une belle maison de 1583 *(n° 2 de la rue des Blés)*. Ensuite, une très belle **cave dîmière** et enfin l'**ancien hôtel de ville** qui date lui aussi du 16ᵉ s.

À voir aussi

⭐ Musée du Florival

📞 03 89 74 22 89 - www.ville-guebwiller.fr/musee-florival/- ♿ - tlj sf mar., w.-end et j. fériés - fermé 1ᵉʳ Mai, 24 déc. au 1ᵉʳ janv. - 4 € (-12 ans gratuit).

LES ÉCHELLES DES ARMAGNACS

Au 13e s., les Guebwillerois avaient entouré leur cité de remparts. Le 14 février 1445, les Armagnacs franchissent les fossés gelés. Mais une femme aperçoit leurs manœuvres et donne l'alerte en allumant une botte de paille au point le plus menacé du rempart, puis elle se met à hurler si fort que les Armagnacs détalent sans demander leur reste, en abandonnant leurs échelles. Celles-ci sont conservées dans l'église St-Léger.

Sur cinq niveaux d'une ancienne maison canoniale du 18e s. sont présentées des collections de minéraux, d'objets illustrant l'histoire viticole, artisanale et industrielle de la ville. Mais surtout, pour le régal des yeux, une très importante collection d'œuvres de Théodore Deck (1823-1891) : vases « bleu Deck », plats à fond d'or, salle de bains et véranda reconstituées avec leurs carreaux de faïence au dessin d'un infini détail. Considéré comme le « Bernard Palissy du 19e s. », **Théodore Deck**, céramiste et administrateur de la Manufacture nationale de Sèvres, est guebwillerois. Il a retrouvé, entre autres, la formule du bleu turquoise utilisé en Perse, couleur à laquelle on a donné son nom.

Ancien couvent des Dominicains

📞 03 89 62 21 82 - www.les-dominicains.com - lun.-sam. 10h30-12h30, 13h30-17h30, dim. 13h30-17h30 - 4 € (réduit 2 €).
Cet ancien couvent datant de la fin du 13e s. est situé au cœur de Guebwiller. À la Révolution, ses bâtiments furent vendus et devinrent tour à tour dépôt d'usines, hôpital, marché puis centre musical, avant d'être rachetés par le conseil général du Haut-Rhin et aménagés en Centre polymusical des Dominicains de Haute-Alsace. Dédié à la musique depuis le 19e s., le couvent a accueilli de nombreux interprètes de renom. C'est aujourd'hui encore un lieu de concerts et de spectacles tant classiques que modernes, très réputé dans la région *(programme adressé sur demande)*.
On accède par le cloître à l'église dont la nef est coiffée d'un exceptionnel plafond en bois haut de 24 m et décorée de splendides **peintures murales★** réalisées entre le deuxième quart du 14e s. et la fin du 15e s. Couvrant plus de 3 000 m², elles retracent des épisodes de la Bible et évoquent les grands saints de la région. Le chœur est beaucoup plus sobre et reflète l'idéal de pauvreté des dominicains.
On accède également par le cloître à la chapelle néogothique et à la sacristie transformée en chapelle protestante.

Église St-Pierre-et-St-Paul

Construite entre 1312 et 1340, cette église gothique, qui appartenait au couvent des dominicains, possède un jubé et de belles fresques des 14e et 16e s. Son acoustique est excellente et on y programme un large répertoire, notamment classique.

Itinéraire conseillé

★★ VALLÉE DE GUEBWILLER

De Guebwiller au Markstein – 30 km – environ 2h. Schéma p. 310.
Quittez Guebwiller par la D 430 en direction de la route des Crêtes et le Markstein.
Paradis des randonneurs, le **Florival,** appelé aussi vallée de la Lauch ou de Guebwiller, au fond plat, est couvert de prairies et de fleurs, comme son

nom l'indique. C'est une **zone de tranquillité**, interdite aux voitures de part et d'autre de la D 430. À Buhl débouche le vallon de Murbach.

★★ **Église de Murbach** *(voir ce nom)*
Continuez sur la D 430.

★ **Lautenbach**
C'est un petit bourg constitué de deux centres, dont l'un s'est développé à partir d'une abbaye bénédictine fondée selon la tradition par des moines irlandais. Le porche roman de l'**église St-Michel★** est l'un des plus beaux et des plus anciens d'Alsace. Il est divisé en trois vaisseaux voûtés d'ogives. À l'intérieur, les stalles du 15e s. sont historiées et surmontées d'un dais du 18e s.

🔺 Au **vivarium du moulin de Lautenbach-Zell** cohabitent fourmis-parasols, mantes-orchidées, mygales matoutous et autres insectes étonnants.
📞 03 89 74 02 48 - www.vivariumdumoulin.org - possibilité de visite guidée (45mn) sur demande - juil.-août : 10h-18h ; reste de l'année : tlj sf lun. 14h-18h - fermé 1re quinz. déc., 1er janv., 25 et 26 déc. - 6 € (-16 ans 3 €).

Peu après Linthal, la vallée de la Lauch, qui était jusqu'ici large et industrielle, devient très étroite et sauvage, au cœur du Parc naturel régional des Ballons des Vosges.
Continuez sur la D 430 en direction du Markstein.

★ **Lac de la Lauch**
On le découvre au détour de la route sinueuse qui monte vers Le Markstein. Un barrage retient ses eaux tranquilles où l'on peut pêcher. Navigation et baignade sont interdites.
La route réserve alors quelques échappées dans la forêt sur la vallée et le Grand Ballon.

Le Markstein *(voir Route des Crêtes)*

😊 NOS ADRESSES À GUEBWILLER

HÉBERGEMENT ET RESTAURATION

BUDGET MOYEN
Hôtel L'Aigle d'Or – *5 r. Principale - 68500 Rimbach-près-Guebwiller - 11 km à l'ouest de Guebwiller par la D 40 - 📞 03 89 76 89 90 - www.hotelaigledor.com - fermé de mi-fév. à mi-mars - 15 ch. 35/53 € - ⊉ 7,50 € - rest. (fermé lun. de mi-juil. à mi-sept.) 10/35 €.* Auberge familiale toute simple idéale pour retrouver quiétude et authenticité. Petits plats aux accents régionaux servis près de la cheminée. Ravissant jardin.

Hôtel L'Ange – *4 r. de la Gare - 📞 03 89 76 22 11 - 36 ch. 65/78 € - ⊉ 9 € - rest. (fermé sam. midi) 9,50/30 €.* L'enseigne – sauf coïncidence – et un élévateur en guise d'ascenseur témoignent que l'hôtel fut autrefois une maternité. Chambres fonctionnelles autour d'un puits de lumière. Recettes italo-alsaciennes au restaurant ; optez plutôt pour la jolie terrasse ombragée.

UNE PETITE FOLIE
Chambre d'hôte Le Schaeferhof – *6 r. de Guebwiller - 68 530 Murbach - 📞 03 89 74 98 98 - www.schaeferhof.fr - 4 ch. 145 € ⊉*

- *repas 40/48 €.* La restauration de cette métairie du 18ᵉ s. est une vraie réussite : chaque détail de la décoration a été soigneusement pensé et les chambres, de belle qualité, possèdent toutes un petit coin salon. Cuisine alsacienne mise au goût du jour (sur réservation). Sauna, fitness.

ACHATS

Pâtisserie chocolatorie Helfter Claude – *8 pl. de l'Hôtel-de-Ville - ℘ 03 89 74 27 44 -*

www.helfter.fr - tlj sf lun. 7h30-19h. Pâtissier-chocolatier-salon de thé. Délicieuses tartes aux fruits.

Foire aux vins – Chaque jeudi de l'Ascension, on peut déguster sylvaner, pinot blanc, muscat d'Alsace, riesling, tokay d'Alsace, gewurztraminer, pinot noir et crémant d'Alsace issus des Syndicats viticoles et caves de l'arrondissement de Guebwiller.

Église de Murbach

Haut-Rhin (68)

😊 **NOS ADRESSES PAGE 564**

▶ **SE REPÉRER**

Plan de région A3 (p. 508) – carte Michelin Départements 315 G9. Sortir de Guebwiller par la route des Crêtes, puis à Buhl, prendre à gauche la D 40. Le château de Hugstein (ruines), qui protégeait jadis le vallon de Murbach, est indiqué. De l'église, suivez le chemin de croix jusqu'à l'église N.-D.-de-Lorette (1693) : vues plongeantes sur l'abbaye dans son cadre de verdure.

😊 **À NE PAS MANQUER**

Le chevet de l'église de Murbach et le retable de celle de Buhl.

C'est parce qu'il avait trouvé ce creux de vallon propice à la promenade et à la méditation que saint Pirmin y installa en 727 une communauté religieuse. Devenue depuis une des plus puissantes abbayes bénédictines de la région, elle déployait des droits et des biens sur plus de 200 localités alentour. Les abbés, tous fils de bonne famille, possédaient moult biens et firent du sanctuaire un des joyaux de l'art roman en Alsace.

Visiter

L'église St-Léger, construite au 12ᵉ s., est réduite à présent au chœur et au transept ; la nef a été démolie en 1738. Le **chevet★★** est la partie la plus remarquable de l'édifice. Son mur plat légèrement en saillie porte des sculptures disposées apparemment avec fantaisie dans le large triangle du haut. Puis une galerie de 17 colonnettes dissemblables règne au-dessus de deux étages de fenêtres.

Le tympan du portail sud rappelle certains ouvrages orientaux, avec sa composition en faible relief : deux lions (dont l'un tire la langue) affrontés dans un encadrement de rinceaux et de palmettes.

À l'intérieur se trouve le sarcophage des sept moines tués par les Hongrois en 926. Le croisillon sud abrite, dans un enfeu, le gisant du comte Eberhard (14e s.).

LES GRANDES HEURES DE L'ABBAYE

L'abbaye de Murbach fut fondée en 727 par l'évêque Pirmin et dotée avec largesse par le frère du duc d'Alsace, le comte Eberhard. Pirmin était pérégrin, c'est-à-dire qu'il ne souhaitait pas s'installer longuement quelque part, si bien que le monastère prit d'abord le nom de *Vivarius Peregrinorum*, le « vivier des Pérégrins ». En 850 est constituée la bibliothèque de l'abbaye. Ses manuscrits contribuent grandement à sa renommée. L'abbaye possède des biens dans plus de 200 localités, de Worms dans le Palatinat à Lucerne en Suisse. Aux 16e et 17e s., on en vient même à battre monnaie dans ses ateliers.

À proximité

Buhl

3 km à l'est par la D 40ll.

L'**église** néoromane de Buhl abrite le seul triptyque peint d'Alsace qui ne soit pas conservé dans un musée. Ce **retable★★** de grandes dimensions (7 m de large) a sans doute été réalisé par l'atelier de Schongauer vers 1500. La partie centrale représente une admirable Crucifixion. Au revers, le Jugement dernier est encadré d'épisodes de la vie de la Vierge.

😎 NOS ADRESSES À MURBACH

RESTAURATION

BUDGET MOYEN

Auberge de l'Abbaye – *20 r. de Guebwiller - 68530 Murbach - ℰ 03 89 74 13 77 - fermé 3 sem. en fév., 25 déc.-1er janv., mar. et merc. - 🅿 - formule déj. 9 € - 16/40 €.*

Empruntez le petit escalier décoré de plaques de cheminée pour rejoindre la sobre salle à manger de ce pavillon. Recettes traditionnelles. Tous les soirs, les tartes flambées sont à l'honneur. Terrasse et jardin.

Soultz-Haut-Rhin

7 072 Soultziens – Haut-Rhin (68)

😊 **NOS ADRESSES PAGE 566**

🗓 **S'INFORMER**

Office du tourisme de Soultz-Haut-Rhin – *14 pl. de la République - 68360 Soultz-Haut-Rhin - ℘ 03 89 76 83 60 - sept.-juin : lun.-vend. 10h-12h, 14h-17h, sam. 10h-12h ; juil.-août : lun.-sam. 10h-12h, 14h-18h, dim. et j. fériés 10h-12h.*

◗ **SE REPÉRER**

Plan de région B4 (p. 508) – carte Michelin Départements 315 H9. À 30 km au sud de Colmar et à 24 km au nord-ouest de Mulhouse. Une vaste zone commerciale lie la ville à la sous-préfecture voisine de Guebwiller. Mais le centre de la vieille cité est préservé par une double enceinte de remparts partiellement conservée.

😊 **À NE PAS MANQUER**

Le musée du Bucheneck et le centre historique.

👪 **AVEC LES ENFANTS**

La Nef des jouets.

Cette modeste bourgade doit son nom à la petite source saline autour de laquelle elle grandit jadis. Elle recèle de nombreuses demeures de la Renaissance, des 17e et 18e s., dont les dates de construction sont inscrites sur les porches. Il y a quelques années, des cigognes ont été réintroduites sur le territoire de la commune. Comme au début du 20e s., elles fréquentent à nouveau les cheminées de la ville.

Se promener

Maisons anciennes

Dans le centre historique, belles maisons anciennes : la maison Litty (1622), *15 r. des Sœurs ;* la maison Vigneronne (1656), *5 r. du Temple ;* la maison Horn (1588), *42 r. de Lattre-de-Tassigny ;* la maison Hubschwerlin (16e s.), *6 r. des Ouvriers,* et le château de Heeckeren-d'Anthès (1605), *r. Jean-Jaurès.* L'office de tourisme montre en façade un oriel sur deux étages qui date de 1575.

Église St-Maurice

Construite entre 1270 et 1489. Le tympan du portail sud représente un saint Maurice équestre du 14e s., dominant une Adoration des Mages. À l'intérieur, relief en bois polychrome du 15e s., immense peinture murale représentant saint Christophe et grand orgue de 1750 signé Silbermann.

Promenade de la citadelle

À l'ouest de la ville, suivez les remparts et remarquez la tour des Sorcières.

À voir aussi

La Nef des jouets

℘ 03 89 74 30 92 - www.soultz68.fr/lanefdesjouets - ♿ - avr.-déc. : tlj sf mar. 14h-18h - fermé 1er janv., 1er Mai, 25, 26 et 31 déc. - 4,60 € (-16 ans 1,50 €), Nuit des musées gratuit.

♣♦ Cette belle collection de jouets de tous les temps, modestes ou sophistiqués, de toutes matières et de tous les pays, a été rassemblée dans l'ancienne commanderie de l'ordre des Hospitaliers de St-Jean-de-Jérusalem, dits chevaliers de Malte, par deux passionnés qui soutiennent que « le jouet est le premier dialogue et l'apprentissage de la vie, le reflet intime d'une civilisation ».

Musée du Bucheneck

♪ 03 89 76 02 22 - www.soultz68.fr - 2 mai-31 oct. : tlj sf mar. 14h-18h - 3 € (-16 ans 1,50 €), Nuit des musées, Journées du patrimoine gratuit.

Il est installé dans un bâtiment médiéval, siège du bailli de 1289 jusqu'à la Révolution. Les collections concernent l'histoire de la ville (maquette de 1838, galerie des portraits de grandes familles locales, ordre de Malte, œuvre de Robert Beltz, mémoire juive, vie quotidienne, artisanat, armes, costumes…).

☺ NOS ADRESSES À SOULTZ HAUT-RHIN

HÉBERGEMENT

UNE PETITE FOLIE

Hôtel Le Château d'Anthès – *25 r. de la Marne - ♪ 03 89 62 23 68 - www.chateaudanthes. com -* 🅿 *- 38 ch. 75/120/210 € -* ☕ *11 € - rest. 29/58 €.* Bâti au 17ᵉ s., le château d'Anthès est un lieu chargé d'histoire. Cette demeure Renaissance vous propose des chambres au confort moderne dont certaines donnent sur un magnifique parc classé. Dans le caveau ou sur la terrasse ombragée, vous pourrez apprécier une cuisine gastronomique régionale et traditionnelle. Spectacles et concerts en été.

RESTAURATION

PREMIER PRIX

Metzgerstuwa – *69 r. du Mar.-de- Lattre-de-Tassigny - ♪ 03 89 74 89 77 - fermé 3 sem. en juin-juil., 2 sem. Noël-déb. janv. et w.-end - réserv. conseillée - formule déj. 7,80 € - 18,50/25 €.* Voilà une maison où l'on mange bien ! Derrière sa façade, rouge côté boucherie, verte côté restaurant, le chef, qui dirige les deux boutiques, fait tout lui-même : plats du terroir, pain, charcuterie, terrine, pieds farcis, foie gras, saumon fumé… L'adresse est très courue et fait souvent salle comble.

Thann

⭐

7 981 Thannois – Haut-Rhin (68)

 NOS ADRESSES PAGE 570

S'INFORMER

Office du tourisme de Thann – *7 r. de la 1ʳᵉ Armée - 68800 Thann -* ☏ *03 89 37 96 20 - www.ot-thann.fr. - juil.-août : 9h-12h30, 14h-18h30 ; reste de l'année : 9h-12h, 14h-18h (sam. 17h) - fermé dim. et j. fériés.*

Office du tourisme de Masevaux *–1 pl. Gayardon - 68290 Masevaux -* ☏ *03 89 82 41 99 - www.ot-masevaux-doller.fr - juil.-août : 9h-12h, 14h-18h (sam. 17h), dim. 10h-12h ; mai-juin et sept.-oct. : tlj sf dim. 9h-12h ; 14h-18h (sam. 17h) ; reste de l'année : tlj sf dim. 9h-12h, 14h-18h, sam. 9h-12h - fermé j. fériés, Vend. saint et St-Étienne.*

Visites en Pays de Thann - En août et sept., programme de découvertes accompagnées dans le pays de Thann : patrimoine historique, industriel, naturel, produits du terroir et artisanat. *Renseignements, tarifs et inscriptions à l'office de Tourisme.*

SE REPÉRER

Plan de région A4 (p. 508) – carte Michelin Départements 315 G10. Thann est située à 22 km à l'ouest de Mulhouse sur la N 66.

À NE PAS MANQUER

La collégiale St-Thiébaut et ses superbes stalles.

ORGANISER SON TEMPS

Si vous avez encore du temps après la visite de Thann, parcourez l'un des multiples sentiers de découverte, parmi lesquels le GR 5, qui traverse la ville.

AVEC LES ENFANTS

L'Œil de la sorcière, une ruine à la forme évocatrice.

Pour vous, Thann sera, au choix, l'ultime étape ou le point de départ de la route des Vins. De même, la route des Crêtes commence ou se termine ici. À ce carrefour vous attendent une des plus belles églises gothiques d'Alsace, la collégiale St-Thiébaut, ainsi que le très renommé vignoble de Rangen.

Se promener

★★ Collégiale St-Thiébaut

Les stalles ne sont accessibles que lors des visites guidées organisées par l'office de tourisme - ☏ *03 89 37 96 20 - www.ot-thann.fr.*

Son architecture gothique (14ᵉ-début 16ᵉ s.), qui témoigne d'une évolution vers le style flamboyant, est remarquable. La façade ouest est percée d'un magnifique **portail★★**. Haut de 15 m, son tympan très élancé surmonte deux portes munies chacune d'un petit tympan. Le portail nord, flamboyant, est rehaussé de belles statues du 15ᵉ s.

LA LÉGENDE DES TROIS SAPINS

Thann doit son nom à un événement légendaire et poétique, la légende des Trois Sapins, Thann signifiant précisément « sapin ». À sa mort, en 1160, Thiébaut, évêque de Gubbio, en Ombrie, lègue son anneau épiscopal à son plus fidèle serviteur. Celui-ci, avec l'anneau, arrache en même temps le pouce du défunt, dissimule la relique dans son bâton de voyage et parvient en Alsace l'année suivante. Un matin, après une nuit dans un bois de sapins, le pèlerin essaye d'arracher le bâton du sol pour reprendre sa route, en vain. Trois grandes lumières apparaissent alors, au-dessus de trois sapins. Le châtelain d'Engelbourg, qui les a vues de son château, accourt et décide d'élever une chapelle au lieu même du miracle. Aussitôt, le bâton se détache sans difficulté. Longtemps après, la chapelle édifiée s'entourera d'une cité : Thann.

À l'intérieur, la nef et le chœur forment un vaisseau de 22 m de haut, couvert de voûtes en résille, à clefs armoriées. Dans la chapelle pentagonale est fixée sur le contrefort du milieu une statue en bois polychrome de la Vierge aux Raisins du 15e s., don de la corporation des vignerons. À l'extrémité de ce bas-côté, dans la chapelle St-Thiébaut, est placée sur l'autel une statue du saint en bois polychrome datant de la fin du 15e s.

Très profond, le **chœur** est orné des statues (15e s.) des douze apôtres, en pierre polychrome. À l'entrée est suspendu un grand Christ en croix (1894), en bois polychrome, du Colmarien Klem. La lumière pénètre par huit belles **verrières**★ du 15e s.

Mais la principale richesse de la collégiale restent les 51 **stalles**★★ en chêne du 15e s. Toute la fantaisie du Moyen Âge s'y donne libre cours. Ce ne sont que feuillages, gnomes et personnages comiques d'une verve remarquable et d'une grande finesse.

Poursuivez jusqu'à l'hôtel de ville construit par Kléber, architecte, pour avoir une vue d'ensemble sur le chœur aux lignes élancées, à la haute toiture de tuiles vernissées, et sur le clocher haut de 78 m et couronné par une flèche, véritable dentelle de pierre. Un dicton alsacien dit que le clocher de Strasbourg est le plus haut, celui de Fribourg le plus gros, et celui de Thann le plus beau !

Tour des sorcières

Cette tour du 15e s. coiffée d'un toit en bulbe est le dernier vestige des anciennes fortifications. On peut l'admirer depuis le pont sur la Thur dit pont du Bungert.

« L'Œil de la Sorcière »

🚶 *1h à pied AR*. Le château de l'Engelbourg, construit au 13e s. par les comtes de Ferrette, devint propriété des Habsbourg puis, en 1648, du roi de France, qui, dix ans plus tard, le donna à Mazarin, dont les héritiers le conserveront jusqu'à la Révolution. En 1673, Louis XIV ordonna le démantèlement de la forteresse. Lors de la destruction du château, le donjon, en s'écroulant, conserva un tronçon circulaire regardant sur le côté, le centre vers la plaine tel un oeil gigantesque. L'imagination populaire a qualifié cette ruine originale d'« Œil de la sorcière ». De la ruine, point de vue sur Thann, la plaine d'Alsace et au loin la Forêt-Noire.

De l'autre côté de la vallée, au sommet de la montagne du « Staufen », a été érigée en 1949 une croix de Lorraine, monument de la Résistance alsacienne.

L'Œil de la sorcière.
R. Mattès/MICHELIN

À voir aussi

Musée des Amis de Thann

℘ 03 89 38 53 25 - www.genealogiethann.org - juin-sept. : tlj sf lun. 14h-18h ; reste de l'année : w.-end 14h-18h - fermé de déb. janv. à fin mai, 1er janv., lun. de Pâques, lun. de Pentecôte, 25 déc. - 2,50 €, Journées du patrimoine gratuit.

Installé dans l'ancienne halle aux blés datant de 1519, il évoque sur quatre niveaux le passé de la ville. Les grands thèmes traités sont le vignoble, le château et les fortifications, la collégiale et le culte de saint Thiébaut, le mobilier et les arts populaires, les souvenirs des deux guerres et les débuts de l'industrie textile.

Itinéraire conseillé

ROUTE JOFFRE

18 km de Thann à Masevaux – environ 1h.
Suivez la N 66 jusqu'à Bitschwiller et prenez à gauche la D 14 B[IV].

Cette route fut créée dans l'autre sens (Masevaux-Thann) par l'armée pendant la guerre de 1914-1918 afin d'assurer les communications entre les vallées de la Doller et de la Thur. Pendant l'hiver 1944-1945, elle reprit son rôle militaire, ranimée par le trafic des troupes françaises, qui ne pouvaient utiliser que cette voie d'accès pour attaquer Thann par le nord.

La montée s'effectue en forêt. À l'entrée du bois, **vue**★★ magnifique sur la vallée de la Thur dominée au nord par le Grand Ballon (1 424 m), où se distingue le monument aux Diables bleus.

Col du Hundsrück

Alt. 748 m. Vues à droite sur le Sundgau *(voir ce nom)*, région la plus méridionale de l'Alsace, la plaine d'Alsace et le Jura.

570

DÉCOUVRIR L'ALSACE LORRAINE

La route s'élève légèrement, puis descend vers le col du Schirm, dans le bassin très vert de Bourbach-le-Haut. La route s'élève de nouveau pour atteindre le hameau d'**Houppach**, lieu de pèlerinage. La chapelle Notre-Dame d'Houppach est également connue sous le nom de « Klein Einsiedeln ».

Masevaux

Cette ville industrielle et commerçante fut créée autour d'une abbaye fondée par Mason, neveu de sainte Odile, en mémoire de son fils qui s'était noyé dans la Doller. Jolies places ornées de fontaines (18ᵉ s.) et entourées de demeures des 16ᵉ et 17ᵉ s.

😊 NOS ADRESSES À THANN

HÉBERGEMENT

BUDGET MOYEN

Hôtel Aux Sapins – *3 r. Jeanne-d'Arc -* 📞 *03 89 37 10 96 - www.auxsapinshotel.fr - fermé 24 déc.-3 janv. -* ♿ *-* 🅿 *- 17 ch. 52 € -* ☕ *7 € - rest. formule déj. 12 € - 18/35 €.* Quelques sapins ombragent cette bâtisse des années 1980, légèrement excentrée. Accueil soigné et chambres personnalisées aux tons pastel. Vous goûterez une cuisine traditionnelle dans un cadre contemporain ou dans un coquet bistrot façon *winstub*.

RESTAURATION

PREMIER PRIX

L'Hostellerie Alsacienne – *16 r. du Mar.-Foch - 68290 Masevaux -* 📞 *03 89 82 45 25 - http://pagesperso-orange.fr/hostellerie.alsacienne - fermé 19 oct.-10 nov. et 24 déc.-2 janv. -* 🅿 *- formule déj. 11 € - 13/43 € - 8 ch. 55 € -* ☕ *14 €.* Le chef privilégie les petits exploitants locaux et les produits bio pour réaliser des recettes inspirées de la tradition locale. Décor alsacien et chambres en partie rénovées.

ACHATS

Espace muséologique de la cave Charles-Hippler – *Dans la tour des sorcières -* 📞 *03 89 37 96 20 - www.ot-thann.fr - 1ᵉʳ juin.-30 sept., 10h-12h, 14h30-18h30 - visite libre - fermé oct.-mai et mar. - Gratuit. S'adresser à l'office de tourisme.* Cette cave qui doit son nom à son ancien propriétaire abrite un espace muséologique (évoquant les terroirs et la géologie d'Alsace). Le chai, en partie reconstitué, présente quant à lui le travail du vigneron.

ACTIVITÉS

Le vignoble – 👣 Par le chemin Montaigne et la rue du Vignoble : accès piétons uniquement, réglementé pendant les vendanges *(de fin sept. à fin oct.)*. Par la rue du Vignoble : piste cyclable, puis sentier dans les vignes pour rejoindre le chemin Montaigne. Par la rue du Kattenbachy : au fond du vallon à droite, début du chemin Montaigne.
Le cru – Le Rangen est le seul vignoble alsacien a être classé grand cru dans sa totalité. La montagne du Rangen, dont les flancs à pente raide (45°) s'orientent plein sud, bénéficie d'un ensoleillement maximal, de précipitations fréquentes et de la présence de la Thur à ses pieds. Le vignoble de 18,5 ha doit sa réputation à son terroir d'origine volcanique, et aussi au savoir-faire de ses viticulteurs qui, déjà au 18ᵉ s., fournissaient la cour de Vienne.

AGENDA

Crémation des trois sapins – Depuis le 15ᵉ s., chaque année le 30 juin, la Crémation de trois sapins bénits sur la place de la collégiale perpétue la légende de la fondation de la ville sous les auspices de saint Thiébaut, évêque de Gubbio (Italie). - *☏ 03 89 37 96 20 - www.ville-thann.fr*

Journées musicales – *mar. et vend. d'août - ☏ 03 89 37 96 20.*

Festival de la marionnette de Masevaux – *En juillet - ☏ 03 89 82 41 99 - www.festival-marionnettes-masevaux.com*

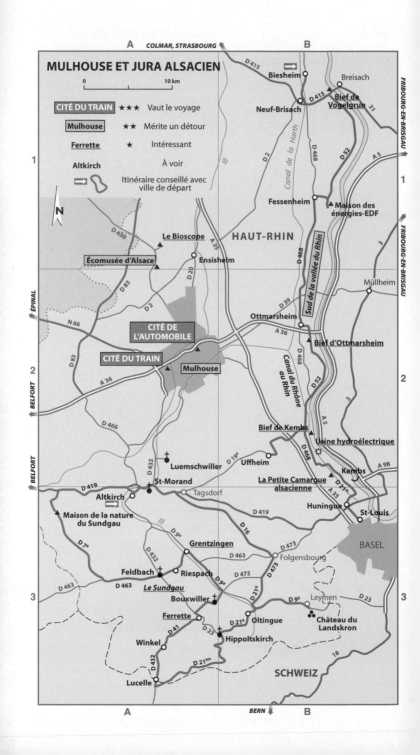

MULHOUSE ET JURA ALSACIEN

COLMAR, STRASBOURG

0   10 km

CITÉ DU TRAIN   ★★★   Vaut le voyage

Mulhouse   ★★   Mérite un détour

Ferrette   ★   Intéressant

Altkirch   À voir

⇨   Itinéraire conseillé avec ville de départ

N

FRIBOURG-EN-BRISGAU

Biesheim

Breisach

D 415

Neuf-Brisach

Bief de Vogelgrun

Canal de la Harth

D 415

D 2

D 468

D 52

A 5

31

Fessenheim

Maison des énergies-EDF

D 430

Le Bioscope

HAUT-RHIN

A 35

Écomusée d'Alsace

Ensisheim

D 20

D 83

D 2

Müllheim

Sud de la vallée du Rhin

D 468

D 39

FRIBOURG-EN-BRISGAU

3

ÉPINAL

N 66

Ottmarsheim

A 36

CITÉ DE L'AUTOMOBILE

D 468

Bief d'Ottmarsheim

D 83

CITÉ DU TRAIN

Mulhouse

D 52

A 36

Canal du Rhône au Rhin

BELFORT

D 466

A 5

3

Bief de Kembs

Usine hydroélectrique

D 468

Luemschwiller

D 19ª

Uffheim

Kembs

A 98

D 432

St-Morand

La Petite Camargue alsacienne

A 35

D 21ᵇⁱˢ

BELFORT

D 419

Altkirch

Tagsdorf

D 419

Huningue

St-Louis

Maison de la nature du Sundgau

D 9ª

D 16

BASEL

D 7ᵇ

D 432

Grentzingen

D 473

D 463

Folgensbourg

D 473

Feldbach

Riespach

D 9ª

D 473

D 21ᵇ

Le Sundgau

D 463

D 463

Bouxwiller

D 21ᵇ

Leymen

D 23

Ferrette

D 9ª

Château du Landskron

D 41

Oltingue

D 21ª

Winkel

D 23

Hippoltskirch

18

D 432

D 21ᵇⁱˢ

SCHWEIZ

Lucelle

BERN

A   B

Région de Mulhouse et Jura alsacien

Carte Michelin Départements 315 – Haut-Rhin (68)

Mulhouse

★★

110 514 Mulhousiens – Haut-Rhin (68)

 NOS ADRESSES PAGE 583

🄸 **S'INFORMER**

Office du tourisme de Mulhouse – *Pl. de la Réunion, rez-de-chaussée de l'Hôtel de Ville - 68100 Mulhouse - ℘ 03 89 66 93 13 - www.tourisme-mul-house.com - juil.-août : 10h-19h, j. fériés 10h-12h, 14h-19h ; reste de l'année : 10h-18h, dim. et j. fériés 10h-12h, 14h-18h - fermé 1ᵉʳ janv., 1ᵉʳ Mai, 25 déc. Point d'information touristique - 9 av. du Mar.-Foch - 68100 Mulhouse - ℘ 03 89 35 48 48 - tlj sf w.-end 9h-12h, 14h-18h.*

Visite guidée de la ville – *Elle est proposée par l'office de tourisme ℘ 03 89 35 48 48 - juil.-août : centre historique mar. et sam. 10h30 ; Cité-jardin merc. 10h30 - inscription obligatoire - tarifs : se renseigner.*

▶ **SE REPÉRER**

Plan de région A2 (p. 572) – carte Michelin Départements 315 I10. Au carrefour de l'A 35 (Strasbourg à 100 km au nord, Bâle à 32 km au sud) et de l'A 36, qui traverse les faubourgs de la ville d'est en ouest, puis se dirige vers Belfort (45 km). Ces grands axes, ainsi que le tramway, soulagent le trafic dans la ville, laissant libre son centre semi-piétonnier. Quant au TGV, il relie Mulhouse à Paris en 3h.

😊 **À NE PAS MANQUER**

Les musées, et tout particulièrement ceux de l'Automobile et du Chemin de fer ; l'ancien hôtel de ville.

🕐 **ORGANISER SON TEMPS**

Une journée ne suffit pas pour tout voir. Si vous disposez de deux jours, commencez par une promenade autour de la place de la Réunion, puis consacrez l'après-midi à la visite de l'un des musées du centre-ville : le Musée historique, le musée des Beaux-Arts ou le musée de l'Impression sur étoffes. Le lendemain, visitez les musées plus excentrés : la Cité du Train jouxte le musée Électropolis et la Cité de l'Automobile n'est pas loin. Côté sud, restent, au choix, le musée du Papier peint ou le parc zoologique.

Détail de la façade de l'Hôtel de Ville.
O. Forir / MICHELIN

👥 AVEC LES ENFANTS

À Mulhouse, les enfants auront envie d'aller au musée : train, électricité et automobile sauront les captiver, sans oublier le Musée historique, avec sa collection de jouets. Ils auront bien mérité une visite au parc zoologique et botanique.

Mulhouse, la ville industrielle par excellence, a su mettre son patrimoine en valeur : le plus prestigieux musée automobile de la planète, une Cité du Train, un musée du Papier peint, de l'Impression sur étoffes et EDF Électropolis. L'autre visage de Mulhouse, c'est celui du centre-ville avec ses maisons anciennes et ses façades peintes qui lui ont valu d'obtenir en 2008 le label « Ville d'art et d'histoire ». Vous découvrirez toutes ces richesses en suivant, par exemple, le sentier du Vieux-Mulhouse.

Découvrir

LES MUSÉES DE L'INDUSTRIE

★★★ Cité de l'Automobile, collection Schlumpf (plan I B1)

Parking gardé payant - visite guidée ou libre avec audioguide - 192 av. de Colmar - 𝒫 03 89 33 23 23 - www.collection-schlumpf.com - ♿ - de déb. avr. à déb. nov. : 10h-18h ; reste de l'année : 10h-17h - fermé 25 déc. - 10,50 € (-18 ans 8,10 €), possibilité visite combinée avec la Cité du Train.

Le passé de ce fabuleux musée est peu commun : Fritz Schlumpf, patron d'une usine de textile, est un passionné de voitures européennes de prestige. Capable d'acheter jusqu'à 40 modèles à la fois, il amasse ses trésors à huis clos dans les locaux de la filature : 400 automobiles de rêve sont ainsi installées dans une salle de 17 000 m², ornée de lampadaires 1900, répliques de ceux du pont Alexandre-III à Paris. En 1977, les licenciements consécutifs à la crise lainière conduisent les ouvriers à occuper l'usine. C'est à cette occasion qu'ils découvrent la somptueuse collection, qui est confisquée puis rachetée par les autorités locales. Un film retrace cette saga au début de la visite.

La salle principale contient à perte de vue la majeure partie de la collection, soit 243 voitures. Un film replace dans leur contexte celles qui ont marqué leur époque. On aborde les « ancêtres » (1895-1918) avec les Panhard, De Dion, Benz et Peugeot, puis on passe aux « classiques » (1918-1938), lors de la fusion de deux grands constructeurs, Mercedes et Benz, de l'introduction en série de la traction avant par Citroën, et enfin de l'ouverture des usines Peugeot à Sochaux. Enfin les « modernes » (après 1945) rappellent l'apparition de voitures économiques et grand public. Beaucoup de ces voitures peuvent être admirées comme d'authentiques œuvres d'art pour le raffinement de leur carrosserie, la finition de leurs roues, moyeux et articulations ou encore pour le dessin de leur calandre…

♿♿ Un peu de distraction ? Au centre de la salle, il vous sera possible de démarrer une Renault 1923 à la manivelle, de faire des tonneaux dans une voiture spéciale ou de vous photographier sur un ancien bolide. Les plus petits n'ont pas été oubliés : dans une salle annexe, ils testeront le circuit de kart, tandis que leurs aînés s'essaieront aux simulateurs de conduite *(payants)*.

Un 2e espace présente un long couloir de voitures de course. On se prend à rêver devant les Maserati, Porsche et autres Bugatti… Des images d'archives font revivre de grands moments de l'histoire de la course automobile.

La visite se termine avec la section des « chefs-d'œuvre de l'automobile » : voitures de prestige comme la coach Delahaye type 135 ou les Rolls Royce Silver Ghost, où le luxe n'a d'égal que la majesté des lignes. Au centre ont été rassemblées les Bugatti que Fritz Schlumpf affectionnait tant. Deux Royale, la limousine et le coupé « Napoléon » ayant appartenu à Ettore Bugatti, sont considérées comme les plus prestigieuses voitures de tous les temps.

★★★ Cité du Train (plan I A2)

Situé à Mulhouse-ouest, près de la commune de Lutterbach. 2 r. Alfred de Glehn - ☎ 03 89 42 83 33 - www.citedutrain.com - ♿ - possibilité de visite guidée - fév.-mars : 10h-17h - avr.-oct. : 10h-18h ; reste de l'année : se renseigner - fermé 25 déc. - 10 € (-18 ans 7,60 €), billet combiné avec Cité de L'Automobile - audioguide gratuit.

♿♿ Cette belle collection constituée par la SNCF est répartie en deux espaces d'exposition. À l'intérieur du premier bâtiment, les décors suggèrent un plateau de cinéma, à demi plongé dans la pénombre. Le « siècle d'or du chemin de fer » (1844-1960) y est retracé avec une scénographie travaillée : de courts documentaires et des automates animés évoquent les départs en vacances, l'histoire de la Micheline (invention Michelin), les difficultés de circulation en montagne et dans la neige, les voyages présidentiels, avec la mémorable chute en pyjama du président Deschanel, la vie des cheminots ou encore, pendant la Seconde Guerre mondiale, la déportation et les faits de résistance, illustrés par une impressionnante locomotive renversée. Le parcours permet aussi d'admirer des wagons décorés, du salon 1re classe du wagon Pullman de 1926 à la voiture 4e classe de la compagnie d'Alsace-Lorraine. Dans la séquence sur les trains officiels, remarquez la magnificence de la voiture de la présidence de la République de 1925 décorée par Lalique, ainsi que celle des aides de camp de Napoléon III confiée aux bons soins de Viollet-le-Duc.

Le second bâtiment, plus ancien, est aménagé comme un immense hall de gare et présente, de façon chronologique, « l'aventure ferroviaire ». Muni d'un audioguide, promenez-vous sur les passerelles pour observer l'intérieur des voitures, descendez dans les fosses pour passer sous les locomotives, scrutez le dispositif des premières machines électriques. Parmi les pièces à ne pas manquer, la Crampton n° 80, locomotive à grande vitesse de 1852, la locomotive St-Pierre au corps de bois de teck affectée à la ligne Paris-Rouen en 1844 ou la dernière des locomotives à vapeur, mais aussi l'autorail Bugatti de 1933 ou la DB 9004, locomotive électrique qui battit le record du monde de vitesse en 1955, avec une pointe à 331 km/h. Depuis le record de 2007, 574,8 km/h, c'est le TGV qui a la vedette : une reconstitution de cabine de conducteur faire revivre l'événement. En face des quais, dans une salle annexe, quelques maquettes et un mini-train électrique.

Mulhouse à travers les âges

LES BONNES FORTUNES

À l'époque féodale, Mulhouse choisit de n'obéir qu'à un seul maître : l'empereur du Saint Empire romain germanique. Puis la cité se lie aux neuf villes les plus libres d'Alsace pour former la Décapole. Les corporations de métiers y deviennent très fortes, jusqu'à affaiblir le pouvoir impérial au milieu du 15e s. En 1515, cernée par les possessions des Habsbourg de plus en plus menaçants, Mulhouse quitte la Décapole pour s'allier avec les cantons suisses. Elle garde toutefois l'exonération des droits de barrières douanières qui lui garantissent des débouchés commerciaux via le couloir rhénan.

L'ESPRIT CALVINISTE

Dans le même temps, les Mulhousiens sont tenus à des règles de vie très strictes imposées par la religion réformée adoptée par la ville en 1524. Les représentations théâtrales sont terminées et les auberges ferment dès 22 heures : telle est la prescription de Calvin. Rigoureux sous certains aspects, l'esprit calviniste agit aussi comme catalyseur du développement industriel : création de manufactures d'impression sur étoffes, de chimie, de tissage, de construction mécanique. Il inspire également des initiatives pionnières en matière sociale, les cités-jardins ouvrières.

LE RATTACHEMENT À LA FRANCE

En 1792, la toute nouvelle République française instaure le blocus douanier de Mulhouse, la dernière ville alsacienne indépendante. La ville bourgeoise opte alors, le 15 mars 1798, pour le rattachement à la France, appelé localement « la Réunion ». Cette nouvelle alliance, sauf de 1870 à 1918, époque pendant laquelle Mulhouse devint une ville sous contrôle allemand, n'exclut pas des relations spécifiques avec la Suisse. Aujourd'hui encore, Mulhouse et Bâle partagent, par exemple, un aéroport international.

L'ÈRE INDUSTRIELLE

Fondée en 1825, la SIM, Société industrielle de Mulhouse, s'était donné pour objectif « l'avancement et la propagation de l'industrie ». Animatrice dans les domaines intellectuel et artistique avec la création d'écoles techniques et l'ouverture de musées, elle a doté la ville d'un musée du Dessin industriel (ancêtre du musée de l'Impression sur étoffes), puis d'un Muséum d'histoire naturelle, d'un zoo, du musée des Beaux-Arts…

★★ Musée EDF Électropolis (plan I A2)

Bus no 20 à prendre à la gare centrale direction « Musées ». 55 r. du Pâturage - ☎ 03 89 32 48 50 - www.edf.electropolis.mulhouse.museum - ♿ - possibilité de visite guidée (2h) sur RV - tlj sf lun. 10h-18h - fermé 1er janv., Vend. Saint, lun. de Pâques, 1er Mai, 1er et 11 Nov., 25 et 26 déc. - 8 € (enf. 4 €), Nuit des musées gratuit.

👥♿ L'exposition s'ouvre sur une grande maquette commentée qui, par un jeu d'illuminations progressives, met en évidence l'importance de l'électricité dans notre monde moderne et présente ses principaux modes de production. Puis, dans une ambiance propre à chaque époque, vous revivrez l'histoire de l'électricité de l'Antiquité au 20e s., de façon interactive, avec des propositions de manipulation ou des objets à découvrir derrière des glaces sans tain. Après avoir pris conscience de la fascination des Anciens pour la foudre, vous voici plongé en pleine Renaissance, au milieu d'un cabinet de curiosités. Ce sont ensuite Volta et sa pile, Ampère et le magnétisme, Ohm et la résistance, Gramme et la dynamo qui conduisent l'électricité à devenir une véritable fée bonne à tout faire, étrangeté des premières Expositions universelles. Au début du 20e s., tous les secteurs sont métamorphosés par le phénomène : transports, télécommunication, médecine, éclairage, cinéma. Dans le salon tout électrique des années 1930, l'arrivée des appareils électroménagers révolutionne la vie quotidienne. Pièce maîtresse du musée, le gigantesque groupe électrogène de 170 tonnes qui servit à alimenter la grande usine textile DMC,

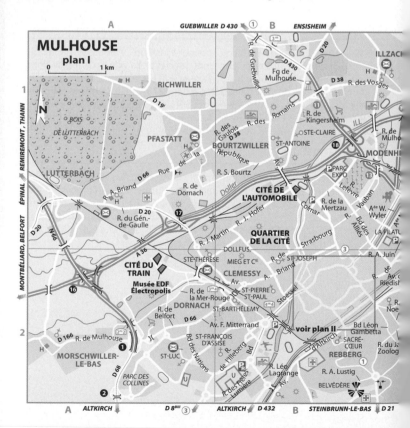

mis en scène par un spectacle multimédia. Pour terminer, un clin d'œil à la tré-
pidante société de consommation, aux nouvelles technologies (en particulier
à l'aérospatiale) et à la musique. Expositions temporaires et animations enri-
chissent encore la visite ; dans le théâtre de l'électrostatique, animé à heures
fixes, les expériences sont particulièrement décoiffantes.

★ Musée de l'Impression sur étoffes (plan II B2)

14 r. Jean-Jacques-Henner - ☎ 03 89 46 83 00 - www.musee-impression.com - ♿
- possibilité de visite guidée (1h30) sur demande (2 sem. av.) - tlj sf lun. 10h-12h,
14h-18h - fermé 1er janv., 1er Mai, 25 déc. - 7 € (-18 ans 3 €). La location d'un audio-
guide à la boutique (2 €) enrichit la visite.

Au cœur de la ville, ce musée se trouve dans un bâtiment de 1880 ayant
appartenu à la SIM (Société industrielle de Mulhouse). Dans des espaces bien
conçus, on découvre comment Mulhouse s'est ouvert dès 1746 à l'impression textile, après une prohibition de 73 ans imposée par le pouvoir royal,
comment celle-ci s'y est développée entraînant à sa suite la croissance de
la ville, qui passa en un siècle et demi de 5 000 à 100 000 habitants, et comment l'évolution des techniques a pu servir la créativité des dessinateurs. Du
blanchiment des toiles jusqu'à leur amidonnage et lustrage, teinture par les
couleurs naturelles telles qu'indigo ou garance, savoir-faire des dessinateurs
et des graveurs, rien ne vous échappera. Remarquez les originaux du 18e s.
des fameuses indiennes, grands châles orientaux et leurs imitations européennes. Initialement importées des comptoirs d'Inde, ces étoffes étaient

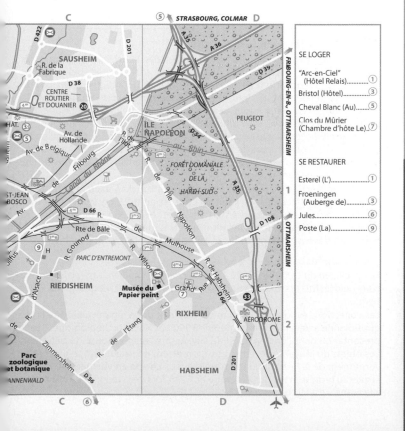

peintes ou imprimées dans les tons rouges dus à la racine de la garance que l'on utilisait pour la teinture. La boutique du musée réédite les motifs originaux d'impression et propose un large choix de nappes, châles, foulards et mouchoirs aux couleurs chatoyantes.

★ Musée du Papier peint (plan I D2)

À Rixheim, 6 km à l'est de Mulhouse sur la route de Bâle - ℰ 03 89 64 24 56 - www. museepapierpeint.org - possibilité de visite guidée sur demande (7 j. av.) - mai-oct. : 10h-12h, 14h-18h ; nov.-avr. : tlj sf mar. 10h-12h, 14h-18h - fermé 1ᵉʳ janv., Vend. saint, 1ᵉʳ Mai, 25 déc. - 6,50 € (-16 ans gratuit), Printemps des musées gratuit.

Il occupe l'aile droite d'une ancienne commanderie de chevaliers Teutoniques achevée en 1738 où Jean Zuber installa en 1797 une fabrique de papiers peints qui fit la renommée de sa famille. L'exposition des machines permet de comprendre la fabrication de ces papiers peints. La **collection★★** de ces fameux panoramiques est remarquable. Ils furent très recherchés et exportés dans le monde entier, notamment en Amérique du Nord (la Maison Blanche en possède). Ce sont pour l'essentiel des paysages aux fraîches couleurs qui peuvent mêler des vues recomposées de la Suisse, de l'Algérie ou du Bengale. Sur les grands panoramiques *Les Français en Égypte* ou *La Bataille d'Héliopolis*, la bataille n'est plus qu'une anecdote dans le paysage idéalisé de l'Égypte.

Se promener

AUTOUR DE LA PLACE DE LA RÉUNION

★★ Ancien hôtel de ville (plan II B1)

Il a été construit en 1552 dans le style de la Renaissance rhénane par un architecte bâlois. Il est tout à fait unique en France avec ses façades peintes, dans la technique du trompe-l'œil pour certains détails. Montaigne le qualifia de « palais magnifique et tout doré ». Le double perron couvert est une merveille d'équilibre. Les écus aux armes des cantons suisses peints sur la façade rappellent le lien historique de Mulhouse avec la Confédération helvétique. Sur le côté droit de l'édifice est accroché un masque de pierre grimaçant, copie du *klapperstein* pesant plus de 10 kg qu'on suspendait au cou des personnes condamnées pour médisance. Ces dernières devaient faire le tour de la ville, assises à rebours sur un âne.

Au pied de la volée de marches se trouve l'entrée du Musée historique de Mulhouse (*voir ci-dessous*). La **salle du conseil**, au 1ᵉʳ étage, servait autrefois de lieu de réunion du gouvernement de la petite république protestante. De nos jours, il arrive que le conseil municipal y siège (mais les services municipaux sont désormais dans les locaux modernes de la nouvelle mairie).

★★ Musée historique (plan II B1)

Pl. de la Réunion - ℰ 03 89 33 78 17 - www.musees-mulhouse.fr - possibilité de visite guidée (1h) - tlj sf mar. 10h-12h, 14h-18h - fermé j. fériés, Vend. saint et 26 déc - gratuit.

Les collections évoquent l'histoire de la ville et de sa région, ainsi que la vie quotidienne à travers le temps, depuis 6 000 ans (salles archéologiques). Leur présentation dans l'ancien hôtel de ville est très respectueuse du bâtiment. Les objets du Moyen Âge, entre autres, mettent en valeur l'étage où le gouvernement de la République se réunissait. La **coupe en vermeil** offerte par la ville au représentant du Directoire en 1798, lors de la réunion de Mulhouse à la France, est ici conservée.

👥 Dans le **Grenier d'Abondance**, accessible par la passerelle réalisée au 18ᵉ s., une belle collection de jouets a été rassemblée. Elle comprend des maisons de poupées et des jeux de société.

La vie quotidienne depuis le 18ᵉ s. est évoquée dans la galerie d'art populaire avec des intérieurs traditionnels. On peut aussi imaginer la vie bourgeoise avec la reconstitution de salons mulhousiens.

Sur le côté gauche de la place se trouve le « poêle des tailleurs », immeuble dans lequel se réunissait la corporation la plus nombreuse de la ville.

Temple St-Étienne (plan II F1)

📞 03 89 33 78 17 - www.ville-mulhouse.fr - ♿ - mai-sept. : tlj sf mar. 10h-12h, 14h-18h30, dim. 14h-18h30 - fermé 1ᵉʳ Mai, 8 Mai, Jeu. de l'Ascension, dim. de Pentecôte, lun. de Pentecôte, 14 Juil., 15 août - gratuit.

Reconstruit en 1866 à l'emplacement d'une église du 12ᵉ s., il en a gardé le nom et les magnifiques **vitraux**★ du 14ᵉ s., connus comme les plus beaux conservés en Alsace.

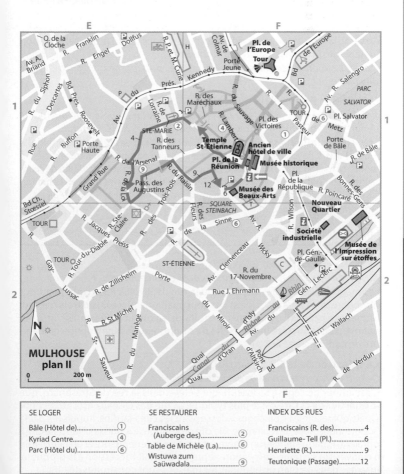

Traversez la place en diagonale. À l'angle de la rue des Boulangers, la plus ancienne **pharmacie de Mulhouse** offre ses services depuis 1649.

Quittez la place de la Réunion par la rue des Bouchers. Tournez à droite dans la rue des Bons-Enfants et poursuivez jusqu'à la rue des Franciscains.

À l'angle, l'église Ste-Marie, datant du 13e s et reconstruite par les franciscains, a une belle façade en grès rose. À l'intérieur sur la droite, remarquez la croix du 15e s. Vous verrez au n° 44 l'hôtel particulier que la famille Feer a fait construire entre 1765 et 1770. Au n° 21 se trouve un bâtiment du 18e s qui abritait la manufacture de toiles peintes et de filatures. Au n° 11 sont installées plusieurs manufactures d'indiennes dont la plus célèbre est la « cour des chaînes », ouverte en 1763 dans un édifice du 16e s. Fabio Rieti, un artiste contemporain, y a créé un mur peint se rapportant à l'histoire de Mulhouse.

Continuez par la rue de la Loi. À droite, à l'angle de la rue Ste-Claire, ensemble manufacturier du 18e s. : ce sont les premières maisons d'indienneurs de Mulhouse.

Revenez par le passage des Augustins.

La maison sous laquelle vous passez est à l'emplacement de l'ancien monastère des Augustins qui servit d'hôpital entre 1529 et 1624.

Prenez la rue du Raisin à droite, puis à gauche la rue Henriette.

Au n° 32, la façade peinte avec des motifs de vignes rappelle que cette maison fut le siège de la corporation des vignerons.

Traversez à droite le passage Teutonique, puis prenez à gauche la rue Guillaume-Tell.

Musée des Beaux-Arts (plan II F1)

4 pl. Guillaume-Tell - ℘ 03 89 33 78 11 - www.musees.mulhouse.museum - ♿ - tlj sf mar. 10h-12h, 14h-18h - fermé j. fériés, Vend. Saint et 26 déc. - gratuit.

Il rassemble surtout des peintures des 17e et 18e s., dont des œuvres de Bruegel le Jeune, Teniers, Ruysdael, Boucher, ainsi que celles de nombreux maîtres alsaciens à tendance folklorique : Brion, Pabst, Wencker, Jundt. Également des toiles de Jean-Jacques Henner (1829-1905), des paysages et natures mortes de Léon Lehmann (1873-1953) ou des compositions rutilantes de Charles Walch (1896-1948).

Au bout de la rue Guillaume-Tell, on retrouve la place de la Réunion.

LA VILLE INDUSTRIELLE

Le Nouveau Quartier (plan II F2)

Au sud-est du centre historique par la place de la République.

Les magnifiques arcades inspirées de la rue de Rivoli à Paris courent autour du square de la Bourse. Ce n'est pas tout à fait une place, juste trois rues qui ferment ce haut lieu du commerce mulhousien où fut édifié en 1827 le beau bâtiment de la **Société industrielle de Mulhouse**, destiné à abriter la chambre de commerce et la Bourse.

Le quartier de la Cité (plan I F1)

De part et d'autre du canal de dérivation de l'Ill.

C'est autour de l'église St-Joseph, qui s'élève dans la rue de Strasbourg, que le **quartier de la Cité** est le plus typique. La rue des Oiseaux est l'artère principale qui reçoit les « passages » desservant les cités-jardins. Impulsées par la Société industrielle de Mulhouse, « la cité de Mulhouse », puis la « Nouvelle Cité » offraient à chaque famille un logement à entrée indépendante et un petit jardin à cultiver. Un système de location-vente permettait l'accession à la propriété. Inscrites dans un plan orthogonal, les maisons sont construites dès 1851.

À voir aussi

★★ Parc zoologique et botanique (plan I C2)

Au sud de Mulhouse, en périphérie du quartier du Rebberg. 51 r. du Jardin-Zoologique - 📞 *03 89 31 85 10 - www.zoo-mulhouse.com -* ♿ *- mai-août : 9h-19h ; avr.-sept. : 9h-18h ; mars, oct.-nov. : 9h-17h ; déc.-fév. : 10h-16h - 10 € (6-16 ans 5,50 €).*

Ce beau parc, créé par des industriels pour leurs ouvriers au 19e s., s'est donné aujourd'hui pour mission la sauvegarde d'espèces rares ou en voie de disparition, parfois par l'élevage, quand seule cette solution subsiste. On y observe des lémuriens de Madagascar, des tigres de Sibérie, des zèbres de Grévy ou des cerfs du prince Alfred, ces derniers ne subsistant plus que sur deux îles des Philippines. Le parc tient aussi le registre mondial d'élevage du gibbon concolore, un singe originaire du sud de la Chine et du Viêtnam connu pour son chant particulier et son agilité phénoménale. D'autres espèces plus fréquentes dans les zoos voisinent avec ces rescapés : otaries, pythons, loups, perroquets, lions d'Asie, loutres… en tout près de 1 200 animaux.

Le parc abrite également une remarquable collection botanique : jardin de bulbes dont la floraison est magnifique vers avril, jardin de pivoines odorant en mai, jardin d'iris superbe en juin, jardin des rhododendrons (plus de 400 variétés) et Jardin de tous les sens.

☺ NOS ADRESSES À MULHOUSE

VISITES

Visite de l'usine Peugeot-Citroën – L'office de tourisme organise des visites guidées du site industriel tous les vendredis à 14h (s'inscrire au préalable). Âge minimal : 16 ans.

HÉBERGEMENT

PREMIER PRIX

Hôtel de Bâle – *19 passage Central -* 📞 *03 89 46 19 87 - www.hoteldebale.fr -* 🅿 *- 32 ch. 40/56 € -* ☕ *7 €.* Petit hôtel idéalement situé près des rues piétonnes du centre-ville. Les chambres, d'une tenue sans reproche, bénéficient d'une bonne literie. Salle des petits-déjeuners agrémentée d'un mobilier de style régional.

BUDGET MOYEN

Kyriad Centre – *15 r. Lambert -* 📞 *03 89 66 44 77 - www.hotel-mulhouse.com - 60 ch. 51/65 € -* ☕ *10 €.*Chambres nettes et fonctionnelles, revues dans un esprit contemporain, particulièrement spacieuses et confortables dans la catégorie « affaires ». Petit-déjeuner en terrasse l'été.

Hôtel Relais « Arc-en-Ciel » – *2 r. du Périgord - 68270 Wittenheim -* 📞 *03 89 52 42 22 - relaisarcenciel@wanadoo.fr -* ♿ *-* 🅿 *- 39 ch. 52 € -* ☕ *7 € - rest. 20 €.* Cet hôtel situé aux abords d'une zone commerciale compte 39 chambres équipées d'un mobilier fonctionnel. La vaste terrasse fleurie et la piscine couverte agrémenteront agréablement votre séjour dans la région. Restaurant uniquement le soir et fermé le week-end.

POUR SE FAIRE PLAISIR

Hôtel Bristol – *18 av. de Colmar - ☎ 03 89 42 12 31 - www. hotelbristol.com - 85 ch. 70/170 € - ☕ 10 €.* À deux pas du centre historique, hôtel abritant de grandes chambres actuelles ; certaines sont rénovées, personnalisées et pourvues de salles de bains luxueuses (faïences signées Versace).

Au Cheval Blanc – *27 r. Principale - 68390 Baldersheim - ☎ 03 89 45 45 44 - www.hotel-cheval-blanc.com - fermé 24 déc.- 2 janv. - 82 ch. 70/109 € - ☕ 11 € - rest. formule déj. 12 € - 18/50 €.* Hôtel d'allure alsacienne exploité de père en fils depuis plus d'un siècle. Les chambres, garnies de meubles rustiques, offrent un confort homogène et de qualité. Salle à manger rénovée, accessible par le café du village. Nombreux menus, belle carte régionale et gibier en saison.

Chambre d'hôte Le Clos du Mûrier – *42 Grand'Rue - 68170 Rixheim - ☎ 03 89 54 14 81 - www. closdumurier.fr - 5 ch. 84 € ☕.* Un haut mur protège cette maison à colombages du 16e s. bien rénovée et son jardin fleuri. Chambres assez spacieuses ayant conservé leurs poutres apparentes. Kitchenette, kit de repassage, machine à laver et vélos à disposition.

UNE FOLIE

Hôtel du Parc – *26 r. de la Sinne - ☎ 03 89 66 12 22 - www. hotelduparc-mulhouse.com - 76 ch. 130/245 € - ☕ 19 € - rest. (fermé 14 juil.-15 août) 24/70 €.* Luxueux palace dans les années 1930, cet hôtel a gardé son charme ancien. Toutes les chambres sont raffinées et confortables. Carte

traditionnelle au restaurant de style Art déco.

RESTAURATION

PREMIER PRIX

Jules – *5 r. de Mulhouse - 68440 Zimmersheim - ☎ 03 89 64 37 80 - www.restojules.fr - fermé 21 fév.- 2 mars et sam. midi - formule déj. 15 €.* Spécialités de viandes et de produits de la mer (poissonnerie attenante), belles pâtisseries maison et nombreux vins au verre : ce bistrot contemporain, très animé, fait souvent salle comble.

Auberge des Franciscains – *46 r. des Franciscains - ☎ 03 89 45 32 77 - www.auberge-des-franciscains. com - fermé mar. et dim. soir - 25 août-2 sept. - 🔥 - formule déj. 14,50 € - 10,80/30 €.* Boiseries, poutres apparentes, belle batterie de cuisine en cuivre au-dessus du bar, étagères garnies de chopes anciennes : le décor rustique de cette taverne est très chaleureux. Nombreux plats locaux sur la carte : *baeckehoffe*, choucroute, cassolette au munster, jarret de porc, etc.

BUDGET MOYEN

Wistuwa zum Saüwadala – *13 r. de l'Arsenal - ☎ 03 89 45 18 19 - http://www.restaurant-sauwalda. com - fermé lun. midi et dim. - formule déj. 14,20 € - 18,50/26,50 €.* La façade de ce restaurant situé au cœur du vieux Mulhouse est si typique que vous ne pourrez la rater. Collection de cochons en réduction (clin d'œil à l'enseigne), chopes de bière au plafond et nappes vichy composent le cadre de cette sympathique adresse. On y sert une cuisine aux accents alsaciens.

L'Esterel – *83 av. de la 1ère Division Blindée - ☎ 03 89 44 23 24 - esterel. weber@hotmail.fr - fermé 1 sem.*

vac. de printemps, 15-31 août, vac. de Toussaint, de fév., dim. soir, merc. soir et lundi - 🅿 *- 24/65 €.* À proximité du parc zoologique, petit restaurant rajeuni et agrandi d'une véranda. Terrasse ombragée prise d'assaut à la belle saison. Carte traditionnelle aux accents du Sud.

La Table de Michèle – *16 r. Metz -* 🖉 *03 89 45 37 82 - www. latabledemichele.fr - fermé 1 sem. en avril, 1er-21 août, 22 déc.-4 janv., sam. midi, dim. et lundi - formule déj. 18 € - 25/55 € bc.* Michèle joue du piano debout… en cuisine bien sûr ! Son répertoire ? Plutôt traditionnel, mais sensible aux quatre saisons. En salle, chaleur du bois brut et éclairage intime.

Auberge de Froeningen – *2 rte Illfurth - 68720 Froeningen -* 🖉 *03 89 25 48 48 - www. aubergedefroeningen.com - formule déj. 13 € - 16/60 €.* Salles à manger de caractère, cuisine locale et « journée alsacienne » le jeudi.

POUR SE FAIRE PLAISIR

La Poste – *7 r. du Gén.-de-Gaulle - 68400 Riedisheim - 2 km au SE par D 56 et D 432 -* 🖉 *03 89 44 07 71 - www.restaurant-kieny. com - fermé 1er-20 août, dim. soir, mar. midi et lun. - 26/80 €.* Dans ce chaleureux relais de diligences (1850) se transmettent depuis six générations les secrets d'une cuisine classique mâtinée de tradition alsacienne et peu à peu modernisée.

PETITE PAUSE

Au Moulin Poulaillon – *176 r. de Belfort -* 🖉 *03 89 42 24 04 - www. poulaillon.fr - tlj sf dim. 6h-20h (sam. : 9h) - fermé j. fériés.* Outre sa trentaine de pains spéciaux souvent très originaux, cette boulangerie tenue par une jeune patronne dynamique et pleine

d'idées dispose d'un espace restauration-salon de thé dont le décor mérite le coup d'œil : vieux plancher, poutres, moulin reconstitué et fournil visible de tous.

ACHATS

Marché du Canal Couvert – *Quai de la Cloche -* 🖉 *03 89 42 33 02 - mar., jeu. et sam. 7h-17h .* Cette imposante halle abrite l'un des plus grands marchés de l'est de la France. Chaque mardi, jeudi et samedi, elle accueille près de 350 commerçants (commerces de bouche et étals de mercerie-textile-bazar).

EN SOIRÉE

Charlie's Bar – *26 r. de Sinne -* 🖉 *03 89 66 12 22 - www. hotelduparc-mulhouse.com - 10h-1h30. ouvert du lun. au vend. et sam. soir - fermé 1er janv. et 1er Mai, dim. et sam. midi.* Piano-bar installé dans le très chic hôtel du Parc. Hommes d'affaires et bourgeoisie locale y apprécient sa musique digne des meilleurs clubs de jazz : concert de piano tous les soirs (à partir de 19h) et duo en fin de semaine. Beau choix de cocktails.

ACTIVITÉS

Piscine Pierre-et-Marie-Curie – *7 r. Pierre-et-Marie-Curie -* 🖉 *03 89 32 69 00 - www. villemulhouse.fr - merc.et sam. 7h30-8h30, 14h-19h15, vend. 7h30-8h30, 12h14h, 17h30-21h, mar. 7h30-8h30, 12h-14h, jeu. 12h-14h, 17h30-19h15, lun. 17h30-19h15 - fermé. dim. - 3,30 € - (enf. 2,40 €).* Anciens bains municipaux. La piscine offre, en plus des bassins couverts, des installations (de mi-sept. à fin mai) de sauna et de hammam. Également baignoires de relaxation et bains romains, dans un décor étonnant de marbre et vitraux datant du siècle dernier.

♣♁ Stade nautique – *Bd Charles-Stoessel* - ℘ *03 69 77 66 66 - www. piscines.mulhouse.fr - tlj 10h-20h de fin mai à déb. sept.* Ensemble de plein air dans une zone ombragée de 7 ha équipé notamment d'un pentagliss (toboggan de 4 pistes proposant 50 m de glissade).

AGENDA

Marché de Noël – *De mi-nov. à fin déc.*
Carnaval – Fanfares nocturnes, farandoles géantes, chars et défilés sont au rendez-vous chaque année *(mars).* ℘ *03 89 35 48 48.*
Festival européen de l'automobile – *En juil.* ℘ *03 89 35 48 48.*

Écomusée d'Alsace

★★

Haut-Rhin (68)

😊 NOS ADRESSES PAGE 588

🛈 **S'INFORMER**

Écomusée d'Alsace - ℘ *03 89 62 43 00 - www.ecomusee-alsace.com - juil.-août : tlj 10h-19h ; avr., oct. et nov. : merc.-dim. 10h-17h ; mai, juin et sept. : merc.-dim. 10h-18h - fermé janv.-mars - 13 € (-14 ans 9 €). Billet combiné avec le Bioscope : adulte 16 €, enf. 12 €.*

▶ **SE REPÉRER**

Plan de région A1 (p. 572) – carte Michelin Départements 315 H9. L'écomusée se trouve en zone rurale, sur la commune d'Ungersheim. Il est desservi par l'A 35, sortie Ensisheim, distante de 9 km au nord-est, ou bien par l'A 36, sortie Bourtzwiller, direction Guebwiller par la D 83, sortie « Écomusée ». La route serpente jusqu'au vaste parking, à l'entrée de l'écomusée.

🕥 **À NE PAS MANQUER**

Les maisons colorées du Sundgau.

🕐 **ORGANISER SON TEMPS**

La visite est conçue comme une promenade en plein air sur près de 20 ha. Une journée semble un temps minimal (les billets sont valables deux jours non nécessairement consécutifs).

 AVEC LES ENFANTS

L'Eden-Palladium.

À l'origine de ce musée unique, ouvert en 1984, une initiative de sauvegarde du patrimoine : des maisons des 15ᵉ au 19ᵉ s., vouées à disparaître, furent patiemment repérées sur le territoire alsacien puis démontées et

Maison rouge de l'Écomusée d'Alsace.
R. Mattès / MICHELIN

rassemblées ici. Le musée s'est ouvert ensuite à l'architecture urbaine des 19ᵉ et 20ᵉ s. et, plus tard, aux habitations ouvrières. Aujourd'hui, plus de 70 maisons anciennes, distribuées sur un terrain de 15 ha, composent un panorama de l'habitat rural alsacien.

Visiter

Des expositions ou des spectacles jalonnent la visite. Variant au fil des saisons, elles sont animées par de nombreux bénévoles passionnés qui font revivre les vieux corps de métiers (forgeron, sabotier, charron, potier, maréchal-ferrant) et redécouvrir les techniques traditionnelles des maçons, charpentiers, artisans d'une Alsace ancestrale. Les dimanches de décembre et pendant les vacances scolaires, on ne manquera pas de rencontrer saint Nicolas et Hans Trapp.

Village

Toute l'Alsace rurale s'étend devant vous, en sept pays, du Sundgau à l'Outre-Forêt. Les différences de plan, de techniques de construction, d'aménagement intérieur selon que la maison était en plaine, dans le vignoble ou en montagne, sont mises en évidence. Ces belles constructions à colombages ont pourtant en commun leur salle de séjour appelée *stube*, au milieu de laquelle trône immanquablement le poêle de faïence. La plus grande partie de la vie familiale et sociale s'y déroulait. Elle servait aussi parfois de chambre à coucher pour le maître de maison. Dans la région de Soufflenheim, les potiers y avaient leur atelier. Le travail de ces potiers est visible dans la maison reconstruite, près du plan d'eau.

Espace naturel

L'espace naturel est aussi très valorisé avec le verger-conservatoire de pommiers, les champs où l'on fait pousser des variétés anciennes selon des techniques traditionnelles, un rucher, une basse-cour… De sympathiques cigognes viendront vous rappeler qu'elles sont ici chez elles et qu'elles font partie du paysage domestique. On a prévu pour elles des supports de nids dont elles font le meilleur usage, constituant ainsi une petite colonie féconde.

Fête foraine

👫 Entrez dans l'univers enchanteur de l'**Eden-Palladium**, un carrousel-salon entièrement reconstitué avec ses glaces miroitantes, ses tables bistrot, la musique du limonaire et le splendide manège de chevaux frémissants. Si les enfants sont bien sûr les premiers à vouloir y monter, sachez qu'il faut d'abord prendre un ticket, et qu'au début du siècle, lorsqu'elle fut créée, cette attraction était destinée aux adultes. Autour du carrousel, d'autres attractions parfont l'ambiance festive : un manège voltigeur de 1914, un chapiteau d'auto-skooter (1937), un manège d'automobiles Peugeot des années 1960, un cinéma forain, un stand de tir, une piste de quilles et un théâtre de marionnettes.

Festival international de la maison

Saisonnier. Architectes (débutants et confirmés) et artisans compagnons de toute l'Europe y expriment des idées nouvelles sur la maison et l'architecture. Les constructions et les jardins sont renouvelés tous les ans.

😊 NOS ADRESSES À L'ÉCOMUSÉE D'ALSACE

HÉBERGEMENT

BUDGET MOYEN

Hôtel Les Loges de l'Écomusée – *À l'Écomusée - 68190 Ungersheim - 🖀 03 69 58 50 25 - www. ecomusee-alsace.fr - fermé 3 janv.-20 fév. - 🅿 - 40 ch. 66 € - 🍽 7 €.* Reconstitution d'un village traditionnel alsacien aux portes de l'Écomusée. Les chambres, modernes, parfois aménagées en duplex, offrent un confort de qualité. Possibilité de louer des studios.

RESTAURATION

Si la visite du parc vous a ouvert l'appétit, faites un tour du côté de la boulangerie qui propose un pain traditionnel au levain cuit dans un four à bois, des sandwichs variés et des tartes flambées. Pour un repas plus consistant, choisissez plutôt la *Terrasse de l'Écomusée* ou l'*Auberge St-Joseph*.

BUDGET MOYEN

La Taverne – *À l'Écomusée - 68190 Ungersheim - 🖀 03 69 58 50 20 - www.ecomusee-alsace.fr - 25 €.* Décor de vieille taverne alsacienne avec poutres et charpentes pour une cuisine revigorante à base de cochonnailles, choucroutes et autres plats régionaux typiques… Parfait pour continuer la découverte des traditions entamée à l'Écomusée, ambiance en plus !

Ensisheim

6 933 Ensisheimois– Haut-Rhin (68)

NOS ADRESSES PAGE 590

SE REPÉRER
Plan de région A1 (p. 572) – carte Michelin Départements 15 J9. Sur la D 201, à peu près à mi-chemin entre Colmar et Mulhouse.

À NE PAS MANQUER
La météorite, au musée de la Régence.

AVEC LES ENFANTS
Le Bioscope.

Habitée dès le 5ᵉ millénaire avant J.-C., Ensisheim est mentionnée pour la première fois en 765. La ville connaît un destin brillant lorsqu'en 1135 elle devient capitale des possessions des Habsbourg en Alsace, dans le pays de Bade et en Suisse du Nord. À son apogée au 17ᵉ s., elle abrite plus de 200 familles de la noblesse. Les très belles maisons du gothique à la Renaissance témoignent de ces heures de gloire bientôt endeuillées par la guerre de Trente Ans. Enfin, Ensisheim jouit d'un étrange privilège : c'est ici que tomba, le 7 novembre 1492, la première météorite dont l'histoire ait enregistré la chute.

Visiter

Palais de la Régence
Place de l'Église. Le bâtiment gothico-Renaissance a été construit de 1533 à 1547. Au rez-de-chaussée, les belles voûtes des arcades sont garnies d'écussons aux armes de plusieurs villes d'Alsace. Sur la façade, du côté de l'église, une tourelle octogonale renferme l'escalier. Le **musée de la Régence** est installé au rez-de-chaussée. La fameuse **météorite**, exposée dans la 1ʳᵉ salle, pesait 127 kg après sa chute au 15ᵉ s., contre 55 aujourd'hui, à la suite des prélèvements effectués au cours des âges. Exposition du produit des plus récentes découvertes archéologiques : céramiques, outils, sépulture d'enfant remontant au Néolithique ancien, objets de l'âge du bronze et de l'époque gallo-romaine. ℘ *03 89 26 49 54 - www.ville-ensisheim.fr - tlj sf mar. et j. fériés (de mi-sept. au 30 avr. 1 w.-end sur 2) 14h-18h - 2 € (-18 ans gratuit).*

Hôtel de la Couronne
Face au palais, ce très beau bâtiment (1609) est décoré de pignons à volutes et d'un oriel sculpté à deux étages. Turenne y logea en 1675 avant la bataille de Turckheim.

À proximité

★ Le Bioscope
5 km à l'est par la D 4 bis. ℘ 03 89 62 43 00 - www.lebioscope.com - pour horaires et tarifs, se renseigner - billet 13 €, enf. 4-14 ans 9 €, combiné avec l'Écomusée d'Alsace : adulte 16 €, 24 € (enf. 4-14 ans, 12 €).

♣♣ Implanté non loin du lieu d'impact de la fameuse météorite, ce parc a pour ambition de sensibiliser le public à la protection de l'environnement. **Détritus**, un labyrinthe constitué de déchets domestiques, permet une approche ludique de la gestion des ordures. Une enquête au cours de laquelle le visiteur doit identifier un animal en voie de disparition grâce à ses traces introduit la notion complexe de biodiversité. Les énergies renouvelables sont mises à l'honneur au **Biovolt**. Tout au long du parc, des questions sous des « arbres à palabres » vous permettront d'établir votre **Bioprofil★** et de prendre, à la fin du parcours, un engagement pour sauvegarder la planète. Depuis 2008, **Mission océan**, animation interactive en 3D, sensibilise au milieu marin et le **Dédaloscope**, labyrinthe-énigme végétal, initie au développement durable. Trois spectacles viennent compléter la visite : un film en 3D sur la vie des dinosaures, un spectacle d'artificiers et un Bioquizz interactif.

☺ NOS ADRESSES À ENSISHEIM

HÉBERGEMENT

POUR SE FAIRE PLAISIR

Le Domaine du Moulin – *44 r. de la 1ʳᵉ-Armée -* ℰ *03 89 83 42 39 -* 🅿 *- 65 ch. 86/120 € -* ☕ *12 € - rest. (*ℰ *03 89 81 15 10, fermé sam. midi) 20/54 €.* Grande maison ouverte sur un jardin agrémenté d'un étang. Chambres spacieuses. Piscine, sauna, hammam et jacuzzi. Aménagé dans un ancien moulin, le restaurant privilégie les plats du terroir. Agréable terrasse.

RESTAURATION

BUDGET MOYEN

Caveau de Thaler – *47 r. de la 1ʳᵉ - Armée -* ℰ *03 89 26 43 26 - www. hotel-lacouronne.fr - 12/22 € - 13 ch. 60/75 € -* ☕ *9 €.* Ce caveau se situe au sous-sol de l'hôtel-restaurant *La Couronne*, très réputé dans la région. On y déguste une cuisine simple mais de qualité, dans une salle décorée d'ustensils d'artisanat.

AGENDA

Bourse aux météorites – Chaque année, le 3ᵉ w.-end du mois de juin, des conférences, expositions et ventes sont organisées au musée de la Régence autour de ces corps célestes tombés sur Terre. *Renseignements et réservations :* ℰ *03 89 33 68 15 - http://meteorite. ensisheim.free.fr*

Neuf-Brisach

2 185 Néobrisaciens – Haut-Rhin (68)

🙂 NOS ADRESSES PAGE 593

🅱 S'INFORMER

Office du tourisme des bords du Rhin – *6 pl. d'Armes - 68600 Neuf-Brisach - ℘ 03 89 72 56 66 - www.tourisme-rhin.com - 15 juin-21 sept. : 9h30-12h30, 14h-18h, sam. 9h30-12h30, 14h-17h, dim. 9h30-12h30 ; 1ᵉʳ mars-14 juin : tlj sf dim. et j. fériés 9h30-12h, 14h-18h, sam. 9h30-12h - fermé 1ᵉʳ janv., dim. et lun. de Pâques, 1ᵉʳ nov., 11 Nov., 25 déc.*

◗ SE REPÉRER

Plan de région B1 (p. 572) – carte Michelin Départements 315 J8. À 16 km à l'est de Colmar, 39 km au nord de Mulhouse.

🙃 À NE PAS MANQUER

Les fortifications Vauban.

👫 AVEC LES ENFANTS

Le train à vapeur qui relie Volgesheim au Rhin, la Maison des énergies à Fessenheim.

Pour qui veut découvrir la ville de Neuf-Brisach, l'idéal serait de la survoler... Vu du ciel, le plan de cette forteresse de plaine, conçue au 17ᵉ s. par Vauban, apparaît de façon saisissante, sous la forme d'une parfaite étoile octogonale. « De tous les diamants de la couronne de France, le plus beau est la forteresse du Rhin », disait Louis XIV qui avait ordonné sa construction. Depuis 2008, ce chef-d'œuvre d'architecture militaire est classé au Patrimoine mondial de l'Unesco.

Se promener

★ Promenade des remparts

Un parcours dans les fossés, de la porte de Belfort à la porte de Colmar au nord-ouest, permet de découvrir les principaux éléments des fortifications classiques. Bastions à échauguettes, demi-lunes, glacis et ouvrages à cornes émaillent le mur d'enceinte, large de 4,5 m à la base et haut de 9 m. Vous pouvez rejoindre le cœur de cet octogone de 600 m de diamètre tous les quarts de tour (comptez 45mn pour faire le tour complet). La **porte de Belfort** abrite le **musée Vauban**, spécialisé dans l'art militaire du Grand Siècle et qui propose, en plus des plans et documents, un remarquable plan en relief de la place forte. *℘ 03 89 72 56 66 - www. tourisme-rhin.com - ⅋ - possibilité de visite guidée sur demande (5 j. av.) - mai-oct. : tlj sf lun. 10h-12h, 14h-17h - 2,50 € (-10-18 ans 1,65 €), Printemps des musées gratuit.*

À l'intérieur de son enceinte, longue de 2,4 km, la cité est partagée en îlots réguliers : 48 carrés, regroupant habitations et bâtiments officiels autour de la place d'Armes, au centre de la ville. Quatre puits marquent les coins de cette place carrée où se trouve l'**église St-Louis**. Construite en même temps que la ville par Vauban, elle a brûlé en 1945 lors des combats de la Libération et a été, depuis, reconstruite d'après les plans d'origine. Dans

NAISSANCE DE LA VILLE
Par le traité de Ryswick en 1697, le Rhin devient la frontière entre la France et l'Allemagne. Louis XIV doit céder à l'Empire germanique Vieux-Brisach, édifié sur le rocher de *Brisacum* (aujourd'hui Breisach am Rhein, en Allemagne). Il ordonne à Vauban de construire, en 1699, une place forte destinée à empêcher le passage du fleuve à cet endroit. La forteresse reçoit, tout naturellement, le nom de Neuf-Brisach. Au début, personne ne veut s'y installer. Louis XIV fait exempter d'impôts durant vingt ans toute personne qui accepte de venir habiter l'endroit et lui offre le terrain et les matériaux de construction. Qui aurait pu résister à une offre si attractive ?

la chapelle latérale gauche, le baptistère et le calvaire en bois (18e s.) ont échappé à l'incendie. Le retable du 18e siècle de style baroque encadre une **Nativité★**.

À proximité

Biesheim

3 km au nord par la D 468. Tout près de la frontière, deux musées sont rassemblés dans un bâtiment aux lignes contemporaines, le « Capitole ».

Pour les amateurs d'astronomie, le **musée de l'Instrumentation optique** conserve plus de 550 instruments, véritables objets d'art réalisés en laiton, ébène, ivoire, argent. *℘ 03 89 72 01 59 - &. - tlj sf lun. et mar. 14h-17h30, jeu. 9h-12h, 14h-17h30 - fermé j. fériés - 3 € (-6 ans 1,50 €), Journées du patrimoine, Printemps des musées, 1er dim. du mois gratuit.*

Le **Musée gallo-romain** expose le matériel trouvé sur le site militaire majeur d'Œdenbourg au nord de Neuf-Brisach. De nombreux objets évoquent les rites funéraires (mobilier, sarcophages), la religion (temple dédié au dieu Mithra) et la vie quotidienne (céramiques, intailles, clefs…). *℘ 03 89 72 01 58 - &. - possibilité de visite guidée (1h) sur demande (2 sem. av.) - tlj sf lun. et mar. 14h-17h30, jeu. 9h-12h, 14h-17h30 - fermé j. fériés - 2,50 € (-18 ans 1,30 €), Journées du patrimoine, Printemps des musées, 1er dim. du mois gratuit.*

Pont sur le Rhin à Vogelgrun

5 km à l'est. Du pont, superbe **vue★** sur le Rhin, l'usine hydroélectrique *(voir sud de la vallée du Rhin)* et, sur l'autre rive, Vieux-Brisach (Breisach).

Fessenheim

12 km au sud par la D 468. La **maison Schœlcher-musée de la Hardt** évoque l'œuvre de Victor Schœlcher, qui obtint l'abolition de l'esclavage dans les colonies le 27 avril 1848. Sa famille était originaire de Fessenheim. Le travail de son père, Marc Schœlcher, célèbre porcelainier parisien au début du 19e s., est aussi présenté. *℘ 03 89 48 60 99 ou ℘ 03 89 48 60 02 (Mairie) - http://www. abolitions.org - possibilité de visite guidée sur demande - juin-sept. : w.-end et j. fériés 14h-18h - gratuit.*

À 2 km à l'est, non loin des usines EDF, il est possible de visiter la **Maison des énergies** *(voir Sud de la vallée du Rhin)*.

☺ NOS ADRESSES À NEUF-BRISACH

VISITE

♟ Chemin de fer touristique du Rhin – En saison, le week-end, un **train à vapeur** 1900 circule entre la gare de Volgelsheim, le port rhénan de Neuf-Brisach et l'embarcadère de Sans-Souci. Ce circuit peut être combiné avec une promenade en bateau d'époque (1933) sur le Rhin. *Renseignements 26 r. des Cordiers - 68280 Andolsheim - ☎ 03 89 71 51 42 (03 89 72 55 97 le w.-end) - http://cftr.evolutive.org ou office de tourisme ☎ 03 89 72 56 66 - de la Pentecôte à fin sept. : dép. gare de Volgelsheim dim. apr.-midi - train seul 7,50 € (4-12 ans 3,50 €) ; billet combiné train-bateau 15 € (4-12 ans 7,50 €).*

HÉBERGEMENT ET RESTAURATION

PREMIER PRIX
Hôtel « Aux Deux Roses » – *11 r. de Strasbourg - ☎ 03 89 72 56 03 - www.alsace2roses.fr - ⓟ - 45 ch. 45,60/47,60 € - ☕ 6,70 €.* Votre regard sera sûrement attiré par la façade bleue de ce grand bâtiment du centre-ville. Chambres confortables, pour la plupart fraîchement refaites, restaurant de type *winstub* et petits-déjeuners servis sous forme de buffet. Accueil très correct et rapport qualité-prix plus qu'avantageux.

POUR SE FAIRE PLAISIR
Hôtel Aux Deux Clefs – *50 Grand Rue - 68600 Biesheim - ☎ 03 89 30 30 60 - www.deux-clefs.com - fermé 26 déc.-3 janv. - ⓟ - 20 ch. 68/85 € - ☕ 10 € - rest. 18/45 €.* Discrète façade de style régional qu'égaye un agréable jardin. Les chambres, agencées avec originalité, sont équipées d'un mobilier actuel. Deux cadres pour vos repas : salle à manger cossue avec plafond en marqueterie et fauteuils de style, ou brasserie.

ACTIVITÉS

Cyclotourisme – Une carte de 15 propositions d'itinéraires cyclables est à disposition à l'office du tourisme.

AGENDA

Marché de Noël 1700 – *6 pl. d'Armes - ☎ 03 89 72 56 66 - www. tourisme-rhin.com - 2e w.-end de déc. : vend. 14h-20h, sam. 14h-19h, dim. 10h-18h - gratuit.*

Sud de la vallée du Rhin

★★

Haut-Rhin (68)

 NOS ADRESSES PAGE 597

S'INFORMER

Office du tourisme du pays de St-Louis Huningue – *81 r. Vauban - 68128 Village-Neuf - ℘ 03 89 70 04 49 - www.alsace-cotesud.com - tlj sf dim. et j. fériés mat. et apr.-midi.*

SE REPÉRER

Plan de région B1/B2/B3 (p. 572) – carte Michelin Départements 315 J 8-11. Colmar et Mulhouse sont de bons points de départ pour découvrir le sud de la vallée du Rhin. Accès rapide par l'autoroute A 35 Strasbourg-Bâle.

À NE PAS MANQUER

La Petite Camargue alsacienne.

ORGANISER SON TEMPS

Comptez une journée complète pour l'itinéraire proposé.

AVEC LES ENFANTS

Les bases de loisirs et le parc des eaux-vives à Huningue, la Maison des énergies à Fessenheim, « Mémoire du Rhin » et « Mémoire de saumon » à la Petite Camargue alsacienne.

Après avoir quitté la Suisse, le Rhin s'enfonce dans une large vallée marquant la frontière franco-allemande. On a sans cesse tenté de maîtriser ses eaux tumultueuses et sauvages en lui coupant les bras ou en le comprimant pour contenir ses crues. Et pourtant, le « Vater Rhein » est toujours là, prêt à vous convier à un fabuleux voyage au fil de l'eau. En souvenir de sa jeunesse impétueuse, il a laissé sur ses rives d'excellentes conditions pour que se développent une faune et une flore variée. La Petite Camargue alsacienne, classée Réserve naturelle, en est un bel exemple.

Itinéraire conseillé

Pour en savoir plus sur l'histoire du Rhin, voir page 461.

LA HARDT

Pour visualiser ce circuit ③, reportez-vous au plan p. 463.

Biesheim *(voir Neuf-Brisach)*

Neuf-Brisach *(voir ce nom)*

★ Bief de Vogelgrun

Long de 14 km, il comporte des écluses de même longueur (185 m), mais de largeurs différentes, 23 et 12 m. En aval de Vogelgrun, l'aménagement du fleuve comporte quatre autres biefs construits selon une technique dite « en feston ». Le bras du Rhin est fermé d'un barrage et son cours est dirigé dans deux canaux latéraux. L'un porte une usine hydroélectrique, l'autre, une écluse par laquelle se régule la circulation fluviale. Une sculpture en bronze de 12 m de long appelée *Électricité*, œuvre allégorique due à Raymond Couvègnes, orne la façade de la centrale. De l'autre côté, une immense fresque de 1 500 m², *Les Nixes de Vogelgrun*, due à l'artiste mulhousien Daniel Dyminski, ravive la légende de ces sirènes du Rhin en les représentant en « fées électricité ».

Fessenheim

Le bief de Fessenheim mesure environ 17 km de longueur et comporte des écluses identiques à celles de Vogelgrun. À moins de 1 km de l'écluse de Fessenheim, on verra la première **centrale nucléaire** française du type « réacteur à eau pressurisée » à forte puissance (2 unités de 900 MW). ☎ *03 89 83 51 23 - ♿ - possibilité de visite guidée (1h30) sur demande (1 sem. av.) - de mi-juin à fin sept. : 14h-18h ; reste de l'année : merc. et dim. 14h-17h - fermé 25 déc. - gratuit.*

Maison des énergies - EDF

Depuis Fessenheim, suivez le fléchage « Usines EDF », D 52. ☎ 03 89 83 51 23 - de fin juin à mi-sept. apr.-midi ; reste de l'année : mer. et dim. apr.-midi - fermé 1ᵉʳ janv., 25-26 déc. - visite guidée : tlj sur RV - gratuit.

👤👤 Elle présente les différentes sources d'énergie utiles à la production de l'électricité : eau, vent, soleil… En découvrant les énergies terrestres, vous constaterez que la radioactivité est présente partout, par exemple dans une pomme de terre ou dans de l'engrais. Des maquettes permettent de comprendre le fonctionnement d'une centrale nucléaire. Les questions environnementales ne sont pas oubliées : effet de serre, déchets nucléaires mais aussi solutions énergétiques durables sont évoqués par des jeux de questions-réponses. La visite se termine avec les énergies du futur.

Ottmarsheim

Lorsqu'elle fut consacrée par Léon IX, vers 1049, l'église carolingienne d'Ottmarsheim n'était éclairée que par des cierges. Neuf cents ans plus tard, la très moderne centrale hydroélectrique construite sur le grand canal d'Alsace a complètement bouleversé la physionomie de la ville.

Église★ – Ce très curieux édifice octogonal (24 m de diamètre), rare exemple de l'architecture carolingienne, copie réduite de la chapelle palatine de Charlemagne à Aix-la-Chapelle, est une référence en matière d'architecture romane. Cette église d'une abbaye de bénédictines fondée au milieu du 11ᵉ s. présente un clocher du 15ᵉ s., dans sa partie supérieure. L'**intérieur** est un octogone régulier couvert d'une coupole. À gauche de l'abside carrée, une porte avec une grille en fer forgé donne accès à la chapelle gothique, construite en 1582. Toutes les mesures du bâtiment sont divisibles par trois, chiffre de la sainte trinité. En 1991, un incendie a causé d'importants dégâts à l'église. L'orgue a été détruit. Certaines des fresques (15ᵉ s.) ont été très endommagées. Elles ont fait l'objet d'une savante restauration : vie de saint Pierre, Christ en majesté présidant au Jugement dernier.

Centrale hydroélectrique★ – *Les visites des usines hydro-électriques du Rhin sont soumises aux contraintes liées au plan Vigipirate - se renseigner au ☎ 03 89 35 20 00.* L'usine d'Ottmarsheim, le bief et les écluses constituent le 2ᵉ tronçon du grand canal d'Alsace contribuant à l'aménagement du Rhin entre Bâle et Lauterbourg. La fermeture des **écluses** est assurée à l'amont par des portes busquées et à l'aval par des portes levantes qui coulissent dans leurs parois. Seul le poste de commande domine les deux sas. La montée ou la descente du plan d'eau permet un éclusage rapide : 11mn dans le petit sas et 18 dans le grand. À l'intérieur de l'**usine**, la salle des machines est très claire et très vaste. Ses quatre groupes, d'une puissance totale maximale de 156 MW, produisent en moyenne 980 millions de kWh par an.

Canal du Rhône au Rhin

Le canal entre Niffer et Mulhouse ainsi que l'écluse d'accès ont été élargis et constituent aujourd'hui le premier tronçon du canal Rhin-Rhône à grand gabarit, achevé en 1995. Chacun des biefs suivants échelonnés sur le canal comprend également une usine hydroélectrique et une écluse de navigation à doubles sas indépendants : les opérations d'éclusage sont généralement spectaculaires.

Uffheim – *Casemate de l'Aschenbach (voir la ligne Maginot)*

★ Bief de Kembs

En aval du barrage, il comprend le canal latéral et une double écluse de navigation. En 1960, l'écluse de Kembs-Niffer est aménagée afin de permettre la jonction du canal de Huningue au grand canal d'Alsace. Les bâtiments annexes de l'écluse – poste de commandement et bâtiment administratif – sont l'unique réalisation en Alsace de l'architecte Le Corbusier.

★ Usine hydroélectrique

4 km au sud par la D 468 et la première route à gauche. Première usine du canal à avoir été réalisée (de 1928 à 1932), elle possède 7 groupes d'une puissance totale maximale de 157 500 kW, dont la production annuelle moyenne est de 938 millions de kWh.

Barrage de Kembs

9 km au sud de Kembs, près de Bâle. Construit dans le lit du fleuve, il est l'unique ouvrage de retenue sur le Rhin pour les quatre premiers biefs. Il dérive l'essentiel des eaux du Rhin dans le canal. Un groupe hydroélectrique utilise le débit conservé dans le lit du Rhin.

★ La Petite Camargue alsacienne

9 km au sud de Kembs par la D 468. Parking près du stade à St-Louis-la-Chaussée. 20mn de marche. Il est interdit de sortir des sentiers, de cueillir des plantes et de se promener avec un chien, même tenu en laisse. 1 r. de la Pisciculture - ℘ *03 89 89 78 59 - www.petitecamarguealsacienne.com -* ♿ *- possibilité de visite guidée (2h) sur demande (1 mois av.) - mars-oct. : sam. 13h30-17h30, dim. et j. fériés 10h-12h30, 13h30-17h30 ; reste de l'année : merc., jeu., sam. 13h30-17h30, dim. et j. fériés 10h-12h30, 13h30-17h30 - fermé 13 déc.-6 janv. - 5 € (-16 ans 3 €).*

La Petite Camargue est la première réserve naturelle d'Alsace. L'association de milieux humides et secs, résultat des mouvements du Rhin avant sa régularisation, a favorisé un développement exceptionnel de la faune et de la flore. 150 espèces d'oiseaux, 40 espèces de libellules, rainettes et sangliers y cohabitent, parmi les roselières, étangs, marais et landes sèches. Six sentiers balisés, dont le **sentier des observatoires**, permettent de les observer. La **pisciculture impériale**, construite sous le Second Empire en 1852 pour repeupler les cours d'eau, fut la première pisciculture industrielle d'Europe. Elle produisait jusqu'à 6 millions d'alevins par an. Les bâtiments abritent aujourd'hui un **centre d'initiation à la nature** (animations, visites guidées, stages…), une **station de recherche**, un **élevage de saumons** et deux belles expositions. 👥 « **Mémoire du Rhin** » permet de découvrir le fleuve mythique (faune, flore, anciens métiers et aménagements) ; « **Mémoire de saumon** »★, contiguë aux bassins d'élevage, présente l'histoire de la pêche au saumon à travers les âges et la découverte de la fécondation artificielle, à l'origine de la pisciculture. Maquettes à illuminer et schémas agrémentent la visite.

Huningue

Huningue est la seule place forte que l'on osa bâtir tout au bord du Rhin. Vieux-Huningue se trouvait au sud de la ville actuelle, mais ses habitants furent déplacés à Village-Neuf au moment de la construction, au 17e s., de la forteresse Vauban, dont il ne reste que peu de traces aujourd'hui. Dans l'ancien bâtiment de l'Intendance, le **musée d'Histoire locale et militaire** présente une maquette de la forteresse, des documents sur l'histoire de la ville, en particulier sur les trois dernières guerres, quelques faïences et costumes régionaux. *6 r. des Boulangers - ☎ 03 89 89 33 94 - possibilité de visite guidée sur RV - 1er et 3e dim. du mois 14h30-17h30 - fermé août - 3,50 €.*

St-Louis

Aux portes de la France, la ville fut créée par le roi Louis XIV à la date très précise du 28 novembre 1684. Aujourd'hui tournée vers la culture, la ville a ouvert en 2004 un **musée d'Art contemporain** dans les locaux des anciennes distilleries Fernet-Branca. Le bâtiment, encore surmonté de l'aigle-emblème de la marque, a été élégamment aménagé pour exposer chaque année, dans un décor tout simplement noir et blanc, les œuvres d'un artiste contemporain. Le projet trouve sa place dans un ensemble culturel transfontalier, avec le Vitra Design Museum de Weil-am-Rhein, la fondation Beyeler à Riehen ou encore le musée Tinguely à Bâle. *☎ 03 89 69 10 77 - www.museefernetbranca.org - ＆ - tlj sf mar. apr.-midi - possibilité de visite guidée sur RV - 6 € (-12 ans gratuit).*

NOS ADRESSES DANS LE SUD DE LA VALLÉE DU RHIN

VISITE

Croisières sur le Rhin – *81 r. Vauban - ☎ 03 89 70 04 49 - www. alsace-cotesud.com - à la journée ou à la 1/2 journée :* croisières sur le Rhin à partir de Huningue vers Bâle ou Rheinfelden ; location de bateaux sans permis à Kembs-Niffer.

RESTAURATION

BUDGET MOYEN

Les Écluses – *8 r. Rosenau - 68680 Kembs-Loéchlé - ☎ 03 89 48 37 77 - restaurantlesecluses@orange. fr - Fermé 31 août-13 sept., 5-17 janv., merc. soir d'oct. à avril, dim. soir et lundi -* 🅿 *- formule déj. 11 € - 16/40 €.* À proximité du canal de Huningue et de la Petite Camargue alsacienne,

ce restaurant propose des spécialités de poissons dans une salle à manger au décor contemporain.

ACTIVITÉS

Base de loisirs – Vous en trouverez à Vogelgrun, Village-Neuf et Huningue.

Aviron – À Vogelgrun, une initiation vous permettra de découvrir les charmes de la vallée du Rhin. *Aviron Club Région Colmar, base nautique du Geiskopf, Île du Rhin - 68600 Vogelgrun - ☎ 03 89 41 48 16 - avironcolmar. free.fr - juin-sept. : sam. 14h30, dim. 9h30 ; oct-mai : sam. 14h.*

Promenades en barque – Passionné de botanique et d'ornithologie ? Ne manquez pas les balades sur le Giessen, à la découverte de la flore et de la faune typiques de ce cours d'eau. *Pl. de la Mairie, « le Capitole » - 68600 Biesheim - ℰ 03 89 72 01 69 - juil.-août : w.-end et j. fériés à partir de 14h30.*

Équitation – Promenade à cheval ou à poney le long des berges. *Écurie de l'Île du Rhin, Île du Rhin - 68600 Vogelgrun - ℰ 03 89 72 38 57 - tte l'année : tlj sf lun. 9h-12h, 14h-21h.*

♣♠ Parc des Eaux-Vives – *ℰ 03 89 89 70 20 - www.ville-huningue.fr - point d'information tourisme de fin mars à déb. nov. : 9h-18h30 (mar., jeu. et vend. 21h) ; de déb. nov. à mi-déc. et*

fév.-mars : lun.-vend. sur réserv., w.-end 10h-16h, fermé j. fériés ; juil.-sept. : 9h-21h, w.-end et j. fériés 9h-19h - fermé déc.-fév. Possibilité de louer le matériel ou de venir avec le sien. Il n'est plus nécessaire de monter dans les hauteurs pour pratiquer du rafting : tentez la rivière d'eaux vives de 350 m le long du Rhin ! Aux abords, des aires de jeux pour les enfants.

Altkirch

5 575 Altkirchois – Haut-Rhin (68)

☺ NOS ADRESSES PAGE 600

🛈 **S'INFORMER**

Office du tourisme d'Altkirch – *5 pl. Xavier-Jourdain - 68130 Altkirch - ℰ 03 89 40 02 90 - www.ot-altkirch.com - juil.-août : 9h30-12h30, 14h-18h, sam. 9h30-12h30, 13h30-17h30, dim. 10h-12h ; reste de l'année : tlj sf lun., dim. et j. fériés 9h15-12h, 13h-17h15.*

▶ **SE REPÉRER**

Plan de région A3 (p. 572) – carte Michelin Départements 315 H11. Depuis Mulhouse, emprunter la D 432 sur 20 km vers le sud. Cette route suit notamment la rive droite du canal du Rhône au Rhin. Venant de Bâle, quitter la ville par l'ouest et prendre la D 419.

👁 **À NE PAS MANQUER**

Le Musée sundgauvien.

🕐 **ORGANISER SON TEMPS**

Une promenade dans la ville d'Altkirch sera la meilleure introduction à une excursion dans le Sundgau voisin.

Altkirch – « vieille église » en allemand – **occupe une position privilégiée, sur une colline dominant la vallée de l'Ill. Célèbre pour ses tuiles mécaniques inventées par Gilardoni, la ville est la capitale du Sundgau, la plus méridionale des régions d'Alsace, qui s'étend entre Mulhouse et la frontière suisse.**

> **ALTKIRCH AU 19E S.**
> Au 19e s., Altkirch foisonnait d'artisans. Certains cumulaient plusieurs activités, comme potier et paysan. **Sutter**, imprimeur du 19e s., était installé à Rixheim et à Altkirch. De jolies images populaires distribuées en masse, les « souhaits de baptême », ont fait sa renommée à travers toute la Haute-Alsace. Aujourd'hui, ce sont davantage les activités liées à la cimenterie qui font vivre les habitants d'Altkirch.

Se promener

Église Notre-Dame

Visite sur demande à l'office de tourisme.

Construite en 1886, dans le style néoroman, elle présente, à l'intérieur, dans le transept gauche, les remarquables statues en pierre polychrome du *Mont des Oliviers* (14e s.), ainsi qu'une copie par Henner du *Christ* de Prud'hon. Dans le transept droit, un tableau d'Oster de Strasbourg rappelle la vie de saint Morand, reçu par le comte de Ferrette, tandis que son sarcophage est exposé dans la nef.

La rue du Château conduit à la place principale d'Altkirch.

Place de la République

Face à l'hôtel de ville, sur une fontaine octogonale réalisée en 1857, une statue de la Vierge de la fin du 15e siècle est le seul vestige de l'ancienne église démolie en 1845, transformée en manufacture de rubans de soie après la Révolution.

Hôtel de ville

Construit en 1780, l'édifice est souvent attribué à Jean-Baptiste Kléber, architecte avant de devenir général. Au 1er étage, le garde-corps en ferronnerie du balcon est remarquable.

À voir aussi

Musée sundgauvien

1 r. de l'Hôtel-de-Ville - ☏ 03 90 40 01 94 - possibilité de visite guidée sur demande (3 sem. av.) - juil.-août : tlj sf lun. 14h30-17h30 ; reste de l'année : dim. 14h30-17h30 - fermé lun. de Pâques, 1er Mai, lun. de Pentecôte, 1er nov., 11 Nov. - 2 € (-18 ans gratuit), Journées du patrimoine, Nuit des Musées gratuit.

Installé dans un immeuble Renaissance adossé à l'hôtel de ville, il rassemble des collections régionales variées (costumes, mobilier), des peintures d'artistes locaux (Henner, Lehmann) et des objets de fouilles archéologiques. Vous pourrez y observer de magnifiques *Kunscht,* poêles de faïence alsaciens autour desquels la famille se réunissait, dans la douce chaleur de la *stube* (salle de séjour).

Centre rhénan d'art contemporain

☏ 03 89 08 82 59 - www.cracalsace.com - possibilité de visite guidée (1h) - tlj sf lun. 10h-18h, w.-end 14h30-19h, j. fériés 10h-18h - fermé 1er janv., lun. de Pâques, 1er Mai, lun. de Pentecôte, 25 et 26 déc. - gratuit.

Aménagé dans les locaux d'un ancien lycée, ce centre expose des œuvres d'artistes contemporains (photos, vidéos, toiles ou œuvres plastiques) sur des thèmes régulièrement renouvelés.

À proximité

Luemschwiller

7 km au nord-est en direction de Mulhouse, puis une petite route à droite.
L'**église** possède un beau **retable** du 15e s., provenant probablement de St-Alban de Bâle, avec, à l'intérieur, les statues de la Vierge à l'Enfant, de sainte Barbe et sainte Catherine. Les peintures de la vie de Marie sont attribuées à Hans Baldung Grien. *L'église n'est ouverte que pendant les offices.*
Le cimetière israélite rappelle que ce village comprenait une importante communauté juive au 19e s.

😊 NOS ADRESSES À ALTKIRCH

♿ Voir aussi nos adresses dans le Sundgau.

HÉBERGEMENT

PREMIER PRIX

Camping Municipal Les Lupins – *68580 Seppois-le-Bas - 13 km au sud-ouest d'Altkirch par D 432 puis D 17h - ℘ 03 89 25 65 37 - www.village-center.com - déb. avr. à mi-sept. - réserv. conseillée - 158 empl. 14 € (mai-juin), 16 € (juil.-août), 14 € (fin août-mi-sept.).* Installé sur le terrain de l'ancienne gare dont il occupe les bâtiments, il bénéficie d'emplacements bien ombragés. Piscine et minigolf.

BUDGET MOYEN

Auberge de la Gloriette – *9 r. Principale - 68130 Wahlbach - 10 km à l'est d'Altkirch par D 419 et D 19b - ℘ 03 89 07 81 49 - www.lagloriette68.com - fermé 26 janv.-10 fév. - 8 ch. 60 € - ☐ 9 € - rest. (fermé lun. et mar.) 15/58 €.* Plaisant décor mêlant l'ancien et le moderne dans cette ferme proposant une cuisine classique soignée. Chambres plus confortables (mobilier chiné) dans le bâtiment principal.

RESTAURATION

PREMIER PRIX

Restaurant de la Victoire – *10 r. des Alliés - ℘ 03 89 40 90 65 -* *fermé jeu. soir, sam. midi et merc. soir - 20/30 €.* Ne vous fiez pas à la façade un peu vieillotte de ce restaurant, car l'intérieur mérite vraiment le détour : décor typiquement régional agrémenté d'étonnantes collections de tire-bouchons et de figurines à l'effigie du cochon. Sur la table, menu du jour et *flammekueches* salées ou sucrées. Prix sages.
Le Relais des Chevaliers – *8 r. de Dannemarie - 68720 Heidwiller - 6 km au nord d'Altkirch par D 466 dir. A 36 et D 18 - ℘ 03 89 25 51 64 - fermé dim. soir et lun. - réserv. conseillée - 11,50/30 €.* Cette ancienne grange restaurée située au cœur du village abrite plusieurs salles à manger. La plus agréable, en mezzanine, possède une grande baie vitrée donnant sur la campagne. Plaisante terrasse pour les beaux jours. Plats traditionnels bien présentés.
Wach – *Près de l'hôtel de ville - 68210 Dannemarie - 10 km à l'ouest d'Altkirch par D 419 - ℘ 03 89 25 00 01 - fermé 9-23 août, 24 déc.-10 janv., lun. et le soir - 12,50/35 €.* Accueil, séduisante carte des vins et cuisine du terroir sont les atouts majeurs de ce restaurant. Le décor des années 1950 semble immuable, mais la maison est fort bien tenue.

BUDGET MOYEN

Auberge Sundgovienne – *Rte de Belfort - 68130 Carspach - 6 km au sud-ouest d'Altkirch par D 419 et D 16 - ℘ 03 89 40 97 18 - www.auberge-sundgovienne. fr. - fermé 23 déc.-31 janv. - 28 ch. 65/85 € - ☒ 8 € - rest. (fermé 1re sem. de juil., dim. soir, lun. et mar. midi) 13/50 €.* En bordure de forêt, dans un cadre reposant, restaurant gastronomique et winstub proposant une cuisine de terroir, assortie de gibier en période de chasse.

ACTIVITÉS

Golf de la Largue – *25 r. du Golf - 68580 Mooslargue - ℘ 03 89 07 67 67 - www.golf-lalargue.com - 8h-19h - fermé déc.-mars.*

AGENDA

La Forêt enchantée – Mise en scène des légendes du Sungdau, en décembre.
Kino Knock Out – Festival de courts-métrages de 5 jours en avril ou en mai à Altkirch. *(℘ 03 89 08 36 03 - www.kkofestival.com)*

Le Sundgau

★

Haut-Rhin (68)

 NOS ADRESSES PAGE 605

🔲 **S'INFORMER**

Point d'information de Dannemarie – *Hôtel de Ville - 68210 Dannemarie - ℘ 03 89 07 24 24 - www.cc-porte-alsace.fr - tlj sf w.-end 8h30-12h, 13h30-17h, vend. 8h30-12h, 13h30-16h.*
Office du tourisme de Ferrette – *Espace Mazarin - route de Lucelle - 68480 Ferrette - ℘ 03 89 08 23 88 - www.sundgau-sudalsace.fr - janv.-avr. et oct.-nov. : lun.-vend. 9h-12h, 14h-18h, fermé sam., dim. et j. fériés ; mai-sept. et déc. : lun.-vend. 9h30-12h30, 14h-18h, sam., dim. et j. fériés 14h30-17h30.*

⊙ **SE REPÉRER**

Plan de région A3 (p. 572) – carte Michelin Départements 315 H/I11. Le Sundgau forme une sorte de losange délimité à l'est par l'autoroute Mulhouse-Bâle, au sud et à l'ouest par la frontière suisse et le Territoire de Belfort, et au nord par « la Comtoise », l'autoroute Mulhouse-Belfort.

🔍 **À NE PAS MANQUER**

Ferrette.

🕐 **ORGANISER SON TEMPS**

Peu de visites, mais beaucoup de nature sauvage et préservée. On ne traverse pas le Sundgau au pas de course, mais en faisant des promenades pédestres, cyclistes ou équestres, surtout dans le sud du pays, le « Jura alsacien ».

👥 **AVEC LES ENFANTS**

La Maison de la nature du Sundgau à Altenach.

Ses collines, ses falaises, ses gorges encaissées, ses forêts de hêtres et de sapins valent au Sundgau d'être surnommé le « Jura alsacien ». Dans ses étangs, véritables réservoirs de vie sauvage, les carpes attirent les grenouilles qui amènent à leur tour fauvettes et martins-pêcheurs... Les maisons y sont particulières, avec leur toit descendant presque jusqu'au sol et leurs colombages caractéristiques.

Itinéraire conseillé

137 km au départ d'Altkirch (voir ce nom).
Sortez d'Altkirch à l'est par la D 419 qui longe d'abord la rive droite de l'Ill.

St-Morand
But de pèlerinage. L'**église** renferme le beau sarcophage (12e s.) du saint patron du lieu, Morand, évangélisateur du Sundgau. La dalle inférieure du sarcophage est percée de deux ouvertures destinées à faciliter l'accès des malades au cercueil. La spécialité du saint était la guérison des maux de tête.
Empruntez la D 419 en direction de Bâle. Au niveau de Tagsdorf, prenez la D 16, à droite, vers Hundsbach, Folgensbourg, en remontant le vallon du Thalbach. À Folgensbourg, prenez la D 473 vers le sud puis à gauche la D 21 bis pour gagner St-Blaise.
L'itinéraire offre une belle vue sur la plaine de Bâle, la ville et la percée du Rhin.
À St-Blaise, empruntez la D 9 bis jusqu'à Leymen.

Château du Landskron
🚶 *30mn à pied AR*. Il ne reste que des ruines de ce château présumé du début du 11e s., renforcé par Vauban, puis assiégé et détruit en 1814. Sa situation sur une butte-frontière permet une vue dominante, au nord, sur les confins boisés du Sundgau et du pays de Bâle, ainsi que sur la petite cité de Leymen en contrebas.
Revenez vers St-Blaise et empruntez la D 9 bis. Traversez Liebenswiller pour atteindre Oltingue. À Oltingue, on atteint la haute vallée de l'Ill, dominée au sud par la crête frontière du Jura alsacien.

Oltingue
Ce charmant village possède, en son centre, un **Musée paysan**. Témoin des différents styles de construction de la région, il réunit quantité de meubles, vaisselles, ustensiles de cuisine évoquant le souvenir d'une population rurale. Remarquez la collection de moules à *kougelhopf* et une série originale de carreaux de poêle de faïence. Un grand four à pain, un vieil escalier dont chaque marche est faite dans un tronc d'arbre, des murs en torchis expriment le décor rural. ℘ *03 89 40 79 24 - http://musee.paysan.free.fr - de mi-juin à fin sept. : mar., jeu., sam. apr.-midi, dim. et j. fériés mat. et apr.-midi ; de déb. mars à mi-juin et oct.-déc. : dim. apr.-midi - fermé janv. et fév. - 2,50 € (enf. 1 €).*
À Raedersdorf, poursuivez par la D 21⁸, route de Kiffis.

Hippoltskirch
Dans la **chapelle** au plafond peint par Johann Stauder et cloisonné, la balustrade de la tribune en bois peint côtoie, aux murs, des ex-voto, certains traités en peinture naïve. À gauche de la nef, statue miraculeuse de Notre-Dame, naguère objet de pèlerinages. ℘ *03 89 40 44 46 - mars-oct. : dim. apr.-midi - possibilité de visite guidée sur demande (2 j. av.).*

Moulin dans le Sundgau.
Guy BUCHHEIT / Pays du Sundgau

Laissant Kiffis à gauche, on emprunte la « route internationale » *(D 21B*III*)*, qui longe la frontière suisse (et la franchit même, après Moulin-Neuf, sur quelques dizaines de mètres) au fond d'une combe boisée où coule la Lucelle.

Lucelle

Adossée à son étang, cette localité, jadis siège d'une opulente abbaye cistercienne, se situe à l'extrême pointe sud de l'Alsace. Au 12e s., les moines de cette abbaye, craignant de mourir de faim en période de carême, ont peuplé les étangs alentour de nombreuses variétés de poissons, truites, brochets et carpes. La spécialité gastronomique régionale est, bien entendu, la carpe frite.
Remontez vers le nord par la D 432.

On traverse le joli village de **Winkel**, où la rivière de l'Ill prend sa source. La zone de captage des eaux, à l'est du village, est décorée de sculptures contemporaines.

★ Ferrette

Ancienne capitale du Sundgau, Ferrette eut, dès le 10e s., des comtes indépendants dont l'autorité s'étendait sur une vaste région de la Haute-Alsace. Passée à la maison d'Autriche par mariage au 14e s., elle fut donnée à la France en 1648, lors de la signature des traités de Westphalie. C'est aujourd'hui le prince de Monaco qui porte le titre de comte de Ferrette !

Cette petite ville ancienne, bâtie dans un joli **site**★ du Jura alsacien, est surplombée par les ruines de deux châteaux assis sur un impressionnant piton rocheux à 612 m d'altitude. ●▪ On y accède à pied, par des sentiers bien signalés. De la plate-forme, belle **vue**★ sur les Vosges, la vallée du Rhin et de l'Ill, la Forêt-Noire et les premières hauteurs du Jura. Les collines boisées des environs offrent de nombreuses promenades.
Par la D 473, gagnez Bouxwiller.

Bouxwiller

Ce charmant village aux nombreuses fontaines est bâti sur un versant de la vallée. Dans l'**église** St-Jacques, une belle chaire en bois doré du 18e s. provient de l'ancien monastère de Luppach. Riche retable baroque à colonnes, peint et doré.

La D 9 bis, qui suit la haute vallée de l'Ill, mène à Grentzingen.

★ Grentzingen

Les typiques maisons à colombages de ce village fleuri présentent la particularité d'être alignées perpendiculairement à la route. Un petit nombre d'entre elles ont conservé la couleur ocre d'origine et aussi leur auvent. Leurs toitures possèdent des pignons à pan coupé.

Dans Grentzingen, tournez à gauche pour rejoindre la D 463.

La route passe à **Riespach**, aux maisons caractéristiques.

Feldbach

Son **église** romane (12e s.) se divise en deux parties bien distinctes correspondant à l'église des moniales et à l'église des fidèles. La nef est soutenue par des piliers sous arcades, ronds puis carrés. Belle abside en cul-de-four.

Continuez sur la D 463 vers Seppois-le-Haut, que l'on traverse, puis bifurquez vers la D 7 bis en direction de Dannemarie. On parvient ainsi à Altenach.

Maison de la nature du Sundgau

R. Sainte-Barbe - ℘ 03 89 08 07 50 - www.maison-nature-sundgau.info - ⚇ - de fin mai à fin août : tlj sf sam. et j. fériés 9h-12h, 14h-17h30, dim. 14h-17h ; reste de l'année : tlj sf w.-end et j. fériés 9h-12h, 14h-17h30 - galerie de géologie : 3 € (-16 ans 2 €).

👥 Destiné à faire connaître la nature du Sundgau, ce centre propose animations ponctuelles, sorties guidées et expositions. Un petit espace, à la portée des plus jeunes, est consacré à la géologie. En dehors des horaires d'ouverture, il vous sera toujours possible de suivre le sentier de découverte, ponctué d'activités ludiques, grâce à « l'animateur de poche », amusant livret mis à votre disposition dans un nichoir.

On rejoint ensuite Dannemarie, puis Altkirch par la D 419.

⊚ NOS ADRESSES DANS LE SUNDGAU

♿ Voir aussi nos adresses à Altkirch.

HÉBERGEMENT

PREMIER PRIX

Chambre d'hôte Moulin de Huttingue – *68480 Oltingue - 1,5 km au sud d'Oltingue par D 21 bis dir. Lutter, puis au croisement de la D 23 - ℘ 03 89 40 72 91 - fermé janv.-fév. -⊟ - 3 ch. 58 € ⊿.* Au bord de l'Ill, qui, ici, n'est pas plus large qu'un ruisseau, ce moulin à blé a conservé des éléments de décor anciens, comme ses piliers de bois, dans un cadre moderne. À réserver pour deux nuits minimum. Superbe loft aménagé sous la charpente (350 € la semaine)… Joli jardin et terrasse en été.

RESTAURATION

PREMIER PRIX

À l'Arbre Vert – *17 r. Principale - 68560 Heimersdorf - 9 km au sud d'Altkirch, dir. Ferrette - ℘ 03 89 07 11 40 - fermé lun. et mar. -⊟ - 8/18 €.* Saviez-vous que la carpe frite est un plat si répandu dans le Sundgau qu'il a sa route, comme les vins, un peu plus loin ? Pour découvrir cette spécialité, arrêtez-vous dans ce restaurant familial : vous y dégusterez des poissons bien frais dans une ambiance conviviale.

Restaurant de la Gare « Munzenberger » – *16 r. Principale - 68118 Hirtzbach - ℘ 03 89 40 93 27 - fermé lun., mar. soir, merc. soir et jeu. soir, fermé lun. en juil.-août - réserv. conseillée le*
w.end - *9,50/35 €.* Derrière ce petit restaurant tout simple se cache un vrai spécialiste de la carpe frite, réputé dans toute la région. Et qui dit « réputation » dit « souvent complet », en particulier le week-end. Alors, pour être sûr d'avoir une table, pensez à réserver.

BUDGET MOYEN

Hostellerie de l'Illberg – *17 r. Mar.-de-Lattre-de-Tassigny - 68118 Hirtzbach - 5 km au sud d'Altkirch par D 432 et D 17 - ℘ 03 89 40 93 22 - www.hostelillberg.fr - fermé vac. de printemps, août, lun. et mar. - 25/95 €.* Des œuvres d'artistes locaux ornent les murs de cette chaleureuse maison. Cuisine classique revisitée, respectueuse des produits du terroir. Plats et menus du jour au Bistrot d'Arthur *(fermé dim. midi - 21-26 €).*

POUR SE FAIRE PLAISIR

Le Moulin Bas – *1 r. Raedersdorf - 68480 Ligsdorf - 4 km au sud de Ferrette par D 41 et D 432 - ℘ 03 89 40 31 25 - www.le-matin-bas.fr - 32/64 € - 8 ch. 90 € - ⊿ 9,50 €.* Quelle jolie étape que ce moulin-là ! Près de la frontière suisse, il est entouré d'un jardin tranquille, où coule l'Ill. On y savoure des plats régionaux dans un décor campagnard au rez-de-chaussée et une cuisine traditionnelle plus élaborée à l'étage. Profitez aussi des chambres, elles sont vraiment agréables !

AGENDA

Salon des violons d'Ingres – *À Dannemarie, en mars.*

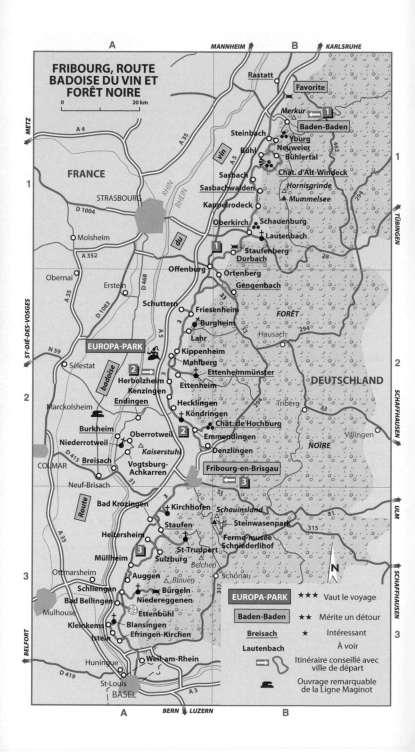

FRIBOURG, ROUTE BADOISE DU VIN ET FORÊT-NOIRE

0   20 km

MANNHEIM   KARLSRUHE

Rastatt

Favorite

Merkur

Baden-Baden   1

Steinbach   Yburg
Bühl   Neuweier
Bühlertal

Sasbach   Chât. d'Alt-Windeck
Sasbachwalden   Hornisgrinde
Kappelrodeck   Mummelsee

Oberkirch   Schauenburg
Lautenbach

1   Staufenberg
Durbach

Offenburg   Ortenberg
Gengenbach

Schuttern

Friesenheim   FORÊT
Burgheim
Lahr   Hausach

Kippenheim
Mahlberg
EUROPA-PARK   Ettenheimmünster   DEUTSCHLAND

2   Herbolzheim
Kenzingen   Ettenheim
Endingen   Hecklingen   Triberg
Köndringen
Burkheim   Chât. de Hochburg   Villingen
Niederrotweil   2   Emmendingen   NOIRE
Oberrotweil
Kaiserstuhl   Denzlingen
Vogtsburg-
Achkarren   Fribourg-en-Brisgau   3

Neuf-Brisach

Bad Krozingen   Kirchhofen   Schauinsland
Staufen   Steinwasenpark
Heitersheim   Ferme-musée
St-Trudpert   Schniederlihof
Müllheim   3   Sulzburg
Belchen
Auggen   Blauen   Schönau
Schliengen   Bürgeln
Bad Bellingen   Niedereggenen
Ettenbühl
Kleinkems   Blansingen
Isteln   Efringen-Kirchen

Huningue   Weil-am-Rhein

St-Louis
BASEL

BERN   LUZERN

FRANCE
STRASBOURG
Molsheim
Obernai
Erstein
Sélestat
Marckolsheim
COLMAR
Breisach
Ottmarsheim
Mulhouse

Légende :

EUROPA-PARK   ★★★ Vaut le voyage
Baden-Baden   ★★ Mérite un détour
<u>Breisach</u>   ★ Intéressant
Lautenbach   À voir
⇦   Itinéraire conseillé avec ville de départ
          Ouvrage remarquable de la Ligne Maginot

N

Escapades en Forêt-Noire 11

Carte Michelin 545 – Bade-Wurtemberg (Allemagne)

Baden-Baden

53 000 habitants – Bade-Wurtemberg – Voir aussi Le Guide Vert Allemagne

NOS ADRESSES PAGE 613

S'INFORMER

Office du tourisme de Baden-Baden – *Kaiserallee 3 - ℘ (07221) 27 52 00 - www.baden-baden.de - lun.-sam. 10h-17h, dim. et j. fériés 14h-17h.*

Visite guidée - En allemand, chaque dim. à 14h, dép. de l'office de tourisme de la Trinkhalle (durée : 2h) - 5 €.

Office du tourisme de Rastatt – *Herrenstraße 18 (Schloss) - ℘ (07222) 972 12 20 - lun.-vend. mat. et apr. midi.*

SE REPÉRER

Plan de région B1 (p. 606) – carte Michelin n° 545 T 8. Entre le vignoble badois et la Forêt-Noire, Baden-Baden n'est qu'à 65 km de Strasbourg par l'A 5-E 52. La circulation automobile dans le centre est en partie interdite de 11h à 19h (un tunnel permet de passer sous la ville).

À NE PAS MANQUER

La Lichtentaler Allee (LA promenade de Baden-Baden), l'église collégiale, l'allumage des réverbères chaque soir devant le Kurhaus et, incontournable, le château de la Favorite.

ORGANISER SON TEMPS

Cédez à l'atmosphère du lieu, allez au casino (on n'est pas obligé de jouer), installez-vous dans une des pâtisseries de la ville…

De son passé de ville mondaine fréquentée par tout ce que l'Europe comptait de têtes couronnées et de personnalités en vue, Baden-Baden conserve l'empreinte de la Belle Époque. Palaces et villas au bord de la rivière Oos composent la vitrine de la cité thermale. Le casino attire la vie nocturne, tandis que le parc de la Lichtentaler Allee se transforme en salon vert les après-midi de promenade. Retraités fortunés et nouveaux riches venus de Russie forment la clientèle touristique la plus visible. Mais peu importe que vous ne soyez ni l'un ni l'autre. Le charme de Baden-Baden et les vertus bienfaisantes de ses thermes agissent sur chacun de ses visiteurs.

Se promener

SUR LES BORDS DE L'OOS

6 km AR jusqu'à l'abbaye de Lichtenthal, 2h sans compter les visites des musées. L'itinéraire débute à la **buvette d'eau thermale (Trinkhalle)**, *dont la galerie est ornée de peintures murales évoquant les légendes locales et où se trouve l'office de tourisme.*

★ Maison des thermes - Casino (Kurhaus)

Visite guidée du casino ttes les 30mn le matin jusqu'à 12h - 4 €.

Construite dans le style néoclassique entre 1821 et 1824 par Friedrich Weinbrenner, elle était la « maison de conversation », le lieu de rendez-vous de la haute société qui organisait là bals et concerts. Le **casino**, le plus ancien et le plus prestigieux d'Allemagne, en occupe l'aile droite. Les quatre **salles de jeu★** furent aménagées par Bénazet en 1855 dans l'esprit des salles d'apparat des châteaux royaux français.

En face, le kiosque à musique, puis l'allée dite des « Colonnades », bordée d'arbres et de boutiques de luxe, qui conduit au bord de l'Oos. Prenez à droite devant le théâtre.

★★ Lichtentaler Allee

Tracée le long de l'Oos, elle constitue la plus belle promenade de Baden-Baden. Sous ses ombrages, on vit passer Napoléon III et Eugénie, la reine Victoria, ainsi que Bismarck ; c'est aussi là qu'eut lieu en 1861 l'attentat contre le roi de Prusse, le futur empereur Guillaume Ier. On y croise les bustes de célébrités de l'époque : Coubertin, Tourgueniev ou Clara Schumann. Plantée d'abord de chênes il y a plus de trois cents ans, elle s'est enrichie d'arbres et d'arbustes ornementaux du monde entier.

Passez d'abord devant le musée Frieder Burda et la Galerie nationale d'art.

★★ Musée Frieder-Burda (Museum Frieder Burda)

Lichtentaler Allee 8B - ✆ (07221) 39 89 80 - www.museum-frieder-burda.de - tlj sf lun. tte la journée - fermé 24, 31 déc. - 9 €.

Les collections d'œuvres d'art de Frieder Burda, l'un des héritiers du groupe de presse allemand, font l'objet de trois expositions par an depuis 2004, année d'inauguration du musée. Des toiles de Picasso, d'artistes américains (Pollock, Rothko, Kooning) ou allemands de l'après-guerre (Georg Baselitz) s'installent dans le lumineux bâtiment conçu par le New-Yorkais Richard Meier. L'architecte a créé ses propres tableaux en ménageant des ouvertures et des perspectives sur la nature. La façade d'aluminium couleur blanc cassé s'intègre avec réussite dans le parc, à côté de la **Galerie nationale d'art** de style néoclassique, elle aussi siège d'expositions de renommée internationale.

VILLE DE CURE ET DE JEU

Les vertus curatives des eaux de Baden-Baden étaient déjà connues à l'époque romaine. Au 12e s., la ville devient la résidence des margraves de Bade de la lignée des Zähringen. Aujourd'hui, deux complexes thermaux proposent soins et relaxation grâce à toutes sortes de bains : de froid à très chaud, à remous, de vapeur, etc. Le **Friedrichsbad** est un palais de style néo-Renaissance construit en 1877, qui a su conserver l'esprit de la Belle Époque. Les **thermes Caracalla**, du nom de l'empereur romain qui ordonna la rénovation des thermes, proposent une installation moderne, orientée vers la détente et la récréation.

L'essor de la ville date du 19e s., avec le lancement du casino conçu par Jacques Bénazet, surnommé « le roi de Bade ». Depuis lors, les joueurs se sont succédé à la roulette ou à l'hippodrome, comme Léon Tolstoï ou Marlene Dietrich.

Poursuivez sur la Lichtentaler Allee jusqu'au Musée municipal.

★ Musée municipal (Stadtmuseum)

Lichtentaler Allee 10 - ℰ (07221) 93 22 72 - www.stadtmuseum-baden-baden.de - tlj sf lun. tte la journée - 4 €.

Le musée raconte 2 000 ans de la ville, des origines romaines à aujourd'hui, en particulier la société mondaine et les cures au 19e s. Antiquités romaines et sculptures gothiques de l'église collégiale dans le pavillon de verre.

Continuez sur la Lichtentaler Allee. Sur la gauche, après la piscine, prenez un pont qui vous amène à un joli jardin de roses, la **Gönneranlage.**

★ Abbaye de Lichtenthal (Abtei Lichtenthal)

Hauptstraße 44 - ℰ (07221) 50 49 10 - www.abtei-lichtenthal.de - visite guidée les merc., sam. et dim. à 15h - 3 €.

Fondée en 1245, cette abbaye abrite depuis plus de 750 ans une communauté de sœurs cisterciennes. On accède librement à la cour du monastère et à l'abbatiale. La chapelle des Princes (Fürstenkapelle) abrite les sépultures des margraves de Bade.

Retournez vers le centre par le même chemin.

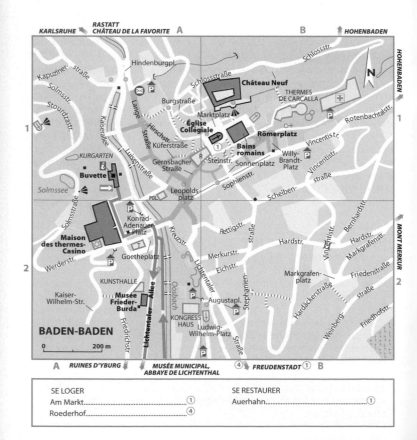

À voir aussi

LA VIEILLE VILLE

Château Neuf (Neues Schloss)
Ancienne résidence des margraves de Bade construite à la Renaissance, le château est privé mais la terrasse offre une très jolie **vue** sur la ville et la collégiale.

Église collégiale (Stiftskirche)
Le chœur de la collégiale contient plusieurs monuments funéraires parmi lesquels ceux des margraves Léopold-Guillaume (à gauche, fin du 17ᵉ s.) et **Louis le Turc** (à droite, 1753). Dans le chœur, le **crucifix en grès★**, réalisé par Nicolas Gerhaert de Leyde en 1467, constitue un remarquable témoignage de la sculpture de la fin du Moyen Âge et attire aujourd'hui encore les regards vers le chœur. Ne pas manquer le tabernacle tout en filigrane, du gothique tardif, à l'entrée du chœur.

★ Bains romains (Römische Badruinen)
Römerplatz 1 - ✆ (07221) 27 59 34 - www.badruinen.de - 16 mars-15 nov. : mat. et apr. midi ; fermé reste de l'année - audioguide en français - 2,50 € (1 € enf.).
Des fouilles ont dégagé les vestiges de ces bains pour les soldats romains sous l'actuel établissement thermal **Friedrichsbad.** On remarque particulièrement l'hypocauste, système de chauffage par le sol, et les murs très bien conservés. Des animations par ordinateur restituent l'architecture complète d'origine.

À proximité

★ Ruines d'Yburg
6 km au sud. Sortez par la Friedrichstraße.
Du château construit vers 1200, il ne reste que la tour. Du sommet (110 marches), **vaste panorama★★** sur la plaine du Rhin et le vignoble badois au premier plan.

Mont Merkur
2 km à l'est. Sortez par la Markgrafenstraße ou prenez le bus 204 ou 205 de Leopoldsplatz. Funiculaire (Merkurbergbahn) tte la journée - 4 € AR.
Du haut de la tour panoramique, la **vue★** est étendue sur le site de Baden-Baden, à l'ouest sur la vallée du Rhin et les Vosges (par temps clair), à l'est sur la vallée de la Murg.

> **DE GAULLE À BADEN-BADEN**
> Le 29 mai 1968, après un mois de crise politique et sociale dans toute la France, le général de Gaulle « disparaît » de l'Élysée et se rend à Baden-Baden en hélicoptère avec son épouse. Il y rencontre le général Massu, qui commande les forces françaises d'Allemagne. La version officielle veut qu'il vienne pour s'assurer du soutien de l'armée si les émeutes dégénèrent. La réunion devait initialement se tenir à Strasbourg, mais le besoin de secret et des ennuis météorologiques ont amené de Gaulle à atterrir 60 km plus loin, en République fédérale. Il revient en France le lendemain, dissout l'Assemblée et affirme : « Je me suis mis d'accord avec mes arrière-pensées. » Massu écrira pourtant dans ses mémoires que, ce jour-là, de Gaulle était « dégonflé » et prêt à abdiquer.

AUX PORTES DE LA FORÊT-NOIRE

Baden-Baden est une véritable « porte ouverte » sur la Forêt-Noire, tout comme Fribourg-en-Brisgau *(voir ce nom)*. Cette forêt mythique, qui trône sur le podium des destinations touristiques en Allemagne, s'étend sur 170 km, de Karlsruhe au nord, à Bâle au sud. Lorsqu'on la découvre, la Forêt-Noire surprend par la diversité de ses paysages. Au nord, les épicéas bordent des routes escarpées ; au centre, les vignes des coteaux cèdent la place aux pâturages et à de superbes fermes-auberges ; au sud, les lacs et les hauts sommets se partagent la vedette. Avec ses milliers de km de sentiers, la Forêt-Noire séduit particulièrement les marcheurs.

★ Rastatt

À 19 km au nord de Baden-Baden

Le margrave Louis Guillaume de Bade (1655-1707), dit Louis le Turc, fit de Rastatt une petite place-forte et y éleva un château destiné à remplacer sa résidence de Baden-Baden. La ville conserve aujourd'hui des traces de son passé prestigieux. Et tous les deux ans, fin mai, Rastatt s'anime lors d'un des plus importants festivals de théâtre de rue d'Allemagne, Tête-à-Tête.

Le Château★ (Schloss) – *℘ (07222) 97 83 85 - visite guidée (45mn) tlj sf lun. (sf si j. férié) tte la journée - fermé 24, 25 et 31 déc. - 6 €.* Cette construction à trois ailes fut érigée entre 1698 et 1707 par l'architecte italien Domenico Egidio Rossi. Après la mort de Louis le Turc en 1707, sa veuve, Sibylla Augusta, chassa l'architecte et lui choisit comme successeur **Michael Ludwig Rohrer**, qui poursuivit la construction du château (1719-1723).

Appartements princiers – Le centre est constitué par la haute et somptueuse **salle des ancêtres** *(Ahnensaal)*. Voir aussi le **cabinet de porcelaines** *(Porzellankabinett)*.

Musée militaire (Wehrgeschichtliches Museum) – *Accès par l'aile latérale sud. ℘ (07222) 342 44 - よ tlj sf lun. (sf si j. férié) tte la journée - fermé 24, 25 et 31 déc. - 6 €.* L'exposition illustre l'histoire militaire allemande de 1500 à la fin de la Première Guerre mondiale. Les pièces présentées sont remarquables (masque funéraire de Napoléon Ier), de même que le cadre du musée (plafonds peints, décorations en stuc).

Mémorial★ de la liberté dans l'histoire allemande (Erinnerungsstätte für die Freiheitsbewegungen in der deutschen Geschichte) – *Accès par l'aile latérale nord ℘ (07222) 77 13 90 -www.erinnerungsstaette-rastatt.de - よ - tlj sf vend. et sam. apr. midi - fermé 1er janv., 24, 25 et 31 déc. - gratuit.* L'exposition très complète de ce musée est consacrée aux mouvements de libération de l'histoire allemande, du début des Temps modernes à la résistance de l'ex-RDA en 1990.

★★ Château de la Favorite (Schloss Favorite)

À 5 km au sud-est de Rastatt. ℘ (07222) 412 07 - visite guidée (1h) - de mi-mars à mi-nov. : tlj sf lun. tte la journée - 6 €.

Ravissante réalisation baroque, le **château de la Favorite** fut construit entre 1710 et 1712 par **Rohrer** pour la margrave Sibylla Augusta. La façade est recouverte d'un crépi original fait de gravillons et de petits morceaux de granit, caractéristique de l'époque. Le vaste parc paysager à l'anglaise invite à la flânerie.

L'**intérieur★★** est particulièrement précieux : **sols en scagliola** brillant (stuc imitant le marbre avec incrustations), effets de glaces, chinoiseries. Remarquer particulièrement la **chambre florentine**, décorée de portraits miniatures et de travaux en pierre dure, les appartements de la margrave, le **cabinet des glaces**, la luxueuse cuisine avec collection de faïences (Francfort, Delft, Strasbourg) et enfin les porcelaines (Meißen, Nymphenburg, Chelsea).

😊 NOS ADRESSES À BADEN-BADEN

TRANSPORTS

Train - La gare, située dans le quartier de Oos, à 7 km au nord-ouest du centre-ville, est desservie par bus et taxi. Liaisons avec le réseau des transports en commun de Karlsruhe. *Compagnie Baden-Baden-Linie - Beuerner Straße 25 - ℰ (07221) 27 76 38 ou hôtel de ville - ℰ (07221) 27 73 52).*
Aéroport – *ℰ (07229) 66 20 00 - www.badenairpark.de.* L'aéroport de Karlsruhe/Baden-Baden (15 km du centre-ville de Baden-Baden, accès par l'A5, sortie Baden-Baden « Baden-Airpark ») propose des vols vers plusieurs villes d'Europe.

VISITES

Train touristique – Grand tour de ville (50mn) avec le City-Bahn (dessert la gare du funiculaire du mont Merkur) - *De mi-mars à fin oct. - 9h30-16h30 - commentaires en français - 5 €.*

HÉBERGEMENT

BUDGET MOYEN

Am Markt – *Marktplatz 18 - ℰ (07221) 2 70 40 - www.hotel-am-markt-baden.de - fermé 14-26 déc. - 🅿 - 23 ch. 80/90 € ⌂.* Cette vieille maison de ville datant de 1718 abrite aujourd'hui un petit hôtel soigné et propre, tenu par deux sœurs. Certaines chambres individuelles sont dépourvues de salle de bains.
Roederhof – *Im Nußgärtel 2, Neuweier - ℰ (07223) 80 83 790 -*

www.hotel-roederhof.de - 🅿 *- 15 ch. 60/75 € ⌂.* Au calme, la pension de la famille Schmalz s'est fait un nom surtout parmi les habitués. Explication : les chambres spacieuses et l'atmosphère amicale et intime.

RESTAURATION

POUR SE FAIRE PLAISIR

Auerhahn – *Geroldsauer Str. 160, Geroldsau - ℰ (07221) 74 35 - www.gasthaus-auerhahn.de - 27/39 € - 18 ch. 79/96 € ⌂.* Auberge rustique servant des plats régionaux.

FAIRE UNE PAUSE

Café König – *Lichtentaler Str. 12 - ℰ (07221) 2 35 73 - 9h30 (10h30 le dim.)-18h30.* Établissement incontournable de la ville, fréquenté tant par les locaux que par les touristes, ce café, qui sert aussi des en-cas chauds à midi, doit surtout son succès à ses succulentes pâtisseries maison, dont le fameux *Apfelstrudel* et sa crème vanille…
Capri – *Sophienstr. 1B - ℰ (07221) 2 37 51 - à partir de 8h (9h le w.-end).* Petite pause bienvenue avant de repartir à l'assaut des magasins alentour : ce café situé en plein quartier piétonnier dispose d'une superbe terrasse où vous pourrez déguster une boisson chaude accompagnée d'une des nombreuses pâtisseries maison.

EN SOIRÉE

Depuis quelques années, les concerts classiques, opéras et ballets sont programmés en majorité à la Festspielhaus, qui remplace peu à peu le prestigieux Kurhaus et le théâtre de la ville.

Casino Baden-Baden – *Kaiserallee 1 - ☎ (07221) 3 02 40 - www.casino-baden-baden.de - à partir de 14h - fermé Vend. saint, 1er Nov., Jour de deuil national, Jour de pénitence et de prière, 24-25 déc.* Laissez-vous tenter par le démon du jeu sous toutes ses formes : roulette, poker, black-jack, machines à sous, etc.

ACTIVITÉS

Friedrichsbad – *Römerplatz 1 - ☎ (07221) 27 59 20 - www.roemisch-irisches-bad.de - 9h-22h (dernière entrée 2h av. fermeture) - à partir de 21 €. Les bains se prennent sans maillot, les serviettes sont fournies.* Rebaptisés « temple du bien-être » par les connaisseurs, ces thermes comptent parmi les plus modernes d'Europe. Au programme, bains traditionnels ou vapeur, massages, dans un cadre somptueux (le sous-sol abrite des vestiges d'époque romaine).

Thermes Caracalla – *Römerplatz 1 - ☎ (07221) 27 59 40 - www.caracalla.de - 8h-22h - fermé Vend. saint, 24-25 déc. - à partir de 13 €.* Ces thermes ont conservé leur charme antique. On fait le plein de bien-être dans leurs superbes bassins à eau froide ou chaude (entre 18 ° et 38 °) incluant bains à remous, saunas romains, finlandais et bains de vapeur classiques.

AGENDA

Courses hippiques – En mai, fin août et fin octobre sur l'hippodrome d'Iffezheim.
Festival de la rose – Chaque année entre juin et juillet.

Route Badoise du Vin

★★

Badische Weinstrasse - Bade-Wurtemberg

NOS ADRESSES PAGE 626

S'INFORMER

Office du tourisme de Bad Krozingen – *Herbert-Hellmann-Allee 12 - 79189 Bad Krozingen - ℘ (07633) 40 08 31 - www.bad-krozingen.info - avr.-oct. : tte la journée, w.-end et j. fériés mat.; reste de l'année : tlj sf w.-end et j. fériés tte la journée.*

Office du tourisme d'Emmendingen – *Bahnhofstraße 5 - 79301 Emmendingen - ℘ (07641) 194 33 - www.emmendingen.de - tlj mat. et apr.-midi, sam. mat. sf dim. (avr.-sept.) et w.-end (oct.-mars).*

Office du tourisme de Lahr – *Kaiserstraße 1 - 77933 Lahr - ℘ (07821) 95 02 10 - www.lahr.de - tte la journée, sam. mat - fermé dim. et lun.*

Office du tourisme de Müllheim – *Wilhelmstraße 14 - 79379 Müllheim - ℘ (07631) 80 15 00 - www.muellheim.de - tlj mat. et apr.-midi, sam. mat. - fermé dim. et j. fériés (nov.-avr. : fermé w.-end. et j. fériés).*

Office du tourisme d'Oberkirch – *Am Marktplatz 2a - 77704 Oberkirch - ℘ (07802) 70 66 85 - www.oberkirch.de - tlj matin et apr.-midi, sam. mat. - fermé dim. (nov.-avr. : fermé w.-end).*

Office du tourisme d'Offenburg – *Fischmarkt 2 - 77652 Offenburg - ℘ (0781) 82 20 00 - www.offenburg.de - tlj sf dim. tte la journée, sam. mat.*

Office du tourisme de Weil-am-Rhein – *Hauptstraße 290/1 - 79576 Weil-am-Rhein - ℘ (07621) 422 04 40 - www.w-wt.de - tlj sf dim. mat. et apr.-midi, sam. mat.*

SE REPÉRER

Plan de région de B1 à A3 (p. 606) – carte Michelin n° 545. La route badoise du Vin suit du nord au sud un tracé à peu près parallèle, mais distant, à l'A 5.

À NE PAS MANQUER

Sasbachwalden, Oberkirch, l'église Mariä Himmelfahrt, Durbach, Gengenbach, Ettenheim, l'église St-Landelin, Emmendingen, Staufen et le musée du Design Vitra à Weil.

AVEC LES ENFANTS

Le musée du Carnaval à Kenzingen.

Longue de 180 km, la route badoise du Vin court de Baden-Baden jusqu'à Weil am Rhein, aux portes de Bâle. Si elle permet à l'amateur de découvrir de bons vins, elle offre à tous la beauté et la variété de ses paysages. Pour mieux en profiter, faites plusieurs étapes !

Itinéraires conseillés

L'ORTENAU

Pour visualiser ce circuit ①*, reportez-vous au plan p. 606. Quittez Baden-Baden par la route 3 en direction d'Offenburg.*
Les derniers coteaux gréseux de la Forêt-Noire du Nord, au sud de Baden-Baden, permettent aux vignobles et aux vergers de s'épanouir.

Steinbach

Charmant village au pied des collines que dominent les ruines d'Yburg. Un monument célèbre la mémoire d'Erwin von Steinbach, l'un des architectes de la cathédrale de Strasbourg.

Neuweier

Au pied du château, le vignoble produit un cru réputé, le **mauerwein** (riesling). Les châtelains étant membres de la noblesse française, une autorisation historique spéciale du prince-archevêque de Würzburg permet la mise en bouteille du vin sur place, ainsi qu'à Steinbach, Umweg et Varnhalt. On emploie pour cela des « Bocksbeutel » (bouteilles à col court et à panse ventrue).
Au village d'Altschweier, quittez la route du Vin pour visiter le petit centre de Bühl.

Bühl

Cette petite ville commerçante est célèbre pour ses quetsches et le vin d'Affental. La Fête de la quetsche *(Zwetschgenfest)* a lieu chaque mois de septembre (dégustations de tartes). La collégiale néogothique St-Pierre-et-Paul présente dans son chœur de beaux vitraux modernes (1955-1958) d'Albert Burkart.
De retour à Altschweier, poursuivez jusqu'à Bühlertal.

Bühlertal

Le vignoble et les forêts forment le cadre romantique de cette petite station climatique appréciée pour la douceur de son climat.
La route s'élève jusqu'à Hof (quartier résidentiel de la commune de Bühlertal). Prenez à droite en direction de Neusatz et son château de Waldsteg du 13ᵉ s.

★ Château d'Alt-Windeck

Ce vieux château, de plan circulaire, construit en 1200 et tombé en ruine au 16ᵉ s., a été transformé en hôtel-restaurant. Subsistent deux beffrois, deux habitations et une enceinte. De ses abords, la **vue**★ est bien dégagée sur la plaine du Rhin.

Sasbach

15mn à pied AR. Laissez la voiture pour pénétrer dans le parc. Un obélisque et une stèle aux inscriptions française, allemande et latine marquent l'endroit où, en 1675, un boulet frappa mortellement le maréchal de Turenne, que Louis XIV avait chargé de protéger l'Alsace contre les Impériaux pendant la conquête de la Franche-Comté.
L'église paroissiale, dédiée à sainte Brigitte, est de style baroque, mais conserve quelques parties d'un ancien bâtiment gothique.

★ Sasbachwalden

Centre de cure Kneipp, ce village viticole et fleuri s'est taillé une réputation comme vainqueur national du concours « Notre village doit s'embellir ». Son centre ancien aux belles maisons à colombages fait l'objet de soins attentionnés.
Des sentiers permettent de gagner le **Mummelsee** et le **Hornisgrinde**.

Kappelrodeck

Ce petit village viticole, dans la vallée de l'Acher, aux belles maisons à colombages, est sur le tracé du **chemin de fer touristique** qui relie Achern à Ottenhöfen.

Vignobles autour de Baden-Baden.
Baden-Baden Kur- & Tourismus GmbH

Le **château de Rodeck**, datant du 11ᵉ s. et remanié à la Renaissance, constitue l'emblème du village. En contrebas du château croît la « sorcière de Dasenstein », sorte de bourgogne tardif. Le vin rouge de Waldulm connaît également une certaine notoriété.

★ Oberkirch

Cette ravissante ville, possession des évêques de Strasbourg de 1303 à 1803, est entourée de vergers, de vignes et de forêts. Elle conserve, le long du Mühlbach, des maisons à colombages, dont les plus anciennes datent du 17ᵉ s. La ville détient deux records : celui du plus grand marché de fraises d'Allemagne et celui du nombre de bouilleurs de cru. Rien d'étonnant à ce que l'eau-de-vie soit devenue une spécialité d'Oberkirch. La ville est dominée par les ruines du **Schauenburg**, fondé au 11ᵉ s. par les ducs de Zähringen ; du château, vue étendue sur la plaine du Rhin jusqu'à Strasbourg.

L'auberge *Zum Silbernen Stern*, située à Oberkirch-Gaisbach, vit l'élaboration du fameux *Simplicissimus* par le grand écrivain baroque **Grimmelshausen**, qui la fit construire au 17ᵉ s. et en fut le gestionnaire pendant un court laps de temps.

Lautenbach

3 km à l'est d'Oberkirch. Lautenbach, qui occupe un site de prairies, de vignobles et de forêts dans la vallée de la Rench, est connue pour ses différentes sortes de fruits à noyau et ses fraises. De nombreux points de vue offrent une vue magnifique sur les vallées de la Rench et du Rhin. L'**église de pèlerinage Mariä Himmelfahrt**, de style gothique tardif, recèle l'un des rares jubés conservés en Allemagne et un superbe **maître-autel★**, formant l'un des plus beaux triptyques gothiques de la région. Créé à la fin du 15ᵉ s., il est attribué à l'école de Strasbourg et représente une symbiose magistrale de la sculpture et de la peinture.

★ Durbach

Cette commune pratique la culture de la vigne, et notamment de la variété « traminer » depuis le Moyen Âge. Depuis 1836, on y cultive également du sauvignon à la suite d'un échange avec le propriétaire du Château-Yquem. Grâce

LE VIGNOBLE BADOIS

D'une superficie d'environ 13 000 ha, il se développe sur les sols très variés des collines qui s'abaissent doucement des sommets de la Forêt-Noire jusqu'à la plaine du Rhin ; Ortenau de Baden-Baden à Lahr, Breisgau de Lahr à Fribourg, Markgräfler Land de Fribourg à Weil am Rhein.

Le vignoble badois produit des vins blancs et rouges : riesling, traminer et spätburgunder autour de Baden-Baden, Bühl et Offenburg, gutedel (chasselas) entre Bâle et Fribourg. Le pinot gris donne pour sa part les vins riches et parfumés du Kaiserstuhl. Le pinot donne l'essentiel des cépages rouges.

à son joli **site★** au milieu des vignes s'étalant à perte de vue sur les vallons et à son centre pittoresque, Durbach, dominé par le **château de Staufenberg** (11ᵉ s.), est devenu un village très apprécié des touristes.

Offenburg

Fondée en 1148 par les ducs de Zähringen, la ville était déjà habitée par les Romains au tout début de notre ère. Offenburg fut érigée au rang de ville d'Empire en 1240 par l'empereur Frédéric II, mais son développement fut brutalement interrompu en 1689 lorsque les troupes de Louis XIV l'incendièrent pendant la guerre de la Ligue d'Augsbourg. C'est à présent le centre administratif et industriel de la région de l'Ortenau.

La **rue principale (Hauptstraße)** et les ruelles adjacentes *(zone piétonne)* sont jalonnées de maisons intéressantes et de places pittoresques : la pharmacie à la Licorne (Einhornapotheke), édifice baroque de 1720 avec sa façade à volutes sur laquelle trône une licorne ; la fontaine de Neptune datant de 1783 ; le marché aux poissons (Fischmarkt) et la pharmacie au Cerf (Hirschapotheke) de 1698 avec, devant, une fontaine au Lion (Löwenbrunnen) de 1599 ; la maison Beck (Beck'sches Haus), de style baroque flamboyant, et la maison Jenewein, maison à colombages du 19ᵉ s. ; la maison Battiany, grande maison bourgeoise décorée de motifs au sgraffite.

L'**église du St-Esprit★ (Heilig-Kreuz-Kirche)**, dans la Pfarrstraße, est un édifice baroque aussi sobre qu'élégant, construit à partir de 1700 sur les bases d'une église du 13ᵉ s. détruite lors de l'incendie de 1689. L'intérieur dégage une impression de grande harmonie. Le maître-autel et les autels latéraux sont une œuvre de Franz Lichtenauer de 1740 ; le tableau de l'autel de Joseph Esperlin (1737). Dans la chapelle St-Joseph se trouve un crucifix Renaissance de 1521. À noter une remarquable chaire néoclassique de Johann Nepomuk Speckert (1795) en marbre et stuc ainsi que la grille rococo de la tribune d'orgue, sculptée avec virtuosité. Une sculpture en pierre représentant Jésus au mont des Oliviers, datant de 1524, se trouve dans un petit parc face à l'église du Saint-Esprit, réplique du groupe qui se trouve à la cathédrale de Strasbourg.

L'**église baroque Notre-Dame du monastère des Franciscains (Franziskanerkloster)**, érigée en 1702 selon le schéma de l'école du Vorarlberg, détient un autel richement décoré et un orgue Silbermann.

Dans la Spitalstraße, près du marché aux poissons, l'hôpital St-André (Sankt-Andreas-Hospital) est un complexe du 18ᵉ s. On peut apercevoir, à l'extérieur de l'église attenante aux bâtiments, une madone gothique du 14ᵉ s. L'ancien grenier, dont le volumineuse charpente ne manquera pas d'impressionner, prête son cadre à des expositions et à des manifestations culturelles.

L'hôtel de ville **(Rathaus)**, enfin, séduit par ses belles proportions (1741). Les armes de la ville et le double aigle au-dessus du balcon témoignent du passé de la ville, possession de l'Autriche du milieu du 16ᵉ s. jusqu'en 1706 et de 1771 à 1805. Le carillon, constitué de 25 cloches de bronze, dispose d'un répertoire de 100 mélodies.

Ortenberg

Le « village du vin, des fleurs et des fontaines » est dominé par le **château d'Ortenberg**. Érigé au 12ᵉ s. par les ducs de Zähringen pour condamner l'accès à la vallée de la Kinzig, il fut détruit en 1678 par les Français et « ressuscité » en 1838 par Friedrich Eisenlohr, qui réalisa un édifice de style néogothique au goût de l'époque.

À présent, le château d'Ortenberg compte parmi les auberges de jeunesse les plus modernes d'Allemagne.

La chapelle **Mariä Ruh (Bühlwegkapelle Mariä Ruh)**, située à Ortenberg-Käferberg, date de 1497 ; elle est renommée pour ses fresques murales (début du 15ᵉ s.), remarquable témoignage de la peinture gothique flamboyante.

★ Gengenbach

Sise au bord de la Kinzig, au cœur de l'Ortenau, Gengenbach offre le charme d'une cité ancienne à l'architecture préservée. Le médiéval y côtoie avec bonheur le baroque, dont la petite cité se para après les destructions de la guerre de Trente Ans. Érigée au rang de ville libre en 1360, elle passa à la Réforme dès 1525. Mais dès 1547, elle embrassa à nouveau la foi catholique à la suite de son entrée sous juridiction autrichienne.

Les rues de **la vieille ville★** sont bordées de maisons à colombages ou à pignons baroques. La porte de la Kinzig et la porte Haute sont deux vestiges des anciennes fortifications. L'hôtel de ville de la fin du 18ᵉ s. se dresse sur la place du marché. À côté de la vieille ville, le vaste couvent du 18ᵉ s. cache en fait une très ancienne fondation bénédictine, remontant au 8ᵉ s. L'**église Ste-Marie** reste le témoin architectural de cette époque. Cette vaste église romane avec un chœur rebâti à l'époque gothique (14ᵉ et 15ᵉ s.) est surmontée d'une élégante tour baroque que l'on doit à Jakob Rischer. L'intérieur fut remanié dans le style néoroman. Près de cette église conventuelle, on peut entrer dans l'ancien moulin de l'abbaye. Remarquez le bief aérien qui traverse la rue pour l'alimenter.

À voir également, le **musée des Bateliers**, installé dans une ancienne maison de garde-barrière à l'entrée de la ville, et le **musée du Carnaval**, dans la tour de Niggel. La ville est appréciée pour son climat doux et ses ressources sportives (pêche, équitation, randonnée, cyclotourisme…).

À la sortie sud de Gengenbach, rejoignez la route 33 et reprenez la direction d'Offenburg. La route du Vin quitte la route 33 à la hauteur de Zunsweier.

Friesenheim

Petit centre aux belles maisons à colombages. Entre Friesenheim et Schuttern se trouvent à découvert les vestiges d'une cité romaine. **Schuttern** (*à 2 km à l'ouest*) abritait au Moyen Âge le très riche monastère d'**Offoniscella** créé en 603. Il a été complètement détruit au 19ᵉ s. Seul le presbytère subsiste. Le site a fait l'objet de fouilles qui ont permis de mettre au jour la plus ancienne **mosaïque** allemande. Datée du 11ᵉ s., elle présente la forme d'un médaillon de plus de 3 m de diamètre (qui recouvrait la tombe du fondateur de l'abbaye, le moine irlando-écossais Offo).

Lahr

Ne vous fiez pas seulement aux abords industriels ; cette ville de 42 000 habitants possède un centre historique, où l'on remarquera l'**ancien hôtel de ville (Altes Rathaus)** élevé en 1608 et la **Storchenturm**, vestige de l'ancien château fort du 13ᵉ s.

L'église de **Burgheim** remonte à l'époque carolingienne. Le clocher est roman. Dans la nef, les fresques représentant saint Christophe et la Sainte-Trinité datent de 1463, et les fresques murales dans le chœur, de 1482.

Kippenheim

L'église St-Maurice des 16e et 18e s. est coiffée d'une voûte en réseau et l'agencement intérieur est de style gothique tardif. L'hôtel de ville est orné d'un pignon à redans et d'un oriel de style Renaissance. Les deux bâtiments jouxtent de jolies maisons à colombages (du 16e au 19e s.).

Mahlberg

Quittez la route du Vin. Détour de 6 km AR.

Cette petite ville abrite un château élevé au 13e s., une chapelle baroque dédiée à sainte Catherine, mais aussi un très intéressant **musée du Tabac (Oberrheinisches Tabakmuseum).** *(07825) 84 38 12 - mai-sept. : dim. et j. fériés tte la journée - 3,50 € (enf. 1,50 €).*
Regagnez la route 3.

Ettenheim

Ettenheim, qui doit son nom au duc d'Alsace Étichon II, fit partie jusqu'en 1803 des domaines de l'évêché de Strasbourg. La cité garde le souvenir du cardinal de Rohan et de l'infortuné duc d'Enghien. La **vieille ville**, séparée du reste de l'agglomération par deux portes du 18e s., se groupe au pied de la grande église paroissiale. En face de l'hôtel de ville s'élève le pignon de l'ancien palais du **cardinal de Rohan**, longue bâtisse où le trop fameux héros de l'affaire du Collier acheva fort dignement, dans l'exil (de 1790 à 1803), son existence mouvementée. Plus haut, à l'endroit où la rampe de Rohanstraße se coude vers l'église, on voit la maison *(armes au-dessus de la porte)* où logeait le duc d'Enghien. C'est là que le prince, fiancé à Charlotte de Rohan, nièce du prince-évêque, fut appréhendé dans la nuit du 14 au 15 mars 1804, au cours d'un raid organisé sur l'ordre de Napoléon, en violation de la souveraineté de l'État de Bade. Six nuits plus tard, le duc était exécuté à Vincennes. L'église conserve, sous le chœur, le caveau du cardinal de Rohan.

2h30. Le **sentier des Moulins** court le long de l'Ettenbach, d'Ettenheim à Ettenheimmünster.

★ Ettenheimmünster

7 km à l'est. Cette commune, située dans la vallée de Münster, était autrefois le siège d'un monastère de bénédictins sécularisé en 1803, dont il ne reste que l'église de pèlerinage. Bâtie entre 1687 et 1689, l'église **St-Landelin** fut agrandie au 18e s. La tour néogothique a été édifiée au milieu du 19e s. L'intérieur se distingue par des ornements abondants : maître-autel richement décoré, sculptures virtuoses, stucs, fresques de plafond. Au nombre de ses pièces les plus précieuses, le trésor compte le **buste de Landelin★**, travail d'orfèvrerie strasbourgeoise datant de 1506. Il contient une relique crânienne du missionnaire et martyr irlando-écossais, qui fut assassiné ici vers 640, près de la source Landelin.

L'**orgue★** somptueux, créé en 1769 par **Johann Andreas Silbermann**, passe pour être le mieux conservé sur la rive droite du Rhin *(concerts durant les mois d'été).*

LE BREISGAU

◗ *Pour visualiser ce circuit* ②, *reportez-vous au plan p. 606.*
L'itinéraire longe la Forêt-Noire centrale par l'ouest.

Herbolzheim
Présente un intéressant centre historique avec de nombreuses maisons à colombages et de style baroque. Remarquer l'église baroque St-Alexius, toute blanche, avec son clocher à bulbe et, à l'intérieur, ses stucs rococo.

Kenzingen
La fondation de la ville par les seigneurs d'Uesenberg remonte à l'an 1259. À l'instar des villes créées au 12ᵉ s. par la dynastie des Zähringen, comme Fribourg ou Villingen, la ville fut construite selon un plan en quadrillage. En 1564, elle revint à l'Autriche, puis en 1806 au grand-duché de Bade. Les fortifications médiévales ont disparu depuis 1700. Seul témoin restant : la **Schwabentor,** avec ses colombages. L'axe nord-sud, l'actuelle rue du Marché, est bordé de vieilles maisons dont les plus anciennes remontent à la fin de la période gothique, d'autres présentant des éléments de décor Renaissance ou rococo. L'**hôtel de ville★** date du milieu du 16ᵉ s. ; il présente, à l'étage supérieur de sa façade, un décor architectural très proche de celui de l'hôtel de ville d'Ensisheim, en Alsace. L'**église St-Laurent** (Laurentiuskirche) était, lors de sa construction en 1275, une basilique à trois nefs. Sa transformation en église-halle au 16ᵉ s. n'affecta pas sa façade occidentale, qui reçut en 1734 une statue de la Vierge attribuée à l'artiste fribourgeois **Johann Christian Wentzinger**.
👥 Le **musée du Carnaval (Oberrheinische Narrenschau)** présente près de 300 personnages grandeur nature, parés de leurs habits de fête, rassemblés par la « Fédération des confréries de fous du sud rhénan ». L'exposition permet d'appréhender toute l'année les coutumes du carnaval alémanique.
𝄞 *(07644) 90 01 13 - janv.-nov. : w.-end et j. fériés apr.-midi - possibilité de visite guidée sur demande préalable (2 sem. av.) - fermé déc. - 3 € (-16 ans gratuit), 15 € pour le guide.*
Depuis la route, on aperçoit sur la gauche **Hecklingen**, dominé par les ruines du Lichteneck, puis on traverse **Köndringen**, avec sa jolie petite église en brique rouge.

Emmendingen
Emmendingen, vieille cité des margraves, porte du Kaiserstuhl et de la Forêt-Noire, fut officiellement mentionnée dans les annales dès 1091. En 1418, elle se vit conférer le statut de place de marché, et en 1590, elle devint ville affranchie. Aujourd'hui, chef-lieu de circonscription aux ambitions affichées, Emmendingen s'enorgueillit d'un héritage architectural restauré avec goût, mais elle a su, dans le même temps, s'ouvrir aux nouvelles tendances urbanistiques. La **place du Marché (Marktplatz)**, entourée de belles maisons bourgeoises, est, avec sa fontaine jaillissante, le cœur de la ville. Remarquez les maisons aux nᵒˢ 4, 5, 8 et 10. Côté est de la place, l'**ancien hôtel de ville (Altes Rathaus)**, édifice baroque surmonté d'une tour à horloge, fut élevé en 1729. Le superbe balcon en fer forgé porte les armoiries des margraves de Bade et de Hachberg. L'ancien hôtel de ville abrite aujourd'hui les archives allemandes des journaux intimes. En empruntant l'idyllique Lammstraße et la rue Westend à l'atmosphère médiévale, on parvient au **nouvel hôtel de ville (Neues Rathaus)**, situé dans la rue des Baillis (Landvogtei). Le bâtiment fonctionnel, inauguré en 1992, tout de verre et de lumière, contraste avec le

centre-ville et le parc Goethe. Le hall d'entrée a été aménagé sous la voûte de la maison Stuck (19ᵉ s.). À droite, la **Schlosserhaus**, actuelle bibliothèque municipale, fut la résidence de Cornelia Goethe, sœur du poète, de 1774 à sa mort en 1777. Cette bâtisse baroque accueillit les grands esprits de l'époque : Goethe, Herder, Lavater, Heinse, Lenz et le duc Charles-Auguste de Weimar.

Le **château des Margraves (Markgrafenschloss)** a fait partie du monastère cistercien de Tennenbach, avant d'appartenir au margrave Jacques III en 1588. Il fut transformé en somptueux château Renaissance, doté d'une tour octogonale. À l'intérieur, le musée expose la collection des photos Hirsmüller et des œuvres du peintre Fritz Boehle, natif d'Emmendingen. *℘ (07641) 45 23 24 - merc. et dim. apr.-midi - 2 €.* Derrière le château se trouve une maisonnette, baptisée **Lenzhäuschen**.

L'**église St-Boniface (Pfarrkirche St. Bonifatius)**, de style gothique flamboyant, renferme un joyau exceptionnel de la peinture primitive allemande. Le **triptyque★** datant de 1473 est attribué au maître Friedrich Herlin de Nördlingen et relate la Nativité : sont représentés sur le volet gauche la Naissance du Christ, sur le panneau central l'Adoration des Mages et sur le volet droit Jésus au Temple.

Porte monumentale, érigée au début du 17ᵉ s., la **Stadttor** est surmontée d'une « tête de démon » destinée à railler l'ennemi lors de l'attaque.

★ Ruines du château d'Hochburg

3 km à l'est. Ces ruines, qui comptent parmi les plus imposantes du pays de Bade, occupent un promontoire rocheux dominant la plaine rhénane. Le château, construit au Moyen Âge, fut transformé en place forte aux 16ᵉ et 17ᵉ s., avant d'être détruit par les troupes françaises en 1689.

La route traverse ensuite **Denzlingen**, point de départ de la vallée de la Glotter (Glottertal) le long de laquelle on pourra admirer de belles fermes typiques de la Forêt-Noire.

★★ Fribourg-en-Brisgau *(voir ce nom)*

LE MARKGRÄFLERLAND

▶ *Pour visualiser ce circuit* ③, *reportez-vous au plan p. 606.*

La route du Vin quitte Fribourg au sud et se poursuit en direction de Bâle. Le Markgräflerland est surnommé la Toscane d'Allemagne pour son climat doux et ensoleillé. C'est la Forêt-Noire du Sud qui s'incline progressivement vers le cours du Rhin.

🐾 Le **Wiiwegli**, le chemin des vignes, permet de parcourir le Markgräflerland à pied. Il conduit à Weil am Rhein à travers vignobles et collines.

Peu avant Bad Krozingen, faites le détour par **Kirchhofen** afin d'admirer la belle église baroque (remarquables stucs et peintures du plafond, beau maître-autel).

Bad Krozingen

La localité, fondée à l'époque de la colonisation romaine, est devenue station thermale au début du 20ᵉ s. grâce à la découverte de sources chargées en acide carbonique, utilisées pour améliorer la circulation du sang. Le parc thermal couvre une superficie de 4 ha. Le château, construit en 1679 et « baroquisé » au milieu du 18ᵉ s., abrite une intéressante collection d'instruments de musique. Surtout, à 2 km au nord-est, près du Glöcklehof à Oberkrozingen, visitez la **chapelle St-Ulrich**, qui renferme les **fresques★** romanes les plus anciennes de la région (9ᵉ s.), représentant le Christ dans une mandorle.

★ Staufen

La ville est située à la lisière de la Forêt-Noire méridionale, au milieu des vignobles du Markgräflerland, et dominée par les ruines du château de Staufenburg. Le quartier médiéval, aux ruelles tortueuses, est particulièrement pittoresque. La Marktplatz, avec sa fontaine du 17e s., et l'hôtel de ville (1546) en constituent le cœur. Staufen est surnommée la ville de Faust (Fauststadt), car d'après la légende, c'est ici qu'en 1529 le diable enleva le docteur Faust, que les châtelains avaient appelé pour fabriquer de l'or. La scène se serait déroulée dans la chambre n° 5 de l'**hôtel du Lion (Gasthaus zum Löwen)**. Le musée installé dans la Stubenhaus (15e s.) est consacré à l'histoire de la ville. On visite aussi le musée de la Céramique.

☞ *45mn de marche AR*. On rejoint les ruines du Staufenburg par la Schlossgasse. Elles sont superbement situées au sommet d'une colline couverte de vignes et offrent une magnifique perspective.

En continuant vers l'est, vous pénétrez au cœur de la Forêt-Noire. Le superbe **monastère St-Trudpert**, à Münstertal, a été fondé au 7e s., mais la plupart des bâtiments actuels ont été construits au 18e s. Seul rescapé de la guerre de Trente Ans, le chœur de 1465.

Sulzburg

Entre le 10e s. et la guerre de Trente Ans, on exploita le sous-sol riche en argent, plomb, cobalt et antimoine. Jusqu'en 1830, on y a extrait également le sel. C'est de cette activité que la localité tire son nom. Le **musée de la Mine du Bade-Wurtemberg (Bergbaumuseum Baden-Württemberg)**, installé dans l'ancienne église évangélique (1834), comme l'office de tourisme, présente l'histoire de l'extraction du sel et des différents minerais de la région au cours des temps. Très riche collection de minéraux. ℘ *(07634) 56 00 40 - mar.-dim. apr.-midi - possibilité de visite guidée - fermé vend. de Pâques, 24 et 31 déc. - 1,50 € (enf. 0,75 €), gratuit le 1er w.-end d'oct.*

Sulzburg regroupait autrefois une très grande partie de la bourgeoisie juive, qui représentait encore un quart de la population au 19e s. En témoignent aujourd'hui encore le cimetière juif qui date du 16e s. *(direction Bad Sulzburg)*, ainsi que la **synagogue** (19e s. ; *Gustav-Weil-Str. 20*) de style classique/fin du baroque et qui sert aujourd'hui de salle d'exposition.

L'**église St-Cyriaque (Kirche St. Cyriak)**, fondée en l'an 993, est un témoignage intéressant de l'architecture religieuse de la période ottonienne.

☞ Non loin de l'église St-Cyriaque commence un **sentier de randonnée illustrant l'histoire des mines** *(5 km, guide d'accompagnement spécialisé disponible au musée)* qui mène sur les traces de l'ancienne exploitation minière.

Heitersheim

Les chevaliers de Malte résidèrent longtemps dans cette ville de la plaine du Rhin. On peut y découvrir les vestiges d'un château très coloré et un musée dédié à l'ordre.

Müllheim

Le centre historique de la petite ville est piéton. Le **musée local (Markgräfler Museum Müllheim)**, installé dans l'ancienne *Auberge de la Couronne* (« Zur Krone »), belle demeure du début du classicisme, est consacré à la préhistoire, la protohistoire et l'histoire de la ville, ainsi qu'aux habitations des grands bourgeois aux 18e et 19e s. La plus grande partie de l'exposition porte sur la culture et le mode de vie dans les campagnes viticoles de la région. *Wilhelmstraße 7 - ℘ (07631) 154 46 - www.markgraefler-museum.de - mar.-dim. apr.-midi - 1,50 €.*

Avant d'atteindre Schliengen, on peut faire halte à **Auggen**, dont l'imposant hôtel de ville date de 1870. D'amusantes enseignes en fer forgé surplombent certaines petites rues. Empruntez le sentier qui monte à travers les vignes, depuis l'église, pour une belle vue sur le petit village.

Schliengen

Au milieu d'un vaste parc à l'anglaise, le **château d'Entenstein (Wasserschloss Entenstein)** est ceint de douves. Sa construction remonte à l'an 1 000 mais il fut remanié de nombreuses fois par ses propriétaires successifs, dont le prince-évêque de Bâle et les seigneurs d'Andlau. Ce château abrite aujourd'hui la mairie de Schliengen.

Construite en 1753, l'**église paroissiale de St-Leodegar** possède deux autels latéraux remarquables. Celui de droite présente un tableau de saint Sébastien, réalisé par Johann Pfunner en 1760, et deux très belles statues de sainte Catherine et sainte Barbe, dues à Johann Michael Winterhalder. À 7 km à l'est, le village de **Niedereggenen** possède une église paroissiale protestante dont la tour est de style roman, le chœur et la nef de style gothique. Dans la nef, remarquer les peintures murales du milieu du 15e s. montrant la Rédemption du monde. Dans le chœur, on observe le Couronnement de Marie et l'épisode des vierges sages et des vierges folles. La prédelle de l'autel (1500) représente le Christ au milieu des apôtres (école de Schongauer).

De là, il est facile d'atteindre le beau château de **Bürgeln**, imposante bâtisse baroque dont les grilles de fer forgé et doré sont remarquables.

Bad Bellingen

Bad Bellingen est une ville d'eaux récente puisque ce n'est qu'en 1955, à l'occasion d'un forage de recherche pétrolifère, que l'on trouva des eaux minérales et thermales à une profondeur de 629 m. Ces eaux thermales, d'une température de 36 °C, soulagent ceux qui souffrent de douleurs aux articulations, à la colonne vertébrale, aux tendons et aux muscles. À Bamlach, une demeure à pignon crénelé érigée vers 1600 sert de cadre au **Musée thermal du Rhin supérieur (Oberrheinisches Bädermuseum)**, l'unique musée du sud de l'Allemagne consacré à l'histoire du thermalisme sur les rives du cours supérieur du Rhin – pays voisins compris –, de Rome jusqu'à nos jours. Y sont évoqués le monde des thermes au Moyen Âge, tout comme les voyages des curistes au 16e s., ainsi que la vie mondaine dans les stations thermales aux 19e et 20e s. Le sous-sol et les combles abritent le **musée d'Histoire locale (Heimatmuseum)**. Principal attrait du musée : la **forge Berger** de Hertingen. Datant de 1880 et reconstruite fidèlement à l'identique, elle est encore en parfait état de marche. *℘ (07635) 82 21 60 - www.bad-bellingen.de - merc. et dim. apr.-midi - 1,50 € (-15 ans gratuit), 2,50 € visite guidée.*

Les amateurs de jardins apprécieront le jardin anglais d'**Ettenbühl**, au sud de la commune d'Hertingen.

Efringen-Kirchen

Le territoire de cette commune regroupe neuf villages disséminés sur les collines de piémont du sud-ouest de la Forêt-Noire, dans une région évoquée par le poète alémanique et chantre local **Johann Peter Hebel** comme le « jardin du paradis ». Il constitue une zone rurale et agricole, principalement marquée par la viticulture. Les vins issus de la **cave viticole du Markgräflerland (Bezirkskellerei Markgräflerland)** à Efringen-Kirchen proviennent des vignobles les plus au sud de toute l'Allemagne. La cave est le plus grand producteur du Markgräflerland, avec une capacité de 9,6 millions de litres. De la cour de l'exploitation part un **sentier de découverte du vignoble** *(3,5 km environ)* qui conduit vers de beaux points de vue. On peut visiter à Efringen-Kirchen un musée de la Vieille École.

Istein, dont le centre est daté des 16ᵉ et 17ᵉ s., est un ancien village de pêcheurs. Un sentier fléché gagne, à travers les vignes, le sommet du rocher d'Istein (Isteiner Klotz), occupé par l'homme depuis la préhistoire. Ce rocher constitue une avancée des contreforts de la Forêt-Noire dans la plaine du Rhin. Son climat méridional explique la flore et la faune méditerranéennes qui s'y développent. Belles **vues** sur la Forêt-Noire, le Jura suisse et les Vosges.

À proximité de **Kleinkems** se trouvent des grottes de jaspe, exploitées au Néolithique par les hommes préhistoriques pour la fabrication d'armes et d'outils.

Les murs de la petite église paroissiale à nef unique plafonnée de **Blansingen** sont couverts de fresques du 15ᵉ s.

Weil am Rhein

La ville, d'origine romaine et chef-lieu de canton, est plutôt connue comme cité viticole. Les vignobles produisent du bourgogne tardif et du chasselas. Elle conserve quelques bâtiments intéressants comme le Stapflehus, ancien siège du bailli (aujourd'hui galerie municipale).

La physionomie actuelle de la ville a été récemment façonnée par la présence de l'entreprise Vitra, spécialisée dans la réalisation de meubles.

Le **musée du Design Vitra**, **édifice★** de style « déconstructiviste », éclatant de blancheur, est la première œuvre européenne de l'architecte Frank O. Gehry, né à Toronto, qui réalisa le musée Guggenheim à Bilbao. Les diverses expositions de ce musée sont consacrées à l'histoire et aux tendances actuelles du mobilier industriel de style « design ». ☏ *(07621) 702 32 00 - www.design-museum.de -* ♿ *- tte la journée - possibilité de visite guidée - fermé 1ᵉʳ janv., 24, 25 et 31 déc. - 8 € (-12 ans gratuit).*

Près du musée, un véritable **parc architectural (Architekturpark)** a vu le jour, présentant une exposition d'œuvres réalisées par de célèbres architectes contemporains : l'Irakienne **Zaha Hadid**, établie à Londres, se chargea du poste d'incendie (utilisé entre-temps comme salle d'exposition), le Japonais Tadao Ando réalisa le pavillon des conférences. D'autres bâtiments de bureaux furent conçus par des architectes aussi renommés que Nicholas Grimshaw, Alvaro Sisa et **Frank O. Gehry**.

Le jardin des Trois Pays est un souvenir de l'exposition de jardins du Bade-Wurtemberg, qui se tint à Weil am Rhein en 1999. C'est Zaha Hadid qui se chargea de la réalisation du pavillon d'accueil.

D'autres musées, plus classiques, se visitent également : le musée du Patrimoine local (Dorfstube Ötlingen) présente l'habitat rural au 19ᵉ s. ; le Musée agricole (Landwirtschaftsmuseum) permet de découvrir l'outillage et les techniques anciennes ; le musée du Textile, dans le centre culturel du Kesselhaus, met en scène un siècle d'histoire du textile à Weil am Rhein ; enfin, le musée am Lindenplatz permet de revenir aux sources romaines de la ville.

🐾 Sentier balisé, le **Weiler Weinweg** permet une promenade dans le vignoble environnant, au départ de la Röhriggasse et en direction du joli village d'Ötlingen.

😊 NOS ADRESSES SUR LA ROUTE BADOISE DU VIN

HÉBERGEMENT

BUDGET MOYEN

Pfauen – *Hauptstr. 78 - 79346 Endingen - ℰ (07642) 9 02 30 - www.endingen.pfauen.de - fermé 30 janv.-10 fév.* - 🅿 - *35 ch. 65/85 € ☕.* Établi dans la vieille ville de la troisième localité viticole du Bade-Wurtemberg, cet hôtel propose des chambres fonctionnelles.

Zur Blume – *Hubstr. 85 - 77815 Bühl - ℰ (07223) 2 21 04 - zurblume@t-online.de -* 🅿 *- 19 ch. 70/99 € ☕ - rest. 15/35 €.* Situé au centre de la localité, ce petit hôtel tenu par une mère et sa fille propose des chambres de style contemporain, aménagées en chêne sombre ou en bois naturel clair.

Landhotel Salmen – *Weinstr. 10 - 77704 Oberkirch - ℰ (07802) 44 29 - www.hotelsalmen.de - fermé 18 fév.-4 mars et 2-5 sept.* - 🅿 *- 30 ch. 82/100 € ☕ - rest. 17/37 €.* Ses pimpantes rayures jaune clair et ses croisées marron distinguent cette auberge composée d'une maison mère et d'une construction récente. Les chambres de cette dernière sont légèrement plus grandes et confortables.

Sternen – *Hauptstr. 32 - 77815 Bühl - ℰ (07223) 9 86 50 - www.sternen-buehl.de -* 🅿 *- 16 ch. 72/77 € ☕ - rest. 12/30 €.* Cette petite auberge simple dirigée en famille se situe dans le centre-ville. Derrière la façade jaune se cachent des chambres soignées et cossues.

Parkhotel Krone – *Brandelweg 1 - 79312 Emmendingen - ℰ (07641) 9 30 96 90 -www.kronemaleck.de -* 🅿 *- 25 ch. 86/96 € ☕ - rest. 28/55 €.* Les flamants roses dans le jardin sont l'emblème de cette auberge aux abords de la Forêt-Noire. Les chambres varient légèrement de l'une à l'autre ; certaines sont très jolies et spacieuses.

Markgraf – *Markgrafenstr. 53 - 79312 Emmendingen - ℰ (07641) 93 06 80 - www.hotel-galerie-markgraf.de - fermé 24 déc.-6 janv. - 16 ch. 85/90 € ☕.* Chambres modernes et de bon goût. Dans la salle du petit-déjeuner, profitez de la vue sur le parc et des expositions d'art temporaires.

RESTAURATION

BUDGET MOYEN

Grüner Baum – *Burgheimer Str. 105 - 77933 Lahr - ℰ (07821) 2 22 82 - www.gruenerbaum-lahr.de - fermé merc. - 18/44 € - 12 ch. 69/79 € ☕.* Cuisine régionale et internationale élaborée essentiellement à partir de produits frais. Terrasse dans la cour. Chambres modernes tenues de façon irréprochable dans l'hôtel.

Schieble – *Offenburger Str. 6 - 79341 Kenzingen - ℰ (07644) 9 26 99 90 - www.hotel-schieble. de - fermé 2 sem. pdt le carnaval et 2 sem. entre juil. et août -* 🅿 *- 18/39 € - 27 ch. 85/90 € ☕.* Dans le triangle formé par la Suisse, l'Alsace et la Forêt-Noire, un hôtel confortable et traditionnel. Les chambres sont situées en partie dans le bâtiment principal et en partie dans l'annexe récente.

FAIRE UNE PAUSE

Café Decker – *79219 Staufen im Breisgau - ℰ (07633) 53 16 - www. cafe-decker.de - 6h30-18h, dim. 13h30-18h.* La réputation de ce salon de thé-pâtisserie au mobilier cossu s'étend à toute la région. On y sert, entre autres douceurs, le Staufener Forest Taler, spécialité maison ressemblant étrangement à la forêt-noire... Succulent.

ACHATS

Durbacher Winzergenossenschaft – *Nachtweide 2 - 77770 Durbach - ☎ (0781) 9 36 60 - www.durbacher. de - 8h-12h, 13h30-18h, w.-end 9h-12h30.* La salle de vente attire le regard avec ses boiseries et ses armoiries régionales, mais les vedettes principales restent bel et bien les bouteilles que l'on y trouve. Quelques superbes cuvées, dont le Kochberg Spätburgunder en rouge et le Steinberg Klingelberger en blanc. Dégustation sur place.

Gut Nägelsförst – *Nagelsförst 1 - 76534 Baden-Baden - ☎ (07221) 3 55 50 - www.naegelsfoerst.de - tlj sf dim. 9h-18h, sam. 10h-16h.* Dans cet établissement proche du centre-ville, on trouve les vins du domaine Nägelsförst qui figurent parmi les meilleurs d'Allemagne, mais aussi de très bons crémants, des alcools forts, du kirsch, différentes sortes de vinaigres de vin et de l'huile de raisin.

Schladerer – *Alte Schwarzwälder Hausbrennerei GmbH - Alfred-Schladerer-Platz 1 - 79219 Staufen im Breisgau - ☎ (07633) 83 20 - www.schladerer.de - tlj sf dim. 9h30-12h30, 14h-18h, sam. 9h30-13h.* Depuis plus de 150 ans, cette entreprise familiale distille toutes sortes d'eaux-de-vie de fruits. Une des maisons les plus renommées d'Allemagne, où l'on peut trouver, entre autres liqueurs nobles, la fameuse Kirschwasser de la Forêt-Noire ou la Williamsbirne, non moins célèbre poire Williams.

Winzergenossenschaft – *Auf dem Rempart 2 - 79219 Staufen im Breisgau - ☎ (07633) 55 10 - www. winzergenossenschaft-staufen.de - 9h-18h, sam. 9h-14h, dim. (mars-déc.) 10h-15h.* Depuis 75 ans, cette petite coopérative de Markgräferland produit des crus de grande qualité.

ACTIVITÉS

La Laguna de Weil am Rhein – *Laguna Badeland - Dr.-Peter-Willmann-Allee 1 - 79576 Weil am Rhein - ☎ (7621) 95 67 40 - www.laguna-badeland.de.* Piscine avec toboggans et sauna.

AGENDA

Concours international de création de roses – *Mi-juin.*

Europa-Park

Bade-Wurtemberg

😊 NOS ADRESSES PAGE 631

🛈 S'INFORMER

Centre d'information – *Europa-Park-Straße 2 - 77977 Rust - ☏ (07822) 770 - www.europapark.de - ♿ - fermé janv.-mars - 34 € (-11 ans 30 €) ; il existe des billets pour une visite de 2 jours ainsi que des cartes annuelles. Boutiques, restaurants et snacks, relais-bébé. Accès aux chiens autorisé si tenus en laisse.*

▶ SE REPÉRER

Plan de région A2 (p. 606) – Carte Michelin n° 545 V7. Europa-Park se trouve à la lisière de Rust, à 40 km au nord de Fribourg et à 50 km environ au sud de Strasbourg. Depuis Strasbourg, suivez la direction Kuhl, sortie 57b Rust, ou prenez la D 468 et la D 5 (bac à Rhinau). Stationnement payant. Des navettes desservent le parc depuis Strasbourg *(voir Nos adresses à Europa-Park).*

😊 À NE PAS MANQUER

Parmi les grands huit, le plus impressionnant est sans conteste le Silver Star. Pour vous rafraîchir, faites un tour à l'Atlantica ou au Poséidon. Les amateurs de spectacles apprécieront les cascades équestres du numéro de gladiateurs et le show de patinage artistique.

🕐 ORGANISER SON TEMPS

Comptez une journée complète, voire plus, en passant la nuit sur place. Le pique-nique est autorisé. Organisez-vous en fonction des horaires des spectacles et animations du jour (dépliant à l'entrée). Attention aux dates d'ouverture : le parc est saisonnier et très fréquenté (un peu moins le vendredi). Pour éviter la foule, visitez le parc en sens inverse, en commençant par l'Espagne. En hiver sont organisées des animations thématiques (Halloween et Noël).

👨‍👧 AVEC LES ENFANTS

Les tout-petits n'ont pas été oubliés : spécialement pour eux, les univers des enfants et de l'aventure.

La culture américaine n'a pas le monopole des parcs de loisirs. Europa-Park, qui construit année après année sa réussite autour du thème de l'Europe, en est la meilleure preuve. Plus d'une centaine d'attractions et de spectacles emmènent les visiteurs en voyage à travers treize pays du Vieux Continent. Sans prendre l'avion, vous pouvez vous promener sur une piazza italienne, faire une escale au pays de Shakespeare, puis découvrir quelques instants plus tard des fjords scandinaves. Architecture, végétation, gastronomie : tout y est, dans le moindre détail. Spécialiste des grands huit, ce parc familial offre une variété de sensations adaptées à chaque membre de la famille.

Visiter

Le plan distribué à l'entrée vous sera bien utile pour vous repérer dans le parc, car l'implantation des quartiers thématiques, illustrations de treize pays européens, ne respecte pas la géographie du Vieux Continent : c'est sans sourciller que l'Autriche côtoie l'Espagne. Pour vous faire d'emblée une idée d'ensemble ou pour gagner l'autre bout du parc, vous pourrez emprunter le **train panoramique (Europa-Park-Express)**, dont les principales gares se situent en Allemagne, en Angleterre, en Grèce, en Russie et en Espagne. Le cadre boisé et les différents plans d'eau contribuent beaucoup à l'agrément général du parc. Les files d'attente devant les principales attractions peuvent être longues, mais, grâce à une décoration originale, elles vous plongeront dans l'esprit de l'attraction.

Allemagne
Le pays hôte du parc ouvre le bal des quartiers thématiques ; peut-être y serez-vous accueilli par l'emblématique souris Euromaus. Dans l'Allée allemande, on reconnaît aussitôt l'architecture propre aux différentes régions d'Allemagne, du pays de Saxe à la Bavière. Les alentours du château médiéval Balthasar fournissent l'occasion de profiter de la verdure, dans une agréable roseraie.

France
Pour profiter d'une vue panoramique sur le parc et sur la plaine du Rhin jusqu'à l'orée des Vosges et de la Forêt-Noire, montez à l'**Euro-Tower** (75 m). Avec le **Silver Star★★,** le plus haut (73 m) et le plus rapide des grands huit d'Europe, les émotions sont garanties. Dans une ambiance de course automobile, vous apprécierez la fluidité avec laquelle le bolide vous propulse à 130 km/h sur des pentes à 70°. La grande boule blanche que l'on voit de partout abrite **Eurosat★**, un grand huit dans le noir qui vous invite à la conquête de l'espace. Vous vous demandez quelle peut bien être la quatrième dimension du **Magic cinéma 4D★★** ? Il s'agit de surprenants effets dynamiques, tactiles, sonores ou même olfactifs mis en scène dans un film de 10mn. Pour reposer les pieds sur terre, rien de tel qu'un petit tour parmi les bistrots et les boutiques anciennes du quartier français.

Suisse
Le pays des Helvètes vous permettra d'assister à un spectacle de **patinage artistique sur glace★** vivant et très coloré. Les petits chalets sont d'authentiques cabanons valaisans démontés pour prendre place dans le parc. Faites un tour de **bobsleigh** : la glace a laissé la place à un canal en acier sur lequel le train glisse librement. L'**éclair du Cervin★** met en œuvre une spécialité maison, dans un décor montagnard : la « Wilde Mouse », un enchaînement de virages plats en épingle à cheveux qui donnent l'impression que le wagon va quitter les rails. La montée en ascenseur, au début de l'attraction, est particulièrement originale.
👤👤 Les petits seront ravis de prendre place dans le **manège de montgolfières**.

Grèce
Dans l'ambiance dépaysante d'une île des Cyclades (c'est Mykonos qui a servi de modèle), venez constater à quel point nos sens peuvent être trompés grâce aux illusions de la **malédiction de Cassandre**, logée dans la réplique d'une église byzantine. Au milieu d'un décor antique (temple grec, palais de Knossos, cheval de Troie), le **Poséidon★** conjugue le mouvement d'un grand

CHRONIQUE D'UN SUCCÈS

En 1975, la famille Mack, spécialiste des transports forrains depuis 1780 puis constructeur de manèges pour les plus grands parcs d'attractions du monde dès 1921, se dote d'une prestigieuse vitrine en inaugurant son propre parc d'attractions. Le choix du lieu, le petit village frontalier de Rust, surprend les plus sceptiques. Mais le parc du château Balthasar (1442), avec ses arbres centenaires, offre au constructeur plus de 60 ha de verdure. Dès 1982, les Mack adoptent la thématique européenne, qui fait l'originalité du parc. À raison d'au moins une nouveauté par an, Europa-Park ne cesse de s'étendre et d'accumuler les distinctions en tout genre. Entreprise modèle? Peut-être… Aujourd'hui, le parc se démarque par son souci de l'environnement (véhicules électriques, panneaux solaires).

huit au plaisir rafraîchissant de la descente d'un torrent. Vous pourrez également vous plonger dans l'univers légendaire de l'**Atlantide** en découvrant les dangers des océans.

Russie

Deux options s'offrent à vous pour pénétrer en Russie. Côté tradition, le village d'artisans russes vous invite à percer les secrets de la confection des poupées russes et le tour de main des souffleurs de verre. Depuis l'espace, vous pourrez suivre les aventures aérospatiales de la station **Mir**. Et pour prolonger le voyage, les amateurs de sensations fortes essaieront l'**Euro-Mir**, un grand huit dont les nacelles ne cessent de pivoter sur elles-mêmes, tandis que le train zigzague entre les cinq grandes tours à miroirs. Il faut avoir le cœur bien accroché pour supporter de dos la grande descente finale.

Espagne

À voir absolument dans le quartier : le **tournoi des chevaliers★**, mis en scène par le dresseur français Mario Luraschi. Au milieu d'une arène, des seigneurs à cheval partis à la quête du Graal affrontent à l'aide d'épées et de lances le chevalier noir. Quant au spectacle de **flamenco,** il vous mettra sans retard à l'heure espagnole !

Portugal

Sur le thème des grands explorateurs, l'**Atlantica SuperSplash★★** est la première attraction du dernier-né des quartiers européens. Depuis la gare, une citadelle de défense portugaise du 16e s., votre barque commence son ascension, puis se retourne pour entamer une première descente en marche arrière. Après un parcours mouvementé, l'atterrissage vous promet tous les embruns souhaités.

Islande

Lancé en 2009, ce grand huit est l'un des plus hauts d'Europe avec une boucle à 40 m d'altitude. Il propose une visite décapante des paysages islandais à plus de 100 km/h.

Sachez que les autres pays méritent eux aussi une petite visite : dans une ambiance méditerranéenne, l'**Italie** vous propose son fameux carnaval de Venise ou son château hanté. En **Angleterre**, vous pourrez assister à une représentation du théâtre de Shakespeare. Aux **Pays-Bas**, rien de tel qu'une petite visite de la grotte des pirates. Pour une pause fraîcheur, les **pays scandinaves** et l'**Autriche** rivalisent d'éclaboussures avec le fjord-rafting et la descente des rapides du Tyrol.

L'univers des enfants

👥 Les petits ont ici de quoi s'amuser quelques heures, entre un bateau viking à escalader, des manèges, une plage, un labyrinthe de toboggans géants et de nombreuses animations.

Un peu plus loin, l'**univers de l'aventure** propose d'autres attractions spécialement conçues pour le bonheur des enfants et de ceux qui les accompagnent : calme croisière en radeau dans la jungle ou balade merveilleuse dans l'allée des contes.

Science House

L'entrée est à gauche d'Europa Park. Comptez 1h30 - 7 € (enf. 6 €) - billet combiné avec Europa Park : adultes 39 € (enf. 34 €).

Ouvert en 2007, cet espace interactif et pédagogique explique des phénomènes naturels tels le fonctionnement du cerveau, les catastrophes naturelles (éruptions, tsunamis) ou la respiration des végétaux. Le site explique également, par des expériences ludiques, certaines inventions humaines : électricité, chimie ou robotique. On peut cependant déplorer que les traductions en français ne soient que partielles.

😊 NOS ADRESSES À EUROPA-PARK

TRANSPORT

Navette à 8h depuis Strasbourg, gare routière des Halles, retour à 18h depuis Europa-Park *(rens. au ☎ 03 88 23 43 23).*

HÉBERGEMENT

Large choix d'hébergements à l'Europa-Park, dans des thématiques et gammes de prix très variées : 4 hôtels accessibles depuis l'extérieur, des chambres d'hôte au cœur du parc, un camping-caravaning, et même un village de tipis. On trouvera d'autres possibilités d'hébergement plus classiques à Rust.

Le Colosseo – C'est l'un des plus grands hôtels d'Allemagne. Il s'inspire de l'Antiquité romaine pour composer un décor opulent, voire luxueux.

L'El Andaluz et le Castillo Alcazar – Ces hôtels revisitent l'atmosphère andalouse, façon *finca* pour le premier (un cottage typique du sud de l'Espagne), ou dans un style plus massif pour l'Alcazar, qui évoque les places fortes typiques de la Reconquista.

Circus Rolando – Hébergement convivial et plus abordable dans cet établissement situé au cœur du quartier allemand, à l'intérieur du parc. Il propose 23 chambres d'hôte (7 doubles, 16 familiales) à l'entrée du parc, avec piscine et sauna.

Camping – Ambiance western pour ce camping, qui offre 200 emplacements équipés pour caravane et camping-car et une vaste prairie pour les tentes. Espace jeux pour enfants et boutique thématique.

Le Tipidorf – Ce village de tipis constitue une alternative originale, avec 25 tipis chauffés à louer à la nuitée. Succès garanti auprès des enfants, mais prévoir un sac de couchage.

BUDGET MOYEN

Pension Kern – *Franz-Sales-Straße 30 - 77977 Rust -* ☎ *(07822) 61 278 - www.pensionkern.de -* 🚫 *- 7 ch. 60 €* 🛏. Bien qu'elle jouxte le parc d'attractions, cette agréable maison fleurie vous séduira par son calme ambiant et le grand confort de ses 7 chambres. Petits-déjeuners servis sous forme de buffet. En fin d'après-midi, on propose chopes de bière et en-cas chauds au *Biergarten*.

RESTAURATION

Le parc propose une vaste gamme de restaurants thématiques, qui reflètent la diversité des cultures culinaires européennes. Inspiration française chez **Marianne**, poisson à la mode scandinave au **Fiskhuset**, tapas à la **Bodega** ou spécialités grecques à la taverne **Mykonos**.

Fribourg-en-Brisgau

★★

Freiburg im Breisgau – 213 000 habitants

NOS ADRESSES PAGE 638

S'INFORMER

Office du tourisme de Fribourg – *Rathausgasse 2-4 - ℰ (0761) 388 18 80 - www.fwtm.freiburg.de - juin-sept. : lun.-vend. 8h-20h, sam. 9h30-17h, dim. 10h-12h, oct.-mai : lun.-vend. 8h-18h, sam. 9h30-14h30, dim. 10h-12h.*
Freiburg-Kultour – Mandaté par l'office du tourisme, cet organisme prévoit des visites guidées de la ville et de la cathédrale, des parcours de découverte.
Historix-Tours – Cette société propose des visites guidées thématiques. *Se renseigner à l'office de tourisme.*

SE REPÉRER

Plan de région A2 (p. 606) – carte Michelin n° 545 V 7. Au débouché du Höllental (Val d'Enfer) sur la plaine rhénane, entre Bâle et Strasbourg, Fribourg borde l'A 5 qui dessert Karlsruhe *(130 km au nord).* La ville est construite au pied du Schlossberg, à l'est, et du Schauinsland, au sud.

À NE PAS MANQUER

La cathédrale et le riche musée des Augustins, notamment pour sa section consacrée au Moyen Âge.

ORGANISER SON TEMPS

Comptez une demi-journée pour le centre historique de Fribourg.

AVEC LES ENFANTS

Le Schauinsland et ses promenades en calèche ; le Steinwasenpark, ses attractions et ses animaux.

Détail de la Rathausplatz.
J.L. Gallo / MICHELIN

Au pied des collines de la Forêt-Noire, Fribourg dégage une douceur de vivre unique, avec ses airs de village aux ruelles pavées dans le centre ancien. Les guerres successives ont épargné son admirable cathédrale, miraculeusement préservée des bombardements de la Seconde Guerre mondiale. Et la reconstruction minutieuse des bâtiments historiques a rendu à la ville son charme d'autrefois. Capitale de l'écologie, Fribourg s'affiche pionnière en matière d'énergie solaire et d'architecture économe en énergie.

Découvrir

★★ La cathédrale (Münster) (B1)

Brochure en français disponible à l'entrée. De la cathédrale romane primitive, commencée vers 1200, subsiste la croisée du transept, flanquée de tours octogonales, les « tours des Coqs », dont le couronnement est gothique. La construction se poursuivit lentement vers l'ouest, en tenant compte de l'évolution de l'art de bâtir à l'époque gothique. Cette étape s'acheva par l'édification de la splendide tour de façade dont les multiples pans se recoupent en arêtes vives. C'est l'une des rares tours d'Allemagne à avoir été entièrement achevée au Moyen Âge. En 1354 fut ouvert le chantier ambitieux d'un nouveau chœur ; il fallut attendre 1513 pour que soit consacré ce vaste vaisseau à déambulatoire, d'allure purement germanique, avec ses voûtes en réseau propres au style gothique tardif.

Extérieur

Au tympan du **portail nord** du chœur, exécuté vers 1350, est illustré l'épisode du péché originel. L'archivolte (ensembles des arcs sculptés encadrant le portail) montre la création du monde selon la Genèse ; à droite, on remarque la représentation assez rare du Créateur au repos, le septième jour. Le **flanc sud**, particulièrement riche, présente, aux contreforts, de nombreuses statues de rois de l'Ancien Testament et d'apôtres. Le portail sud est abrité par un porche Renaissance. Au-dessus du **portail de façade** (portail ouest), le porche est décoré de statues de la fin du 13e s. Sur la paroi de gauche, on aperçoit une représentation de Satan, sous l'apparence séduisante du « Prince de ce monde » et de sa victime, sommairement vêtue d'une peau de bouc. Des personnages bibliques et les vierges sages leur font suite. Sur la paroi de droite se succèdent les vierges folles au visage amer, les statues des Arts libéraux, celles de sainte Marguerite et de sainte Catherine, patronnes de la sagesse chrétienne. Le portail lui-même, flanqué des statues de l'Église à gauche et de la Synagogue aux yeux bandés à droite, est entièrement consacré au mystère de la Rédemption : détail assez rare, le tympan juxtapose des scènes de la vie terrestre du Christ et un intéressant Jugement dernier. La **tour★★★** est composée d'une souche carrée, très sobre, qui forme le soubassement du clocher octogonal ajouré, autour duquel court une galerie en étoile aux belles gargouilles. Il est possible d'y monter *(accès par l'extérieur, côté sud)*, puis d'atteindre la plate-forme supérieure, coiffée par l'admirable flèche en dentelle de pierre. **Vues★** sur Fribourg, le Schlossberg, et, au loin, sur le Kaiserstuhl et les Vosges. ℘ *(0761) 29 28 07 34 - tlj tte la journée, dim. apr.-midi - fermé lun. (nov.-mars) - 1,50 €.*

Le **porche de la tour★★** apparaît dans toute sa splendeur : 418 statues de pierre de la fin du 13e s. Le tympan à trois registres, au-dessus de la porte, raconte la naissance du Christ, la Passion et le Jugement dernier.

Intérieur

La **nef**, modérément élancée, est ornée d'une gracieuse galerie à arcades trilobées courant le long du mur des bas-côtés. Les vitraux des 13e et 14e s. sont absolument remarquables. On reconnaît sur certains les blasons des corporations donatrices : botte des cordonniers, ciseaux des tailleurs, bretzel et miche de pain des boulangers. Le mobilier et la statuaire comprennent en particulier : une Vierge au pilier (fin du 13e s.) vénérée par deux anges **(1)** ; une chaire à motifs rustiques **(2)** du gothique tardif (1560) où le sculpteur s'est représenté dans une lucarne sous l'escalier. La statue du gisant **(3)**, refait au 17e s., est celle de Berthold V, le dernier duc de Zähringen. Derrière une claire-voie gothique, remarquez le saint-sépulcre de 1340 **(4)**. Aux trois fenêtres du croisillon sud **(5)**, les vitraux à médaillons sont les plus anciens de l'édifice (13e s.) ; ils proviennent de l'ancien chœur roman. En **(6)**, groupe sculpté de l'Adoration des Mages (1505).

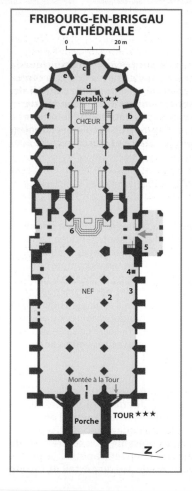

FRIBOURG-EN-BRISGAU CATHÉDRALE

0   20 m

Retable ★★
CHŒUR
NEF
Montée à la Tour
Porche   TOUR ★★★

Le **chœur** dévoile la disposition savante des voûtes du déambulatoire, et celles des chapelles latérales largement ouvertes. Dans la chapelle Stürzel **(a)**, les fonts baptismaux rococo ont été dessinés par Wenzinger. La chapelle voisine, celle de l'Université **(b)**, présente un retable d'Oberried (1521). Les deux panneaux (la Nativité et l'Adoration des Mages) sont de Hans Holbein le Jeune. Au revers du grand retable **(d)**, peinture de la Crucifixion. Dans la deuxième chapelle impériale **(c)**, le retable sculpté de Schnewlin, par Hans Wydyz, représente le Repos de la Sainte Famille. Les peintures sont de l'atelier de Baldung Grien. Dans la chapelle Böcklin **(e)** se trouve un crucifix Locherer, œuvre romane en argent repoussé. Enfin, la chapelle Locherer **(f)** abrite un retable (1521-1524) de Sixt von Staufen avec une Vierge en manteau protégeant l'humanité. Au maître-autel, admirez le **retable★★** réalisé de 1512 à 1516 par **Hans Baldung Grien**. Le panneau central représente le Couronnement de la Vierge.

Visiter

Place de la Cathédrale (Münsterplatz) (B1)
Face au flanc sud de l'église se dressent différents bâtiments ayant servi, par leur pompe, le prestige municipal ou ecclésiastique.
Palais archiépiscopal (Erzbischöfliches Palais) (B1) – Construit en 1756 pour accueillir l'ordre de la Chevalerie, ce palais possède un beau balcon de fer forgé.
Maison des Marchands★ (Historisches Kaufhaus) – Centre de la vie commerciale de Fribourg au Moyen Âge, ce bâtiment gothique crépi de rouge, défendu par des échauguettes (guérites placées aux angles) au toit aigu, est couvert de tuiles vernissées et repose sur une galerie à arcades. Les grandes statues des empereurs (1530), au 1er étage, rappellent l'allégeance de la ville aux Habsbourg.
Wentzingerhaus – *Münsterplatz 30 -* ℘ *(0761) 201 25 15 - www.museen.freiburg. de - mar.-dim. tte la journée - fermé 24 et 31 déc. - 2 € (-7 ans gratuit).* L'hôtel que se fit construire en 1761 le grand peintre et sculpteur fribourgeois Christian Wentzinger complète dignement l'ordonnance de la place. Il abrite le **Musée historique de la ville (Museum für Stadtgeschichte).** À l'intérieur, admirez l'escalier et le plafond baroques, ainsi que la cour ornée des statues des quatre saisons.

★ Place de l'Hôtel-de-Ville (Rathausplatz) (A1)
Cette place avec ses balcons fleuris et son bouquet de marronniers encadre la statue de Berthold Schwarz, moine franciscain qui aurait inventé la poudre à canon vers 1350. À gauche de l'ancien hôtel de ville, peint au badigeon rouge vif, le **nouvel hôtel de ville★ (Neues Rathaus)** est composé de deux maisons bourgeoises du 16e s., noyau de l'ancienne université de Fribourg, qui furent raccordées en 1901 par un corps central à arcades. La fenêtre avancée, ou oriel, qui marque l'angle de la place et de l'Eisenbahnstraße a gardé son décor sculpté, représentant la Dame à la Licorne.

Maison de la Baleine (Haus zum Walfisch) (A/B1)
Au 3 de la Franziskanerstraße, cette maison (1516) offre un portail richement orné dans le goût de la fin du gothique et surmonté d'un oriel. Elle sert de refuge au philosophe humaniste Érasme lorsqu'il fuyait les foudres de la Réforme.

★★ Musée des Augustins (Augustinermuseum) (B2)
Gerberau 15 - ℘ *(0761) 201 25 21 - www.museen.freiburg.de - fermé pour travaux jusqu'à début 2010.* Installé dans l'église de l'ancien couvent des augustins, le musée présente une **section d'art du Moyen Âge★★**. Parmi ses trésors,

on compte un volet du retable de Grünewald (miracle de sainte Marie-des-Neiges) (1519), des œuvres de Lucas Cranach et Hans Baldung Grien, ainsi qu'un impressionnant **crucifix★** du 14ᵉ s. La statuaire est représentée par des œuvres admirables des 14ᵉ et 15ᵉ s.

Manoir Colombi (Colombischlössle) (A1)

Ce manoir de style néogothique anglais situé au cœur du parc du même nom abrite un musée d'archéologie intéressant (pièces de la préhistoire au Moyen Âge).

Porte de la Souabe (Schwabentor) (B2)

De la **porte de la Souabe**, vestige des fortifications du Moyen Âge, on peut descendre sur les quais bordant le Gewerbekanal : c'est le pittoresque mais pauvre quartier de l'Insel, où se groupaient jadis les pêcheurs et les tanneurs.

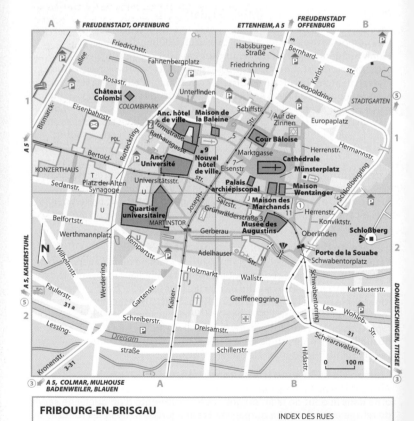

FRIBOURG-EN-BRISGAU

★ **Schlossberg** (B2)

Des bois remplacent aujourd'hui le château des Zähringen, dont Vauban avait édifié les fortifications, détruit au 18ᵉ s. par les Français. La montée, que l'on peut effectuer soit en **télécabine** *(départ du Stadtgarten)*, soit à pied à partir de la porte de la Souabe, fait découvrir la cathédrale. Vue sur Fribourg et sa région du haut de la tour panoramique *(20mn à pied depuis la station supérieure de la télécabine)*.

À proximité

Schauinsland

La route, régulière mais tout en virages, conduit à la station supérieure du téléphérique. On peut accéder à la station inférieure par les transports en commun (tramway par Günterstal, puis bus vers Horben) ; de là, 15mn en téléphérique jusqu'à la station supérieure. Aujourd'hui îlot d'air frais pendant les chaleurs estivales, de lumière aux heures embrumées de l'automne, le Schauinsland « de Fribourg » (1 294 m) fut, pendant des siècles, précieux pour l'économie de la cité. Les gisements de ses flancs alimentèrent son activité manufacturière, notamment en minerai d'argent. Des visites guidées de la **mine** (Museumsbergwerk), située près de la station supérieure du téléphérique du Schauinsland, sont proposées. ℰ *(0761) 264 68 - mai-oct. : merc., sam. et dim.*

Tour-belvédère – *Accès depuis le parking de la station supérieure du téléphérique.*

La **vue**★ se développe au-delà des forêts et des pâturages sur la région de Fribourg, les rives du Rhin supérieur, les Vosges, les parties centrales et le sud de la Forêt-Noire et, par temps très dégagé, sur les Alpes.

Ferme-musée Schniederlihof – *Dans Oberried-Hofsgrund, suivez les indications. Parking. 20mn à pied AR.* Construite en 1593 et exploitée jusqu'en 1966, cette ferme typique du Schauinsland permet de mieux connaître la vie menée par les paysans de la Forêt-Noire. Les demeures de style Schauinsland présentent trois caractéristiques architecturales majeures : leur faîte est toujours parallèle au versant, les pièces d'habitation, les étables et remises sont regroupées sous un même toit immense, les accès sont toujours orientés vers l'est – d'où vient le beau temps. *Gegendrummweg 3 - ℰ (07602) 448 - juil.-août : mar.-dim. apr.-midi ; mai-juin : w.-end et j. fériés apr.-midi ; sept. : mar., jeu. et w.-end apr.-midi ; oct. : mar. et w.-end apr.-midi - 12 €.*

👥 Situé sur la route qui relie Kirchzarten à Todtnau, à quelques kilomètres au sud-est de la station supérieure du téléphérique *(1h30 à pied)*, le **Steinwasenpark** regroupe animaux et attractions pour le plus grand bonheur des enfants.

😊 NOS ADRESSES À FRIBOURG-EN-BRISGAU

HÉBERGEMENT

PREMIER PRIX

Zur Tanne – *Altgasse 2 - 79112 Freiburg-Opfingen - ☏ (07664) 18 10 - www.tanne-opfingen.de - fermé 12 janv.-13 fév. et 2 sem. en juin-juil. - 10 ch. 47/89 € ☕ - rest. 21/48 €.* Dans cette auberge badoise datant de 1786 et qui est depuis longtemps propriété familiale, les chambres arrangées avec goût promettent un séjour agréable.

BUDGET MOYEN

Zum Kreuz – *Großtalstr. 28 - 79117 Freiburg-Kappel - ☏ (0761) 62 05 50 - www.gasthaus-kreuz-kappel.de - fermé 2 sem. déb. janv. - 🅿 - 15 ch. 75/95 € ☕ - rest. 23/45 €.* Depuis plusieurs générations, l'auberge, datant de 1755, est propriété familiale. Les chambres sont confortablement aménagées, certaines dotées de balcon.

POUR SE FAIRE PLAISIR

Schwarzwälder Hof – *Herrenstr. 43 - ☏ (0761) 3 80 30 - www.shof.de - 45 ch. 95/105 € ☕ - rest. 18/29 €.* Cet hôtel occupe un emplacement central sur les hauteurs de la vieille ville.

Les chambres très sobrement aménagées, sont pour la plupart dotées de sols parquetés et en partie meublées de bois clair.

RESTAURATION

BUDGET MOYEN

Hirschen – *Breisgauer Str. 47 - 79110 Freiburg-Lehen - ☏ (0761) 8 97 76 90 - réserv. conseillée - 22/62 € - 70 ch. 157/225 € ☕.* Une jolie auberge rustique datant de 1698 et propriété familiale depuis six générations. Les créations du chef satisferont les amateurs de cuisine franco-badoise.

Gasthaus Linde – *Basler Landstr. 79 - 79111 Freiburg-St. Georgen - ☏ (0761) 4 70 28 31 - fermé 1er-14 juin, sam. midi, dim. et j. fériés - 18/51 €.* Un restaurant sur deux étages tenu en famille – une partie avec parquet clair, cheminée et lambris de bois, l'autre plus moderne.

AGENDA

Fête du vin – *Début juillet.*
Carnaval – Mélange de carnaval alémanique (1930) et traditionnel du Rhin, fêté depuis la fin du 19e s.

Le Kaiserstuhl

Bade-Wurtemberg

😊 NOS ADRESSES PAGE 642

🔲 S'INFORMER

Office du tourisme de Breisach – *Marktplatz 16 - 79206 Breisach - 📞 (07667) 94 01 55 - www.breisach.de - lun.-vend. mat. et apr.-midi, sam. mat. (sf janv.-mars), fermé dim.*

📀 SE REPÉRER

Plan de région A2 (p. 606) – carte Michelin n° 545 V6. Breisach se trouve à 20 km à l'ouest de Fribourg.

😊 À NE PAS MANQUER

À Breisach, la cathédrale St-Étienne, notamment pour son décor intérieur et son maître-autel, la place du Château, pour les vues qu'elle offre sur les environs ; les villages typiques de Burkheim et Endigen.

🕐 ORGANISER SON TEMPS

Cette opulente région, la plus ensoleillée d'Allemagne, est sillonnée de chemins de randonnée pédestre, mais on peut aussi la découvrir à vélo (pistes cyclables dont un circuit touristique de 64 km), ou en saison, par un parcours en petit train à vapeur au départ de Breisach.

Le Kaiserstuhl, ou « trône de l'Empereur », ainsi nommé en l'honneur d'Othon III, dresse sa silhouette d'ancien volcan (557 m) dans le ciel de la rive droite du Rhin. Véritable Riviera d'Allemagne, c'est la région la plus ensoleillée du pays où poussent des plantes aussi inattendues que les orchidées. Les flancs du massif, où l'altitude fait se succéder vignoble, vergers et landes, promettent en toute saison les plus belles des promenades.

Visiter

Musée de la Viticulture dans le Kaiserstuhl (Kaiserstühler Weinbaumuseum)

À Achkarren (7 km au nord de Breisach) - 📞 (07662) 94 011 - du dim. des Rameaux au 1er nov. : mar.-vend. apr.-midi, w.-end tte la journée - 2 €.

Il présente l'évolution géologique et viticole de cette région des temps ancestraux jusqu'à aujourd'hui. Outils et appareils spéciaux illustrent le travail dans les vignobles et la transformation du raisin.

Deux sentiers fléchés : l'un viticole (geologischer Weinlehrpfad ; *accessible du bourg*) ; l'autre forestier (Waldlehrpfad ; *dép. à 2 km du bourg sur la route de Niederrotweil*).

★ Breisach

Breisach, que les Français appellent habituellement Vieux-Brisach, par opposition à la ville forte de Neuf-Brisach, construite en 1699 par Vauban sur la rive gauche du Rhin, dresse au-dessus du fleuve son rocher surmonté de la cathédrale. Ce rocher permit aux Romains, vers l'an 260, d'édifier un oppidum afin de défendre leur frontière sur le Rhin contre les incursions des Alamans.

Aux 11e et 12e s., la colline fortifiée, puis le village qui s'y érigea, étaient le fief de l'évêché de Bâle. Les évêques de Bâle furent remplacés en 1200 par les Zähringen. En 1273, Breisach devint ville libre d'Empire et à partir de 1331, un poste avancé de l'Autriche antérieure.

Au 17e s., la ville devint le noyau d'un système de fortifications qui compta parmi les plus redoutables d'Europe. La situation très exposée de la ville, qui, à partir des traités de Westphalie, fut tantôt une tête de pont française, tantôt un avant-poste de l'Empire, valut à la cité d'être souvent un enjeu militaire. En 1793, Breisach fut inopinément ruinée à la suite d'un sévère bombardement, cinq jours durant, par les troupes révolutionnaires françaises. La cité fut de nouveau très endommagée en 1945.

« Capitale touristique du Kaiserstuhl », Breisach organise en été un festival de théâtre en plein air (Festspiele) dont le répertoire comporte toujours une pièce pour enfants.

Cathédrale St-Étienne★ (Münster St. Stephan) – L'église occupe un **site★** altier. Le monument a gardé d'un sanctuaire roman de plan basilical la nef, le transept et la tour nord ; cette dernière et la tour sud, gothique, flanquent l'abside comme à Fribourg. Peu avant 1300, on érigea un nouveau chœur, de style gothique. Pour racheter la dénivellation du terrain, on construisit, en guise de fondations à ce nouveau chœur, une sorte de crypte aux voûtes puissantes, accessible seulement de l'extérieur.

D'une riche **ornementation intérieure★** subsistent plusieurs belles pièces de sculpture gothique tardive : le jubé (fin 15e s.), le groupe sculpté du saint-sépulcre (1520-1530), le reliquaire en argent des saints Gervais et Protais, dû à un orfèvre strasbourgeois (1496). Le **retable du maître-autel★★** (1526) en bois sculpté, au décor extraordinairement fouillé de feuillages en copeaux, de chevelures et de draperies d'une intense vitalité, est occupé par un panneau central représentant le couronnement de la Vierge par le Père éternel et le Christ. Les volets sont dédiés à saint Étienne et à saint Laurent *(à gauche)*, à saint Gervais et à saint Protais, patrons de la ville *(à droite)*. L'autel, utilisé dans la célébration des offices, a été consacré en 1996 : reposant sur huit supports en chêne massif, c'est une œuvre de Franz Gutmann.

La première travée ouest a conservé un ensemble de peintures murales de la fin du 15e s., œuvre du Colmarien **Martin Schongauer**, qui vécut à Breisach les dernières années de sa vie.

Place du Château – Elle offre des **vues★** magnifiques. Une table d'orientation permet de reconnaître les sommets de la Forêt-Noire méridionale, les hauteurs du Sundgau et du Lomont, les Vosges (du Grand Ballon au château du Haut-Kœnigsbourg), le Kaiserstuhl tout proche.

Rheintor – Sur la porte monumentale qui gardait l'accès de la ville au nord-ouest figurent encore, témoins de sa construction par Vauban, les armes du royaume de France. Le **musée d'Histoire de la ville (Museum für Stadtgeschichte)** y est installé. Vestiges et objets de l'âge de pierre jusqu'à nos jours retracent l'histoire mouvementée de Breisach. *Rheintorplatz 1 - ✆ (07667) 70 89 - www.breisach.de - mar.-vend. apr.-midi, w.-end et j. fériés tte la journée - fermé 25 déc. - gratuit.*

Oberrotweil

Chemin d'initiation à la viticulture et aux plantes médicinales qui s'achève par un surprenant dénivelé de 158 m avec un point de vue sur le Mondhalde (370 m). *Point de départ du sentier : Bruckmühlenstrasse, longueur : env. 2 km.*

Niederrotweil

L'église **St. Michael**, au centre du cimetière, est considérée comme la plus ancienne du Kaiserstuhl. Cette église romane (11ᵉ s.) a été transformée dans le style gothique après 1350, lorsqu'elle a été rattachée au monastère de St-Blasien. Elle abrite un **retable sculpté★** représentant le couronnement de Marie. Ce chef-d'œuvre du gothique tardif daté de 1520 serait l'œuvre de l'artiste qui a créé l'autel de Breisach (Maître H. L.). Les fresques dans les voûtains du chœur datent du milieu du 14ᵉ s. et représentent le Christ et les symboles des évangélistes. Les autels latéraux et la très belle chaire (1730) sont des ajouts baroques du 18ᵉ s. *Mat. et apr.-midi.*

★ Burkheim

Ce village de vignerons étagé au flanc d'une légère combe est desservi par trois rues parallèles, à différents niveaux.

La rue inférieure (Marktstraße) a conservé beaucoup de charme avec son hôtel de ville au portail orné de blasons (1604), sa maison rouge à oriels et ses habitations à colombages.

★ Endingen

L'historique Marktplatz, tout en longueur, est entourée de beaux bâtiments : l'ancien hôtel de ville avec son pignon à volutes (16ᵉ s.) et l'ancienne halle au blé

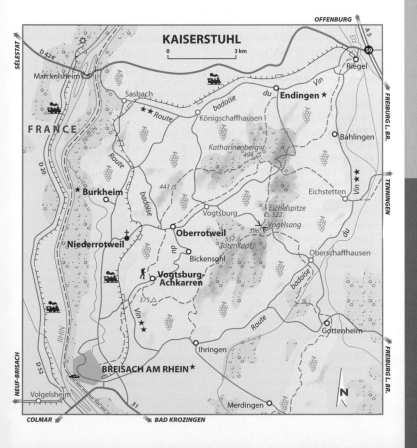

LE VIGNOBLE DU KAISERSTUHL

Un climat chaud et sec, réputé pour ses fortes chaleurs estivales, fait des derniers coteaux du massif un terrain d'élection pour les arbres fruitiers et la vigne. Les sylvaner, riesling et traminer, auxquels s'ajoute le ruländer (pinot gris) plus corsé, sont ici des vins blancs spécialement étoffés. Le pinot rouge (cépage rouge) est souvent vinifié en rosé, le weißherbst, vin plaisant d'une couleur soutenue admirable lorsque l'automne a été particulièrement ensoleillé. Les crus d'Ihringen, Bickensohl, Oberrotweil comptent parmi les plus appréciés. D'avril à octobre, des fêtes du vin animent les bourgs viticoles.

(Kornhalle, aujourd'hui hôtel de ville), bâtiment allongé avec pignons à redans datant de la même époque, sont tout à fait remarquables. La maison **Krebs**, maison bourgeoise du 18e s. située au nord de la place, possède une élégante façade dont la partie médiane est rehaussée par un portail richement orné et un balcon. L'**Üsenberger Hof** est une ancienne demeure de l'aristocratie reliée à Hauptstraße par le Schwibbogen. Cette construction à colombages abrite le musée de l'Autriche antérieure (Vorderösterreich-Museum).

Autres villages de viticulteurs bien fleuris à visiter dans la région : **Merdingen**, **Ihringen**, **Riegel**, **Bahlingen**, **Gottenheim**, **Teningen**.

😊 NOS ADRESSES DANS LE KAISERSTUHL

PROMENADE EN TRAIN ET BATEAU

On peut effectuer le parcours entre le port de Neuf-Brisach (Volgelsheim) et Marckolsheim am Rhein à bord d'un train à vapeur de 1900 et se promener sur le Rhin à bord d'un bateau datant de 1933. À la gare de Volgelsheim, un petit musée ramène le visiteur au 19e s. *℘ 03 89 71 51 42 - http://cftr. evolutive.org*

Croisières fluviales – À Breisach am Rhein, côté allemand, la BFS propose d'agréables croisières fluviales, avec ou sans repas, agrémentées de spectaculaires passages d'écluses. *℘ (07667) 94 20 10 - www.bfs-info.de*

HÉBERGEMENT

BUDGET MOYEN

Kreuz-Post – *Landstr. 1 - 79235 Vogtsburg im Kaiserstuhl - ℘ (07662) 9 09 10 - www.kreuz-post.de -* 🅿 *- 35 ch. 58/108 € ☒ - rest. 22/42 €.* Tenu avec beaucoup d'engagement et d'investissement personnel, cet établissement est rénové régulièrement. Chambres arrangées avec goût.

Landgasthof Adler – *Hochstetter Str. 11 - 79206 Breisach-Hochstetten - ℘ (07667) 9 39 30 - www.adler-hochstetten.de - fermé 8 fév.-6 mars -* 🅿 *- 23 ch. 70/80 € ☒ - rest. 18/36 €.* Au pied du Kaiserstuhl et du Tuniberg, établissement accueillant.

Kapuzinergarten *Kapuzinergasse 26 - 79206 Breisach - ℘ (07667) 9 30 00 - www.kapuzinergarten. de -* 🅿 *- 43 ch. 77/102 € ☒ - rest. 21/58 €.* Vous aurez le choix entre une « chambre monacale » ou une confortable maisonnette. Toutes les chambres offrent une vue superbe sur le Kaiserstuhl ou la Forêt-Noire. En été, les repas sont pris sur la terrasse verdoyante du toit, et en hiver dans la salle autour d'une cheminée.

RESTAURATION

PREMIER PRIX

Winzerhaus Rebstock – *Badbergstr. 22 - 79235 Vogtsburg im Kaiserstuhl - ℰ (07662) 93 30 11 - www.franz-keller.de - fermé 26 janv.-20 fév. - 16/38 €.* Une sympathique et simple auberge de village à l'atmosphère champêtre. Sur des tables en bois nu, on sert une cuisine régionale de terroir.

ACHATS

Badischer Winzerkeller – *Zum Kaiserstuhl 16 - 79206 Breisach - ℰ (07667) 90 00 - www. badischer-winzerkeller.de.* Cette cave coopérative, qui compte parmi les plus vastes d'Europe, rassemble des vignerons originaires de toute la vallée du Rhin, de Bâle jusqu'à Mannheim. Vous pourrez visiter les installations ainsi que la vinothèque où sont conservées des bouteilles vieilles de 50 ans. Dégustation commentée.

Winzergenossenschaft Achkarren – *Schloßbergstraße 2 - 79235 Vogtsburg-Achkarren - ℰ (07662) 930 40 - www. winzergenossenschaft-achkarren. de - tlj sf dim. 8h-12h30, 13h30-17h30, sam. 9h-13h (avr.-déc.).* Cultivées depuis 1283, les vignes de la région bénéficient d'un climat idéal qui confère aux vins un goût fruité et de riches arômes. Parmi les différents crus disponibles dans cette cave, on notera la présence du nouveau Castello, un vin mousseux aux parfums de pêche, mangue et citron.

Winzergenossenschaft Wasenweiler – *79241 Wasenweiler - ℰ (07668) 50 76 - www.wg-wasenweiler.de - 7h30-17h30, sam. 9h-13h, dim. (avr.-oct.) 11h-15h.* La coopérative a été fondée en 1935, mais les vignobles existent depuis 1297, époque où le château de Wasenweiler était la propriété de l'ordre Teutonique. La production (pinot noir en grande partie) est régulièrement récompensée par des prix et des médailles qui confèrent une bonne réputation à l'établissement.

AGENDA

Théâtre de plein air – Capitale touristique du Kaiserstuhl, Breisach organise en été un festival de théâtre en plein air (Festspiele), dont le répertoire comporte toujours une pièce pour les enfants.

Notes

Notes

Notes

Notes

Notes

Notes

Strasbourg : villes, curiosités et régions touristiques.
Schuman, Robert : noms historiques ou termes faisant l'objet d'une explication.
Les **sites isolés** (châteaux, abbayes, grottes…) sont répertoriés à leur propre nom.
Nous indiquons par son numéro, entre parenthèses, le département auquel appartient chaque ville ou site. Pour rappel :
54 : Meurthe-et-Moselle
55 : Meuse
57 : Moselle
67 : Bas-Rhin
68 : Haut-Rhin
88 : Vosges
BW : Bade-Wurtemberg

CHANGEMENT DE NUMÉROTATION ROUTIÈRE !
Sur de nombreux tronçons, les routes nationales passent sous la direction des départements. Leur numérotation est en cours de modification. La mise en place sur le terrain a commencé en 2006 mais devrait se poursuivre sur plusieurs années. De plus, certaines routes n'ont pas encore définitivement trouvé leur statut au moment où nous bouclons la rédaction de ce guide.

LÉGENDE DES CARTES ET PLANS

Curiosités et repères

◉ Itinéraire décrit, départ de la visite

♱ 🏛 ♱ 🏛 Église

🕌 ✉ 🕌 Mosquée

🔯 ✡ Synagogue

⚓ 🗼 Monastère - Phare

⊚ Fontaine

⛩ ✳ Point de vue

⛏ ∴ Château - Ruine ou site archéologique

⌣ ⌢ Barrage - Grotte

🗿 Monument mégalithique

🎋 Tour génoise - Moulin

🏛 🏛 Temple - Vestiges gréco - romains

◬ 🔲 Ψ 卍 Temple : bouddhique - hindou

▼ ▲ Autre lieu d'intérêt, sommet

🜍 Distillerie

🏛 Palais, villa, habitation

†† ☪ ⬚ Cimetière : chrétien - musulman - israélite

🌿 🌳 Oliveraie - Orangeraie

🌲 Mangrove

🏠 Auberge de jeunesse

🎨 Gravure rupestre

🪨 Pierre runique

⛪ Église en bois

✳ Église en bois debout

⬚ ▲ Parc ou réserve national

⋮⋮ Bastide

Sports et loisirs

≋ ▥ Piscine : de plein air - couverte

🏖 🏄 ⛳ ○ Plage - Stade

⚓ ● Port de plaisance - Voile

🤿 🏄 🚤 ⛷ Plongée - Surf

🔺 🏃 Refuge - Promenade à pied

🐎 Randonnée équestre

⚑ ⚑◆ Golf - Base de loisirs

🎡 Parc d'attractions

✡ Parc animalier, zoo

🌳 Parc floral, arboretum

🐦 Parc ornithologique, réserve d'oiseaux

🏄 Planche à voile, kitesurf

🎣 Pêche en mer ou sportive

◐ Canyoning, rafting

▲ ▲ ⛺ Aire de camping - Auberge

🐂 Arènes

◐ Base de loisirs, base nautique ou canoë-kayak

🛶 Canoë-kayak

🚣 🚣 Promenade en bateau

Informations pratiques

🅿 ⓘ Information touristique

🅿 P 🅿 Parking - Parking - relais

🚂 🚌 Gare : ferroviaire - routière

▬▬▬ Voie ferrée

●▬●▬● Ligne de tramway

🐴 Départ de fiacre

Ⓜ🚇 ⊕▬⊖ Métro - RER

● Ⓥ Station de métro (Calgary, ...) (Montréal)

▫▫▫ Téléphérique, télécabine

▫▫▫▫▫ Funiculaire, voie à crémaillère

🚂 Chemin de fer touristique

🚢 Transport de voitures et passagers

⛴ Transport de passagers

🎚 File d'attente

🔭 Observatoire

⛽ 🏪 Station service - Magasin

✉ ✉ ☎ ☎ Poste - Téléphone

@ Internet

H Ⓗ Ⓑ Hôtel de ville - Banque, bureau de change

J Ⓙ ⊗ × POL Palais de justice - Police

GNR ◆ 🛡 👮 Gendarmerie

T Ⓣ Ⓤ U M Théâtre - Université - Musée

🏛 Musée de plein air

⊞ ⊞ ⊕ Hôpital

✉ Marché couvert

✈ ✈ Aéroport

🏨 Parador, Pousada (Établissement hôtelier géré par l'État)

A Chambre d'agriculture

D Conseil provincial

G Gouvernement du district, Délégation du Gouvernement Police cantonale

L Gouvernement provincial (Landhaus)

P Chef lieu de province

♨ Station thermale

♨ Source thermale

Axes routiers, voirie

▬▬ ▬ Autoroute ou assimilée

❶ ❶ Échangeur : complet - partiel

▬▬ Route

▬▬ Rue piétonne

ııııı 🚶 ▫▫▫ Escalier - Sentier, piste

Topographie, limites

▲ 🪸 Volcan actif - Récif corallien

▣ ⋮⋮ Marais - Désert

▬▬ ▬▬ ▬ ⋯⋯ Frontière - Parc naturel

Comprendre les symboles utilisés dans le guide

LES ÉTOILES

★★★ Vaut le voyage ★★ Mérite un détour ★ Intéressant

HÔTELS ET RESTAURANTS

9 ch.	Nombre de chambres	♀		Établissement servant de l'alcool
☕ 7,5 €	Prix du petit-déjeuner en sus			
50 € ☕	Prix de la chambre double, petit-déjeuner compris	⌐		Piscine
bc	Menu boisson comprise	CC		Paiement par cartes de crédit
🖿	Air conditionné dans les chambres	⌀		Carte de crédit non acceptée
✗	Restaurant dans l'hôtel	P		Parking réservé à la clientèle

SYMBOLES DANS LE TEXTE

👪	A faire en famille	⚲	Randonnée à vélo
👶	Pour aller au-delà	♿	Facilité d'accès pour les handicapés
👣	Promenade à pied	A2 B	Repère sur le plan

Manufacture française des pneumatiques Michelin
Société en commandite par actions au capital de 304 000 000 EUR
Place des Carmes-Déchaux - 63000 Clermont-Ferrand (France)
R.C.S. Clermont-Fd B 855 200 507

© Michelin, Propriétaires-éditeurs
Dépôt légal : novembre 2009 – ISSN 0293 9436
Compograveur : Nord Compo, Villeneuve d'Ascq
Imprimeur : «La Tipografica Varese S.p.A.»
Imprimé en Italie : novembre 2009

Dans la collection Le Guide Vert

Nos guides sur l'étranger

- Allemagne
- Andalousie
- Angleterre Pays de Galles
- Autriche
- Barcelone et la Catalogne
- Belgique Luxembourg
- Bulgarie
- Canada
- Chine [N]
- Chypre [N]
- Croatie
- Écosse
- Égypte
- Espagne Atlantique
- Espagne du Centre Madrid Castille
- Espagne Méditerranéenne Baléares
- Grèce
- Irlande
- Italie du Nord
- Italie du Sud Rome Sardaigne
- Japon
- Londres
- Maroc
- Mexique [N]
- Moscou St-Pétersbourg
- Nouvelle Angleterre [N]
- Pays Baltes
- Pays Bas
- Pologne
- Portugal
- Québec
- Rome
- Roumanie
- Sardaigne [N]
- Scandinavie
- Sicile
- Sud-Ouest américain [N]
- Suisse
- Thaïlande [N]
- Toscane Ombrie Marches

Nos guides week-end en France et à l'étranger

- Week-end Amsterdam
- Week-end Barcelone [N]
- Week-end Berlin
- Week-end Bordeaux [N]
- Week-end Bruxelles
- Week-end Budapest
- Week-end Cracovie
- Week-end Edimbourg [N]
- Week-end Florence
- Week-end Istanbul
- Week-end Lisbonne
- Week-end Londres
- Week-end Lyon [N]
- Week-end Marrakech Essaouira[N]
- Week-end Marseille [N]
- Week-end Montpellier [N]
- Week-end Nantes [N]
- Week-end New York
- Week-end Prague
- Week-end Rome [N]
- Week-end Stockholm [N]
- Week-end Tunis [N]
- Week-end Venise
- Week-end Vienne [N]

Nos guides sur la France

- Alpes du Nord
- Alpes du Sud
- Alsace Lorraine
- Aquitaine
- Auvergne
- Bourgogne
- Bretagne
- Champagne Ardenne
- Charente-Maritime
- Châteaux de la Loire
- Corse
- Côte d'Azur
- Essonne
- France
- France Sauvage
- Franche-Comté Jura
- Haut-Rhin
- Idées de promenades à Paris
- Idées de week-ends aux environs de Paris
- Idées de week-ends en Provence
- Île-de-France
- Languedoc Roussillon
- Limousin Berry
- Loire
- Loiret
- Lyon Drôme Ardèche
- Meuse
- Midi Toulousain
- Moselle
- Nord Pas-de-Calais Picardie
- Normandie Cotentin
- Normandie Vallée de la Seine
- Paris
- Paris enfants
- Pays Basque France Espagne et Navarre
- Périgord Quercy
- Poitou Charentes Vendée
- Provence
- Puy-de-Dôme
- Tarn [N]
- Touraine côté Sud
- A75 La Méridienne
- 31 sites français au patrimoine de l'Unesco [N]

[N] : Nouveau